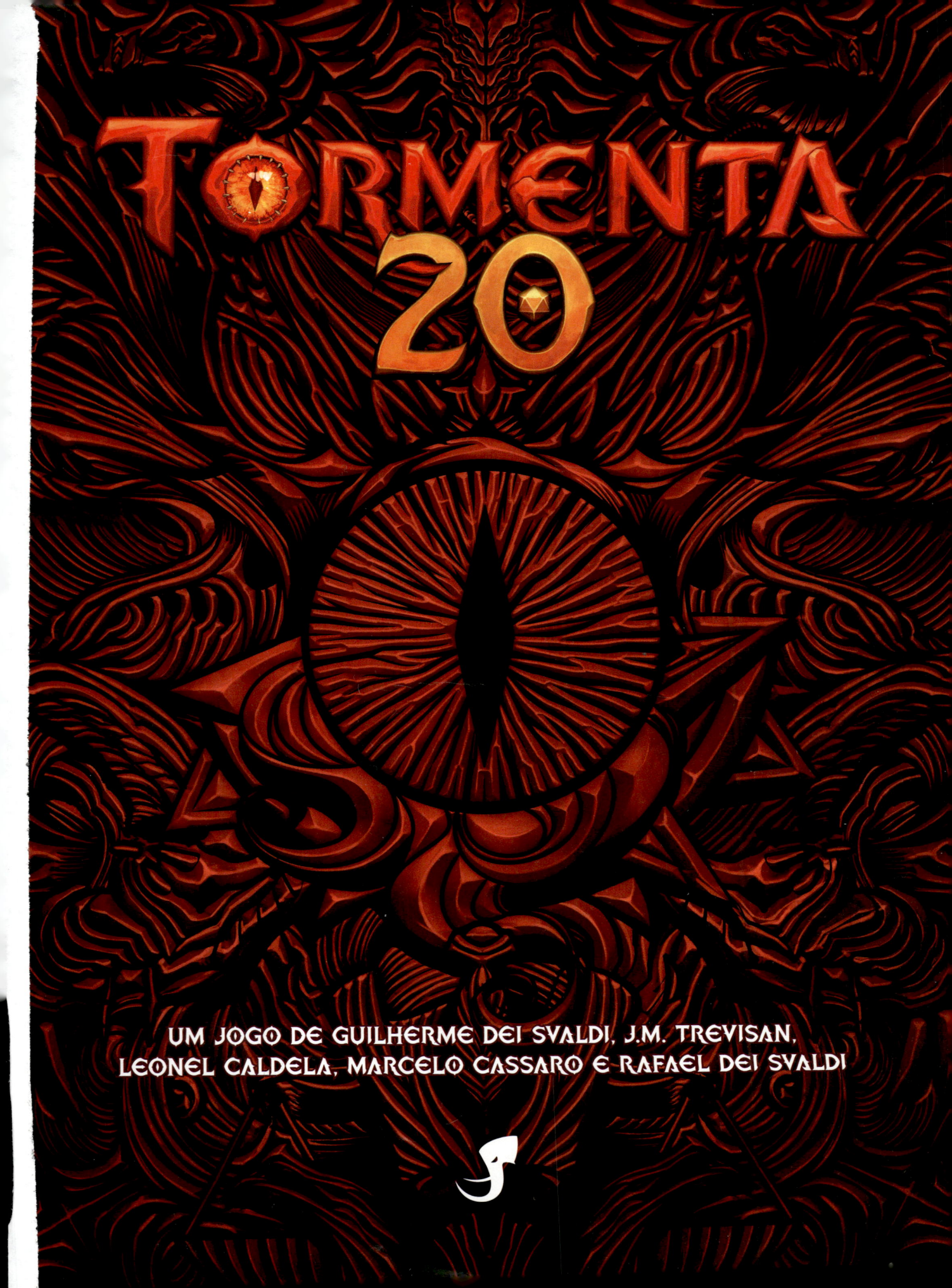

TORMENTA 20

Desenvolvimento: Álvaro Freitas, Felipe Della Corte, Guilherme Dei Svaldi, J.M. Trevisan, Leonel Caldela, Marcelo Cassaro, Rafael Dei Svaldi, Rogerio Saladino e Thiago Rosa.

Arte da Sobrecapa: Lobo Borges.

Arte: André Vazzios, Ângelo Bortolini, Caio Monteiro, Dudu Torres, Eduardo Medeiros, Erica Awano, Erica Horita, Gustavo Torqueto, Heitor Amatsu, Henrique DLD, Jon Bosco, Leonardo Santana, Lobo Borges, Marcela Medeiros, Marcelo Cassaro, Rafael Françoi, Ricardo Mango, Ricardo Riamonde, Robson Michel, Samuel Marcelino e Ursula Dorada.

Logotipia e Projeto Gráfico: Dan Ramos.

Diagramação: Guilherme Dei Svaldi.

Revisão: Christiano Linzmeier, Glauco Lessa, Leonel Caldela, Maria Suzana Neumann, Vitor Joenk.

Equipe da Campanha #Tormenta20: Guilherme Dei Svaldi, Karen Soarele, João Paulo de Sousa Pereira, Vitor Joenk, Tiago Ribeiro, Felipe M. Guerra, João Pedro Fleck, João Pedro Teixeira, Martina Dreyer.

Editor-Chefe: Guilherme Dei Svaldi.

Equipe da Jambô: Guilherme Dei Svaldi, Rafael Dei Svaldi, Leonel Caldela, Ana Carolina Gonçalves, Andrew Frank, Cássia Bellmann, Dan Ramos, Daniel Boff, Davide Di Benedetto, Elisa Guimarães, Felipe Della Corte, Freddy Mees, Glauco Lessa, J. M. Trevisan, Karen Soarele, Marcel Reis, Marcelo Cassaro, Matheus Tietbohl, Maurício Feijó, Pietra Nunez, Priscilla Souza, Tatiana Gomes, Thiago Rosa, Tiago Guimarães, Vinícius Mendes.

Tormenta é Copyright © 1999-2022 Leonel Caldela, Marcelo Cassaro, Guilherme Dei Svaldi, Rafael Dei Svaldi e J. M. Trevisan. Todos os direitos reservados.

Este livro é publicado sob os termos da Open Game License. Todo o conteúdo Open Game é explicado na página 393.

Rua Coronel Genuíno, 209 • Porto Alegre, RS
contato@jamboeditora.com.br
www.jamboeditora.com.br

@jamboeditora

Todos os direitos desta edição reservados à Jambô Editora. É proibida a reprodução total ou parcial, por quaisquer meios existentes ou que venham a ser criados, sem autorização prévia, por escrito, da editora.

2ª edição: setembro de 2022 | ISBN: 978658863429-5

Dados Internacionais de Catalogação na Publicação

S969t
2ª ed.
	Svaldi, Guilherme Dei
	    Tormenta20 / Guilherme Dei Svaldi [et al.]; ilustrações por Rodolfo Borges [et al.]. -- -- Porto Alegre: Jambô, 2022.
	    400p. il.
	    1. Jogos eletrônicos - RPG. I. Svaldi, Guilherme Dei. II. Borges, Rodolfo. III. Título.
	    CDU 794:681.31

SUMÁRIO

Prefácio 4
Introdução 6
    O que é Tormenta20? 8
    Mecânica Básica 9
    Termos Importantes 11
    20 Coisas a Saber 12

Capítulo 1: Construção de Personagem ... 14
Conceito de Personagem 16
Atributos Básicos 17
Raças 18
    Humano 19
    Anão 20
    Dahllan 21
    Elfo 22
    Goblin 23
    Lefou 24
    Minotauro 25
    Qareen 26
    Golem 27
    Hynne 27
    Kliren 28
    Medusa 28
    Osteon 29
    Sereia/tritão 29
    Sílfide 30
    Suraggel 30
    Trog 31
Classes 32
    Arcanista 36
    Bárbaro 40
    Bardo 43
    Bucaneiro 46
    Caçador 49
    Cavaleiro 52
    Clérigo 56
    Druida 60
    Guerreiro 64
    Inventor 67
    Ladino 72
    Lutador 75
    Nobre 78
    Paladino 81
Origens 85
    Sua Própria Origem 95
Deuses 96
Toques Finais 106
    Características Derivadas 106
    Descrição 107
    Alinhamento 109

Capítulo 2: Perícias & Poderes ... 112
Perícias 114
    Acrobacia 115
    Adestramento 115
    Atletismo 116
    Atuação 116
    Cavalgar 116
    Conhecimento 117
    Cura 117
    Diplomacia 118
    Enganação 118
    Fortitude 119
    Furtividade 119
    Guerra 119
    Iniciativa 119
    Intimidação 120
    Intuição 120
    Investigação 120
    Jogatina 120
    Ladinagem 120
    Luta 121
    Misticismo 121
    Nobreza 121
    Ofício 121
    Percepção 122
    Pilotagem 122
    Pontaria 122
    Reflexos 122
    Religião 122
    Sobrevivência 123
    Vontade 123
Poderes Gerais 124
    Poderes de Combate 124
    Poderes de Destino 129
    Poderes de Magia 131
    Poderes Concedidos 132
    Poderes da Tormenta 136

Capítulo 3: Equipamento ... 138
Armas 142
Armaduras & Escudos 152
Itens Gerais 155
Itens Superiores 164

Capítulo 4: Magia ... 168
Regras de Magias 170
Lista de Magias Arcanas 174
Lista de Magias Divinas 176
Descrição das Magias 178

Capítulo 5: Jogando ... 212
Interpretação 214
Regras do Jogo 220
Combate 230

Capítulo 6: O Mestre ... 240
Como Mestrar 242
Sessões, Aventuras e Campanhas 248
NPCs 257
Ambientes de Aventura 263
Tempo entre Aventuras 276

Capítulo 7: Ameaças ... 280
Construindo Combates 282
Criaturas 282
    Masmorras 286
    Ermos 289
    Os Puristas 294
    Reino dos Mortos 297
    Os Duyshidakk 300
    Os Sszzaazitas 304
    Os Trolls Nobres 307
    Os Dragões 310
    A Tormenta 314
Perigos 317
Fichas de NPCs 322

Capítulo 8: Recompensas ... 324
Pontos de Experiência 326
Tesouros 327
Itens Mágicos 333
    Armas 335
    Armaduras & Escudos 338
    Poções & Pergaminhos 341
    Acessórios 342
Artefatos 346

Capítulo 9: Mundo de Arton ... 350
História Parcial 352
O Reinado 358
Além do Reinado 370

Playtesters 392
Open Game License 393
Lista de Condições 394
Índice Remissivo 396
Ficha de Personagem 400

PODE MELHORAR!

Dois anos separam a tiragem inicial de **Tormenta20** desta que você tem agora. Então aqui estou de novo, honrado com a missão de escrever um novo prefácio e desenhar novos bonequinhos.

Para os que iniciam agora a aventura, um resumo: o mundo de fantasia **Tormenta** foi concebido por mim e meus amigos em 1999, e jamais interrompido. Teve RPGs, quadrinhos, romances e streams. Em 2019, sua edição comemorativa **Tormenta20** resultaria na maior campanha brasileira de financiamento coletivo até então. Sim, **Tormenta** tem os melhores fãs. Não, a modéstia não me impede de dizer.

Quando esgotou a primeira — e enorme — tiragem impressa, nossas alternativas eram simples. Imprimir de novo, tal como era. Ou, com um bocado de trabalho, mudar coisas que funcionavam, mas podiam ser melhoradas.

Pois então. **Guilherme Dei Svaldi** nunca deixa em paz algo que se pode cutucar até ficar mais caprichado.

Você tem agora em mãos **Tormenta20 • Jogo do Ano**. Assim chamado porque **T20** venceu as três maiores premiações brasileiras para jogos de mesa: o **Cubo de Ouro**, o **Goblin de Ouro** e o **Prêmio Ludopedia**. Nossa gratidão aos envolvidos, que talvez incluam você mesmo. Valeu!

"Espera, é uma nova edição??!" Certo que não. O sistema de jogo em si não mudou, e nenhum material anterior se tornou obsoleto. Mas houve, sim, melhorias. Correções e atualizações coletadas ao longo destes dois anos. Regras complexas agora mais esclarecidas. O mesmo **Tormenta20**, mas melhor.

Algumas mudanças são mais notáveis. A primeira e mais radical: não existe mais a divisão "atributo e modificador de atributo". Antes você tinha Força 18, que resultava em um modificador +4. Este +4 era adicionado a ataques, danos e outros testes. É o que realmente usamos. E aquele 18, para que servia? Sejamos francos, para nada. Um número para gerar outro número. Na época escolhemos manter assim, para manter as coisas familiares. Hoje acreditamos ser uma complicação desnecessária. Força 18 soa mais bacanudo que Força +4? Talvez, para os mais saudosistas. Mas "some sua Força" é bem melhor que "some seu modificador de Força", não concorda?

Outra melhoria, mais complexa, é a chamada "Reforma Monstrográfica". Personagens jogadores e monstros tinham regras muito parecidas. É natural que os protagonistas usem mecânicas elaboradas, com mais opções — afinal, cada jogador tem apenas um personagem com que lidar. O mestre, no entanto, controla *todos* os outros caras e minas. Fichas longas e cheias de estatísticas não ajudam muito quando você movimenta quatro kobolds, seis trogs, seu rei, e um cultista de Kally com suas próprias magias, todos previstos para durar apenas um combate. Seus problemas acabaram! Monstros e NPCs são agora muito mais simples de construir e lidar.

Por fim, a transição mais relevante: os nomes na capa. Ainda somos o Quinteto, mas com nova formação. Despede-se o grande amigo **Rogério Saladino**, buscando maior atuação com HQs, terror e também RPGs, suas eternas paixões. Entra em cena **Rafael Dei Svaldi**, como se diz, já chutando com os dois pés — idealizador e mentor da Reforma Monstrográfica, entre outras novidades. Se você pertence à comunidade, já o conhece. Também sabe que ele deixará tudo mais perigoso. Sejam legais com ele!

T20 Jogo do Ano tem diferenças, mas uma coisa nunca vai mudar. Arton segue bela e forte apenas porque **você** ousa explorar suas paragens. Proteger seus povos. Combater seu mal. Amar seus deuses. Ou confrontá-los.

Nosso muito obrigado por seguir na jornada. Estaremos ao seu lado.

— Marcelo Cassaro

INTRODUÇÃO

"Valkaria apenas gosta de vencedores. E, depois deste dia, estará apaixonada por mim."
— Rainha-Imperatriz Shivara

Arton. Mundo de problemas, pensam uns. Mundo de desafios, dizem outros. Desafios que convidam a serem vencidos.

Os puristas avançam em sua cruzada de ódio. A sinistra nação de Aslothia ergue hordas de mortos-vivos. Os cruéis finntroll caçam escravos para seu império subterrâneo. A Tormenta instala-se no próprio Panteão, ameaçando devorar tudo e todos.

As forças militares do Reinado podem pouco contra tais ameaças. Para sobreviver, este mundo precisa de heróis. Aventureiros. Em cada pessoa existe a semente de um campeão épico. Reunidos em uma equipe imbatível, eles cruzam masmorras, reinos, até mundos, rumo à derrota do mal.

Esta é a história mais incrível que você vai vivenciar, com os heróis mais fascinantes. Esta será a jornada mais épica.

Porque esta é a SUA aventura.

Todos já passamos por isso. Um filme, livro ou quadrinho que você teve vontade de mudar. Um personagem que, no momento decisivo, tomou uma atitude diferente da que você tomaria. Um seriado que começou interessante, empolgante, virou febre mundial, mas terminou de um jeito estúpido e decepcionou legiões de fãs. Você queria um final melhor. Você *poderia* imaginar um final melhor.

Podemos expressar nossa revolta nas redes sociais, defender nosso ponto de vista, oferecer nossa versão da história. Em alguns casos, quando um número suficiente de insatisfeitos se manifesta, isso leva os autores/produtores a reconsiderar; consertar quando possível, ou evitar o mesmo caminho no futuro. Também podemos nos apropriar da obra, escrever *fanfics*. E, em alguns casos, nossa versão pode acabar mais aclamada que a original.

Claro, existem os videogames. Em vez de histórias que o público recebe passivamente, games não apenas desafiam nossa habilidade e inteligência, mas também nos permitem fazer as escolhas importantes. Jogos de mundo aberto em que vamos aonde queremos, fazemos o que temos vontade. Diálogos com várias opções, enredos com múltiplos finais. Jogos multijogador online. Nestes tempos em que buscamos viver nossas próprias aventuras, em vez de aceitá-las passivamente, não é surpresa que o mercado de games tenha deixado o cinema para trás.

Sim, videogames modernos oferecem controle sobre a história, oferecem a chance de ser o herói. Mas eles apenas tentam recriar um estilo de jogo mais antigo, clássico. Mais antigo que a internet, até mais antigo que os computadores. Antigo, mas ainda presente, ainda vivo. Cada vez mais.

RPG. *Role-Playing Game* — um jogo de interpretação de papéis. Você já conhece RPGs, ou pelo menos ouviu falar. Estão na mídia, estão na cultura pop. Já deixaram de ser aquele "jogo misterioso", aquele passatempo exótico dos supernerds, como eram décadas atrás. É quase certo que, em algum momento de seu seriado ou desenho animado favorito, alguém joga RPG. Sejam crianças nos anos oitenta, pilotos de robô gigante ou princesas do poder.

O QUE É TORMENTA20?

Tormenta20 é um RPG. Para jogá-lo, você não precisa de um computador poderoso, um console de última geração, banda larga, ou mesmo um celular. Você precisa apenas deste livro, de alguns dados e de um grupo de amigos.

("Ah, mas eu posso jogar online por webcam e aplicativo de rolar dados e zás..." Ok, ok. Você entendeu.)

Ainda que Tormenta20 seja definido como um jogo de aventuras — e mesmo que a própria sigla RPG contenha "game" —, não é exatamente um "jogo". Na verdade, é um modo de reunir amigos e contar uma história colaborativa, uma história em que todos os espectadores também são autores.

Assim como filmes e livros, os RPG existem em muitos gêneros e tratam de muitos temas. Tormenta20 é um jogo de espada e magia, ou *fantasia épica*, sobre heróis brandindo armas, feitiços e outros poderes contra monstros e vilões, caçando tesouros em masmorras, salvando reinos e mundos.

Sendo tanto história quanto jogo, é impossível realmente "perder". Claro, os jogadores *podem* ser derrotados, seus personagens *podem* ser mortos. Existe risco, tensão, decisões de vida e morte. O desafio está em fazer avançar a história, alcançar o final mais épico, mais dramático. Então todos se divertem. E todos vencem.

Mas como se "joga"? Você e seus amigos constroem personagens, anotando seus atributos em folhas de papel. O mestre, um jogador com um cargo especial, começa a contar a história. Você, jogador, aguarda sua vez e diz, em voz alta, aquilo que você (ou melhor, seu personagem) gostaria de fazer. *"Eu ataco o dragão!"* pode ser sua escolha. O mestre julga se você teve sucesso ou não. Talvez a resposta dele seja: *"Sua espada causa ao monstro um profundo ferimento, fazendo-o urrar de raiva"*.

Ou não. Para ações difíceis, cujo resultado é incerto, você precisará rolar um dado. Quanto melhor o resultado da rolagem, maior sua chance de realizar a tarefa. Sucesso ou fracasso? Em qualquer dos casos, o mestre vai anunciar os resultados e os jogadores vão lidar com as consequências. Assim, a cada decisão, a cada ação, a aventura prossegue.

MECÂNICA BÁSICA

TORMENTA20 tem uma regra simples que funciona na maioria das situações. Toda vez que fizer uma ação difícil, você precisa fazer um *teste*. Para isso, você vai:

- Rolar um dado de vinte faces (1d20).
- Somar os modificadores adequados.
- Comparar o resultado à *dificuldade* da ação, um número definido pelo mestre (abreviado como CD).

Se o resultado for igual ou maior que a dificuldade, você é bem-sucedido. Simples! Mantenha essa mecânica básica em mente e tudo ficará claro.

COMEÇANDO

Para jogar TORMENTA20, você precisará do seguinte:

UM GRUPO DE AMIGOS. É possível jogar com apenas duas pessoas (o mestre e um jogador), mas para um jogo mais divertido sugerimos de três a seis pessoas (o mestre mais dois a cinco jogadores).

PERSONAGENS. Cada jogador deve criar um personagem, o herói que irá interpretar durante o jogo. O kit introdutório (veja o quadro) traz personagens prontos para ajudar jogadores iniciantes.

UMA AVENTURA. O mestre deve criar a base da história que irá narrar. Note que uma aventura de RPG não é como um romance ou roteiro — o mestre não deve escrever cada cena ou diálogo em detalhes, apenas estabelecer o básico da história. O desenrolar dela se dará ao longo do jogo, em conjunto com os jogadores. O kit introdutório também traz uma aventura pronta para ajudar o mestre no início.

> ### Suporte para o Jogo
>
> O site da Jambô, em jamboeditora.com.br, traz diversos materiais gratuitos para ajudá-lo a jogar RPG.
>
> - **KIT INTRODUTÓRIO.** Um grupo de personagens e uma aventura pronta. Se nunca jogou antes, comece por aqui!
> - **APLICATIVO OFICIAL TORMENTA20.** Com construtor de personagem e rolador de dados, este *app* é o seu "companheiro de aventuras" ideal.
> - **MANUAL PARA JOGAR PELA INTERNET.** O RPG surgiu como jogo presencial, mas cada vez mais grupos se aventuram de forma on-line. Esse manual ensina como fazer isso.
> - **E MAIS!** Artigos com dicas e conteúdos, fórum para tirar dúvidas e encontrar grupos... A comunidade de TORMENTA é incrível. Junte-se a ela!

DADOS. Um conjunto de dados de RPG para cada jogador, com dados de quatro, seis, oito, dez, doze e vinte faces. Os dados são abreviados como d4, d6, d8, d10, d12 e d20. Também existem as abreviações d2 (role qualquer dado; um resultado ímpar equivale a 1 e um resultado par equivale a 2), d3 (role 1d6, divida o resultado por 2 e arredonde para cima) e d% (role dois dados de dez faces, um para a dezena e outro para a unidade; em uma rolagem de 00, o resultado é 100). Você pode adquirir os dados no site da Jambô. Na falta deles, o aplicativo oficial de *Tormenta* pode ser usado para as rolagens — além de diversos outros aplicativos gratuitos na internet.

Você também encontrará abreviações para as rolagens, como **3d6+2**, por exemplo. Isso quer dizer "três dados de seis faces, mais dois". O primeiro número diz quantos dados você deve rolar e somar os resultados, o segundo (depois do "d") diz o tipo de dado a ser rolado. Qualquer número depois disso deve ser adicionado ou subtraído do resultado.

A partir daqui, leia o **CAPÍTULO 1: CONSTRUÇÃO DE PERSONAGEM**, para fazer sua primeira ficha. Se você nunca jogou antes, pode acessar o canal de vídeos da Jambô, em youtube.com/jamboeditora, e assistir algumas sessões de RPG de *Tormenta*. Isso dará a você uma ideia geral de como funciona uma partida. Mas, claro, o melhor jeito de aprender a jogar RPG é jogando. Então...

Pronto para desbravar o mundo de Arton?

Os guerreiros Christian e Verônica, humano e medusa, explorando uma masmorra de Arton

TERMOS IMPORTANTES

A seguir estão alguns termos usados em TORMENTA20. Acostume-se com eles agora para facilitar a leitura!

JOGADOR. Um participante do jogo, exceto o mestre. Cada jogador interpreta um personagem.

MESTRE. A pessoa que controla o jogo, narrando a história e preparando as cenas.

PERSONAGEM. Um personagem fictício, interpretado por um jogador. São os protagonistas da história. Também chamados de heróis ou aventureiros, pelo papel que ocupam no mundo de Arton.

ATRIBUTOS. As competências físicas e mentais de um personagem. Existem seis atributos. Eles operam numa escala numérica, na qual um valor 0 equivale a média humana.

- *Força*. Potência muscular e capacidade atlética.
- *Destreza*. Agilidade e coordenação motora.
- *Constituição*. Saúde e resistência física.
- *Inteligência*. Raciocínio e educação.
- *Sabedoria*. Sentidos e força de vontade.
- *Carisma*. Habilidades sociais.

RAÇA. Todo personagem pertence a uma raça, um dos vários povos fantásticos que habita o mundo de Arton. Este livro traz 17 raças.

CLASSE. Todo personagem possui uma classe. Ela funciona como sua "profissão", definindo suas habilidades e papel no jogo. Existem 14 classes.

NÍVEL. Uma medida da experiência e poder de um personagem. Vai do 1º (aventureiro iniciante) ao 20º (entre os maiores heróis do mundo).

NPC. Sigla em inglês para "personagem não jogador". Todos os personagens que não são interpretados por um jogador — ou seja, que são intepretados pelo mestre — são NPCs. Isso inclui todos os coadjuvantes e antagonistas da história.

CRIATURA. Qualquer ser senciente, seja um camponês, um zumbi ou um dragão. Criaturas são divididas em seis tipos: animais, humanoides, construtos, espíritos, monstros e mortos-vivos.

ALIADO. Uma criatura (personagem ou NPC) amistosa a seu personagem.

INIMIGO. Uma criatura hostil a seu personagem.

OBJETO. Qualquer coisa não senciente — uma espada, um baú e um navio são todos objetos.

PONTOS DE VIDA (PV). Representam a saúde e a vitalidade do personagem. Quando seu personagem é ferido, seja por cair de um barranco, seja por ser dilacerado por um troll, sofre dano. O dano diminui seus PV. Caso seus PV cheguem a 0, você começa a morrer.

PONTOS DE MANA (PM). Representam a energia e a determinação do personagem. Você gasta PM para usar suas habilidades.

PERÍCIA. Uma habilidade mundana, como cavalgar ou forjar uma espada. Sua origem, sua classe e seu valor de Inteligência definem em quais perícias você será *treinado*, ou seja, mais competente.

TESTE. A mecânica básica do jogo. Sempre que você tenta uma ação difícil, precisa rolar 1d20, somar quaisquer modificadores aplicáveis e comparar o resultado com uma dificuldade estipulada pelo mestre. Testes são explicados em detalhes no **CAPÍTULO 5: JOGANDO**.

MODIFICADOR. Algo que afeta as características ou testes de uma criatura. Modificadores positivos são chamados de *bônus*, enquanto modificadores negativos são chamados de *penalidades*.

CONDIÇÃO. Algo que afeta uma criatura, como estar envenenado ou paralisado. Condições são descritas na página 394.

TURNOS E RODADAS. Medidas de tempo para cenas de ação. A cada rodada, cada personagem tem um turno — sua vez de agir. Quando todos tiverem agido, a rodada termina e uma nova começa.

CENA. Um pedaço distinto da história. O início e o fim de uma cena são determinadas pelo andamento da história, não pelo tempo passado. Por exemplo, uma cena de ação na qual os heróis encontram um ogro termina quando eles matam a criatura (ou fogem dela), independentemente de quanto tempo levarem para fazer isso.

AVENTURA. Uma história completa, com início, meio e fim. Uma aventura é composta por uma sequência de cenas — normalmente, de 3 a 4 cenas para uma história curta até 10 cenas ou mais para uma história longa.

CAMPANHA. Uma sequência de aventura unidas por uma trama maior — como unificar um reino, impedir os planos de um grande vilão ou destruir uma área de Tormenta.

SESSÃO DE JOGO. Cada vez que você se reúne com seus amigos para jogar é uma sessão de jogo — ou só "sessão". É um evento no mundo real, não uma duração de tempo dentro do jogo.

20 COISAS A SABER

1. MAS POR QUE VINTE? Em TORMENTA, o número 20 sempre foi o símbolo mais poderoso de todos. As rolagens importantes usam um dado de vinte faces — e "rolar um 20" é uma grande façanha, um acerto crítico, uma festa. Os personagens têm vinte níveis. O Panteão tem vinte deuses. Por tudo isso, nossa celebração de vinte anos teria que ser algo muito especial.

2. GRUPO DE HERÓIS. TORMENTA20 é sobre trabalho em equipe. Aventureiros com diferentes habilidades unem-se para somar suas forças e proteger suas fraquezas. Não há personagem "melhor", não há raça ou classe mais forte. Mesmo aquele guerreiro apelão, capaz de causar quantidades estupendas de dano, acabará sobrepujado por desafios que sua espada não pode vencer. Não há membro menos importante; todos têm seu papel no grupo.

3. ESTRANHOS E MARAVILHOSOS. Vejam, ali vão um elfo bárbaro, um minotauro inventor, um bucaneiro anão e um cavaleiro goblin! Estranho? Com certeza! Errado? De jeito nenhum! TORMENTA20 é sobre heróis exóticos e extravagantes, que se destacam mesmo no mais colorido dos mundos. Você e seus amigos são os protagonistas, os astros da história. Não importa quantos tipos esquisitos existam em Arton, os olhares de espanto sempre se voltam para os personagens jogadores.

4. SALVAR O MUNDO É SEU TRABALHO. Ainda que Arton seja bem provido de personalidades com vasto poder e influência, elas têm seus próprios problemas para resolver. Diante de uma crise, bater à porta do arquimago ou sumo-sacerdote mais próximo não é a resposta — exceto, talvez, em busca de pistas ou conselhos. "Por que *eles* não fazem nada?" alguém perguntará. Esse alguém, com certeza, não é um herói aventureiro. Um herói simplesmente empunha espada ou magia, reúne-se com seus aliados e ruma para o desafio.

5. UM NOVO REINADO. Aqueles mais familiarizados com o antigo mapa político de Arton podem ficar chocados. Onde estão os reinos que conheciam? Acredite, nenhuma nação *desapareceu* (isto é, quase nenhuma), mas com certeza houve grandes mudanças. Enquanto umas só mudaram de nome, outras mudaram mais profundamente. Algumas, que representam melhor a identidade do Reinado, ganharam destaque; outras foram reduzidas a pontos curiosos, exóticos, sem a mesma relevância no panorama geral — mas ainda presentes, ainda ao alcance de uma boa jornada.

6. MAGIA VERSUS CIÊNCIA. Seja arcana ou divina, a magia é uma dádiva maravilhosa, um presente do universo — mesmo o camponês mais ignorante e supersticioso sabe disso. No Reinado, arcanistas e clérigos são figuras de grande prestígio. Itens encantados trazem poderes fantásticos a seus portadores. Por que, então, existem aqueles dedicados a construir engenhos mecânicos infernais, que funcionam metade das vezes e explodem na outra metade? Armas de pólvora, criaturas artificiais, máquinas voadoras... Alguns chamam de progresso. Outros só querem ficar longe, bem longe.

7. TORMENTA. AINDA MAIS. O pesadelo aberrante está mais presente do que nunca. Aharadak, Deus da Tormenta, agora ocupa um lugar no Panteão. Seus cultistas depravados espalham corrupção através do Reinado. Ainda assim, existem heróis que empunham o poder da Tormenta para nos salvar. Nascidos com a mácula, ou aceitando deformações em seus corpos, ou até cultuando o deus macabro para brandir sua magia contra os próprios invasores. Mas estariam mesmo protegendo Arton, ou apenas cedendo à sedução do poder profano?

8. COMPATIBILIDADE. TORMENTA20 mudou, evoluiu, mas continua honrando seu legado. Ainda é o jogo que você conhece e ama, ainda tem as mesmas regras fundamentais. Você continua rolando um dado de vinte faces, somando modificadores e tentando alcançar uma dificuldade. A maior parte das mecânicas continua: os atributos básicos, as raças e classes, as perícias... Outras mudaram de nome (os antigos talentos, por exemplo, agora se chamam poderes), mas também estão presentes. Se você jogou qualquer das edições anteriores, tudo será familiar.

9. REGRAS EXISTEM... Grande parte deste livro contém regras. Em um jogo de imaginação, são as regras que dizem como o mundo funciona, são as regras que mantêm a realidade coesa. Para quase tudo que você tentar, existe uma chance matemática de sucesso ou fracasso. Para quase tudo que você quiser, existe uma regra prevendo tal situação. Quando não existe, você pode inventá-la.

10. ...PARA SEREM QUEBRADAS. E quando você não gosta de uma regra, pode apenas mudá-la. TORMENTA20 tem muitas regras, mas elas estão aqui para ajudar, não para restringir. Após conhecê-las, entendê-las, você pode simplesmente decidir que as prefere diferentes. Você pode trocar por outras novas. Pode adicionar regras mais detalhadas ou simplificar aquelas que achar difíceis. Ninguém vai proibir. A única lei é que todos os jogadores devem conhecer e concordar com as novas regras.

11. Fácil de Aprender, Difícil de Dominar. Esse é o grande objetivo do *game design*. Tormenta20 foi reformulado para melhorar a construção de personagem — que pode ser simples e rápida, ou então um mergulho na profunda complexidade mecânica em busca de suas escolhas favoritas. Cada classe oferece métodos mais diretos, mas nenhum personagem será igual a outro. Combates podem ser resolvidos sem pausas demoradas para debater regras, mas ainda com numerosas estratégias à disposição.

12. Panteão Renovado. Exceto pelos personagens jogadores, os seres de maior influência em Arton são seus deuses — tudo que acontece no mundo, de bom e ruim, terá envolvimento deles. Entre clérigos, druidas e paladinos, seus devotos empunham magia divina e cumprem seus objetivos. Embora poderosos, os deuses podem ser derrotados, podem ser mortos. Deuses caem, deuses elevam-se, pois sempre deve haver vinte. Os antigos Keenn, Tauron e Ragnar desapareceram. Em seus lugares, ascenderam Arsenal, Aharadak e Thwor.

13. Poderes e Obrigações. Em suas primeiras versões, Tormenta trazia opções especiais para servos dos deuses — incluindo dons únicos de cada divindade, acompanhados por votos sagrados que cobravam um alto preço quando violados. Esse conjunto de poderes e deveres trazia aos clérigos muita personalidade. As regras mudaram ao longo dos anos, ficaram flexíveis, soltas, pouco relevantes. Agora, não apenas retomam a força original, como também estão disponíveis para outras classes. Um guerreiro comum, ou um guerreiro devoto de Valkaria? A escolha é sua!

14. Raças e Classes. Grandes mudanças aqui! Meia-dríade, ícone do mangá *Holy Avenger*, agora chama-se dahllan e entra no elenco das raças principais — enquanto todas as outras tiveram suas habilidades reformuladas. Substituições importantes nas classes: saem o monge e o samurai (voltando ao lar em *Império de Jade*), chegam o lutador e o cavaleiro. O impronunciável swashbuckler dá lugar ao bucaneiro. Feiticeiro e mago tornam-se um só. O inventor e o nobre trazem novas maneiras de vencer desafios.

15. Origens. Além de uma raça e uma classe, este novo ingrediente acrescenta riqueza à história de seu personagem. Aqui é onde você decidirá quem ele era no passado, antes de se tornar um aventureiro. Um esperto sobrevivente das ruas, que conhece todas as manhas? Um membro da nobreza, agora portador da armadura tradicional da família? Um estudioso matriculado ainda jovem na Academia Arcana? Você pode modificar uma origem, deixando mais a seu gosto, ou até inventar uma nova!

16. Pontos de Mana. Na antiga versão do jogo, apenas conjuradores (clérigos, druidas, magos) usavam pontos para ativar seus poderes. Agora, as habilidades especiais de todos os personagens exigem uma mesma energia para sua ativação. Esta é mais uma medida para tornar o jogo mais simples, para evitar que você precise gerenciar um número de utilizações separado para cada poder diferente.

17. Alinhamento. Sempre se disse que, em Arton, "bem, mal, ordem e caos são forças fundamentais do universo". Elas continuam sendo assim, mas agora se tornam mais misteriosas para os mortais. As tendências (agora *alinhamentos*) ainda existem, ainda funcionam como guias de conduta para os personagens, mas sem a importância mecânica de antes. Não há mais restrições de tendência para classes. Obedecer aos desígnios de um deus é mais importante do que ter alinhamento similar ao dele. A única exceção é o paladino, que permanece como campeão sagrado do bem e ordem.

18. A Maior e Melhor Comunidade. Então, forasteiro, você acaba de chegar ao Reinado? Nada tema, você não está sozinho. Nessas duas décadas de jornada, Tormenta reuniu uma legião de fãs, uma horda de companheiros prontos para participar de seu grupo, um exército de veteranos prontos para mostrar o caminho. Não importa *quem* você é; em Arton, ninguém é estranho, exótico ou esquisito demais para ser herói. Suas diferenças são a nossa força. Seja bem-vindo!

19. A versão Oficial é a sua. Quando você e seus amigos se reúnem para jogar Tormenta20, estão assumindo o protagonismo da aventura. *Vocês* são os personagens principais, *suas* escolhas decidem o destino do mundo. Ainda que grandes histórias sejam contadas em livros e quadrinhos, elas não existem para apagar os jogadores; existem para inspirá-los, para mostrar o que pode ser feito. Seguir o material oficial à risca, reinventar tudo ou algo no meio? Você escolhe.

20. Jogue como Quiser. Como você *sente* que este jogo deveria ser? Uma aventura despreocupada, plena de batalhas divertidas que terminam em festa? Uma saga monumental sobre heróis modestos que evoluem e tornam-se campeões cósmicos? Um conto de horror macabro, sobre pesadelos aberrantes espreitando nas frestas da realidade? Não há jeito errado de jogar Tormenta20! Jogue todos os dias, ou semanas, ou meses. Jogue por algumas horas ou atravesse a noite. Faça de cada sessão um evento dramático, denso, ou uma grande bagunça. Tormenta é sobre imaginação, aventuras, sonhos. E nenhuma dessas coisas tem limites.

CAPÍTULO 1

CONSTRUÇÃO DE PERSONAGEM

"Eu sinto um herói esperando para nascer! Um herói precisando só de um motivo!"
— Val

Cada jogador de TORMENTA20 controla um personagem, um herói aventureiro. Este capítulo traz as regras para a construção de personagens jogadores — como determinar seus atributos, raça, classe, origem e demais características.

O personagem pode ser fornecido pelo mestre, especialmente se você ainda não conhece as regras — mas inventar seu aventureiro é uma das partes mais divertidas do jogo. Para fazer isso, siga os passos abaixo.

1. **DEFINA SEUS ATRIBUTOS.** Força, Destreza, Constituição, Inteligência, Sabedoria e Carisma. Esses seis atributos são as principais características de seu personagem e afetam quase tudo que você faz.

2. **ESCOLHA SUA RAÇA.** Este livro contém dezessete raças. Cada uma modifica seus atributos e fornece habilidades específicas.

3. **ESCOLHA SUA CLASSE.** Enquanto a raça diz como você nasceu, a classe é como uma profissão. Este livro oferece quatorze classes.

4. **ESCOLHA SUA ORIGEM.** O que você fazia *antes* de ser aventureiro? Aqui você escolhe o histórico, o passado de seu personagem.

5. **ESCOLHA SUA DIVINDADE (OPCIONAL).** Existem vinte deuses em Arton. Se quiser, você pode devotar-se a um deles.

6. **ESCOLHA SUAS PERÍCIAS.** As habilidades mundanas que seu personagem aprendeu com treinamento, importantes para resolver desafios físicos, mentais e sociais. Veja o **CAPÍTULO 2**.

7. **ANOTE SEU EQUIPAMENTO.** Anote seus itens iniciais, determinados por sua origem e sua classe. Veja o **CAPÍTULO 3**.

8. **MAGIAS (APENAS ARCANISTAS, BARDOS, CLÉRIGOS E DRUIDAS).** Verifique quantas magias você conhece e escolha quais são. Veja o **CAPÍTULO 4**.

9. **TOQUES FINAIS.** Preencha os campos que faltam na ficha de personagem: pontos de vida e pontos de mana, tamanho e deslocamento, Defesa e ataques. Escolha também o nome do personagem e defina sua personalidade e aparência.

CONCEITO DE PERSONAGEM

Antes de começar a construir sua ficha, é útil ter uma ideia básica sobre quem você quer interpretar — um *conceito de personagem*.

Você não precisa ter qualquer experiência com o jogo, nem conhecer o mundo de Arton. Só precisa saber que TORMENTA20 se passa num mundo de fantasia cheio de tipos variados e que seu personagem será um herói. É claro, familiaridade com a história e a geografia deste mundo podem levar a conceitos interessantes. Se quiser, leia o **CAPÍTULO 9: MUNDO DE ARTON** ou qualquer uma das várias obras que se passam no cenário para conhecê-lo melhor.

Você pode basear seu conceito em uma combinação de raça e classe. Dê uma olhada nas seções deste capítulo. Não se preocupe com regras, apenas leia a descrição das que achar mais interessantes e imagine como elas podem se combinar. Essa mistura já diz muito sobre seu personagem.

Você também pode basear seu personagem em algum herói de filmes, livros ou videogames. Apenas lembre que você estará interpretando um aventureiro em início de carreira. A parte mais emocionante da vida do seu personagem ainda está por vir — na forma da história que será contada durante o jogo.

É claro, você não precisa usar nenhum desses apoios para imaginar seu personagem. Tente descrever o conceito em uma frase curta, incluindo pelo menos um traço de personalidade. Se conseguir, provavelmente tem um conceito de personagem forte.

Tudo muito teórico? Sem problemas, vamos a alguns exemplos de bons conceitos de personagem.

• Uma bucaneira que sonha em conhecer os pontos mais distantes de Arton.

• Um guerreiro apaixonado pela nobre que só viu uma vez, determinado a se provar digno dela.

• Um mago atrapalhado e tímido, mas muito inteligente.

• Uma paladina que não consegue controlar seu pavio curto.

• Um anão clérigo de Valkaria — um não humano devotado à Deusa da Humanidade já é um ótimo conceito!

• Uma elfa amargurada e traumatizada com a queda do reino élfico.

• Um jovem pobre cujo maior objetivo é ganhar dinheiro e se tornar o maior comerciante do mundo.

• Um bardo vaidoso, obcecado com a própria beleza.

• O filho de um nobre que deve superar a própria covardia para se tornar um herdeiro digno.

• Uma guerreira cuja aldeia foi massacrada por orcs, que busca vingança e uma nova família.

CAPÍTULO UM

ATRIBUTOS BÁSICOS

Todo personagem tem seis atributos, que definem suas competências básicas: Força, Destreza, Constituição, Inteligência, Sabedoria e Carisma. Atributos são medidos numericamente. Um valor 0 representa a média humana. Valores 1 ou 2 estão acima da média — o lenhador da vila, acostumado a trabalho pesado, pode ter Força nesse intervalo. Valores 3 ou 4 representam pessoas extraordinárias — o conselheiro real, que leu todos os livros da biblioteca do castelo, pode ter Inteligência nessa faixa. Valores 5 ou mais representam indivíduos heroicos. Já valores negativos estão abaixo da média. Uma criança pode ter Força –1, enquanto um ancião de saúde muito frágil pode ter Constituição –2.

FORÇA · FOR

Seu poder muscular. A Força é aplicada em testes de Atletismo e Luta; rolagens de dano corpo a corpo ou com armas de arremesso, e testes de Força para levantar peso e atos similares.

DESTREZA · DES

Sua agilidade, reflexos, equilíbrio e coordenação motora. A Destreza é aplicada na Defesa e em testes de Acrobacia, Cavalgar, Furtividade, Iniciativa, Ladinagem, Pilotagem, Pontaria e Reflexos.

CONSTITUIÇÃO · CON

Sua saúde e vigor. A Constituição é aplicada aos pontos de vida iniciais e por nível e em testes de Fortitude. Se a Constituição muda, seus pontos de vida aumentam ou diminuem retroativamente de acordo.

INTELIGÊNCIA · INT

Sua capacidade de raciocínio, memória e educação. A Inteligência é aplicada em testes de Conhecimento, Guerra, Investigação, Misticismo, Nobreza e Ofício. Além disso, se sua Inteligência for positiva, você recebe um número de perícias treinadas igual ao valor dela (não precisam ser da sua classe).

SABEDORIA · SAB

Sua observação, ponderação e determinação. A Sabedoria é aplicada em testes de Cura, Intuição, Percepção, Religião, Sobrevivência e Vontade.

CARISMA · CAR

Sua força de personalidade e capacidade de persuasão, além de uma mistura de simpatia e beleza. O Carisma é aplicado em testes de Adestramento, Atuação, Diplomacia, Enganação, Intimidação e Jogatina.

DEFININDO SEUS ATRIBUTOS

Há duas maneiras de definir seus atributos: com *pontos* ou com *rolagens*. Escolha a que preferir.

Pontos. Você começa com todos os atributos em 0 e recebe 10 pontos para aumentá-los. O custo para aumentar cada atributo está descrito na tabela abaixo. Você também pode reduzir um atributo para –1 para receber 1 ponto adicional.

Rolagens. Role 4d6, descarte o menor e some os outros três. Anote o resultado. Repita esse processo cinco vezes, até obter um total de seis números. Então, converta esses números em atributos conforme a tabela abaixo. Por exemplo, se você rolar 13, 8, 15, 18, 10 e 9, seus atributos serão 1, –1, 2, 4, 0 e –1. Distribua esses valores entre os seis atributos como quiser. Caso seus atributos não somem pelo menos 6, role novamente o menor valor. Repita esse processo até seus atributos somarem 6 ou mais.

ATRIBUTOS MÍNIMOS

Um valor menor que –5 em um atributo gera um efeito: For ou Des (paralisado), Con (morre), Int ou Sab (inconsciente), Car (torna-se um NPC). Isso ignora imunidades.

Tabela 1-1: Atributos

Atributo	Custo	Rolagem
–2	—	7 ou menos
–1	–1 ponto	8-9
0	0 ponto	10-11
1	1 ponto	12-13
2	2 pontos	14-15
3	4 pontos	16-17
4	7 pontos	18

RAÇAS

As raças de Arton são muito variadas entre si. Na maior parte do mundo civilizado um personagem não será hostilizado por pertencer a qualquer raça. Contudo, alguns antros de vilania podem nutrir verdadeiro ódio por determinadas raças — a Supremacia Purista, por exemplo, despreza não humanos. A exceção a isso são os lefou. Tocados pela Tormenta, a maior ameaça deste mundo, os lefou atraem medo em todos os reinos.

Algumas raças são mais numerosas ou têm papel predominante na história de Arton — humanos, anões, dahllan, elfos, goblins, lefou, minotauros e qareen. O povo do continente está acostumado a ver membros dessas raças. Uma vila humana pode ter um ferreiro anão, por exemplo, e ninguém ficará surpreso.

Mas essas não são as únicas raças de Arton. Dentre toda a variedade dos seres deste mundo, há um grupo de raças mais raras: golens, hynne, kliren, medusas, osteon, sereias, sílfides, suraggel e trogs. A maioria das pessoas nunca viu um membro dessas raças. Pode considerar que são míticas, que foram extintas ou que jamais pisaram no continente. Um membro dessas raças pode atrair curiosidade, espanto ou até medo por onde passar. Em termos de jogo, essas raças possuem mecânicas mais avançadas e são indicadas para jogadores veteranos.

Quase todas as grandes sagas artonianas são sobre grupos de diferentes raças. Aventureiros aprendem a ver o melhor em cada indivíduo e, ao longo de uma vida de viagens e batalhas, acostumam-se até mesmo ao mais exótico companheiro.

ESCOLHENDO SUA RAÇA

Após definir seus atributos, é hora de escolher sua raça. Você pode escolher qualquer raça, mas dependendo do seu conceito de personagem, algumas são mais indicadas que outras.

Se você quiser um personagem bom de briga, por exemplo, minotauro é uma boa escolha. Se gosta de lançar magias, vá de elfo. Já se prefere resolver seus problemas na lábia, escolha qareen. Da mesma forma, algumas raças não são indicadas para certos conceitos. Um trog estudioso provavelmente não será muito competente, assim como um hynne brigão. Humanos são um caso especial — são a raça mais versátil, capazes de se destacar em qualquer carreira. Se estiver em dúvida, vá de humano.

Como dito acima, todas as raças funcionam para todos os tipos de personagem, e fazer combinações inusitadas pode ser muito divertido. Mas, se você for um jogador iniciante, prefira uma raça que forneça um bônus no atributo principal de sua classe.

CARACTERÍSTICAS DAS RAÇAS

Modificadores de Atributo. Sua raça modifica seus atributos, podendo aumentá-los acima de 4 ou diminuí-los abaixo de –2.

Habilidades de Raça. Você possui todas as habilidades de sua raça. As regras para usar habilidades são explicadas no **Capítulo 5: Jogando**.

Tabela 1-2: Raças

Raça	Modificadores de Atributo
Humano	+1 em três atributos diferentes
Anão	Con +2, Sab +1, Des –1
Dahllan	Sab +2, Des +1, Int –1
Elfo	Int +2, Des +1, Con –1
Goblin	Des +2, Int +1, Car –1
Lefou	+1 em três atributos diferentes (exceto Car), Car –1
Minotauro	For +2, Con +1, Sab –1
Qareen	Car +2, Int +1, Sab –1
Golem	For +2, Con +1, Car –1
Hynne	Des +2, Car +1, For –1
Kliren	Int +2, Car +1, For –1
Medusa	Des +2, Car +1
Osteon	+1 em três atributos diferentes (exceto Con), Con –1
Sereia/Tritão	+1 em três atributos diferentes
Sílfide	Car +2, Des +1, For –2
Suraggel	Sab +2, Car +1 (aggelus) ou Des +2, Int +1 (sulfure)
Trog	Con +2, For +1, Int –1

HUMANO

Humanos são como uma praga: espalham-se por todo o mundo de Arton.

Não interessa onde você olhe ou por onde passe. Nas Montanhas Sanguinárias, nas ilhas do Mar do Dragão Rei, em alguma masmorra debaixo da terra, sempre haverá algum humano se metendo onde não deve, procurando alguma coisa. Não é à toa que são maioria.

Aos quinze anos já se consideram adultos, andando por aí, sacudindo espadas e lançando feitiços malucos.

Dizem que a culpa é de Valkaria. A deusa, que passou gerações presa em forma de estátua, hoje lidera todas as divindades e alimenta a ambição daqueles que chama de filhos. Faz com que queiram cada vez mais, não importa o que já tenham conseguido. Com exemplos como o arquimago Vectorius, que arrancou um pedaço enorme do chão para transformar em ilha voadora só por causa de uma aposta, ou Mestre Arsenal, que enfrentou o próprio Deus da Guerra para tomar seu lugar, é difícil convencê-los de que isso pode ser errado. Talvez nem seja.

Humanos podem ter qualquer porte físico, cor de pele ou tipo de cabelo. São tão variados quanto suas ambições, tão diversos quanto as ideias que têm a cada instante. Suas tradições e modas vêm e vão rápido demais e eles fazem o que bem entendem. E embora a deusa criadora seja sua principal padroeira, humanos podem ser devotos de quais e quantos deuses desejarem.

Ser humano é ter a liberdade e a conveniência de se tornar o que quiser, mesmo sem nem sempre compreender as responsabilidades que isso carrega. É ter o instinto aventureiro correndo no sangue.

— Broktar Hellpipes, anão bardo

O povo mais numeroso em Arton, humanos são considerados os escolhidos dos deuses, aqueles que governam o mundo. Em sua variedade e adaptabilidade, são encontrados em quase todos os pontos do continente — dos vales férteis do Reinado às vastidões áridas do Deserto da Perdição. São exploradores e desbravadores ambiciosos, sempre buscando algo além.

HABILIDADES DE RAÇA

+1 em Três Atributos Diferentes. Filhos de Valkaria, Deusa da Ambição, humanos podem se destacar em qualquer caminho que escolherem.

Versátil. Você se torna treinado em duas perícias a sua escolha (não precisam ser da sua classe). Você pode trocar uma dessas perícias por um poder geral a sua escolha.

Vallen e Drikka. Humanos são os escolhidos dos deuses

ANÃO

Não existe nada mais confiável em Arton que um anão. Cachorros também são confiáveis, mas eu não compararia os dois em frente a um anão se fosse você.

São troncudos, maciços, resistentes como os pedaços de minério pelos quais são apaixonados. Seus dedos curtos e grossos parecem pouco habilidosos, mas das mãos dos anões saem as armas e armaduras mais fabulosas de Arton.

Quando uma criança anã nasce, cada choro é acompanhado de uma martelada do melhor ferreiro da família em uma bigorna cerimonial. Eles acreditam que cada golpe fortalece o corpo e o espírito do recém-nascido pelo resto da vida. Não há nada que indique que a crença não é verdadeira.

Um ditado humano diz que há apenas uma diferença entre anões e metal: o metal é duro, mas você pode martelar e depois derreter, e martelar de novo até que ele vire uma espada ou qualquer outra coisa. Já um anão não muda nem arreda pé, não importa o quanto você bata.

A justiça é muito importante para os anões — tão importante quanto suas longas e vastas barbas. Por isso o patrono deles é Heredrimm, o deus que os humanos chamam de Khalmyr. Dizem que Tenebra tem um dedo ou dois na criação deles também, mas dependendo de quem estiver por perto, também não é bom falar isso em voz alta.

A pátria dos anões, Doherimm — um complexo de cavernas em escala continental — é guardada a sete chaves. Só eles sabem o caminho para o reino e mesmo nobres importantes e amigos da raça só são levados até lá vendados, desacordados ou qualquer coisa do tipo.

O subterrâneo é ameaçado pelos finntroll, inimigos jurados dos anões. Mesmo assim, muitos deles abandonam Doherimm e partem para a aventura na superfície. Não viajam só em busca de riquezas, mas também para dar uma amostra de sua honra e tradição ao resto do mundo.

— Dynx, goblin paladino de Allihanna

Anões são o mais resiliente dos povos. Em suas cidadelas subterrâneas, trabalham duro escavando minas e forjando metal em belas armas, armaduras e joias. São honestos e determinados, honrando a família e a tradição. Apesar de sua profunda paixão por forja e cerveja, pouca coisa é mais preciosa para um anão que cultivar uma barba longa e orgulhosa.

HABILIDADES DE RAÇA

CONSTITUIÇÃO +2, SABEDORIA +1, DESTREZA −1.

CONHECIMENTO DAS ROCHAS. Você recebe visão no escuro e +2 em testes de Percepção e Sobrevivência realizados no subterrâneo.

DEVAGAR E SEMPRE. Seu deslocamento é 6m (em vez de 9m). Porém, seu deslocamento não é reduzido por uso de armadura ou excesso de carga.

DURO COMO PEDRA. Você recebe +3 pontos de vida no 1º nível e +1 por nível seguinte.

TRADIÇÃO DE HEREDRIMM. Você é perito nas armas tradicionais anãs, seja por ter treinado com elas, seja por usá-las como ferramentas de ofício. Para você, todos os machados, martelos, marretas e picaretas são armas simples. Você recebe +2 em ataques com essas armas.

Golinda e Ingram. Nem todo anão segue tradições

DAHLLAN

Houve época em que meias-dríades eram muito, muito raras. Nascidas da união improvável entre uma dríade — uma fada das florestas — e um humano, eram consideradas meras lendas. Mesmo assim, bastou uma delas para tornar a raça conhecida em todos os reinos: Lisandra de Galrasia. Após uma campanha dramática para tentar ressuscitar o Paladino de Arton, não apenas se tornaria a maior druida guerreira no mundo, mas também a sumo-sacerdotisa de Allihanna, e uma das mortais mais poderosas a existir.

Por algum motivo, algo mudou.

Recentemente, jovens meias-dríades começaram a surgir no Reinado. A maior parte emergiu de matas profundas, tendo sido criadas por animais ou fadas. Outras, misteriosamente, nasceram de famílias humanas. Todas femininas; há rumores sobre meios-dríades masculinos, nunca confirmados. De qualquer forma, por não serem necessariamente filhas de dríades, receberam outro nome. Dahllan.

Até hoje ninguém tem resposta para o mistério de sua origem. A própria Allihanna deve ser responsável, mas com que propósito? Uma tentativa de ajudar meu povo a proteger as florestas, dizem alguns. Uma resposta da Mãe Natureza contra a Tormenta, teorizam outros — um contra-ataque das forças primordiais de Arton contra a tempestade rubra. Embora tenham forte ligação com a Deusa da Natureza, nem todas as dahllan se tornam druidas. Têm sido vistas abraçando as mais variadas carreiras, desde arcanistas e bucaneiras até inventoras e cavaleiras.

Dahllan são ágeis e sábias, mas também um tanto rústicas. Assim como as árvores antigas onde as almas das dríades habitam, as dahllan têm tipos físicos variados. Algumas são musculosas, outras esguias, outras ainda têm curvas acentuadas. O cabelo, como as folhas, pode ser verde, vermelho ou dourado — em algumas, a cor muda conforme as estações —, mas os olhos são invariavelmente verdes e brilhantes. Não raro, trazem a cabeça ornamentada com caules ou filamentos delicados, como antenas feéricas. Também é normal ver flores brotando em seu cabelo, além de uma ocasional borboleta ou joaninha vinda sabe-se lá de onde.

Por serem recém-chegadas a Arton, o tempo de vida dahllan é desconhecido. Talvez sejam tão longevas quanto os mais antigos carvalhos, ou mais. Talvez nunca envelheçam de fato, enquanto houver vida natural no mundo.

— Arasthoriel, elfo mago

Lisandra. As meias-dríades começam a explorar Arton

Parte humanas, parte fadas, as dahllan são uma raça de mulheres com a seiva de árvores correndo nas veias. Falam com os animais, controlam as plantas — mas também são ferozes em batalha, retorcendo madeira para formar armaduras.

HABILIDADES DE RAÇA

Sabedoria +2, Destreza +1, Inteligência –1.

Amiga das Plantas. Você pode lançar a magia *Controlar Plantas* (atributo-chave Sabedoria). Caso aprenda novamente essa magia, seu custo diminui em –1 PM. 🜂

Armadura de Allihanna. Você pode gastar uma ação de movimento e 1 PM para transformar sua pele em casca de árvore, recebendo +2 na Defesa até o fim da cena.

Empatia Selvagem. Você pode se comunicar com animais por meio de linguagem corporal e vocalizações. Você pode usar Adestramento para mudar atitude e persuasão com animais (veja Diplomacia, na página 118). Caso receba esta habilidade novamente, recebe +2 em Adestramento.

ELFO

Os elfos vieram de longe há muito tempo, em embarcações trazidas — dizem — por ventos divinos. São belos e esguios, de cabelos e olhos de cores tão variadas quanto o arco-íris. Suas vestes costumam ser intrincadas e fluidas como seus movimentos. Nada neles parece comum, rasteiro. É difícil não se sentir impressionado ou inspirado ao lado de uma presença élfica. Há sempre algo de mágico nos elfos.

Um dia eles tiveram sua própria pátria, Lenórienn, no continente sul. Uma cidade majestosa, de torres espiraladas surgidas em meio à floresta, onde a magia e as artes eram ensinadas desde cedo. Onde tomos ancestrais ocupavam longas estantes e a poesia tomava os ares com suas rimas e melodias.

Mas o conhecimento trouxe a arrogância, e a arrogância, a derrota. Lenórienn caiu, vítima da Aliança Negra dos goblinoides, um exército implacável. Depois, por conta de um estratagema de Glórienn, antiga Deusa dos Elfos, os membros da raça que não ficaram espalhados pelo Reinado foram escravizados pelos minotauros. O que sobrou foi um povo mergulhado em amargor, apoiado nas glórias de um passado destruído.

Agora, porém, eles encaram uma chance de redenção. Com a morte de Tauron e livres dos desígnios de uma divindade mesquinha, os elfos do Reinado têm pela primeira vez um futuro em branco à frente. E ainda estão tentando descobrir o que fazer com ele. Enquanto uns buscam recuperar os conhecimentos perdidos de seu antigo reino, outros se misturam a ordens de cavalaria ou guildas de ladrões, usando seus talentos naturais para traçar seu próprio caminho, abraçando os deuses que melhor lhes convêm.

"Das maiores tragédias nascem os maiores aventureiros", diz um ditado que circula nas tavernas de Malpetrim. Parece algo feito sob medida para os elfos de Arton.

— Garibaldo Cachimbo Caído, hynne bardo

Elfos são seres feitos para a beleza e para a guerra, tão habilidosos com magia quanto com espadas e arcos. Elegantes, astutos, de vidas quase eternas, parecem superiores aos humanos em tudo. Poderiam ter governado toda Arton, não fosse a arrogância herdada de sua deusa. Com a queda de Glórienn, os elfos se tornaram um povo sem uma deusa. Um povo independente. Enquanto alguns veem a falta de uma divindade como uma tragédia, outros acreditam que, pela primeira vez na história, são livres.

HABILIDADES DE RAÇA

Inteligência +2, Destreza +1, Constituição –1.

Graça de Glórienn. Seu deslocamento é 12m (em vez de 9m).

Sangue Mágico. Você recebe +1 ponto de mana por nível.

Sentidos Élficos. Você recebe visão na penumbra e +2 em Misticismo e Percepção.

Gwen e Fren. Os elfos tentam superar um passado arrogante e trágico

GOBLIN

Não importa se você gosta ou não de goblins. Se você se importa com eles ou se os odeia. Se os tem como amigos ou se acredita que são meras pestes.

Goblins sempre existirão.

Sabemos que eles se reproduzem em grande quantidade e de forma vertiginosa, mas sua origem divina é complicada, com explicações que dão voltas e se contradizem, assim como a tradição oral da raça. A mais popular é que Graolak, o Deus dos Goblins, foi o responsável direto, aproveitando para criar a raça à sua imagem e semelhança, usando os restos de um banquete do Panteão, enquanto os vinte deuses maiores dormiam. Mas academicamente existem dúvidas até se Graolak realmente existiu.

O que se pode dizer de verdade é que poucos goblins se importam com o que os acadêmicos pensam. A menos que os acadêmicos queiram aprender sobre suas engenhocas insanas.

Pequenos, de pele rugosa verde, marrom ou amarela, orelhas longas e nariz pontudo, os goblins vivem nas frestas do mundo civilizado. No Reinado, habitam zonas de grande pobreza. Nos ermos, ficam entocados em cavernas. Erroneamente são vistos como inferiores — ou, na pior das hipóteses, como monstros.

Mas essa é uma visão simplista. O que define os goblins é perseverança e inventividade. Eles criam engenhocas que desafiam a lógica — máquinas cheias de peças, sempre expelindo fumaça e ameaçando explodir. Também são aeronautas pioneiros: um piloto ou baloeiro goblin pode levá-lo a qualquer lugar de Arton por um preço módico, desde que você não se importe com uma eventual queda desastrosa.

O instinto de sobrevivência e a agilidade tornam os goblins aventureiros furtivos e malandros. A necessidade de se virar com o que têm faz com que possam improvisar melhor do que o mais criativo humano. Para quem nasceu sem nada, qualquer coisa é uma ferramenta, uma arma, um tesouro. Além disso, aos que sabem reconhecer seu valor, um goblin pode ser um parceiro para a vida toda.

Se você não se importar com servir de cobaia para alguns inventos...

— Leona Steelblade, humana cavaleira arcana

Estes pequenos seres feiosos conseguiram um lugar entre os povos do Reinado. Podem ser encontrados em todas as grandes cidades, muitos vivendo na imundície, outros prosperando em carreiras que quase ninguém tentaria: espiões, aeronautas, engenhoqueiros. Onde o anão teimoso e o elfo empolado falham, o goblin pode dar um jeito. Porque ele não tem vergonha. Nem orgulho. Nem bom senso.

HABILIDADES DE RAÇA

Destreza +2, Inteligência +1, Carisma –1.

Engenhoso. Você não sofre penalidades em testes de perícia por não usar ferramentas. Se usar a ferramenta necessária, recebe +2 no teste de perícia.

Espelunqueiro. Você recebe visão no escuro e deslocamento de escalada igual ao seu deslocamento terrestre.

Peste Esguia. Seu tamanho é Pequeno (veja a página 106), mas seu deslocamento se mantém 9m. Apesar de pequenos, goblins são rápidos.

Rato das Ruas. Você recebe +2 em Fortitude e sua recuperação de PV e PM nunca é inferior ao seu nível.

Dok e Gradda. Engenhosos e astutos, mas a seu próprio modo

CONSTRUÇÃO DE PERSONAGEM

LEFOU

Em minhas andanças, encontrei membros das mais variadas raças. De todas, a mais misteriosa é a dos lefou.

De forma bem pouco lisonjeira, parcelas da sociedade os definem como pouco mais que filhos rejeitados da Tormenta. São considerados meios-demônios, como se a tempestade aberrante pudesse atacar um corpo e deixar suas marcas como faz com a própria Arton. Corrompendo de forma irreversível o que antes era puro.

Pensando assim, até faz sentido. Um lefou pode surgir simplesmente porque os pais são aventureiros que tiveram contato com a Tormenta. Ou enfrentaram a tempestade rubra. Como uma doença, uma insidiosa vingança contra aqueles que a tentaram destruir, talvez?

Em suas características, entretanto, um lefou não é distante de seus pais. Um filho de pais humanos parecerá humano. O mesmo é verdade para os lefou filhos de outras raças. Mas a cria carregará consigo sempre uma mácula. Algo diferente, uma deformidade ou característica que pode causar incômodo, embora lhe possa trazer alguma vantagem. Um par de antenas. Uma crosta sobre a pele. Garras. A marca indelével de que a Tormenta esteve ali e sempre estará.

Claro, esta é uma versão preconceituosa. É verdade que, com a ascensão de Aharadak, os cultos se espalharam, e lefou têm sido procurados para assumir altas posições nas ordens de adoradores, mas muitos deles fazem exatamente o contrário. Aproveitam sua familiaridade com a maior ameaça de Arton para lutar contra ela. Estudam, treinam, dominam seus poderes para usá-los quando a tempestade rubra atacar.

E o que é melhor do que ter ao seu lado alguém que conhece tão intimamente o inimigo?

— Sir Porti, moreau do cão paladino de Thyatis

Com a influência macabra da Tormenta permeando cada vez mais o mundo, surgiram os lefou. Estes meios-demônios de aparência grotesca passaram a nascer em famílias de outras raças, sendo logo sacrificados ou expulsos. Entre os que escapam, por sua facilidade em manifestar poderes aberrantes, muitos escolhem abraçar o mal, enquanto outros decidem combatê-lo.

HABILIDADES DE RAÇA

+1 EM TRÊS ATRIBUTOS DIFERENTES (EXCETO CARISMA), CARISMA –1.

CRIA DA TORMENTA. Você é uma criatura do tipo monstro e recebe +5 em testes de resistência contra efeitos causados por lefou e pela Tormenta.

DEFORMIDADE. Todo lefou possui defeitos físicos que, embora desagradáveis, conferem certas vantagens. Você recebe +2 em duas perícias a sua escolha. Cada um desses bônus conta como um poder da Tormenta (exceto para perda de Crisma). Você pode trocar um desses bônus por um poder da Tormenta a sua escolha (ele também não conta para perda de Carisma).

Asha e Ichabod. Ser meio-demônio da Tormenta não significa ser maligno

MINOTAURO

Ah, os minotauros. Talvez o maior paradoxo de Arton atualmente. E talvez o maior retrato de como as coisas são mutáveis e, no fim, a roda gira.

Com suas legiões de soldados e disciplina pétrea, tomaram o que puderam com a justificativa de que o forte deve sempre proteger o mais fraco, preceito de Tauron, Deus da Força. Provaram-se vencedores, conquistadores. A seus próprios olhos, protetores. E acima de tudo, fortes.

Mas nada permanece como é por muito tempo em Arton, e a derrocada veio. Numa tentativa de proteger seu povo do Lorde da Tormenta Aharadak, Tauron desceu dos céus e o enfrentou. Mas perdeu.

Tauron morreu na luta contra a Tormenta. Seu gigantesco cadáver está estirado sobre Tiberus, a capital do Império de Tauron, domínio dos minotauros. Tiberus se encontra numa luta incessante contra as forças da Tormenta, e o corpo do deus é a lembrança de que mesmo o mais forte um dia pode ser derrotado.

As legiões dos minotauros lutam dia e noite contra a tempestade rubra, mantendo aceso o espírito guerreiro da raça e tentando preservar o império fragmentado. Os orgulhosos minotauros já conhecem a derrota, o medo e a fraqueza.

Por conta disso, minotauros hoje se espalham por Arton para provar que seus princípios ainda são verdadeiros, mesmo que sua divindade não exista mais. São disciplinados, normalmente sisudos e determinados. Sua pelagem tem cores variadas, seus chifres são seu orgulho. Sua força é seu maior trunfo. Ter um minotauro como companheiro é contar com proteção constante e garantida.

— Masaru Yudai, lefou monge feiticeiro

Povo guerreiro, orgulhoso e poderoso, criadores de uma civilização avançada, com a missão sagrada de proteger e governar os fracos — ou assim se enxergavam. Em seus tempos áureos, tomaram grande parte de Arton. Hoje, após a morte de sua divindade e a decadência de seu Império, os minotauros lutam para recuperar a glória perdida ou encontrar um novo papel no mundo.

HABILIDADES DE RAÇA

FORÇA +2, CONSTITUIÇÃO +1, SABEDORIA −1.

CHIFRES. Você possui uma arma natural de chifres (dano 1d6, crítico x2, perfuração). Uma vez por rodada, quando usa a ação agredir para atacar com outra arma, pode gastar 1 PM para fazer um ataque corpo a corpo extra com os chifres.

COURO RÍGIDO. Sua pele é dura como a de um touro. Você recebe +1 na Defesa.

FARO. Você tem olfato apurado. Contra inimigos em alcance curto que não possa ver, você não fica desprevenido e camuflagem total lhe causa apenas 20% de chance de falha.

MEDO DE ALTURA. Se estiver adjacente a uma queda de 3m ou mais de altura (como um buraco ou penhasco), você fica abalado.

Artorius. Uma nova era aguarda o povo de Tauron

QAREEN

Embora lembrem humanos de aparência magnífica, qareen são seres mágicos. Não só no sentido de sua curiosidade e modo alegre de ver a vida, mas por serem uma mistura de mortais com gênios. Cada um deles carrega no corpo elaboradas tatuagens que são o símbolo de seu poder. Uma "marca de Wynna", como eles mesmos chamam, que brilha sempre que uma de suas habilidades mágicas é utilizada.

Os qareen são filhos de Wynna, a Deusa da Magia. Para eles, fazer mágica é tão natural quanto respirar e atender a desejos é um instinto primordial. Assim como sua deusa mãe, este povo é generoso, curioso e encantador.

Os qareen têm o espírito desbravador inerente aos aventureiros, seja para satisfazer as próprias vontades, seja para auxiliar grupos de heróis mundanos. Carismáticos, atraem para si novos amigos assim como o calor de uma fogueira atrai um viajante perdido e enregelado. Concedem pequenos desejos, mágicos ou não, àqueles que abrem o coração e fazem um pedido.

E, se você não acredita em receber um desejo sem dar algo em troca, é porque ainda não teve a felicidade de conhecer um qareen.

— *Nagard Wyrmslayer, humano guardião da realidade*

Descendentes de poderosos gênios, os qareen são otimistas, generosos e prestativos, sempre ansiosos por ajudar. Consideram-se abençoados pela Deusa da Magia, exibindo como evidência a marca de Wynna em seus corpos. Sua magia é mais poderosa quando usada para realizar desejos de outros.

HABILIDADES DE RAÇA

Carisma +2, Inteligência +1, Sabedoria –1.

Desejos. Se lançar uma magia que alguém tenha pedido desde seu último turno, o custo da magia diminui em –1 PM. Fazer um desejo ao qareen é uma ação livre.

Resistência Elemental. Conforme sua ascendência, você recebe redução 10 a um tipo de dano. Escolha uma: frio (qareen da água), eletricidade (do ar), fogo (do fogo), ácido (da terra), luz (da luz) ou trevas (qareen das trevas).

Tatuagem Mística. Você pode lançar uma magia de 1º círculo a sua escolha (atributo-chave Carisma). Caso aprenda novamente essa magia, seu custo diminui em –1 PM.

Kadeen e Niala. Meios-gênios estão sempre dispostos a ajudar

RAÇAS EXTRAS

GOLEM

Diz-se que estes seres são apenas construtos sem vida, criados não pelos deuses, mas por mortais. No entanto, são movidos por forças vivas — espíritos elementais selvagens, capturados e lacrados por meios mágicos em corpos de pedra e metal. Muitos conformam-se com seus papéis como trabalhadores e soldados, enquanto outros demonstram alta inteligência, personalidade e iniciativa. Podem fazer tudo que outras raças fazem, até mesmo conjurar magias. Será que têm alma? Será que encontrarão os deuses quando chegar sua hora?

Força +2, Constituição +1, Carisma –1.

Chassi. Seu corpo artificial é resistente, mas rígido. Seu deslocamento é 6m, mas não é reduzido por uso de armadura ou excesso de carga. Você recebe +2 na Defesa, mas possui penalidade de armadura –2. Você leva um dia para vestir ou remover uma armadura (pois precisa acoplar as peças dela a seu chassi). Por ser acoplada, sua armadura não conta no limite de itens que você pode usar (mas você continua só podendo usar uma armadura).

Criatura Artificial. Você é uma criatura do tipo construto. Recebe visão no escuro e imunidade a efeitos de cansaço, metabólicos e de veneno. Além disso, não precisa respirar, alimentar-se ou dormir, mas não se beneficia de cura mundana e de itens da categoria alimentação. Você precisa ficar inerte por oito horas por dia para recarregar sua fonte de energia. Se fizer isso, recupera PV e PM por descanso em condições normais (golens não são afetados por condições boas ou ruins de descanso). Por fim, a perícia Cura não funciona em você, mas Ofício (artesão) pode ser usada no lugar dela.

Propósito de Criação. Você foi construído "pronto" para um propósito específico e não teve uma infância. Você não tem direito a escolher uma origem, mas recebe um poder geral a sua escolha.

Fonte Elemental. Você possui um espírito elemental preso em seu corpo. Escolha entre água (frio), ar (eletricidade), fogo (fogo) e terra (ácido). Você é imune a dano desse tipo. Se fosse sofrer dano mágico desse tipo, em vez disso cura PV em quantidade igual à metade do dano. Por exemplo, se um golem com espírito elemental do fogo é atingido por uma *Bola de Fogo* que causa 30 pontos de dano, em vez de sofrer esse dano, ele recupera 15 PV.

HYNNE

Também conhecidos como halflings ou "pequeninos", os hynne são apreciadores de boa comida e casas aconchegantes, raras vezes escolhendo sair pelo mundo em aventuras perigosas. Quando decidem fazê-lo, contudo, recorrem à agilidade e encanto naturais para ludibriar os inimigos — mais de um taverneiro ou miliciano deixou-se enganar por suas mãos ligeiras e sorrisos inocentes. Foram recentemente forçados a fugir de seu antigo reino natal, sendo então acolhidos pelas Repúblicas Livres de Sambúrdia, onde cultivam ervas e especiarias valiosas. Para espanto de todos, também se tornaram astutos mercadores, muitos ascendendo a príncipes mercantes.

Hynne são simpáticos e furtivos, mas golens podem ser o que menos se espera

Destreza +2, Carisma +1, Força −1.

Arremessador. Quando faz um ataque à distância com uma funda ou uma arma de arremesso, seu dano aumenta em um passo.

Pequeno e Rechonchudo. Seu tamanho é Pequeno (veja a página 106) e seu deslocamento é 6m. Você recebe +2 em Enganação e pode usar Destreza como atributo-chave de Atletismo (em vez de Força).

Sorte Salvadora. Quando faz um teste de resistência, você pode gastar 1 PM para rolar este teste novamente.

KLIREN

Estes visitantes de outro mundo seriam uma combinação entre humanos e gnomos — mas, afinal, o que são gnomos? São uma raça que talvez existisse em Arton, não fosse o envolvimento criminoso de seu deus Tilliann na criação da própria Tormenta. Seja como for, os kliren somam a alta inteligência gnômica e a curiosidade humana, resultando em seres de extrema engenhosidade, criatividade e talento com aparatos mecânicos. Seriam capazes de grandes feitos, talvez até dominar Arton, não fossem a impulsividade e imprudência que por vezes abreviam suas vidas...

Inteligência +2, Carisma +1, Força −1.

Híbrido. Sua natureza multifacetada fez com que você aprendesse conhecimentos variados. Você se torna treinado em uma perícia a sua escolha (não precisa ser da sua classe).

Engenhosidade. Quando faz um teste de perícia, você pode gastar 2 PM para somar sua Inteligência no teste. Você não pode usar esta habilidade em testes de ataque. Caso receba esta habilidade novamente, seu custo é reduzido em −1 PM.

Ossos Frágeis. Você sofre 1 ponto de dano adicional por dado de dano de impacto. Por exemplo, se for atingido por uma clava (dano 1d6), sofre 1d6+1 pontos de dano. Se cair de 3m de altura (dano 2d6), sofre 2d6+2 pontos de dano.

Vanguardista. Você recebe proficiência em armas de fogo e +2 em Ofício (um qualquer, a sua escolha).

MEDUSA

Ainda que estas criaturas reclusas sejam famosas por transformar suas vítimas em pedra com um simples olhar, apenas as mais antigas e poderosas o fazem. Jovens medusas por vezes rejeitam a solidão e crueldade racial, aventurando-se no Reinado, até mesmo fazendo amigos ou integrando equipes de heróis. Conseguem se fazer passar por mulheres humanas, quando escondem o cabelo feito de serpentes. O único povo que não teme medusas são os anões, que as consideram belas musas.

Os meios-gnomos kliren, ou as exóticas medusas: quem é mais perigoso?

Destreza +2, Carisma +1.

Cria de Megalokk. Você é uma criatura do tipo monstro e recebe visão no escuro.

Natureza Venenosa. Você recebe resistência a veneno +5 e pode gastar uma ação de movimento e 1 PM para envenenar uma arma que esteja usando. A arma causa perda de 1d12 pontos de vida. O veneno dura até você acertar um ataque ou até o fim da cena (o que acontecer primeiro). *Veneno*.

Olhar Atordoante. Você pode gastar uma ação de movimento e 1 PM para forçar uma criatura em alcance curto a fazer um teste de Fortitude (CD Car). Se a criatura falhar, fica atordoada por uma rodada (apenas uma vez por cena).

OSTEON

Esqueletos sempre foram temidos como monstros profanos, movidos por puro rancor pelos vivos. Isso mudou; conhecidos como osteon, estes esqueletos demonstram a inteligência e a consciência das raças vivas, sendo capazes de adotar quaisquer de suas profissões e devoções. Alguns atribuem seu surgimento à queda de Ragnar, antigo Deus da Morte; outros dizem ser consequência da ascensão de Ferren Asloth como um poderoso lich, transformando a nação de Aslothia em um reino necromante.

+1 em Três Atributos Diferentes (exceto Constituição), Constituição –1.

Armadura Óssea. Você recebe redução de corte, frio e perfuração 5.

Memória Póstuma. Você se torna treinado em uma perícia (não precisa ser da sua classe) ou recebe um poder geral a sua escolha. Como alternativa, você pode ser um osteon de outra raça humanoide que não humano. Neste caso, você ganha uma habilidade dessa raça a sua escolha. Se a raça era de tamanho diferente de Médio, você também possui sua categoria de tamanho.

Natureza Esquelética. Você é uma criatura do tipo morto-vivo. Recebe visão no escuro e imunidade a efeitos de cansaço, metabólicos, de trevas e de veneno. Além disso, não precisa respirar, alimentar-se ou dormir. Por fim, efeitos mágicos de cura de luz causam dano a você e você não se beneficia de itens da categoria alimentação, mas dano de trevas recupera seus PV.

Preço da Não Vida. Você precisa passar oito horas sob a luz de estrelas ou no subterrâneo. Se fizer isso, recupera PV e PM por descanso em condições normais (osteon não são afetados por condições boas ou ruins de descanso). Caso contrário, sofre os efeitos de fome.

SEREIA/TRITÃO

Sendo chamadas sereias quando femininas e tritões quando masculinos, os membros desta raça de torso humanoide e corpo de peixe podem adotar forma bípede para caminhar em terras emersas — algo que têm feito com cada vez mais frequência. Enquanto algumas sereias temem ou desprezam os humanos, outras enxergam Arton como um mundo misterioso, exótico, cheio de oportunidades e aventuras.

Arton terá que aceitar esqueletos inteligentes e sereias em terra firme

CONSTRUÇÃO DE PERSONAGEM

+1 em Três Atributos Diferentes.

Canção dos Mares. Você pode lançar duas das magias a seguir: *Amedrontar*, *Comando*, *Despedaçar*, *Enfeitiçar*, *Hipnotismo* ou *Sono* (atributo-chave Carisma). Caso aprenda novamente uma dessas magias, seu custo diminui em –1 PM. ☯

Mestre do Tridente. Para você, o tridente é uma arma simples. Além disso, você recebe +2 em rolagens de dano com azagaias, lanças e tridentes.

Transformação Anfíbia. Você pode respirar debaixo d'água e possui uma cauda que fornece deslocamento de natação 12m. Quando fora d'água, sua cauda desaparece e dá lugar a pernas (deslocamento 9m). Se permanecer mais de um dia sem contato com água, você não recupera PM com descanso até voltar para a água (ou, pelo menos, tomar um bom banho!).

Entre a fadinha zombeteira e o celestial/abissal, em quem confiar?

SÍLFIDE

As mais numerosas fadas em Arton são estas criaturinhas (alguns diriam "pestes") esvoaçantes, com suas delicadas asas de inseto e grandes olhos escuros. Curiosas e brincalhonas, parecem sempre à procura de alguma diversão, levando todos a subestimá-las quando o assunto exige seriedade. É verdade que seu entusiasmo e inocência podem causar problemas. Também é verdade que gostam de usar magias e ilusões para pregar peças. Pensando bem, ninguém até hoje encontrou um bom motivo para aceitar uma sílfide em um grupo de aventureiros...

Carisma +2, Destreza +1, Força –2.

Asas de Borboleta. Seu tamanho é Minúsculo. Você pode pairar a 1,5m do chão com deslocamento 9m. Isso permite que você ignore terreno difícil e o torna imune a dano por queda (a menos que esteja inconsciente). Você pode gastar 1 PM por rodada para voar com deslocamento de 12m.

Espírito da Natureza. Você é uma criatura do tipo espírito, recebe visão na penumbra e pode falar com animais livremente.

Magia das Fadas. Você pode lançar duas das magias a seguir (atributo-chave Carisma): *Criar Ilusão*, *Enfeitiçar*, *Luz* (como uma magia arcana) e *Sono*. Caso aprenda novamente uma dessas magias, seu custo diminui em –1 PM. ☯

SURAGGEL

Descendentes de extraplanares divinos, esta raça é formada por seres com traços angelicais ou demoníacos — ou ambos. Por serem ligados às forças opostas da luz e trevas, suraggel têm traços diferentes quando orientados para seu lado celestial, sendo então conhecidos como aggelus; ou para o lado abissal, assim sendo chamados sulfure. Sua natureza em geral combina com a ascendência, lembrando habitantes dos Mundos dos Deuses, mas eles também podem ser surpreendentes e contraditórios: não se espante muito ao conhecer um aggelus ladino ou um sulfure paladino.

Sabedoria +2, Carisma +1 (Aggelus); Destreza +2, Inteligência +1 (Sulfure).

Capítulo Um

Herança Divina. Você é uma criatura do tipo espírito e recebe visão no escuro.

Luz Sagrada (Aggelus). Você recebe +2 em Diplomacia e Intuição. Além disso, pode lançar *Luz* (como uma magia divina; atributo-chave Carisma). Caso aprenda novamente essa magia, seu custo diminui em −1 PM. ☼

Sombras Profanas (Sulfure). Você recebe +2 em Enganação e Furtividade. Além disso, pode lançar *Escuridão* (como uma magia divina; atributo-chave Inteligência). Caso aprenda novamente essa magia, seu custo diminui em −1 PM. ☼

TROG

Trogloditas (ou "trogs") são homens-lagarto primitivos e subterrâneos que odeiam todos os outros seres — especialmente os que sabem forjar aço, aquilo que mais cobiçam. Suas tribos tramam incursões contra povoados humanos, fazem emboscadas em estradas, atacam exploradores em masmorras. Uns poucos, no entanto, divergem da crueldade e selvageria inerentes à raça. Abandonam a tribo ou são expulsos. Escolhem caminhos surpreendentes, inesperados; tornam-se druidas, ou clérigos, ou bucaneiros, ou sabe-se lá o que mais. Enfim, acabam aceitos como colegas por aventureiros tão estranhos e deslocados quanto eles próprios.

Constituição +2, Força +1, Inteligência −1.

Mau Cheiro. Você pode gastar uma ação padrão e 2 PM para expelir um gás fétido. Todas as criaturas (exceto trogs) em alcance curto devem passar em um teste de Fortitude contra veneno (CD Con) ou ficarão enjoadas durante 1d6 rodadas. Uma criatura que passe no teste de resistência fica imune a esta habilidade por um dia.

Mordida. Você possui uma arma natural de mordida (dano 1d6, crítico x2, perfuração). Uma vez por rodada, quando usa a ação agredir para atacar com outra arma, pode gastar 1 PM para fazer um ataque corpo a corpo extra com a mordida.

Reptiliano. Você é uma criatura do tipo monstro e recebe visão no escuro, +1 na Defesa e, se estiver sem armadura ou roupas pesadas, +5 em Furtividade.

Sangue Frio. Você sofre 1 ponto de dano adicional por dado de dano de frio.

Os primitivos trogloditas. Braços (e cheiro!) fortes

Construção de Personagem

CLASSES

Uma classe é como uma profissão. Ela representa a forma que você escolheu para enfrentar os perigos do mundo e perseguir seus objetivos — com armas, perícias ou magias.

ESCOLHENDO SUA CLASSE

A classe é a característica mais importante de um personagem e define que papel você terá no grupo de aventureiros. Tormenta20 contém quatorze classes. A tabela a seguir traz um resumo das classes, com uma descrição curta, sugestão de atributo principal, e PV, PM e perícias iniciais.

CARACTERÍSTICAS DAS CLASSES

Pontos de Vida e Mana. Sua classe define seus pontos de vida e pontos de mana. Veja mais sobre essas características na página 106.

Perícias. Suas perícias treinadas. Veja mais sobre isso no **Capítulo 2**.

Proficiências. Os tipos de armas e armaduras que você sabe usar (além de armas simples e armaduras leves, que todos os personagens sabem usar). Veja mais sobre isso nas páginas 142 e 152.

Tabela 1-3: Classes

Classe	Descrição	Atributo	PV[1]	PM	Perícias[2]
Arcanista	Um conjurador de magias arcanas, por meio de estudo, um foco ou dom natural.	Inteligência ou Carisma	8	6	Misticismo e Vontade, mais 2
Bárbaro	Um combatente primitivo, que usa fúria e instintos para destruir seus inimigos.	Força	24	3	Fortitude e Luta, mais 4
Bardo	Um artista errante e faz-tudo versátil, sempre com a solução certa para cada ocasião.	Carisma	12	4	Atuação e Reflexos, mais 6
Bucaneiro	Um navegador inconsequente e galante, sempre em busca de ouro ou emoção.	Destreza	16	3	Luta ou Pontaria, Reflexos, mais 4
Caçador	Um exterminador de monstros e mestre da sobrevivência em áreas selvagens.	Força ou Destreza	16	4	Luta ou Pontaria, Sobrevivência, mais 4
Cavaleiro	Um combatente honrado, especializado em suportar dano e proteger os outros.	Força	20	3	Fortitude e Luta, mais 2
Clérigo	Servo de um dos deuses de Arton, usa poderes divinos para defender seus ideais.	Sabedoria	16	5	Religião e Vontade, mais 2
Druida	Guardião do mundo natural e devoto das forças selvagens, naturais ou monstruosas.	Sabedoria	16	4	Sobrevivência e Vontade, mais 4
Guerreiro	O especialista supremo em técnicas de combate com armas.	Força ou Destreza	20	3	Luta ou Pontaria, Fortitude, mais 2
Inventor	Um ferreiro, alquimista ou engenhoqueiro, especializado em fabricar e usar itens.	Inteligência	12	4	Ofício e Vontade, mais 4
Ladino	Aventureiro cheio de truques, confiando mais em agilidade e esperteza que em força bruta.	Destreza ou Inteligência	12	4	Ladinagem e Reflexos, mais 8
Lutador	Um especialista em combate desarmado rústico e durão.	Força	20	3	Fortitude e Luta, mais 4
Nobre	Um membro da alta sociedade cujas principais armas são as palavras e o orgulho.	Carisma	16	4	Diplomacia ou Intimidação, Vontade, mais 4
Paladino	Um campeão do bem e da ordem, o perfeito soldado dos deuses.	Força e Carisma	20	3	Luta e Vontade, mais 2

[1]Mais sua Constituição. [2]Mais sua Inteligência, se positiva. Perícias por Inteligência não precisam ser da lista da classe.

CAPÍTULO UM

HABILIDADES DE CLASSE

Você começa o jogo com todas as habilidades do 1º nível da sua classe. As regras para usar habilidades são explicadas no **Capítulo 5: Jogando**.

Poderes. Todas as classes possuem uma habilidade "Poder" (Poder de Arcanista, Poder de Bárbaro, Poder de Bardo...) que permite que você escolha um poder de uma lista. Alguns poderes têm pré-requisitos. Para escolhê-los e usá-los, você deve possuir todos os requerimentos mencionados. Você pode escolher um poder no nível em que atinge seus pré-requisitos. A menos que especificado o contrário, você não pode escolher um mesmo poder mais de uma vez. Você sempre pode substituir um poder de classe por um poder geral (veja no **Capítulo 2**). Para outros propósitos, poderes funcionam como habilidades. Poderes que aumentam o custo em PM de uma magia são poderes de aprimoramento (veja a página 131).

NÍVEL DE PERSONAGEM

O nível de um personagem representa sua experiência e poder — quanto mais alto, mais poderoso ele é. Conforme vivem aventuras e vencem desafios, personagens ganham pontos de experiência (XP). Acumulando certo número de pontos, sobem de nível. A **Tabela 1-4: Níveis de Personagem** indica quantos pontos de experiência você deve acumular para chegar a cada nível.

Você começa no 1º nível e com 0 XP. Isso representa um herói novato, recém começando sua carreira. Perigos mundanos, como enfrentar um bandido de estrada ou um lobo faminto, serão um desafio para você. Porém, à medida que se aventura e sobe de nível, você se torna capaz de enfrentar ameaças cada vez maiores. Veja mais sobre isso no quadro "Patamares de Jogo", na página 35.

A Guilda do Macaco, usando todas as suas habilidades de classe!

Aventureiros são diferentes, mas todos buscam alcançar o próximo nível

SUBINDO DE NÍVEL

Quando acumula XP suficiente (conforme a tabela abaixo) você *sobe de nível*. Quando isso acontece, você ganha os três benefícios a seguir.

1. **Pontos de Vida e Mana.** Seus PV e PM aumentam de acordo com a sua classe. Some sua Constituição aos PV que ganha por nível (mas você sempre ganha pelo menos 1 PV ao subir de nível).

2. **Habilidades de Classe.** Você ganha todas as habilidades do nível alcançado. Consulte a tabela da sua classe para saber quais.

3. **Bônus em Perícias.** Seu bônus em perícias é igual à metade do seu nível. Assim, a cada nível par (2º, 4º, 6º etc.) ele aumenta em +1. Isso representa o fato de que heróis experientes se tornam mais capazes. Você usa o número antes da barra para perícias treinadas e o número depois da barra para perícias não treinadas. Veja mais sobre isso no **Capítulo 2**.

MULTICLASSE

Quando sobe de nível, você pode escolher outra classe. Essa opção é conhecida como *multiclasse* e fornece mais versatilidade, em troca de poder bruto.

O qareen Zaled Rayeder, um arcanista de 3º nível, encontra um propósito para seus dons mágicos selvagens na ordem de Khalmyr, o Deus da Justiça. Ao subir para o 4º nível, escolhe um nível de paladino, tornando-se um arcanista 3/paladino 1. Zaled terá as habilidades de um arcanista de 3º nível e de um paladino de 1º nível.

Pontos de Vida. Quando você ganha o primeiro nível em uma nova classe, ganha os PV de um nível subsequente, não do primeiro. Zaled ganha 5 PV pelo primeiro nível de paladino, não 20.

Pontos de Mana. Some os PM fornecidos por cada classe para determinar seu montante total.

Perícias & Proficiências. Quando você ganha o primeiro nível em uma nova classe, não ganha as perícias treinadas ou proficiências da nova classe.

Níveis de Classe e de Personagem. Nível de classe são níveis numa classe específica. Já seu nível de personagem é a soma dos níveis de todas as suas classes. *Zaled é um arcanista de 3º nível, um paladino de 1º nível e um personagem de 4º nível (a soma dos dois).*

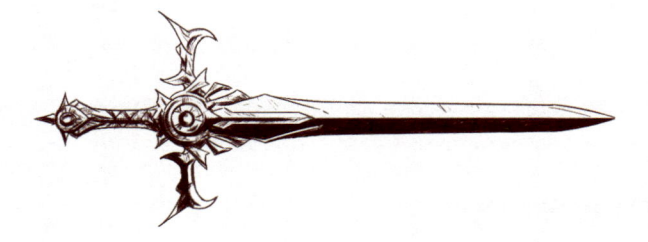

Patamares de Jogo

As classificações abaixo fornecem uma noção da escala de poder dos personagens e afetam certas habilidades.

- **Iniciante (1º ao 4º nível).** Aventureiro novato, envolvido em missões locais, como proteger vilas do ataque de bandidos e escoltar caravanas.

- **Veterano (5º ao 10º nível).** Neste patamar, o herói presta serviços importantes a nobres e líderes de guildas.

- **Campeão (11º ao 16º nível).** Já famoso por suas façanhas, o aventureiro trabalha para monarcas e enfrenta grandes vilões e monstros terríveis.

- **Lenda (17º ao 20º nível).** Entre os mais poderosos de Arton, o herói lida com perigos que ameaçam todo o mundo... Ou mesmo toda a realidade!

Tabela 1-4: Níveis de Personagem

Nível de Personagem	Pontos de Experiência	Bônus em Perícias
1º	0	+2/+0
2º	1.000	+3/+1
3º	3.000	+3/+1
4º	6.000	+4/+2
5º	10.000	+4/+2
6º	15.000	+5/+3
7º	21.000	+7/+3
8º	28.000	+8/+4
9º	36.000	+8/+4
10º	45.000	+9/+5
11º	55.000	+9/+5
12º	66.000	+10/+6
13º	78.000	+10/+6
14º	91.000	+11/+7
15º	105.000	+13/+7
16º	120.000	+14/+8
17º	136.000	+14/+8
18º	153.000	+15/+9
19º	171.000	+15/+9
20º	190.000	+16/+10

ARCANISTA

A magia é a força mais poderosa de Arton. Está presente em todas as grandes maravilhas deste mundo, impregnada nas muralhas e torres dos maiores castelos e masmorras. Criaturas fantásticas são tocadas pela magia, armas e artefatos lendários são imbuídos de poder mágico. Mesmo assim, a magia permanece um mistério. Ninguém pode dizer que compreende totalmente esta força caprichosa, imprevisível, devastadora e deslumbrante. A magia esconde segredos infinitos, desde o truque de um ilusionista de rua até o poder de uma bola de fogo, desde o encanto para aprimorar uma espada até o segredo de cruzar dimensões.

O arcanista é o grande mestre da magia. Muitos aventureiros aprendem algum rudimento das artes místicas, mas não têm noção de seu verdadeiro potencial e do perigo inerente a usá-las sem aprofundamento. Apenas um arcanista dedicado é capaz de dobrar a própria realidade.

Ripp. Sua magia, infelizmente, usa cabelos como matéria-prima

Este entendimento pode mexer com a mente de qualquer um. Alguns arcanistas se tornam arrogantes e distantes — como não se sentir superior possuindo poder para quebrar leis naturais? Os deuses podem comandar a Criação, mas os arcanistas conhecem as brechas no que eles criaram e sabem que nem todos os comandos divinos precisam ser seguidos. Outros arcanistas, vislumbrando algo tão maior que eles mesmos, tornam-se humildes, até mesmo niilistas. Prefeririam continuar na ignorância a ter noção do "outro lado" da realidade. Existem até mesmo arcanistas que enlouquecem na busca por poder e conhecimento.

Esta busca é constante, pois a disciplina da magia exige dedicação total. Em início de carreira, os arcanistas costumam ser fracos, frágeis, quase indefesos. Contudo, à medida que sua experiência aumenta, logo se tornam oponentes formidáveis. Em vez de serem protegidos por seus aliados, tomam para si o papel de protetores e líderes.

Nenhum arcanista é igual ao outro. Alguns encaram a magia como um conjunto de rituais e fórmulas que deve ser estudado e decorado. Outros têm forte ligação com um objeto de poder, através do qual canalizam seus feitiços. Outros ainda possuem capacidades arcanas brutas dentro de si desde o nascimento, apenas aprendendo a controlar e refinar este potencial. Seja como for, a magia nunca é banal, nunca é sutil e nunca é totalmente previsível. Mesmo em escolas mágicas como a Grande Academia Arcana, professores e alunos ficam fascinados com o que veem todos os dias. Mesmo o mais simples truque exige gestos, invocações, palavras secretas e grande concentração. Mesmo o feitiço mais codificado e esmiuçado esconde facetas que podem surpreender seu usuário.

Descartando armaduras, armas e escudos em favor de robes, livros e varinhas, os arcanistas desafiam os perigos de Arton com seu intelecto, dedicação e personalidade. Abrindo mão de conhecimentos mundanos em troca de segredos obscuros, sabem pouco da vida cotidiana, mas muito sobre a natureza oculta do universo. Dedicando sua juventude ao estudo e aprimoramento, mais tarde se tornam poderosos, invencíveis ou até mesmo imortais.

ARCANISTAS FAMOSOS. Aylarianna Purpúrea, Gradda, Ichabod, Reynard, Ripp, Rufus Domat, Salini Alan, Talude, Vladislav Tpish, Vectorius.

CARACTERÍSTICAS DE CLASSE

Pontos de Vida. Um arcanista começa com 8 pontos de vida (+ Constituição) e ganha 2 PV (+ Constituição) por nível.

Pontos de Mana. 6 PM por nível.

Perícias. Misticismo (Int) e Vontade (Sab), mais 2 a sua escolha entre Conhecimento (Int), Diplomacia (Car), Enganação (Car), Guerra (Int), Iniciativa (Des), Intimidação (Car), Intuição (Sab), Investigação (Int), Nobreza (Int), Ofício (Int) e Percepção (Sab).

Proficiências. Nenhuma.

HABILIDADES DE CLASSE

Caminho do Arcanista. A magia é um poder incrível, capaz de alterar a realidade. Esse poder tem fontes distintas e cada uma opera conforme suas próprias regras. Escolha uma das opções a seguir. Uma vez feita, essa escolha não pode ser mudada.

• *Bruxo.* Você lança magias através de um foco — uma varinha, cajado, chapéu... Para lançar uma magia, você precisa empunhar o foco com uma mão (e gesticular com a outra) ou fazer um teste de Misticismo (CD 20 + o custo em PM da magia; se falhar, a magia não funciona, mas você gasta os PM mesmo assim). O foco tem RD 10 e PV iguais à metade dos seus, independentemente de seu material ou forma. Se for danificado, é totalmente restaurado na próxima vez que você recuperar seus PM. Se for destruído (reduzido a 0 PV), você fica atordoado por uma rodada. Você pode recuperar um foco destruído ou perdido com uma semana de trabalho e T$ 100. Seu atributo-chave para magias é Inteligência.

• *Feiticeiro.* Você lança magias através de um poder inato que corre em seu sangue. Escolha uma linhagem como origem de seus poderes (veja a página 39). Você recebe a herança básica da linhagem escolhida. Você não depende de nenhum item ou estudo, mas sua capacidade de aprender magias é limitada — você aprende uma magia nova a cada nível ímpar (3º, 5º, 7º etc.), em vez de a cada nível. Seu atributo-chave para magias é Carisma.

• *Mago.* Você lança magias através de estudo e memorização de fórmulas arcanas. Você só pode lançar magias memorizadas; suas outras magias não podem ser lançadas, mesmo que você tenha pontos de mana para tal. Para memorizar magias, você precisa estudar seu grimório por uma hora. Quando faz isso, escolhe metade das magias que conhece (por exemplo, se conhece 7 magias, escolhe 3). Essas se-

Tabela 1-5: O Arcanista

Nível	Habilidades de Classe
1º	Caminho do arcanista, magias (1º círculo)
2º	Poder de arcanista
3º	Poder de arcanista
4º	Poder de arcanista
5º	Magias (2º círculo), poder de arcanista
6º	Poder de arcanista
7º	Poder de arcanista
8º	Poder de arcanista
9º	Magias (3º círculo), poder de arcanista
10º	Poder de arcanista
11º	Poder de arcanista
12º	Poder de arcanista
13º	Magias (4º círculo), poder de arcanista
14º	Poder de arcanista
15º	Poder de arcanista
16º	Poder de arcanista
17º	Magias (5º círculo), poder de arcanista
18º	Poder de arcanista
19º	Poder de arcanista
20º	Alta arcana, poder de arcanista

rão suas magias memorizadas. Você pode memorizar magias uma vez por dia. Caso não possa estudar (por não ter tempo, por ter perdido o grimório...), não poderá trocar suas magias memorizadas. Um grimório tem as mesmas estatísticas de um foco (veja acima) e pode ser recuperado da mesma forma. Você começa com uma magia adicional (para um total de 4) e, sempre que ganha acesso a um novo círculo de magias, aprende uma magia adicional daquele círculo. Seu atributo-chave para magias é Inteligência.

Magias. Você pode lançar magias arcanas de 1º círculo. A cada quatro níveis, pode lançar magias de um círculo maior (2º círculo no 5º nível, 3º círculo no 9º nível e assim por diante).

Você começa com três magias de 1º círculo. A cada nível, aprende uma magia de qualquer círculo que possa lançar.

Seu atributo-chave para lançar magias é definido pelo seu Caminho (veja acima) e você soma seu atributo-chave no seu total de PM. Veja o **Capítulo 4** para as regras de magia.

Poder de Arcanista. No 2º nível, e a cada nível seguinte, você escolhe um dos poderes a seguir.

Familiares Arcanos

Um familiar é uma criatura mágica. Em termos de jogo, é um parceiro especial com o qual você pode se comunicar telepaticamente em alcance longo. Ele obedece a suas ordens, mas ainda está limitado ao que uma criatura de sua espécie pode fazer. Se ele morrer, você fica atordoado por uma rodada. Você pode invocar um novo familiar com um ritual que exige um dia e T$ 100 em ingredientes.

- **Borboleta.** A CD dos testes de Vontade para resistir a suas magias aumenta em +1.
- **Cobra.** A CD dos testes de Fortitude para resistir a suas magias aumenta em +1.
- **Coruja.** Quando lança uma magia com alcance de toque, você pode pagar 1 PM para aumentar seu alcance para curto.
- **Corvo.** Quando faz um teste de Misticismo ou Vontade, você pode pagar 1 PM para rolar dois dados e usar o melhor resultado.
- **Falcão.** Você não pode ser surpreendido e nunca fica desprevenido.
- **Gato.** Você recebe visão no escuro e +2 em Furtividade.
- **Lagarto.** A CD dos testes de Reflexos para resistir a suas magias aumenta em +1.
- **Morcego.** Você adquire percepção às cegas em alcance curto.
- **Rato.** Você pode usar seu atributo-chave em Fortitude, no lugar de Constituição.
- **Sapo.** Você soma seu atributo-chave ao seu total de pontos de vida (cumulativo).

• *Arcano de Batalha.* Quando lança uma magia, você soma seu atributo-chave na rolagem de dano.

• *Aumento de Atributo.* Você recebe +1 em um atributo. Você pode escolher este poder várias vezes, mas apenas uma vez por patamar para um mesmo atributo.

• *Caldeirão do Bruxo.* Você pode criar poções, como se tivesse o poder geral Preparar Poção. Se tiver ambos, pode criar poções de até 5º círculo. *Pré-requisitos:* Bruxo, treinado em Ofício (alquimista).

• *Conhecimento Mágico.* Você aprende duas magias de qualquer círculo que possa lançar. Você pode escolher este poder quantas vezes quiser.

• *Contramágica Aprimorada.* Uma vez por rodada, você pode fazer uma contramágica como uma reação (veja a página 173). *Pré-requisito:* Dissipar Magia.

• *Envolto em Mistério.* Sua aparência e postura assombrosas o permitem manipular e assustar pessoas ignorantes ou supersticiosas. O mestre define o que exatamente você pode fazer e quem se encaixa nessa descrição. Como regra geral, você recebe +5 em Enganação e Intimidação contra pessoas não treinadas em Conhecimento ou Misticismo.

• *Escriba Arcano.* Você pode aprender magias copiando os textos de pergaminhos e grimórios de outros magos. Aprender uma magia dessa forma exige um dia de trabalho e T$ 250 em matérias-primas por PM necessário para lançar a magia. Assim, aprender uma magia de 3º círculo (6 PM) exige 6 dias de trabalho e o gasto de T$ 1.500. *Pré-requisitos:* Mago, treinado em Ofício (escriba).

• *Especialista em Escola.* Escolha uma escola de magia. A CD para resistir a suas magias dessa escola aumenta em +2. *Pré-requisito:* Bruxo ou Mago.

• *Familiar.* Você possui um animal de estimação mágico. Veja o quadro para detalhes.

• *Fluxo de Mana.* Você pode manter dois efeitos sustentados ativos simultaneamente com apenas uma ação livre, pagando o custo de cada efeito separadamente. *Pré-requisito:* 10º nível de arcanista.

• *Foco Vital.* Se você estiver segurando seu foco e sofrer dano que o levaria a 0 PV ou menos, você fica com 1 PV e o foco perde PV igual ao valor excedente ou até ser destruído (se o foco for destruído, você sofre o dano excedente). *Pré-requisito:* Bruxo. ☯

• *Fortalecimento Arcano.* A CD para resistir a suas magias aumenta em +1. Se você puder lançar magias de 4º círculo, em vez disso ela aumenta em +2. *Pré-requisito:* 5º nível de arcanista.

• *Herança Aprimorada.* Você recebe a herança aprimorada de sua linhagem sobrenatural. *Pré-requisitos:* Feiticeiro, 6º nível de arcanista.

• *Herança Superior.* Você recebe a herança superior de sua linhagem sobrenatural. *Pré-requisitos:* Herança Aprimorada, 11º nível de arcanista.

• *Magia Pungente.* Quando lança uma magia, você pode pagar 1 PM para aumentar em +2 a CD para resistir a ela.

• *Mestre em Escola.* Escolha uma escola de magia. O custo para lançar magias dessa escola diminui em –1 PM. *Pré-requisitos:* Especialista em Escola com a escola escolhida, 8º nível de arcanista.

• *Poder Mágico.* Você recebe +1 ponto de mana por nível de arcanista. Quando sobe de nível, os PM que recebe por este poder aumentam de acordo. Por exemplo, se escolher este poder no 4º nível, recebe 4 PM. Quando subir para o 5º nível, recebe +1 PM e assim por diante.

• *Raio Arcano*. Você pode gastar uma ação padrão para causar 1d8 pontos de dano de essência num alvo em alcance curto. Esse dano aumenta em +1d8 para cada círculo de magia acima do 1º que você puder lançar. O alvo pode fazer um teste de Reflexos (CD atributo-chave) para reduzir o dano à metade. O raio arcano conta como uma magia para efeitos de habilidades e itens que beneficiem suas magias. ◉

• *Raio Elemental*. Quando usa Raio Arcano, você pode pagar 1 PM para que ele cause dano de ácido, eletricidade, fogo, frio ou trevas, a sua escolha. Se o alvo falhar no teste de Reflexos, sofre uma condição, de acordo com o tipo de dano (veja a descrição das condições na página 394). *Ácido:* vulnerável por 1 rodada. *Eletricidade:* ofuscado por 1 rodada. *Fogo:* fica em chamas. *Frio:* lento por 1 rodada. *Trevas:* não pode curar PV por 1 rodada. Pré-requisito: Raio Arcano. ◉

• *Raio Poderoso*. Os dados de dano do seu Raio Arcano aumentam para d12 e o alcance dele aumenta para médio. Pré-requisito: Raio Arcano. ◉

• *Tinta do Mago*. Você pode criar pergaminhos, como se tivesse o poder Escrever Pergaminho. Se tiver ambos, seu custo para criar pergaminhos é reduzido à metade. Pré-requisitos: Mago, treinado em Ofício (escriba).

ALTA ARCANA. No 20º nível, seu domínio das artes arcanas é total. O custo em PM de suas magias arcanas é reduzido à metade (após aplicar aprimoramentos e quaisquer outros efeitos que reduzam custo).

LINHAGENS SOBRENATURAIS

O poder de um feiticeiro vem de seu sangue — mais precisamente, do sangue de um antepassado sobrenatural, como um dragão ou uma fada. Além da capacidade de lançar magias, o feiticeiro herda desse antepassado uma fração de seu poder natural, que ele pode desenvolver ao longo de sua vida. Ao escolher o caminho do feiticeiro, escolha uma linhagem da lista a seguir. Você recebe a herança básica de sua linhagem e pode desenvolver as demais através de poderes de arcanista.

LINHAGEM DRACÔNICA

Um de seus antepassados foi um majestoso dragão. Escolha um tipo de dano entre ácido, eletricidade, fogo ou frio.

• *Básica*. Você soma seu Carisma em seus pontos de vida iniciais e recebe redução de dano 5 ao tipo escolhido.

• *Aprimorada*. Suas magias do tipo escolhido custam –1 PM e causam +1 ponto de dano por dado.

• *Superior*. Você passa a somar o dobro do seu Carisma em seus pontos de vida iniciais e se torna imune a dano do tipo escolhido. Além disso, sempre que reduz um ou mais inimigos a 0 PV ou menos com uma magia do tipo escolhido, você recebe uma quantidade de PM temporários igual ao círculo da magia.

LINHAGEM FEÉRICA

Seu sangue foi tocado pelas fadas.

• *Básica*. Você se torna treinado em Enganação e aprende uma magia de 1º círculo de encantamento ou ilusão, arcana ou divina, a sua escolha.

• *Aprimorada*. A CD para resistir a suas magias de encantamento e ilusão aumenta em +2 e suas magias dessas escolas custam –1 PM.

• *Superior*. Você recebe +2 em Carisma. Se uma criatura passar no teste de resistência contra uma magia de encantamento ou ilusão lançada por você, você fica alquebrado até o final da cena.

LINHAGEM RUBRA

Seu sangue foi corrompido pela Tormenta.

• *Básica*. Você recebe um poder da Tormenta. Além disso, pode perder outro atributo em vez de Carisma por poderes da Tormenta.

• *Aprimorada*. Escolha uma magia para cada poder da Tormenta que você possui. Essas magias custam –1 PM. Sempre que recebe um novo poder da Tormenta, você pode escolher uma nova magia. Esta herança conta como um poder da Tormenta (exceto para perda de Carisma).

• *Superior*. Você recebe +4 PM para cada poder da Tormenta que tiver. Esta herança conta como um poder da Tormenta (exceto para perda de Carisma).

BÁRBARO

Arton não é civilizado. Mesmo com reinos, grandes cidades e política intrincada, este mundo possui vastas extensões de terra não mapeadas, onde nenhum nobre, soldado ou autoridade jamais pisou. Em grandes florestas escuras, em vastas cordilheiras aterrorizantes, em pradarias indomadas e ilhas remotas, Arton é governado pela força, pela selvageria, pela coragem e pela honra. É o território dos bárbaros.

O bárbaro é um herói primitivo que ignora ou descarta as frivolidades da civilização. Um combatente terrível, o bárbaro luta por instinto, confiando menos em técnica e mais em puro frenesi de batalha. Em momentos de grande perigo, ou apenas frente a algo que desperte seu ódio, o bárbaro é tomado por uma fúria guerreira, ficando cego para tudo que não seja o combate e sendo imbuído de força e resistência animalescas.

Bárbaros não se sentem confortáveis com todas as restrições da civilização. As paredes altas de um castelo parecem prisões, as ruas lotadas das cidades parecem labirintos fedorentos. Seu conhecimento é adquirido em forma de histórias e lições passadas oralmente por seus ancestrais, ou aprendido com observação do mundo natural.

Podem ser apenas brutamontes monossilábicos, sem talento para nada além da violência. Contudo, também podem ser expoentes de culturas tão ricas e sábias quanto a "civilização", bravos que rejeitam fingimentos e mentiras em favor da honestidade e simplicidade dos ermos. E mesmo aqueles que mal sabem falar muitas vezes são dotados de uma ingenuidade e bondade tocantes, tendo crescido num mundo em que família e amigos valem mais que ouro.

Klunc, o bárbaro. Lutará por presunto e por seus amigos, nesta ordem

As Montanhas Uivantes produzem bárbaros do gelo, acostumados a condições adversas, que bebem leite de mamute e seguem um código de honra estrito. Os Ermos Púrpuras produzem bárbaros das florestas, um povo ancestral e independente que se viu cada vez mais acuado enquanto suas terras foram roubadas por forasteiros. As Montanhas Sanguinárias produzem bárbaros que enfrentam monstros desde a infância e muitas vezes criam vínculos com essas criaturas. Também há bárbaros em todas as regiões ermas e remotas, além de habitantes das cidades que rejeitam a civilização e se entregam à selvageria, tornando-se bárbaros por escolha própria.

Bárbaros não costumam usar armaduras pesadas e empunham armas rústicas e brutais, como tacapes e machados. Contudo, o que os define não é seu equipamento, mas seu anseio pela liberdade. Sua sede de sangue é enorme, mas sua lealdade é maior ainda. Livre de amarras, feroz, digno, honesto e forte, o bárbaro simboliza o passado selvagem e inspirador de Arton.

Bárbaros Famosos. Alenn Toren Greenfeld, Andilla Dente-de-Ferro, Klunc, Galo Louco.

CARACTERÍSTICAS DE CLASSE

Pontos de Vida. Um bárbaro começa com 24 pontos de vida + Constituição e ganha 6 PV + Constituição por nível.

Pontos de Mana. 3 PM por nível.

Perícias. Fortitude (Con) e Luta (For), mais 4 a sua escolha entre Adestramento (Car), Atletismo (For), Cavalgar (Des), Iniciativa (Des), Intimidação (Car), Ofício (Int), Percepção (Sab), Pontaria (Des), Sobrevivência (Sab) e Vontade (Sab).

Proficiências. Armas marciais e escudos.

HABILIDADES DE CLASSE

Fúria. Você pode gastar 2 PM para invocar uma fúria selvagem. Você recebe +2 em testes de ataque e rolagens de dano corpo a corpo, mas não pode fazer nenhuma ação que exija calma e concentração (como usar a perícia Furtividade ou lançar magias). A cada cinco níveis, pode gastar +1 PM para aumentar os bônus em +1.

A Fúria termina se, ao fim da rodada, você não tiver atacado nem sido alvo de um efeito (ataque, habilidade, magia...) hostil.

Poder de Bárbaro. No 2º nível, e a cada nível seguinte, você escolhe um dos poderes a seguir.

Tabela 1-6: O Bárbaro

Nível	Habilidades de Classe
1º	Fúria +2
2º	Poder de bárbaro
3º	Instinto selvagem +1, poder de bárbaro
4º	Poder de bárbaro
5º	Poder de bárbaro, redução de dano 2
6º	Fúria +3, poder de bárbaro
7º	Poder de bárbaro
8º	Poder de bárbaro, redução de dano 4
9º	Instinto selvagem +2, poder de bárbaro
10º	Poder de bárbaro
11º	Fúria +4, poder de bárbaro, redução de dano 6
12º	Poder de bárbaro
13º	Poder de bárbaro
14º	Poder de bárbaro, redução de dano 8
15º	Instinto selvagem +3, poder de bárbaro
16º	Fúria +5, poder de bárbaro
17º	Poder de bárbaro, redução de dano 10
18º	Poder de bárbaro
19º	Poder de bárbaro
20º	Fúria titânica, poder de bárbaro

• *Alma de Bronze.* Quando entra em fúria, você recebe uma quantidade de pontos de vida temporários igual a seu nível + sua Força.

• *Aumento de Atributo.* Você recebe +1 em um atributo. Você pode escolher este poder várias vezes, mas apenas uma vez por patamar para um mesmo atributo.

• *Brado Assustador.* Você pode gastar uma ação de movimento e 1 PM para soltar um berro feroz. Todos os inimigos em alcance curto ficam vulneráveis até o fim da cena. *Pré-requisito:* treinado em Intimidação. *Medo.*

• *Crítico Brutal.* Seu multiplicador de crítico com armas corpo a corpo e de arremesso aumenta em +1. Por exemplo, seu multiplicador com um machado de batalha (normalmente x3) será x4. *Pré-requisito:* 6º nível de bárbaro.

• *Destruidor.* Quando causa dano com uma arma corpo a corpo de duas mãos, você pode rolar novamente qualquer resultado 1 ou 2 das rolagens de dano da arma. *Pré-requisito:* For 1.

• *Espírito Inquebrável.* Enquanto está em fúria, você não fica inconsciente por estar com 0 PV ou

Animais Totêmicos

A seguir está uma lista de animais venerados por tribos bárbaras de Arton.

- **Coruja.** A sábia coruja guia seus discípulos. Você pode lançar *Orientação*.
- **Corvo.** Um seguidor do corvo enxerga além do véu. Você pode lançar *Visão Mística*.
- **Falcão.** Sempre atento, o falcão permite que você lance *Detectar Ameaças*.
- **Grifo.** O mais veloz dos animais, o grifo permite que você lance *Primor Atlético*.
- **Lobo.** O lobo é feroz e letal. Você pode lançar *Concentração de Combate*.
- **Raposa.** A sagaz raposa nunca está onde se espera. Você pode lançar *Imagem Espelhada*.
- **Tartaruga.** A tartaruga protege os seus. Você pode lançar *Armadura Arcana*.
- **Urso.** O vigoroso urso permite que você lance *Vitalidade Fantasma* e possa usar seus aprimoramentos como se tivesse acesso aos mesmos círculos de magia que um druida de seu nível.

menos (você ainda morre se chegar em um valor negativo igual à metade de seus pontos de vida máximos). *Pré-requisito:* Alma de Bronze.

- *Esquiva Sobrenatural.* Seus instintos são tão apurados que você consegue reagir ao perigo antes que seus sentidos o percebam. Você nunca fica surpreendido.
- *Força Indomável.* Você pode gastar 1 PM para somar seu nível em um teste de Força ou Atletismo. Você pode usar esta habilidade depois de rolar o dado, mas deve usá-la antes de o mestre dizer se você passou ou não.
- *Frenesi.* Uma vez por rodada, se estiver em fúria e usar a ação agredir para fazer um ataque corpo a corpo ou com uma arma de arremesso, você pode gastar 2 PM para fazer um ataque adicional.
- *Fúria da Savana.* Seu deslocamento aumenta em +3m. Quando usa Fúria, você aplica o bônus em ataque e dano também a armas de arremesso.
- *Fúria Raivosa.* Se sua Fúria for terminar por você não ter atacado nem sido alvo de um efeito hostil, você pode pagar 1 PM para continuar em fúria nesta rodada. Se você atacar ou for atacado na rodada seguinte, sua fúria continua normalmente.
- *Golpe Poderoso.* Ao acertar um ataque corpo a corpo ou com uma arma de arremesso, você pode gastar 1 PM para causar um dado extra de dano do mesmo tipo (por exemplo, com um montante, causa +1d6, para um dano total de 3d6; com um machado de guerra, causa +1d12, para um dano total de 2d12).
- *Ímpeto.* Você pode gastar 1 PM para aumentar seu deslocamento em +6m por uma rodada.
- *Investida Imprudente.* Quando faz uma investida, você pode aumentar sua penalidade na Defesa pela investida para –5 para receber um bônus de +1d12 na rolagem de dano deste ataque.
- *Pele de Aço.* O bônus de Pele de Ferro aumenta para +8. *Pré-requisitos:* Pele de Ferro, 8º nível de bárbaro.
- *Pele de Ferro.* Você recebe +4 na Defesa, mas apenas se não estiver usando armadura pesada.
- *Sangue dos Inimigos.* Enquanto está em fúria, quando faz um acerto crítico ou reduz um inimigo a 0 PV, você recebe um bônus cumulativo de +1 em testes de ataque e rolagens de dano, limitado pelo seu nível, até o fim da cena.
- *Superstição.* Você odeia magia, o que faz com que seja mais resistente a ela. Você recebe resistência a magia +5.
- *Totem Espiritual.* Você soma sua Sabedoria no seu total de pontos de mana. Escolha um animal totêmico (veja o quadro ao lado). Você aprende e pode lançar uma magia definida pelo animal escolhido (atributo-chave Sabedoria) e pode lançá-la mesmo em fúria. *Pré-requisitos:* Sab 1, 4º nível de bárbaro. ☯
- *Vigor Primal.* Você pode gastar uma ação de movimento e uma quantidade de PM limitada por sua Constituição. Para cada PM que gastar, você recupera 1d12 pontos de vida.

Instinto Selvagem. No 3º nível, você recebe +1 em rolagens de dano, Percepção e Reflexos. A cada seis níveis, esse bônus aumenta em +1.

Redução de Dano. A partir do 5º nível, graças a seu vigor e força de vontade, você ignora parte de seus ferimentos. Você recebe redução de dano 2 (todo dano que sofre é reduzido em 2). A cada três níveis, sua RD aumenta em 2, até um máximo de RD 10 no 17º nível.

Fúria Titânica. No 20º nível, o bônus que você recebe nos testes de ataque e rolagens de dano quando usa Fúria é dobrado. Por exemplo, se gastar 5 PM, em vez de um bônus de +5, recebe um bônus de +10.

Capítulo Um

BARDO

Num mundo de heróis, contar histórias épicas também é um ato de heroísmo. Os grandes menestréis não são apenas músicos ou poetas: são malandros que dominam as ruas e as cortes, sábios que possuem conhecimento obscuro sobre os mais variados assuntos, diplomatas que transformam inimigos jurados em companheiros leais após uma noite na taverna, arautos que inspiram seus aliados a grandes feitos no campo de batalha. Sua intimidade com a música é tão grande que através dela lançam magias. São versados em muitas habilidades, embora não sejam mestres em nenhuma. São os bardos.

Bardos são contadores de histórias e músicos errantes que acompanham grupos de aventureiros em missões para depois narrar suas façanhas. Contudo, seu papel vai muito além disso. Enquanto muitos heróis se especializam em uma só área, os bardos são versáteis, pessoas do mundo, confortáveis ao lado de reis e de mendigos. Muitas vezes são a "face" do grupo, tomando a frente em negociações e sabendo usar palavras doces quando outros prefeririam apelar para as armas. Bardos têm amigos, inimigos, conhecidos, amantes e rivais em cada cidade e aldeia. Conhecem um fato importante sobre cada artefato misterioso. Tocam a música certa para inflamar as almas de seus companheiros a cada combate.

Sendo em seu âmago artistas, os bardos costumam ser muito emotivos e entusiasmados, com personalidades fortes e maneiras únicas de encarar a vida. Alguns demonstram alegria incessante, vendo o lado positivo em tudo e sorrindo mesmo frente aos piores perigos. Outros são intensos, amargurados, românticos e apaixonados, sempre tomados por algum amor impossível ou uma memória melancólica. Outros ainda só querem se divertir, parecendo loucos em seu frenesi de acrobacias, imitações, piadas e absurdos. Outros são sedutores cínicos. Outros são tudo isso, mudando de personalidade como quem muda de camisa!

Embora a maioria dos bardos utilize a música para canalizar sua magia e inspirar seus aliados, quase qualquer tipo de arte pode tomar este papel. Alguns bardos dançam, outros declamam poesia. Outros ainda apenas fazem discursos grandiosos ou mesmo se exibem em grandes demonstrações acrobáticas com armas. Alguns bardos mais parecem embaixadores sérios e pomposos, outros lembram cavaleiros aristocráticos saídos de alguma história. O importante é que a arte do bardo venha de suas emoções e toque os corações dos demais aventureiros.

De fato, o estereótipo do "menestrel que acompanha o grupo" muitas vezes é só uma fachada ou nem mesmo se aplica. Alguns bardos fingem ser só contadores de histórias enquanto estão em alguma missão secreta. Outros querem ser os heróis de suas próprias histórias!

Seja como for, o bardo é um herói que costuma atrair outras pessoas para si. Sua simpatia, magnetismo e capacidade de ajudar os outros fazem com que nunca esteja sozinho na masmorra ou na taverna. E quem acredita que ele é um mero bobo da corte logo pode se ver com um inimigo poderoso que tem contatos em todos os reinos.

Bardos Famosos. Kir'zanaath "Kiki" Odello, Luigi Sortudo, Kadeen, Niele, Senomar.

Senomar. Música para inspirar os heróis com rebeldia e estilo

Tabela 1-7: O Bardo

Nível	Habilidades de Classe
1º	Inspiração +1, magias (1º círculo)
2º	Poder de bardo, eclético
3º	Poder de bardo
4º	Poder de bardo
5º	Inspiração +2, poder de bardo
6º	Magias (2º círculo), poder de bardo
7º	Poder de bardo
8º	Poder de bardo
9º	Inspiração +3, poder de bardo
10º	Magias (3º círculo), poder de bardo
11º	Poder de bardo
12º	Poder de bardo
13º	Inspiração +4, poder de bardo
14º	Magias (4º círculo), poder de bardo
15º	Poder de bardo
16º	Poder de bardo
17º	Inspiração +5, poder de bardo
18º	Poder de bardo
19º	Poder de bardo
20º	Artista completo, poder de bardo

CARACTERÍSTICAS DE CLASSE

Pontos de Vida. Um bardo começa com 12 pontos de vida + Constituição e ganha 3 PV + Con por nível.

Pontos de Mana. 4 PM por nível.

Perícias. Atuação (Car) e Reflexos (Des) mais 6 a sua escolha entre Acrobacia (Des), Cavalgar (Des), Conhecimento (Int), Diplomacia (Car), Enganação (Car), Furtividade (Des), Iniciativa (Des), Intuição (Sab), Investigação (Int), Jogatina (Car), Ladinagem (Des), Luta (For), Misticismo (Int), Nobreza (Int), Percepção (Sab), Pontaria (Des) e Vontade (Sab).

Proficiências. Armas marciais.

HABILIDADES DE CLASSE

Inspiração. Você pode gastar uma ação padrão e 2 PM para inspirar as pessoas com sua arte. Você e todos os seus aliados em alcance curto ganham +1 em testes de perícia até o fim da cena. A cada quatro níveis, pode gastar +2 PM para aumentar o bônus em +1.

Magias. Escolha três escolas de magia. Uma vez feita, essa escolha não pode ser mudada. Você pode lançar magias arcanas de 1º círculo que pertençam a essas escolas. À medida que sobe de nível, pode lançar magias de círculos maiores (2º círculo no 6º nível, 3º círculo no 10º nível e 4º círculo no 14º nível).

Você começa com duas magias de 1º círculo. A cada nível par (2º, 4º etc.), aprende uma magia de qualquer círculo e escola que possa lançar. Você pode lançar essas magias vestindo armaduras leves sem precisar de testes de Misticismo.

Seu atributo-chave para lançar magias é Carisma e você soma seu Carisma no seu total de PM. Veja o **Capítulo 4** para as regras de magia.

Poder de Bardo. No 2º nível, e a cada nível seguinte, você escolhe um dos poderes a seguir.

• *Arte Mágica.* Enquanto você estiver sob efeito de sua Inspiração, a CD para resistir a suas habilidades de bardo aumenta em +2.

• *Aumentar Repertório.* Você aprende duas magias de qualquer círculo que possa lançar. Elas devem pertencer às escolas que você sabe usar, mas podem ser arcanas ou divinas. Você pode escolher este poder quantas vezes quiser.

• *Aumento de Atributo.* Você recebe +1 em um atributo. Você pode escolher este poder várias vezes, mas apenas uma vez por patamar para um mesmo atributo.

• *Dança das Lâminas.* Quando você lança uma magia com execução de uma ação padrão, pode gastar 1 PM para fazer um ataque corpo a corpo como uma ação livre. *Pré-requisitos:* Esgrima Mágica, 10º nível de bardo.

• *Esgrima Mágica.* Sua arte mescla esgrima e magia, transformando dança em golpes. Se estiver sob efeito de Inspiração, você pode substituir testes de Luta por testes de Atuação, mas apenas para ataques com armas corpo a corpo leves ou de uma mão.

• *Estrelato.* Suas apresentações o tornaram famoso, fazendo com que você seja reconhecido e bem tratado por aqueles que apreciam a arte. Por outro lado, pode ser difícil passar despercebido, especialmente em grandes cidades. Quando usa Atuação para impressionar uma plateia, o bônus recebido em perícias baseadas em Carisma aumenta para +5. *Pré-requisito:* 6º nível de bardo.

• *Fascinar em Massa.* Quando usa Música: Balada Fascinante, você pode gastar +2 PM. Se fizer isso, afeta todas as criaturas a sua escolha no alcance da música (você faz um único teste de Atuação, oposto pelo teste de Vontade de cada criatura). *Pré-requisito:* Música: Balada Fascinante.

- *Golpe Elemental.* Enquanto estiver sob efeito de Inspiração, sempre que você acertar um ataque corpo a corpo, pode gastar 1 PM para causar 1d6 de dano extra de ácido, eletricidade, fogo ou frio, a sua escolha. Para cada quatro níveis que possuir, pode gastar +1 PM para aumentar o dano em +1d6. *Pré-requisito:* Golpe Mágico. ☯

- *Golpe Mágico.* Enquanto estiver sob efeito de Inspiração, sempre que você acertar um ataque corpo a corpo em um inimigo, recebe 2 PM temporários cumulativos. Você pode ganhar um máximo de PM temporários por cena igual ao seu nível. Esses pontos temporários desaparecem no final da cena. *Pré-requisito:* Esgrima Mágica. ☯

- *Inspiração Marcial.* Quando você usa Inspiração, você e seus aliados aplicam o bônus recebido em rolagens de dano (além de testes de perícia).

- *Lendas e Histórias.* Você é um arquivo vivo de relatos, canções e folclore. Além de outros benefícios a critério do mestre, pode gastar 1 PM para rolar novamente um teste recém realizado de Conhecimento, Misticismo, Nobreza ou Religião para informação, identificar criaturas ou identificar itens mágicos. *Pré-requisito:* Int 1.

- *Manipular.* Você pode gastar 1 PM para fazer uma criatura fascinada por você ficar enfeitiçada até o fim da cena (Von CD Car anula). Se a criatura passar, fica imune a este efeito por um dia. Usar esta habilidade não conta como ameaça à criatura fascinada. *Pré-requisito:* Música: Balada Fascinante.

- *Manipular em Massa.* Quando usa Manipular, você pode gastar +2 PM. Se fizer isso, afeta todas as criaturas a sua escolha em alcance curto. *Pré-requisitos:* Fascinar em Massa, Manipular, 10º nível de bardo.

- *Música: Balada Fascinante.* Faça um teste de Atuação oposto pelo teste de Vontade de uma criatura no alcance. Se você passar, ela fica fascinada enquanto você se concentrar (uma ação padrão por rodada). Um alvo hostil ou envolvido em combate recebe +5 no teste de resistência e tem direito a um novo teste sempre que você se concentrar. Se a criatura passar, fica imune a este efeito por um dia.

- *Música: Canção Assustadora.* Faça um teste de Atuação oposto pelo teste de Vontade de cada criatura a sua escolha dentro do alcance (você faz um único teste). Alvos que falhem ficam abalados até o fim da cena. Alvos que passem ficam imunes a este efeito por um dia.

- *Música: Melodia Curativa.* Criaturas a sua escolha no alcance recuperam 1d6 PV. Quando usa esta habilidade, você pode gastar mais pontos de mana. Para cada PM extra, aumente a cura em +1d6 PV.

> **Músicas de Bardo**
>
> Alguns poderes do bardo são Músicas. Esses poderes compartilham as seguintes regras.
>
> • Para ativar uma música, você precisa ser treinado em Atuação e empunhar um instrumento musical (veja a página 158).
>
> • Ativar uma música gasta uma ação padrão e 1 PM.
>
> • Efeitos de músicas têm alcance curto.

- *Melodia Restauradora.* Quando você usa Música: Melodia Curativa, pode gastar +2 PM. Se fizer isso, escolha uma das condições a seguir: abalado, alquebrado, apavorado, atordoado, cego, confuso, enfeitiçado, esmorecido, exausto, fatigado, frustrado, pasmo ou surdo. Você remove a condição escolhida das criaturas afetadas pela música. *Pré-requisito:* Música: Melodia Curativa.

- *Mestre dos Sussurros.* Você é dissimulado, atento para rumores e ótimo em espalhar fofocas. Quando faz um teste de Investigação para interrogar ou um teste de Enganação para intriga, você rola dois dados e usa o melhor resultado. Além disso, pode fazer esses testes em ambientes sociais (taverna, festival, corte...) sem custo e em apenas uma hora (em vez de um dia). *Pré-requisitos:* Car 1, treinado em Enganação e Investigação.

- *Paródia.* Uma vez por rodada, quando vê outra criatura lançando uma magia em alcance médio, você pode pagar 1 PM e fazer um teste de Atuação (CD 15 + custo em PM da magia). Se passar, até o final de seu próximo turno você pode lançar essa magia. ☯

- *Prestidigitação.* Quando faz uma ação padrão, você pode aproveitar seus gestos para lançar uma magia com execução de ação completa ou menor. Faça um teste de Atuação (CD 15 + custo em PM da magia). Se passar, você lança a magia como uma ação livre. Se falhar, a magia não funciona, mas você gasta os PM mesmo assim. Outros personagens só percebem que você lançou uma magia com um teste de Misticismo (CD 20). *Pré-requisito:* 6º nível de bardo.

ECLÉTICO. A partir do 2º nível, você pode gastar 1 PM para receber todos os benefícios de ser treinado em uma perícia por um teste.

ARTISTA COMPLETO. No 20º nível, você pode usar Inspiração como uma ação livre. Enquanto estiver sob efeito de sua Inspiração, suas habilidades de bardo (incluindo magias) têm seu custo em PM reduzido pela metade (após aplicar aprimoramentos e quaisquer outros efeitos que reduzam custo).

BUCANEIRO

Os mares e rios são alguns dos terrenos mais selvagens e misteriosos de Arton. Sua vastidão esconde ilhas inexploradas, civilizações submersas, tempestades, dragões... E bucaneiros.

Bucaneiros são aventureiros que singram as águas deste mundo, sempre metidos em missões, batalhas, buscas, patrulhas ou a simples luta pela sobrevivência. Muitos são verdadeiros piratas, fora da lei vivendo numa sociedade com suas próprias regras, em desafio aos reinos do continente. Essa irmandade é brutal, mas também pode parecer utópica: capitães piratas são eleitos por sua tripulação e podem ser removidos caso sejam tiranos. Piratas aceitam todo tipo de pessoas rejeitadas pelo "mundo seco" e podem ser a única família que resta a alguns párias. O preço dessa aceitação é uma vida de crime, perseguindo e roubando navios mercantes.

Contudo, muitos bucaneiros seguem o caminho oposto: servindo na marinha de reinos poderosos, são marujos e capitães trabalhando para as grandes autoridades do mundo. Muitos combateram de qualquer um dos lados das Guerras Táuricas ou defenderam o Reinado contra a Supremacia Purista. Vários destes marinheiros militares também são caçadores de piratas, empreendendo sua própria guerra particular contra os saqueadores dos mares.

Entre esses dois extremos estão os corsários: bucaneiros que recebem permissão especial de alguns reinos para atacar e roubar navios de reinos inimigos. São "piratas legalizados", aproveitando a liberdade dos fora da lei e contando com o respaldo das autoridades. Contudo, muitas vezes são odiados por ambos.

Vários bucaneiros, principalmente aqueles que operam nos grandes rios do continente, são meros contrabandistas e mercadores, interessados em levar suas mercadorias de um lado a outro enquanto se esquivam de monstros aquáticos. Muitos destes se especializam em levar refugiados, prisioneiros foragidos, espiões e aventureiros até locais seguros, fazendo o bem pelo preço certo.

Numa tripulação, lealdade é tudo. Assim, muitos bucaneiros se sentem perfeitamente em casa num grupo de aventureiros, mesmo em terra firme. Bucaneiros sabem que dependem de seus aliados — não têm preguiça para fazer sua parte do trabalho, não são egoístas com as riquezas conquistadas e protegem os companheiros com a própria vida se for necessário. Ser bucaneiro é mais do que viajar e lutar num navio: é um estilo de vida, uma maneira de encarar os perigos de Arton com versatilidade, rebeldia e esperteza.

Nargom. Capitão pirata falastrão e (muito) fugaz

Bucaneiros também não se apegam a regras e leis antiquadas. Nos mares, a única lei obrigatória é a da lealdade. Eles lutam sujo, usam armas proibidas no mundo seco e, durante um naufrágio inevitável, não ficam para afundar com o barco.

BUCANEIROS FAMOSOS. Nargom, James K., Izzy Tarante, John-de-Sangue.

CARACTERÍSTICAS DE CLASSE

Pontos de Vida. Um bucaneiro começa com 16 pontos de vida + Constituição e ganha 4 PV + Constituição por nível.

Pontos de Mana. 3 PM por nível.

Perícias. Luta (For) ou Pontaria (Des), Reflexos (Des), mais 4 a sua escolha entre Acrobacia (Des), Atletismo (For), Atuação (Car), Enganação (Car), Fortitude (Con), Furtividade (Des), Iniciativa (Des), Intimidação (Car), Jogatina (Car), Luta (For), Ofício (Int), Percepção (Sab), Pilotagem (Des) e Pontaria (Des).

Proficiências. Armas marciais.

HABILIDADES DE CLASSE

Audácia. Quando faz um teste de perícia, você pode gastar 2 PM para somar seu Carisma no teste. Você não pode usar esta habilidade em testes de ataque.

Insolência. Você soma seu Carisma na Defesa, limitado pelo seu nível. Esta habilidade exige liberdade de movimentos; você não pode usá-la se estiver de armadura pesada ou na condição imóvel.

Evasão. A partir do 2º nível, quando sofre um efeito que permite um teste de Reflexos para reduzir o dano à metade, você não sofre dano algum se passar. Você ainda sofre dano normal se falhar no teste de Reflexos. Esta habilidade exige liberdade de movimentos; você não pode usá-la se estiver de armadura pesada ou na condição imóvel.

Poder de Bucaneiro. No 2º nível, e a cada nível seguinte, você escolhe um dos poderes a seguir.

• *Abusar dos Fracos.* Quando ataca uma criatura sob efeito de uma condição de medo, seu dano aumenta em um passo. *Pré-requisito:* Flagelo dos Mares.

• *Amigos no Porto.* Quando chega em uma comunidade portuária, você pode fazer um teste de Carisma (CD 10). Se passar, encontra um amigo para o qual pode pedir um favor ou que pode ajudá-lo como parceiro veterano de um tipo a sua escolha por um dia. *Pré-requisitos:* Car 1, 6º nível de bucaneiro.

• *Aparar.* Uma vez por rodada, quando é atingido por um ataque, você pode gastar 1 PM para fazer teste de ataque com bônus igual ao seu nível (além do normal). Se o resultado do seu teste for maior que o do oponente, você evita o ataque. Você só pode usar este poder se estiver usando uma arma corpo a corpo leve ou ágil. *Pré-requisito:* Esgrimista.

Tabela 1-8: O Bucaneiro

Nível	Habilidades de Classe
1º	Audácia, insolência
2º	Evasão, poder de bucaneiro
3º	Esquiva sagaz +1, poder de bucaneiro
4º	Poder de bucaneiro
5º	Panache, poder de bucaneiro
6º	Poder de bucaneiro
7º	Esquiva sagaz +2, poder de bucaneiro
8º	Poder de bucaneiro
9º	Poder de bucaneiro
10º	Evasão aprimorada, poder de bucaneiro
11º	Esquiva sagaz +3, poder de bucaneiro
12º	Poder de bucaneiro
13º	Poder de bucaneiro
14º	Poder de bucaneiro
15º	Esquiva sagaz +4, poder de bucaneiro
16º	Poder de bucaneiro
17º	Poder de bucaneiro
18º	Poder de bucaneiro
19º	Esquiva sagaz +5, poder de bucaneiro
20º	Poder de bucaneiro, sorte de Nimb

• *Apostador.* Você pode gastar um dia para encontrar e participar de uma mesa de wyrt ou outro jogo de azar. Escolha um valor e faça um teste de Jogatina contra a CD correspondente: T$ 100 (CD 15), T$ 200 (CD 20), T$ 400 (CD 25), T$ 800 (CD 30), T$ 1.600 (CD 35) e assim por diante. Se passar, você ganha o valor escolhido (ou um item ou favor equivalente, a critério do mestre). Se falhar, perde esse mesmo o valor. A critério do mestre, o lugar onde você está pode limitar ou impossibilitar o uso deste poder. *Pré-requisito:* treinado em Jogatina.

• *Ataque Acrobático.* Quando se aproxima de um inimigo com um salto ou pirueta (em termos de jogo, usando Atletismo ou Acrobacia para se mover) e o ataca no mesmo turno, você recebe +2 nesse teste de ataque e na rolagem de dano.

• *Aumento de Atributo.* Você recebe +1 em um atributo. Você pode escolher este poder várias vezes, mas apenas uma vez por patamar para um mesmo atributo.

• *Aventureiro Ávido.* Uma vez por rodada, você pode gastar 5 PM para realizar uma ação padrão ou de movimento adicional. Se possuir o poder Surto Heroico, em vez disso seu custo diminui em –2 PM.

Bravatas

Audazes e imprudentes, bucaneiros têm o costume da bravata — a promessa pública de realizar uma façanha, às vezes atrelada a uma restrição, como "Navegarei até Galrasia com um barco furado!". Todas as Bravatas compartilham as seguintes regras.

• Uma Bravata deve envolver um desafio real. Em termos de jogo, deve ser uma ação com ND igual ou maior que o nível do bucaneiro.

• Você só pode ter uma Bravata de cada tipo ativa por vez. Caso falhe em uma Bravata ou desista dela, você perde todos os seus PM e só pode recuperá-los a partir do próximo dia.

• Quando você cumpre uma Bravata, recebe um benefício que dura até o fim da aventura. De acordo com o mestre, caso isso aconteça perto do fim da aventura, o benefício pode se estender até a próxima.

• *Bravata Audaz*. Você jura fazer uma façanha específica, como roubar o tesouro de Sckhar ou ganhar um beijo do príncipe e da princesa até o fim do baile. Se cumprir a bravata, seus PM aumentam em +2 por nível de bucaneiro até o fim da aventura.

• *Bravata Imprudente*. Na primeira rodada de um combate, você pode jurar derrotar seus inimigos com uma restrição a sua escolha, como lutar com uma mão nas costas, de guarda aberta (em termos de jogo, desprevenido), de olhos vendados (cego) etc. Uma restrição só é válida se prejudicá-lo (por exemplo, lutar com uma mão nas costas só vale como restrição se você luta com duas armas). O mestre tem a palavra final sobre a validade de uma restrição. Você sofre a penalidade durante todo o combate, mas, se vencer, recebe +2 nos testes de ataque e na margem de ameaça até o fim da aventura.

• *En Garde*. Você pode gastar uma ação de movimento e 1 PM para assumir postura de luta. Até o fim da cena, se estiver usando uma arma corpo a corpo leve ou ágil, você recebe +2 na margem de ameaça com essas armas e +2 na Defesa. *Pré-requisito:* Esgrimista.

• *Esgrimista*. Quando usa uma arma corpo a corpo leve ou ágil, você soma sua Inteligência nas rolagens de dano (limitado pelo seu nível). *Pré-requisito:* Int 1.

• *Flagelo dos Mares*. Você aprende e pode lançar *Amedrontar* (atributo-chave Carisma). Esta não é uma habilidade mágica e provém de sua capacidade de incutir medo em seus inimigos. *Pré-requisito:* treinado em Intimidação.

• *Folião*. Você sabe fazer amizades durante festas, de noitadas em tavernas a bailes na corte. Nesses locais, você recebe +2 em testes de perícias de Carisma e a atitude de todas as pessoas em relação a você melhora em uma categoria. *Pré-requisito:* Car 1.

• *Grudar o Cano*. Quando faz um ataque à distância com uma arma de fogo contra um oponente adjacente, você não sofre a penalidade de –5 no teste de ataque e aumenta seu dano em um passo. *Pré-requisitos:* treinado em Luta, Pistoleiro.

• *Pernas do Mar*. Você recebe +2 em Acrobacia e Atletismo. Além disso, quando está se equilibrando ou escalando, você não fica desprevenido e seu deslocamento não é reduzido à metade.

• *Pistoleiro*. Você recebe proficiência com armas de fogo e +2 nas rolagens de dano com essas armas.

• *Presença Paralisante*. Você soma seu Carisma em Iniciativa e, se for o primeiro na iniciativa, ganha uma ação padrão extra na primeira rodada. *Pré-requisitos:* Car 1, 4º nível de bucaneiro.

• *Ripostar*. Quando usa a habilidade aparar e evita o ataque, você pode gastar 1 PM. Se fizer isso, pode fazer um ataque corpo a corpo imediato contra o inimigo que o atacou (se ele estiver em alcance). *Pré-requisitos:* Aparar, 12º nível de bucaneiro.

• *Touché*. Quando se aproxima de um inimigo e o ataca com uma arma corpo a corpo leve ou ágil no mesmo turno, você pode gastar 2 PM para aumentar seu dano em um passo e receber +5 na margem de ameaça neste ataque. *Pré-requisitos:* Esgrimista, 10º nível de bucaneiro.

Esquiva Sagaz. No 3º nível, você recebe +1 na Defesa e em Reflexos. Esse bônus aumenta em +1 a cada quatro níveis. Esta habilidade exige liberdade de movimentos; você não pode usá-la se estiver de armadura pesada ou na condição imóvel.

Panache. A partir do 5º nível, sempre que faz um acerto crítico em combate ou reduz um inimigo a 0 PV, você recupera 1 PM.

Evasão Aprimorada. A partir do 10º nível, quando sofre um efeito que permite um teste de Reflexos para reduzir o dano à metade, você não sofre dano algum se passar e sofre apenas metade do dano se falhar. Esta habilidade exige liberdade de movimentos; você não pode usá-la se estiver de armadura pesada ou na condição imóvel.

Sorte de Nimb. No 20º nível, você encara os piores desafios e ri na cara deles — pois sabe que tem a sorte ao seu lado. Você pode gastar 5 PM para rolar novamente um teste recém realizado. Qualquer resultado 11 ou mais na segunda rolagem será considerado um 20 natural.

CAÇADOR

Monstros estão em toda parte. As pessoas de Arton podem tentar fugir deles, o que raramente dá certo. Podem rezar para que os deuses as protejam ou pagar para que aventureiros cuidem do problema. Ou podem caçá-los.

O caçador é mais que um mateiro ou rastreador. É um especialista em sobrevivência nos terrenos mais selvagens e inóspitos, capaz de obter alimento e achar abrigo em qualquer lugar. É alguém que estuda, persegue e mata sua presa com paciência e astúcia. Mesmo que não pareça um sábio tradicional, o caçador é uma verdadeira enciclopédia de conhecimentos sobre os ermos. Sabe diferenciar veneno de comida, sabe evitar o território de animais mortíferos ou emboscá-los, sabe manter um grupo inteiro vivo longe da civilização.

O estereótipo do caçador traja armadura de couro e usa arco e flecha. Realmente, equipamento leve se presta para andar silenciosamente nos ermos e armas de ataque à distância são ótimas para emboscadas. Contudo, caçadores são tão variados quanto a natureza. Podem ser furtivos, furiosos ou até mesmo covardes, dependendo de armadilhas e fugas para sobreviver.

Muitos caçadores são verdadeiros inimigos dos monstros e criaturas que perseguem. Empreendem uma cruzada pessoal contra feras que ameaçam pessoas inocentes ou tentam se vingar da espécie que matou sua família e amigos. Outros caçadores, contudo, respeitam e até admiram os monstros que matam. Sabem seu lugar no ciclo natural de morte e nascimento, tentam consumir todas as partes da presa abatida e chegam a prestar homenagens a ela.

Nem todos os caçadores perseguem monstros ou animais selvagens. Muitos caçam as mais letais presas: humanos, elfos, anões e outros povos civilizados. São caça-recompensas, justiceiros ou detetives a serviço de grandes cidades e reinos. Muitos caçadores experientes servem aos grandes exércitos de Arton, atuando como batedores e infiltrando-se em território inimigo para eliminar alvos importantes. Outros caçadores escolhem um caminho menos sangrento: em vez de matar, preservam a vida, guiando grupos de heróis ou de aristocratas por territórios que seriam intransponíveis sem eles.

A maioria dos caçadores se sente mais em casa nos ermos do que nas cidades. Acostumam-se com o som dos animais e do vento entre as folhas em vez do burburinho constante das multidões. Tendem a ser solitários e excêntricos, até mesmo sinistros ou ameaçadores. Às vezes rejeitam os povos inteligentes a ponto de formar grandes amizades com animais, acreditando que são muito mais honestos e dignos que qualquer bípede. Outros caçadores, contudo, aproveitam todo o conforto que a civilização tem a oferecer antes de embarcar numa nova jornada pelos ermos. Muitas vezes logo precisam de uma nova missão porque já gastaram todo seu dinheiro na taverna!

Existem caçadores que passam a vida inteira numa única região que conhecem intimamente, mas o típico caçador aventureiro é um explorador nato. Curioso, inquieto e audaz, este caçador gostaria de ver cada canto de Arton, descobrir os segredos dentro de cada floresta, nadar em cada rio ou lago. E, para ele, as paisagens deslumbrantes e o cheiro da mata são grandes tesouros por si só.

CAÇADORES FAMOSOS. Crânio Negro, Ellisa Thorn, Enver, Fren, Matteo, Maryx Corta-Sangue.

Enver. Alguém precisa acabar com esses goblinoides malditos!

Tabela 1-9: O Caçador

Nível	Habilidades de Classe
1º	Marca da presa +1d4, rastreador
2º	Poder de caçador
3º	Explorador, poder de caçador
4º	Poder de caçador
5º	Caminho do explorador, marca da presa +1d8, poder de caçador
6º	Poder de caçador
7º	Explorador, poder de caçador
8º	Poder de caçador
9º	Marca da presa +1d12, poder de caçador
10º	Poder de caçador
11º	Explorador, poder de caçador
12º	Poder de caçador
13º	Marca da presa +2d8, poder de caçador
14º	Poder de caçador
15º	Explorador, poder de caçador
16º	Poder de caçador
17º	Marca da presa +2d10, poder de caçador
18º	Poder de caçador
19º	Explorador, poder de caçador
20º	Mestre caçador, poder de caçador

CARACTERÍSTICAS DE CLASSE

Pontos de Vida. Um caçador começa com 16 pontos de vida + Constituição e ganha 4 PV + Constituição por nível.

Pontos de Mana. 4 PM por nível.

Perícias. Luta (For) ou Pontaria (Des), Sobrevivência (Sab), mais 6 a sua escolha entre Adestramento (Car), Atletismo (For), Cavalgar (Des), Cura (Sab), Fortitude (Con), Furtividade (Des), Iniciativa (Des), Investigação (Int), Luta (For), Ofício (Int), Percepção (Sab), Pontaria (Des) e Reflexos (Des).

Proficiências. Armas marciais e escudos.

HABILIDADES DE CLASSE

Marca da Presa. Você pode gastar uma ação de movimento e 1 PM para analisar uma criatura em alcance curto. Até o fim da cena, você recebe +1d4 nas rolagens de dano contra essa criatura. A cada quatro níveis, você pode gastar +1 PM para aumentar o bônus de dano (veja a tabela da classe).

Rastreador. Você recebe +2 em Sobrevivência. Além disso, pode se mover com seu deslocamento normal enquanto rastreia sem sofrer penalidades no teste de Sobrevivência.

Poder de Caçador. No 2º nível, e a cada nível seguinte, você recebe uma habilidade da lista a seguir.

• *Ambidestria.* Se estiver empunhando duas armas (e pelo menos uma delas for leve) e fizer a ação agredir, você pode fazer dois ataques, um com cada arma. Se fizer isso, sofre –2 em todos os testes de ataque até o seu próximo turno. *Pré-requisito:* Des 2.

• *Armadilha: Arataca.* A vítima sofre 2d6 pontos de dano de perfuração e fica agarrada. Uma criatura agarrada pode escapar com uma ação padrão e um teste de Força ou Acrobacia (CD Sab).

• *Armadilha: Espinhos.* A vítima sofre 6d6 pontos de dano de perfuração. Um teste de Reflexos (CD Sab) reduz o dano à metade.

• *Armadilha: Laço.* A vítima deve fazer um teste de Reflexos (CD Sab). Se passar, fica caída. Se falhar, fica agarrada. Uma criatura agarrada pode se soltar com uma ação padrão e um teste de Força ou Acrobacia (CD Sab).

• *Armadilha: Rede.* Todas as criaturas na área ficam enredadas e não podem sair da área. Uma vítima pode se libertar com uma ação padrão e um teste de Força ou Acrobacia (CD 25). Além disso, a área ocupada pela rede é considerada terreno difícil. Nesta armadilha você escolhe quantas criaturas precisam estar na área para ativá-la.

• *Armadilheiro.* Você soma sua Sabedoria no dano e na CD e de suas armadilhas (cumulativo). *Pré-requisitos:* um poder de armadilha, 5º nível de caçador.

• *Arqueiro.* Se estiver usando uma arma de ataque à distância, você soma sua Sabedoria nas rolagens de dano (limitado pelo seu nível). *Pré-requisito:* Sab 1.

• *Aumento de Atributo.* Você recebe +1 em um atributo. Você pode escolher este poder várias vezes, mas apenas uma vez por patamar para um mesmo atributo.

• *Bote.* Se estiver empunhando duas armas e fizer uma investida, você pode pagar 1 PM para fazer um ataque adicional com sua arma secundária. *Pré-requisito:* Ambidestria, 6º nível de caçador.

• *Camuflagem.* Você pode gastar 2 PM para se esconder mesmo sem camuflagem ou cobertura disponível. *Pré-requisito:* 6º nível de caçador.

• *Chuva de Lâminas.* Uma vez por rodada, quando usa Ambidestria, você pode pagar 2 PM para fazer um ataque adicional com sua arma primária. *Pré-requisitos:* Des 4, Ambidestria, 12º nível de caçador.

• *Companheiro Animal.* Você recebe um companheiro animal. Veja o quadro na página 62. *Pré-requisito:* Car 1, treinado em Adestramento.

• *Elo com a Natureza.* Você soma sua Sabedoria em seu total de pontos de mana e aprende e pode lançar *Caminhos da Natureza* (atributo-chave Sabedoria). *Pré-requisitos:* Sab 1, 3º nível de caçador.

• *Emboscar.* Você pode gastar 2 PM para realizar uma ação padrão adicional em seu turno. Você só pode usar este poder na primeira rodada de um combate. *Pré-requisito:* treinado em Furtividade.

• *Empatia Selvagem.* Você pode se comunicar com animais por meio de linguagem corporal e vocalizações. Você pode usar Adestramento com animais para mudar atitude e persuasão (veja Diplomacia, na página 118).

• *Escaramuça.* Quando se move 6m ou mais, você recebe +2 na Defesa e Reflexos e +1d8 nas rolagens de dano de ataques corpo a corpo e à distância em alcance curto até o início de seu próximo turno. Você não pode usar esta habilidade se estiver vestindo armadura pesada. *Pré-requisito:* Des 2, 6º nível de caçador.

• *Escaramuça Superior.* Quando usa Escaramuça, seus bônus aumentam para +5 na Defesa e Reflexos e +1d12 em rolagens de dano. *Pré-requisitos:* Escaramuça, 12º nível de caçador.

• *Espreitar.* Quando usa a habilidade Marca da Presa, você recebe um bônus de +1 em testes de perícia contra a criatura marcada. Esse bônus aumenta em +1 para cada PM adicional gasto na habilidade e também dobra com a habilidade Inimigo.

• *Ervas Curativas.* Você pode gastar uma ação completa e uma quantidade de PM a sua escolha (limitado por sua Sabedoria) para aplicar ervas que curam ou desintoxicam em você ou num aliado adjacente. Para cada PM que gastar, cura 2d6 PV ou remove uma condição envenenado afetando o alvo.

• *Ímpeto.* Você pode gastar 1 PM para aumentar seu deslocamento em +6m por uma rodada.

• *Inimigo de (Criatura).* Escolha um tipo de criatura entre animal, construto, espírito, monstro ou morto-vivo, ou duas raças humanoides (por exemplo, orcs e gnolls, ou elfos e qareen). Quando você usa a habilidade Marca da Presa contra uma criatura do tipo ou da raça escolhida, dobra os dados de bônus no dano. O nome desta habilidade varia de acordo com o tipo de criatura escolhida (Inimigo de Monstros, Inimigo de Mortos-Vivos etc.). Você pode escolher este poder outras vezes para inimigos diferentes.

• *Olho do Falcão.* Você pode usar a habilidade Marca da Presa em criaturas em alcance longo.

Armadilhas

Alguns poderes do caçador são Armadilhas. Esses poderes compartilham as seguintes regras.

• Preparar uma armadilha gasta uma ação completa e 3 PM.

• Uma armadilha afeta uma área de 3m de lado adjacente a você e é acionada pela primeira criatura que entrar na área.

• Uma criatura que o veja preparando a armadilha saberá que ela está lá. Uma criatura que não o veja preparando a armadilha pode encontrá-la se gastar uma ação padrão procurando e passar em um teste de Investigação (CD Sab).

• É possível aplicar veneno a uma armadilha, como se ela fosse uma arma.

Você não precisa de nenhum item para criar a armadilha, pois usa materiais naturais, como galhos e cipós. Porém, precisa estar em um ambiente propício, como uma floresta, um beco repleto de entulhos etc.

• *Ponto Fraco.* Quando usa a habilidade Marca da Presa, seus ataques contra a criatura marcada recebem +2 na margem de ameaça. Esse bônus dobra com a habilidade Inimigo.

EXPLORADOR. No 3º nível, escolha um tipo de terreno entre aquático, ártico, colina, deserto, floresta, montanha, pântano, planície, subterrâneo ou urbano. A partir do 11º nível, você também pode escolher área de Tormenta. Quando estiver no tipo de terreno escolhido, você soma sua Sabedoria (mínimo +1) na Defesa e nos testes de Acrobacia, Atletismo, Furtividade, Percepção e Sobrevivência. A cada quatro níveis, escolha outro tipo de terreno para receber o bônus ou aumente o bônus em um tipo de terreno já escolhido em +2.

CAMINHO DO EXPLORADOR. No 5º nível, você pode atravessar terrenos difíceis sem sofrer redução em seu deslocamento e a CD para rastrear você aumenta em +10. Esta habilidade só funciona em terrenos nos quais você tenha a habilidade Explorador.

MESTRE CAÇADOR. No 20º nível, você pode usar a habilidade Marca da Presa como uma ação livre. Além disso, quando usa a habilidade, pode pagar 5 PM para aumentar sua margem de ameaça contra a criatura em +2. Se você reduz uma criatura contra a qual usou Marca da Presa a 0 pontos de vida, recupera 5 PM.

CAVALEIRO

Desde que a civilização se estabeleceu em Arton, sempre houve a necessidade de combater ameaças e defender os inocentes. Antes que grandes escolas de magia formassem arcanos poderosos, antes que exércitos permanentes guardassem as fronteiras, antes mesmo que grupos de aventureiros fossem comuns, havia um tipo de herói que tomou para si a missão de travar essa luta incessante. Eles usavam as mais avançadas ferramentas disponíveis: cavalos, espadas, armaduras. Para se manter leais, faziam juramentos e se organizavam em ordens. Assim se formou a nobre tradição da cavalaria.

O cavaleiro é parte de uma longa história de heroísmo. Às vezes considerados antiquados ou até anacrônicos, estes combatentes têm os mesmos ideais e usam as mesmas táticas que seus predecessores desenvolveram séculos atrás. Muitas vezes são formais e grandiosos, até mesmo arrogantes, pois carregam a responsabilidade de honrar muitas gerações de cavalaria.

Cavaleiros costumam estar ligados à nobreza. Em sua forma mais básica, são pequenos nobres que fazem juramentos para proteger a ordem social existente. Portam o título *sir* e têm um posto acima do povo comum. Isto não significa opressão ou tirania — nos lugares mais tradicionais de Arton, os nobres têm o dever de ir à guerra e defender os plebeus, fazendo por merecer seus privilégios. Existem cavaleiros ligados apenas a um reino ou feudo, mas outros fazem parte de ordens específicas. Seja como for, cavaleiros não escondem suas lealdades: ostentam o brasão de seu senhor ou o símbolo de sua ordem com orgulho em seu escudo ou estandarte.

Ninguém pode simplesmente decidir ser um cavaleiro. O processo de treinamento em geral envolve ser escudeiro de um cavaleiro mais experiente. O candidato então é sagrado por um nobre ou um cavaleiro mais antigo, através de uma cerimônia rápida que envolve algum tipo de promessa de fazer o bem e permanecer honrado. Contudo, muitos cavaleiros não dão grande importância a estes juramentos e usam seu título e suas armas para roubar, matar e dominar com mais facilidade. Algumas ordens de cavalaria estão infestadas de nobres que só desejam o título, sem nunca merecê-lo. Mesmo assim, todo cavaleiro espera ser tratado como um igual por outro cavaleiro, ainda que sejam inimigos. Uma luta entre dois cavalei-

Orion Drake. Nem dor, nem medo, nem mutilação podem deter o cavaleiro da Luz

ros é um duelo com regras e certa pompa, não uma simples briga entre brutamontes de armadura.

Cavaleiros podem se achar superiores, mas o verdadeiro ideal da cavalaria envolve humildade e serviço. O cavaleiro deve estar sempre disponível para cumprir as ordens de seu senhor ou aceitar pedidos de ajuda dos indefesos. Alguns dos melhores cavaleiros do mundo têm origem pobre ou são naturais de reinos sem grande tradição de cavalaria.

A Ordem da Luz, em Bielefeld, é a mais notória ordem de cavalaria do mundo conhecido, mas qualquer reino possui pelo menos uma ordem obscura ou uma família de cavaleiros. O ímpeto de trajar armadura pesada, empunhar a espada e cavalgar em direção à aventura sempre existirá em toda parte.

Cavaleiros Famosos. Alenn Toren Greenfeld, Bernard Branalon, Brigandine, Orion Drake, Pelvas.

CARACTERÍSTICAS DE CLASSE

Pontos de Vida. Um cavaleiro começa com 20 pontos de vida + Constituição e ganha 5 PV + Constituição por nível.

Pontos de Mana. 3 PM por nível.

Perícias. Fortitude (Con) e Luta (For), mais 2 a sua escolha entre Adestramento (Car), Atletismo (For), Cavalgar (Des), Diplomacia (Car), Guerra (Int), Iniciativa (Des), Intimidação (Car), Nobreza (Int), Percepção (Sab) e Vontade (Sab).

Proficiências. Armas marciais, armaduras pesadas e escudos.

HABILIDADES DE CLASSE

Código de Honra. Cavaleiros distinguem-se de meros combatentes por seguir um código de conduta. Fazem isto para mostrar que estão acima dos mercenários e bandoleiros que infestam os campos de batalha. Você não pode atacar um oponente pelas costas (em termos de jogo, não pode se beneficiar do bônus de flanquear), caído, desprevenido ou incapaz de lutar. Se violar o código, você perde todos os seus PM e só pode recuperá-los a partir do próximo dia. Rebaixar-se ao nível dos covardes e desesperados abala a autoconfiança que eleva o cavaleiro.

Baluarte. Quando sofre um ataque ou faz um teste de resistência, você pode gastar 1 PM para receber +2 na Defesa e nos testes de resistência até o início do seu próximo turno. A cada quatro níveis, pode gastar +1 PM para aumentar o bônus em +2.

Tabela 1-10: O Cavaleiro

Nível	Habilidades de Classe
1º	Baluarte +2, código de honra
2º	Duelo +2, poder de cavaleiro
3º	Poder de cavaleiro
4º	Poder de cavaleiro
5º	Caminho do cavaleiro, baluarte +4, poder de cavaleiro
6º	Poder de cavaleiro
7º	Baluarte (aliados adjacentes), duelo +3, poder de cavaleiro
8º	Poder de cavaleiro
9º	Baluarte +6, poder de cavaleiro
10º	Poder de cavaleiro
11º	Poder de cavaleiro, resoluto
12º	Duelo +4, poder de cavaleiro
13º	Baluarte +8, poder de cavaleiro
14º	Poder de cavaleiro
15º	Baluarte (aliados em alcance curto), poder de cavaleiro
16º	Poder de cavaleiro
17º	Baluarte +10, duelo +5, poder de cavaleiro
18º	Poder de cavaleiro
19º	Poder de cavaleiro
20º	Bravura final, poder de cavaleiro

A partir do 7º nível, quando usa esta habilidade, você pode gastar 2 PM adicionais para fornecer o mesmo bônus a todos os aliados adjacentes. Por exemplo, pode gastar 4 PM ao todo para receber +4 na Defesa e nos testes de resistência e fornecer este mesmo bônus aos outros. A partir do 15º nível, você pode gastar 5 PM adicionais para fornecer o mesmo bônus a todos os aliados em alcance curto.

Duelo. A partir do 2º nível, você pode gastar 2 PM para escolher um oponente em alcance curto e receber +2 em testes de ataque e rolagens de dano contra ele até o fim da cena. Se atacar outro oponente, o bônus termina. A cada cinco níveis, você pode gastar +1 PM para aumentar o bônus em +1.

Poder de Cavaleiro. No 2º nível, e a cada nível seguinte, você escolhe um dos poderes a seguir.

• *Armadura da Honra.* No início de cada cena, você recebe uma quantidade de pontos de vida temporários igual a seu nível + seu Carisma. Os PV temporários duram até o final da cena.

CONSTRUÇÃO DE PERSONAGEM

Posturas de Combate

Alguns poderes do cavaleiro são Posturas de Combate. Esses poderes compartilham as seguintes regras.

• Assumir uma postura gasta uma ação de movimento e 2 PM.

• Os efeitos de uma postura duram até o final da cena, a menos que sua descrição diga o contrário.

• Você só pode manter uma postura por vez.

• *Aumento de Atributo*. Você recebe +1 em um atributo. Você pode escolher este poder várias vezes, mas apenas uma vez por patamar para um mesmo atributo.

• *Autoridade Feudal*. Você pode gastar uma hora e 2 PM para conclamar o povo a ajudá-lo (qualquer pessoa sem um título de nobreza ou uma posição numa igreja reconhecida pelo seu reino). Em termos de jogo, essas pessoas contam como um parceiro iniciante de um tipo a sua escolha (aprovado pelo mestre) que lhe acompanha até o fim da aventura. Esta habilidade só pode ser usada em locais onde sua posição carregue alguma influência (a critério do mestre). *Pré-requisito:* 6º nível de cavaleiro.

• *Desprezar os Covardes*. Você recebe redução de dano 5 se estiver caído, desprevenido ou flanqueado.

• *Escudeiro*. Você recebe os serviços de um escudeiro, um parceiro especial que cuida de seu equipamento. Suas armas fornecem +1 em rolagens de dano e sua armadura concede +1 na Defesa. Além disso, você pode pagar 1 PM para receber ajuda do escudeiro em combate. Você recebe uma ação de movimento que pode usar para se levantar, sacar um item ou trazer sua montaria. O escudeiro não conta em seu limite de parceiros. Caso ele morra, você pode treinar outro com um mês de trabalho.

• *Especialização em Armadura*. Se estiver usando armadura pesada, você recebe redução de dano 5 (cumulativa com a RD fornecida por Bastião). *Pré-requisito:* 12º nível de cavaleiro.

• *Estandarte*. Sua flâmula torna-se um símbolo de inspiração. No início de cada cena, você e todos os aliados que possam ver seu estandarte recebem um número de PM temporários igual ao seu Carisma (mínimo 1). Esses pontos temporários desaparecem no final da cena. *Pré-requisito:* Título, 14º nível de cavaleiro.

• *Etiqueta*. Você recebe +2 Diplomacia ou Nobreza e pode gastar 1 PM para rolar novamente um teste recém realizado de uma dessas perícias.

• *Investida Destruidora*. Quando faz a ação investida, você pode gastar 2 PM. Se fizer isso, causa +2d8 pontos de dano. Você deve usar esta habilidade antes de rolar o ataque.

• *Montaria Corajosa*. Sua montaria concede +1d6 em rolagens de dano corpo a corpo (cumulativo com qualquer bônus que ela já forneça como parceiro). *Pré-requisito:* Montaria.

• *Pajem*. Você recebe os serviços de um pajem, um parceiro que o auxilia em pequenos afazeres. Você recebe +2 em Diplomacia, por estar sempre aprumado, e sua condição de descanso é uma categoria acima do padrão pela situação (veja a página 106). O pajem pode executar pequenas tarefas, como entregar mensagens e comprar itens, e não conta em seu limite de parceiros. Caso ele morra, você pode treinar outro com uma semana de trabalho.

• *Postura de Combate: Aríete Implacável*. Ao assumir esta postura, você aumenta o bônus de ataque em investidas em +2. Para cada 2 PM adicionais que gastar quando assumir a postura, aumenta o bônus de ataque em +1. Além disso, se fizer uma investida contra um construto ou objeto, causa +2d8 de dano. Você precisa se deslocar todos os turnos para manter esta postura ativa.

• *Postura de Combate: Castigo de Ferro*. Sempre que um aliado adjacente sofrer um ataque corpo a corpo, você pode gastar 1 PM para fazer um ataque na criatura que o atacou.

• *Postura de Combate: Foco de Batalha*. Sempre que um inimigo atacá-lo, você recebe 1 PM temporário (cumulativos). Você pode ganhar um máximo de PM temporários por cena igual ao seu nível. Esses pontos temporários desaparecem no final da cena.

• *Postura de Combate: Muralha Intransponível*. Para assumir esta postura você precisa estar empunhando um escudo. Você recebe +1 na Defesa e em Reflexos. Além disso, quando sofre um efeito que permite um teste de Reflexos para reduzir o dano à metade, não sofre nenhum dano se passar. Para cada 2 PM adicionais que gastar quando assumir a postura, aumente esse bônus em +1. Por fim, enquanto mantiver esta postura, seu deslocamento é reduzido para 3m.

• *Postura de Combate: Provocação Petulante*. Enquanto esta postura estiver ativa, todos os inimigos que iniciarem seus turnos em alcance curto devem fazer um teste de Vontade (CD Car). Se falharem, qualquer ação hostil que realizarem deve ter você como alvo (mas suas outras ações não têm esta restrição). Ações hostis incluem ataques e outras ações que causem dano e/ou condições negativas. *Mental*.

• *Postura de Combate: Torre Inabalável.* Você assume uma postura defensiva que o torna imune a qualquer tentativa de tirá-lo do lugar, de forma mundana ou mágica. Enquanto mantiver a postura, você não pode se deslocar, mas soma sua Constituição na Defesa e pode substituir testes de Reflexos e Vontade por testes de Fortitude.

• *Solidez.* Se estiver usando um escudo, você soma o bônus na Defesa recebido pelo escudo em testes de resistência.

• *Título.* Você adquire um título de nobreza. Converse com o mestre para definir os benefícios exatos de seu título. Como regra geral, no início de cada aventura você recebe 20 TO por nível de cavaleiro (rendimentos dos impostos) ou a ajuda de um parceiro veterano (um membro de sua corte). *Pré-requisitos:* Autoridade Feudal, 10º nível de cavaleiro, ter conquistado terras ou realizado um serviço para um nobre que possa se tornar seu suserano.

• *Torre Armada.* Quando um inimigo erra um ataque contra você, você pode gastar 1 PM. Se fizer isso, recebe +5 em rolagens de dano contra esse inimigo até o fim de seu próximo turno.

CAMINHO DO CAVALEIRO. No 5º nível, escolha entre Bastião ou Montaria.

• *Bastião.* Se estiver usando armadura pesada, você recebe redução de dano 5 (cumulativa com a RD fornecida por Especialização em Armadura).

• *Montaria.* Você recebe um cavalo de guerra com o qual possui +5 em testes de Adestramento e Cavalgar. Ele fornece os benefícios de um parceiro veterano de seu tipo. No 11º nível, passa a fornecer os benefícios de um parceiro mestre. De acordo com o mestre, você pode receber outro tipo de montaria. Veja a lista de montarias na página 261. Caso a montaria morra, você pode comprar outra pelo preço normal e treiná-la para receber os benefícios desta habilidade com uma semana de trabalho.

RESOLUTO. A partir do 11º nível, você pode gastar 1 PM para refazer um teste de resistência contra uma condição (como abalado, paralisado etc.) que esteja o afetando. O segundo teste recebe um bônus de +5 e, se você passar, cancela o efeito. Você só pode usar esta habilidade uma vez por efeito.

BRAVURA FINAL. No 20º nível, sua virtude vence a morte. Se for reduzido a 0 ou menos PV, pode gastar 3 PM para continuar consciente e de pé. Esta habilidade tem duração sustentada. Quando se encerra, você sofre os efeitos de seus PV atuais, podendo cair inconsciente ou mesmo morrer.

As Ordens de Cavalaria de Arton

Ordens de cavalaria são organizações hierárquicas, criadas para unir indivíduos dispostos a viver e morrer em nome de sua retidão. Sob os ideais da honra, tornam seus integrantes mais fortes. Pétreos, eu diria. Cavaleiros e suas ordens são parte integral de Arton. É difícil imaginar como seria a história do mundo sem considerar o papel exercido por essas instituições.

A primeira dessas organizações que vem à mente é a Ordem da Luz, com suas linhagens ancestrais e seus enormes castelos em Bielefeld. Liderados por Sir Alenn Toren Greenfeld, os Cavaleiros da Luz carregam seus estandartes em nome da honra, da justiça e da tradição. As normas de conduta da instituição servem de modelo a cidadãos do Reinado que buscam se comportar de forma correta não só por sua história, mas também por seu papel em conflitos como a batalha contra a Tormenta e a Guerra Artoniana.

A Ordem da Luz é irmã da Ordem de Khalmyr, e ambas foram fundadas por dois amigos e companheiros de batalhas. Porém, as semelhanças param por aí. Escondida nos confins das Montanhas Lannestull, a Ordem de Khalmyr possui tradição monástica — seus membros não se importam com títulos ou honrarias, apenas em seguir os mandamentos do Deus da Justiça. Os irmãos da ordem são os cavaleiros mais puros de Arton... Ou tolos congelados num tempo em que a vida era mais simples.

Entre essas duas, há uma miríade de ordens menores espalhadas pelo Reinado e além. Algumas preocupam-se com a segurança de um feudo ou reino específico; outras, em manter sua estirpe.

É bom lembrar que nem tudo é pureza: ordem traz poder, poder traz glória, e a glória leva à corrupção. Alguns veem os Cavaleiros do Corvo como um exemplo dessa degradação. Apesar de terem tido papel fundamental na derrota da Tormenta em Tamu-ra, esses renegados da Ordem da Luz usam métodos questionáveis e são vistos com profunda desconfiança pelos tradicionalistas.

Ordens de cavalaria são irmandades baseadas em honra e ideais. Cada uma é como uma família estendida, um reino próprio. Mas pertencer a uma delas não depende de nascimento — é uma recompensa que só os merecedores conquistam.

— Sete Notas, moreau do gato, bardo

CONSTRUÇÃO DE PERSONAGEM

CLÉRIGO

Nada acontece em Arton sem o toque dos deuses. Quase todos os grandes momentos da história artoniana encontram reflexo em algum conflito ou estratagema divino: desde a Revolta dos Três até a queda de Lenórienn, a ascensão do Paladino e o surgimento da Flecha de Fogo, deuses transformam o destino do mundo. Os grandes representantes dos deuses na terra, seus arautos e servos em suas tramas celestiais, são os clérigos.

Clérigos são sacerdotes cuja devoção é tão poderosa que os torna capazes de realizar milagres. De início são pequenas bênçãos, curas e pragas. Mas, à medida que um clérigo se torna mais experiente e digno, seus poderes se tornam assunto de lendas. Clérigos veteranos podem invocar anjos e demônios, comandar os elementos e até mesmo erguer os mortos.

Apenas uma minoria de sacerdotes chega a desenvolver mesmo os mais singelos milagres. Em geral, o pároco ou madre de uma aldeia será apenas um líder espiritual, sem nenhum poder transcendente. O verdadeiro clérigo aventureiro é um escolhido dos deuses, alguém especial mesmo num mundo cheio de criaturas fantásticas e acontecimentos inacreditáveis. Afinal, ter a capacidade de curar ou ferir com um toque é ter domínio sobre a vida e a morte.

A aparência e os maneirismos dos clérigos são extremamente variados. O clérigo "padrão" é devotado a divindades como Valkaria, a Deusa da Humanidade; Khalmyr, o Deus da Justiça, ou Lena, a Deusa da Vida. São sacerdotes confiáveis e benevolentes que têm entre suas atribuições celebrar batismos, casamentos, funerais e outros ritos do cotidiano. Contudo, clérigos de deuses mais exóticos como Tenebra, a Deusa das Trevas; Arsenal, o Deus da Guerra, ou Aharadak, o Deus da Tormenta, são estranhos, sinistros e ameaçadores. Seus ritos são misteriosos e poucos plebeus desejam sua bênção. Um clérigo de Marah pode passar a vida ajudando órfãos carentes, enquanto um clérigo de Sszzaas pode liderar um culto obscuro que realiza sacrifícios!

Embora muitos clérigos tenham seu rebanho e comandem um templo, a maioria dos clérigos aventureiros não tem residência fixa. Eles viajam em missões sagradas, sendo os agentes terrenos da vontade divina e combatendo servos de deuses inimigos. Alguns nem mesmo estão inseridos numa hierarquia eclesiástica: são profetas que atingiram a iluminação sozinhos e não respondem a nenhuma autoridade além do próprio deus. A relação entre padroeiros e devotos não é sempre de subserviência total — muitas vezes os deuses são desafiados e até vencidos.

Além de realizar milagres, clérigos são treinados no uso de armaduras e escudos. A vocação divina raramente é pacífica ou tranquila. Sempre há fiéis a proteger, inimigos da fé e hereges a serem combatidos. E mesmo as missões mais mundanas e banais podem esconder algum desígnio no infinito plano das divindades.

Clérigos Famosos. Artorius, Aurora, Gwen, Khorr'benn An-ug'atz, Mestre Arsenal, Nichaela, Vanessa Drake.

Vanessa Drake. Clériga e controversa heroína da luta contra a Tormenta

CARACTERÍSTICAS DE CLASSE

Pontos de Vida. Um clérigo começa com 16 pontos de vida + Constituição e ganha 4 PV + Constituição por nível.

Pontos de Mana. 5 PM por nível.

Perícias. Religião (Sab) e Vontade (Sab), mais 2 a sua escolha entre Conhecimento (Int), Cura (Sab), Diplomacia (Car), Fortitude (Con), Iniciativa (Des), Intuição (Sab), Luta (For), Misticismo (Int), Nobreza (Int), Ofício (Int) e Percepção (Sab).

Proficiências. Armaduras pesadas e escudos.

HABILIDADES DE CLASSE

Devoto Fiel. Você se torna devoto de um deus maior. Veja as regras de devotos na página 96. Ao contrário de devotos normais, você recebe dois poderes concedidos por se tornar devoto, em vez de apenas um.

Como alternativa, você pode cultuar o Panteão como um todo. Não recebe nenhum Poder Concedido, mas sua única obrigação e restrição é não usar armas cortantes ou perfurantes (porque derramam sangue, algo que clérigos do Panteão consideram proibido). Sua arma preferida é a maça e você pode canalizar energia positiva ou negativa a sua escolha (uma vez feita, essa escolha não pode ser mudada). Cultuar o Panteão conta como sua devoção.

Magias. Você pode lançar magias divinas de 1º círculo. A cada quatro níveis, pode lançar magias de um círculo maior (2º círculo no 5º nível, 3º círculo no 9º nível e assim por diante).

Você começa com três magias de 1º círculo. A cada nível, aprende uma magia de qualquer círculo que possa lançar.

Seu atributo-chave para lançar magias é Sabedoria e você soma sua Sabedoria no seu total de PM. Veja o **Capítulo 4** para as regras de magia.

Poder de Clérigo. No 2º nível, e a cada nível seguinte, você escolhe um dos poderes a seguir.

• *Abençoar Arma.* Você se torna proficiente na arma preferida de sua divindade. Se estiver empunhando essa arma, pode gastar uma ação de movimento e 3 PM para infundi-la com poder divino. Até o final da cena, a arma é considerada mágica e emite luz dourada ou púrpura (como uma tocha). Além disso, o dano da arma aumenta em um passo e você pode usar sua Sabedoria em testes de ataque e rolagens de dano com ela, em vez do

Tabela 1-11: O Clérigo

Nível	Habilidades de Classe
1º	Devoto fiel, magias (1º círculo)
2º	Poder de clérigo
3º	Poder de clérigo
4º	Poder de clérigo
5º	Magias (2º círculo), poder de clérigo
6º	Poder de clérigo
7º	Poder de clérigo
8º	Poder de clérigo
9º	Magias (3º círculo), poder de clérigo
10º	Poder de clérigo
11º	Poder de clérigo
12º	Poder de clérigo
13º	Magias (4º círculo), poder de clérigo
14º	Poder de clérigo
15º	Poder de clérigo
16º	Poder de clérigo
17º	Magias (5º círculo), poder de clérigo
18º	Poder de clérigo
19º	Poder de clérigo
20º	Mão da divindade, poder de clérigo

atributo padrão (não cumulativo com efeitos que somam este atributo).

• *Aumento de Atributo.* Você recebe +1 em um atributo. Você pode escolher este poder várias vezes, mas apenas uma vez por patamar para um mesmo atributo.

• *Autoridade Eclesiástica.* Você possui uma posição formal em uma igreja reconhecida pelos outros membros de sua fé. Os efeitos deste poder variam de acordo com a igreja e o deus — clérigos de Khalmyr, por exemplo, possuem autoridade como juízes no Reinado — e ficam a cargo do mestre. Como regra geral, você recebe +5 em testes de Diplomacia ou Intimidação ao lidar com devotos de sua divindade e paga metade do preço de itens alquímicos, poções e serviços em templos de sua divindade. *Pré-requisitos:* 5º nível de clérigo, devoto de um deus maior.

• *Canalizar Energia Positiva/Negativa.* Você pode gastar uma ação padrão e PM para liberar uma onda de luz (se sua divindade canaliza energia positiva) ou trevas (se canaliza energia negativa) que afeta criaturas a sua escolha em alcance curto. Para cada PM que gastar, luz cura 1d6 PV em criaturas vivas e causa 1d6 pontos de dano de luz em mortos-vivos

Missas

Alguns poderes do clérigo são Missas. Esses poderes compartilham as seguintes regras.

• Rezar uma Missa exige uma hora e o gasto de materiais especiais (como velas, incensos, água benta...) no valor de T$ 25. Um mesmo celebrante pode aplicar mais de um poder de Missa na mesma celebração. Cada poder adicional aumenta o custo da Missa em T$ 25.

• Uma Missa afeta um número máximo de pessoas igual a 1 + sua Sabedoria. Todas as pessoas precisam estar presentes durante toda a Missa.

• Os efeitos de uma Missa duram um dia. Uma mesma criatura só pode receber os benefícios da mesma Missa uma vez por dia.

(Vontade CD Sab reduz o dano à metade). Trevas tem o efeito inverso — causa dano de trevas a criaturas vivas e cura mortos-vivos. ☯

• *Canalizar Amplo*. Quando você usa a habilidade Canalizar Energia, pode gastar +2 PM para aumentar o alcance dela para médio. *Pré-requisito:* Canalizar Energia Positiva ou Negativa.

• *Comunhão Vital*. Quando lança uma magia que cure uma criatura, você pode pagar +2 PM para que outra criatura em alcance curto (incluindo você mesmo) recupere uma quantidade de pontos de vida igual à metade dos PV da cura original. ☯

• *Conhecimento Mágico*. Você aprende duas magias divinas de qualquer círculo que possa lançar. Você pode escolher este poder quantas vezes quiser.

• *Expulsar/Comandar Mortos-Vivos*. Você pode gastar uma ação padrão e 3 PM para expulsar (se sua divindade canaliza energia positiva) ou comandar (se canaliza energia negativa) todos os mortos-vivos em alcance curto. Mortos-vivos expulsos ficam apavorados por 1d6 rodadas. Mortos-vivos comandados não inteligentes (Int –4 ou menor) ficam sob suas ordens por um dia (até um limite de ND somados igual a seu nível +3; dar uma ordem a todos eles é uma ação de movimento) e mortos-vivos comandados inteligentes ficam fascinados por uma rodada. Mortos-vivos têm direito a um teste de Vontade (CD Sab) para evitar qualquer destes efeitos. *Pré-requisito:* Canalizar Energia Positiva ou Negativa. ☯

• *Liturgia Mágica*. Você pode gastar uma ação de movimento para executar uma breve liturgia de sua fé. Se fizer isso, a CD para resistir à sua próxima habilidade de clérigo (desde que usada até o final de seu próximo turno) aumenta em +2.

• *Magia Sagrada/Profana*. Quando lança uma magia divina que causa dano, você pode gastar +1 PM. Se fizer isso, muda o tipo de dano da magia para luz (se sua divindade canaliza energia positiva) ou trevas (se canaliza energia negativa).

• *Mestre Celebrante*. O número de pessoas que você afeta com uma missa aumenta em dez vezes e os benefícios que elas recebem dobram. *Pré-requisitos:* qualquer poder de Missa, 12º nível de clérigo.

• *Missa: Bênção da Vida*. Os participantes recebem pontos de vida temporários em um valor igual ao seu nível + sua Sabedoria.

• *Missa: Chamado às Armas*. Os participantes recebem +1 em testes de ataque e rolagens de dano.

• *Missa: Elevação do Espírito*. Os participantes recebem pontos de mana temporários em um valor igual a sua Sabedoria.

• *Missa: Escudo Divino*. Os participantes recebem +1 na Defesa e testes de resistência.

• *Missa: Superar as Limitações*. Cada participante recebe +1d6 num único teste a sua escolha e pode usá-lo mesmo após rolar o dado.

• *Prece de Combate*. Quando lança uma magia divina com tempo de conjuração de uma ação padrão em si mesmo, você pode gastar +2 PM para lançá-la como uma ação de movimento.

• *Símbolo Sagrado Energizado*. Você pode gastar uma ação de movimento e 1 PM para fazer uma prece e energizar seu símbolo sagrado até o fim da cena. Um símbolo sagrado energizado emite uma luz dourada ou prateada (se sua divindade canaliza energia positiva) ou púrpura ou avermelhada (se canaliza energia negativa) que ilumina como uma tocha. Enquanto você estiver empunhando um símbolo sagrado energizado, o custo em PM para lançar suas magias divinas diminui em 1. ☯

Mão da Divindade. No 20º nível, você pode gastar uma ação completa e 15 PM para canalizar energia divina. Ao fazer isso, você lança três magias divinas quaisquer (de qualquer círculo, incluindo magias que você não conhece), como uma ação livre e sem gastar PM (mas ainda precisa pagar outros custos). Você pode aplicar aprimoramentos, mas precisa pagar por eles. Após usar esta habilidade, você fica atordoado por 1d4 rodadas (mesmo se for imune a esta condição). Corpos mortais não foram feitos para lidar com tanto poder. ☯

59

DRUIDA

No coração das florestas, nas partes mais remotas dos ermos inexplorados, existem mistérios. Clareiras sagradas onde os animais não caçam. Círculos de pedras erguidos por culturas ancestrais. Árvores gigantescas que emanam poder divino. Existe algo milagroso na vida selvagem, uma tradição secreta e antiga passada através dos séculos por mulheres e homens que cultuam, defendem e vivem a natureza. É o mundo místico dos druidas.

O druida é um tipo específico de sacerdote. Devotado a Allihanna, a Deusa da Natureza; Megalokk, o Deus dos Monstros, ou Oceano, o Deus dos Mares, o druida é mais do que um líder religioso. É um guardião de tudo que é selvagem, vivo e puro, um devoto ligado a uma forma primordial de culto divino. Não tem uma congregação ou um templo: vive com os animais e as plantas, realiza suas cerimônias a céu aberto. Sua devoção tem menos a ver com palavras e ritos do que com sangue, seiva, terra, carne. O contato do druida com os deuses e o mundo natural é primitivo, bruto, incorrupto. Muitas vezes um druida nem mesmo reconhece seu deus padroeiro, conectando-se com as forças naturais cruas, sem rosto e sem nome.

Embora haja tradições druídicas em Arton, transferindo conhecimento de mestre para aprendiz ao longo dos séculos, muitos druidas adquirem seus poderes sozinhos, pelo simples contato com a natureza. Isso acontece principalmente com pessoas criadas longe da civilização, mas o chamado selvagem pode surgir para qualquer um. De certa forma, alguém que se torna um druida sempre foi diferente ou especial: a conexão com as forças primitivas não pode ser aprendida numa escola.

Druidas rejeitam boa parte da civilização e suas invenções. Não usam armaduras de metal, preferem dormir ao relento, não entendem autoridades arbitrárias do mundo artificial. Seus maiores companheiros costumam ser animais, não bípedes. Alguns nem usam roupas normais, preferindo se cobrir com folhas, couro cru ou trapos. Eles entendem o ciclo de vida e morte, mas não matam animais sem motivo. Preferem não interferir com a natureza, adaptando-se a ela e deixando que ela direcione sua existência.

Até mesmo o corpo de um druida é modificado por sua ligação com o mundo natural. Druidas são capazes de se transformar em animais, plantas ou coisas mais exóticas. Druidas poderosos se tornam menos pessoas do que entidades ou espíritos dos ermos.

Embora a maioria dos druidas adote uma postura pacífica, defendendo os ermos apenas quando a civilização os ameaça, outros são militantes quase fanáticos. Querem destruir a civilização, queimar cidades e derrubar castelos para devolver Arton a um estado mais puro. Não dão grande importância às mortes que isso causaria: para eles, todos os bípedes inteligentes são invasores numa terra que pertence aos animais e às plantas.

Druidas sabem que a civilização é transitória. Antigamente não havia construções e um dia não haverá mais uma vez. O mundo é selvagem e criaturas inteligentes são meros hóspedes temporários.

DRUIDAS FAMOSOS. Lisandra, Oihana, Shantall, Trebane.

Oihana e Presa Ligeira. Povos civilizados devem ser lembrados sobre as verdades do mundo

Características de Classe

Pontos de Vida. Um druida começa com 16 pontos de vida + Constituição e ganha 4 PV + Constituição por nível.

Pontos de Mana. 4 PM por nível.

Perícias. Sobrevivência (Sab) e Vontade (Sab), mais 4 a sua escolha entre Adestramento (Car) Atletismo (For), Cavalgar (Des), Conhecimento (Int), Cura (Sab), Fortitude (Con), Iniciativa (Des), Intuição (Sab), Luta (For), Misticismo (Int), Ofício (Int), Percepção (Sab) e Religião (Sab).

Proficiências. Escudos.

Habilidades de Classe

Devoto Fiel. Você se torna devoto de um deus disponível para druidas (Allihanna, Megalokk ou Oceano). Veja as regras de devotos na página 96. Ao contrário de devotos normais, você recebe dois poderes concedidos por se tornar devoto, em vez de apenas um.

Empatia Selvagem. Você pode se comunicar com animais por meio de linguagem corporal e vocalizações. Você pode usar Adestramento com animais para mudar atitude e persuasão (veja a página 118).

Magias. Escolha três escolas de magia. Uma vez feita, essa escolha não pode ser mudada. Você pode lançar magias divinas de 1º círculo que pertençam a essas escolas. À medida que sobe de nível, pode lançar magias de círculos maiores (2º círculo no 6º nível, 3º círculo no 10º nível e 4º círculo no 14º nível).

Você começa com duas magias de 1º círculo. A cada nível par (2º, 4º etc.), aprende uma magia de qualquer círculo e escola que possa lançar.

Seu atributo-chave para lançar magias é Sabedoria e você soma sua Sabedoria no seu total de PM. Veja o **Capítulo 4** para as regras de magia.

Poder de Druida. No 2º nível, e a cada nível seguinte, você escolhe um dos poderes a seguir.

• *Aspecto do Inverno.* Você aprende e pode lançar uma magia de convocação ou evocação, arcana ou divina, de qualquer círculo que possa lançar. Além disso, recebe redução de frio 5 e suas magias que causam dano de frio causam +1 ponto de dano por dado.

• *Aspecto do Outono.* Você aprende e pode lançar uma magia de necromancia, arcana ou divina, de qualquer círculo que possa lançar. Além disso, pode gastar 1 PM para impor uma penalidade de –2 nos testes de resistência de todos os inimigos em alcance curto até o início do seu próximo turno.

Tabela 1-12: O Druida

Nível	Habilidades de Classe
1º	Devoto fiel, empatia selvagem, magias (1º círculo)
2º	Caminho dos ermos, poder de druida
3º	Poder de druida
4º	Poder de druida
5º	Poder de druida
6º	Magias (2º círculo), poder de druida
7º	Poder de druida
8º	Poder de druida
9º	Poder de druida
10º	Magias (3º círculo), poder de druida
11º	Poder de druida
12º	Poder de druida
13º	Poder de druida
14º	Magias (4º círculo), poder de druida
15º	Poder de druida
16º	Poder de druida
17º	Poder de druida
18º	Poder de druida
19º	Poder de druida
20º	Força da natureza, poder de druida

• *Aspecto da Primavera.* Você aprende e pode lançar uma magia de encantamento ou ilusão, arcana ou divina, de qualquer círculo que possa lançar. Além disso, escolha uma quantidade de magias igual ao seu Carisma (mínimo 1). O custo dessas magias é reduzido em −1 PM.

• *Aspecto do Verão.* Você aprende e pode lançar uma magia de transmutação, arcana ou divina, de qualquer círculo que possa lançar. Além disso, pode gastar 1 PM para cobrir uma de suas armas com chamas até o fim da cena. A arma causa +1d6 pontos de dano de fogo. Sempre que você acertar um ataque com ela, recebe 1 PM temporário. Você pode ganhar um máximo de PM temporários por cena igual ao seu nível e eles desaparecem no final da cena. ☯

• *Aumento de Atributo.* Você recebe +1 em um atributo. Você pode escolher este poder várias vezes, mas apenas uma vez por patamar para um mesmo atributo.

• *Companheiro Animal.* Você recebe um companheiro animal. Veja o quadro para detalhes. Você pode escolher este poder quantas vezes quiser, mas deve escolher companheiros diferentes e ainda está sujeito

Companheiro Animal

Um companheiro animal é um amigo valoroso e fiel. Você decide de qual espécie é seu companheiro. Vocês têm um vínculo mental, sendo capazes de entender um ao outro. Seu companheiro animal obedece a você, mesmo que isso arrisque a vida dele.

Em termos de jogo, seu companheiro animal é um parceiro ajudante, assassino, atirador, combatente, fortão, guardião, perseguidor, ou uma montaria, do nível iniciante. No 7º nível ele muda para veterano e, no 15º nível, para mestre (se tiver mais de um tipo, todos mudam de nível). Se o companheiro animal morrer, você fica atordoado por uma rodada. Você pode invocar um novo companheiro após um dia inteiro de prece e meditação.

A seguir, alguns exemplos de animais (mas você é livre para escolher outros). Veja a página 260 para as regras de parceiros.

- **Ajudante.** Corvo, macaco, raposa, serpente ou outro animal ágil ou esperto.
- **Assassino.** Lince, onça ou outro animal treinado para abater presas.
- **Atirador.** Águia, falcão ou outro animal capaz de mergulhar rapidamente nos alvos de seus ataques à distância.
- **Fortão.** Crocodilo, javali, leão, lobo ou outro animal capaz de lutar ao seu lado.
- **Guardião.** Alce, cão, coruja, tartaruga, urso ou outro animal pesado ou atento.
- **Perseguidor.** Gambá, sabujo ou outro animal farejador.

ao limite de parceiros que pode ter (veja a página 260). *Pré-requisitos:* Car 1, treinado em Adestramento.

• *Companheiro Animal Aprimorado.* Escolha um de seus companheiros animais. Ele recebe um segundo tipo, ganhando os bônus de seu nível. Por exemplo, se você tiver um companheiro guardião veterano, pode adicionar o tipo fortão a ele, tornando-o um guardião fortão veterano que concede +3 na Defesa e +1d12 em uma rolagem de dano corpo a corpo. *Pré-requisitos:* Companheiro Animal, 6º nível de druida.

• *Companheiro Animal Lendário.* Escolha um de seus companheiros animais. Esse animal passa a dobrar os bônus concedidos de seu tipo original. *Pré-requisitos:* Companheiro Animal, 18º nível de druida.

• *Companheiro Animal Mágico.* Escolha um de seus companheiros animais. Ele recebe um segundo tipo diferente, entre adepto, destruidor, magivocador ou médico, ganhando os bônus de seu nível. *Pré-requisitos:* Companheiro Animal, 8º nível de druida.

• *Coração da Selva.* A CD para resistir a seus efeitos de veneno aumenta em +2 e estes efeitos causam +1 de perda de vida por dado.

• *Espírito dos Equinócios.* Você pode gastar 4 PM para ficar em equilíbrio com o mundo. Até o final da cena, quando rola um dado, pode rolar novamente qualquer resultado 1. *Pré-requisitos:* Aspecto da Primavera, Aspecto do Outono, 10º nível de druida. ☯

• *Espírito dos Solstícios.* Você transita entre os extremos do mundo natural. Quando lança uma magia, pode gastar +4 PM para maximizar os efeitos numéricos variáveis dela. Por exemplo, uma magia *Curar Ferimentos* aprimorada para curar 5d8+5 PV irá curar automaticamente 45 PV, sem a necessidade de rolar dados. Uma magia sem efeitos variáveis não pode ser afetada por este poder. *Pré-requisitos:* Aspecto do Inverno, Aspecto do Verão, 10º nível de druida.

• *Força dos Penhascos.* Você recebe +2 em Fortitude. Quando sofre dano enquanto em contato com o solo ou uma superfície de pedra, pode gastar uma quantidade de PM limitada por sua Sabedoria. Para cada PM gasto, reduz esse dano em 10. *Pré-requisito:* 4º nível de druida.

• *Forma Primal.* Quando usa Forma Selvagem, você pode se transformar em uma fera primal. Você recebe os benefícios de dois tipos de animais (bônus iguais não se acumulam; use o que você quiser de cada tipo). *Pré-requisito:* 18º nível de druida.

• *Forma Selvagem.* Você pode se transformar em animais (veja a seguir). ☯

• *Forma Selvagem Aprimorada.* Quando usa Forma Selvagem, você pode gastar 6 PM ao todo para assumir uma forma aprimorada. *Pré-requisitos:* Forma Selvagem, 6º nível de druida. ☯

• *Forma Selvagem Superior.* Quando usa Forma Selvagem, você pode gastar 10 PM ao todo para assumir uma forma superior. *Pré-requisitos:* Forma Selvagem Aprimorada, 12º nível de druida. ☯

• *Liberdade da Pradaria.* Você recebe +2 em Reflexos. Se estiver ao ar livre, sempre que lança uma magia, pode gastar 1 PM para aumentar o alcance dela em um passo (de toque para curto, de curto para médio ou de médio para longo).

• *Magia Natural.* Em forma selvagem, você pode lançar magias e empunhar catalisadores e esotéricos. *Pré-requisito:* Forma Selvagem.

- *Presas Afiadas.* A margem de ameaça de suas armas naturais aumenta em +2.

- *Segredos da Natureza.* Você aprende duas magias de qualquer círculo que possa lançar. Elas devem pertencer às escolas que você sabe usar, mas podem ser arcanas ou divinas. Você pode escolher este poder quantas vezes quiser.

- *Tranquilidade dos Lagos.* Você recebe +2 em Vontade. Se estiver portando um recipiente com água (não precisa estar empunhando), uma vez por rodada, quando faz um teste de resistência, pode pagar 1 PM para refazer a rolagem.

Caminho dos Ermos. No 2º nível, você pode atravessar terrenos difíceis sem sofrer redução em seu deslocamento e a CD para rastreá-lo aumenta em +10. Esta habilidade só funciona em terrenos naturais.

Força da Natureza. No 20º nível, você diminui o custo de todas as suas magias em –2 PM e aumenta a CD delas em +2. Os bônus dobram (–4 PM e +4 na CD) se você estiver em terrenos naturais.

Forma Selvagem

Você pode gastar uma ação completa e 3 PM para adquirir a forma de uma criatura selvagem. Em termos de jogo, quando usa esta habilidade você adquire os modificadores de uma das formas abaixo. Características não mencionadas não mudam.

Na forma selvagem você não pode falar, empunhar itens ou lançar magias. Seu equipamento desaparece (mas você mantém os benefícios de quaisquer itens vestidos), ressurgindo quando você volta ao normal. Outras criaturas podem fazer um teste de Percepção oposto pelo seu teste de Enganação para perceber que você não é um animal comum (você recebe +10 neste teste). Cada transformação dura pelo tempo que você quiser, mas você reverte à forma normal se ficar inconsciente ou morrer.

Forma Ágil

Você recebe Destreza +2 e duas armas naturais que causam 1d6 pontos de dano e possuem margem de ameaça 19. Se atacar com ambas, sofre –2 em todos os testes de ataque até o seu próximo turno.

- *Aprimorada.* Você recebe Destreza +4, deslocamento +3m e duas armas naturais (como acima, mas com dano de 1d8). Seu tamanho muda para Grande (–2 em Furtividade, +2 em testes de manobra).

- *Superior.* Você recebe Destreza +6, deslocamento +6m e duas armas naturais (como acima, mas com dano de 1d10). Seu tamanho muda para Grande (–2 em Furtividade, +2 em testes de manobra).

Forma Feroz

Você recebe Força +3, +2 na Defesa e uma arma natural que causa 1d8 pontos de dano.

- *Aprimorada.* Você recebe Força +5, +4 na Defesa e uma arma natural que causa 2d6 pontos de dano. Seu tamanho muda para Grande (–2 em Furtividade, +2 em testes de manobra).

- *Superior.* Você recebe Força +10, +6 na Defesa e uma arma natural que causa 4d6 pontos de dano. Seu tamanho muda para Enorme (–5 em Furtividade, +5 em testes de manobra).

Forma Resistente

Você recebe +5 na Defesa, redução de dano 5 e uma arma natural que causa 1d6 pontos de dano.

- *Aprimorada.* Você recebe Força +3, +8 na Defesa, redução de dano 8 e uma arma natural que causa 1d8 pontos de dano. Seu tamanho muda para Grande (–2 em Furtividade, +2 em testes de manobra).

- *Superior.* Você recebe Força +5, +10 na Defesa, redução de dano 10 e uma arma natural que causa 2d6 pontos de dano. Seu tamanho muda para Enorme (–5 em Furtividade, +5 em testes de manobra).

Forma Sorrateira

Você recebe Destreza +2 e uma arma natural que causa 1d4 pontos de dano. Seu tamanho muda para Pequeno (+2 em Furtividade, –2 em testes de manobra).

- *Aprimorada.* Você recebe Destreza +4. Seu tamanho muda para Minúsculo (+5 em Furtividade, –5 em testes de manobra).

- *Superior.* Você recebe Destreza +6 e deslocamento de voo 18m. Seu tamanho muda para Minúsculo (+5 em Furtividade, –5 em testes de manobra).

Forma Veloz

Você recebe Destreza +2, uma arma natural que causa 1d6 pontos de dano e um dos benefícios a seguir: deslocamento 15m, deslocamento de escalada 9m ou deslocamento de natação 9m.

- *Aprimorada.* Você recebe Destreza +4, uma arma natural que causa 1d6 pontos de dano e um dos benefícios a seguir: deslocamento 18m, deslocamento de escalada 12m ou deslocamento de natação 12m.

- *Superior.* Você recebe Destreza +6, uma arma natural que causa 1d6 pontos de dano e um dos benefícios a seguir: deslocamento de natação 18m ou deslocamento de voo 24m.

GUERREIRO

Quando a primeira criatura inteligente ficou de pé sobre duas pernas e procurou algo para comer ou uma caverna onde se abrigar, existiu uma certeza: havia outra criatura tentando matá-la. Onde há vida, há luta. Em qualquer lugar de Arton, todos sempre precisarão de guerreiros.

O guerreiro é o mais simples, direto e comum dos aventureiros. Em muitos aspectos, também é o mais importante. Nenhum grupo está completo sem alguém especializado em combate, nenhum reino está seguro sem soldados. Nem mesmo uma aldeia tem chance de sobreviver sem alguns tipos corajosos dispostos a empunhar uma arma para defender seus conterrâneos. Mais cedo ou mais tarde, todos os conflitos acabarão em combate. Então não haverá esperteza, palavras bonitas ou mesmo truques mágicos que possam funcionar sem o bom e velho aço.

Longe de ser apenas um capanga com uma arma, o guerreiro possui disciplina e força de vontade para treinar continuamente. Seu amplo conhecimento sobre armas e armaduras pode não parecer profundo ou filosófico, mas é fundamental e utilizado todos os dias. Guerreiros se dedicam à batalha, praticam técnicas para vencer seus inimigos acima de todo o resto. Não se iludem sobre a melhor maneira de derrotar o mal ou conquistar glória e riquezas: sempre será preciso combater.

Existem guerreiros em toda parte. Muitos são soldados em exércitos ou guardas em grandes cidades. Outros são mercenários, gladiadores, senhores de terras, salteadores... Qualquer taverna em Arton tem pelo menos um ou dois guerreiros como fregueses ou atrás do balcão. Qualquer fazenda tem alguém que aprendeu a usar uma lança para afastar bandidos. Qualquer corte tem um instrutor de combate para os filhos da família nobre. Qualquer profissão ou estilo de vida pode atrair guerreiros. Até mesmo os mais sisudos eruditos podem ter aprendido a se defender.

Guerreiros experientes muitas vezes se tornam generais, conselheiros de reis ou conquistadores. Contudo, muitos também preferem uma existência pacata em algum lugar tranquilo, deixando a espada enferrujar em algum baú esquecido. Alguns dizem que guerreiros nunca se aposentam — sempre há uma última batalha a ser travada e, se não houver, é porque o guerreiro morreu na batalha anterior.

Não existe uma mentalidade ou personalidade comum à maioria dos guerreiros. É fácil encontrar neles a postura fatalista, bem-humorada e um pouco cínica dos soldados — acostumados a marchar sob sol e chuva durante semanas, ouvindo ordens de aristocratas mimados ou oficiais ambiciosos, muitos guerreiros sabem que é melhor rir dos absurdos de uma vida de batalhas. Contudo, também há incontáveis guerreiros idealistas e ingênuos, cruéis e frios, loucos e inconsequentes...

Se existe uma característica comum a todos os guerreiros é a versatilidade. Eles sabem se virar com espadas, machados, arcos, porretes... Não se apegam a um só estilo, não valorizam uma doutrina acima das outras. Usam as técnicas, ferramentas e estratégias necessárias para sobreviver e lutar outro dia.

Porque sempre haverá mais uma luta. Sempre alguém precisará de mais um guerreiro.

GUERREIROS FAMOSOS. Christian Pryde, Katabrok, Ledd, Loriane, Vallen Allond, Sandro Galtran, Val, Verônica.

Val. Ser duelista urbana é apenas um dos muitos caminhos do guerreiro

CAPÍTULO UM

CARACTERÍSTICAS DE CLASSE

Pontos de Vida. Um guerreiro começa com 20 pontos de vida + Constituição e ganha 5 PV + Constituição por nível.

Pontos de Mana. 3 PM por nível.

Perícias. Luta (For) ou Pontaria (Des), Fortitude (Con), mais 2 a sua escolha entre Adestramento (Car), Atletismo (For), Cavalgar (Des), Guerra (Int), Iniciativa (Des), Intimidação (Car), Luta (For), Ofício (Int), Percepção (Sab), Pontaria (Des) e Reflexos (Des).

Proficiências. Armas marciais, armaduras pesadas e escudos.

HABILIDADES DE CLASSE

Ataque Especial. Quando faz um ataque, você pode gastar 1 PM para receber +4 no teste de ataque ou na rolagem de dano. A cada quatro níveis, pode gastar +1 PM para aumentar o bônus em +4. Você pode dividir os bônus igualmente. Por exemplo, no 17º nível, pode gastar 5 PM para receber +20 no ataque, +20 no dano ou +10 no ataque e +10 no dano.

Poder de Guerreiro. No 2º nível, e a cada nível seguinte, você escolhe um dos poderes a seguir.

• *Ambidestria.* Se estiver empunhando duas armas (e pelo menos uma delas for leve) e fizer a ação agredir, você pode fazer dois ataques, um com cada arma. Se fizer isso, sofre –2 em todos os testes de ataque até o seu próximo turno. *Pré-requisito:* Des 2.

• *Arqueiro.* Se estiver usando uma arma de ataque à distância, você soma sua Sabedoria em rolagens de dano (limitado pelo seu nível). *Pré-requisito:* Sab 1.

• *Ataque Reflexo.* Se um alvo em alcance de seus ataques corpo a corpo ficar desprevenido ou se mover voluntariamente para fora do seu alcance, você pode gastar 1 PM para fazer um ataque corpo a corpo contra esse alvo (apenas uma vez por alvo a cada rodada). *Pré-requisito:* Des 1.

• *Aumento de Atributo.* Você recebe +1 em um atributo. Você pode escolher este poder várias vezes, mas apenas uma vez por patamar para um mesmo atributo.

• *Bater e Correr.* Quando faz uma investida, você pode continuar se movendo após o ataque, até o limite de seu deslocamento. Se gastar 2 PM, pode fazer uma investida sobre terreno difícil e sem sofrer a penalidade de Defesa.

• *Destruidor.* Quando causa dano com uma arma corpo a corpo de duas mãos, você pode rolar novamente qualquer resultado 1 ou 2 da rolagem de dano da arma. *Pré-requisito:* For 1.

Tabela 1-13: O Guerreiro

Nível	Habilidades de Classe
1º	Ataque especial +4
2º	Poder de guerreiro
3º	Durão, poder de guerreiro
4º	Poder de guerreiro
5º	Ataque especial +8, poder de guerreiro
6º	Ataque extra, poder de guerreiro
7º	Poder de guerreiro
8º	Poder de guerreiro
9º	Ataque especial +12, poder de guerreiro
10º	Poder de guerreiro
11º	Poder de guerreiro
12º	Poder de guerreiro
13º	Ataque especial +16, poder de guerreiro
14º	Poder de guerreiro
15º	Poder de guerreiro
16º	Poder de guerreiro
17º	Ataque especial +20, poder de guerreiro
18º	Poder de guerreiro
19º	Poder de guerreiro
20º	Campeão, poder de guerreiro

• *Esgrimista.* Quando usa uma arma corpo a corpo leve ou ágil, você soma sua Inteligência em rolagens de dano (limitado pelo seu nível). *Pré-requisito:* Int 1.

• *Especialização em Arma.* Escolha uma arma. Você recebe +2 em rolagens de dano com essa arma. Você pode escolher este poder outras vezes para armas diferentes.

• *Especialização em Armadura.* Você recebe redução de dano 5 se estiver usando uma armadura pesada. *Pré-requisito:* 12º nível de guerreiro.

• *Golpe de Raspão.* Uma vez por rodada, quando erra um ataque, você pode gastar 2 PM. Se fizer isso, causa metade do dano que causaria (ignorando efeitos que se aplicariam caso o ataque acertasse).

• *Golpe Demolidor.* Quando usa a manobra quebrar ou ataca um objeto, você pode gastar 2 PM para ignorar a redução de dano dele.

• *Golpe Pessoal.* Quando faz um ataque, você pode desferir seu Golpe Pessoal, uma técnica única, com efeitos determinados por você. Você constrói seu Golpe Pessoal escolhendo efeitos da lista a seguir. Cada efeito possui um custo; a soma deles será o custo do Golpe Pessoal (mínimo 1 PM). O

Efeitos do Golpe Pessoal

Amplo (+3 PM). Seu ataque atinge todas as criaturas em alcance curto (incluindo aliados, mas não você mesmo). Faça um único teste de ataque e compare com a Defesa de cada criatura.

Atordoante (+2 PM). Uma criatura que sofra dano do ataque fica atordoada por uma rodada (apenas uma vez por cena; Fortitude CD For anula).

Brutal (+1 PM). Fornece um dado extra de dano do mesmo tipo.

Conjurador (Custo da Magia + 1 PM). Escolha uma magia de 1º ou 2º círculos que tenha como alvo uma criatura ou que afete uma área. Se acertar seu golpe, você lança a magia como uma ação livre, tendo como alvo a criatura atingida ou como centro de sua área o ponto atingido pelo ataque (atributo-chave é um mental a sua escolha). Considere que a mão da arma está livre para lançar esta magia. ◎

Destruidor (+2 PM). Aumenta o multiplicador de crítico em +1.

Distante (+1 PM). Aumenta o alcance em um passo (de corpo a corpo para curto, médio e longo). Outras características não mudam (um ataque corpo a corpo com alcance curto continua usando Luta e somando sua Força no dano).

Elemental (+2 PM). Causa +2d6 pontos de dano de ácido, eletricidade, fogo ou frio. Você pode escolher este efeito mais vezes para aumentar o dano em +2d6 (do mesmo tipo ou de outro), por +2 PM a cada vez. ◎

Impactante (+1 PM). Empurra o alvo 1,5m para cada 10 pontos de dano causado (arredondado para baixo). Por exemplo, 3m para 22 pontos de dano.

Letal (+2 PM). Aumenta a margem de ameaça em +2. Você pode escolher este efeito duas vezes para aumentar a margem de ameaça em +5.

Penetrante (+1 PM). Ignora 10 pontos de RD.

Preciso (+1 PM). Quando faz o teste de ataque, você rola dois dados e usa o melhor resultado.

Qualquer Arma (+1 PM). Você pode usar seu Golpe Pessoal com qualquer tipo de arma.

Ricocheteante (+1 PM). A arma volta pra você após o ataque. Só pode ser usado com armas de arremesso.

Teleguiado (+1 PM). Ignora penalidades por camuflagem ou cobertura leves.

Lento (–2 PM). Seu ataque exige uma ação completa para ser usado.

Perto da Morte (–2 PM). O ataque só pode ser usado se você estiver com um quarto de seus PV ou menos.

Sacrifício (–2 PM). Sempre que usa seu Golpe Pessoal, você perde 10 PV.

Golpe Pessoal só pode ser usado com uma arma específica (por exemplo, apenas espadas longas). Quando sobe de nível, você pode reconstruir seu Golpe Pessoal e alterar a arma que ele usa. Você pode escolher este poder outras vezes para golpes diferentes e não pode gastar mais PM em golpes pessoais em uma mesma rodada do que seu limite de PM. *Pré-requisito:* 5º nível de guerreiro.

• *Ímpeto.* Você pode gastar 1 PM para aumentar seu deslocamento em +6m por uma rodada.

• *Mestre em Arma.* Escolha uma arma. Com esta arma, seu dano aumenta em um passo e você pode gastar 2 PM para rolar novamente um teste de ataque recém realizado. *Pré-requisitos:* Especialização em Arma com a arma escolhida, 12º nível de guerreiro.

• *Planejamento Marcial.* Uma vez por dia, você pode gastar uma hora e 3 PM para escolher um poder de guerreiro ou de combate cujos pré-requisitos cumpra. Você recebe os benefícios desse poder até o próximo dia. *Pré-requisitos:* treinado em Guerra, 10º nível de guerreiro.

• *Romper Resistências.* Quando faz um Ataque Especial, você pode gastar 1 PM adicional para ignorar 10 pontos de redução de dano.

• *Solidez.* Se estiver usando um escudo, você aplica o bônus na Defesa recebido pelo escudo em testes de resistência.

• *Tornado de Dor.* Você pode gastar uma ação padrão e 2 PM para desferir uma série de golpes giratórios. Faça um ataque corpo a corpo e compare-o com a Defesa de cada inimigo em seu alcance natural. Então faça uma rolagem de dano com um bônus cumulativo de +2 para cada acerto e aplique-a em cada inimigo atingido. *Pré-requisito:* 6º nível de guerreiro.

• *Valentão.* Você recebe +2 em testes de ataque e rolagens de dano contra oponentes caídos, desprevenidos, flanqueados ou indefesos.

Durão. A partir do 3ª nível, sua rijeza muscular permite que você absorva ferimentos. Sempre que sofre dano, você pode gastar 3 PM para reduzir esse dano à metade.

Ataque Extra. A partir do 6º nível, quando usa a ação agredir, você pode gastar 2 PM para realizar um ataque adicional uma vez por rodada.

Campeão. No 20º nível, o dano de todos os seus ataques aumenta em um passo. Além disso, sempre que você faz um Ataque Especial ou um Golpe Pessoal e acerta o ataque, recupera metade dos PM gastos nele. Por exemplo, se fizer um Ataque Especial gastando 5 PM para ganhar +20 nas rolagens de dano e acertar o ataque, recupera 2 PM.

INVENTOR

Mais cedo ou mais tarde, as tradições devem dar lugar a algo novo. Enquanto segredos mágicos estão ocultos em tomos empoeirados dentro de torres antigas e a bênção divina depende do favor de entidades caprichosas e imprevisíveis, a ciência está disponível para todos. Aos poucos, gênios espalham conhecimento e avanços por todo o mundo de Arton, por meio de alquimia, mecânica e engenharia. São os inventores.

O inventor é um dos mais raros tipos de aventureiros. Enquanto outros se preocupam com glória, riquezas e missões divinas, o inventor almeja testar e aprimorar suas criações mirabolantes. Enquanto outros contam com força bruta, fé ou mistérios ancestrais, o inventor confia em si mesmo e olha para o futuro. Criatividade, otimismo, paciência e trabalho duro: estas são as armas do inventor.

Poucas pessoas compreendem o papel da ciência na vida dos aventureiros ou no progresso de Arton, vendo os aparatos dos inventores como engenhocas perigosas e instáveis que podem se desmantelar ou explodir a qualquer momento. Nos lugares mais ignorantes, um inventor pode ser tratado como um herege ou um louco imprevisível. Mas mesmo os supersticiosos e desconfiados usam todos os dias as criações de inventores do passado: desde moinhos até armaduras de placas, tudo que hoje em dia é comum já foi uma inovação impressionante.

A maioria dos inventores está sempre insatisfeita. Podem ser irritantes, pois não aceitam passivamente quase nada. Se a noite é escura, o inventor imagina um sistema de lampiões automáticos. Se um abismo é intransponível, o inventor idealiza uma máquina voadora. Se todos ficam velhos e morrem, o inventor especula se algum remédio mirabolante não pode reverter esse processo. Às vezes estes heróis tentam modificar ou aprimorar objetos comuns apenas por tédio ou porque podem: uma espada funciona bem do jeito como é, mas e se colocássemos algumas engrenagens e roldanas para torná-la mais dinâmica? Leis e dogmas que limitam o progresso não fazem sentido para os inventores — muitos deles trabalham com pólvora, dissecam cadáveres ou pesquisam sobre a Tormenta sem se importar com normas ditadas por aristocratas antiquados.

Numa vida de aventuras, muitos inventores não têm tempo para estudar todos os campos científicos e precisam se focar em uma área. Contudo, um inventor veterano é um exemplo do triunfo do intelecto: capaz de imbuir objetos com energia arcana e construir inventos que vão modificar o mundo, facilmente escreve seu nome para sempre na história de Arton.

Inventores são exploradores de lugares desconhecidos, cobaias de seus próprios testes e grandes ajudantes de seus aliados. Sua postura inconformada e temerária pode incomodar alguns, mas um inventor não se importa. Ele pertence ao futuro e sabe que nada detém o progresso.

INVENTORES FAMOSOS. Dok, Ingram Brassbones, Marlin, Lorde Niebling.

Marlin e Ray. Nada é mais estranho que inventores e seus inventos

CONSTRUÇÃO DE PERSONAGEM

Tabela 1-14: O Inventor

Nível	Habilidades de Classe
1º	Engenhosidade, protótipo
2º	Fabricar item superior (1 melhoria), poder de inventor
3º	Comerciante, poder de inventor
4º	Poder de inventor
5º	Fabricar item superior (2 melhorias), poder de inventor
6º	Poder de inventor
7º	Encontrar fraqueza, poder de inventor
8º	Fabricar item superior (3 melhorias), poder de inventor
9º	Fabricar item mágico (menor), poder de inventor
10º	Olho do dragão, poder de inventor
11º	Fabricar item superior (4 melhorias), poder de inventor
12º	Poder de inventor
13º	Fabricar item mágico (médio), poder de inventor
14º	Poder de inventor
15º	Poder de inventor
16º	Poder de inventor
17º	Fabricar item mágico (maior), poder de inventor
18º	Poder de inventor
19º	Poder de inventor
20º	Obra-prima, poder de inventor

CARACTERÍSTICAS DE CLASSE

Pontos de Vida. Um inventor começa com 12 pontos de vida + Constituição e ganha 3 PV + Constituição por nível.

Pontos de Mana. 4 PM por nível.

Perícias. Ofício (Int) e Vontade (Sab), mais 4 a sua escolha entre Conhecimento (Int), Cura (Sab), Diplomacia (Car), Fortitude (Con), Iniciativa (Des), Investigação (Int), Luta (For), Misticismo (Int), Ofício (Int), Pilotagem (Des), Percepção (Sab) e Pontaria (Des).

Proficiências. Nenhuma.

HABILIDADES DE CLASSE

Engenhosidade. Quando faz um teste de perícia, você pode gastar 2 PM para somar a sua Inteligência no teste. Você não pode usar esta habilidade em testes de ataque.

Protótipo. Você começa o jogo com um item superior, ou com 10 itens alquímicos, com preço total de até T$ 500. Veja o **Capítulo 3: Equipamento** para a lista de itens.

Fabricar Item Superior. No 2º nível, você recebe um item superior com preço de até T$ 2.000 e passa a poder fabricar itens superiores com uma melhoria. Veja o **Capítulo 3: Equipamento** para a lista de melhorias.

Nos níveis 5, 8 e 11, você pode substituir esse item por um item superior com duas, três e quatro melhorias, respectivamente, e passa a poder fabricar itens superiores com essa quantidade de melhorias. Considera-se que você estava trabalhando nos itens e você não gasta dinheiro ou tempo neles (mas gasta em itens que fabricar futuramente).

Poder de Inventor. No 2º nível, e a cada nível seguinte, você escolhe um dos poderes a seguir.

• *Agite Antes de Usar.* Quando usa um preparado alquímico que cause dano, você pode gastar uma quantidade de PM a sua escolha (limitado por sua Inteligência). Para cada PM que gastar, o item causa um dado extra de dano do mesmo tipo. *Pré-requisito:* treinado em Ofício (alquimista).

• *Ajuste de Mira.* Você pode gastar uma ação padrão e uma quantidade de PM a sua escolha (limitado pela sua Inteligência) para aprimorar uma arma de ataque à distância. Para cada PM que gastar, você recebe +1 em rolagens de dano com a arma até o final da cena. *Pré-requisito:* Balística.

• *Alquimista de Batalha.* Quando usa um preparado alquímico ou poção que cause dano, você soma sua Inteligência na rolagem de dano. *Pré-requisito:* Alquimista Iniciado.

• *Alquimista Iniciado.* Você recebe um livro de fórmulas e pode fabricar poções com fórmulas que conheça de 1º e 2º círculos. Veja as páginas 333 e 341 para as regras de poções. *Pré-requisitos:* Int 1, Sab 1, treinado em Ofício (alquimista).

• *Armeiro.* Você recebe proficiência com armas marciais corpo a corpo. Quando empunha uma arma corpo a corpo, pode usar sua Inteligência em vez de Força nos testes de ataque e rolagens de dano. *Pré-requisitos:* treinado em Luta e Ofício (armeiro).

• *Ativação Rápida.* Ao ativar uma engenhoca com ação padrão, você pode pagar 2 PM para ativá-la com uma ação de movimento, em vez disto. *Pré-requisitos:* Engenhoqueiro, 7º nível de inventor.

• *Aumento de Atributo.* Você recebe +1 em um atributo. Você pode escolher este poder várias vezes, mas apenas uma vez por patamar para um mesmo atributo.

• *Autômato.* Você fabrica um autômato, um construto que obedece a seus comandos. Ele é um parceiro iniciante de um tipo a sua escolha entre ajudante, assassino, atirador, combatente, guardião, montaria ou vigilante. No 7º nível, ele muda para veterano e, no 15º nível, para mestre. Se o autômato for destruído, você pode fabricar um novo com uma semana de trabalho e T$ 100. *Pré-requisito:* Engenhoqueiro.

• *Autômato Prototipado.* Você pode gastar uma ação padrão e 2 PM para ativar uma melhoria experimental em seu autômato. Role 1d6. Em um resultado 2 a 6, você aumenta o nível de parceiro do autômato em um passo (até mestre), ou concede a ele a habilidade iniciante de outro de seus tipos, até o fim da cena. Em um resultado 1, o autômato enguiça como uma engenhoca. *Pré-requisito:* Autômato.

• *Balística.* Você recebe proficiência com armas marciais de ataque à distância ou com armas de fogo. Quando usa uma arma de ataque à distância, pode usar sua Inteligência em vez de Destreza nos testes de ataque (e, caso possua o poder Estilo de Disparo, nas rolagens de dano). *Pré-requisitos:* treinado em Pontaria e Ofício (armeiro).

• *Blindagem.* Você pode usar sua Inteligência na Defesa quando usa armadura pesada. Se fizer isso, não pode somar sua Destreza, mesmo que outras habilidades ou efeitos permitam isso. *Pré-requisitos:* Couraceiro, 8º nível de inventor.

• *Cano Raiado.* Quando usa uma arma de disparo feita por você mesmo, ela recebe +1 na margem de ameaça. *Pré-requisitos:* Balística, 5º nível de inventor.

• *Catalisador Instável.* Você pode gastar uma ação completa e 3 PM para fabricar um preparado alquímico ou poção cuja fórmula conheça instantaneamente. O custo do item é reduzido à metade e você não precisa fazer o teste de Ofício (alquimista), mas ele só dura até o fim da cena. *Pré-requisito:* Alquimista Iniciado.

• *Chutes e Palavrões.* Uma vez por rodada, você pode pagar 1 PM para repetir um teste de Ofício (engenhoqueiro) recém realizado para ativar uma engenhoca. *Pré-requisito:* Engenhoqueiro.

• *Conhecimento de Fórmulas.* Você aprende três fórmulas de quaisquer círculos que possa aprender. Você pode escolher este poder quantas vezes quiser. *Pré-requisito:* Alquimista Iniciado.

• *Couraceiro.* Você recebe proficiência com armaduras pesadas e escudos. Quando usa armadura, pode usar sua Inteligência em vez de Destreza na Defesa (mas continua não podendo somar um atributo na Defesa quando usa armadura pesada). *Pré-requisito:* treinado em Ofício (armeiro).

• *Engenhoqueiro.* Você pode fabricar engenhocas. Veja as regras para isso na página 70. *Pré-requisitos:* Int 3, treinado em Ofício (engenhoqueiro).

• *Farmacêutico.* Quando usa um item alquímico que cure pontos de vida, você pode gastar uma quantidade de PM a sua escolha (limitado por sua Inteligência). Para cada PM que gastar, o item cura um dado extra do mesmo tipo. *Pré-requisitos:* Sab 1, treinado em Ofício (alquimista).

• *Ferreiro.* Quando usa uma arma corpo a corpo feita por você mesmo, o dano dela aumenta em um passo. *Pré-requisitos:* Armeiro, 5º nível de inventor.

• *Granadeiro.* Você pode arremessar itens alquímicos e poções em alcance médio. Você pode usar sua Inteligência em vez de Destreza para calcular a CD do teste de resistência desses itens. *Pré-requisito:* Alquimista de Batalha.

• *Homúnculo.* Você possui um homúnculo, uma criatura Minúscula feita de alquimia. Vocês podem se comunicar telepaticamente em alcance longo e ele obedece a suas ordens, mas ainda está limitado ao que uma criatura de seu tamanho pode fazer. Um homúnculo é um parceiro ajudante iniciante. Você pode perder 1d6 pontos de vida para seu homúnculo assumir uma forma capaz de protegê-lo e se tornar também um parceiro guardião iniciante até o fim da cena. *Pré-requisito:* Alquimista Iniciado.

• *Invenção Potente.* Quando usa um item ou engenhoca fabricado por você mesmo, você pode pagar 1 PM para aumentar em +2 a CD para resistir a ele.

• *Maestria em Perícia.* Escolha um número de perícias treinadas igual a sua Inteligência, exceto bônus temporários. Com essas perícias, você pode gastar 1 PM para escolher 10 em qualquer situação, exceto testes de ataque.

• *Manutenção Eficiente.* A quantidade de engenhocas que você pode manter aumenta em +3. Além disso, cada engenhoca passa a ocupar meio espaço. *Pré-requisitos:* Engenhoqueiro, 5º nível de inventor.

• *Mestre Alquimista.* Você pode fabricar poções com fórmulas que conheça de qualquer círculo. *Pré-requisitos:* Int 3, Sab 3, Alquimista Iniciado, 10º nível de inventor.

• *Mestre Cuca.* Todas as comidas que você cozinha têm seu bônus numérico aumentado em +1. *Pré-requisito:* treinado em Ofício (cozinheiro).

• *Mistura Fervilhante.* Quando usa um item alquímico ou poção, você pode gastar 2 PM para dobrar a área de efeito dele. *Pré-requisitos:* Alquimista Iniciado, 5º nível de inventor.

CONSTRUÇÃO DE PERSONAGEM

Livro de Fórmulas

Quando adquire o poder Alquimista Iniciado, você recebe um livro de fórmulas. Uma "fórmula" é uma magia divina ou arcana (atributo-chave Inteligência) que serve para cumprir os pré-requisitos de fabricação de poções.

Você começa com três fórmulas de 1º círculo. A cada nível além do 1º, aprende uma fórmula adicional. A partir do 6º nível, pode aprender fórmulas de 2º círculo e, se possuir o poder Mestre Alquimista, a cada quatro níveis (10º, 14º e 18º) pode aprender fórmulas de um círculo maior.

Se não tiver seu livro de fórmulas, você não pode fabricar poções. Se perder seu livro, você pode preparar outro com uma semana de trabalho e o gasto de T$ 100.

• *Oficina de Campo*. Você pode gastar uma hora e 2 PM para fazer a manutenção do equipamento de seu grupo. Cada membro do grupo escolhe uma arma, armadura ou escudo para manutenção. Armas recebem +1 em testes de ataque, armaduras e escudos aumentam seu bônus na Defesa em +1. Os benefícios duram um dia. *Pré-requisito:* treinado em Ofício (armeiro).

• *Pedra de Amolar*. Você pode gastar uma ação de movimento e uma quantidade de PM a sua escolha (limitado por sua Inteligência) para aprimorar uma arma corpo a corpo que esteja empunhando. Para cada PM que gastar, você recebe +1 em rolagens de dano com a arma até o final da cena. *Pré-requisito:* Armeiro.

• *Síntese Rápida*. Quando fabrica um item alquímico ou poção, você pode fabricar o dobro de doses no mesmo tempo (pagando o custo de matéria-prima de cada uma). *Pré-requisito:* Alquimista Iniciado.

COMERCIANTE. No 3º nível, você pode vender itens 10% mais caro (não cumulativo com barganha).

ENCONTRAR FRAQUEZA. A partir do 7º nível, você pode gastar uma ação de movimento e 2 PM para analisar um objeto em alcance curto. Se fizer isso, ignora a redução de dano dele. Você também pode usar esta habilidade para encontrar uma fraqueza em um inimigo. Se ele estiver de armadura ou for um construto, você recebe +2 em seus testes de ataque contra ele. Os benefícios desta habilidade duram até o fim da cena.

FABRICAR ITEM MÁGICO. No 9º nível, você recebe um item mágico menor e passa a poder fabricar itens mágicos menores. Veja o **CAPÍTULO 8: RECOMPENSAS** para as regras de itens mágicos.

Nos níveis 13 e 17, você pode substituir esse item por um item mágico médio e maior, respectivamente, e passa a poder fabricar itens mágicos dessas categorias. Considera-se que você estava trabalhando nos itens que recebe e você não gasta dinheiro, tempo ou pontos de mana neles (mas gasta em itens que fabricar futuramente).

OLHO DO DRAGÃO. A partir do 10º nível, você pode gastar uma ação completa para analisar um item. Você automaticamente descobre se o item é mágico, suas propriedades e como utilizá-las.

OBRA-PRIMA. No 20º nível, você fabrica sua obra-prima, aquela pela qual seu nome será lembrado em eras futuras. Você é livre para criar as regras do item, mas ele deve ser aprovado pelo mestre. Como linha geral, ele pode ter benefícios equivalentes a de um item com cinco melhorias e quatro encantos. Considera-se que você estava trabalhando no item e você não gasta dinheiro, tempo ou PM nele.

ENGENHOCAS

Uma engenhoca é uma invenção que simula o efeito de uma magia. Exemplos incluem um canhão (simula o efeito da magia *Bola de Fogo*), uma arma de raios (*Relâmpago*), um casaco blindado (*Armadura Arcana*), um emplastro curativo (*Curar Ferimentos*), um guarda-costas mecânico (*Conjurar Monstro*), um projetor de imagens (*Criar Ilusão*), um veículo a vapor (*Montaria Arcana*) etc.

Uma engenhoca é um item mundano Minúsculo que ocupa 1 espaço e possui Defesa 15, pontos de vida iguais à metade dos PV de seu fabricante e RD 5. Quando é fabricada, escolha se ela será empunhada (precisa estar na sua mão para ser ativada) ou vestida (precisa estar vestida para ser ativada, conta para seu limite de itens vestidos). Ao ser ativada, uma engenhoca pode assumir outra forma. Por exemplo, uma engenhoca que simula *Montaria Arcana* pode ser uma caixinha de engrenagens que se desdobra na forma de uma moto de madeira. Suas estatísticas não mudam.

FABRICAÇÃO. Para fabricar uma engenhoca, escolha uma magia arcana ou divina de 1º círculo. Essa será a magia que a engenhoca irá simular. A partir do 6º nível, você pode criar engenhocas com magias de 2º círculo e, a cada quatro níveis, pode criar engenhocas de um círculo maior.

CAPÍTULO UM

O custo de fabricação da engenhoca é T$ 100 x o custo em PM da magia que ela simula e a CD do teste é 20 + o custo em PM da magia. Assim, para fabricar uma engenhoca que simula o efeito de uma magia de 2º círculo (3 PM) você precisa gastar T$ 300 e passar em um teste de Ofício (engenhoqueiro) contra CD 23. O tempo de fabricação é uma semana.

Limite de Engenhocas. Engenhocas são itens complexos e delicados, que exigem manutenção constante. O máximo de engenhocas que você pode ter ao mesmo tempo é igual a sua Inteligência.

Ativação. Apenas o fabricante de uma engenhoca pode ativá-la. Ativar uma engenhoca exige uma ação padrão (ou a execução da magia, o que for maior) e um teste de Ofício (engenhoqueiro) contra CD 15 + custo em PM da magia. Se você passar, a engenhoca gera o efeito da magia (atributo-chave Int). Se falhar, ela enguiça e não pode ser utilizada até ser consertada, o que exige uma hora de trabalho. Cada nova ativação da engenhoca no mesmo dia aumenta a CD do teste de Ofício em +5.

Quando ativa uma engenhoca, você pode usar quaisquer aprimoramentos da magia que ela simula, até um custo igual a sua Inteligência. A CD para ativar a engenhoca aumenta em +1 por PM e você paga o custo em PM dos aprimoramentos.

Se a engenhoca simula o efeito de uma magia com custo especial, esse custo deve ser pago a cada ativação. Para outros custos e limitações, o efeito gerado pela engenhoca funciona como uma magia. Por exemplo, para manter um efeito com duração sustentada gerado por uma engenhoca, o inventor deve pagar 1 PM no início de cada um de seus turnos. Da mesma forma, só pode manter um efeito sustentado de engenhoca por vez. Se a magia simulada exigir um teste de Misticismo, use Ofício (engenhoqueiro) em seu lugar.

Efeito Mundano. O efeito de uma engenhoca não é mágico. Isso significa que ele não pode ser dissipado, funciona em áreas de antimagia etc.

Penalidade de Armadura. A ativação de uma engenhoca exige movimentos rápidos e precisos. Por isso, o teste de Ofício (engenhoqueiro) para ativar engenhocas sofre penalidade de armadura. Porém, você pode ativar engenhocas que geram magias arcanas enquanto usa armadura sem precisar fazer testes de Misticismo.

Efeitos que Impedem Conjuração. Um efeito que especificamente impeça um personagem de lançar magias (como a Fúria de um bárbaro ou a magia *Transformação de Guerra*) também impede um inventor de ativar engenhocas.

> Calma, Lothar!
> O Pimp pifou, mas já vai ficar bem

Construção de Personagem

LADINO

A maior parte dos perigos pode ser evitada com um pouco de furtividade. A maior parte das dificuldades pode ser superada com um pouco de ouro subtraído de outra pessoa. A maior parte dos vilões pode ser vencida com uma boa mentira. E, quando nada disso dá certo, uma adaga nas costas resolve o problema.

O ladino é o mais esperto, discreto, silencioso e malandro de todos os heróis. Um aventureiro que usa táticas que muitos consideram desleais, mas que para ele são apenas pragmáticas e lógicas. Ladinos se especializam em arrombar portas, esgueirar-se pelas sombras, desarmar armadilhas, roubar itens valiosos... Enfim, fazer tudo que "heróis de bem" nunca fariam.

Isto não quer dizer que ladinos sejam traidores ou covardes. Pelo contrário: um ladino conhece bem o valor de um grupo coeso de aventureiros, em que cada um faz sua parte. Ele apenas sabe que, em qualquer grande missão, existe um lado sombrio que exige menos gritos de guerra e mais infiltrações silenciosas. Há ladinos que fazem parte de grandes guildas de criminosos, mas muitos são malandros solitários, confiando apenas em si mesmos e num pequeno grupo de amigos para sobreviver.

Qualquer tipo de atividade escusa ou discreta atrai ladinos. Muitos são mesmo ladrões, furtando bolsas ou entrando em mansões à noite nas ruas escuras das metrópoles. Outros são espiões a serviço de grandes reinos ou mesmo igrejas. Também há muitos ladinos nas cortes, malandros que se especializam em espalhar boatos, descobrir segredos, seduzir alvos e, quando necessário, envenenar algum aristocrata inconveniente. Ladinos podem até mesmo ser assassinos: suas habilidades de furtividade e precisão podem ser mais mortais que a investida tresloucada de um brutamontes enfurecido.

O típico ladino aventureiro tem um pouco de cada uma destas "profissões". Um grupo de exploradores de masmorras dura pouco se não houver alguém para procurar armadilhas, escutar atrás de portas, abrir trancas e se esconder de guardas. Muitas vezes o ladino é o herói que realmente resolve a missão: enquanto o resto do grupo está enfrentando o dragão vermelho, o ladino encontra e surrupia o artefato que o monstro estava guardando.

Ladinos podem ter qualquer tipo de personalidade, mas poucos são espalhafatosos ou arrogantes. A maioria dos ladinos prefere ficar na sombra dos outros heróis, sem grande reconhecimento, sendo subestimada pelos inimigos. Muitos ladinos adquirem suas habilidades por falta de opção: tendo crescido nas áreas mais pobres de uma cidade, precisaram aprender a roubar e fugir para sobreviver. Outros sempre tiveram vidas confortáveis e acham que a maneira mais fácil de preservá-las é se manter escondidos. Alguns foram treinados especificamente para isto por exércitos ou famílias criminosas.

De qualquer forma, quase nenhum ladino consegue se manter do lado da lei por muito tempo. Mesmo que sua intenção seja boa, precisam cometer algum crime para atingir seus objetivos.

Ladinos Famosos. Andrus o Aranha, Ashlen Ironsmith, o Camaleão, Drikka, Leon Galtran.

Leon Galtran. Roubar bolsas de mercadores ou tesouros de dragões, qual a diferença?

CARACTERÍSTICAS DE CLASSE

Pontos de Vida. Um ladino começa com 12 pontos de vida + Constituição e ganha 3 PV + Constituição por nível.

Pontos de Mana. 4 PM por nível.

Perícias. Ladinagem (Des) e Reflexos (Des), mais 8 a sua escolha entre Acrobacia (Des), Atletismo (For), Atuação (Car), Cavalgar (Des), Conhecimento (Int), Diplomacia (Car), Enganação (Car), Furtividade (Des), Iniciativa (Des), Intimidação (Car), Intuição (Sab), Investigação (Int), Jogatina (Car), Luta (For), Ofício (Int), Percepção (Sab), Pilotagem (Des) e Pontaria (Des).

Proficiências. Nenhuma.

HABILIDADES DE CLASSE

Ataque Furtivo. Você sabe atingir os pontos vitais de inimigos distraídos. Uma vez por rodada, quando atinge uma criatura desprevenida com um ataque corpo a corpo ou em alcance curto, ou uma criatura que esteja flanqueando, você causa 1d6 pontos de dano extra. A cada dois níveis, esse dano extra aumenta em +1d6. Uma criatura imune a acertos críticos também é imune a ataques furtivos.

Especialista. Escolha um número de perícias treinadas igual a sua Inteligência, exceto bônus temporários (mínimo 1). Ao fazer um teste de uma dessas perícias, você pode gastar 1 PM para dobrar seu bônus de treinamento. Você não pode usar esta habilidade em testes de ataque.

Evasão. A partir do 2º nível, quando sofre um efeito que permite um teste de Reflexos para reduzir o dano à metade, você não sofre dano algum se passar. Você ainda sofre dano normal se falhar no teste de Reflexos. Esta habilidade exige liberdade de movimentos; você não pode usá-la se estiver de armadura pesada ou na condição imóvel.

Poder de Ladino. No 2º nível, e a cada nível seguinte, você escolhe um dos poderes a seguir.

• *Assassinar.* Você pode gastar uma ação de movimento e 3 PM para analisar uma criatura em alcance curto. Até o fim de seu próximo turno, seu primeiro Ataque Furtivo que causar dano a ela tem seus dados de dano extras dessa habilidade dobrados. *Pré-requisito:* 5º nível de ladino.

• *Aumento de Atributo.* Você recebe +1 em um atributo. Você pode escolher este poder várias vezes, mas apenas uma vez por patamar para um mesmo atributo.

Tabela 1-15: O Ladino

Nível	Habilidades de Classe
1º	Ataque furtivo +1d6, especialista
2º	Evasão, poder de ladino
3º	Ataque furtivo +2d6, poder de ladino
4º	Esquiva sobrenatural, poder de ladino
5º	Ataque furtivo +3d6, poder de ladino
6º	Poder de ladino
7º	Ataque furtivo +4d6, poder de ladino
8º	Olhos nas costas, poder de ladino
9º	Ataque furtivo +5d6, poder de ladino
10º	Evasão aprimorada, poder de ladino
11º	Ataque furtivo +6d6, poder de ladino
12º	Poder de ladino
13º	Ataque furtivo +7d6, poder de ladino
14º	Poder de ladino
15º	Ataque furtivo +8d6, poder de ladino
16º	Poder de ladino
17º	Ataque furtivo +9d6, poder de ladino
18º	Poder de ladino
19º	Ataque furtivo +10d6, poder de ladino
20º	A pessoa certa para o trabalho, poder de ladino

• *Contatos no Submundo.* Quando chega em uma comunidade equivalente a uma vila ou maior, você pode gastar 2 PM para fazer um teste de Carisma (CD 10). Se passar, enquanto estiver nessa comunidade, recebe +5 em testes de Investigação para interrogar, pode comprar itens mundanos, poções e pergaminhos com 20% de desconto (não cumulativo com barganha e outros descontos) e, de acordo com o mestre, tem acesso a itens e serviços proibidos (como armas de pólvora e venenos).

• *Emboscar.* Na primeira rodada de cada combate, você pode gastar 2 PM para executar uma ação padrão adicional em seu turno. *Pré-requisito:* treinado em Furtividade.

• *Escapista.* Você recebe +5 em testes de Acrobacia para escapar, passar por espaço apertado e passar por inimigo e em testes para resistir a efeitos de movimento.

• *Fuga Formidável.* Você pode gastar uma ação completa e 1 PM para analisar o lugar no qual está (um castelo, um porto, a praça de uma cidade...). Até o fim da cena, recebe +3m em seu deslocamento, +5 em Acrobacia e Atletismo e ignora

CONSTRUÇÃO DE PERSONAGEM

penalidades em movimento por terreno difícil. Você perde esses benefícios se fizer uma ação que não seja diretamente relacionada a fugir. Por exemplo, você só pode atacar um inimigo se ele estiver bloqueando seu caminho, agarrando-o etc. Você pode fazer ações para ajudar seus aliados, mas apenas se eles estiverem tentando escapar. *Pré-requisito:* Int 1.

• *Gatuno.* Você recebe +2 em Atletismo. Quando escala, não fica desprevenido e avança seu deslocamento normal, em vez de metade dele.

• *Ladrão Arcano.* Quando causa dano com um ataque furtivo em uma criatura capaz de lançar magias, você pode "roubar" uma magia que já a tenha visto lançar. Você precisa pagar 1 PM por círculo da magia e pode roubar magias de até 4º círculo. Até o fim da cena, você pode lançar a magia roubada (atributo-chave Inteligência). *Pré-requisitos:* Roubo de Mana, 13º nível de ladino.

• *Mão na Boca.* Você recebe +2 em testes de agarrar. Quando acerta um ataque furtivo contra uma criatura desprevenida, você pode fazer um teste de agarrar como uma ação livre. Se agarrar a criatura, ela não poderá falar enquanto estiver agarrada. *Pré-requisito:* treinado em Luta.

• *Mãos Rápidas.* Uma vez por rodada, ao fazer um teste de Ladinagem para abrir fechaduras, ocultar item, punga ou sabotar, você pode pagar 1 PM para fazê-lo como uma ação livre. *Pré-requisitos:* Des 2, treinado em Ladinagem.

• *Mente Criminosa.* Você soma sua Inteligência em Ladinagem e Furtividade. *Pré-requisito:* Int 1.

• *Oportunismo.* Uma vez por rodada, quando um inimigo adjacente sofre dano de um de seus aliados, você pode gastar 2 PM para fazer um ataque corpo a corpo contra este inimigo. *Pré-requisito:* 6º nível de ladino.

• *Rolamento Defensivo.* Sempre que sofre dano, você pode gastar 2 PM para reduzir esse dano à metade. Após usar este poder, você fica caído. *Pré-requisito:* treinado em Reflexos.

• *Roubo de Mana.* Quando você causa dano com um ataque furtivo, para cada 1d6 de dano de seu ataque furtivo, você recebe 1 PM temporário e a criatura perde 1 ponto de mana (se tiver). Você só pode usar este poder uma vez por cena

contra uma mesma criatura. *Pré-requisitos:* Truque Mágico, 7º nível de ladino.

• *Saqueador de Tumbas.* Você recebe +5 em testes de Investigação para encontrar armadilhas e em testes de resistência contra elas. Além disso, gasta uma ação padrão para desabilitar mecanismos, em vez de 1d4 rodadas (veja a perícia Ladinagem).

• *Sombra.* Você recebe +2 em Furtividade, não sofre penalidade em testes de Furtividade por se mover no seu deslocamento normal e reduz a penalidade por atacar e fazer outras ações chamativas para –10. *Pré-requisito:* treinado em Furtividade.

• *Truque Mágico.* Você aprende e pode lançar uma magia arcana de 1º círculo a sua escolha, pagando seu custo normal em PM. Seu atributo-chave para esta magia é Inteligência. Você pode escolher este poder quantas vezes quiser. *Pré-requisito:* Int 1.

• *Velocidade Ladina.* Uma vez por rodada, você pode gastar 2 PM para realizar uma ação de movimento adicional em seu turno. *Pré-requisito:* Des 2, treinado em Iniciativa.

• *Veneno Persistente.* Quando aplica uma dose de veneno a uma arma, este veneno dura por três ataques (em vez de apenas um). *Pré-requisitos:* Veneno Potente, 8º nível de ladino.

• *Veneno Potente.* A CD para resistir aos venenos que você usa aumenta em +5. *Pré-requisito:* treinado em Ofício (alquimista).

ESQUIVA SOBRENATURAL. No 4º nível, seus instintos são tão apurados que você consegue reagir ao perigo antes que seus sentidos percebam. Você nunca fica surpreendido.

OLHOS NAS COSTAS. A partir do 8º nível, você consegue lutar contra diversos inimigos como se fossem apenas um. Você não pode ser flanqueado.

EVASÃO APRIMORADA. No 10º nível, quando sofre um efeito que permite um teste de Reflexos para reduzir o dano à metade, você não sofre dano algum se passar e sofre apenas metade do dano se falhar. Esta habilidade exige liberdade de movimentos; você não pode usá-la se estiver de armadura pesada ou na condição imóvel.

A PESSOA CERTA PARA O TRABALHO. No 20º nível, você se torna um mestre da ladinagem. Ao fazer um ataque furtivo ou usar uma perícia da lista de ladino, você pode gastar 5 PM para receber +10 no teste.

LUTADOR

Perigo verdadeiro não é enfrentar a morte com segredos místicos, ou mesmo com armas e armaduras. Perigo verdadeiro é encarar a morte com as mãos nuas, sem proteção e sem treinamento. Apenas alguns heróis triunfam desta forma. São os lutadores.

Lutadores são especialistas em todas as formas de combate desarmado, desde simples socos e chutes até complexas chaves e técnicas de chão. Alguns estudam com mestres, seguindo disciplinas codificadas ao longo de muitas gerações. Outros são apenas desesperados que precisaram aprender a brigar para ficar vivos nos becos escuros ou nos ermos selvagens. Algumas culturas artonianas têm tradições de combate desarmado: Tamu-ra é a mais famosa, mas os minotauros de Tapista também desenvolveram seus próprios métodos de luta esportiva.

Embora pessoas de todo tipo comecem algum tipo de aprendizado em luta desarmada, quem avança no treinamento o suficiente para se tornar um herói costuma ter uma personalidade bem específica. Lutadores devem ser muito perseverantes e resistentes. Não há como dominar sua disciplina sem longas horas de repetição, prática e exercícios. Também não há como aprender a lutar sem ser derrotado inúmeras vezes, sem se ferir muito e conviver com dores todos os dias. Quase todos os lutadores são determinados e teimosos. Com outros lutadores ou com pessoas que precisaram se esforçar muito para triunfar, são humildes e amistosos. Contudo, podem ser vaidosos e arrogantes, principalmente com gente preguiçosa ou privilegiada. Lutadores acostumados a campeonatos e plateias costumam se tornar fanfarrões convencidos.

É raro ver lutadores em cargos de prestígio ou refinamento. A maioria dos lutadores iniciantes se emprega como capanga, leão de chácara ou criminoso comum. Os mais corretos rejeitam usar sua força para intimidar, geralmente sofrendo por causa disso. Um dos únicos caminhos de glória para os lutadores é a competição em arenas. Muitos deles se tornam gladiadores ou competidores em rinhas obscuras e até mesmo ilegais. Nos buracos mais sinistros, esses jogos sangrentos podem envolver lutadores contra mortos-vivos, monstros e até mesmo demônios.

A vida de aventuras é a maior saída da pobreza e do crime para os lutadores. Mesmo que não tenham estudo, fé ou um posto militar, eles têm poder de combate e coragem — coisas muito valorizadas por qualquer grupo de aventureiros. É raro o lutador que não esteja disposto a largar tudo num instante para embarcar em uma missão que possa render ouro e fama. Na verdade, alguns deles rondam tavernas movimentadas em cidades com tradição aventureira, esperando por grupos que precisem de um combatente a mais. A chance de conquistar riqueza através de batalhas e ao mesmo tempo fazer o bem parece um conto de fadas para muitos lutadores com origem miserável.

Poucos heróis são tão focados, confiáveis e prestativos quanto os lutadores. Num campo de batalha sangrento, numa ruela imunda ou numa grande luta de arena, a nobre arte de socar e chutar sempre é útil. E um combatente acostumado a trabalhar duro e apanhar sem reclamar sempre é um companheiro bem-vindo.

Maquius, campeão pugilista. Nem todos precisam de aço para provar sua força

LUTADORES FAMOSOS. Maquius, Rexthor, Syrion.

Tabela 1-16: O Lutador

Nível	Habilidades de Classe
1º	Briga (1d6), golpe relâmpago
2º	Poder de lutador
3º	Casca grossa (Con), poder de lutador
4º	Poder de lutador
5º	Briga (1d8), golpe cruel, poder de lutador
6º	Poder de lutador
7º	Casca grossa (Con+1), poder de lutador
8º	Poder de lutador
9º	Briga (1d10), golpe violento, poder de lutador
10º	Poder de lutador
11º	Casca grossa (Con+2), poder de lutador
12º	Poder de lutador
13º	Briga (2d6), poder de lutador
14º	Poder de lutador
15º	Casca grossa (Con+3), poder de lutador
16º	Poder de lutador
17º	Briga (2d8), poder de lutador
18º	Poder de lutador
19º	Casca grossa (Con+4), poder de lutador
20º	Dono da rua (2d10), poder de lutador

CARACTERÍSTICAS DE CLASSE

Pontos de Vida. Um lutador começa com 20 pontos de vida + Constituição e ganha 5 PV + Constituição por nível.

Pontos de Mana. 3 PM por nível.

Perícias. Fortitude (Con) e Luta (For), mais 4 a sua escolha entre Acrobacia (Des), Adestramento (Car), Atletismo (For), Enganação (Car), Furtividade (Des), Iniciativa (Des), Intimidação (Car), Ofício (Int), Percepção (Sab), Pontaria (Des) e Reflexos (Des).

Proficiências. Nenhuma.

HABILIDADES DE CLASSE

Briga. Seus ataques desarmados causam 1d6 pontos de dano e podem causar dano letal ou não letal (sem penalidades). A cada quatro níveis, seu dano desarmado aumenta, conforme a tabela.

O dano na tabela é para criaturas Pequenas e Médias. Criaturas Minúsculas diminuem esse dano em um passo, Grandes e Enormes aumentam em um passo e Colossais aumentam em dois passos.

Golpe Relâmpago. Quando usa a ação agredir para fazer um ataque desarmado, você pode gastar 1 PM para realizar um ataque desarmado adicional.

Poder de Lutador. No 2º nível, e a cada nível seguinte, você escolhe um dos poderes a seguir.

• *Arma Improvisada.* Para você, atacar com armas improvisadas conta como fazer um ataque desarmado, mas seu dano aumenta em um passo. Você pode gastar uma ação de movimento para procurar uma pedra, cadeira, garrafa ou qualquer coisa que possa usar como arma. Faça um teste de Percepção (CD 20). Se você passar, encontra uma arma improvisada. Armas improvisadas são frágeis; se você errar um ataque e o resultado do d20 for um número ímpar, a arma quebra.

• *Até Acertar.* Se você errar um ataque desarmado, recebe um bônus cumulativo de +2 em testes de ataque e rolagens de dano desarmado contra o mesmo oponente. Os bônus terminam quando você acertar um ataque ou no fim da cena, o que acontecer primeiro.

• *Aumento de Atributo.* Você recebe +1 em um atributo. Você pode escolher este poder várias vezes, mas apenas uma vez por patamar para um mesmo atributo.

• *Braços Calejados.* Se você não estiver usando armadura, soma sua Força na Defesa, limitado pelo seu nível.

• *Cabeçada.* Quando faz um ataque desarmado, você pode gastar 2 PM. Se fizer isso, o oponente fica desprevenido contra este ataque. Você só pode usar este poder uma vez por cena contra um mesmo alvo.

• *Chave.* Se estiver agarrando uma criatura e fizer um teste de manobra contra ela para causar dano, o dano desarmado aumenta em um passo. *Pré-requisitos:* Int 1, Lutador de Chão, 4º nível de lutador.

• *Confiança dos Ringues.* Quando um inimigo erra um ataque corpo a corpo contra você, você recebe 2 PM temporários (cumulativos). Você pode ganhar um máximo de PM temporários por cena igual ao seu nível. Esses pontos temporários desaparecem no final da cena. *Pré-requisito:* 8º nível de lutador.

• *Convencido.* Acostumado a contar apenas com seus músculos, você adquiriu certo desdém por artes mais sofisticadas. Você recebe resistência a medo e mental +5.

• *Golpe Baixo.* Quando faz um ataque desarmado, você pode gastar 2 PM. Se fizer isso e acertar o ataque, o oponente deve fazer um teste de Fortitude (CD For). Se ele falhar, fica atordoado por uma rodada (apenas uma vez por cena).

- *Golpe Imprudente*. Quando usa Golpe Relâmpago, você pode atacar de forma impulsiva. Se fizer isso, seus ataques desarmados recebem um dado de dano extra do mesmo tipo (por exemplo, se o seu dano é 2d6, você causa 3d6), mas você sofre –5 na Defesa até o início de seu próximo turno.

- *Imobilização*. Se estiver agarrando uma criatura, você pode gastar uma ação completa para imobilizá-la. Faça um teste de manobra contra ela. Se você passar, imobiliza a criatura — ela fica indefesa e não pode realizar nenhuma ação, exceto tentar se soltar (o que exige um teste de manobra). Se a criatura se soltar da imobilização, ainda fica agarrada. Enquanto estiver imobilizando uma criatura, você sofre as penalidades de agarrar. *Pré-requisitos:* Chave, 8º nível de lutador.

- *Língua dos Becos*. Você pode pagar 1 PM para usar sua Força no lugar de Carisma em um teste de perícia baseada em Carisma. *Pré-requisitos:* For 1, treinado em Intimidação.

- *Lutador de Chão*. Você recebe +2 em testes de ataque para agarrar e derrubar. Quando agarra uma criatura, pode gastar 1 PM para fazer uma manobra derrubar contra ela como uma ação livre.

- *Nome na Arena*. Você construiu uma reputação no circuito de lutas de Arton. Uma vez por cena, pode gastar uma ação completa para fazer um teste de Luta (CD 10) e impressionar os presentes. Se passar, você recebe +2 em todos os seus testes de perícias originalmente baseadas em Carisma até o fim da cena e a atitude de qualquer pessoa que seja fã de lutas aumenta em uma categoria em relação a você (veja a página 259). Esse bônus aumenta em +2 para cada 10 pontos pelos quais o resultado do teste exceder a CD (+4 para um resultado 20, +6 para 30 e assim por diante). *Pré-requisito:* 11º nível de lutador.

- *Punhos de Adamante*. Seus ataques desarmados ignoram 10 pontos de redução de dano do alvo, se houver. *Pré-requisito:* 8º nível de lutador.

- *Rasteira*. Quando faz um ataque desarmado contra uma criatura até uma categoria de tamanho maior que a sua, você pode gastar 2 PM. Se fizer isso e acertar o ataque, a criatura fica caída.

- *Sarado*. Você soma sua Força no seu total de pontos de vida e em Fortitude. Você pode usar Força em vez de Carisma em testes de Diplomacia com pessoas que se atraiam por físicos bem definidos. *Pré-requisito:* For 3.

- *Sequência Destruidora*. No início do seu turno, você pode gastar 2 PM para dizer um número (no mínimo 2). Se fizer e acertar uma quantidade de ataques igual ao número dito, o último recebe um bônus cumulativo de +4 na rolagem de dano por ataque feito. Por exemplo, se você falar "três" e fizer e acertar três ataques, o último ataque (o terceiro) receberá +12 na rolagem de dano. *Pré-requisitos:* Trocação, 12º nível de lutador.

- *Trincado*. Esculpido à exaustão, seu corpo se tornou uma máquina. Você soma sua Constituição nas rolagens de dano desarmado. *Pré-requisitos:* Con 3, Sarado, 10º nível de lutador.

- *Trocação*. Quando você começa a bater, não para mais. Ao acertar um ataque desarmado, pode fazer outro ataque desarmado contra o mesmo alvo, pagando uma quantidade de PM igual à quantidade de ataques já realizados no turno. Ou seja, pode fazer o primeiro ataque extra gastando 1 PM, um segundo ataque extra gastando mais 2 PM e assim por diante, até errar um ataque ou não ter mais pontos de mana. *Pré-requisito:* 6º nível de lutador.

- *Trocação Tumultuosa*. Quando usa a ação agredir para fazer um ataque desarmado, você pode gastar 2 PM para atingir todas as criaturas adjacentes — incluindo aliados! Você deve usar este poder antes de rolar o ataque e compara o resultado de seu teste contra a Defesa de cada criatura. *Pré-requisitos:* Trocação, 8º nível de lutador.

- *Valentão*. Você recebe +2 em testes de ataque e rolagens de dano contra oponentes caídos, desprevenidos, flanqueados ou indefesos.

- *Voadora*. Quando faz uma investida desarmada, você pode gastar 2 PM. Se fizer isso, recebe +1d6 no dano para cada 3m que se deslocar até chegar ao oponente, limitado pelo seu nível.

Casca Grossa. No 3º nível, você soma sua Constituição na Defesa, limitado pelo seu nível e apenas se não estiver usando armadura pesada. Além disso, no 7º nível, e a cada quatro níveis, você recebe +1 na Defesa.

Golpe Cruel. No 5º nível, você acerta onde dói. Sua margem de ameaça com ataques desarmados aumenta em +1.

Golpe Violento. No 9º nível, você bate com muita força. Seu multiplicador de crítico com ataques desarmados aumenta em +1.

Dono da Rua. No 20º nível, seu dano desarmado aumenta para 2d10 (para criaturas Médias). Além disso, quando usa a ação agredir para fazer um ataque desarmado, você pode fazer dois ataques, em vez de um (podendo usar Golpe Relâmpago para fazer um terceiro).

Construção de Personagem

NOBRE

Todos precisam de um líder. Sem hierarquia, há anarquia. Sem uma ordem estabelecida, só o que existe é a lei do mais forte. Algumas dinastias tomam para si a responsabilidade e o privilégio de governar, servindo aos plebeus enquanto recebem deles obediência e tributo.

O aventureiro nobre é mais do que alguém que nasceu nas circunstâncias certas. É um herói que reconhece o valor de um bom líder e se considera ligado à terra, ao povo, a seus aliados. Um burguês, um aventureiro ou mesmo um plebeu comum podem todos mudar de casa e de vida, ir atrás de suas próprias ambições. Mas o nobre não tem escolha. Se ele abandonar seu posto, toda uma sociedade pode ruir, pessoas vão ficar sem trabalho e sem destino, conquistadores inescrupulosos podem invadir. O nobre é rico, mas não é livre.

Nem todo nobre é um aristocrata ou um governante por nascença. Muitos são donos ou herdeiros de grandes impérios mercantes, líderes de guildas poderosas, governadores eleitos, senadores ou mesmo diplomatas treinados em escolas especiais. O que une todos os nobres é sua capacidade de organizar os outros, dando ordens, conselhos e palavras de encorajamento. Um nobre também usa seus recursos, contatos e notoriedade para vencer desafios, abrindo portas que estariam fechadas de outra forma.

A posição do nobre pode não parecer muito adequada a uma vida de aventuras, mas muitas vezes o nobre é o único que tem verdadeira obrigação de se aventurar. Um destes heróis parte em grandes buscas e missões perigosas para combater os inimigos de sua terra, para encontrar artefatos que garantam a continuidade de sua linhagem, para defender o povo comum. Quando há uma ameaça, todos têm a opção de fugir, menos os soldados e os nobres.

Muitos nobres aventureiros não têm grandes responsabilidades. Estão justamente tentando escapar de um destino que já foi decidido em seu nascimento, aventurando-se por rebeldia e sede de experiências. Contudo, mais cedo ou mais tarde todo nobre precisa encarar seu fardo.

Nobres se destacam em situações sociais e como suporte para o resto do grupo. Contudo, muitas vezes precisam provar seu valor mais do que qualquer outro herói. Aventureiros mais humildes pensam que todo nobre é um almofadinha mimado, acostumado a que todos façam tudo por ele. Isto às vezes é verdade, mas esse tipo de desocupado raramente sobrevive a mais de uma ou duas aventuras.

Nobres têm personalidades variadas, mas sempre marcadas por sua posição social e seus deveres. Alguns são extremamente sérios, nunca se permitindo um instante de descanso ou alegria. Outros têm um otimismo totalmente fantasioso, acreditando que tudo vai dar certo — porque, para eles, tudo sempre deu certo! Alguns ficam pasmos com pequenas realidades da vida dos plebeus, como a necessidade de economizar ou acordar cedo. Outros vivem cheios de culpa por sua posição privilegiada.

De qualquer forma, nenhum nobre pode negar que é diferente dos plebeus. Para o bem ou para o mal, ele sempre será algo além de uma pessoa comum.

Nobres Famosos.
Arius Gorgonius Dubitatius, General Supremo Hermann Von Krauser, *Lady* Ayleth Karst, Rainha-Imperatriz Shivara.

Lady Ayleth. Nobreza não está em coroas ou palácios; está na coragem de mudar o mundo

CARACTERÍSTICAS DE CLASSE

Pontos de Vida. Um nobre começa com 16 pontos de vida + Constituição e ganha 4 PV + Constituição por nível.

Pontos de Mana. 4 PM por nível.

Perícias. Diplomacia (Car) ou Intimidação (Car), Vontade (Sab), mais 4 a sua escolha entre Adestramento (Car), Atuação (Car), Cavalgar (Des), Conhecimento (Int), Diplomacia (Car), Enganação (Car), Fortitude (Con), Guerra (Int), Iniciativa (Des), Intimidação (Car), Intuição (Sab), Investigação (Int), Jogatina (Car), Luta (For), Nobreza (Int), Ofício (Int), Percepção (Sab) e Pontaria (Des).

Proficiências. Armas marciais, armaduras pesadas e escudos.

HABILIDADES DE CLASSE

Autoconfiança. Você pode usar seu Carisma em vez de Destreza na Defesa (mas continua não podendo somar um atributo na Defesa quando usa armadura pesada).

Espólio. Você recebe um item a sua escolha com preço de até T$ 2.000.

Orgulho. Quando faz um teste de perícia, você pode gastar uma quantidade de PM a sua escolha (limitado pelo seu Carisma). Para cada PM que gastar, recebe +2 no teste.

Poder de Nobre. No 2º nível, e a cada nível seguinte, você escolhe um dos poderes a seguir.

• *Armadura Brilhante.* Você pode usar seu Carisma na Defesa quando usa armadura pesada. Se fizer isso, não pode somar sua Destreza, mesmo que outras habilidades ou efeitos permitam isso. *Pré-requisito:* 8º nível de nobre.

• *Aumento de Atributo.* Você recebe +1 em um atributo. Você pode escolher este poder várias vezes, mas apenas uma vez por patamar para um mesmo atributo.

• *Autoridade Feudal.* Você pode gastar uma hora e 2 PM para conclamar o povo a ajudá-lo (qualquer pessoa sem um título de nobreza ou uma posição numa igreja reconhecida pelo seu reino). Em termos de jogo, essas pessoas contam como um parceiro iniciante de um tipo a sua escolha (aprovado pelo mestre) que lhe acompanha até o fim da aventura. Esta habilidade só pode ser usada em locais onde sua posição carregue alguma influência (a critério do mestre). *Pré-requisito:* 6º nível de nobre.

Tabela 1-17: O Nobre

Nível	Habilidades de Classe
1º	Autoconfiança, espólio, orgulho
2º	Palavras afiadas (2d6), poder de nobre
3º	Poder de nobre, riqueza
4º	Gritar ordens, poder de nobre
5º	Poder de nobre, presença aristocrática
6º	Palavras afiadas (4d6), poder de nobre
7º	Poder de nobre
8º	Poder de nobre
9º	Poder de nobre
10º	Palavras afiadas (6d6), poder de nobre
11º	Poder de nobre
12º	Poder de nobre
13º	Poder de nobre
14º	Palavras afiadas (8d6), poder de nobre
15º	Poder de nobre
16º	Poder de nobre
17º	Poder de nobre
18º	Palavras afiadas (10d6), poder de nobre
19º	Poder de nobre
20º	Realeza, poder de nobre

• *Educação Privilegiada.* Você se torna treinado em duas perícias de nobre a sua escolha.

• *Estrategista.* Você pode direcionar aliados em alcance curto. Gaste uma ação padrão e 1 PM por aliado que quiser direcionar (limitado pelo seu Carisma). No próximo turno do aliado, ele ganha uma ação de movimento. *Pré-requisitos:* Int 1, treinado em Guerra, 6º nível de nobre.

• *Favor.* Você pode usar sua influência para pedir favores a pessoas poderosas. Isso gasta 5 PM e uma hora de conversa e bajulação, ou mais, de acordo com o mestre, e funciona como o uso persuasão de Diplomacia (veja a página 118). Porém, você pode pedir favores ainda mais caros, difíceis ou perigosos — um convite para uma festa particular, uma carona de barco até Galrasia ou mesmo acesso aos planos militares do reino. Se você falhar, não pode pedir o mesmo favor por pelo menos uma semana.

• *General.* Quando você usa o poder Estrategista, aliados direcionados recebem 1d4 PM temporários. Esses PM duram até o fim do turno do aliado e não podem ser usados em efeitos que concedam PM. *Pré-requisitos:* Estrategista, 12º nível de nobre.

Construção de Personagem

• *Grito Tirânico*. Você pode usar Palavras Afiadas como uma ação completa, em vez de padrão. Se fizer isso, seus dados de dano aumentam para d8 e você atinge todos os inimigos em alcance curto. *Pré-requisito:* 8º nível de nobre.

• *Inspirar Confiança*. Sua presença faz as pessoas darem o melhor de si. Quando um aliado em alcance curto faz um teste, você pode gastar 2 PM para fazer com que ele possa rolar esse teste novamente.

• *Inspirar Glória*. A presença de um nobre motiva as pessoas a realizarem grandes façanhas. Uma vez por rodada, você pode gastar 5 PM para fazer um aliado em alcance curto ganhar uma ação padrão adicional no próximo turno dele. Você só pode usar esta habilidade uma vez por cena em cada aliado. *Pré-requisitos:* Inspirar Confiança, 8º nível de nobre.

• *Jogo da Corte*. Você pode gastar 1 PM para rolar novamente um teste recém realizado de Diplomacia, Intuição ou Nobreza.

• *Liderar pelo Exemplo*. Você pode gastar 2 PM para servir de inspiração. Até o início de seu próximo turno, sempre que você passar em um teste de perícia, aliados em alcance curto que fizerem um teste da mesma perícia podem usar o resultado do seu teste em vez de fazer o seu próprio. *Pré-requisito:* 6º nível de nobre.

• *Língua de Ouro*. Você pode gastar uma ação padrão e 4 PM para gerar o efeito da magia *Enfeitiçar* com os aprimoramentos de sugerir ação e afetar todas as criaturas dentro do alcance (CD Car). Esta não é uma habilidade mágica e provém de sua capacidade de influenciar outras pessoas. *Pré-requisitos:* Língua de Prata, 8º nível de nobre.

• *Língua de Prata*. Quando faz um teste de perícia baseada em Carisma, você pode gastar 2 PM para receber um bônus no teste igual a metade do seu nível.

• *Língua Rápida*. Quando faz um teste de Diplomacia para mudar atitude como uma ação completa, você sofre uma penalidade de –5, em vez de –10.

• *Presença Majestosa*. Sua Presença Aristocrática passa a funcionar contra qualquer criatura com valor de Inteligência (passa a afetar até mesmo animais, embora continue não funcionando contra criaturas sem Int). Além disso, você pode usá-la mais de uma vez contra uma mesma criatura na mesma cena. *Pré-requisitos:* 16º nível de nobre.

• *Título*. Você adquire um título de nobreza. Converse com o mestre para definir os benefícios exatos de seu título. Como regra geral, no início de cada aventura você recebe 20 TO por nível de nobre (rendimentos dos impostos) ou a ajuda de um parceiro veterano (um membro de sua corte).

Pré-requisito: Autoridade Feudal, 10º nível de nobre, ter conquistado terras ou realizado um serviço para um nobre que possa se tornar seu suserano.

• *Voz Poderosa*. Você recebe +2 em Diplomacia e Intimidação. Suas habilidades de nobre com alcance curto passam para alcance médio.

Palavras Afiadas.
No 2º nível, você pode gastar uma ação padrão e 1 PM para fazer um teste de Diplomacia ou Intimidação oposto ao teste de Vontade de uma criatura inteligente (Int –3 ou maior) em alcance curto. Se vencer, você causa 2d6 pontos de dano psíquico não letal à criatura. Se perder, causa metade deste dano. Se a criatura for reduzida a 0 ou menos PV, em vez de cair inconsciente, ela se rende (se você usou Diplomacia) ou fica apavorada e foge de você da maneira mais eficiente possível (se usou Intimidação). A cada quatro níveis, você pode gastar +1 PM para aumentar o dano (veja a tabela da classe).

Riqueza.
No 3º nível, você passa a receber dinheiro de sua família, patrono ou negócios. Uma vez por aventura, pode fazer um teste de Carisma com um bônus igual ao seu nível de nobre. Você recebe um número de Tibares de ouro igual ao resultado do teste. Assim, um nobre de 5º nível com Carisma 4 que role 13 no dado recebe 22 TO. O uso desta habilidade é condicionado a sua relação com sua família, patrono ou negócios e a onde você está. Por exemplo, um nobre viajando pelos ermos, isolado da civilização, dificilmente teria como receber dinheiro.

Gritar Ordens.
A partir do 4º nível, você pode gastar uma quantidade de PM a sua escolha (limitado pelo seu Carisma). Até o início de seu próximo turno, todos os seus aliados em alcance curto recebem um bônus nos testes de perícia igual à quantidade de PM que você gastou.

Presença Aristocrática.
A partir do 5º nível, sempre que uma criatura inteligente tentar machucá-lo (causar dano com um ataque, magia ou habilidade) você pode gastar 2 PM. Se fizer isso, a criatura deve fazer um teste de Vontade (CD Car). Se falhar, não conseguirá machucá-lo e perderá a ação. Você só pode usar esta habilidade uma vez por cena contra cada criatura.

Realeza.
No 20º nível, a CD para resistir a sua Presença Aristocrática aumenta em +5 e uma criatura que falhe no teste de Vontade por 10 ou mais se arrepende tanto de ter tentado machucá-lo que passa a lutar ao seu lado (e seguir suas ordens, se puder entendê-lo) pelo resto da cena. Além disso, uma criatura que seja reduzida a 0 PV por Palavras Afiadas não sofre este dano; em vez disso, passa a lutar ao seu lado pelo resto da cena.

PALADINO

As forças do mal são uma horda interminável de monstros e degenerados que não hesitam em causar sofrimento só porque é o caminho mais fácil. Enquanto isso, o bem conta com um pequeno número de campeões de elite, combatentes sagrados incansáveis que personificam tudo que um herói deve ser. São os paladinos.

O paladino é um soldado a serviço do bem e da justiça. Não há meio-termo, não há desculpas: paladinos são falhos como todos os mortais, mas devem defender os inocentes, cumprir as leis, obedecer a seus superiores, servir de exemplo e resistir a todas as tentações. É um caminho de muito sacrifício e poucas recompensas, mas alguém deve trilhá-lo.

Paladinos servem a um deus bondoso. Alguns não são devotos de uma divindade específica, mas da bondade divina como um todo. Embora muitos jovens sonhem em ser paladinos e treinem para isso, a maior parte desses heróis é escolhida pelos deuses. São mulheres e homens que lutam pelo bem espontaneamente, que combatem o mal apenas porque isto está em seu caráter e que um dia são iluminados com poderes e bênçãos. Algumas igrejas treinam soldados em estudos religiosos, esperando formar paladinos, mas poucos surgem desta forma. Um candidato a paladino deve fazer o bem sempre que possível e rezar para ser agraciado com o toque divino.

Paladinos têm personalidades diversas, mas muitas vezes são bastante influenciados por seus deuses padroeiros. Podem variar em termos de humor, desejos, interesses etc., mas em certo nível são ferramentas da vontade do deus. Paladinos sentem um ímpeto natural de servir às divindades — assim, quase todos são vistos como certinhos demais. Mas, para um paladino, isso não é um insulto.

Muitos desconfiam de paladinos. Afinal, algumas pessoas fundamentalmente egoístas e mesquinhas não conseguem aceitar a ideia de alguém que faça o bem só porque é o certo a fazer. Todo paladino deve aprender a lidar com esses ataques gratuitos. Um paladino não é intolerante, opressor ou hipócrita. Embora cumpra as leis, não exige que os outros tenham o mesmo comportamento estrito. Paladinos perdoam, ajudam, curam e conversam antes de julgar. E são eles mesmos os maiores alvos de seu próprio julgamento.

A imagem clássica dos paladinos em Arton é a de um combatente montado, trajado em armadura completa. Embora muitos desses heróis sejam ligados a ordens de cavalaria, existem inúmeros paladinos de origem humilde, sem linhagem nobre. Às vezes, aldeias que nunca viram outro aventureiro contam com um paladino, um protetor escolhido pelos deuses para defender aquele povo simples.

Todo paladino encontra algum grande dilema moral mais cedo ou mais tarde. Talvez precise escolher entre cumprir a lei ou fazer o bem. Talvez precise dar as costas a seus amigos para salvar um grande número de pessoas. Muitas vezes não há solução — o paladino deve conciliar os dois lados e rezar para tomar a decisão certa. Ele pode inclusive ser punido por seu deus, mesmo com a melhor das intenções.

Mas o verdadeiro paladino continua em frente. Porque ele sabe que alguém precisa fazer o bem, custe o que custar.

PALADINOS FAMOSOS. Gregor Vahn, Ignis Crae, Lothar Algherulff, o Paladino de Jallar, Titus Lomatubarius.

Lothar Algherulff, herói da Guerra Artoniana. Paladinos combatem o mal a todo custo

CONSTRUÇÃO DE PERSONAGEM

Tabela 1-18: O Paladino

Nível	Habilidades de Classe
1º	Abençoado, código do herói, golpe divino (+1d8)
2º	Cura pelas mãos (1d8+1 PV), poder de paladino
3º	Aura sagrada, poder de paladino
4º	Poder de paladino
5º	Bênção da justiça, golpe divino (+2d8), poder de paladino
6º	Cura pelas mãos (2d8+2 PV), poder de paladino
7º	Poder de paladino
8º	Poder de paladino
9º	Golpe divino (+3d8), poder de paladino
10º	Cura pelas mãos (3d8+3 PV), poder de paladino
11º	Poder de paladino
12º	Poder de paladino
13º	Golpe divino (+4d8), poder de paladino
14º	Cura pelas mãos (4d8+4 PV), poder de paladino
15º	Poder de paladino
16º	Poder de paladino
17º	Golpe divino (+5d8), poder de paladino
18º	Cura pelas mãos (5d8+5 PV), poder de paladino
19º	Poder de paladino
20º	Poder de paladino, vingador sagrado

CARACTERÍSTICAS DE CLASSE

Pontos de Vida. Um paladino começa com 20 pontos de vida + Constituição e ganha 5 PV + Constituição por nível.

Pontos de Mana. 3 PM por nível.

Perícias. Luta (For) e Vontade (Sab) mais 2 a sua escolha entre Adestramento (Car), Atletismo (For), Cavalgar (Des), Cura (Sab), Diplomacia (Car), Fortitude (Con), Guerra (Int), Iniciativa (Des), Intuição (Sab), Nobreza (Int), Percepção (Sab) e Religião (Sab).

Proficiências. Armas marciais, armaduras pesadas e escudos.

HABILIDADES DE CLASSE

Abençoado. Você soma seu Carisma no seu total de pontos de mana no 1º nível. Além disso, torna-se devoto de um deus disponível para paladinos (Azgher, Khalmyr, Lena, Lin-Wu, Marah, Tanna-Toh, Thyatis, Valkaria). Veja as regras de devotos na página 96. Ao contrário de devotos normais, você recebe dois poderes concedidos por se tornar devoto, em vez de apenas um.

Como alternativa, você pode ser um paladino do bem, lutando em prol da bondade e da justiça como um todo. Não recebe nenhum Poder Concedido, mas não precisa seguir nenhuma Obrigação & Restrição (além do Código do Herói, abaixo). Cultuar o bem conta como sua devoção.

Código do Herói. Você deve sempre manter sua palavra e nunca pode recusar um pedido de ajuda de alguém inocente. Além disso, nunca pode mentir, trapacear ou roubar. Se violar o código, você perde todos os seus PM e só pode recuperá-los a partir do próximo dia.

Golpe Divino. Quando faz um ataque corpo a corpo, você pode gastar 2 PM para desferir um golpe destruidor. Você soma seu Carisma no teste de ataque e +1d8 na rolagem de dano. A cada quatro níveis, pode gastar +1 PM para aumentar o dano em +1d8. 🌀

Cura pelas Mãos. A partir do 2º nível, você pode gastar uma ação de movimento e 1 PM para curar 1d8+1 pontos de vida de um alvo em alcance corpo a corpo (incluindo você). A cada quatro níveis, você pode gastar +1 PM para aumentar os PV curados em +1d8+1. Esta habilidade pode causar dano de luz a mortos-vivos, exigindo um ataque desarmado.

A partir do 6º nível, você pode gastar +1 PM quando usa Cura pelas Mãos para anular uma condição afetando o alvo, entre abalado, apavorado, atordoado, cego, doente, exausto, fatigado ou surdo. 🌀

Poder de Paladino. No 2º nível, e a cada nível seguinte, você escolhe um dos poderes a seguir.

• *Arma Sagrada.* Quando usa Golpe Divino para atacar com a arma preferida de sua divindade, o dado de dano que você rola por Golpe Divino aumenta para d12. *Pré-requisito:* devoto de uma divindade (exceto Lena e Marah). 🌀

• *Aumento de Atributo.* Você recebe +1 em um atributo. Você pode escolher este poder várias vezes, mas apenas uma vez por patamar para um mesmo atributo.

• *Aura Antimagia.* Enquanto sua aura estiver ativa, você e os aliados dentro da aura podem rolar novamente qualquer teste de resistência contra magia recém realizado. *Pré-requisito:* 14º nível de paladino. 🌀

• *Aura Ardente.* Enquanto sua aura estiver ativa, no início de cada um de seus turnos, espíritos e mortos-vivos a sua escolha dentro dela sofrem dano de luz igual a 5 + seu Carisma. *Pré-requisito:* 10° nível de paladino. ✪

• *Aura de Cura.* Enquanto sua aura estiver ativa, no início de seus turnos, você e os aliados a sua escolha dentro dela curam um número de PV igual a 5 + seu Carisma. *Pré-requisito:* 6° nível de paladino. ✪

• *Aura de Invencibilidade.* Enquanto sua aura estiver ativa, você ignora o primeiro dano que sofrer na cena. O mesmo se aplica a seus aliados dentro da aura. *Pré-requisito:* 18° nível de paladino. ✪

• *Aura Poderosa.* O raio da sua aura aumenta para 30m. *Pré-requisito:* 6° nível de paladino. ✪

• *Fulgor Divino.* Quando usa Golpe Divino, todos os inimigos em alcance curto ficam ofuscados até o início do seu próximo turno. ✪

• *Julgamento Divino: Arrependimento.* Você pode gastar 2 PM para marcar um inimigo em alcance curto. Na próxima vez que esse inimigo acertar um ataque em você ou em um de seus aliados, deve fazer um teste de Vontade (CD Car). Se falhar, fica atordoado no próximo turno dele (apenas uma vez por cena).

• *Julgamento Divino: Autoridade.* Você pode gastar 1 PM para comandar uma criatura em alcance curto. Faça um teste de Diplomacia oposto pelo teste de Vontade do alvo. Se você vencer, ele obedece a um comando simples, como "pare" ou "largue a arma" (apenas uma vez por cena). *Mental.*

• *Julgamento Divino: Coragem.* Você pode gastar 2 PM para inspirar coragem em uma criatura em alcance curto, incluindo você mesmo. A criatura fica imune a efeitos de medo e recebe +2 em testes de ataque contra o inimigo com maior ND na cena.

• *Julgamento Divino: Iluminação.* Você pode marcar um inimigo em alcance curto. Quando acerta um ataque corpo a corpo nesse inimigo, você recebe 2 PM temporários. Você só pode proferir este julgamento uma vez por cena.

• *Julgamento Divino: Justiça.* Você pode gastar 2 PM para marcar um inimigo em alcance curto. A próxima vez que esse inimigo causar dano em você ou em um de seus aliados, deve fazer um teste de Vontade (CD Car). Se falhar, sofre dano de luz igual à metade do dano que causou.

• *Julgamento Divino: Libertação.* Você pode gastar 5 PM para cancelar uma condição negativa qualquer (como abalado, paralisado etc.) que esteja afetando uma criatura em alcance curto.

Julgamentos Divinos

Alguns poderes do paladino são Julgamentos Divinos. Esses poderes compartilham as seguintes regras.

• Proferir um julgamento gasta uma ação de movimento, a menos que a descrição diga o contrário.

• Julgamentos que não têm um efeito instantâneo duram até o fim da cena.

• Uma mesma criatura pode ser alvo de vários julgamentos diferentes, mas efeitos do mesmo julgamento não se acumulam.

• *Julgamento Divino: Salvação.* Você pode gastar 2 PM para marcar um inimigo em alcance curto. Até o fim da cena, quando você acerta um ataque corpo a corpo nesse inimigo, recupera 5 pontos de vida.

• *Julgamento Divino: Vindicação.* Você pode gastar 2 PM para marcar um inimigo que tenha causado dano a você ou a seus aliados na cena. Você recebe +1 em testes de ataque e +1d8 em rolagens de dano contra o inimigo escolhido, mas sofre –5 em testes de ataque contra quaisquer outros alvos. No 5° nível, e a cada cinco níveis seguintes, você pode pagar +1 PM para aumentar o bônus de ataque em +1 e o bônus de dano em +1d8. O efeito termina caso o alvo fique inconsciente.

• *Julgamento Divino: Zelo.* Você pode gastar 1 PM para marcar um alvo em alcance longo. Pelo restante da cena, sempre que se mover na direção desse alvo, você se move com o dobro de seu deslocamento.

• *Orar.* Você aprende e pode lançar uma magia divina de 1° círculo a sua escolha. Seu atributo-chave para esta magia é Sabedoria. Você pode escolher este poder quantas vezes quiser. ✪

• *Virtude Paladinesca: Caridade.* O custo de suas habilidades de paladino que tenham um aliado como alvo é reduzido em –1 PM.

• *Virtude Paladinesca: Castidade.* Você se torna imune a efeitos de encantamento e recebe +5 em testes de Intuição para perceber blefes.

• *Virtude Paladinesca: Compaixão.* Você pode usar Cura pelas Mãos em alcance curto e, para cada PM que gastar, cura 2d6+1 (em vez de 1d8+1).

• *Virtude Paladinesca: Humildade.* Na primeira rodada de um combate, você pode gastar uma ação completa para rezar e pedir orientação. Você recebe uma quantidade de PM temporários igual ao seu Carisma (duram até o fim da cena).

Virtudes Paladinescas

Este conjunto de poderes representa obediência veemente a um comportamento específico. Você recebe um bônus progressivo em seu total de pontos de mana de acordo com a quantidade de poderes desse tipo que possui: +1 PM para uma Virtude, +3 PM para duas, +6 PM para três, +10 PM para quatro e +15 PM para cinco Virtudes.

Virtudes Paladinescas são poderosas, mas possuem uma contrapartida — você deve se comportar de acordo com quaisquer Virtudes que possuir. Um paladino caridoso, por exemplo, deve sempre ajudar os necessitados, enquanto um casto nunca pode cair em tentação. Não seguir uma Virtude Paladinesca que você possua conta como uma violação do Código do Herói. O mestre tem a palavra final sobre o que exatamente constitui uma violação.

• *Virtude Paladinesca: Temperança.* Quando ingere um alimento, item alquímico ou poção, você consome apenas metade do item. Na prática, cada item desses rende duas "doses" para você.

Aura Sagrada. No 3º nível, você pode gastar 1 PM para gerar uma aura com 9m de raio a partir de você e duração sustentada. A aura emite uma luz dourada e agradável. Além disso, você e os aliados dentro da aura somam seu Carisma nos testes de resistência. ◉

Bênção da Justiça. No 5º nível, escolha entre égide sagrada e montaria sagrada. Uma vez feita, esta escolha não pode ser mudada.

• *Égide Sagrada.* Você pode gastar uma ação de movimento e 2 PM para recobrir de energia seu escudo ou símbolo sagrado. Até o fim da cena, você e todos os aliados adjacentes recebem um bônus na Defesa igual ao seu Carisma. A partir do 11º nível, você pode gastar 5 PM para rolar novamente um teste de resistência contra uma magia recém lançada contra você. Se você passar no teste de resistência e a magia tiver você como único alvo, ela é revertida de volta ao conjurador (que se torna o novo alvo da magia; todas as demais características da magia, incluindo CD do teste de resistência, se mantêm). ◉

• *Montaria Sagrada.* Você pode gastar uma ação de movimento e 2 PM para invocar uma montaria sagrada. Veja o quadro para mais detalhes. ◉

Vingador Sagrado. No 20º nível, você pode gastar uma ação completa e 10 PM para se cobrir de energia divina, assumindo a forma de um vingador sagrado até o fim da cena. Nesta forma, você recebe deslocamento de voo 18m e redução de dano 20. Além disso, seu Golpe Divino tem seu custo reduzido à metade e causa mais dois dados de dano. ◉

Montaria Sagrada

Um paladino de 5º nível pode receber uma montaria sagrada, designada pelos deuses. Este animal vai atuar como um fiel companheiro de batalhas. Normalmente será um cavalo de guerra para paladinos de tamanho Médio ou um pônei para Pequenos, mas suplementos futuros trarão outras opções de montarias.

Para invocar sua montaria você gasta uma ação de movimento e 2 PM. Ela aparece com um brilho de luz dourada ao seu lado e fica até o fim da cena, quando desaparece de volta para o mundo divino de onde veio.

Como opção para campanhas mais realistas, a montaria sagrada pode ser um animal mundano, em vez de invocado. Neste caso, você nunca precisa gastar uma ação ou PM para ter a montaria — que já estará com você. Por outro lado, o animal pode não ser capaz de acompanhá-lo em todos os lugares (um cavalo, por exemplo, não conseguirá entrar num túnel apertado ou escalar uma montanha).

Você e sua montaria têm um vínculo mental, sendo sempre capazes de entender um ao outro (não é preciso fazer testes de Adestramento). Ela fornece os benefícios de um parceiro veterano de seu tipo. No 11º nível, passa a fornecer os benefícios de um parceiro mestre. Veja a lista de parceiros na página 260. Uma montaria cumpre qualquer ordem sua, mesmo que signifique arriscar a vida. Se a montaria sagrada morrer, você fica atordoado por uma rodada. Você pode invocar uma nova montaria após um dia de prece e meditação.

ORIGENS

Enquanto sua raça diz como você nasceu e sua classe diz o que se tornou, sua origem revela sua ocupação antes de ser aventureiro. É o que você fazia até ganhar seu primeiro nível em uma classe.

Cada origem apresentada a seguir é intencionalmente vaga e breve, apenas uma ideia por onde começar. Você pode usá-la como está, para jogar rapidamente, ou então colorir com quantos detalhes quiser!

ITENS DE ORIGEM

Você começa com todos os itens descritos na linha "Itens" de sua origem sem pagar por eles.

BENEFÍCIOS DE ORIGEM

Cada origem possui uma lista de benefícios que inclui perícias e poderes gerais, descritos no **Capítulo 2**. Você escolhe dois benefícios da lista — duas perícias, dois poderes ou uma perícia e um poder. Se preferir regras mais rápidas, escolha apenas perícias.

Perícias. Atuar como batedor aguçou os sentidos do meio-elfo Gorack Misuk. Uma infância na estrada tornou Aivy Karter capaz de cuidar de si mesma nos ermos. Fugir da milícia pelas ruas de Malpetrim fez de Sima, a Astuta, uma pessoa furtiva. Você se torna treinado na perícia escolhida, representando aprendizado adquirido em sua vida pregressa.

Poderes. A vida de apresentações em Valkaria fez da barda Kiim Nomi uma estrela nata. Trabalhar em navios durante a juventude garantiu ao bucaneiro Don Doido contatos com quem conseguir transporte marítimo. Anos servindo no exército de Deheon ensinaram o paladino Rhogar a manejar sua espada. Você recebe o poder escolhido, mas ainda precisa cumprir seus pré-requisitos.

Poder Único. Cada origem tem um poder exclusivo, descrito após os outros benefícios. Ele pode ser escolhido como um de seus dois benefícios. Apenas personagens com essa origem podem escolher esse poder.

O humano clérigo Pivas, que cresceu isolado nas florestas de Tollon, escolhe a origem eremita. Ele começa com os seguintes itens: uma barraca e uma maleta de medicamentos. Pivas então pode escolher dois benefícios: ele escolhe a perícia Religião e o poder único Busca Interior.

ACÓLITO

Neste mundo agraciado com tantos deuses e igrejas, muitos ingressam cedo em alguma ordem religiosa — o que, dependendo de quem é seu deus padroeiro, pode ser motivo de admiração ou repulsa. Talvez você tenha ouvido o chamado da fé, seguiu a tradição espiritual de sua família, ou apenas foi abandonado quando pequeno às portas de um templo ou mosteiro. Tenha ou não se tornado um devoto, suas lembranças são carregadas de orações, evangelhos e outros ensinamentos.

Itens. Símbolo sagrado, traje de sacerdote.

Benefícios. Cura, Religião, Vontade (perícias); Medicina, Membro da Igreja, Vontade de Ferro (poderes).

MEMBRO DA IGREJA

Você consegue hospedagem confortável e informação em qualquer templo de sua divindade, para você e seus aliados.

AMIGO DOS ANIMAIS

Você pode ter sido cavalariço no estábulo de um castelo, criador de gado em uma fazenda, ginete de Namalkah ou mesmo tratador em um zoológico ou circo — em Arton, existem espetáculos circenses com animais em jaulas, que talvez você tenha desejado libertar. Ou então nada disso: desde criança você tem facilidade em lidar com animais, sempre conversou com eles, sentiu ser capaz de compreendê-los. Em certos lugares ou tribos, alguma montaria especial seria destinada a você.

Itens. Cão de caça, cavalo, pônei ou trobo (escolha um).

Benefícios. Adestramento, Cavalgar (perícias); Amigo Especial (poder).

AMIGO ESPECIAL

Você recebe +5 em testes de Adestramento com animais. Além disso, possui um animal de estimação que o auxilia e o acompanha em suas aventuras. Em termos de jogo, é um parceiro que fornece +2 em uma perícia a sua escolha (exceto Luta ou Pontaria e aprovada pelo mestre) e não conta em seu limite de parceiros.

CONSTRUÇÃO DE PERSONAGEM

AMNÉSICO

Você perdeu a maior parte da memória. Sabe apenas o próprio nome ou nem isso. Talvez tenha alguns itens pessoais, mas nenhuma ideia de como os conseguiu — podem ser relíquias de família, presentes de um ente querido ou apenas coisas que pegou de viajantes mortos lá atrás. Você não sabe como recebeu seu treinamento; apenas tem uma intuição sobre aquilo que consegue fazer. Seus atuais companheiros são a única família que conhece. Talvez viajando com eles você descubra algo sobre seu passado.

Itens. Um ou mais itens (somando até T$ 500), aprovados pelo mestre, que podem ser uma pista misteriosa do seu passado.

Benefícios. Em vez de dois benefícios de uma lista, você recebe uma perícia e um poder escolhidos pelo mestre e o poder Lembranças Graduais.

LEMBRANÇAS GRADUAIS

Durante suas aventuras, em determinados momentos a critério do mestre, você pode fazer um teste de Sabedoria (CD 10) para reconhecer pessoas, criaturas ou lugares que tenha encontrado antes de perder a memória.

ARISTOCRATA

Você nasceu na nobreza. Recebeu educação sofisticada em assuntos acadêmicos, política mercantil, torneios de cavalaria ou mesmo conjuração arcana, dependendo das tradições em sua linhagem e desejos de seus pais. Você ainda procura cumprir seus compromissos como nobre? Luta para conciliar as expectativas da família com a vida de aventuras? Ou cortou totalmente seus laços com o passado, mantendo apenas alguns pertences valiosos e contatos úteis?

Ledd. Ele não conhece seu passado, mas isso não vai pará-lo

Itens. Joia de família no valor de T$ 300, traje da corte.

Benefícios. Diplomacia, Enganação, Nobreza (perícias); Comandar, Sangue Azul (poderes).

SANGUE AZUL

Você tem alguma influência política, suficiente para ser tratado com mais leniência pela guarda, conseguir uma audiência com o nobre local etc.

ARTESÃO

Do alfaiate habilidoso em costurar as vestes da nobreza ao armeiro que forja armas letais, você foi treinado por um parente, mestre ou guilda para fabricar itens importantes no mundo civilizado. Suas habilidades podem ter sido aprendidas para o trabalho, mas se mostraram úteis durante as aventuras.

Itens. Instrumentos de ofício (qualquer), um item que você possa fabricar de até T$ 50.

Benefícios. Ofício, Vontade (perícias); Frutos do Trabalho, Sortudo (poderes).

FRUTOS DO TRABALHO

No início de cada aventura, você recebe até 5 itens gerais que possa fabricar num valor total de até T$ 50. Esse valor aumenta para T$ 100 no patamar aventureiro, T$ 300 no heroico e T$ 500 no lenda.

ARTISTA

Você possui talento, nasceu com um "dom" — pelo menos é o que outras pessoas gostam de pensar. Será verdade? Ou será que você apenas sentiu atração por certa forma de arte e treinou muito, muito mesmo? Enquanto o artesão fabrica itens "mundanos", o artista produz entretenimento, alimento para o coração e a alma. Talvez você apenas saiba entoar belas canções, aprendidas na infância com pais amorosos, ou ouvindo fadas na floresta. Ou talvez seja um ator ou dançarino formado em alguma escola de artes prestigiada.

Tabela 1-19: Origens

Origem	Benefícios
Acólito	Cura, Religião, Vontade; Medicina, Membro da Igreja, Vontade de Ferro
Amigo dos Animais	Adestramento, Cavalgar; Amigo Especial
Amnésico	Uma perícia e um poder escolhidos pelo mestre e o poder Lembranças Graduais
Aristocrata	Diplomacia, Enganação, Nobreza; Comandar, Sangue Azul
Artesão	Ofício, Vontade; Frutos do Trabalho, Sortudo
Artista	Atuação, Enganação; Atraente, Dom Artístico, Sortudo, Torcida
Assistente de Laboratório	Ofício (alquimista), Misticismo; Esse Cheiro..., Venefício, um poder da Tormenta a sua escolha
Batedor	Furtividade, Percepção, Sobrevivência; À Prova de Tudo, Estilo de Disparo, Sentidos Aguçados
Capanga	Luta, Intimidação; Confissão, um poder de combate a sua escolha
Charlatão	Enganação, Jogatina; Alpinista Social, Aparência Inofensiva, Sortudo
Circense	Acrobacia, Atuação, Reflexos; Acrobático, Torcida, Truque de Mágica
Criminoso	Enganação, Furtividade, Ladinagem; Punguista, Venefício
Curandeiro	Cura, Vontade; Medicina, Médico de Campo, Venefício
Eremita	Misticismo, Religião, Sobrevivência; Busca Interior, Lobo Solitário
Escravo	Atletismo, Fortitude, Furtividade; Desejo de Liberdade, Vitalidade
Estudioso	Conhecimento, Guerra, Misticismo; Aparência Inofensiva, Palpite Fundamentado
Fazendeiro	Adestramento, Cavalgar, Ofício (fazendeiro), Sobrevivência; Água no Feijão, Ginete
Forasteiro	Cavalgar, Pilotagem, Sobrevivência; Cultura Exótica, Lobo Solitário
Gladiador	Atuação, Luta; Atraente, Pão e Circo, Torcida, um poder de combate a sua escolha
Guarda	Investigação, Luta, Percepção; Detetive, Investigador, um poder de combate a sua escolha
Herdeiro	Misticismo, Nobreza, Ofício; Comandar, Herança
Herói Camponês	Adestramento, Ofício; Coração Heroico, Sortudo, Surto Heroico, Torcida
Marujo	Atletismo, Jogatina, Pilotagem; Acrobático, Passagem de Navio
Mateiro	Atletismo, Furtividade, Sobrevivência; Lobo Solitário, Sentidos Aguçados, Vendedor de Carcaças
Membro de Guilda	Diplomacia, Enganação, Misticismo, Ofício; Foco em Perícia, Rede de Contatos
Mercador	Diplomacia, Intuição, Ofício; Negociação, Proficiência, Sortudo
Minerador	Atletismo, Fortitude, Ofício (minerador); Ataque Poderoso, Escavador, Sentidos Aguçados
Nômade	Cavalgar, Pilotagem, Sobrevivência; Lobo Solitário, Mochileiro, Sentidos Aguçados
Pivete	Furtividade, Iniciativa, Ladinagem; Acrobático, Aparência Inofensiva, Quebra-Galho
Refugiado	Fortitude, Reflexos, Vontade; Estoico, Vontade de Ferro
Seguidor	Adestramento, Ofício; Antigo Mestre, Proficiência, Surto Heroico
Selvagem	Percepção, Reflexos, Sobrevivência; Lobo Solitário, Vida Rústica, Vitalidade
Soldado	Fortitude, Guerra, Luta, Pontaria; Influência Militar, um poder de combate a sua escolha
Taverneiro	Diplomacia, Jogatina, Ofício (cozinheiro); Gororoba, Proficiência, Vitalidade
Trabalhador	Atletismo, Fortitude; Atlético, Esforçado

Itens. Estojo de disfarces ou um instrumento musical a sua escolha.

Benefícios. Atuação, Enganação (perícias); Atraente, Dom Artístico, Sortudo, Torcida (poderes).

DOM ARTÍSTICO

Você recebe +2 em testes de Atuação, e recebe o dobro de tibares em apresentações.

ASSISTENTE DE LABORATÓRIO

Você atuou como ajudante para um alquimista, inventor ou mago. Costumava tomar notas, limpar o laboratório, arrumar as ferramentas, vasculhar mercados em busca de ingredientes exóticos, recapturar a aberração antinatural que fugiu da jaula... enfim, não era o trabalho mais fácil, limpo ou seguro do mundo. Exposição prolongada a substâncias e experimentos perigosos talvez tenham prejudicado sua saúde (ou despertado suas habilidades de classe...).

Itens. Instrumentos de Ofício (alquimista).

Benefícios. Ofício (alquimista), Misticismo (perícias); Esse Cheiro..., Venefício, um poder da Tormenta a sua escolha (poderes).

ESSE CHEIRO...

Você recebe +2 em Fortitude e detecta automaticamente a presença (mas não a localização ou natureza) de itens alquímicos em alcance curto.

BATEDOR

Seja conduzindo caravanas através dos reinos, rastreando inimigos nos campos de batalha ou guiando exploradores nas vastidões selvagens, você aprendeu a achar caminhos e dirigir outros com segurança. Batedores podem surgir nas tribos mais primitivas, acompanhando grupos de caça, como profissionais sofisticados nas grandes cidades e forças militares ou ainda na perigosa atividade de caça-recompensas. Pouco importando a carreira que adotou mais tarde, como aventureiro, seu antigo treino acaba se revelando útil em numerosas ocasiões.

Itens. Barraca, equipamento de viagem, uma arma simples ou marcial de ataque à distância.

Benefícios. Furtividade, Percepção, Sobrevivência (perícias); À Prova de Tudo, Estilo de Disparo, Sentidos Aguçados (poderes).

À PROVA DE TUDO

Você não sofre penalidade em deslocamento e Sobrevivência por clima ruim e por terreno difícil natural.

A origem de um herói pode ser sua força ou sua fraqueza

CAPANGA

Agilidade e espertaza são importantes no mundo do crime, mas não são tudo; às vezes é preciso esmurrar alguém. Por ser grande, forte ou mal-encarado, você acabou trabalhando como músculos para algum bandido, ou integrando um bando, quadrilha ou guilda de ladrões. Talvez você não fosse muito bom em bater carteiras nas ruas de Ahlen, mas sabia erguer alguém pelo tornozelo e sacudir até as moedas caírem. Hoje, como aventureiro, você provavelmente deixou essa época para trás — pelo menos até que alguém precise ser "convencido" a colaborar.

Itens. Tatuagem ou outro adereço de sua gangue (+1 em Intimidação), uma arma simples corpo a corpo.

Benefícios. Luta, Intimidação (perícias); Confissão, um poder de combate a sua escolha (poderes).

CONFISSÃO

Você pode usar Intimidação para interrogar sem custo e em uma hora (veja Investigação).

CHARLATÃO

Você sempre teve talento para resolver problemas com conversa, sincera ou nem tanto. Talvez tenha aprendido andando com más companhias. Por ser pequeno e fraco em meio a guerreiros truculentos, talvez fosse pura questão de sobrevivência. Ou foi tocado por Hyninn, Sszzaas ou outra entidade traiçoeira. Seja como for, após um pouco de diálogo, você percebe o que as pessoas mais querem ou temem, usando palavras para vencer obstáculos tão facilmente quanto espadas e magias. Ou melhor.

Itens. Estojo de disfarces, joia falsificada (valor aparente de T$ 100, sem valor real).

Benefícios. Enganação, Jogatina (perícias); Alpinista Social, Aparência Inofensiva, Sortudo (poderes).

ALPINISTA SOCIAL

Você pode substituir testes de Diplomacia por testes de Enganação.

CIRCENSE

Você treinou acrobacia, malabarismo, mágica ou outra forma de arte circense. Talvez tenha aprendido sozinho, durante as brincadeiras de infância. Talvez tenha sido ensinado por um ente querido, tornando essa arte uma forte ligação com seu passado. Ou ainda, é possível que tenha sido forçado a aprender seus truques para sobreviver nas ruas. De qualquer forma, são aptidões que podem ser úteis em suas aventuras.

Itens. Três bolas coloridas para malabarismo (+1 em Atuação).

Benefícios. Acrobacia, Atuação, Reflexos (perícias); Acrobático, Torcida, Truque de Mágica (poderes).

TRUQUE DE MÁGICA

Você pode lançar *Explosão de Chamas*, *Hipnotismo* e *Queda Suave*, mas apenas com o aprimoramento Truque. Esta não é uma habilidade mágica — os efeitos provêm de prestidigitação.

CRIMINOSO

Fazer o bem é bonito, mas não enche barriga — pelo menos, assim você foi ensinado. Por necessidade, ambição ou apenas sem conhecer outra vida, você foi um bandido durante boa parte da juventude. Furtava bolsas, trapaceava em jogos de taverna, emboscava viajantes nas estradas ou até aceitava contratos para matar. Agia sozinho, com seu próprio bando, pertencia a uma guilda de ladrões. Tornar-se aventureiro talvez seja uma forma de expiar por seus crimes, ou apenas o passo seguinte; em vez de mercadores, roubar tesouros de dragões!

Itens. Estojo de disfarces ou gazua.

Benefícios. Enganação, Furtividade, Ladinagem (perícias); Punguista, Venefício (poderes).

PUNGUISTA

Você pode fazer testes de Ladinagem para sustento (como a perícia Ofício), mas em apenas um dia. Se passar, recebe o dobro do dinheiro, mas, se falhar, pode ter problemas com a lei (a critério do mestre).

CURANDEIRO

Que bom seria se a cura milagrosa dos clérigos estivesse ao alcance de todos! Talvez você tenha sido ajudante do curandeiro da vila, testemunhando quando ele tratava doenças e lesões sem conjurar qualquer magia. Ou teve um estudo formal e sofisticado de medicina no Colégio Real de Médicos em Salistick. De qualquer modo, você é treinado em curar com remédios e tratamentos naturais — algo sempre útil, mesmo quando há um clérigo por perto.

Itens. Bálsamo restaurador x2, maleta de medicamentos.

Benefícios. Cura, Vontade (perícias); Medicina, Médico de Campo, Venefício (poderes).

MÉDICO DE CAMPO

Você soma sua Sabedoria aos PV restaurados por suas habilidades e itens mundanos de cura.

EREMITA

Você passou parte da vida isolado, afastado da sociedade. Foi banido ainda criança, por nascer lefou ou com alguma deformidade da Tormenta. Ouviu um chamado dos deuses, buscando o isolamento para meditar sobre seu significado. Viveu enclausurado em um mosteiro, mantendo contato apenas com monges silenciosos. Ou foi praticante de artes arcanas proibidas, mantendo-se longe de olhares curiosos. A vida simples o tornou forte de corpo e espírito. Mas, em algum momento, você decidiu que bastava — ou teve sua tranquilidade interrompida.

Itens. Barraca, equipamento de viagem.

Benefícios. Misticismo, Religião, Sobrevivência (perícias); Busca Interior, Lobo Solitário (poderes).

BUSCA INTERIOR

Quando você e seus companheiros estão diante de um mistério, incapazes de prosseguir, você pode gastar 1 PM para meditar sozinho durante algum tempo e receber uma dica do mestre.

ESCRAVO

De minotauros odiosos no Império de Tauron aos cruéis mestres subterrâneos de Trollkyrka, várias culturas praticam a escravidão. Você já nasceu escravo, fez parte de um povo derrotado na guerra ou foi capturado em alguma rua escura para depois despertar na jaula, em algum mercado clandestino? Encontrou uma chance de escapar, tornando-se agora um escravo foragido? Recebeu a liberdade como recompensa por realizar um grande favor a seu algoz? Foi resgatado por aventureiros que agora se tornaram sua nova família?

Itens. Algemas, uma ferramenta pesada (mesmas estatísticas de uma maça).

BENEFÍCIOS. Atletismo, Fortitude, Furtividade (perícias); Desejo de Liberdade, Vitalidade (poderes).

DESEJO DE LIBERDADE

Ninguém voltará a torná-lo um escravo! Você recebe +5 em testes contra a manobra agarrar e efeitos de movimento.

ESTUDIOSO

Não importa se você já nasceu apaixonado por certo assunto, testemunhou um evento incrível que atiçou sua curiosidade ou se viu forçado a estudar por imposição familiar. Longos anos de sua vida foram gastos em meio a livros e pergaminhos. Da engenharia dos anões à geopolítica do Reinado, das táticas militares puristas aos sistemas de conjuração da Academia Arcana, da anatomia dos dragões aos enigmas cósmicos da Tormenta... em Arton não faltam campos a conquistar, segredos a desvendar. Agora, como aventureiro, você tem a chance de vivenciar aquilo que aprendeu e também auxiliar o grupo com o fruto de seus estudos.

ITENS. Coleção de livros (+1 em Conhecimento, Guerra, Misticismo ou Nobreza, a sua escolha).

BENEFÍCIOS. Conhecimento, Guerra, Misticismo (perícias); Aparência Inofensiva, Palpite Fundamentado (poderes).

PALPITE FUNDAMENTADO

Você pode gastar 2 PM para substituir um teste de qualquer perícia originalmente baseada em Inteligência ou Sabedoria por um teste de Conhecimento.

FAZENDEIRO

Boa parte da população de Arton jamais conheceu outro modo de viver. Em algum lugar na perigosa transição entre os ermos e as cidades, você trabalhou duro em campos e fazendas. Cultivando a terra ou criando animais, viveu longos anos em contato com a natureza, orando e trabalhando por boas colheitas ou gado saudável, só ocasionalmente visitando povoados para negociar sua produção. Por que essa vida tranquila acabou? Sua família foi assassinada por goblins? Sua fazenda foi devastada por um dragão? Ou você apenas foi atraído pelo chamado da aventura?

ITENS. Carroça, uma ferramenta agrícola (mesmas estatísticas de uma lança), 10 rações de viagem, um animal não combativo (como uma galinha, porco ou ovelha).

BENEFÍCIOS. Adestramento, Cavalgar, Ofício, Sobrevivência (perícias); Água no Feijão, Ginete (poderes).

ÁGUA NO FEIJÃO

Você não sofre a penalidade de –5 e não gasta matéria prima adicional para fabricar pratos para cinco pessoas.

FORASTEIRO

Você veio de longe. Sua cultura nativa é quase ou totalmente desconhecida no Reinado, tornando-o uma figura exótica, de hábitos estranhos. Você pertence a uma tribo perdida nas Montanhas Sanguinárias? Nasceu em uma bela cidade de cúpulas douradas no Deserto da Perdição? Navegou em navios audazes desde os Reinos de Moreania? Talvez você até tenha chegado de outro mundo, através de algum portal mágico. Será que conseguiu ajustar-se a este Reinado, agora chamando-o de lar? Ou procura até hoje o caminho de volta para casa?

ITENS. Equipamento de viagem, instrumento musical exótico (+1 em uma perícia de Carisma aprovada pelo mestre), traje estrangeiro.

BENEFÍCIOS. Cavalgar, Pilotagem, Sobrevivência (perícias); Cultura Exótica, Lobo Solitário (poderes).

CULTURA EXÓTICA

Por sua diferente visão de mundo, você encontra soluções inesperadas. Você pode gastar 1 PM para fazer um teste de perícia somente treinada, mesmo sem ser treinado na perícia.

GLADIADOR

Combates de arena são um entretenimento popular em Arton — a ponto de atrair muitos jovens praticantes. Podem ser combates até a morte ou apenas encenações elaboradas ou ainda corridas de cavalo, arqueária e outros esportes menos sangrentos. Você se envolveu nesse mundo glamoroso por ser tradição em sua família, por admirar algum gladiador renomado ou apenas por sede de fama e fortuna. Um evento traumático, uma desilusão ou o puro tédio levou você a abandonar as arenas e aplausos, usando sua experiência em torneios para viver aventuras.

ITENS. Uma arma marcial ou exótica, um item sem valor recebido de um admirador.

BENEFÍCIOS. Atuação, Luta (perícias); Atraente, Pão e Circo, Torcida, um poder de combate a sua escolha (poderes).

PÃO E CIRCO

Por seu treino em combates de exibição, você sabe "bater sem machucar". Pode escolher causar dano não letal sem sofrer a penalidade de –5.

GUARDA

Você atuou como agente da lei em uma vila ou cidade. Nem de longe uma profissão tão glamorosa ou emocionante quanto parece; boa parte de seu trabalho resumia-se a guardar um portão, fazer rondas tediosas ou recolher bêbados em tavernas. Pelo menos você recebeu algum treino em investigação e combate. Também tem consigo alguma boa arma, que "esqueceu" de devolver quando abandonou a milícia para se tornar aventureiro.

Itens. Apito, insígnia da milícia, uma arma marcial.

Benefícios. Investigação, Luta, Percepção (perícias); Detetive, Investigador, um poder de combate a sua escolha (poderes).

DETETIVE

Você pode gastar 1 PM para substituir testes de Percepção e Intuição por testes de Investigação até o fim da cena.

HERDEIRO

Você pertence a uma linhagem de nobres, mercadores, conjuradores, acadêmicos, assassinos, ou outra atividade tradicional em sua família — tão tradicional que, de você, não se espera outra coisa. Pode ser uma longa e antiquíssima ascendência, traçada até antes da Grande Batalha, ou você apenas é filho de uma importante personalidade. Talvez tenha nascido em alguma ordem de cavalaria em Bielefeld, ou uma influente estirpe da nobreza de Deheon, ou como filho de um célebre arquimago com planos de enviá-lo à Academia Arcana, ou até cresceu em um culto familiar secreto a um deus maligno. Graças a essa herança, recebeu treino e equipamento adequados. Mas você pretende mesmo seguir esse caminho?

Itens. Um símbolo de sua herança, como um anel de sinete ou manto cerimonial. Enquanto estiver com esse item, você pode ser reconhecido por sua descendência, o que pode ser bom... ou não!

Benefícios. Misticismo, Nobreza, Ofício (perícias); Comandar, Herança (poderes).

HERANÇA

Você herdou um item de preço de até T$ 1.000. Você pode escolher este poder duas vezes, para um item de até T$ 2.000.

HERÓI CAMPONÊS

Quando o povoado foi atacado por goblins, você empunhou o forcado para expulsá-los. Quando o estábulo pegou fogo, você se arriscou para salvar todos os animais. Quando todos temiam a mansão assombrada na colina, você encontrou a carta de amor perdida que trouxe descanso à alma torturada. Você era o campeão local, amado pelo povo, mas também destinado a feitos maiores. Houve comoção quando você partiu para uma vida de aventuras, mas

Uma forasteira do longínquo Império de Jade

ninguém deixou de orar por seu sucesso. Talvez você até tenha sido presenteado com alguma arma ou item há tempos guardado no povoado.

Itens. Instrumentos de ofício ou uma arma simples, traje de plebeu.

Benefícios. Adestramento, Ofício (perícias); Coração Heroico, Sortudo, Surto Heroico, Torcida (poderes).

CORAÇÃO HEROICO

Você recebe +3 pontos de mana. Quando atinge um novo patamar (no 5º, 11º e 17º níveis), recebe +3 PM.

MARUJO

Você foi tripulante em uma embarcação — um barco pesqueiro, galé pirata, caravela exploradora, trirreme dos minotauros... — no Mar Negro, no Mar do Dragão Rei ou mesmo ao longo do imenso Rio dos Deuses. Você também pode ter trabalhado em um veículo exótico, como um dirigível goblin, ou mesmo em uma embarcação mágica, como as naves vivas gog'magogue que viajam entre mundos!

Itens. T$ 2d6 (seu último salário), corda.

Benefícios. Atletismo, Jogatina, Pilotagem (perícias); Acrobático, Passagem de Navio (poderes).

Ingram Brassbones. Uma guilda pode ser valiosa ou um estorvo

PASSAGEM DE NAVIO

Você consegue transporte marítimo para você e seus aliados, sem custos, desde que todos paguem com trabalho (passar em pelo menos um teste de perícia adequado durante a viagem).

MATEIRO

Nem todos em Arton vivem em cidades confortavelmente abastecidas por fazendeiros, mineiros ou pescadores — muitas comunidades ainda obtêm sustento através da caça. Você aprendeu cedo a abater animais selvagens para colocar comida na mesa, ou como esporte de gosto duvidoso. Se você caça com reverência a Allihanna ou apenas coleciona troféus com orgulho, a escolha é sua. De qualquer forma, para alguém habituado a flechar cervos e colocar armadilhas para coelhos, combater ogros, demônios e dragões seria apenas o passo seguinte.

Itens. Arco curto, barraca, equipamento de viagem, 20 flechas.

Benefícios. Atletismo, Furtividade, Sobrevivência (perícias); Lobo Solitário, Sentidos Aguçados, Vendedor de Carcaças (poderes).

VENDEDOR DE CARCAÇAS

Você pode extrair recursos de criaturas em um minuto, em vez de uma hora, e recebe +5 no teste.

MEMBRO DE GUILDA

Você foi, ou ainda é, membro atuante em uma grande guilda — uma associação de artesãos, mercadores, magos, criminosos ou mesmo aventureiros. A guilda forneceu o treinamento e equipamento necessários para suas atividades, esperando que você seja útil em troca. Você se manteve fiel a seus patronos, cumprindo missões e colhendo os benefícios de pertencer a uma vasta organização? Ou deixou essa vida para trás, sendo agora desprezado ou até caçado por seus antigos mestres?

Itens. Gazua ou instrumentos de ofício.

Benefícios. Diplomacia, Enganação, Misticismo, Ofício (perícias); Foco em Perícia, Rede de Contatos (poderes).

REDE DE CONTATOS

Graças à influência de sua guilda, você pode usar Diplomacia para interrogar sem custo e em uma hora (veja Investigação).

MERCADOR

Seguindo uma tradição de família, após herdar um estabelecimento ou apenas como um jovem empregado, você atuou como comerciante — pelo menos por algum tempo. Uma tenda modesta em algum grande mercado urbano? Uma caravana mercante cruzando o Reinado? Um belo bazar na prestigiada cidade voadora de Vectora? Após alguns anos de negociações e jornadas (nem tão tranquilas quanto outros imaginam), você talvez não tenha ficado rico, mas reuniu algum equipamento e dinheiro suficientes para começar carreira como aventureiro.

Itens. Carroça, trobo, mercadorias para vender no valor de T$ 100.

Benefícios. Diplomacia, Intuição, Ofício (perícias); Negociação, Proficiência, Sortudo (poderes).

NEGOCIAÇÃO

Você pode vender itens 10% mais caro (não cumulativo com barganha).

MINERADOR

Ser aventureiro é a profissão mais perigosa de todas; ser mineiro, talvez a segunda mais perigosa. Você mergulhou nas profundezas da terra atrás de metais necessários à civilização ou riquezas em gemas preciosas. Enquanto humanos e outras raças consideram essa vida um pesadelo, quase todos os anões acreditam ser a mais feliz das carreiras. A escuridão e o sufocamento dos subterrâneos talvez tenham sido assustadores, mas trouxeram a você bens materiais valiosos, bem como informação profunda (sem trocadilhos) sobre túneis e masmorras.

Itens. Gemas preciosas no valor de T$ 100, picareta.

Benefícios. Atletismo, Fortitude, Ofício (minerador) (perícias); Ataque Poderoso, Escavador, Sentidos Aguçados (poderes).

ESCAVADOR

Você se torna proficiente em picaretas, causa +1 de dano com elas e não é afetado por terreno difícil em masmorras e subterrâneos.

NÔMADE

Até onde se lembra, você nunca pertenceu a um só lugar. Sua família viajava constantemente, como parte de alguma grande caravana comercial, peregrinação religiosa ou algum povo primitivo que nunca praticou agricultura. Ou talvez suas razões para viajar sejam bastante diferentes e pessoais — após a quase extinção de seu povo, muitos elfos temem criar raízes, enquanto a deusa Valkaria exige que seus devotos se mantenham sempre em viagem. Para você, habituado às estradas e sem laços com nenhuma terra, bastou um pequeno passo para se tornar aventureiro.

Itens. Bordão, equipamento de viagem.

Benefícios. Cavalgar, Pilotagem, Sobrevivência (perícias); Lobo Solitário, Mochileiro, Sentidos Aguçados (poderes).

MOCHILEIRO

Seu limite de carga aumenta em 5 espaços.

PIVETE

Você era uma criança de rua. Não conheceu seus pais, foi abandonado por eles ou fugiu para evitar maus tratos. Sem muitas escolhas na vida, aprendeu cedo a sobreviver em grandes cidades, pedindo esmolas, roubando bolsas ou cumprindo pequenas tarefas para bandidos. Tornar-se aventureiro não parecia apenas um jeito de ficar rico e famoso, mas também a única chance de uma vida melhor. Talvez você não tenha as armaduras e mantos chiques de seus companheiros, mas sabe se virar nas ruas melhor que ninguém.

Itens. Gazua, traje de plebeu, um animal urbano (como um cão, gato, rato ou pombo).

Benefícios. Furtividade, Iniciativa, Ladinagem (perícias); Acrobático, Aparência Inofensiva, Quebra-Galho (poderes).

QUEBRA-GALHO

Em cidades ou metrópoles, você pode comprar qualquer item mundano não superior por metade do preço normal. Esses itens não podem ser matérias-primas e não podem ser revendidos (são velhos, sujos, furtados...).

REFUGIADO

Neste mundo assolado por tantas guerras e tragédias, você acabou sobrevivendo a alguma delas. Sendo elfo, estava presente durante a sofrida queda de Lenórienn. Escapou à destruição de Tamu-ra. Teve sorte em sair do caminho de Mestre Arsenal, conseguiu esconder-se das forças puristas ou testemunhou a chegada da Flecha de Fogo e viveu para contar a história. Trauma e privações talvez tenham tornado você amargo, sombrio, embrutecido... mas também um sobrevivente tenaz, acostumado a uma vida perigosa.

ITENS. Um item estrangeiro de até T$ 100.

BENEFÍCIOS. Fortitude, Reflexos, Vontade (perícias); Estoico, Vontade de Ferro (poderes).

ESTOICO

Sua condição de descanso é uma categoria acima do padrão pela situação (normal em condições ruins, confortável em condições normais e luxuosa em condições confortáveis ou melhores). Veja as regras de recuperação na página 106.

SEGUIDOR

Você não nasceu herói, mas viveu algum tempo na companhia de um. Pode ter sido escudeiro de um cavaleiro de Khalmyr, garoto de recados para um ladino, criado de um nobre... enfim, um ajudante para um aventureiro de verdade. Durante esse tempo adquiriu aprendizado valioso, testemunhou eventos incríveis, mas você não seria um seguidor para sempre. Como ocorreu a separação? Você apenas disse adeus e trilhou seu próprio caminho? Seu mestre desapareceu de forma misteriosa ou foi assassinado diante de seus olhos? Você ficou com parte de seus itens, como presente ou lembrança?

ITENS. Um item recebido de seu mestre de até T$ 100.

BENEFÍCIOS. Adestramento, Ofício (perícias); Antigo Mestre, Proficiência, Surto Heroico (poderes).

ANTIGO MESTRE

Você ainda mantém contato com o herói que costumava servir. Uma vez por aventura, ele surge para ajudá-lo por uma cena. Ele é um parceiro mestre de um tipo a sua escolha (definido ao obter este poder) que não conta em seu limite de aliados.

SELVAGEM

Você nasceu em uma tribo de bárbaros incultos ou tem uma origem bem mais exótica. Perdeu-se dos pais verdadeiros em alguma região remota, sobrevivendo graças aos cuidados de um eremita, ou criado por animais, ou por pura bondade dos deuses. Você pode nem mesmo ter nascido de pais humanoides — talvez seja cria de dragões, demônios ou deuses, com poderes a serem revelados no momento certo. Será que você ainda teme a civilização, assustando-se com uma simples fogueira? Ou já aprendeu algumas coisas, graças a seus novos companheiros?

ITENS. Uma arma simples, um pequeno animal de estimação como um pássaro ou esquilo.

BENEFÍCIOS. Percepção, Reflexos, Sobrevivência (perícias); Lobo Solitário, Vida Rústica, Vitalidade (poderes).

VIDA RÚSTICA

Você come coisas que fariam um avestruz vomitar (sendo imune a efeitos prejudiciais de itens ingeríveis) e também consegue descansar nos lugares mais desconfortáveis (mesmo dormindo ao relento, sua recuperação de PV e PM nunca é inferior a seu próprio nível).

SOLDADO

Deheon. Bielefeld. A Supremacia Purista. Em Arton existem vastas forças militares. Ainda jovem, você se alistou (ou foi convocado) como soldado em um grande exército. Independentemente de sua função exata dentro da máquina de guerra — infantaria, cavalaria, arqueiro, cozinheiro... —, você recebeu treinamento em combate e equipamento decente. Mas em alguma ocasião você abandonou a vida militar para se tornar aventureiro. Foi dispensado com honras, após uma grande façanha? Sobreviveu a um conflito sangrento? Desertou antes de um massacre?

ITENS. Uma arma marcial, um uniforme militar, uma insígnia de seu exército.

BENEFÍCIOS. Fortitude, Guerra, Luta, Pontaria (perícias); Influência Militar, um poder de combate a sua escolha (poderes).

INFLUÊNCIA MILITAR

Você fez amigos nas forças armadas. Onde houver acampamentos ou bases militares, você pode conseguir hospedagem e informações para você e seus aliados.

TAVERNEIRO

Não é incomum que heróis aposentados se tornem donos de tavernas ou estalagens, mas o contrário também pode ocorrer. Você foi dono, filho do dono ou empregado em algum lugar frequentado por aventureiros — esses tipos sempre cheios de ouro e bravatas, atiçando sua ambição. Claro, eles nem sempre mencionam os horrores, amputações e mortes! Ainda assim, parece bem melhor que a vida atrás do balcão, limpando canecas sujas. Você ouviu todas as grandes histórias, trocou socos em algumas brigas e até ganhou uma lembrança ou outra de algum herói bêbado.

ITENS. Rolo de macarrão ou martelo de carne (mesmas estatísticas de uma clava), uma panela, um avental, uma caneca e um pano sujo.

Benefícios. Diplomacia, Jogatina, Ofício (cozinheiro) (perícias); Gororoba, Proficiência, Vitalidade (poderes).

GOROROBA

Você não sofre a penalidade de –5 para fabricar um prato especial adicional.

TRABALHADOR

Nenhum glamour aqui, apenas trabalho braçal pesado. De origem humilde, sem grandes chances na vida, você trabalhou duro desde muito jovem. Transportou pedras na construção de templos e castelos, carregou sacas de grãos em fazendas, empilhou cargas em portos, puxou arado feito um animal de tração. Talvez sua vida tenha sido um pouco melhor, como servo em um palácio. Ou muito pior, arrastando ou queimando corpos em campos de batalha. Não é surpresa que a carreira como aventureiro, mesmo perigosa, tenha parecido muito mais atraente.

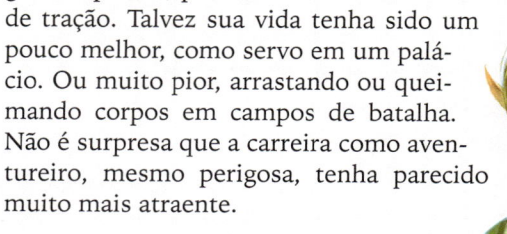

Itens. Uma ferramenta pesada (mesmas estatísticas de uma maça ou lança, a sua escolha).

Benefícios. Atletismo, Fortitude (perícias); Atlético, Esforçado (poderes).

ESFORÇADO

Você não teme trabalho duro, nem prazos apertados. Você recebe um bônus de +2 em todos os testes de perícias estendidos (incluindo perigos complexos).

Aventureiros podem ter as origens mais surpreendentes

SUA PRÓPRIA ORIGEM

Uma origem é algo que você pode mudar, negociando com o mestre, para ajustar melhor à história que você imaginou. Por exemplo, Kurt Snyder estudou como médico de Salistick — mais especificamente, como alienista. A origem Curandeiro oferece as perícias Cura e Vontade. Nesse caso, o jogador de Kurt poderia trocar uma dessas por Intuição.

Outro exemplo: o suraggel paladino Agatodemo, um herói camponês, protegeu sua aldeia contra o ataque de hobgoblins que, ao fugir, deixaram cair uma arma exótica. Antes de partir da aldeia, Agatodemo treinou com essa arma. Assim, você poderia trocar seus itens iniciais pela própria arma, e pegar o poder Proficiência para saber usá-la.

Até mesmo uma nova habilidade pode ser inventada, usando as outras como referência e inspiração. Você não precisa ficar preso apenas a benefícios mecânicos, como "ganhar +2 em alguma coisa". Pense em coisas que ajudem seu grupo ou tragam mais sabor à interpretação, ou ainda algo relacionado à própria campanha — ser parente de algum NPC importante, por exemplo.

Ainda, você pode inventar uma origem totalmente nova. Talvez Kaine, o Coletor, seja um guerreiro esqueleto conjurado pelo próprio necromante Vladislav, enquanto Ira Dodado é um clérigo de Nimb que começou sua carreira após matar um dragão com uma panelada, e Kadi O' Blaine é um arcanista vindo de Magika, mundo da deusa Wynna. Lembre-se: em Arton, nenhum herói é estranho demais.

Aproveite a origem para transpor para o jogo ideias que você tenha e não consiga representar com raça e classe. Em outras palavras, ela é o espaço para o jogador criar. Só não vale apelar! "Ah, eu era seguidor de um arcanista de 18º nível, então ele morreu engasgado com um pretzel e eu fiquei com as coisas mágicas dele, tudo bem?"

CONSTRUÇÃO DE PERSONAGEM

DEUSES

Em Arton, você pode trabalhar a serviço dos deuses, cumprindo seus desígnios. Um personagem que serve a uma divindade é chamado *devoto* e, em troca de seguir certas obrigações, recebe poderes. Ser devoto é uma escolha. Por exemplo, você pode ser um cavaleiro normal, sem obrigações, ou um cavaleiro devoto de Khalmyr, com obrigações e poderes.

ESCOLHENDO SEU DEUS

Você pode se tornar devoto na construção de seu personagem ou sempre que subir de nível. Porém, só pode ter uma devoção e não pode mudá-la (exceto sob critério do mestre). Se você for clérigo, druida ou paladino, automaticamente será um devoto.

Para ser devoto de um deus, sua raça ou sua classe devem estar listadas na seção "Devotos" do deus em questão. Humanos e clérigos são exceção — podem ser devotos de qualquer divindade.

Ao se tornar devoto, você recebe um poder concedido a sua escolha da lista do deus e passa a seguir as Obrigações & Restrições dele. Se violá-las, perde todos os seus PM e só pode recuperá-los a partir do próximo dia. Se violá-las de novo na mesma aventura, perde todos os seus PM e não pode recuperá-los até fazer uma penitência (veja a perícia Religião). Poderes concedidos são descritos no **Capítulo 2**.

Multiclasse. No caso de classes com listas de devoções permitidas, a classe com menos opções determina a que deve ser seguida (isso permite que uma devoção anterior seja mudada). Se não houver devoções compatíveis, a multiclasse não pode ser feita.

CARACTERÍSTICAS DOS DEUSES

Crenças e Objetivos. Um resumo da doutrina da divindade, aquilo em que os devotos creem.

Símbolo Sagrado. O símbolo do deus, normalmente usado como um medalhão ou na roupa.

Canalizar Energia. O tipo de energia que a divindade canaliza. Devotos de alguns deuses podem escolher o tipo de energia (nesse caso, uma vez feita, a escolha não pode ser mudada).

Arma Preferida. A arma típica de devotos do deus, importante para certas habilidades e magias.

DEUSES DO PANTEÃO

AHARADAK

Outrora um dos terríveis Lordes da Tormenta, esta aberração monstruosa ambicionava o grande poder divino oferecido pelos devotos de Arton. Após anos liderando seu próprio culto profano, Aharadak matou Tauron, o Deus da Força, e ascendeu como o novo e macabro Deus da Tormenta. Agora ocupando uma posição importante no Panteão, os invasores lefeu avançam mais uma etapa em seus planos para corromper Arton. Apenas os devotos mais depravados ousam cultuar esta divindade de escatologia e sadismo.

Crenças e Objetivos. Reverenciar a Tormenta, apregoar a inevitabilidade de sua chegada ao mundo. Praticar a devassidão e a perversão. Deturpar tudo que é correto, desfigurar tudo que é normal. Abraçar a agonia, crueldade e loucura.

Símbolo Sagrado. Um olho macabro de pupila vertical e cercado de espinhos.

Canalizar Energia. Negativa.

Arma Preferida. Corrente de espinhos.

Devotos. Quaisquer. A Tormenta aceita tudo e todos.

Poderes Concedidos. Afinidade com a Tormenta, Êxtase da Loucura, Percepção Temporal, Rejeição Divina.

Obrigações & Restrições. Quase todos os cultistas de Aharadak são maníacos insanos, compelidos a praticar os atos mais abomináveis. No entanto, talvez devido à natureza alienígena e incompreensível deste deus, alguns devotos conseguem se resguardar. Preservam sua humanidade, abstendo-se de cometer crimes ou profanações. Ainda assim, o devoto paga um preço. No início de qualquer cena de ação, role 1d6. Com um resultado ímpar, você fica fascinado na primeira rodada, perdido em devaneios sobre a futilidade da vida (mesmo que seja imune a esta condição).

CAPÍTULO UM

Tabela 1-20: Deuses

Divindade	Energia	Poderes Concedidos
Aharadak	Negativa	Afinidade com a Tormenta, Êxtase da Loucura, Percepção Temporal, Rejeição Divina
Allihanna	Positiva	Compreender os Ermos, Dedo Verde, Descanso Natural, Voz da Natureza
Arsenal	Qualquer	Conjurar Arma, Coragem Total, Fé Guerreira, Sangue de Ferro
Azgher	Positiva	Espada Solar, Fulgor Solar, Habitante do Deserto, Inimigo de Tenebra
Hyninn	Qualquer	Apostar com o Trapaceiro, Farsa do Fingidor, Forma de Macaco, Golpista Divino
Kallyadranoch	Negativa	Aura de Medo, Escamas Dracônicas, Presas Primordiais, Servos do Dragão
Khalmyr	Positiva	Coragem Total, Dom da Verdade, Espada Justiceira, Reparar Injustiça
Lena	Positiva	Ataque Piedoso, Aura Restauradora, Cura Gentil, Curandeira Perfeita
Lin-Wu	Qualquer	Coragem Total, Kiai Divino, Mente Vazia, Tradição de Lin-Wu
Marah	Positiva	Aura de Paz, Dom da Esperança, Palavras de Bondade, Talento Artístico
Megalokk	Negativa	Olhar Amedrontador, Presas Primordiais, Urro Divino, Voz dos Monstros
Nimb	Qualquer	Êxtase da Loucura, Poder Oculto, Sorte dos Loucos, Transmissão da Loucura
Oceano	Qualquer	Anfíbio, Arsenal das Profundezas, Mestre dos Mares, Sopro do Mar
Sszzaas	Negativa	Astúcia da Serpente, Familiar Ofídico, Presas Venenosas, Sangue Ofídico
Tanna-Toh	Qualquer	Conhecimento Enciclopédico, Mente Analítica, Pesquisa Abençoada, Voz da Civilização
Tenebra	Negativa	Carícia Sombria, Manto da Penumbra, Visão nas Trevas, Zumbificar
Thwor	Qualquer	Almejar o Impossível, Fúria Divina, Olhar Amedrontador, Tropas Duyshidakk
Thyatis	Positiva	Ataque Piedoso, Dom da Imortalidade, Dom da Profecia, Dom da Ressurreição
Valkaria	Positiva	Almejar o Impossível, Armas da Ambição, Coragem Total, Liberdade Divina
Wynna	Qualquer	Bênção do Mana, Centelha Mágica, Escudo Mágico, Teurgista Místico

ALLIHANNA

A Deusa da Natureza representa a bondade inerente ao mundo natural, a pureza das plantas e animais. Mesmo os animais predadores são considerados puros, inocentes — pois matam apenas para sobreviver, ao contrário dos monstros e seres civilizados. A divindade principal dos druidas, Allihanna também é cultuada por povos bárbaros. Estes veneram faces variadas desta deusa, que pode se manifestar como um majestoso animal (diferente para cada culto) ou uma criatura quimérica de muitas cabeças.

Crenças e Objetivos. Reverenciar os seres da natureza. Proteger a vida selvagem. Promover harmonia entre a natureza e a civilização. Combater monstros, mortos-vivos e outras criaturas que perturbam o equilíbrio natural.

Símbolo Sagrado. Para bárbaros e outros adoradores de animais, o símbolo corresponde ao respectivo animal. Para outros, uma pequena árvore.

Canalizar Energia. Positiva.

Arma Preferida. Bordão.

Devotos. Dahllan, elfos, sílfides, bárbaros, caçadores, druidas.

Poderes Concedidos. Compreender os Ermos, Dedo Verde, Descanso Natural, Voz da Natureza.

Obrigações & Restrições. Devotos de Allihanna não podem usar armaduras e escudos feitos de metal. Assim, você só pode usar armadura acolchoada, de couro, gibão de peles e escudo leve, ou itens feitos de materiais especiais não metálicos.

Devotos de Allihanna não podem descansar em nenhuma comunidade maior que uma aldeia (não perdem seus poderes, mas também não recuperam pontos de vida ou mana). Por isso, sempre preferem o relento a um quarto de estalagem.

ARSENAL

Outrora um infame clérigo guerreiro, o vilão conhecido apenas como Mestre Arsenal se tornou sumo-sacerdote do violento deus Keenn. No entanto, após uma longa campanha que envolveu a conquista da mais poderosa espada mágica de Arton, o clérigo derrotou seu próprio patrono em combate durante um torneio épico, ascendendo ao Panteão como o novo Deus da Guerra. Com o objetivo de tornar Arton mais forte, capaz de confrontar qualquer inimigo, Arsenal e seus devotos seguem deflagrando conflitos por todo o Reinado e além.

Crenças e Objetivos. Promover a guerra e o conflito. Vencer a qualquer custo, pela força ou estratégia. Jamais oferecer ou aceitar rendição. Eliminar as próprias fraquezas. Conhecer o inimigo como a si mesmo. Sempre encontrar condições de vitória; quando não existirem, criá-las.

Símbolo Sagrado. Um martelo de guerra e uma espada longa cruzados sobre um escudo.

Canalizar Energia. Qualquer.

Arma Preferida. Martelo de guerra.

Devotos. Anões, minotauros, bárbaros, cavaleiros, guerreiros, lutadores.

Poderes Concedidos. Conjurar Arma, Coragem Total, Fé Guerreira, Sangue de Ferro.

Obrigações & Restrições. Um devoto de Arsenal é proibido de ser derrotado em qualquer tipo de combate ou disputa (como um teste oposto para ver quem é mais forte). Caso seu grupo seja derrotado, isso também constitui uma violação das obrigações.

AZGHER

Venerado pelos povos do Deserto da Perdição, o Deus-Sol é também cultuado por viajantes, mercadores honestos e todos aqueles que combatem as trevas. É um deus generoso; sua jornada diária derrama calor e conforto sobre Arton. Azgher é como um pai severo: responsável, provedor, mas que também exige respeito de seus filhos. Como um olho sempre vigilante nos céus, nada acontece à luz do dia sem que Azgher perceba.

Crenças e Objetivos. Praticar a gratidão pela proteção e generosidade do sol. Promover a honestidade, expor embustes e mentiras. Praticar a caridade e o altruísmo. Proteger os necessitados. Oferecer clemência, perdão e redenção. Combater o mal.

Símbolo Sagrado. Um sol dourado.

Canalizar Energia. Positiva.

Arma Preferida. Cimitarra.

Devotos. Aggelus, qareen, arcanistas, bárbaros, caçadores, cavaleiros, guerreiros, nobres, paladinos.

Poderes Concedidos. Espada Solar, Fulgor Solar, Habitante do Deserto, Inimigo de Tenebra.

Obrigações & Restrições. O devoto de Azgher deve manter o rosto sempre coberto (com uma máscara, capuz ou trapos). Sua face pode ser revelada apenas ao sumo-sacerdote ou em seu funeral. Devotos do Sol também devem doar para a igreja de Azgher 20% de qualquer tesouro obtido. Essa doação deve ser feita em ouro, seja na forma de moedas ou itens.

HYNINN

Capaz de enganar até mesmo outros deuses, o ardiloso Deus da Trapaça é uma divindade favorita de foras da lei — seus clérigos atuam como conselheiros, ou até mesmo líderes, em guildas criminosas ou navios piratas. Também é louvado por regentes e mercadores não muito honestos, orando por vantagens ilícitas. No entanto, mesmo pessoas honradas eventualmente simpatizam com Hyninn por sua esperteza, despreocupação e ousadia.

Crenças e Objetivos. Praticar a astúcia e a esperteza. Demonstrar que honestidade e sinceridade levam ao fracasso. Desafiar a lei e a ordem. Ser vitorioso sem seguir regras. Fazer aos outros antes que façam a você. Levar vantagem em tudo.

Símbolo Sagrado. Uma adaga atravessando uma máscara, ou uma raposa.

Canalizar Energia. Qualquer.

Arma Preferida. Adaga.

Devotos. Hynne, goblins, sílfides, bardos, bucaneiros, ladinos, inventores, nobres.

Poderes Concedidos. Apostar com o Trapaceiro, Farsa do Fingidor, Forma de Macaco, Golpista Divino.

Obrigações & Restrições. Um devoto de Hyninn não recusa participação em um golpe, trapaça ou artimanha (o que muitas vezes inclui missões para roubar... há, resgatar tesouros), exceto quando prejudica seus próprios aliados.

O devoto também deve fazer um ato furtivo, ousado ou proibido por dia (ou por sessão de jogo, o que demorar mais), como oferenda a Hyninn. Roubar uma bolsa, enganar um miliciano, invadir o quarto de um nobre... Em termos de jogo, uma ação exigindo um teste de Enganação ou Ladinagem com CD mínima 15 + metade do seu nível.

KALLYADRANOCH

Como punição imposta por Khalmyr pelo crime de criar a Tormenta, o Deus dos Dragões estava esquecido até poucos anos atrás, conhecido apenas como "o Terceiro". Restaurado em tempos recentes durante um combate épico contra os invasores aberrantes, Kallyadranoch agora governa não apenas os dragões, mas todos que cultuam o poder elemental das grandes feras. Além disso, enquanto Wynna representa o lado bondoso e generoso da magia arcana, Kally é cultuado por arcanistas malignos.

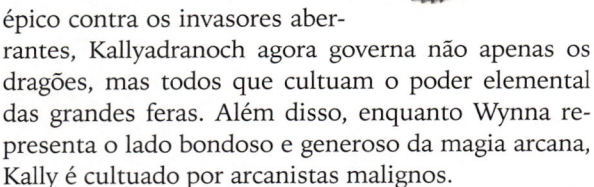

Crenças e Objetivos. Praticar a soberania. Demonstrar orgulho, superioridade, majestade. Praticar o acúmulo de riquezas. Proteger suas posses e sua dignidade. Ser implacável com seus inimigos. Reverenciar os dragões e suas crias.

Símbolo Sagrado. Escamas de cinco cores diferentes.

Canalizar Energia. Negativa.

Arma Preferida. Lança.

Devotos. Elfos, medusas, sulfure, arcanistas, cavaleiros, guerreiros, lutadores, nobres.

Poderes Concedidos. Aura de Medo, Escamas Dracônicas, Presas Primordiais, Servos do Dragão.

Obrigações & Restrições. Para subir de nível, além de acumular XP suficiente, o devoto de Kally deve realizar uma oferenda em tesouro. O valor é igual à 20% da diferença do dinheiro inicial do nível que vai alcançar para o nível atual (por exemplo, T$ 80 para subir para o 4° nível). Sabe-se, também, de devotos malignos que sacrificam vítimas a Kally (não permitido para personagens jogadores).

KHALMYR

Antigo líder do Panteão, o Deus da Justiça já foi considerado a divindade mais popular no Reinado. Isso mudaria com a vitória dos minotauros nas Guerras Táuricas, bem como a recente ascensão de Valkaria como nova líder dos deuses. Mesmo assim, Khalmyr ainda é louvado por aqueles que lutam pela ordem e justiça. As duas maiores ordens de cavaleiros em Arton foram criadas em sua honra: a Ordem da Luz e a Ordem de Khalmyr. Esta é também uma das divindades principais dos anões, junto de Tenebra — conforme a crença, ambos teriam gerado juntos a raça anã.

Crenças e Objetivos. Praticar a caridade e o altruísmo. Defender a lei, a ordem e os necessitados. Combater a mentira, o crime e o mal. Oferecer clemência, perdão e redenção. Lutar o bom combate.

Símbolo Sagrado. Espada sobreposta a uma balança.

Canalizar Energia. Positiva.

Arma Preferida. Espada longa.

Devotos. Aggelus, anões, cavaleiros, guerreiros, nobres, paladinos.

Poderes Concedidos. Coragem Total, Dom da Verdade, Espada Justiceira, Reparar Injustiça.

Obrigações & Restrições. Devotos de Khalmyr não podem recusar pedidos de ajuda de pessoas inocentes. Também devem cumprir as ordens de superiores na hierarquia da igreja (devotos do Deus da Justiça de nível maior) e só podem usar itens mágicos permanentes criados por devotos do mesmo deus.

LENA

Mesmo os deuses mais violentos e cruéis são respeitosos com a Deusa Criança, provedora da fertilidade, do sustento, da própria vida. Lena não é venerada apenas por aventureiros necessitados de curas mágicas, mas também por fazendeiros que imploram por colheitas fartas, criadores desejosos de saúde para seus animais e cada grávida prestes a dar à luz. Servida quase exclusivamente por mulheres, a Deusa da Vida oferece os mais poderosos milagres de cura presenciados em Arton.

Os vinte deuses do Panteão de Arton

Crenças e Objetivos. Reverenciar e proteger a vida em todas as suas formas. Reverenciar a fertilidade, a fecundidade, a maternidade e a infância. Praticar a caridade e o altruísmo. Oferecer clemência, perdão e redenção. Aliviar a dor e o sofrimento físico, mental ou espiritual.

Símbolo Sagrado. Lua crescente prateada.

Canalizar Energia. Positiva.

Arma Preferida. Não há. Servos desta deusa não podem lançar a magia *Arma Espiritual* e similares.

Devotos. Dahllan, qareen, nobres, paladinos.

Poderes Concedidos. Ataque Piedoso, Aura Restauradora, Cura Gentil, Curandeira Perfeita.

Obrigações & Restrições. Devotos de Lena não podem causar dano letal ou perda de PV a criaturas vivas (fornecer bônus em dano letal também é proibido). Podem causar dano não letal e prejudicar seus inimigos (em termos de jogo, impondo condições), desde que não causem dano letal ou perda de PV. Para um devoto de Lena, é preferível perder a própria vida a tirá-la de outros.

Apenas mulheres podem ser devotas de Lena. Uma clériga precisa dar à luz pelo menos uma vez antes de receber seus poderes divinos. A fecundação é um mistério bem guardado pelas sacerdotisas; conta-se que a própria deusa vem semear suas discípulas. Paladinos de Lena podem ser homens (são os únicos devotos masculinos permitidos) ou mulheres.

LIN-WU

Mesmo com a quase extinção de seu povo pela Tormenta, o honrado Deus Samurai nunca fraquejou, nunca perdeu sua dignidade. Hoje, o Império de Jade está livre da tempestade, seus habitantes retornam para a grande reconstrução. Lin-Wu e seu povo sempre serão gratos aos campeões gaijin, por sua amizade e suporte durante os anos de pesadelo. Talvez por esse motivo, conforme especulam seus servos shugenja, devotos de Lin-Wu atuando longe de Tamu-ra recebem poderes diferentes, mais convenientes para suas missões.

Crenças e Objetivos. Promover a honra acima de tudo. Proteger Tamu-ra e o Reinado de Arton. Praticar honestidade, coragem, cortesia e compaixão. Demonstrar integridade e dignidade. Ser leal a seus companheiros. Buscar redenção após cometer desonra.

Símbolo Sagrado. Placa de metal com a silhueta de um dragão-serpente celestial.

Canalizar Energia. Qualquer.

Arma Preferida. Katana.

Devotos. Anões, cavaleiros, guerreiros, nobres, paladinos.

CAPÍTULO UM

Poderes Concedidos. Coragem Total, Kiai Divino, Mente Vazia, Tradição de Lin-Wu.

Obrigações & Restrições. Antigas proibições quanto a devotos estrangeiros ou do gênero feminino não mais se aplicam. No entanto, devotos de Lin-Wu ainda devem demonstrar comportamento honrado, jamais recorrendo a mentiras e subterfúgios. Em termos de jogo, são proibidos de tentar qualquer ação que exigiria um teste de Enganação, Furtividade ou Ladinagem.

Marah

Neste mundo sempre em guerra, devotos da Deusa da Paz talvez sejam os mais corajosos e perseverantes, buscando inspiração em sua padroeira para proteger Arton sem usar de violência. Marah ensina a suportar qualquer provação, demonstrar que brutalidade nunca é a única resposta. Ainda assim, esta não é apenas uma divindade de placidez e indolência; devotos de Marah costumam ser plenos de bom humor e atitude positiva, sempre prontos para uma nova celebração ou romance...

Crenças e Objetivos. Praticar o amor e a gratidão pela vida e pela bondade. Promover a paz, harmonia e felicidade. Aliviar a dor e o sofrimento, trazer conforto aos aflitos. Praticar a caridade e o altruísmo. Oferecer clemência, perdão e redenção.

Símbolo Sagrado. Um coração vermelho.

Canalizar Energia. Positiva.

Arma Preferida. Não há. Devotos desta deusa não podem lançar a magia *Arma Espiritual* e similares.

Devotos. Aggelus, elfos, hynne, qareen, bardos, nobres, paladinos.

Poderes Concedidos. Aura de Paz, Dom da Esperança, Palavras de Bondade, Talento Artístico.

Obrigações & Restrições. Devotos de Marah não podem causar dano, perda de PV e condições a criaturas, exceto enfeitiçado, fascinado e pasmo (fornecer bônus em dano também é proibido). Em combate, só podem recorrer a ações como proteger ou curar — ou fugir, render-se ou aceitar a morte. Um devoto de Marah jamais vai causar violência, nem mesmo para se salvar.

Megalokk

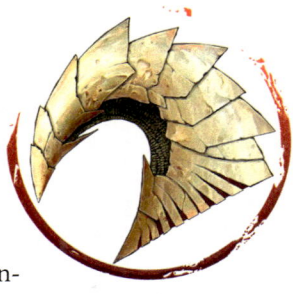

O Deus dos Monstros é uma divindade de selvageria e descontrole — quando bárbaros entram em fúria, diz-se que estão apenas canalizando seu rancor primordial. Enquanto servos de Allihanna promovem harmonia entre a natureza e os povos civilizados, devotos de seu irmão sanguinário buscam apenas o extermínio de seus inimigos. E, para um servo do Deus dos Monstros, quase tudo que se move é um inimigo...

Crenças e Objetivos. Praticar a violência, a soberania do mais forte. Jamais reprimir os próprios instintos e desejos. Jamais ser domado, desafiar qualquer forma de controle. Jamais oferecer perdão ou rendição. Eliminar os fracos. Destruir seus inimigos.

Símbolo Sagrado. A garra de um monstro.

Canalizar Energia. Negativa.

Arma Preferida. Maça.

Devotos. Goblins, medusas, minotauros, sulfure, trogs, bárbaros, caçadores, druidas, lutadores.

Poderes Concedidos. Olhar Amedrontador, Presas Primordiais, Urro Divino, Voz dos Monstros.

Obrigações & Restrições. Devotos de Megalokk devem rejeitar os modos civilizados e se entregar à ferocidade, descontrole e impaciência. Você é proibido de usar perícias baseadas em Inteligência ou Carisma (exceto Adestramento e Intimidação) e não pode preparar uma ação, escolher 10 ou 20 em testes e lançar magias sustentadas (pois são ações que exigem foco e paciência).

NIMB

"Khalmyr tem o tabuleiro, mas quem move as peças é Nimb" — provérbio dos tempos em que o Deus da Justiça governava o Panteão, sua liderança sempre desafiada pelo insano Deus do Caos. Nada é certo sobre esta entidade do acaso, sorte e azar. Teria Nimb cuidadosamente tramado a queda de Khalmyr, enfim derrotando o eterno rival? Seria ele capaz de um plano tão louco e brilhante? Ou não?

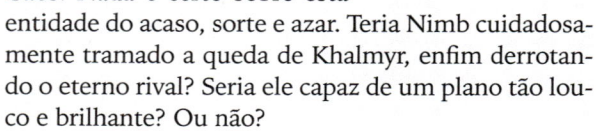

Nimb é mais temido do que venerado pelos artonianos, cautelosos quanto as suas constantes mudanças de humor. Muitos desejam que ele lhes sorria, mas poucos escolhem ser seus devotos. Ainda assim, há quem abrace sua loucura libertadora.

Crenças e Objetivos. Reverenciar o caos, a aleatoriedade, a sorte e o azar. Praticar a ousadia e a rebeldia, desafiar regras e leis. Rejeitar o bom senso. Tornar o mundo mais interessante. Ou divertido. Ou terrível. Ou não.

Símbolo Sagrado. Um dado de seis faces.

Canalizar Energia. Qualquer.

Arma Preferida. Nenhuma e todas! Ao usar um efeito que dependa de arma preferida, qualquer arma (ou outro objeto!) pode aparecer, de acordo com o mestre.

Devotos. Goblins, qareen, sílfides, arcanistas, bárbaros, bardos, bucaneiros, inventores, ladinos.

Poderes Concedidos. Êxtase da Loucura, Poder Oculto, Sorte dos Loucos, Transmissão da Loucura.

Obrigações & Restrições. Por serem incapazes de seguir regras, estes devotos não têm "obrigações" verdadeiras (portanto, nunca perdem PM por descumprirem suas O&R). No entanto, sofrem certas restrições que não podem ignorar.

Devotos de Nimb são loucos (ou agem como se fossem), não conseguindo convencer ninguém de coisa alguma. Você sofre –5 em testes de perícias baseadas em Carisma. Além disso, no início de cada cena de ação, role 1d6. Com um resultado 1, você fica confuso (mesmo que seja imune a esta condição).

OCEANO

Nestes tempos de grande tumulto no plano divino, em meio a deuses caindo e ascendendo, o Deus dos Mares está entre os poucos ainda imutáveis. Sua época de fúria, quando arrasava civilizações inteiras, foi quase esquecida. Hoje o Oceano é sereno, pleno em si mesmo, alienado dos conflitos no Panteão — acha os outros deuses mesquinhos, disputando ninharias, frente à vastidão de seus domínios. Ainda assim, recebe preces de marinheiros, piratas e povos marinhos, orando por sua tranquilidade, rogando que suas tempestades sejam breves.

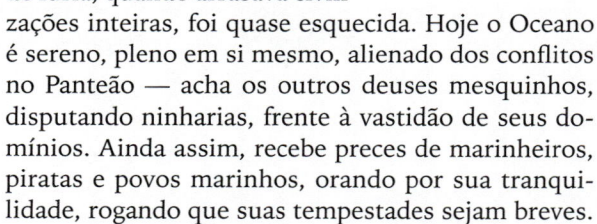

Crenças e Objetivos. Reverenciar os mares, o oceano e os seres que ali habitam. Promover harmonia entre o oceano e o mundo seco. Proteger os seres marinhos, mas também os seres do mundo seco que se aventuram sobre as ondas. Demandar devido respeito ao mar e seu poder.

Símbolo Sagrado. Uma concha.

Canalizar Energia. Qualquer.

Arma Preferida. Tridente.

Devotos. Dahllan, hynne, minotauros, sereias/tritões, bárbaros, bucaneiros, caçadores, druidas.

Poderes Concedidos. Anfíbio, Arsenal das Profundezas, Mestre dos Mares, Sopro do Mar.

Obrigações & Restrições. As únicas armas permitidas para devotos do Oceano são a azagaia, a lança, o tridente e a rede. Podem usar apenas armaduras leves. O devoto também não pode se manter afastado do oceano por mais de um mês.

SSZZAAS

O sibilante Deus da Traição não é apenas o mais inteligente entre os deuses, mas também o mais perigoso. Tão perigoso que, certa vez, tentou reunir os Rubis da Virtude — vinte gemas de poder contendo a essência de todos os deuses. Chegou a ser expulso do Panteão por esse crime, mas sua astúcia não conhecia limites; Sszzaas conseguiu tramar um novo plano para ser aceito de volta. Hoje, mesmo após a quase extinção de seu culto, os sszzaazitas voltam a se espalhar sobre Arton, agindo em nome do Grande Corruptor. Mas será prudente devotar-se a um Deus da Traição? Apenas os mais ousados e astutos acreditam que sim.

Crenças e Objetivos. Praticar a mentira e a trapaça. Buscar sempre a solução mais inteligente. Demonstrar que lealdade e confiança são fraquezas, devem ser eliminadas. Promover competição, rivalidade, desconfiança. Usar os recursos do inimigo para alcançar seus objetivos. Levar outros a se sacrificarem em seu lugar.

Símbolo Sagrado. Uma naja vertendo veneno pelas presas.

Canalizar Energia. Negativa.

Arma Preferida. Adaga.

Devotos. Medusas, arcanistas, bardos, bucaneiros, inventores, ladinos, nobres.

Poderes Concedidos. Astúcia da Serpente, Familiar Ofídico, Presas Venenosas, Sangue Ofídico.

Obrigações & Restrições. O devoto deve fazer um ato de traição, intriga ou corrupção por dia (ou por sessão de jogo, o que demorar mais) como oferenda a Sszzaas. Pouco importa se o alvo é aliado ou inimigo — uns poucos sszzaazitas usam seus métodos torpes para ajudar colegas aventureiros em suas missões, às vezes sem que eles próprios saibam.

Sugerir a alguém que foi traído pelo cônjuge, influenciar um guarda a aceitar suborno, instruir um mercador a roubar nos preços, incriminar alguém por um crime que não cometeu, enganar um guerreiro para que mate um oponente rendido e inofensivo... Em termos de jogo, uma ação exigindo um teste de Enganação com CD mínima 15 + metade do seu nível.

TANNA-TOH

Em uma sociedade medieval típica, apenas membros do clero ou da nobreza teriam acesso a boa educação — camponeses jamais saberiam ler e escrever. Não é assim no Reinado de Arton, graças ao empenho da igreja de Tanna-Toh. Devotos da Deusa do Conhecimento atuam como professores, catequistas e pesquisadores, tomando a missão sagrada de levar educação e cultura para todos. Tanna-Toh é amplamente venerada pelos povos civilizados, amada por aqueles que se devotam aos estudos ou artes. Ainda assim, esta deusa é inimiga de povos bárbaros que escolhem permanecer ignorantes e selvagens.

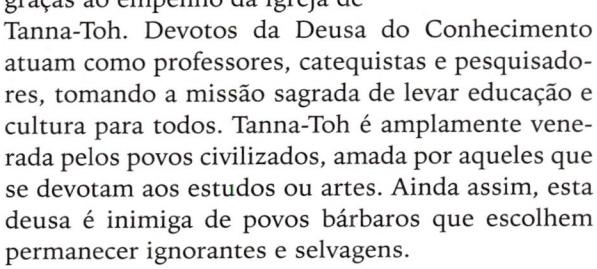

Crenças e Objetivos. Reverenciar a mente racional, o conhecimento, a civilização, a verdade. Proteger o progresso, o avanço dos povos civilizados. Promover o ensino e a prática das artes e das ciências. Solucionar todos os mistérios, revelar todas as mentiras. Buscar novo conhecimento. Não tolerar a ignorância.

Símbolo Sagrado. Pergaminho e pena.

Canalizar Energia. Qualquer.

Arma Preferida. Bordão.

Devotos. Golens, kliren, arcanistas, bardos, inventores, nobres, paladinos.

Poderes Concedidos. Conhecimento Enciclopédico, Mente Analítica, Pesquisa Abençoada, Voz da Civilização.

Obrigações & Restrições. Devotos de Tanna-Toh jamais podem recusar uma missão que envolva a busca por um novo conhecimento ou informação; investigar rumores sobre um livro perdido, procurar uma aldeia lendária, pesquisar os hábitos de uma criatura desconhecida...

Além disso, o devoto sempre deve dizer a verdade e nunca pode se recusar a responder uma pergunta direta, pouco importando as consequências. É proibido para ele esconder qualquer conhecimento.

TENEBRA

Assim como seu inimigo Azgher vigia e protege Arton durante o dia, Tenebra é atenta sob as estrelas; nada acontece na noite sem seu conhecimento. A sedutora e misteriosa Deusa das Trevas é mãe de tudo que anda e rasteja no escuro, dos nobres anões aos sinistros mortos-vivos e trogloditas. Ainda que muitas vezes temida, Tenebra sempre protegeu as criaturas noturnas e subterrâneas, bondosas ou malignas. No entanto, com a recente destruição de Ragnar, antigo Deus da Morte, cada vez mais cultos necromantes começam a oferecer sacrifícios à Mãe Noite.

CRENÇAS E OBJETIVOS. Reverenciar a noite, a escuridão, a lua e as estrelas. Proteger segredos e mistérios, proteger tudo que é oculto e invisível. Reverenciar não vida e os mortos-vivos, propagar a prática da necromancia. Rejeitar o sol e a luz.

SÍMBOLO SAGRADO. Estrela negra de cinco pontas.

CANALIZAR ENERGIA. Negativa.

ARMA PREFERIDA. Adaga.

DEVOTOS. Anões, medusas, qareen, osteon, sulfure, trogs, arcanistas, bardos, ladinos.

PODERES CONCEDIDOS. Carícia Sombria, Manto da Penumbra, Visão nas Trevas, Zumbificar.

OBRIGAÇÕES & RESTRIÇÕES. Tenebra proíbe que seus devotos sejam tocados por Azgher, o odiado rival. O devoto deve se cobrir inteiramente durante o dia, sem expor ao sol nenhum pedaço de pele.

THWOR

A Flecha de Fogo foi disparada, rompendo o coração das trevas. A antiga profecia foi cumprida. No entanto, o que muitos pensavam significar o fim da Aliança Negra dos goblinoides resultou em algo totalmente diferente, totalmente novo. Ao enfrentar e derrotar o próprio Ragnar, antigo Deus da Morte, o imperador bugbear Thwor Khoshkothruk ascendeu ao Panteão como o Deus dos Goblinoides. Agora protegidos e governados por uma poderosa divindade, os povos duyshidakk erguem sua própria civilização no continente de Lamnor, e o Reinado de Arton deverá lidar com o futuro que surgir disso.

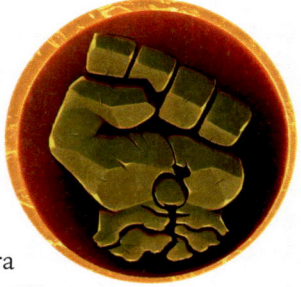

CRENÇAS E OBJETIVOS. Reverenciar a lealdade, a força e a coragem. Promover a união entre goblins, hobgoblins, bugbears, orcs, ogros e outros povos humanoides. Reverenciar o caos, a mutação, a vida sempre em movimento. Proteger a cultura e o modo de vida goblinoide. Destruir os elfos.

SÍMBOLO SAGRADO. Um grande punho fechado.

CANALIZAR ENERGIA. Qualquer.

ARMA PREFERIDA. Machado de guerra.

DEVOTOS. Qualquer duyshidakk (veja abaixo).

PODERES CONCEDIDOS. Almejar o Impossível, Fúria Divina, Olhar Amedrontador, Tropas Duyshidakk.

OBRIGAÇÕES & RESTRIÇÕES. Não importando sua raça, o devoto de Thwor deve ser duyshidakk — ou seja, aceito como membro do povo goblinoide. Também deve se esforçar para que o "Mundo Como Deve Ser" tome o continente (veja a página 386). Deve sempre procurar fazer alianças com goblinoides e só lutar contra eles em último caso.

THYATIS

O generoso Deus da Ressurreição e Profecia representa o perdão, a tolerância, as segundas chances. Seu dom maior é a prevenção ou correção dos erros — através de predições que evitam esses erros ou reversão das mortes que tenham causado. Para Thyatis, ninguém deve ser castigado por errar e todos merecem a chance de aprender com suas falhas, em vez de morrer por elas. Dizem que seus clérigos são contemplados com poderosos dons de profecia e ressurreição, e seus paladinos nunca morrem!

CRENÇAS E OBJETIVOS. Proteger a vida e aqueles necessitados de novas chances. Renegar a morte e a mentira. Ajudar os perdidos a encontrar seus caminhos e alcançar seus destinos. Oferecer clemência, perdão e redenção.

SÍMBOLO SAGRADO. Uma ave fênix.

CANALIZAR ENERGIA. Positiva.

ARMA PREFERIDA. Espada longa.

DEVOTOS. Aggelus, cavaleiros, guerreiros, inventores, lutadores, paladinos.

PODERES CONCEDIDOS. Ataque Piedoso, Dom da Imortalidade, Dom da Profecia, Dom da Ressurreição.

OBRIGAÇÕES & RESTRIÇÕES. Devotos de Thyatis são proibidos de matar criaturas inteligentes (Int –3 ou maior). Podem atacar e causar dano, mas jamais levar à morte. Por esse motivo, devotos de Thyatis preferem armas e ataques que apenas incapacitam seus oponentes ou causam dano não letal.

VALKARIA

A Deusa da Ambição sempre foi a mais ousada entre os seus. Ajudaria a criar os lefeu, a própria Tormenta. Criaria os seres humanos, povo mais impetuoso e beligerante de todos. Acabaria condenada ao cativeiro, até ser resgatada por seus próprios protegidos, elevando ainda mais sua glória (ou teria assim planejado desde o início?). Mas, quando Mestre Arsenal derrotou Keenn para tomar seu lugar como Deus da Guerra, o maior objetivo de Valkaria foi enfim alcançado: um humano superou um deus. Esse evento, e também a morte do antigo líder Tauron, levou os deuses a reconhecerem Valkaria como a nova liderança do Panteão.

CRENÇAS E OBJETIVOS. Praticar o otimismo, a evolução, a rebeldia. Desafiar limites, almejar o impossível. Combater o mal, a opressão e a tirania. Proteger a liberdade. Aceitar o novo e diferente e adaptar-se a ele. Demonstrar ambição, paixão e coragem. Desfrutar e amar a vida.

SÍMBOLO SAGRADO. A Estátua de Valkaria ou seis faixas entrelaçadas.

CANALIZAR ENERGIA. Positiva.

ARMA PREFERIDA. Mangual.

DEVOTOS. Aventureiros; membros de todas as classes podem ser devotos de Valkaria.

PODERES CONCEDIDOS. Almejar o Impossível, Armas da Ambição, Coragem Total, Liberdade Divina.

OBRIGAÇÕES & RESTRIÇÕES. Valkaria odeia o conformismo. Seus devotos são proibidos de fixar moradia em um mesmo lugar, não podendo permanecer mais de 2d10+10 dias na mesma cidade (ou vila, aldeia, povoado...) ou 1d4+2 meses no mesmo reino.

Devotos de Valkaria também são proibidos de se casar ou formar qualquer união estável.

Deuses Menores

Além das vinte divindades maiores do Panteão, Arton é povoado por uma miríade de deuses menores — neste mundo todos podem ascender à divindade, desde que sejam cultuados por um número suficiente de pessoas. Entre os mais conhecidos estão Tibar, Deus do Comércio; Rhond, Deus das Armas, e Sckhar, Deus (e tirano) de Sckharshantallas.

Regras para devotos de deuses menores serão apresentadas em suplementos futuros.

WYNNA

Depois de abandonados por Glórienn, a antiga Deusa dos Elfos, muitos membros desta raça estão oferecendo sua devoção à bondosa Wynna. Ela é a exuberante Deusa da Magia, louvada por fadas, qareen, gênios e todos aqueles que empregam poder arcano. Generosa e liberal além dos limites, Wynna concede mágica a todos que pedem, não importando se usada para o bem ou para o mal — pois a magia é mais importante que a vida e nunca deve ser negada a ninguém. Talvez por esse motivo Arton seja um mundo tão intenso em energias mágicas e tão povoado por arcanistas.

CRENÇAS E OBJETIVOS. Reverenciar a magia arcana e seus praticantes. Promover o ensino da magia. Usar a magia para proteger os necessitados e trazer felicidade ao mundo.

SÍMBOLO SAGRADO. Um anel metálico.

CANALIZAR ENERGIA. Qualquer.

ARMA PREFERIDA. Adaga.

DEVOTOS. Elfos, golens, qareen, sílfides, arcanistas, bardos.

PODERES CONCEDIDOS. Bênção do Mana, Centelha Mágica, Escudo Mágico, Teurgista Místico.

OBRIGAÇÕES & RESTRIÇÕES. Assim como a magia jamais deva ser negada para quem a busca, devotos de Wynna devem praticar a bondade e a generosidade de sua deusa, jamais recusando um pedido de ajuda de alguém inocente. Além disso, devotos de Wynna são proibidos de matar seres mágicos (elfos, qareen, sílfides e outros a critério do mestre) e conjuradores arcanos.

TOQUES FINAIS

CARACTERÍSTICAS DERIVADAS

PONTOS DE VIDA • PV

Pontos de vida são uma medida de seu vigor físico, tolerância a dor e experiência em combate. Eles indicam a quantidade de dano que você pode sofrer antes de cair inconsciente. Assim, o mesmo ferimento que mataria um camponês comum será "apenas um arranhão" para um bárbaro embrutecido ou um ladino esquivo.

Enquanto tiver pelo menos 1 ponto de vida, você pode agir e lutar normalmente. Se ficar com 0 ou menos PV, você cai inconsciente e sangrando (veja mais sobre isso na página 236).

PONTOS DE MANA • PM

Pontos de mana são uma medida de sua energia, determinação e força interior. Eles indicam quantas habilidades você consegue usar.

Você não pode gastar mais pontos de mana do que tem, mas não sofre penalidades por ficar com 0 ou menos PM.

RECUPERANDO PV E PM

Com uma noite de descanso (pelo menos oito horas de sono), você recupera PV e PM de acordo com seu nível e *condições de descanso*.

RUIM. Recuperação igual à metade do nível. Dormir ao relento, sem um saco de dormir e um acampamento, constitui condição ruim (veja Sobrevivência, na página 123).

NORMAL. Recuperação igual ao nível. Dormir em uma estalagem comum constitui condição normal (veja Hospedagem, na página 163.)

CONFORTÁVEL. Recuperação igual ao dobro do nível.

LUXUOSA. Recuperação igual ao triplo do nível.

Helior, elfo caçador de 7º nível, recupera 7 PV e 7 PM com uma noite de sono numa estalagem. Mas, como vive com o pé na estrada, dormindo ao relento, se acostumou a recuperar apenas 3 PV e 3 PM.

Certas habilidades, magias e itens também recuperam PV e PM. Você nunca pode recuperar mais pontos de vida ou mana do que perdeu — ou seja, não pode ultrapassar seu máximo.

PONTOS TEMPORÁRIOS. Certos efeitos fornecem PV ou PM temporários. Eles são somados a seus pontos atuais, mesmo que ultrapassem o máximo. Pontos temporários são sempre os primeiros a serem gastos. Caso não seja especificado o contrário, pontos temporários desaparecem no fim do dia.

DEFESA

A Defesa representa o quão difícil é acertá-lo em combate. **Sua Defesa é 10 + sua Destreza + seu bônus de armadura e escudo.**

Quando você ataca um inimigo, a CD do seu teste de ataque é à Defesa dele (veja mais sobre isso no CAPÍTULO 5: JOGANDO).

TAMANHO

O tamanho de uma criatura é classificado em seis categorias: Minúsculo, Pequeno, Médio, Grande, Enorme e Colossal. **Por padrão, seu tamanho é Médio,** mas sua raça pode alterar isso. Criaturas Médias não recebem modificadores por tamanho. Criaturas menores recebem bônus em Furtividade e penalidade em manobras de combate. Para criaturas maiores, esses bônus e penalidades são invertidos.

Criaturas Minúsculas usam armas *reduzidas*, que causam um passo a menos de dano (veja a TABELA 3-2: DANO DE ARMAS, na página 143). Criaturas Grandes e Enormes usam armas *aumentadas*, que causam um passo a mais de dano, e criaturas Colossais usam armas *gigantes*, que causam dois passos a mais de dano. Uma criatura pode usar uma arma feita para até uma categoria de tamanho maior ou menor que a dela, mas sofre –5 nos testes de ataque e a arma ocupa um espaço a mais ou a menos, respectivamente (mínimo meio espaço).

DESLOCAMENTO

Sua velocidade, medida em quantos metros você anda com uma ação de movimento. **Por padrão, seu deslocamento é 9 metros (6 quadrados no mapa),** mas algumas habilidades podem mudar esse valor.

CAPÍTULO UM

Tabela 1-21: Tamanho de Criaturas

Categoria de Tamanho	Exemplos	Espaço Ocupado*/ Alcance Natural	Modificador de Furtividade/Manobras
Minúsculo	Falcão, rato, sílfide	1,5m	+5/–5
Pequeno	Cão, goblin, hynne	1,5m	+2/–2
Médio	Humano, anão, elfo	1,5m	0
Grande	Cavalo, ogro, serpe	3m	–2/+2
Enorme	Ente, gigante, hidra	4,5m	–5/+5
Colossal	Colosso, dragão, kraken	9m	–10/+10

*Espaço ocupado pela criatura. "3m", por exemplo, significa que a criatura ocupa um espaço de 3m x 3m, ou seja, 2x2 quadrados num mapa.

DESCRIÇÃO

Atributos, raça, classe, origem, perícias, equipamentos, magias. O que você tem até aqui é suficiente para jogar. Mas não é tudo que você pode ter.

Um personagem pode ser mais que estatísticas mecânicas. O mundo de Tormenta tem romances, contos e quadrinhos: você pode reconhecer as raças e classes dos heróis, mas grande parte de suas características não existe em termos de jogo. São criações de seus autores. Aqui você também é livre para criar.

"Não quero, não tenho talento, não tenho dom!", você pode pensar. Primeiro, não se sinta pressionado. Você pode jogar como quiser, sem inventar nada. Use a ficha, use os números e poderes. Não é feio, não é pecado, é apenas mais um estilo. Milhares de jogadores pelo mundo fazem o mesmo.

Segundo, você *pode* criar — qualquer ser humano pode. Somos a única espécie no planeta capaz de imaginar coisas como elas não são, capaz de conceber coisas que não existem. Você *não* precisa ser um gênio inventivo, *não* precisa se igualar a um escritor ou roteirista profissional. Este jogo não é um concurso de criatividade, nem uma entrevista de emprego. Apenas invente algo que o deixe satisfeito. Não há necessidade de ser totalmente original, você pode se inspirar em outros personagens. Usar a ideia de outra pessoa não é plágio (exceto quando você mente sobre ser o verdadeiro autor e ainda ganha dinheiro ou prestígio, mas isso é outra história).

Para deixar seu personagem mais rico e colorido, procure escrever pelo menos um parágrafo sobre o *histórico*, a *aparência* e a *personalidade* dele.

Ainda que sua raça e origem digam algo sobre o passado de seu personagem, são apenas uma base, um ponto de partida. Você é livre para acrescentar todo tipo de detalhe — onde nasceu e cresceu, as pessoas que conheceu, as lembranças e eventos que o marcaram. Da mesma forma, sua classe diz o que você consegue fazer, mas você ainda pode ser criativo e acrescentar seu próprio estilo, seu jeito único de resolver as coisas. Você é um bardo clássico com bandolim ou harpa, ou será que espanca um furioso tambor tribal? Você é um clérigo trajado em solenes vestes monásticas, ou traz o símbolo sagrado de sua divindade tatuado no peito nu? Luta com uma maça, ou uma enorme frigideira?

Consulte as descrições das raças para saber sobre sua aparência. Essas são guias gerais, mas você pode ser criativo. Seus atributos também podem dar pistas sobre aparência — Força elevada indica alguém musculoso, enquanto alto Carisma indicaria grande beleza... ou não. Você também é livre para escolher o gênero do seu personagem, mesmo que seja diferente daquele com o qual você se identifica. Acrescente traços particulares, como cor dos olhos, cabelo, barba, cicatrizes, acessórios...

A descrição da raça diz um pouco sobre sua personalidade. Este é o comportamento padrão daquele povo, mas não uma regra; você pode escolher segui-lo ou não. Anões são desconfiados e teimosos, elfos são amargos e arrogantes, mas você é livre para inventar um anão crédulo e prestativo ou um elfo despreocupado e modesto. Aliás, aqueles que decidem ser aventureiros muitas vezes o fazem porque são diferentes, não se encaixam em sua sociedade.

Não exagere nos detalhes ou será difícil mostrar tudo na mesa de jogo (isto é, sem atrapalhar o andamento da aventura). Muitos bons personagens de séries, filmes e quadrinhos têm históricos curtos e uns poucos traços marcantes. Claro, se quiser você pode escrever diários, contos, até um romance inteiro sobre seu personagem — muitos jogadores acham divertido fazer isso! Apenas mantenha-se moderado ao jogar.

O **Capítulo 5: Jogando** traz mais informações sobre como lidar com os aspectos descritivos de seu personagem durante uma aventura.

NOME

"E qual é o nome do personagem?", pergunta o mestre, trazendo sustos, engasgos e suor frio à mesa de jogo! Depois de tantas decisões sobre atributos, raças, classes e magias, muitos jogadores costumam deixar isto por último. Dedicam pouco tempo e esforço a esta escolha, justamente uma das mais importantes.

Pode parecer pouco, apenas um nome. Pode parecer que qualquer improviso serve, qualquer Bob, o Bárbaro, está de bom tamanho. Muitas vezes, em muitos grupos, esse nome mal será usado — os jogadores tratam-se por seus nomes reais ou apenas suas classes ou raças: *"Ah, eu ajudo o paladino e o minotauro enquanto o clérigo lança a magia no anão!"*.

Você *pode* jogar assim, não é proibido. Como já foi dito, Tormenta20 é jogado como você achar que deve. No entanto, se deseja um personagem marcante e memorável, um herói lendário de aventuras e batalhas fabulosas, então *vai* precisar de um nome. E um que seja bom!

Não há regras aqui, mas deve haver bom senso. Escolha um nome ridículo, constrangedor, e ninguém vai querer dizê-lo em voz alta. Escolha um nome complicado, de difícil pronúncia, e ninguém vai lembrar. Um nome muito famoso como "Sherlock" ou "Gandalf" levará todos a criar uma imagem errada sobre o personagem (a menos que seja essa sua intenção). Um nome muito comum, da vida real, acabará com a imersão do grupo; esgueirar-se pelas docas de Nova Malpetrim para encontrar um pescador que diz *"Olá, eu sou Paulo do Porto!"* vai destruir qualquer clima épico!

Uma técnica de escritores é escolher um adjetivo que descreva seu personagem e mudá-lo para que pareça um nome; o público, inconscientemente, vai associar essa qualidade (ou defeito) ao personagem. Por exemplo, se você decidir que seu guerreiro é muito agressivo, poderia chamá-lo "Agravh" ou "Agrovorr". Uma arcanista elegante poderia ser "Eleannt" ou "Elgania", e assim por diante.

Está sem ideias? Abra um site com nomes de bebês — alguns nomes da vida real são diferentes e exóticos o bastante para combinar com histórias de fantasia. Lisandra, Dagmar, Verônica, Christian, Elisabeth, Hildegard. Outra ideia é pegar um nome verdadeiro e mudar algumas letras: Mighel, Jeremun, Kharolinne, Reynard, Nichaela. Por fim, você sempre pode usar um gerador de nomes da internet!

Para informações sobre os nomes em Arton, veja as páginas 361 e 364.

> ### Raças Longevas
>
> As categorias de envelhecimento abaixo se aplicam a todas as raças, com exceção de anões, dahllan, elfos, golens, osteon, qareen e sílfides. Essas raças usam a mesma idade inicial, mas multiplicam as categorias de envelhecimento (maduro e velho) e a longevidade máxima pelos seguintes valores.
>
> - **Anões e Qareen.** x2.
> - **Dahllan, Elfos, Golens, Osteon, Sílfides.** x5. Personagens dessas raças não têm longevidade máxima; podem viver para sempre, morrendo apenas de formas violentas ou por razões excepcionais (por exemplo, quando escolhem deixar de viver ou são chamados ao além-vida por sua divindade).

IDADE

Muitos heróis são jovens, mas nem todos precisam ser. Não há idade certa para viver aventuras, perseguir sonhos e combater o mal.

IDADE INICIAL

Você pode escolher a idade inicial de seu personagem ou determiná-la aleatoriamente, com uma rolagem que varia conforme sua classe.

Bárbaro, Bucaneiro, Ladino, Lutador. 1d6+15 anos (para um resultado entre 16 e 21 anos).

Bardo, Caçador, Cavaleiro, Guerreiro, Nobre, Paladino. 2d4+15 anos (para um resultado entre 17 e 23 anos).

Arcanista, Clérigo, Druida, Inventor. 2d6+15 anos (para um resultado entre 17 e 27 anos).

ENVELHECIMENTO

Conforme envelhecem, personagens recebem os seguintes modificadores.

Maduro (45 Anos). For –1, Des –1, Con –1, Int +1, Sab +1, Car +1.

Velho (70 Anos). For –2, Des –2, Con –2, Int +1, Sab +1, Car +1.

Longevidade Máxima. 70 + 2d20 anos.

Os modificadores são cumulativos. Assim, um personagem velho recebe um total de For –3, Des –3, Con –3, Int +2, Sab +2, Car +2.

CAPÍTULO UM

ALINHAMENTO

Em tempos antigos, Arton era mais simples. Havia bem e mal, lei e caos, a eterna batalha entre os opostos. Verdadeiras forças cósmicas universais, superiores aos próprios deuses. Mas isso mudaria. Com o passar dos anos, tudo ficaria mais complicado. Entre os extremos, surgiriam tons de cinza. Decisões antes simples, óbvias, não seriam mais. Certo e errado nem sempre são o que parecem. Mais que um mundo de problemas, Arton agora é um mundo de decisões difíceis, um mundo de escolhas que demandam sabedoria.

O alinhamento de um personagem ou criatura indica seu comportamento, sua filosofia de vida, sua forma de ver o mundo. Não tem efeito em regras, é apenas um guia de conduta que você pode adotar para seu personagem. Cada um pode escolher usar este aspecto do jogo ou ignorá-lo.

Alinhamentos são somente guias gerais. Ninguém é 100% consistente na vida real; duas pessoas de mesmo alinhamento podem ser muito diferentes. Você ainda é livre para escolher a personalidade de seu aventureiro como quiser.

O EIXO ÉTICO: BEM E MAL

BONDADE. Pessoas bondosas ativamente realizam boas ações, protegendo a vida e o bem-estar das criaturas vivas, sem pedir ou esperar recompensa: para elas, ajudar é uma atitude natural, a coisa certa a fazer. Pessoas bondosas também demonstram clemência, aceitando a rendição de um inimigo e tratando-o com compaixão ou mesmo gentileza.

NEUTRALIDADE. Alguém moralmente neutro vive em harmonia e colabora com seus semelhantes, mas em geral espera receber algo em troca — mesmo que seja apenas reconhecimento e gratidão. Só fará sacrifícios por pessoas queridas ou se tiver algo a ganhar (e nesse caso não será realmente um sacrifício). Por outro lado, hesita em prejudicar outros, e sente no mínimo algum desconforto ao cometer atos cruéis.

MALDADE. Seres malignos provocam dor, morte e angústia. Podem fazê-lo por crueldade (prazer com a dor alheia) ou simples indiferença ao bem-estar de outros. Muitos são incapazes de compaixão; acham que os fracos e ineptos merecem tudo que lhes aconteça. Só praticam atos virtuosos se houver uma recompensa — e se não a recebem, sentem-se injustiçados e buscam vingança.

O Esquadrão do Inferno. Aventureiros podem salvar o mundo ou condená-lo

O EIXO MORAL: LEI E CAOS

Lei. Pessoas leais cumprem seus deveres, respeitam a lei, a autoridade e a tradição. São honestos, confiáveis, fiéis e obedientes — mas também podem ser literais e teimosos, ter mente fechada e dificuldade para se adaptar a situações novas. Muitas vezes são ingênuos, achando que todos são sinceros e dignos de confiança. Por outro lado, também acreditam que todos têm obrigações e podem ser intolerantes com aqueles que não as cumprem.

Neutralidade. Alguém moralmente neutro obedece a leis e ordens, mas apenas até onde seus sentimentos permitem. Diante de uma decisão importante, pode optar por seguir seu bom senso. Pessoas neutras são sinceras no que dizem, mas também acham natural mentir e enganar — especialmente quando acreditam que a mentira é inofensiva ou que a verdade causará ainda mais estrago.

Caos. Uma pessoa caótica segue seu coração, não aceitando que outros digam o que é certo ou errado. Liberdade é algo precioso para elas. São imprevisíveis: fazem o que querem, quando querem, e mudam de ideia o tempo todo. Alguém caótico tem facilidade para lidar com o inesperado, adaptar-se ao novo e aceitar coisas diferentes — mas também dificuldade para seguir ordens, atuar em equipe, agir com responsabilidade e manter a palavra.

OS NOVE ALINHAMENTOS

Bem, mal, lei, caos e neutralidade juntam-se em nove combinações. Aventureiros normalmente têm boa índole (são bondosos ou neutros), enquanto seus adversários costumam ser malignos.

Criaturas se comportam de acordo com seu alinhamento na maior parte do tempo — mas não o tempo todo. Um personagem leal pode, vez ou outra, violar uma regra ou quebrar uma promessa. Um personagem maligno pode, por alguma razão, ajudar uma pessoa em apuros. No entanto, atitudes que contrariam a tendência são raras, jamais constantes.

LEAL E BONDOSO (LB)

Estas pessoas fazem o que é esperado de uma pessoa justa, respeitando a lei e sacrificando-se para ajudar os necessitados. Cumprem suas promessas e dizem a verdade. Quando não assumem a liderança, são fiéis e devotados a seus comandantes. São intolerantes com o mal; mesmo sendo capazes de perdão e compaixão, acreditam que todo crime precisa ser punido. Este é o alinhamento dos paladinos.

Diante de uma criança faminta roubando um pedaço de pão, vai explicar que roubar é errado, comprar comida para ela e sua família, então levá-la até um guarda da milícia.

NEUTRO E BONDOSO (NB)

São pessoas de bom coração, que sentem prazer e satisfação pessoal com a felicidade de outros. Colaboram com as autoridades, mas não se sentem

O golem paladino Ignis Crae: líder da Ordem da Redenção e campeão do Bem

obrigadas a fazê-lo — acham que ajudar o próximo é mais importante que seguir ordens ou leis.

Diante de uma criança faminta roubando um pedaço de pão, ajuda tanto a criança quanto o mercador roubado. Não tentará punir a criança (talvez apenas dar-lhe um bom susto).

CAÓTICO E BONDOSO (CB)

São espíritos livres que promovem o bem, mas preferem seguir seus próprios instintos e convicções, em vez de confiar em regras. Não acham errado mentir, trapacear e roubar para trazer bem-estar e alegria a outros. Também se preocupam em proteger a liberdade alheia, muitas vezes combatendo tiranos.

Diante de uma criança roubando pão, ajuda a encobrir a fuga da criança. Pode até orientá-la a roubar de comerciantes ricos e inescrupulosos e também dividir seu roubo com outros famintos.

LEAL E NEUTRO (LN)

Pessoas metódicas e disciplinadas, que obedecem às leis e cumprem suas promessas a qualquer custo — pouco importando quem é beneficiado ou prejudicado. Alguns adotam uma disciplina mais pessoal, enquanto outros tentam impor suas normas a todos ao redor. Sua sinceridade pode ser dura; dizem o que pensam e não mentem, mesmo quando a verdade pode magoar ou prejudicar alguém.

Diante de uma criança faminta roubando pão, vai impedir o roubo e avisar a milícia ou levar a criança às autoridades.

NEUTRO (N)

Indivíduos com este alinhamento costumam ser indiferentes, fracos em suas convicções, sem grandes preocupações morais ou éticas. Ou então lutam ativamente pelo equilíbrio entre bem, mal, lei e caos, já que um não existe sem o outro. Usam simples bom senso para tomar suas decisões e no geral fazem aquilo que parece ser uma boa ideia.

Diante da criança que rouba pão, uma pessoa neutra em geral não se envolve, a menos que tenha alguma ligação pessoal com a criança ou o mercador.

Certas criaturas — incluindo os animais — não possuem nenhuma moral ou ética. Não sabem a diferença entre certo e errado. Agem seguindo seu instinto ou programação, sem a capacidade de fazer escolhas reais. Um gorlogg e um colosso da Supremacia podem ser perigosos, mas não malignos; apenas fazem aquilo que foram criados para fazer. Estas criaturas também são consideradas neutras.

CAÓTICO E NEUTRO (CN)

Fazem o que bem entendem, sem se importar com o que outros pensam. Valorizam a própria liberdade, mas sem preocupação ou respeito pela liberdade dos outros. Embora não aceitem autoridade, também não lutarão contra ela, exceto quando essa autoridade tenta impedi-los de fazer algo. Impacientes e imprevisíveis, parecem loucos — e talvez sejam.

Diante de uma criança roubando pão, faz o que parecer mais divertido. Talvez ajude na fuga da criança ou aproveite a distração para pegar seu próprio pedaço.

LEAL E MALIGNO (LM)

Estes vilões acreditam que ordem, tradições e códigos de conduta são mais importantes que liberdade, dignidade e vida — especialmente de outros. Podem estar presos a tabus, dogmas ou códigos. Seguem leis pessoais ou impostas por líderes, sentindo-se seguros e confortáveis ao fazê-lo, mesmo causando sofrimento alheio. São metódicos e organizados. Muitos respeitam regras de combate e cumprem a palavra, mesmo frente a heróis inimigos.

Diante da criança faminta roubando pão, trataria de castigar o pequeno ladrão ali mesmo ou entregá-lo à milícia para receber a punição mais severa.

NEUTRO E MALIGNO (NM)

São egoístas e mesquinhos, colocando a si mesmos sempre em primeiro lugar. Pegam o que querem, pouco importando quem precisam roubar ou matar. Quando fazem algum tipo de aliança, é apenas para tirar vantagem do parceiro e traí-lo no momento oportuno. Adotam regras para quebrá-las em seu próprio benefício no minuto seguinte.

Diante da criança roubando pão, ameaça entregá-la à milícia se não obedecer às suas ordens. Pode até chantagear seus pais, tomando tudo que possuem.

CAÓTICO E MALIGNO (CM)

Diferente de alguém que apenas não se importa com outros, estes monstros são verdadeiramente cruéis, tirando prazer do sofrimento alheio. São brutais, violentos e imprevisíveis, capazes de matar por pura diversão ou necessidade perversa. Por todos estes motivos, é quase impossível que consigam viver em sociedade — você não encontra um destes andando pelas ruas com frequência. Têm dificuldade em fazer planos e só trabalham em equipe quando obrigados por força ou intimidação.

Mataria a criança. E o mercador. E quem mais estivesse por perto. E os comeria, com pão.

CAPÍTULO
2

PERÍCIAS & PODERES

"SE NÃO EXISTE MEIO DE VENCER O INIMIGO, CRIE UM MEIO. SE NÃO HÁ CHANCE DE VITÓRIA, ENCONTRE UMA. VOCÊ DEVE LUTAR. ATÉ O FIM. ASSIM FAZEM TODOS OS SERES DA CRIAÇÃO. ELES NUNCA DESISTEM. ELES LUTAM OU MORREM."

— Mestre Arsenal

Raça, classe e origem são as características mais importantes de seu personagem — mas não as únicas.

Este capítulo apresenta as perícias e poderes gerais, características que todos os personagens podem possuir.

Perícias são habilidades mundanas, importantes para solucionar desafios físicos, mentais e sociais. Já poderes gerais são habilidades que você pode escolher quando sobe de nível, no lugar de poderes de classe. Fornecem mais opções aos personagens, ao custo de um pouco de complexidade.

PERÍCIAS

Perícias medem suas capacidades mundanas. São usadas para realizar todo tipo de façanha, de saltar sobre um desfiladeiro a acertar um monstro com sua espada e decifrar um pergaminho antigo.

ESCOLHENDO PERÍCIAS

Ao escolher sua classe, você recebe um número de perícias treinadas (ou seja, nas quais é mais competente). Você também recebe um número de perícias treinadas igual a sua Inteligência. Perícias ganhas por Inteligência não precisam pertencer à lista de sua classe.

Você pode ganhar novas perícias treinadas com o poder Treinamento em Perícia ou aumentando sua Inteligência (exceto aumentos temporários).

USANDO PERÍCIAS

A descrição de cada perícia explica o que você pode fazer com ela, junto com exemplos de usos e suas respectivas regras. Testes de perícia seguem a mecânica básica do jogo, apresentada na **Introdução** e detalhada no **Capítulo 5: Jogando**.

BÔNUS DE PERÍCIA

Quando faz um teste de perícia, você soma seu *bônus de perícia* ao resultado do d20. Esse número é uma medida de sua competência com a perícia em questão. Ele é igual à metade do seu nível (arredondado para baixo) + o atributo-chave da perícia (veja a seguir). Nas perícias treinadas, você recebe um bônus de +2. No 7º nível, esse bônus aumenta para +4. No 15º nível, aumenta para +6.

Por exemplo, um personagem de 3º nível com Força 4 terá um bônus de +5 nas perícias baseadas em Força, no caso, Atletismo e Luta (+1 da metade do nível, +4 da Força). Se for treinado numa dessas perícias, seu bônus com ela será +7 (+1 da metade do nível, +4 de Força, +2 do treinamento).

Bônus de Perícia = Metade do Nível + Atributo-chave + Bônus de Treinamento (se for treinado)*

O bônus de treinamento é +2 do 1º ao 6º níveis, +4 do 7º ao 14º níveis e +6 do 15º nível em diante

ATRIBUTO-CHAVE

O atributo usado com a perícia. Por exemplo, Diplomacia envolve lábia e capacidade de argumentação, por isso seu atributo-chave é Carisma. Já Conhecimento envolve estudo e memória, por isso seu atributo-chave é Inteligência. O atributo-chave afeta seu bônus de perícia (veja acima).

TREINAMENTO E TESTES

Algumas perícias só podem ser usadas quando você é treinado nelas. Por exemplo, se você não é treinado em Ladinagem, não tem o conhecimento necessário para desarmar uma armadilha, independentemente de seu nível ou Destreza. Quando a palavra "treinada" aparece após o nome da perícia, você só poderá usá-la se for treinado nela. Além disso, algumas perícias possuem usos específicos que exigem treinamento.

PENALIDADE DE ARMADURA

Algumas perícias exigem liberdade de movimento. Quando a palavra "armadura" aparece após o nome da perícia, você sofrerá uma penalidade nos testes dela se estiver usando armadura ou escudo. Veja o **Capítulo 3: Equipamento** para detalhes.

CAPÍTULO DOIS

Descrição das Perícias

Acrobacia
DES • ARMADURA

Você consegue fazer proezas acrobáticas.

Amortecer Queda (CD 15, Apenas Treinado). Quando cai, você pode gastar uma reação e fazer um teste de Acrobacia para reduzir o dano. Se passar, reduz o dano da queda em 1d6, mais 1d6 para cada 5 pontos pelos quais o resultado do teste exceder a CD. Se reduzir o dano a zero, você cai de pé.

Equilíbrio. Se estiver andando por superfícies precárias, você precisa fazer testes de Acrobacia para não cair. Cada ação de movimento exige um teste. Se passar, você avança metade do seu deslocamento. Se falhar, não avança. Se falhar por 5 ou mais, cai. A CD é 10 para piso escorregadio, 15 para uma superfície estreita (como o topo de um muro) e 20 para uma superfície muito estreita (como uma corda esticada). Você pode sofrer –5 no teste para avançar seu deslocamento total. Quando está se equilibrando você fica desprevenido e, se sofrer dano, deve fazer um novo teste de Acrobacia; se falhar, cai.

Escapar. Você pode escapar de amarras. A dificuldade varia: cordas (CD igual ao resultado do teste de Destreza de quem o amarrou +10), redes (CD 20), algemas (CD 30). Este uso gasta uma ação completa.

Levantar-se Rapidamente (CD 20, Apenas Treinado). Se estiver caído, você pode fazer um teste de Acrobacia para ficar de pé. Você precisa ter uma ação de movimento disponível. Se passar no teste, se levanta como uma ação livre. Se falhar, gasta sua ação de movimento, mas continua caído.

Passar por Espaço Apertado (CD 25, Apenas Treinado). Você pode se espremer por espaços estreitos, suficientes para criaturas uma categoria de tamanho menor. Você gasta uma ação completa e avança metade do deslocamento.

Passar por Inimigo. Você pode atravessar um espaço ocupado por um inimigo como parte de seu movimento. Faça um teste de Acrobacia oposto ao teste de Acrobacia, Iniciativa ou Luta do oponente (o que for melhor). Se você passar, atravessa o espaço; se falhar, não atravessa e sua ação de movimento termina. Um espaço ocupado por um inimigo conta como terreno difícil.

Tabela 2-1: Perícias

Perícia	Atributo-chave	Somente Treinada?	Penalidade de Armadura?
Acrobacia	Des	—	sim
Adestramento	Car	sim	—
Atletismo	For	—	—
Atuação	Car	sim	—
Cavalgar	Des	—	—
Conhecimento	Int	sim	—
Cura	Sab	—	—
Diplomacia	Car	—	—
Enganação	Car	—	—
Fortitude	Con	—	—
Furtividade	Des	—	sim
Guerra	Int	sim	—
Iniciativa	Des	—	—
Intimidação	Car	—	—
Intuição	Sab	—	—
Investigação	Int	—	—
Jogatina	Car	sim	—
Ladinagem	Des	sim	sim
Luta	For	—	—
Misticismo	Int	sim	—
Nobreza	Int	sim	—
Ofício	Int	sim	—
Percepção	Sab	—	—
Pilotagem	Des	sim	—
Pontaria	Des	—	—
Reflexos	Des	—	—
Religião	Sab	sim	—
Sobrevivência	Sab	—	—
Vontade	Sab	—	—

Adestramento
CAR • TREINADA

Você sabe lidar com animais.

Acalmar Animal (CD 25). Você acalma um animal nervoso ou agressivo. Isso permite a você controlar um cavalo assustado ou convencer um lobo a não devorá-lo. Este uso gasta uma ação completa.

Manejar Animal (CD 15). Você faz um animal realizar uma tarefa para a qual foi treinado (como "atacar", "sentar", "vigiar"...). Isso permite usar Adestramento como Pilotagem para veículos de tração animal. Este uso gasta uma ação de movimento.

ATLETISMO   FOR

Você pode realizar façanhas atléticas.

Corrida. Gaste uma ação completa e faça um teste de Atletismo. Você avança um número de quadrados de 1,5m igual ao resultado do teste. Assim, se somar 20 no teste, avança 20 quadrados de 1,5m. Você recebe um modificador de +/–2 para cada 1,5m de deslocamento acima ou abaixo de 9m que possua. Assim, um elfo (deslocamento 12m) recebe +4 em testes de Atletismo para correr, enquanto um anão (deslocamento 6m) sofre uma penalidade de –4. Você só pode correr em linha reta e não pode correr através de terreno difícil. Você pode correr por um número de rodadas igual a 1 + sua Constituição. Após isso, deve fazer um teste de Fortitude por rodada (CD 15 +1 por teste anterior). Se falhar, fica fatigado.

Escalar. Você pode subir superfícies inclinadas ou verticais. Gaste uma ação de movimento e faça um teste de Atletismo. Se passar, você avança metade do seu deslocamento. Se falhar, não avança. Se falhar por 5 ou mais, você cai. A CD é 10 para superfícies com apoios para os pés e mãos (como o cordame de um navio), 15 para uma árvore, 20 para um muro com reentrâncias (como o de uma ruína) e 25 para um muro liso (como o de um castelo). Você pode sofrer –5 em seu teste para avançar seu deslocamento total. Quando está escalando você fica desprevenido e, se sofrer dano, deve fazer um novo teste de Atletismo; se falhar, você cai. Se um personagem adjacente a você estiver escalando e cair, você pode tentar pegá-lo. Faça um teste de Atletismo contra a CD da superfície +10. Se passar, segura o personagem. Se falhar por 5 ou mais, você também cai!

Natação. Se iniciar seu turno na água, você precisa gastar uma ação de movimento e fazer um teste de Atletismo. A CD é 10 para água calma, 15 para agitada e 20 ou mais para tempestuosa. Se passar, você pode avançar metade de seu deslocamento. Se falhar, consegue boiar, mas não avançar. Se falhar por 5 ou mais, você afunda. Se quiser avançar mais, pode gastar uma segunda ação de movimento na mesma rodada para outro teste de Atletismo. Se você estiver submerso (seja por ter falhado no teste de Atletismo, seja por ter mergulhado de propósito), deve prender a respiração. Você pode prender a respiração por um número de rodadas igual a 1 + sua Constituição. Após isso, deve fazer um teste de Fortitude por rodada (CD 15 +1 por teste anterior). Se falhar, se afoga (é reduzido a 0 pontos de vida). Se continuar submerso, perde 3d6 pontos de vida por rodada até ser tirado da água ou morrer. Você sofre penalidade de armadura em testes de Atletismo para nadar.

Saltar. Você pode pular sobre buracos ou obstáculos ou alcançar algo elevado. Para um salto longo, a CD é 5 por quadrado de 1,5m (CD 10 para 3m, 15 para 4,5m, 20 para 6m e assim por diante). Para um salto em altura, a CD 15 é por quadrado de 1,5m (30 para 3m, 45 para 4,5m e assim por diante). Você deve ter pelo menos 6m para correr e pegar impulso (sem esse espaço, a CD aumenta em +10). Saltar é parte de seu movimento e não exige uma ação.

ATUAÇÃO   CAR • TREINADA

Você sabe fazer apresentações artísticas, incluindo música, dança e dramaturgia.

Apresentação (CD 20). Você pode se apresentar para ganhar dinheiro. Faça um teste. Se passar, você recebe T$ 1d6, mais T$ 1d6 para cada 5 pontos pelos quais o resultado do teste exceder a CD. Este uso leva um dia (ou noite...). Os valores recebidos pressupõem que você está se apresentando em um lugar propício, como o palco de uma taverna. De acordo com o mestre, você pode receber metade do valor, se estiver em um lugar inadequado (as ruas de uma cidade, um acampamento militar), ou o dobro, se estiver em um lugar especialmente propício (um festival, os salões de um palácio).

Impressionar. Faça um teste de Atuação oposto pelo teste de Vontade de quem você quer impressionar. Se você passar, recebe +2 em testes de perícias baseadas em Carisma contra essa pessoa no mesmo dia. Se falhar, sofre –2 nesses testes e não pode tentar de novo no mesmo dia. Se estiver tentando impressionar mais de uma pessoa, o mestre faz apenas um teste pela plateia, usando o melhor bônus. Este uso leva de alguns minutos (canto ou dança) até algumas horas (apresentação teatral).

CAVALGAR   DES

Você sabe conduzir animais de montaria, como cavalos, trobos e grifos. Ações simples não exigem testes — você pode encilhar, montar, cavalgar em terreno plano e desmontar automaticamente. Ações perigosas, entretanto, exigem testes da perícia.

Conduzir. Cavalgar através de obstáculos exige testes de Cavalgar. A CD é 15 para terreno ruim e obstáculos pequenos (planície pedregosa, vala estreita) e 25 para terreno perigoso ou obstáculos grandes (encosta nevada, pântano traiçoeiro). Se você falhar, cai da montaria e sofre 1d6 pontos de dano. Conduzir é parte de seu movimento e não exige uma ação.

Galopar. Gaste uma ação completa e faça um teste de Cavalgar. Você avança um número de

Alenn Toren, cavaleiro da Luz, cavalga contra a Supremacia Purista

quadrados de 1,5m igual ao resultado do teste. Seu teste sofre um modificador de +/–2 para cada 1,5m de deslocamento acima ou abaixo de 9m que você possua.

Montar Rapidamente (CD 20). Você pode montar ou desmontar como uma ação livre (o normal é gastar uma ação de movimento). Se falhar por 5 ou mais, você cai no chão.

Esta perícia exige uma sela. Sem ela, você sofre –5 no teste.

Conhecimento
INT • TREINADA

Você estudou diversos campos do saber, como aritmética, astronomia, dialética, geografia, história...

Idiomas (CD 20). Você pode entender idiomas desconhecidos. Se falhar por 5 ou mais, você tira uma conclusão falsa. Idiomas exóticos ou muito antigos têm CD 30.

Informação. Você responde dúvidas gerais. Questões simples, como o ano de fundação de um reino, não exigem testes. Questões complexas, como saber o antídoto de um veneno, tem CD 20. Por fim, mistérios e enigmas, como a origem de uma antiga maldição, tem CD 30.

Cura
SAB

Você sabe tratar ferimentos, doenças e venenos.

Cuidados Prolongados (CD 15, Apenas Treinado). Você trata uma pessoa para que ela se recupere mais rapidamente. Se passar, ela aumenta sua recuperação de PV em +1 por nível nesse dia. Este uso leva uma hora e o número máximo de pessoas que você pode cuidar é igual ao seu nível.

Necropsia (CD 20, Apenas Treinado). Você examina um cadáver para determinar a causa e o momento aproximado da morte. Causas raras ou extraordinárias, como um veneno ou maldição, possuem CD 30. Este uso leva dez minutos.

Primeiros Socorros (CD 15). Você estabiliza um personagem adjacente que esteja sangrando. Este uso gasta uma ação padrão.

Tratamento (Apenas Treinado). Você ajuda a vítima de uma doença ou veneno com efeito contínuo. Gaste uma ação completa e faça um teste de Cura contra a CD da doença ou veneno. Se você passar, o paciente recebe +5 em seu próximo teste de Fortitude contra esse efeito.

Esta perícia exige uma maleta de medicamentos. Sem ela, você sofre –5 no teste. Você pode usar a perícia Cura em si mesmo, mas sofre –5 no teste.

DIPLOMACIA   CAR

Você convence pessoas com lábia e argumentação. Usos de Diplomacia são efeitos mentais.

Barganha. Comprando ou vendendo algo, você pode barganhar. Seu teste de Diplomacia é oposto pelo teste de Vontade do negociante. Se passar, você muda o preço em 10% a seu favor. Se passar por 10 ou mais, muda em 20%. Se falhar por 5 ou mais, você ofende o negociante — ele não voltará a tratar com você durante pelo menos uma semana. Alguns comerciantes ou estabelecimentos podem não ter permissão de baixar seus preços.

Mudar Atitude. Você muda a categoria de atitude de um NPC em relação a você ou a outra pessoa (veja a página 259). Faça um teste de Diplomacia oposto pelo teste de Vontade do alvo. Se você passar, muda a atitude dele em uma categoria para cima ou para baixo, à sua escolha (ou, se passar por 10 ou mais, em duas categorias). Se falhar por 5 ou mais, a atitude do alvo muda uma categoria na direção oposta. Este uso gasta um minuto. Você pode sofrer –10 no teste para fazê-lo como uma ação completa (para evitar uma briga, por exemplo). Você só pode mudar a atitude de um mesmo alvo uma vez por dia.

Persuasão (CD 20). Você convence uma pessoa a fazer algo, como responder uma pergunta ou prestar um favor. Se essa coisa for custosa (como fornecer uma carona de navio) você sofre –5 em seu teste. Se for perigosa (como ajudar numa luta) você sofre –10 ou falha automaticamente (veja também a página 259 para modificadores por categorias de atitude). De acordo com o mestre, seu teste pode ser oposto ao teste de Vontade da pessoa. Este uso gasta um minuto ou mais, de acordo com o mestre.

ENGANAÇÃO   CAR

Você manipula pessoas com blefes e trapaças.

Disfarce. Você muda sua aparência ou a de outra pessoa. Faça um teste de Enganação oposto pelo teste de Percepção de quem prestar atenção no disfarçado. Se você passar, a pessoa acredita no disfarce; caso contrário, percebe que há algo errado. Disfarces muito complexos (como uma raça diferente) impõem –5 no seu teste. Se o disfarce é de uma pessoa específica, quem conhecer essa pessoa recebe +10 no teste de Percepção. Um disfarce exige dez minutos e um estojo de disfarces. Sem ele, você sofre –5 no teste.

Um mercador humano viaja ao Reino das Fadas para negociar

Falsificação. Você falsifica um documento. Faça um teste de Enganação oposto pelo teste de Percepção de quem examinar o documento. Se você passar, a pessoa acredita na falsificação; caso contrário, percebe que é falso. Se o documento é muito complexo, ou inclui uma assinatura ou carimbo específico, você sofre –10 no teste. Usada em conjunto com Ofício, você pode falsificar outros objetos (como joias e armas). Use Ofício para fabricar a peça e então um teste de Enganação para que ela pareça genuína.

Fintar. Você pode gastar uma ação padrão e fazer um teste de Enganação oposto a um teste de Reflexos de um ser em alcance curto. Se você passar, ele fica desprevenido contra seu próximo ataque, se realizado até o fim de seu próximo turno.

Insinuação (CD 20). Você fala algo para alguém sem que outras pessoas entendam do que você está falando. Se você passar, o receptor entende sua mensagem. Se você falhar por 5 ou mais, ele entende algo diferente do que você queria. Outras pessoas podem fazer um teste de Intuição oposto ao seu teste de Enganação. Se passarem, entendem o que você está dizendo.

Intriga (CD 20). Você espalha uma fofoca. Por exemplo, pode dizer que o dono da taverna está aguando a cerveja, para enfurecer o povo contra ele. Intrigas muito improváveis têm CD 30. Se você falhar por 5 ou mais, o alvo da intriga descobre que você está fofocando a respeito dele. Mesmo que você passe, uma pessoa pode investigar a fonte da intriga e chegar até você. Isso exige um teste de Investigação por parte dela (CD igual ao seu teste para a intriga). Este uso exige um dia ou mais, de acordo com o mestre.

Mentir. Você faz uma pessoa acreditar em algo que não é verdade. Seu teste é oposto pelo teste de Intuição da vítima. Mentiras muito implausíveis impõem uma penalidade de –10 em seu teste.

FORTITUDE   CON

Você usa esta perícia para resistir a efeitos que exigem vitalidade, como doenças e venenos. A CD é determinada pelo efeito. Você também usa Fortitude para manter seu fôlego quando está correndo ou sem respirar. A CD é 15 +1 por teste anterior.

FURTIVIDADE   DES · ARMADURA

Você sabe ser discreto e sorrateiro.

Esconder-se. Faça um teste de Furtividade oposto pelos testes de Percepção de qualquer um que possa notá-lo. Todos que falharem não conseguem percebê-lo (você tem camuflagem total contra eles).

> ### Perícias de Resistência
> Fortitude, Reflexos e Vontade são usadas para resistir a efeitos negativos, como uma explosão ou um encantamento de controle mental. Por isso, são chamadas de *perícias de resistência*. Efeitos que afetem seus "testes de resistência" afetam todos os testes destas perícias. Assim, um efeito que forneça +1 em testes de resistência fornece +1 em Fortitude, Reflexos e Vontade.

Esconder-se é uma ação livre que você só pode fazer no final do seu turno e apenas se terminar seu turno em um lugar onde seja possível se esconder (atrás de uma porta, num quarto escuro, numa mata densa, no meio de uma multidão...). Se tiver se movido durante o turno, você sofre –5 no teste (você pode se mover à metade do deslocamento normal para não sofrer essa penalidade). Se tiver atacado ou feito outra ação muito chamativa, sofre –20.

Seguir. Faça um teste de Furtividade oposto ao teste de Percepção da pessoa sendo seguida. Você sofre –5 se estiver em um lugar sem esconderijos ou sem movimento, como um descampado ou rua deserta. A vítima recebe +5 em seu teste de Percepção se estiver tomando precauções para não ser seguida (como olhar para trás de vez em quando). Se você passar, segue a pessoa até ela chegar ao seu destino. Se falhar, a pessoa o percebe na metade do caminho.

GUERRA   INT · TREINADA

Você foi educado em tática, estratégia e logística.

Analisar Terreno (CD 20). Como uma ação de movimento, você pode observar o campo de batalha. Se passar, descobre uma vantagem, como cobertura, camuflagem ou terreno elevado, se houver.

Plano de Ação (CD 20). Como uma ação padrão, você orienta um aliado em alcance médio. Se passar, fornece +5 na Iniciativa dele. Se ele ficar com uma Iniciativa maior do que a sua e ainda não tiver agido nesta rodada, age imediatamente após seu turno. Nas próximas rodadas, ele age de acordo com a nova ordem.

INICIATIVA   DES

Esta perícia determina sua velocidade de reação em situações de perigo. Quando uma cena de ação começa, cada personagem envolvido faz um teste de Iniciativa. Eles então agem em ordem decrescente dos resultados.

INTIMIDAÇÃO CAR

Você pode assustar ou coagir outras pessoas. Usos de Intimidação são efeitos de medo.

Assustar. Gaste uma ação padrão e faça um teste de Intimidação oposto pelo teste de Vontade de uma criatura em alcance curto. Se você passar, ela fica abalada pelo resto da cena. Se você passar por 10 ou mais, ela fica apavorada por uma rodada e então abalada pelo resto da cena.

Coagir. Faça um teste de Intimidação oposto pelo teste de Vontade de uma criatura inteligente (Int –3 ou maior) adjacente. Se você passar, ela obedece uma ordem sua (como fazer uma pequena tarefa, deixar que você passe por um lugar que ela estava protegendo...). Se você mandá-la fazer algo perigoso ou que vá contra a natureza dela, ela recebe +5 no teste ou passa automaticamente. Este uso gasta um minuto ou mais, de acordo com o mestre, e deixa o alvo hostil contra você.

INTUIÇÃO SAB

Esta perícia mede sua empatia e "sexto sentido".

Perceber Mentira. Você descobre se alguém está mentindo (veja a perícia Enganação).

Pressentimento (CD 20, Apenas Treinado). Você analisa uma pessoa, para ter uma noção de sua índole ou caráter, ou uma situação, para saber se há algo anormal (por exemplo, se os habitantes de uma vila estão agindo de forma estranha). Este uso apenas indica se há algo anormal, mas não revela a causa.

INVESTIGAÇÃO INT

Você sabe encontrar pistas e informações.

Interrogar. Você descobre informações perguntando ou indo para um lugar movimentado e mantendo os ouvidos atentos. Informações gerais ("Quem é o guerreiro mais forte da aldeia?") não exigem teste. Informações restritas, que poucas pessoas conhecem ("Quem é o ancião que está sempre ao lado do rei?"), têm CD 20. Informações confidenciais ou que podem colocar em risco quem falar sobre elas ("Quem é o líder da guilda dos ladrões?"), têm CD 30. Este uso gasta uma hora e T$ 3d6 (para comprar bebidas, subornar oficiais etc.), mas esses valores podem variar de acordo com o mestre.

Procurar. Você examina um local em busca de algo. A CD varia: 15 para um item ou no meio de uma bagunça, mas não necessariamente escondido; 20 para um item escondido (cofre atrás de um quadro, documento no fundo falso de uma gaveta); 30 para um item muito bem escondido (passagem secreta ativada por um botão, documento escrito com tinta invisível). Este uso gasta desde uma ação completa (examinar uma escrivaninha) até um dia (pesquisar uma biblioteca). Você também pode encontrar armadilhas (CD de acordo com a armadilha) e rastros (mas para segui-los deve usar Sobrevivência).

JOGATINA CAR · TREINADA

Você sabe jogar jogos de azar.

Apostar. Para resolver uma noite de jogatina, pague T$ 1d10, faça um teste de perícia e consulte a tabela abaixo para determinar quanto você ganha.

Teste	Ganho
9 ou menos	Nenhum.
10 a 14	Metade da aposta.
15 a 19	Valor da aposta (você "empata").
20 a 29	Dobro da aposta.
30 a 39	Triplo da aposta.
40 ou mais	Quíntuplo da aposta.

O mestre pode variar o valor da aposta básica. De T$ 1d3, para uma taverna no porto frequentada por marujos e estivadores, a 1d10 x T$ 1.000, para um cassino de luxo em Valkaria.

LADINAGEM DES · TREINADA · ARMADURA

Você sabe exercer atividades ilícitas.

Abrir Fechadura. Você abre uma fechadura trancada. A CD é 20 para fechaduras simples (porta de loja), 25 para fechaduras médias (prisão, baú) e 30 para fechaduras superiores (cofre, câmara do tesouro). Este uso exige uma ação completa e uma gazua. Sem ela, você sofre –5 em seu teste.

Ocultar. Você esconde um objeto em você mesmo. Gaste uma ação padrão e faça um teste de Ladinagem oposto pelo teste de Percepção de qualquer um que possa vê-lo. Objetos discretos ou pequenos fornecem +5 no teste; objetos desajeitados ou grandes impõem –5. Se uma pessoa revistar você, recebe +10 no teste de Percepção.

Punga (CD 20). Você pega um objeto de outra pessoa (ou planta um objeto nas posses dela). Gaste uma ação padrão e faça um teste de Ladinagem. Se passar, você pega (ou coloca) o que queria. A vítima tem direito a um teste de Percepção (CD igual ao resultado de seu teste de Ladinagem). Se passar, ela percebe sua tentativa, tenha você conseguido ou não.

Capítulo Dois

SABOTAR. Você desabilita um dispositivo mecânico. Uma ação simples (emperrar uma fechadura, desativar uma armadilha básica, sabotar uma roda de carroça para que quebre 1d4 rodadas após o uso) tem CD 20. Uma ação complexa (desativar uma armadilha avançada, sabotar um canhão para explodir quando utilizado) tem CD 30. Se você falhar por 5 ou mais, alguma coisa sai errada — a armadilha se ativa, você acha que o mecanismo está desabilitado, mas na verdade ele ainda funciona... Usar esta perícia leva 1d4 rodadas. Você pode sofrer –5 em seu teste para fazê-lo como uma ação completa.

LUTA   FOR

Você usa Luta para fazer ataques corpo a corpo. A CD é a Defesa do alvo. Se você acertar, causa dano de acordo com a arma utilizada. Veja o **Capítulo 5: Jogando** para as regras completas de combate.

MISTICISMO   INT • TREINADA

Esta perícia envolve o conhecimento de magias, itens mágicos e fenômenos sobrenaturais.

Detectar Magia (CD 15). Como uma ação completa, você detecta a presença e intensidade de auras mágicas em alcance curto (mas não suas localizações exatas). A intensidade de uma aura depende do círculo da magia ou categoria do item mágico que a gerou. Magias de 1º e 2º círculos e itens mágicos menores geram uma aura *tênue*, magias de 3º e 4º círculos e itens mágicos médios geram uma aura *moderada* e magias de 5º círculo e itens mágicos maiores geram uma aura *poderosa*. Magias lançadas por um deus maior e artefatos geram uma aura *avassaladora*. Caso a aura esteja atrás de uma barreira, você sofre uma penalidade em seu teste (–5 para madeira ou pedra, –10 para ferro ou chumbo).

Identificar Criatura (CD 15 + ND da Criatura). Você analisa uma criatura mágica (construto, dragão, fada, morto-vivo etc.) que possa ver. Se passar, lembra uma característica da criatura, como um poder ou vulnerabilidade. Para cada 5 pontos pelos quais o resultado do teste superar a CD, você lembra outra característica. Se falhar por 5 ou mais, tira uma conclusão errada (por exemplo, acredita que a criatura é vulnerável a fogo, quando na verdade é vulnerável a frio). Este uso gasta uma ação padrão.

Identificar Item Mágico. Você estuda um item mágico para identificar seus poderes. A CD é 20 para itens mágicos menores, 25 para médios e 30 para itens mágicos maiores. Este uso gasta uma hora. Você pode sofrer uma penalidade de –10 no teste para diminuir o tempo para uma ação completa.

Identificar Magia (CD 15 + Custo em PM da Magia). Quando alguém lança uma magia, você pode adivinhar qual é através de seus gestos e palavras. Este uso é uma reação.

Informação. Você responde dúvidas relativas a magias, itens mágicos, fenômenos sobrenaturais, runas, profecias, planos de existência etc. Questões simples não exigem teste. Questões complexas tem CD 20. Por fim, mistérios e enigmas tem CD 30.

Lançar Magia de Armadura (CD 20 + Custo em PM da Magia). Lançar uma magia arcana usando armadura exige um teste. Esse teste sofre penalidade de armadura. Se falhar, a magia não funciona, mas gasta pontos de mana mesmo assim.

NOBREZA   INT • TREINADA

Você recebeu a educação de um nobre.

Etiqueta (CD 15). Você sabe se portar em ambientes aristocráticos, como bailes e audiências.

Informação. Você responde dúvidas relativas a leis, tradições, linhagens e heráldica. Questões simples não exigem teste. Questões complexas tem CD 20. Por fim, mistérios e enigmas tem CD 30.

OFÍCIO   INT • TREINADA

Ofício na verdade são várias perícias diferentes. Cada uma permite fabricar itens de certas categorias:

- *Armeiro.* Armas e Armaduras & Escudos.
- *Artesão.* Equipamento de Aventura, Ferramentas, Esotéricos e Veículos.
- *Alquimista.* Alquímicos.
- *Cozinheiro.* Alimentação.
- *Alfaiate.* Vestuário.

Você pode inventar outros tipos de Ofício: carpinteiro, pedreiro, ourives, fazendeiro, pescador, estalajadeiro, escriba, escultor, pintor... Nesses casos, converse com o mestre para determinar que usos a perícia terá.

Consertar. Reparar um item destruído tem a mesma CD para fabricá-lo. Cada tentativa consome uma hora de trabalho e um décimo do preço original do item. Em caso de falha, o tempo e o dinheiro são perdidos (mas você pode tentar novamente).

Fabricar. Você produz um item gastando matéria-prima e tempo de trabalho. A matéria-prima custa um terço do preço do item. O tempo de trabalho depende do tipo de item: um dia para consumíveis (itens alquímicos, pergaminhos, poções, munições...); uma semana para não consumíveis comuns (armas, ferra-

Perícias & Poderes

mentas...) e um mês para não consumíveis superiores e/ou mágicos. Para consumíveis, você pode sofrer –5 no teste para fabricar duas unidades do item no mesmo tempo (pagando o custo de ambas). A critério do mestre, itens muito simples e sem efeito mecânico podem levar menos tempo. Da mesma forma, itens muito grandes ou complexos, como uma casa ou ponte, podem demorar vários meses.

A CD do teste é 15 para itens simples (equipamentos de aventura, armas simples, munições, armaduras leves, escudos, preparados, catalisadores e outros a critério do mestre) e 20 para itens complexos (armas marciais, exóticas ou de fogo, armaduras pesadas, ferramentas, vestuários, esotéricos, venenos...).

Identificar (CD 20). Você pode identificar itens raros e exóticos ligados ao seu Ofício. Se passar, descobre as propriedades do item e seu preço. Este uso gasta uma ação completa.

Sustento (CD 15). Com uma semana de trabalho e um teste de Ofício, você ganha T$ 1, mais T$ 1 por ponto que seu teste exceder a CD. Por exemplo, com um resultado 20, ganha T$ 6 pela semana de trabalho. Trabalhadores sem treinamento usam testes de atributo para sustento. De acordo com o mestre, outras perícias podem ser usadas para sustento, como Adestramento, Cura ou Sobrevivência.

Cada Ofício exige instrumentos de ofício específicos. Sem eles, você sofre –5 no teste.

PERCEPÇÃO   SAB

Você nota coisas usando seus sentidos.

Observar. Você vê coisas discretas ou escondidas. A CD varia de 15, para algo difícil de ser visto (um livro específico em uma estante) a 30, para algo quase invisível (uma gota de sangue em uma folha no meio de uma floresta à noite). Para pessoas ou itens escondidos, a CD é o resultado do teste de Furtividade ou Ladinagem feito para esconder a pessoa ou o item. Você também pode ler lábios (CD 20).

Ouvir. Você escuta barulhos sutis. Uma conversa casual próxima tem CD 0 — ou seja, a menos que exista alguma penalidade, você passa automaticamente. Ouvir pessoas sussurrando tem CD 15. Ouvir do outro lado de uma porta aumenta a CD em +10. Você pode fazer testes de Percepção para ouvir mesmo que esteja dormindo, mas sofre –10 no teste; um sucesso faz você acordar. Perceber criaturas que não possam ser vistas tem CD 20, ou +10 no teste de Furtividade da criatura, o que for maior. Mesmo que você passe no teste, ainda sofre penalidades normais por lutar sem ver o inimigo.

PILOTAGEM   DES · TREINADA

Você sabe operar veículos como carroças, barcos e balões. Ações simples não exigem testes — você pode atrelar seus trobos a sua carroça e conduzi-la pela estrada, ou levantar âncora e velejar seu navio em águas tranquilas, automaticamente. Porém, conduzir um veículo em situações ruins (terreno acidentado para veículos terrestres, chuva ou ventania para veículos aquáticos ou aéreos), exige uma ação de movimento e um teste de Pilotagem contra CD 15 por turno ou cena, de acordo com o mestre. Se falhar, você avança metade do deslocamento. Se falhar por 5 ou mais, se acidenta de alguma forma. Situações extremas (terreno com obstáculos, tempestade...) aumentam a CD para 25.

PONTARIA   DES

Você usa Pontaria para fazer ataques à distância. A CD é a Defesa do alvo. Se você acertar, causa dano de acordo com a arma utilizada. Veja o **Capítulo 5: Jogando** para as regras completas de ataque.

REFLEXOS   DES

Você usa esta perícia para resistir a efeitos que exigem reação rápida, como armadilhas e explosões. A CD é determinada pelo efeito. Você também usa Reflexos para evitar fintas.

RELIGIÃO   SAB · TREINADA

Você possui conhecimento sobre os deuses e as religiões de Arton.

Identificar Criatura (CD 15 + ND da Criatura). Você pode identificar uma criatura com origem divina (anjos, demônios, alguns mortos-vivos e construtos etc.). Veja a perícia Misticismo.

Identificar Item Mágico. Você pode identificar um item mágico de origem divina. Veja a perícia Misticismo.

Informação. Você responde dúvidas relativas a deuses, profecias, planos de existência etc. Questões simples não exigem teste. Questões complexas tem CD 20. Por fim, mistérios e enigmas tem CD 30.

Rito (CD 20). Você realiza uma cerimônia religiosa, como um batizado, casamento ou funeral. Isso inclui a cerimônia de penitência para redimir um devoto que tenha descumprido as Obrigações & Restrições de sua divindade. Uma cerimônia de penitência exige um sacrifício de T$ 100 por nível de personagem do devoto ou a realização de uma missão sagrada, de acordo com o mestre.

SOBREVIVÊNCIA   SAB

Você está em casa nos ermos.

ACAMPAMENTO. Você consegue abrigo e alimento para você e seu grupo por um dia (caçando, pescando, colhendo frutos...). A CD depende do terreno: 15 para planícies e colinas, 20 para florestas e pântanos, 25 para desertos ou montanhas e 30 para regiões planares perigosas ou áreas de Tormenta. Regiões muito áridas ou estéreis e clima ruim (neve, tempestade etc.) impõem penalidade cumulativa de –5. Dormir ao relento sem um acampamento e um saco de dormir diminui sua recuperação de PV e PM (veja a página 106). Este uso exige equipamento de viagem. Sem ele, você sofre –5 em seu teste.

IDENTIFICAR CRIATURA (CD 15 + ND DA CRIATURA). Você pode identificar um animal ou monstro. Veja a perícia Misticismo.

ORIENTAR-SE. Um personagem viajando pelos ermos precisa fazer um teste de Sobrevivência por dia para avançar. A CD depende do tipo de terreno (veja em "Acampamento"). Se passar, você avança seu deslocamento normal. Se falhar, avança apenas metade. Se falhar por 5 ou mais, se perde e não avança pelo dia. Num grupo, um personagem deve ser escolhido como guia. Personagens treinados em Sobrevivência podem ajudá-lo. Entretanto, se mais de um personagem quiser fazer o teste por si só, todos deverão rolar em segredo. Os jogadores devem decidir qual guia seguir antes de verem o resultado! Este teste é exigido apenas em jornadas perigosas (de acordo com o mestre).

RASTREAR (APENAS TREINADO). Você pode identificar e seguir rastros. A CD é 15 para solo macio (neve, lama), 20 para solo comum (grama, terra) e 25 para solo duro (rocha ou piso de interiores). A CD diminui em –5 se você estiver rastreando um grupo grande (dez ou mais indivíduos) ou criaturas Enormes ou Colossais, mas aumenta em +5 em visibilidade precária (noite, chuva, neblina...). Enquanto rastreia, seu deslocamento é reduzido à metade. Se falhar, pode tentar novamente gastando mais um dia. Porém, a cada dia desde a criação dos rastros, a CD aumenta em +1.

VONTADE   SAB

Você usa esta perícia para resistir a efeitos que exigem determinação, como intimidação e encantamentos. A CD é determinada pelo efeito. Testes de Vontade são testes de resistência.

Aventureiros se preparando para sua nova jornada

PODERES GERAIS

Poderes gerais podem ser escolhidos por qualquer personagem, independentemente de sua classe. Eles seguem todas as regras de habilidades. Poderes gerais fornecem mais opções, ao custo de um pouco de complexidade. Usá-los ou não é uma decisão de cada jogador (veja o quadro na página ao lado).

ESCOLHENDO PODERES GERAIS

Algumas raças e origens fornecem poderes gerais. Além disso, sempre que você recebe um poder de classe, pode trocá-lo por um poder geral.

GRUPOS DE PODERES

Combate. Poderes que melhoram características relacionadas a combate.

Destino. Poderes que melhoram características não relacionadas a combate.

Magia. Poderes ligados a magias e itens mágicos.

Concedidos. Poderes recebidos por devotos.

Tormenta. Poderes ligados à tempestade rubra.

PODERES DE COMBATE

ACUIDADE COM ARMA
Quando usa uma arma corpo a corpo leve ou uma arma de arremesso, você pode usar sua Destreza em vez de Força nos testes de ataque e rolagens de dano. *Pré-requisito:* Des 1.

ARMA SECUNDÁRIA GRANDE
Você pode empunhar duas armas de uma mão com o poder Estilo de Duas Armas. *Pré-requisito:* Estilo de Duas Armas.

ARREMESSO POTENTE
Quando usa uma arma de arremesso, você pode usar sua Força em vez de Destreza nos testes de ataque. Se você possuir o poder Ataque Poderoso, poderá usá-lo com armas de arremesso. *Pré-requisitos:* For 1, Estilo de Arremesso.

ARREMESSO MÚLTIPLO
Uma vez por rodada, quando faz um ataque com uma arma de arremesso, você pode gastar 1 PM para fazer um ataque adicional contra o mesmo alvo, arremessando outra arma de arremesso. *Pré-requisitos:* Des 1, Estilo de Arremesso.

ATAQUE COM ESCUDO
Uma vez por rodada, se estiver empunhando um escudo e fizer a ação agredir, você pode gastar 1 PM para fazer um ataque corpo a corpo extra com o escudo. Este ataque não faz você perder o bônus do escudo na Defesa. *Pré-requisito:* Estilo de Arma e Escudo.

ATAQUE PESADO
Quando faz um ataque corpo a corpo com uma arma de duas mãos, você pode pagar 1 PM. Se fizer isso e acertar o ataque, além do dano você faz uma manobra derrubar ou empurrar contra o alvo como uma ação livre (use o resultado do ataque como o teste de manobra). *Pré-requisito:* Estilo de Duas Mãos.

ATAQUE PODEROSO
Sempre que faz um ataque corpo a corpo, você pode sofrer –2 no teste de ataque para receber +5 na rolagem de dano. *Pré-requisito:* For 1.

ATAQUE PRECISO
Se estiver empunhando uma arma corpo a corpo em uma das mãos e nada na outra, você recebe +2 na margem de ameaça e +1 no multiplicador de crítico. *Pré-requisito:* Estilo de Uma Arma.

BLOQUEIO COM ESCUDO
Quando sofre dano, você pode gastar 1 PM para receber redução de dano igual ao bônus na Defesa que seu escudo fornece contra este dano. Você só pode usar este poder se estiver usando um escudo. *Pré-requisito:* Estilo de Arma e Escudo.

CARGA DE CAVALARIA
Quando faz uma investida montada, você causa +2d8 pontos de dano. Além disso, pode continuar se movendo depois do ataque. Você deve se mover em linha reta e seu movimento máximo ainda é o dobro do seu deslocamento. *Pré-requisito:* Ginete.

CAPÍTULO DOIS

COMBATE DEFENSIVO

Quando usa a ação agredir, você pode usar este poder. Se fizer isso, até seu próximo turno, sofre –2 em todos os testes de ataque, mas recebe +5 na Defesa. *Pré-requisito:* Int 1.

DERRUBAR APRIMORADO

Você recebe +2 em testes de ataque para derrubar. Quando derruba uma criatura com essa manobra, pode gastar 1 PM para fazer um ataque extra contra ela. *Pré-requisito:* Combate Defensivo.

DESARMAR APRIMORADO

Você recebe +2 em testes de ataque para desarmar. Quando desarma uma criatura, pode gastar 1 PM para arremessar a arma dela para longe. Para definir onde a arma cai, role 1d8 para a direção (sendo "1" diretamente à sua frente, "2" à frente e à direita e assim por diante) e 1d6 para a distância (medida em quadrados de 1,5m a partir da criatura desarmada). *Pré-requisito:* Combate Defensivo.

DISPARO PRECISO

Você pode fazer ataques à distância contra oponentes envolvidos em combate corpo a corpo sem sofrer a penalidade de –5 no teste de ataque. *Pré-requisito:* Estilo de Disparo ou Estilo de Arremesso.

DISPARO RÁPIDO

Se estiver empunhando uma arma de disparo que possa recarregar como ação livre e gastar uma ação completa para agredir, pode fazer um ataque adicional com ela. Se fizer isso, sofre –2 em todos os testes de ataque até o seu próximo turno. *Pré-requisitos:* Des 1, Estilo de Disparo.

EMPUNHADURA PODEROSA

Ao usar uma arma feita para uma categoria de tamanho maior que a sua, a penalidade que você sofre nos testes de ataque diminui para –2 (normalmente, usar uma arma de uma categoria de tamanho maior impõe –5 nos testes de ataque). *Pré-requisito:* For 3.

ENCOURAÇADO

Se estiver usando uma armadura pesada, você recebe +2 na Defesa. Esse bônus aumenta em +2 para cada outro poder que você possua que tenha Encouraçado como pré-requisito. *Pré-requisito:* proficiência com armaduras pesadas.

ESQUIVA

Você recebe +2 na Defesa e Reflexos. *Pré-requisito:* Des 1.

> ### Poderes Gerais: Usar ou Não?
>
> Poderes gerais permitem diferenciar ainda mais seu personagem, trazendo novas opções e estratégias. No entanto, seu uso deixa o jogo mais pesado — construir o personagem e subir de nível será mais trabalhoso.
>
> Se você está experimentando suas primeiras aventuras, pode ser melhor evitar poderes gerais. Suas escolhas de raça, classe e origem já oferecem um enorme número de combinações.
>
> No entanto, se você é um veterano de várias campanhas, talvez queira mais capacidade de personalização. Nesse caso, fique à vontade para ler esta seção e escolher os poderes que preferir — seja para melhor representar o conceito de seu herói, seja para conseguir combinações mais efetivas.

ESTILO DE ARMA E ESCUDO

Se você estiver usando um escudo, o bônus na Defesa que ele fornece aumenta em +2. *Pré-requisitos:* treinado em Luta, proficiência com escudos.

ESTILO DE ARMA LONGA

Você recebe +2 em testes de ataque com armas alongadas e pode atacar alvos adjacentes com essas armas. *Pré-requisitos:* For 1, treinado em Luta.

ESTILO DE ARREMESSO

Você pode sacar armas de arremesso como uma ação livre e recebe +2 nas rolagens de dano com elas. Se também possuir o poder Saque Rápido, também recebe +2 nos testes de ataque com essas armas. *Pré-requisito:* treinado em Pontaria.

ESTILO DE DISPARO

Se estiver usando uma arma de disparo, você soma sua Destreza nas rolagens de dano. *Pré-requisito:* treinado em Pontaria.

ESTILO DE DUAS ARMAS

Se estiver empunhando duas armas (e pelo menos uma delas for leve) e fizer a ação agredir, você pode fazer dois ataques, um com cada arma. Se fizer isso, sofre –2 em todos os testes de ataque até o seu próximo turno. Se possuir Ambidestria, em vez disso não sofre penalidade para usá-lo. *Pré-requisitos:* Des 2, treinado em Luta.

PERÍCIAS & PODERES

Poderes de Combate

Poder	Pré-requisitos
Acuidade com Arma	Des 1
Ataque Poderoso	For 1
Quebrar Aprimorado	—
Trespassar	—
Combate Defensivo	Int 1
Derrubar Aprimorado	—
Desarmar Aprimorado	—
Empunhadura Poderosa	For 3
Encouraçado	Armaduras pesadas
Fanático	12º nível de personagem
Inexpugnável	6º nível de personagem
Esquiva	Des 1
Estilo Desarmado	Luta
Estilo de Arma e Escudo	Escudos
Ataque com Escudo	—
Bloqueio com Escudo	—
Estilo de Arma Longa	For 1, Luta
Piqueiro	—
Estilo de Uma Arma	Luta
Ataque Preciso	—

Poder	Pré-requisitos
Estilo de Duas Armas	Des 2, Luta
Arma Secundária Grande	—
Estilo de Duas Mãos	For 2, Luta
Ataque Pesado	
Estilo de Arremesso	Pontaria
Arremesso Múltiplo	Des 1
Arremesso Potente	For 1
Estilo de Disparo	Pontaria
Disparo Preciso	—
Mira Apurada	Sab 1
Disparo Rápido	Des 1
Finta Aprimorada	Enganação
Foco em Arma	Proficiência com a arma
Ginete	Cavalgar
Carga de Cavalaria	Ginete
Presença Aterradora	Intimidação
Proficiência	—
Reflexos de Combate	Des 1
Saque Rápido	Iniciativa
Vitalidade	Con 1

Poderes de Destino

Poder	Pré-requisitos
Acrobático	Des 2
Ao Sabor do Destino	6º nível de personagem
Aparência Inofensiva	Car 1
Atlético	For 2
Atraente	Car 1
Comandar	Car 1
Costas Largas	Con 1, For 1
Foco em Perícia	Treinado na perícia escolhida
Inventário Organizado	Int 1
Investigador	Int 1

Poder	Pré-requisitos
Lobo Solitário	—
Medicina	Sab 1, treinado em Cura
Parceiro	Adestramento ou Diplomacia, 5º nível de personagem
Sentidos Aguçados	Sab 1, Percepção
Sortudo	—
Surto Heroico	—
Torcida	Car 1
Treinamento em Perícia	—
Venefício	Ofício (alquimista)
Vontade de Ferro	Sab 1

Poderes de Magia

Poder	Pré-requisitos
Celebrar Ritual	Habilidade Magias, Misticismo ou Religião, 8º nível de personagem
Escrever Pergaminho	Habilidade Magias, Ofício (escriba)
Foco em Magia	Lançar magias

Poder	Pré-requisitos
Magia Acelerada	Lançar magias de 2º círculo
Magia Ampliada	Lançar magias
Magia Discreta	Lançar magias
Magia Ilimitada	Lançar magias
Preparar Poção	Habilidade Magias, Ofício (alquimista)

Poderes Concedidos

Poder	Pré-requisitos	Poder	Pré-requisitos
Afinidade com a Tormenta	Devoto de Aharadak	Fulgor Solar	Devoto de Azgher
Almejar o Impossível	Devoto de Valkaria ou Thwor	Fúria Divina	Devoto de Thwor
Anfíbio	Devoto do Oceano	Golpista Divino	Devoto de Hyninn
Apostar com o Trapaceiro	Devoto de Hyninn	Habitante do Deserto	Devoto de Azgher
Armas da Ambição	Devoto de Valkaria	Inimigo de Tenebra	Devoto de Azgher
Arsenal das Profundezas	Devoto do Oceano	Kiai Divino	Devoto de Lin-Wu
Astúcia da Serpente	Devoto de Sszzaas	Liberdade Divina	Devoto de Valkaria
Ataque Piedoso	Devoto de Lena ou Thyatis	Manto da Penumbra	Devoto de Tenebra
Aura de Medo	Devoto de Kallyadranoch	Mente Analítica	Devoto de Tanna-Toh
Aura de Paz	Devoto de Marah	Mente Vazia	Devoto de Lin-Wu
Aura Restauradora	Devoto de Lena	Mestre dos Mares	Devoto do Oceano
Bênção do Mana	Devoto de Wynna	Olhar Amedrontador	Devoto de Megalokk ou Thwor
Carícia Sombria	Devoto de Tenebra	Palavras de Bondade	Devoto de Marah
Centelha Mágica	Devoto de Wynna	Percepção Temporal	Devoto de Aharadak
Compreender os Ermos	Devoto de Allihanna	Pesquisa Abençoada	Devoto de Tanna-Toh
Conhecimento Enciclopédico	Devoto de Tanna-Toh	Poder Oculto	Devoto de Nimb
Conjurar Arma	Devoto de Arsenal	Presas Primordiais	Devoto de Kallyadranoch ou Megalokk
Coragem Total	Devoto de Arsenal, Khalmyr, Lin-Wu ou Valkaria	Presas Venenosas	Devoto de Sszzaas
Cura Gentil	Devoto de Lena	Rejeição Divina	Devoto de Aharadak
Curandeira Perfeita	Devoto de Lena	Reparar Injustiça	Devoto de Khalmyr
Dedo Verde	Devoto de Allihanna	Sangue de Ferro	Devoto de Arsenal
Descanso Natural	Devoto de Allihanna	Sangue Ofídico	Devoto de Sszzaas
Dom da Esperança	Devoto de Marah	Servos do Dragão	Devoto de Kallyadranoch
Dom da Imortalidade	Devoto de Thyatis, paladino	Sopro do Mar	Devoto de Oceano
Dom da Profecia	Devoto de Thyatis	Sorte dos Loucos	Devoto de Nimb
Dom da Ressurreição	Devoto de Thyatis, clérigo	Talento Artístico	Devoto de Marah
Dom da Verdade	Devoto de Khalmyr	Teurgista Místico	Devoto de Wynna, habilidade de classe Magias
Escamas Dracônicas	Devoto de Kallyadranoch	Tradição de Lin-Wu	Devoto de Lin-Wu
Escudo Mágico	Devoto de Wynna	Transmissão da Loucura	Devoto de Nimb
Espada Justiceira	Devoto de Khalmyr	Tropas Duyshidakk	Devoto de Thwor
Espada Solar	Devoto de Azgher	Urro Divino	Devoto de Megalokk
Êstase da Loucura	Devoto de Aharadak ou Nimb	Visão nas Trevas	Devoto de Tenebra
Familiar Ofídico	Devoto de Sszzaas	Voz da Civilização	Devoto de Tanna-Toh
Farsa do Fingidor	Devoto de Hyninn	Voz da Natureza	Devoto de Allihanna
Fé Guerreira	Devoto de Arsenal	Voz dos Monstros	Devoto de Megalokk
Forma de Macaco	Devoto de Hyninn	Zumbificar	Devoto de Tenebra

Perícias & Poderes

Poderes da Tormenta

Poder	Pré-requisitos	Poder	Pré-requisitos
Anatomia Insana	—	Desprezar a Realidade	Quatro poderes da Tormenta
Legião Aberrante	Três poderes da Tormenta	Empunhadura Rubra	—
Antenas	—	Fome de Mana	—
Armamento Aberrante	Um poder da Tormenta	Mãos Membranosas	—
Articulações Flexíveis	—	Membros Estendidos	—
Asas Insetoides	Quatro poderes da Tormenta	Membros Extras	Quatro poderes da Tormenta
Carapaça	—	Mente Aberrante	—
Corpo Aberrante	Um poder da Tormenta	Olhos Vermelhos	—
Cuspir Enxame	—	Pele Corrompida	—
Dentes Afiados	—	Sangue Ácido	—
Larva Explosiva	—	Visco Rubro	—

Estilo de Duas Mãos

Se estiver usando uma arma corpo a corpo com as duas mãos, você recebe +5 nas rolagens de dano. Este poder não pode ser usado com armas leves. *Pré-requisitos:* For 2, Treinado em Luta.

Estilo de Uma Arma

Se estiver usando uma arma corpo a corpo em uma das mãos e nada na outra, você recebe +2 na Defesa e nos testes de ataque com essa arma (exceto ataques desarmados). *Pré-requisito:* treinado em Luta.

Estilo Desarmado

Seus ataques desarmados causam 1d6 pontos de dano e podem causar dano letal ou não letal (sem penalidades). *Pré-requisito:* treinado em Luta.

Fanático

Seu deslocamento não é reduzido por usar armaduras pesadas. *Pré-requisitos:* 12º nível de personagem, Encouraçado.

Finta Aprimorada

Você recebe +2 em testes de Enganação para fintar e pode fintar como uma ação de movimento. *Pré-requisitos:* treinado em Enganação.

Foco em Arma

Escolha uma arma. Você recebe +2 em testes de ataque com essa arma. Você pode escolher este poder outras vezes para armas diferentes. *Pré-requisito:* proficiência com a arma.

Ginete

Você passa automaticamente em testes de Cavalgar para não cair da montaria quando sofre dano. Além disso, não sofre penalidades para atacar à distância ou lançar magias quando montado. *Pré-requisito:* treinado em Cavalgar.

Inexpugnável

Se estiver usando uma armadura pesada, você recebe +2 em todos os testes de resistência. *Pré-requisitos:* Encouraçado, 6º nível de personagem.

Mira Apurada

Quando usa a ação mirar, você recebe +2 em testes de ataque e na margem de ameaça com ataques à distância até o fim do turno. *Pré-requisitos:* Sab 1, Disparo Preciso.

Piqueiro

Uma vez por rodada, se estiver empunhando uma arma alongada e um inimigo entrar voluntariamente em seu alcance corpo a corpo, você pode gastar 1 PM para fazer um ataque corpo a corpo contra este oponente com esta arma. Se o oponente tiver se aproximado fazendo uma investida, seu ataque causa dois dados de dano extra do mesmo tipo. *Pré-requisito:* Estilo de Arma Longa.

Presença Aterradora

Você pode gastar uma ação padrão e 1 PM para assustar todas as criaturas a sua escolha em alcance curto. Veja a perícia Intimidação para as regras de assustar. *Pré-requisito:* treinado em Intimidação.

PROFICIÊNCIA

Escolha uma proficiência: armas marciais, armas de fogo, armaduras pesadas ou escudos (se for proficiente em armas marciais, você também pode escolher armas exóticas). Você recebe essa proficiência. Você pode escolher este poder outras vezes para proficiências diferentes.

QUEBRAR APRIMORADO

Você recebe +2 em testes de ataque para quebrar. Quando reduz os PV de uma arma para 0 ou menos, você pode gastar 1 PM para realizar um ataque extra contra o usuário dela. O ataque adicional usa os mesmos valores de ataque e dano, mas os dados devem ser rolados novamente. *Pré-requisito:* Ataque Poderoso.

REFLEXOS DE COMBATE

Você ganha uma ação de movimento extra no seu primeiro turno de cada combate. *Pré-requisito:* Des 1.

SAQUE RÁPIDO

Você recebe +2 em Iniciativa e pode sacar ou guardar itens como uma ação livre (em vez de ação de movimento). Além disso, a ação que você gasta para recarregar armas de disparo diminui em uma categoria (ação completa para padrão, padrão para movimento, movimento para livre). *Pré-requisito:* treinado em Iniciativa.

TRESPASSAR

Quando você faz um ataque corpo a corpo e reduz os pontos de vida do alvo para 0 ou menos, pode gastar 1 PM para fazer um ataque adicional contra outra criatura dentro do seu alcance. *Pré-requisito:* Ataque Poderoso.

VITALIDADE

Você recebe +1 PV por nível de personagem e +2 em Fortitude. *Pré-requisito:* Con 1.

PODERES DE DESTINO

ACROBÁTICO

Você pode usar sua Destreza em vez de Força em testes de Atletismo. Além disso, terreno difícil não reduz seu deslocamento nem o impede de realizar investidas. *Pré-requisito:* Des 2.

AO SABOR DO DESTINO

Confiando em suas próprias habilidades (ou em sua própria sorte), você abre mão de usar itens mágicos. Sua autoconfiança fornece diversos benefícios, de acordo com seu nível de personagem e a tabela da página seguinte.

Um Inexpugnável cavaleiro de Khalmyr

Nível	Benefício
6º	+2 em uma perícia
7º	+1 na Defesa
8º	+1 nas rolagens de dano
9º	+1 em um atributo
11º	+2 em uma perícia
12º	+2 na Defesa
13º	+2 nas rolagens de dano
14º	+1 em um atributo
16º	+2 em uma perícia
17º	+3 na Defesa
18º	+3 nas rolagens de dano
19º	+1 em um atributo

Os bônus não são cumulativos (os bônus em atributos e perícias devem ser aplicados num atributo ou perícia diferente a cada vez). Se você utilizar voluntariamente qualquer item mágico (exceto poções), perde o benefício deste poder até o fim da aventura. Você ainda pode lançar magias, receber magias benéficas ou beneficiar-se de itens usados por outros — por exemplo, pode "ir de carona" em um tapete voador, mas não pode você mesmo conduzi-lo. *Pré-requisito:* 6º nível de personagem.

APARÊNCIA INOFENSIVA

A primeira criatura inteligente (Int –3 ou maior) que atacar você em uma cena deve fazer um teste de Vontade (CD Car). Se falhar, perderá sua ação. Este poder só funciona uma vez por cena; independentemente de a criatura falhar ou não no teste, poderá atacá-lo nas rodadas seguintes. *Pré-requisito:* Car 1.

ATLÉTICO

Você recebe +2 em Atletismo e +3m em seu deslocamento. *Pré-requisito:* For 2.

ATRAENTE

Você recebe +2 em testes de perícias baseadas em Carisma contra criaturas que possam se sentir fisicamente atraídas por você. *Pré-requisito:* Car 1.

COMANDAR

Você pode gastar uma ação de movimento e 1 PM para gritar ordens para seus aliados em alcance médio. Eles recebem +1 em testes de perícia até o fim da cena. *Pré-requisito:* Car 1.

COSTAS LARGAS

Seu limite de carga aumenta em 5 espaços e você pode se beneficiar de um item vestido adicional. *Pré-requisito:* Con 1, For 1.

FOCO EM PERÍCIA

Escolha uma perícia. Quando faz um teste dessa perícia, você pode gastar 1 PM para rolar dois dados e usar o melhor resultado. Você pode escolher este poder outras vezes para perícias diferentes. Este poder não pode ser aplicado em Luta e Pontaria (mas veja Foco em Arma). *Pré-requisito:* treinado na perícia escolhida.

INVENTÁRIO ORGANIZADO

Você soma sua Inteligência no limite de espaços que pode carregar. Para você, itens muito leves ou pequenos, que normalmente ocupam meio espaço, em vez disso ocupam 1/4 de espaço. *Pré-requisito:* Int 1.

INVESTIGADOR

Você recebe +2 em Investigação e soma sua Inteligência em Intuição. *Pré-requisito:* Int 1.

LOBO SOLITÁRIO

Você recebe +1 em testes de perícia e Defesa se estiver sem nenhum aliado em alcance curto. Você não sofre penalidade por usar Cura em si mesmo.

MEDICINA

Você pode gastar uma ação completa para fazer um teste de Cura (CD 15) em uma criatura. Se você passar, ela recupera 1d6 PV, mais 1d6 para cada 5 pontos pelos quais o resultado do teste exceder a CD (2d6 com um resultado 20, 3d6 com um resultado 25 e assim por diante). Você só pode usar este poder uma vez por dia numa mesma criatura. *Pré-requisitos:* Sab 1, treinado em Cura.

PARCEIRO

Você possui um parceiro animal ou humanoide que o acompanha em aventuras. Escolha os detalhes dele, como nome, aparência e personalidade. Em termos de jogo, é um parceiro iniciante de um tipo a sua escolha (veja a página 260). O parceiro obedece às suas ordens e se arrisca para ajudá-lo, mas, se for maltratado, pode parar de segui-lo (de acordo com o mestre). Se perder seu parceiro, você recebe outro no início da próxima aventura. *Pré-requisitos:* treinado em Adestramento (parceiro animal) ou Diplomacia (parceiro humanoide), 5º nível de personagem.

SENTIDOS AGUÇADOS

Você recebe +2 em Percepção, não fica desprevenido contra inimigos que não possa ver e, sempre que erra um ataque devido a camuflagem, pode rolar mais uma vez o dado da chance de falha. *Pré-requisitos:* Sab 1, treinado em Percepção.

SORTUDO

Você pode gastar 3 PM para rolar novamente um teste recém realizado (apenas uma vez por teste).

SURTO HEROICO

Uma vez por rodada, você pode gastar 5 PM para realizar uma ação padrão ou de movimento adicional.

TORCIDA

Você recebe +2 em testes de perícia e Defesa quando tem a torcida a seu favor. Entenda-se por "torcida" qualquer número de criaturas inteligentes em alcance médio que não esteja realizando nenhuma ação além de torcer por você. *Pré-requisito:* Car 1.

TREINAMENTO EM PERÍCIA

Você se torna treinado em uma perícia a sua escolha. Você pode escolher este poder outras vezes para perícias diferentes.

VENEFÍCIO

Quando usa um veneno, você não corre risco de se envenenar acidentalmente. Além disso, a CD para resistir aos seus venenos aumenta em +2. *Pré-requisito:* treinado em Ofício (alquimista).

VONTADE DE FERRO

Você recebe +1 PM para cada dois níveis de personagem e +2 em Vontade. *Pré-requisito:* Sab 1.

PODERES DE MAGIA

Todos os poderes deste grupo possuem como pré-requisito lançar magias.

CELEBRAR RITUAL

Você pode lançar magias como rituais. Isso dobra seu limite de PM, mas muda a execução para 1 hora (ou o dobro, o que for maior) e exige um gasto de T$ 10 por PM gasto (em incensos, oferendas...). Assim, um arcanista de 8º nível pode lançar uma magia de 16 PM gastando T$ 160. *Pré-requisitos:* treinado em Misticismo ou Religião, 8º nível de personagem. *Magias lançadas como rituais não podem ser armazenadas em itens.*

ESCREVER PERGAMINHO

Você pode usar a perícia Ofício (escriba) para fabricar pergaminhos com magias que conheça. Veja a página 121 para a regra de fabricar itens e as páginas 333 e 341 para as regras de pergaminhos. De acordo com o mestre, você pode usar objetos similares, como runas, tabuletas de argila etc. *Pré-requisitos:* habilidade de classe Magias, treinado em Ofício (escriba).

> **Poderes de Aprimoramento**
>
> Estes poderes acrescentam melhorias às magias conhecidas pelo conjurador. Eles seguem todas as regras para aprimoramentos (veja o **CAPÍTULO 4: MAGIA**). Você pode aplicar quantos aprimoramentos quiser, desde que não ultrapasse seu limite de PM.

FOCO EM MAGIA

Escolha uma magia que possa lançar. Seu custo diminui em –1 PM (cumulativo com outras reduções de custo). Você pode escolher este poder outras vezes para magias diferentes.

MAGIA ACELERADA   APRIMORAMENTO

Muda a execução da magia para ação livre. Você só pode aplicar este aprimoramento em magias com execução de movimento, padrão ou completa e só pode lançar uma magia como ação livre por rodada. *Custo:* +4 PM. *Pré-requisito:* lançar magias de 2º círculo.

MAGIA AMPLIADA   APRIMORAMENTO

Aumenta o alcance da magia em um passo (de curto para médio, de médio para longo) ou dobra a área de efeito da magia. Por exemplo, uma *Bola de Fogo* ampliada tem seu alcance aumentado para longo ou sua área aumentada para 12m de raio. *Custo:* +2 PM.

MAGIA DISCRETA   APRIMORAMENTO

Você lança a magia sem gesticular e falar, usando apenas concentração. Isso permite lançar magias com as mãos presas, amordaçado etc. Também permite lançar magias arcanas usando armadura sem teste de Misticismo. Outros personagens só percebem que você lançou uma magia se passarem num teste de Misticismo (CD 20). *Custo:* +2 PM.

MAGIA ILIMITADA

Você soma seu atributo-chave no limite de PM que pode gastar numa magia. Por exemplo, um arcanista de 5º nível com Int 4 e este poder pode gastar até 9 PM em cada magia.

PREPARAR POÇÃO

Você pode usar a perícia Ofício (alquimista) para fabricar poções com magias que conheça de 1º e 2º círculos. Veja a página 121 para a regra de fabricar itens e as páginas 333 e 341 para as regras de poções. *Pré-requisitos:* habilidade de classe Magias, treinado em Ofício (alquimista).

PERÍCIAS & PODERES

PODERES CONCEDIDOS

Todos os poderes desta seção possuem como pré-requisito ser devoto de um dos deuses indicados. O atributo-chave desses poderes é Sabedoria.

AFINIDADE COM A TORMENTA — AHARADAK

Você recebe +10 em testes de resistência contra efeitos da Tormenta, de suas criaturas e de devotos de Aharadak. Além disso, seu primeiro poder da Tormenta não conta para perda de Carisma.

ALMEJAR O IMPOSSÍVEL — THWOR, VALKARIA

Quando faz um teste de perícia, um resultado de 19 ou mais no dado sempre é um sucesso, não importando o valor a ser alcançado.

ANFÍBIO — OCEANO

Você pode respirar embaixo d'água e adquire deslocamento de natação igual a seu deslocamento terrestre.

APOSTAR COM O TRAPACEIRO — HYNINN

Quando faz um teste de perícia, você pode gastar 1 PM para apostar com Hyninn. Você e o mestre rolam 1d20, mas o mestre mantém o resultado dele em segredo. Você então escolhe entre usar seu próprio resultado ou o resultado oculto do mestre (neste caso, ele revela o resultado). ☯

ARMAS DA AMBIÇÃO — VALKARIA

Você recebe +1 em testes de ataque e na margem de ameaça com armas nas quais é proficiente.

ARSENAL DAS PROFUNDEZAS — OCEANO

Você recebe +2 nas rolagens de dano com azagaias, lanças e tridentes e seu multiplicador de crítico com essas armas aumenta em +1.

ASTÚCIA DA SERPENTE — SSZZAAS

Você recebe +2 em Enganação, Furtividade e Intuição.

ATAQUE PIEDOSO — LENA, THYATIS

Você pode usar armas corpo a corpo para causar dano não letal sem sofrer a penalidade de –5 no teste de ataque.

AURA DE MEDO — KALLY

Você pode gastar 2 PM para gerar uma aura de medo de 9m de raio e duração até o fim da cena. Todos os inimigos que entrem na aura devem fazer um teste de Vontade (CD Car) ou ficam abalados até o fim da cena. Uma criatura que passe no teste de Vontade fica imune a esta habilidade por um dia. ☯

AURA DE PAZ — MARAH

Você pode gastar 2 PM para gerar uma aura de paz com alcance curto e duração de uma cena. Qualquer inimigo dentro da aura que tente fazer uma ação hostil contra você deve fazer um teste de Vontade (CD Car). Se falhar, perderá sua ação. Se passar, fica imune a esta habilidade por um dia. ☯

AURA RESTAURADORA — LENA

Efeitos de cura usados por você e seus aliados em alcance curto recuperam +1 PV por dado.

BÊNÇÃO DO MANA — WYNNA

Você recebe +1 PM a cada nível ímpar.

CARÍCIA SOMBRIA — TENEBRA

Você pode gastar 1 PM e uma ação padrão para cobrir sua mão com energia negativa e tocar uma criatura em alcance corpo a corpo. A criatura sofre 2d6 pontos de dano de trevas (Fortitude CD Sab reduz à metade) e você recupera PV iguais à metade do dano causado. Você pode aprender *Toque Vampírico* como uma magia divina. Se fizer isso, o custo dela diminui em –1 PM. ☯

CENTELHA MÁGICA — WYNNA

Escolha uma magia arcana ou divina de 1º círculo. Você aprende e pode lançar essa magia.

COMPREENDER OS ERMOS — ALLIHANNA

Você recebe +2 em Sobrevivência e pode usar Sabedoria para Adestramento (em vez de Carisma).

CONHECIMENTO ENCICLOPÉDICO — TANNA-TOH

Você se torna treinado em duas perícias baseadas em Inteligência a sua escolha.

CONJURAR ARMA — ARSENAL

Você pode gastar 1 PM para invocar uma arma corpo a corpo ou de arremesso com a qual seja proficiente. A arma surge em sua mão, fornece +1 em testes de ataque e rolagens de dano, é considerada mágica e dura pela cena. Você não pode criar armas de disparo, mas pode criar 20 munições. ☉

CORAGEM TOTAL
ARSENAL, KHALMYR, LIN-WU, VALKARIA

Você é imune a efeitos de medo, mágicos ou não. Este poder não elimina fobias raciais (como o medo de altura dos minotauros).

CURA GENTIL
LENA

Você soma seu Carisma aos PV restaurados por seus efeitos mágicos de cura.

CURANDEIRA PERFEITA
LENA

Você sempre pode escolher 10 em testes de Cura. Além disso, não sofre penalidade por usar essa perícia sem uma maleta de medicamentos. Se possuir o item, recebe +2 no teste de Cura (ou +5, se ele for aprimorado).

DEDO VERDE
ALLIHANNA

Você aprende e pode lançar *Controlar Plantas*. Caso aprenda novamente essa magia, seu custo diminui em –1 PM. ☉

DESCANSO NATURAL
ALLIHANNA

Para você, dormir ao relento conta como condição de descanso confortável.

DOM DA ESPERANÇA
MARAH

Você soma sua Sabedoria em seus PV em vez de Constituição, e se torna imune às condições alquebrado, esmorecido e frustrado.

DOM DA IMORTALIDADE
THYATIS

Você é imortal. Sempre que morre, não importando o motivo, volta à vida após 3d6 dias. Apenas paladinos podem escolher este poder. Um personagem pode ter Dom da Imortalidade ou Dom da Ressurreição, mas não ambos. ☉

DOM DA PROFECIA
THYATIS

Você pode lançar *Augúrio*. Caso aprenda novamente essa magia, seu custo diminui em –1 PM. Você também pode gastar 2 PM para receber +2 em um teste. ☉

DOM DA RESSURREIÇÃO
THYATIS

Você pode gastar uma ação completa e todos os PM que possui (mínimo 1 PM) para tocar o corpo de uma criatura morta há menos de um ano e ressuscitá-la. A criatura volta à vida com 1 PV e 0 PM, e perde 1 ponto de Constituição permanentemente. Este poder só pode ser usado uma vez em cada criatura. Apenas clérigos podem escolher este poder. Um personagem pode ter Dom da Imortalidade ou Dom da Ressurreição, mas não ambos. ☉

DOM DA VERDADE
KHALMYR

Você pode pagar 2 PM para receber +5 em testes de Intuição, e em testes de Percepção contra Enganação e Furtividade, até o fim da cena.

ESCAMAS DRACÔNICAS
KALLY

Você recebe +2 na Defesa e em Fortitude.

ESCUDO MÁGICO
WYNNA

Quando lança uma magia, você recebe um bônus na Defesa igual ao círculo da magia lançada até o início do seu próximo turno. ☉

ESPADA JUSTICEIRA
KHALMYR

Você pode gastar 1 PM para encantar sua espada (ou outra arma corpo a corpo de corte que esteja empunhando). Ela tem seu dano aumentado em um passo até o fim da cena. ☉

ESPADA SOLAR
AZGHER

Você pode gastar 1 PM para fazer uma arma corpo a corpo de corte que esteja empunhando causar +1d6 de dano por fogo até o fim da cena. ☉

ÊXTASE DA LOUCURA
AHARADAK, NIMB

Toda vez que uma ou mais criaturas falham em um teste de Vontade contra uma de suas habilidades mágicas, você recebe 1 PM temporário cumulativo. Você pode ganhar um máximo de PM temporários por cena desta forma igual a sua Sabedoria.

FAMILIAR OFÍDICO
SSZZAAS

Você recebe um familiar cobra (veja a página 38) que não conta em seu limite de parceiros.

FARSA DO FINGIDOR
HYNINN

Você aprende e pode lançar *Criar Ilusão*. Caso aprenda novamente essa magia, seu custo diminui em –1 PM.

FÉ GUERREIRA
ARSENAL

Você pode usar Sabedoria para Guerra (em vez de Inteligência). Além disso, em combate, pode gastar 2 PM para substituir um teste de perícia (exceto testes de ataque) por um teste de Guerra.

PERÍCIAS & PODERES

FORMA DE MACACO   HYNINN

Você pode gastar uma ação completa e 2 PM para se transformar em um macaco. Você adquire tamanho Minúsculo (o que fornece +5 em Furtividade e –5 em testes de manobra) e recebe deslocamento de escalar 9m. Seu equipamento desaparece (e você perde seus benefícios) até você voltar ao normal, mas suas outras estatísticas não são alteradas. A transformação dura indefinidamente, mas termina caso você faça um ataque, lance uma magia ou sofra dano. ☯

FULGOR SOLAR   AZGHER

Você recebe redução de frio e trevas 5. Além disso, quando é alvo de um ataque você pode gastar 1 PM para emitir um clarão solar que deixa o atacante ofuscado por uma rodada.

FÚRIA DIVINA   THWOR

Você pode gastar 2 PM para invocar uma fúria selvagem, tornando-se temível em combate. Até o fim da cena, você recebe +2 em testes de ataque e rolagens de dano corpo a corpo, mas não pode executar nenhuma ação que exija paciência ou concentração (como usar a perícia Furtividade ou lançar magias). Se usar este poder em conjunto com a habilidade Fúria, ela também dura uma cena (e não termina se você não atacar ou for alvo de uma ação hostil). ☯

GOLPISTA DIVINO   HYNINN

Você recebe +2 em Enganação, Jogatina e Ladinagem.

HABITANTE DO DESERTO   AZGHER

Você recebe redução de fogo 10 e pode pagar 1 PM para criar água pura e potável suficiente para um odre (ou outro recipiente pequeno). ☯

INIMIGO DE TENEBRA   AZGHER

Seus ataques e habilidades causam +1d6 pontos de dano contra mortos-vivos. Quando você usa um efeito que gera luz, o alcance da iluminação dobra.

KIAI DIVINO   LIN-WU

Uma vez por rodada, quando faz um ataque corpo a corpo, você pode pagar 3 PM. Se acertar o ataque, causa dano máximo, sem necessidade de rolar dados.

LIBERDADE DIVINA   VALKARIA

Você pode gastar 2 PM para receber imunidade a efeitos de movimento por uma rodada. ☯

MANTO DA PENUMBRA   TENEBRA

Você aprende e pode lançar *Escuridão*. Caso aprenda novamente essa magia, seu custo diminui em –1 PM. ☯

MENTE ANALÍTICA   TANNA-TOH

Você recebe +2 em Intuição, Investigação e Vontade.

MENTE VAZIA   LIN-WU

Você recebe +2 em Iniciativa, Percepção e Vontade.

MESTRE DOS MARES   OCEANO

Você pode falar com animais aquáticos (como o efeito da magia *Voz Divina*) e aprende e pode lançar *Acalmar Animal*, mas só contra criaturas aquáticas. Caso aprenda novamente essa magia, seu custo diminui em –1 PM. ☯

OLHAR AMEDRONTADOR   MEGALOKK, THWOR

Você aprende e pode lançar *Amedrontar*. Caso aprenda novamente essa magia, seu custo diminui em –1 PM. ☯

PALAVRAS DE BONDADE   MARAH

Você aprende e pode lançar *Enfeitiçar*. Caso aprenda novamente essa magia, seu custo diminui em –1 PM. ☯

PERCEPÇÃO TEMPORAL   AHARADAK

Você pode gastar 3 PM para somar sua Sabedoria (limitado por seu nível e não cumulativo com efeitos que somam este atributo) a seus ataques, Defesa e testes de Reflexos até o fim da cena.

PESQUISA ABENÇOADA   TANNA-TOH

Se passar uma hora pesquisando seus livros e anotações, você pode rolar novamente um teste de perícia baseada em Inteligência ou Sabedoria que tenha feito desde a última cena. Se tiver acesso a mais livros, você recebe um bônus no teste: +2 para uma coleção particular ou biblioteca pequena e +5 para a biblioteca de um templo ou universidade.

PODER OCULTO   NIMB

Você pode gastar uma ação de movimento e 2 PM para invocar a força, a rapidez ou o vigor dos loucos. Role 1d6 para receber +2 em Força (1 ou 2), Destreza (3 ou 4) ou Constituição (5 ou 6) até o fim da cena. Você pode usar este poder várias vezes, mas bônus no mesmo atributo não são cumulativos. ☯

PRESAS PRIMORDIAIS KALLYADRANOCH, MEGALOKK

Você pode gastar 1 PM para transformar seus dentes em presas afiadas até o fim da cena. Você recebe uma arma natural de mordida (dano 1d6, crítico x2, perfuração). Uma vez por rodada, quando usa a ação agredir com outra arma, você pode gastar 1 PM para fazer um ataque corpo a corpo extra com a mordida. Se já possuir outro ataque natural de mordida, em vez disso, o dano desse ataque aumenta em dois passos. ◉

PRESAS VENENOSAS SSZZAAS

Você pode gastar uma ação de movimento e 1 PM para envenenar uma arma corpo a corpo que esteja empunhando. Em caso de acerto, a arma causa perda de 1d12 pontos de vida. A arma permanece envenenada até atingir uma criatura ou até o fim da cena, o que acontecer primeiro.

REJEIÇÃO DIVINA AHARADAK

Você recebe resistência a magia divina +5.

REPARAR INJUSTIÇA KHALMYR

Uma vez por rodada, quando um oponente em alcance curto acerta um ataque em você ou em um de seus aliados, você pode gastar 2 PM para fazer este oponente repetir o ataque, escolhendo o pior entre os dois resultados.

SANGUE DE FERRO ARSENAL

Você pode pagar 3 PM para receber +2 em rolagens de dano e redução de dano 5 até o fim da cena. ◉

SANGUE OFÍDICO SSZZAAS

Você recebe resistência a veneno +5 e a CD para resistir aos seus venenos aumenta em +2.

SERVOS DO DRAGÃO KALLY

Você pode gastar uma ação completa e 2 PM para invocar 2d4+1 kobolds capangas em espaços desocupados em alcance curto. Você pode gastar uma ação de movimento para fazer os kobolds andarem (eles têm deslocamento 9m) ou uma ação padrão para fazê-los causar dano a criaturas adjacentes (1d6–1 pontos de dano de perfuração cada). Os kobolds têm For –1, Des 1, Defesa 12, 1 PV e falham automaticamente em qualquer teste de resistência ou oposto. Eles desaparecem quando morrem ou no fim da cena. Os kobolds não agem sem receber uma ordem. Usos criativos para capangas fora de combate ficam a critério do mestre. ◉

SOPRO DO MAR OCEANO

Você pode gastar uma ação padrão e 1 PM para soprar vento marinho em um cone de 6m. Criaturas na área sofrem 2d6 pontos de dano de frio (Reflexos CD Sab reduz à metade). Você pode aprender *Sopro das Uivantes* como uma magia divina. Se fizer isso, o custo dela diminui em –1 PM. ◉

SORTE DOS LOUCOS NIMB

Você pode pagar 1 PM para rolar novamente um teste recém realizado. Se ainda assim falhar no teste, você perde 1d6 PM.

TALENTO ARTÍSTICO MARAH

Você recebe +2 em Acrobacia, Atuação e Diplomacia.

TEURGISTA MÍSTICO WYNNA

Até uma magia de cada círculo que você aprender poderá ser escolhida entre magias divinas (se você for um conjurador arcano) ou entre magias arcanas (se for um conjurador divino). *Pré-requisito:* habilidade de classe Magias.

TRADIÇÃO DE LIN-WU LIN-WU

Você considera a katana uma arma simples e, se for proficiente em armas marciais, recebe +1 na margem de ameaça com ela.

TRANSMISSÃO DA LOUCURA NIMB

Você pode lançar *Sussurros Insanos* (CD Car). Caso aprenda novamente essa magia, seu custo diminui em –1 PM. ◉

TROPAS DUYSHIDAKK THWOR

Você pode gastar uma ação completa e 2 PM para invocar 1d4+1 goblinoides capangas em espaços desocupados em alcance curto. Você pode gastar uma ação de movimento para fazer os goblinoides andarem (eles têm deslocamento 9m) ou uma ação padrão para fazê-los causar dano a criaturas adjacentes (1d6+1 pontos de dano de corte cada). Os goblinoides têm For 1, Des 1, Defesa 15, 1 PV e falham automaticamente em qualquer teste de resistência ou oposto. Eles desaparecem quando morrem ou no fim da cena. Os goblinoides não agem sem receber uma ordem. Usos criativos para capangas fora de combate ficam a critério do mestre. ◉

URRO DIVINO — MEGALOKK

Quando faz um ataque ou lança uma magia, você pode pagar 1 PM para somar sua Constituição (mínimo +1) à rolagem de dano desse ataque ou magia.

VISÃO NAS TREVAS — TENEBRA

Você enxerga perfeitamente no escuro, incluindo em magias de escuridão.

VOZ DA CIVILIZAÇÃO — TANNA-TOH

Você está sempre sob efeito de *Compreensão*. ◎

VOZ DA NATUREZA — ALLIHANNA

Você pode falar com animais (como o efeito da magia *Voz Divina*) e aprende e pode lançar *Acalmar Animal*, mas só contra animais. Caso aprenda novamente essa magia, seu custo diminui em –1 PM. ◎

VOZ DOS MONSTROS — MEGALOKK

Você conhece os idiomas de todos os monstros inteligentes e pode se comunicar livremente com monstros não inteligentes (Int –4 ou menor), como se estivesse sob efeito da magia *Voz Divina*. ◎

ZUMBIFICAR — TENEBRA

Você pode gastar uma ação completa e 3 PM para reanimar o cadáver de uma criatura Pequena ou Média adjacente por um dia. O cadáver funciona como um parceiro iniciante de um tipo a sua escolha entre combatente, fortão ou guardião. Além disso, quando sofre dano, você pode sacrificar esse parceiro; se fizer isso, você sofre apenas metade do dano, mas o cadáver é destruído. ◎

PODERES DA TORMENTA

Estes poderes oferecem habilidades ligadas à tempestade rubra. Quando escolhe um poder da Tormenta, você perde 1 de Carisma. Para cada dois outros poderes da Tormenta, você perde mais 1 de Carisma. Essa perda representa deformidades físicas e o desaparecimento gradual de sua própria identidade. Um personagem reduzido a menos que Car –5 torna-se um NPC sob controle do mestre.

ANATOMIA INSANA

Você tem 25% de chance (resultado "1" em 1d4) de ignorar o dano adicional de um acerto crítico ou ataque furtivo. A chance aumenta em +25% para cada dois outros poderes da Tormenta que você possui.

ANTENAS

Você recebe +1 em Iniciativa, Percepção e Vontade. Este bônus aumenta em +1 para cada dois outros poderes da Tormenta que você possui.

ARMAMENTO ABERRANTE

Você pode gastar uma ação de movimento e 1 PM para produzir uma versão orgânica de qualquer arma corpo a corpo ou de arremesso com a qual seja proficiente — ela brota do seu braço, ombro ou costas como uma planta grotesca e então se desprende. O dano da arma aumenta em um passo para cada dois outros poderes da Tormenta que você possui. A arma dura pela cena, então se desfaz numa poça de gosma. *Pré-requisito:* outro poder da Tormenta.

ARTICULAÇÕES FLEXÍVEIS

Você recebe +1 em Acrobacia, Furtividade e Reflexos. Este bônus aumenta em +1 para cada dois outros poderes da Tormenta que você possui.

ASAS INSETOIDES

Você pode gastar 1 PM para receber deslocamento de voo 9m até o fim do seu turno. O deslocamento aumenta em +1,5m para cada outro poder da Tormenta que você possui. *Pré-requisitos:* quatro outros poderes da Tormenta.

CARAPAÇA

Sua pele é recoberta por placas quitinosas. Você recebe +1 na Defesa. Este bônus aumenta em +1 para cada dois outros poderes da Tormenta que você possui.

CORPO ABERRANTE

Crostas vermelhas em várias partes de seu corpo tornam seus ataques mais perigosos. Seu dano desarmado aumenta em um passo, mais um passo para cada quatro outros poderes da Tormenta que você possui. *Pré-requisito:* outro poder da Tormenta.

CUSPIR ENXAME

Você pode gastar uma ação completa e 2 PM para criar um enxame de insetos rubros em um ponto a sua escolha em alcance curto e com duração sustentada. O enxame tem tamanho Médio e pode passar pelo espaço de outras criaturas. Uma vez por rodada, você pode gastar uma ação de movimento para mover o enxame 9m. No final do seu turno, o enxame causa 2d6 pontos de dano de ácido a qualquer criatura no espaço que ele estiver ocupando. Para cada dois outros poderes da Tormenta que possui, você pode gastar +1 PM quando usa este poder para aumentar o dano do enxame em +1d6. ◎

DENTES AFIADOS

Você recebe uma arma natural de mordida (dano 1d4, crítico x2, corte). Uma vez por rodada, quando usa a ação agredir para atacar com outra arma, pode gastar 1 PM para fazer um ataque corpo a corpo extra com a mordida.

DESPREZAR A REALIDADE

Você pode gastar 2 PM para ficar no limiar da realidade até o início de seu próximo turno. Nesse estado, você ignora terreno difícil e causa 20% de chance de falha em efeitos usados contra você (não apenas ataques). Para cada dois outros poderes de Tormenta que você possuir, essa chance aumenta em 5% (máximo de 50%). *Pré-requisito:* quatro outros poderes da Tormenta.

EMPUNHADURA RUBRA

Você pode gastar 1 PM para cobrir suas mãos com uma carapaça rubra. Até o final da cena, você recebe +1 em Luta. Este bônus aumenta em +1 para cada dois outros poderes da Tormenta que você possui.

FOME DE MANA

Quando passa em um teste de resistência para resistir a uma habilidade mágica, você recebe 1 PM temporário cumulativo. Você pode ganhar um máximo de PM temporários por cena desta forma igual ao número de poderes da Tormenta que possui.

LARVA EXPLOSIVA

Se uma criatura que tenha sofrido dano de sua mordida nesta cena for reduzida a 0 ou menos PV, ela explode em chuva cáustica, morrendo e causando 4d4 pontos de dano de ácido em criaturas adjacentes. Para cada dois outros poderes da Tormenta que você possui, o dano aumenta em +2d4. Você é imune a esse dano. *Pré-requisito:* Dentes Afiados. ⟲

LEGIÃO ABERRANTE

Seu corpo se transforma em uma massa de insetos rubros. Você pode atravessar qualquer espaço por onde seja possível passar uma moeda (mas considera esses espaços como terreno difícil) e recebe +1 em testes contra manobras de combate e de resistência contra efeitos que tenham você como alvo (mas não efeitos de área). Este bônus aumenta em +1 para cada dois outros poderes da Tormenta que você possui. *Pré-requisito:* Anatomia Insana, três outros poderes da Tormenta.

MÃOS MEMBRANOSAS

Você recebe +1 em Atletismo, Fortitude e testes de agarrar. Este bônus aumenta em +1 para cada dois outros poderes da Tormenta que você possui.

MEMBROS ESTENDIDOS

Seus braços e armas naturais são grotescamente mais longos que o normal, o que aumenta seu alcance natural para ataques corpo a corpo em +1,5m. Para cada quatro outros poderes da Tormenta que você possui, esse alcance aumenta em +1,5m.

MEMBROS EXTRAS

Você possui duas armas naturais de patas insetoides que saem de suas costas, ombros ou flancos. Uma vez por rodada, quando usa a ação agredir para atacar com outra arma, pode gastar 2 PM para fazer um ataque corpo a corpo extra com cada uma (dano 1d4, crítico x2, corte). Se possuir Ambidestria ou Estilo de Duas Armas, pode empunhar armas leves em suas patas insetoides (mas ainda precisa pagar 2 PM para atacar com elas e sofre a penalidade de –2 em todos os ataques). *Pré-requisitos:* quatro outros poderes da Tormenta.

MENTE ABERRANTE

Você recebe resistência a efeitos mentais +1. Além disso, sempre que precisa fazer um teste de Vontade para resistir a uma habilidade, a criatura que usou essa habilidade sofre 1d6 pontos de dano psíquico. Para cada dois outros poderes da Tormenta que você possui o bônus em testes de resistência aumenta em +1 e o dano aumenta em +1d6. ⟲

OLHOS VERMELHOS

Você recebe visão no escuro e +1 em Intimidação. Este bônus aumenta em +1 para cada dois outros poderes da Tormenta que você possui.

PELE CORROMPIDA

Sua carne foi mesclada à matéria vermelha. Você recebe redução de ácido, eletricidade, fogo, frio, luz e trevas 2. Esta RD aumenta em +2 para cada dois outros poderes da Tormenta que você possui.

SANGUE ÁCIDO

Quando você sofre dano por um ataque corpo a corpo, o atacante sofre 1 ponto de dano de ácido por poder da Tormenta que você possui.

VISCO RUBRO

Você pode gastar 1 PM para expelir um líquido grosso e corrosivo. Até o final da cena, você recebe +1 nas rolagens de dano corpo a corpo. Este bônus aumenta em +1 para cada dois outros poderes da Tormenta que você possui.

CAPÍTULO

3

EQUIPAMENTO

> "O homem não pode cumprir a tarefa sem a ferramenta. Seja esta tarefa matar, seja governar."
> — Thwor Khoshkothruk

Espadas afiadas e armaduras resplandecentes. Símbolos sagrados e tomos ancestrais. Ou simplesmente um bom prato de comida!

Aventureiros precisam de diversos equipamentos em suas missões. Este capítulo descreve os itens e serviços mundanos encontrados em Arton.

EQUIPAMENTO INICIAL

Personagens de 1º nível começam com os itens fornecidos pela sua origem e os itens a seguir.

• Uma mochila, um saco de dormir e um traje de viajante.

• Uma arma simples a sua escolha. Se você tiver proficiência com armas marciais, também começa com uma arma marcial a sua escolha.

• Uma armadura de couro, couro batido ou gibão de peles, a sua escolha. Se você tiver proficiência com armaduras pesadas, em vez disso pode começar com uma brunea. Se tiver proficiência com escudos, começa também com um escudo leve. *Exceção:* arcanistas começam sem armadura.

• T$ 4d6, que você pode usar para comprar itens ou guardar para usar na aventura.

PERSONAGENS DE ALTO NÍVEL

Personagens acima do 1º nível começam com mais dinheiro, conforme a tabela abaixo.

Tabela 3-1: Dinheiro Inicial

Nível	Dinheiro Inicial (T$)	Nível	Dinheiro Inicial (T$)
1º	4d6	11º	19.000
2º	300	12º	27.000
3º	600	13º	36.000
4º	1.000	14º	49.000
5º	2.000	15º	66.000
6º	3.000	16º	88.000
7º	5.000	17º	110.000
8º	7.000	18º	150.000
9º	10.000	19º	200.000
10º	13.000	20º	260.000

RIQUEZA & MOEDAS

O Tibar (T$) é a moeda padrão do Reinado. Trata-se de uma peça redonda de prata com 1,5 cm de diâmetro. A cunhagem traz em um lado o rosto de Tibar, o Deus do Comércio — um rei com cabelos encaracolados e uma joia em forma de olho na coroa; e no outro lado o mesmo rosto, mas sem a coroa. Em Arton, ao jogar "cara ou coroa", o costume é escolher "coroa ou não coroa".

A moeda foi criada por Quindogar Tolliannor, primeiro conselheiro real de Deheon e adepto ardoroso das artes da barganha e negociação. Ficou tão popular que Tollianor passou a ser conhecido pelo nome de sua criação e ascendeu como Deus Menor do Comércio. Atualmente, ele tenta "negociar" uma posição no Panteão. Acredita-se que manter um Tibar no bolso ou no pescoço (como um amuleto) garante boa fortuna.

Nem todos os reinos seguem o padrão do Tibar. Em alguns lugares, devido à escassez de prata, o Tibar de cobre é usado como moeda padrão. Em outros, o valor do Tibar pode apresentar flutuações — provocando grande agitação entre as guildas de comerciantes, falsificadores e contrabandistas.

Por padrão, todos os preços de itens e serviços são exibidos em T$. Entretanto, existem duas variações da moeda: o Tibar de cobre (TC), que vale um décimo do T$, utilizado por camponeses e plebeus, e o Tibar de Ouro (TO), que vale T$ 10, utilizado por aristocratas, grandes mercadores e aventureiros poderosos.

TROCA & COMÉRCIO

No Reinado, o comércio é organizado por guildas mercantes. As guildas decidem quem pode vender o quê e o valor dos produtos e serviços que controlam, o que garante um padrão nos preços. Em lugares afastados, ermos ou sob o domínio de tiranos, porém, os preços podem variar muito.

No geral, personagens podem comprar itens pelos preços listados nas tabelas e vendê-los pela metade desses preços. Em certos lugares, o mestre pode determinar que os itens são mais caros, estão disponíveis em quantidades limitadas ou não estão disponíveis (veja o **Capítulo 6**). Comprando ou vendendo, os valores podem ser melhorados através de barganha (veja a perícia Diplomacia).

USANDO & CARREGANDO

Equipamento é extremamente útil, mas há um limite de quantos itens você pode usar ou carregar ao mesmo tempo.

LIMITES DE USO

Alguns itens precisam ser *empunhados* para serem usados. Isso inclui armas, escudos, itens alquímicos e outros, como tochas e varinhas. Você pode empunhar apenas um item em cada mão, ou seja, pode empunhar no máximo dois itens ao mesmo tempo (supondo que você tenha duas mãos). Você pode guardar um item empunhado com uma ação de movimento ou largá-lo no chão com uma ação livre.

Itens que não são empunhados precisam ser *vestidos*. Você pode receber os benefícios de no máximo quatro itens vestidos simultaneamente — há um limite para a quantidade de objetos com os quais é possível lidar ao mesmo tempo. Se você vestir um quinto item, ele não fornecerá seu benefício até que você remova outro. Vestir ou despir um item é uma ação de movimento (e você ainda precisa gastar outra ação de movimento para guardá-lo ou uma ação livre para largá-lo no chão). Note que esse limite se aplica apenas a itens com benefícios mecânicos — você pode vestir seu traje de viajante, ou outra roupa que não forneça bônus, sem que isso afete seu limite.

LIMITES DE CARGA

A quantidade de equipamento que você pode carregar é medida em *espaços de itens*. Por padrão, um item ocupa 1 espaço. Porém, há exceções:

• Itens alquímicos, poções, pergaminhos e outros itens muitos leves ou pequenos ocupam meio espaço. Ou seja, dois desses itens ocupam 1 espaço.

• Armas de duas mãos, armaduras leves, escudos pesados, criaturas Minúsculas e outros itens pesados ou volumosos ocupam 2 espaços.

• Armaduras pesadas, criaturas Pequenas e outros itens muito pesados ou volumosos, como um barril ou baú, ocupam 5 espaços.

• Itens extremamente pesados ou volumosos, como uma criatura Média, ocupam 10 espaços. Itens ainda maiores podem ocupar mais espaços ou serem impossíveis de carregar, a critério do mestre.

• Cada mil moedas, independentemente do tipo, ocupam 1 espaço.

> ### Carga: Bastidores
>
> A regra de carga existe para adicionar um elemento tático ao jogo, fazendo com que o jogador precise escolher o que levar em cada aventura — ou o que abandonar, caso encontre um item valioso mas já esteja com seus espaços ocupados. O mestre pode ignorar essa regra, desde que os jogadores não abusem. Nada de sair por aí com 50 essências de mana!
>
> A regra usa espaços em vez de peso para considerar tanto peso quanto volume, e para simplificar os cálculos. Obviamente, a regra é abstrata. Em caso de dúvida, o mestre deve decidir o que achar mais coerente. Lembre-se da filosofia básica: 1 item = 1 espaço. Para definir o que é "um item", pense em termos de funcionalidade. Uma espada e sua bainha ocupam apenas 1 espaço porque a bainha sozinha não tem utilidade. Porém, uma bainha mágica, com poderes, ocupa um espaço próprio. Isso pode não fazer muito sentido em termos simulacionistas, mas é um preço pequeno a se pagar pela simplicidade. Se isso incomodá-lo, considere que a bainha mágica é mais pesada, precisa de mais cuidados etc.

Você pode carregar 10 espaços +2 por ponto de Força (ou –1 por ponto de Força negativo). Se ultrapassar esse limite, fica *sobrecarregado* — sofre penalidade de armadura –5 e seu deslocamento é reduzido em –3m. Você não pode carregar mais do que o dobro do seu limite. Assim, um personagem com Força 2 pode carregar até 14 espaços sem penalidade, e até 28 espaços ficando sobrecarregado. Ele não pode carregar mais de 28 espaços de itens.

A regra considera que você possui uma mochila onde carregar seu equipamento. A própria mochila não ocupa espaço. De forma similar, recipientes cuja única função seja carregar outros itens não ocupam espaço. Por exemplo, a bainha de uma espada está incluída no espaço da própria espada. Porém, recipientes que forneçam benefícios próprios, como uma bandoleira de poções, ocupam espaço.

Por fim, a critério do mestre, pequenos itens que não possuem efeito em jogo — ou seja, que são meramente "cosméticos" — não precisam ser considerados. Você pode carregar um traje de viajante (ou outra roupa que não forneça um benefício) sem que isso ocupe espaço.

ARMAS

Armas são classificadas de acordo com a proficiência necessária para usá-la (simples, marciais, exóticas ou de fogo), propósito (ataque corpo a corpo ou à distância) e empunhadura (leve, uma mão ou duas mãos).

PROFICIÊNCIA

Armas Simples. Armas de manejo fácil, como adagas, clavas e lanças. Todos os personagens sabem usar armas simples.

Armas Marciais. Espadas, machados e outras armas de uso específico de combatentes. Bárbaros, bardos, bucaneiros, caçadores, cavaleiros, guerreiros, nobres e paladinos sabem usar armas marciais.

Armas Exóticas. Armas difíceis de dominar, como a corrente de espinhos e a espada bastarda. Exigem treinamento específico.

Armas de Fogo. Armas de pólvora são raras em Arton, por isso exigem treinamento específico.

Penalidade por Não Proficiência. Se você atacar com uma arma com a qual não seja proficiente, sofre –5 nos testes de ataque.

PROPÓSITO

Corpo a Corpo. Podem ser usadas para atacar alvos adjacentes. Para atacar com uma arma de combate corpo a corpo, faça um teste de Luta. Quando você ataca com uma arma corpo a corpo, soma sua Força às rolagens de dano.

Ataque à Distância. Podem ser usadas para atacar alvos adjacentes ou à distância. Para atacar com uma arma de combate à distância, faça um teste de Pontaria. São subdivididas em de *arremesso* e de *disparo*.

Arremesso. A própria arma é atirada, como uma adaga ou azagaia. Sacar uma arma de arremesso é uma ação de movimento. Quando você ataca com uma arma de arremesso, soma sua Força às rolagens de dano.

Disparo. A arma dispara um projétil, como um arco atira flechas. Sacar a munição de uma arma de disparo é uma ação livre. Recarregar uma arma de disparo exige as duas mãos. Quando ataca com uma arma de disparo, não soma nenhum valor de atributo às rolagens de dano.

EMPUNHADURA

Leve. Esta arma é usada com uma mão e se beneficia do poder Acuidade com Arma.

Uma mão. Esta arma é usada com uma mão, deixando a outra mão livre para outros fins.

Duas mãos. Esta arma é usada com as duas mãos. Livrar uma mão é uma ação livre. Reempunhá-la é uma ação de movimento (ou livre, se você puder sacá-la dessa forma).

CARACTERÍSTICAS DAS ARMAS

Preço. Inclui acessórios básicos, como bainhas para lâminas e aljavas para flechas.

Dano. Quando você acerta um ataque, rola o dano indicado (acrescente modificadores, se houver). O resultado é subtraído dos pontos de vida do alvo.

O dano na tabela se refere a armas normais, para criaturas Pequenas e Médias. Veja a **Tabela 3-2: Dano de Armas** para armas menores ou maiores.

Crítico. Quando você acerta um ataque rolando um 20 natural (ou seja, o dado mostra um 20), faz um acerto crítico. Neste caso, multiplique os dados de dano por 2. Bônus numéricos e dados extras (como pela habilidade Ataque Furtivo) não são multiplicados. Por exemplo, um dano de 1d8+3 torna-se 2d8+3 com um acerto crítico.

Certas armas fazem críticos em margem maior que 20 ou multiplicam o dano por um valor maior que 2. Em geral, armas mais precisas (bestas, espadas...) têm margem maior, enquanto armas mais penetrantes (arcos, machados...) têm multiplicador maior.

Efeitos que aumentam a margem de ameaça diminuem o número necessário para conseguir um crítico. Já efeitos que aumentam o multiplicador de crítico são acrescentados ao número do multiplicador.

19. A arma tem margem de ameaça 19 ou 20.

18. A arma tem margem de ameaça 18, 19 ou 20.

x2, x3, x4. A arma causa dano dobrado, triplicado ou quadruplicado em caso de acerto crítico.

19/x3. A arma tem margem de ameaça 19 ou 20 e causa dano triplicado em caso de acerto crítico.

CAPÍTULO TRÊS

ALCANCE. Armas com alcance podem ser usadas para ataques à distância. As categorias de alcance são curto (9m, ou 6 quadrados em um mapa), médio (30m ou 20 quadrados) e longo (90m ou 60 quadrados). Você pode atacar dentro do alcance sem sofrer penalidades. Você pode atacar até o dobro do alcance, mas sofre –5 no teste de ataque. Armas sem alcance podem ser arremessadas em alcance curto com –5 no teste de ataque.

TIPO. Armas tipicamente causam dano por corte (C), impacto (I) ou perfuração (P). Certas criaturas são resistentes ou imunes a certos tipos de dano.

ESPAÇO. Quantos espaços a arma ocupa, importante para a capacidade de carga do personagem.

HABILIDADES DE ARMAS

Algumas armas possuem uma ou mais das habilidades a seguir. Habilidades de armas aparecem em *itálico* no texto, para facilitar sua identificação.

ADAPTÁVEL. Uma arma de uma mão com esta habilidade pode ser usada com as duas mãos para aumentar seu dano em um passo.

ÁGIL. Pode ser usada com Acuidade com Arma, mesmo não sendo uma arma leve.

ALONGADA. Dobra o alcance natural do atacante, mas não permite atacar um adversário adjacente.

DESBALANCEADA. Impõe uma penalidade de –2 em testes de ataque.

DUPLA. Pode ser usada com Estilo de Duas Armas (e poderes similares) para fazer ataques adicionais, como se fosse uma arma de uma mão e uma arma leve. Cada "ponta" conta como uma arma separada para efeitos de melhorias e encantos.

VERSÁTIL. Fornece bônus em uma ou mais manobras (cumulativo com outros bônus de itens), conforme a arma.

Ataques Desarmados & Armas Naturais

Um ataque desarmado é um soco, chute ou qualquer outro golpe que use seu próprio corpo. Um ataque desarmado é considerado uma arma leve corpo a corpo que causa dano de impacto não letal (1d3 pontos de dano para criaturas Pequenas e Médias) e não é afetado por efeitos que mencionem especificamente objetos ou armas empunhadas. Uma criatura só possui um único ataque desarmado (mas pode escolher qual parte do corpo utiliza cada vez que o desfere).

Armas naturais representam partes específicas do corpo de uma criatura que podem ser usadas para desferir ataques, como chifres, garras ou uma poderosa mordida. Armas naturais são consideradas armas leves corpo a corpo e, assim como ataques desarmados, não são afetadas por efeitos que afetem especificamente objetos (uma arma natural não pode ser desarmada ou quebrada, por exemplo) ou que afetem armas que precisam ser empunhadas. A quantidade e tipo de dano de cada arma natural é apresentada em sua descrição.

PASSOS DE DANO

Alguns efeitos podem aumentar ou diminuir o dano da arma em um ou mais "passos". Por exemplo, armas aumentadas, usadas por criaturas Grandes (veja a página 106), causam um passo a mais de dano. Sempre que precisar aumentar ou diminuir o dano de uma arma em um ou mais passos, consulte a TABELA 3-2: DANO DE ARMAS.

TABELA 3-2: DANO DE ARMAS

–2 PASSOS	–1 PASSO	NORMAL	+1 PASSO	+2 PASSOS	+3 PASSOS
1	1d2	1d3	1d4	1d6	1d8
1d2	1d3	1d4	1d6	1d8	1d10
1d3	1d4	1d6	1d8	1d10	1d12
1d4	1d6	1d8 ou 2d4	1d10	1d12	3d6
1d6	1d8	1d10	1d12	3d6	4d6
1d8	1d10	1d12, 2d6 ou 3d4	3d6	4d6	4d8
1d10	2d6	2d8	3d8	4d8	4d10
2d6	2d8	2d10	3d10	4d10	4d12 (máximo)

EQUIPAMENTO

Tabela 3-3: Armas

Armas Simples	Preço	Dano	Crítico	Alcance	Tipo	Espaços
Corpo a Corpo — Leves						
Adaga	T$ 2	1d4	19	Curto	Perfuração	1
Espada curta	T$ 10	1d6	19	—	Perfuração	1
Foice	T$ 4	1d6	x3	—	Corte	1
Corpo a Corpo — Uma Mão						
Clava	—	1d6	x2	—	Impacto	1
Lança	T$ 2	1d6	x2	Curto	Perfuração	1
Maça	T$ 12	1d8	x2	—	Impacto	1
Corpo a Corpo — Duas Mãos						
Bordão	—	1d6/1d6	x2	—	Impacto	2
Pique	T$ 2	1d8	x2	—	Perfuração	2
Tacape	—	1d10	x2	—	Impacto	2
Ataque à Distância — Uma Mão						
Azagaia	T$ 1	1d6	x2	Médio	Perfuração	1
Besta leve	T$ 35	1d8	19	Médio	Perfuração	1
Virotes (20)	T$ 2	—	—	—	—	1
Funda	—	1d4	x2	Médio	Impacto	1
Pedras (20)	T$ 0,5	—	—	—	—	1
Ataque à Distância — Duas Mãos						
Arco curto	T$ 30	1d6	x3	Médio	Perfuração	2
Flechas (20)	T$ 1	—	—	—	—	1

Armas Marciais	Preço	Dano	Crítico	Alcance	Tipo	Espaços
Corpo a Corpo — Leves						
Machadinha	T$ 6	1d6	x3	Curto	Corte	1
Corpo a Corpo — Uma Mão						
Cimitarra	T$ 15	1d6	18	—	Corte	1
Espada longa	T$ 15	1d8	19	—	Corte	1
Florete	T$ 20	1d6	18	—	Perfuração	1
Machado de batalha	T$ 10	1d8	x3	—	Corte	1
Mangual	T$ 8	1d8	x2	—	Impacto	1
Martelo de guerra	T$ 12	1d8	x3	—	Impacto	1
Picareta	T$ 8	1d6	x4	—	Perfuração	1
Tridente	T$ 15	1d8	x2	Curto	Perfuração	1

Tabela 3-3: Armas (Continuação)

Armas Marciais	Preço	Dano	Crítico	Alcance	Tipo	Espaços
Corpo a Corpo — Duas Mãos						
Alabarda	T$ 10	1d10	x3	—	Corte/perfuração	2
Alfange	T$ 75	2d4	18	—	Corte	2
Gadanho	T$ 18	2d4	x4	—	Corte	2
Lança montada	T$ 10	1d8	x3	—	Perfuração	2
Machado de guerra	T$ 20	1d12	x3	—	Corte	2
Marreta	T$ 20	3d4	x2	—	Impacto	2
Montante	T$ 50	2d6	19	—	Corte	2
Ataque à Distância — Duas Mãos						
Arco longo	T$ 100	1d8	x3	Médio	Perfuração	2
Flechas (20)	T$ 1	—	—	—	—	1
Besta pesada	T$ 50	1d12	19	Médio	Perfuração	2
Virotes (20)	T$ 2	—	—	—	—	1

Armas Exóticas	Preço	Dano	Crítico	Alcance	Tipo	Espaços
Corpo a Corpo — Uma Mão						
Chicote	T$ 2	1d3	x2	—	Corte	1
Espada bastarda	T$ 35	1d10/1d12	19	—	Corte	1
Katana	T$ 100	1d8/1d10	19	—	Corte	1
Machado anão	T$ 30	1d10	x3	—	Corte	1
Corpo a Corpo — Duas Mãos						
Corrente de espinhos	T$ 25	2d4/2d4	19	—	Corte	2
Machado táurico	T$ 50	2d8	x3	—	Corte	2
Ataque à Distância — Uma Mão						
Rede	T$ 20	—	—	Curto	—	1

Armas de Fogo	Preço	Dano	Crítico	Alcance	Tipo	Espaços
Ataque à Distância — Leve						
Pistola	T$ 250	2d6	19/x3	Curto	Perfuração	1
Balas (20)	T$ 20	—	—	—	—	1
Ataque à Distância — Duas Mãos						
Mosquete	T$ 500	2d8	19/x3	Médio	Perfuração	2
Balas (20)	T$ 20	—	—	—	—	1

Descrição das Armas

Adaga. Esta faca afiada é usada por muitos habitantes adultos do Reinado, embora seja favorita de ladrões e assassinos, por ser facilmente escondida (fornece +5 em testes de Ladinagem para ocultá-la). Quando ataca com uma adaga, você pode usar sua Destreza em vez de Força nos testes de ataque. Uma adaga pode ser arremessada.

Alabarda. Uma haste de madeira com 2m de comprimento e uma lâmina de machado na ponta. A alabarda é uma arma *alongada*.

Alfange. Uma versão maior da cimitarra, esta espada de lâmina larga e curva é bastante usada por guerreiros do Deserto da Perdição.

Arco Curto. Uma arma antiga e comum, este arco é usado primariamente como ferramenta de caça, embora seja usado como arma de guerra por milícias, bandidos e exércitos menos equipados. Pode ser usado montado.

Arco Longo. Este arco reforçado tem a altura de uma pessoa. Ao contrário da versão curta, é primariamente uma arma de guerra. Por ter uma puxada pesada, permite que você aplique sua Força às rolagens de dano (ao contrário de outras armas de disparo). Porém, um arco longo não pode ser usado se você estiver montado.

Azagaia. Uma lança leve e flexível, própria para arremesso. Pode ser usada como arma corpo a corpo, mas você sofre uma penalidade de –5 no teste de ataque.

Besta Leve. Um arco montado sobre uma coronha de madeira com um gatilho, a besta leve é uma arma que dispara virotes com grande potência. Recarregar uma besta leve é uma ação de movimento.

Besta Pesada. Versão maior e mais potente da besta leve. Recarregar uma besta pesada é uma ação padrão.

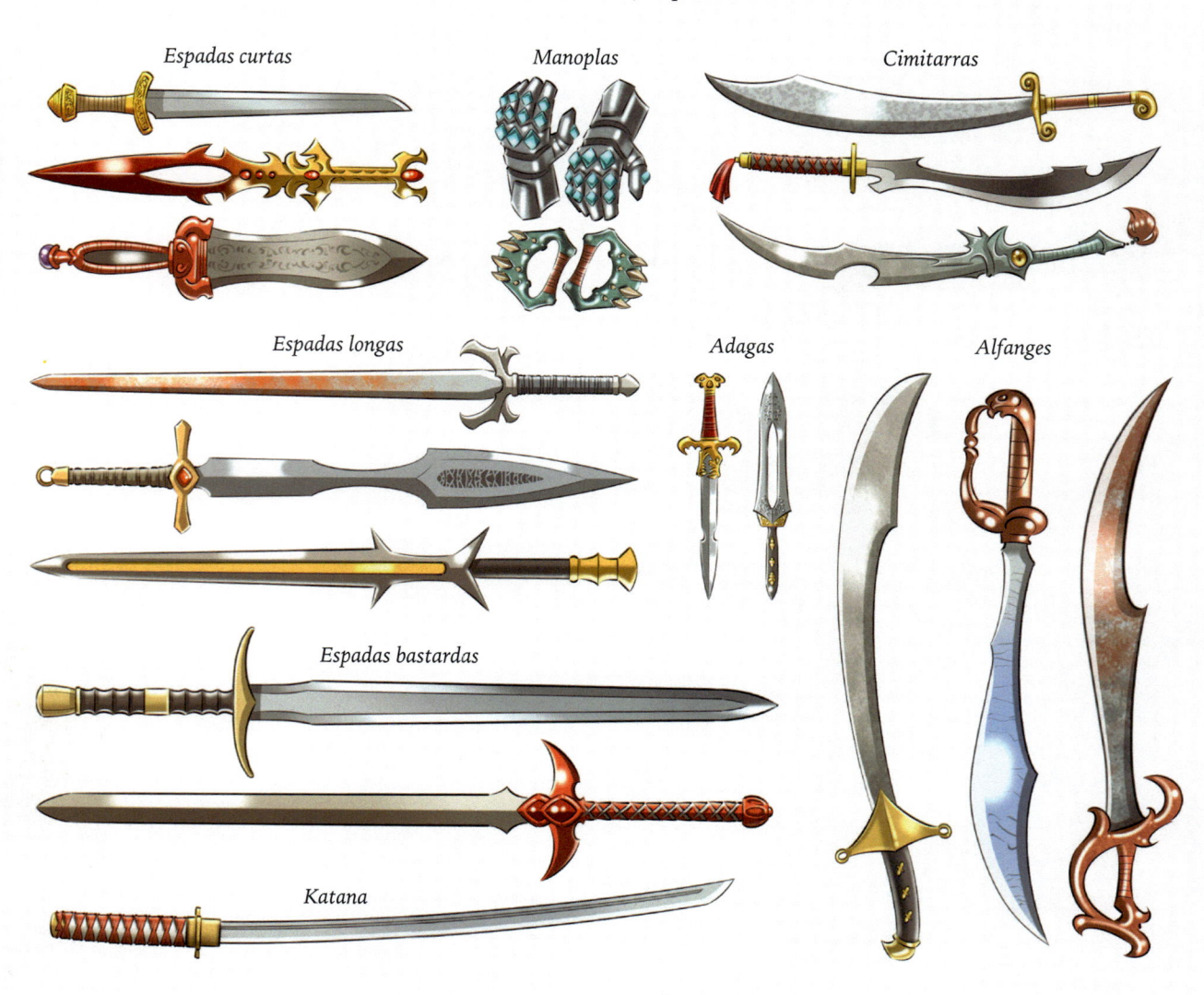

Espadas curtas

Manoplas

Cimitarras

Espadas longas

Adagas

Alfanges

Espadas bastardas

Katana

Capítulo Três

Bordão. Um cajado apreciado por viajantes e camponeses por sua praticidade e fácil acesso (seu preço é zero). O bordão é uma arma *dupla*.

Chicote. Esta arma pode ser usada para atacar inimigos a até 4,5m e pode se enroscar nas mãos, pernas ou armas de seus adversários. O chicote é uma arma *ágil* e *versátil*, fornecendo +2 em testes para derrubar ou desarmar.

Cimitarra. Espada com a lâmina curva e muito afiada. A cimitarra é uma arma *ágil*.

Clava. Um pedaço de madeira empunhado como arma, geralmente usado por bárbaros ou criaturas brutais — ou como arma improvisada, como um galho de árvore ou pedaço de mobília. Sendo fácil de conseguir, seu preço é zero.

Corrente de Espinhos. Esta arma pode ser usada para atacar inimigos a até 4,5m e pode se enroscar nas mãos, pernas ou armas de seus adversários. A corrente de espinhos é uma arma

> ### Armas Improvisadas
>
> Atacar com um objeto que não tenha sido feito para lutar (cadeiras, garrafas quebradas...) provoca penalidade de –2 no teste de ataque. Via de regra, armas improvisadas causam 1d6 pontos de dano, com crítico x2, mas esses valores podem mudar de acordo com o mestre. O tipo de dano é determinado pelo mestre (impacto para cadeira, corte para garrafa quebrada...).

ágil, *dupla* e *versátil*, fornecendo +2 em testes para derrubar ou desarmar.

Espada Bastarda. Maior e mais pesada que a espada longa, esta arma é tradicionalmente usada pelos cavaleiros de Bielefeld. A espada bastarda é uma arma *adaptável*. É muito grande para ser usada com uma só mão sem treinamento especial; por isso

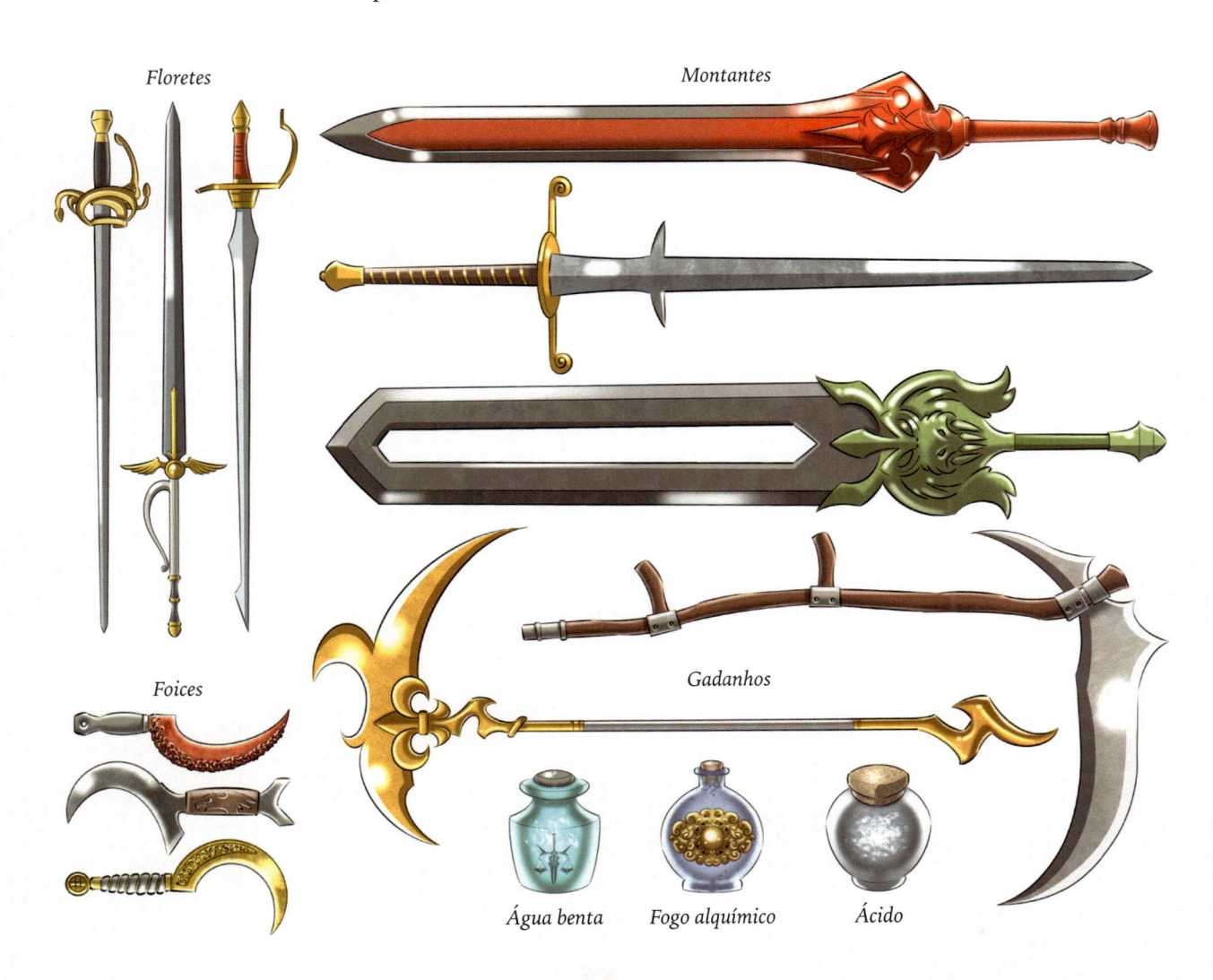

Floretes

Montantes

Foices

Gadanhos

Água benta   Fogo alquímico   Ácido

Equipamento

é uma arma exótica. Ela pode ser usada como uma arma marcial de duas mãos.

Espada Curta. O tipo mais comum de espada, usada por guardas ou como arma secundária de guerreiros mais capazes. Mede entre 40 e 50cm.

Espada Longa. Arma típica de soldados e guerreiros, esta espada de dois gumes tem lâmina reta medindo entre 80cm e 1m.

Florete. A lâmina leve e fina desta espada torna a arma muito precisa. O florete é uma arma *ágil*.

Foice. Originalmente um instrumento agrícola, consiste de uma lâmina curva presa a um cabo de madeira. Uma arma tradicional de druidas.

Funda. Uma simples tira de couro usada para arremessar pedras polidas. Na falta de munição adequada, pode disparar pedras comuns, mas o dano é reduzido em um passo. Recarregar uma funda é uma ação de movimento. Ao contrário de outras armas de disparo, você aplica sua Força a rolagens de dano com uma funda.

Gadanho. Outra ferramenta agrícola, o gadanho é uma versão maior da foice, para uso com as duas mãos. Foi criada para ceifar cereais, mas também pode ceifar vidas.

Katana. A espada tradicional do samurai tem lâmina levemente curva e apenas um gume. A katana é uma arma *adaptável* e *ágil*. É muito grande para ser empunhada com uma só mão sem treinamento especial; por isso, é uma arma exótica. Ela pode ser usada como uma arma marcial de duas mãos.

Lança. Qualquer arma feita com uma haste de madeira e uma ponta afiada, natural ou metálica. Por sua facilidade de fabricação, é muito comum entre orcs, kobolds, trogloditas e outras raças menos civilizadas. Uma lança pode ser arremessada.

Lança Montada. A lança montada é uma arma alongada. Se você estiver montado, pode usá-la

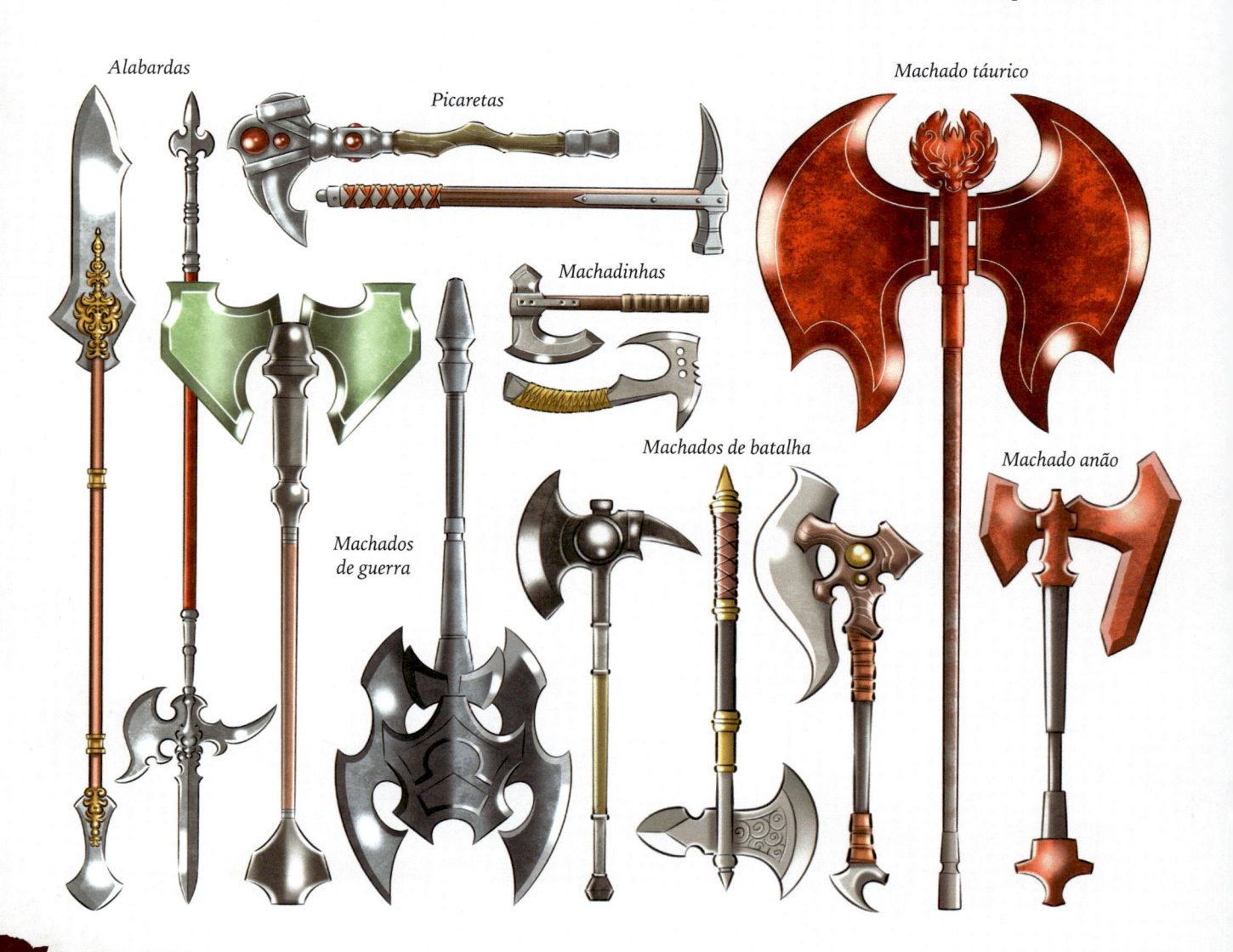

Alabardas

Picaretas

Machado táurico

Machadinhas

Machados de guerra

Machados de batalha

Machado anão

Capítulo Três

com apenas uma mão. Além disso, quando usada numa investida montada, causa +2d8 pontos de dano (note que dados extras não são multiplicados em caso de acerto crítico).

MAÇA. Bastão com um peso cheio de protuberâncias na ponta, a maça é usada por clérigos que fazem votos de não derramar sangue. De fato, um golpe de maça nem sempre derrama sangue, mas esmaga ossos.

MACHADINHA. Ferramenta útil para cortar madeira e também inimigos. Uma machadinha pode ser arremessada.

MACHADO ANÃO. A arma preferida de onze entre dez guerreiros anões. Um machado anão é muito grande para ser usado com uma só mão sem treinamento especial; por isso é uma arma exótica. Ele pode ser usado como uma arma marcial de duas mãos.

MACHADO DE BATALHA. Adaptado do machado de lenhador, este não é um instrumento para corte de árvores, mas sim uma arma capaz de causar ferimentos terríveis.

MACHADO DE GUERRA. Este imenso machado de lâmina dupla é uma arma extremamente perigosa.

MACHADO TÁURICO. Uma haste comprida com uma lâmina extremamente grossa na ponta, esta é uma arma ancestral dos minotauros. Um machado táurico é uma arma *desbalanceada*. Além disso, é muito grande para ser usado sem treinamento especial; por isso, é uma arma exótica.

MANGUAL. Uma haste metálica ligada a uma corrente com uma esfera de aço na ponta, que pode se enroscar na arma do adversário. O mangual é uma arma *versátil*, fornecendo +2 em testes para desarmar.

MARRETA. Uma haste de madeira resistente com uma pesada cabeça de metal ou pedra.

MARTELO DE GUERRA. Outra ferramenta adaptada para combate, esta é a arma favorita de quase todos os anões que não usam machados.

Marreta

Tridentes

Bordões

Martelo de guerra

Maças

Manguais

Tacapes

Corrente de espinhos

Clavas

EQUIPAMENTO

Montante. Enorme e pesada, esta espada de 1,5m de comprimento é uma arma poderosa.

Mosquete. Uma arma de fogo de uso difícil, mas com poder devastador. Recarregar um mosquete é uma ação padrão.

Picareta. Usada por mineradores, esta ferramenta quebra pedras com facilidade. Imagine o que pode fazer com carne e osso!

Pique. Essencialmente uma lança muito longa. O pique é uma arma *alongada*.

Pistola. A arma de fogo mais comum. Recarregar uma pistola é uma ação padrão.

Rede. A rede tem pequenos dentes em sua trama e uma corda para controlar os inimigos presos. Se você acertar um ataque com a rede, não causa dano. Em vez disso, a vítima fica enredada (deslocamento reduzido à metade, não pode correr nem fazer investidas e sofre –2 na Defesa e em testes de ataque).

Enquanto você estiver segurando a corda, sempre que a vítima se mover você pode fazer um teste de Força oposto contra ela como uma reação. Se você vencer, a vítima só pode se mover até o limite da corda (alcance curto).

A vítima pode se soltar com uma ação completa e um teste de Força ou Acrobacia (CD 20). A rede tem 5 pontos de vida e, se rasgar, qualquer criatura enredada se solta automaticamente. A rede só pode ser usada contra criaturas no máximo uma categoria de tamanho maior que você.

Tacape. Versão maior e/ou com pregos de uma clava. Usado por bárbaros e humanoides bestiais, não é uma arma elegante, mas faz o serviço.

Tridente. Uma lança com três pontas, favorita de povos marinhos e gladiadores e própria para prender as pernas do oponente. O tridente é uma arma *versátil*, fornecendo +2 em testes para derrubar. Um tridente pode ser arremessado.

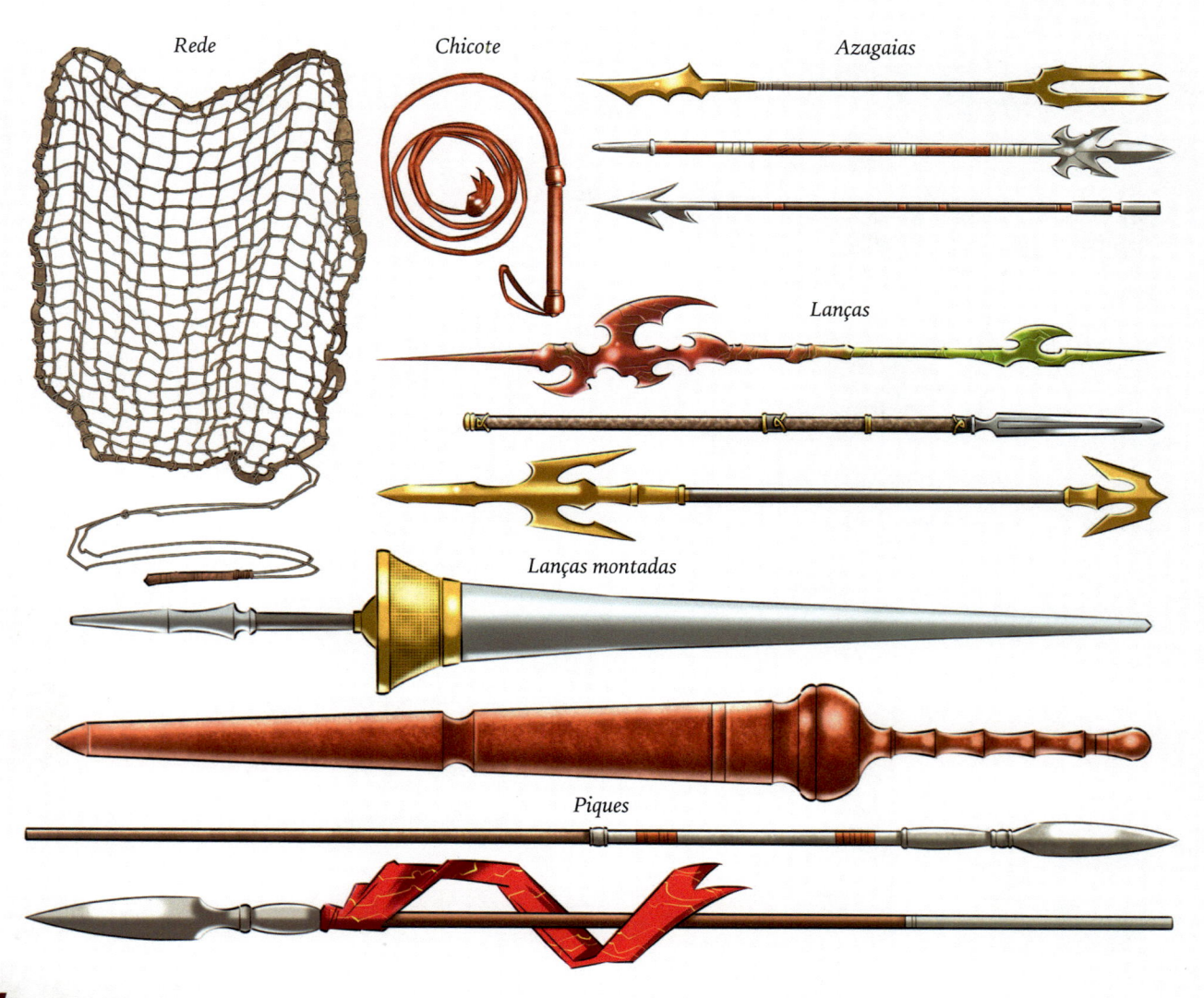

Rede

Chicote

Azagaias

Lanças

Lanças montadas

Piques

Capítulo Três

MUNIÇÕES

Projéteis usados em armas de disparo. Munição é vendida em pacotes com projéteis suficientes para 20 ataques. Sempre que você faz um ataque com uma arma de disparo, a munição é perdida, independentemente de o ataque acertar ou não.

Pacotes de munições podem receber melhorias e encantos como armas (mas bônus de munições não acumulam com bônus da arma de disparo). O aumento no preço de um pacote de munição superior ou mágico é metade do aumento de uma arma (uma munição com uma melhoria, por exemplo, custa +T$ 150, em vez de +T$ 300).

Balas. Uma bolsa com 20 balas (pequenas esferas de chumbo) e pólvora. Recarregar uma pistola ou um mosquete é uma ação padrão.

Flechas. Uma aljava com 20 flechas, hastes de madeira com ponta metálica e penas para estabilizar o voo. Recarregar um arco com uma flecha é uma ação livre.

Pedras. Um saco de couro com 20 pedras polidas. Recarregar uma funda com uma pedra de qualquer tipo é uma ação de movimento.

Virotes. Uma aljava com 20 setas de madeira. Recarregar uma besta leve é uma ação de movimento; já recarregar uma besta pesada é uma ação padrão.

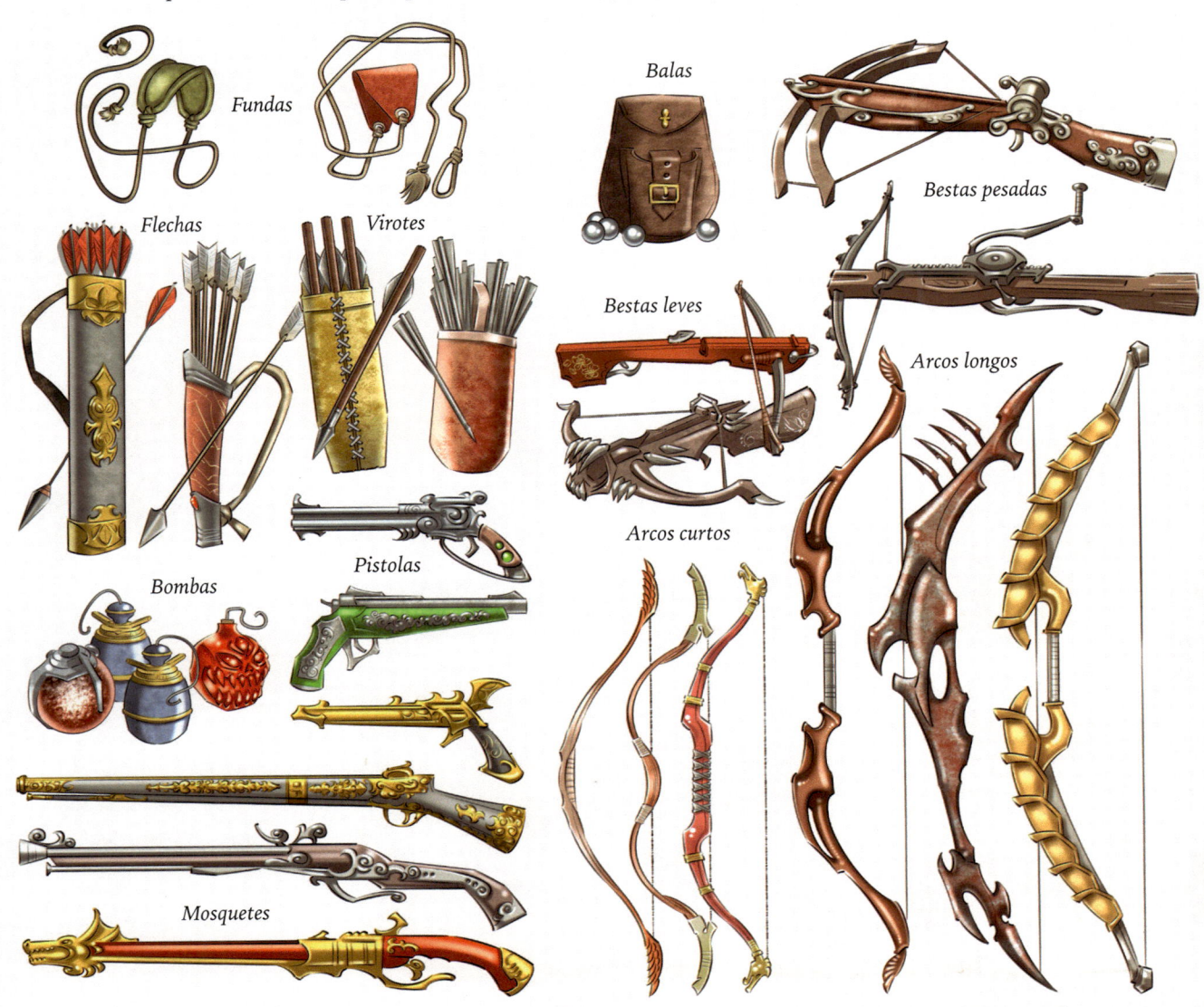

Tabela 3-4: Munições

Item	Preço	Espaços
Balas	T$ 20	1
Flechas	T$ 1	1
Pedras	T$ 0,5	1
Virotes	T$ 2	1

ARMADURAS & ESCUDOS

Armaduras são classificadas em *leves* e *pesadas*, de acordo com a sua facilidade de uso e mobilidade.

Armaduras Leves. Feitas de tecido, couro ou peles, oferecem pouca proteção, mas muita liberdade de movimentos. Vestir ou remover uma armadura leve é uma ação completa.

Armaduras Pesadas. Feitas de cota de malha (trama com anéis metálicos) ou placas de aço. Oferecem maior proteção, mas restringem seus movimentos. Se usar uma armadura pesada, você não aplica sua Destreza na Defesa e tem seu deslocamento reduzido em 3m. Vestir ou remover uma armadura pesada demora cinco minutos. Dormir de armadura pesada deixa você fatigado pelo dia.

Escudos. Existem escudos leves e pesados. Um personagem proficiente em escudo sabe usar ambos. Colocar ou tirar um escudo de qualquer tipo é uma ação de movimento.

Ataque com Escudo. Caso possua proficiência em armas marciais, você pode usar um escudo para atacar, mas perde seu bônus na Defesa até seu próximo turno se fizer isso. Escudos leves causam 1d4 pontos de dano de impacto e escudos pesados causam 1d6 pontos de dano de impacto, ambos com crítico x2. Embora possam ser usados para atacar, escudos não contam como armas.

Penalidade por Não Proficiência. Um personagem vestindo uma armadura ou escudo que não saiba usar aplica a penalidade da armadura em *todas* as perícias baseadas em Força e Destreza.

CARACTERÍSTICAS DAS ARMADURAS E ESCUDOS

Preço. Este é o preço por armaduras completas — "partes" de armaduras não costumam ser vendidas separadamente e não fornecem proteção quando usadas de forma avulsa.

Bônus na Defesa. Cada armadura fornece um bônus na Defesa do usuário. Quanto mais pesada, maior o bônus. Não se pode vestir uma armadura sobre outra. Pode-se usar armadura e escudo ao mesmo tempo (os bônus se acumulam), mas não dois escudos.

Armadura acolchoada

Armadura de couro

Couro batido

Gibão de peles

Tabela 3-5: Armaduras & Escudos

Armaduras e Escudos	Preço	Bônus na Defesa	Penalidade de Armadura	Espaços
Armaduras Leves				
Armadura acolchoada	T$ 5	+1	0	2
Armadura de couro	T$ 20	+2	0	2
Couro batido	T$ 35	+3	–1	2
Gibão de peles	T$ 25	+4	–3	2
Couraça	T$ 500	+5	–4	2
Armaduras Pesadas				
Brunea	T$ 50	+5	–2	5
Cota de malha	T$ 150	+6	–2	5
Loriga segmentada	T$ 250	+7	–3	5
Meia armadura	T$ 600	+8	–4	5
Armadura completa	T$ 3.000	+10	–5	5
Escudos				
Escudo leve	T$ 5	+1	–1	1
Escudo pesado	T$ 15	+2	–2	2

Penalidade de Armadura. Por seu peso e rigidez, a maioria das armaduras dificulta o uso de perícias que demandam agilidade. Aplique a penalidade de armadura em testes de Acrobacia, Furtividade e Ladinagem (e em testes de Atletismo para natação). Penalidades de armaduras e escudos se acumulam.

Espaço. Quantos espaços a armadura ou escudo ocupa, importante para a capacidade de carga do personagem.

Brunea

Cota de malha

Loriga segmentada

Meia armadura

Equipamento

Descrição das Armaduras e Escudos

Armadura Acolchoada. Uma túnica almofadada feita em linho ou lã. É a armadura mais leve, mas protege todo o corpo, fornecendo +2 em Fortitude.

Armadura Completa. A mais forte e pesada das armaduras, formada por placas de metal forjadas e encaixadas de modo a cobrir o corpo inteiro. Inclui uma túnica acolchoada para ser usada sob as placas. Correias e fivelas distribuem o peso da armadura pelo corpo inteiro.

Esta armadura precisa ser feita sob medida para cada usuário; um ferreiro cobra T$ 200 para adaptar uma armadura completa a um novo usuário.

Armadura de Couro. O peitoral desta armadura é feito de couro curtido em óleo fervente, para ficar mais rígido, enquanto as demais partes são feitas de couro flexível.

Brunea. Colete de couro coberto com plaquetas de metal sobrepostas, como escamas de um peixe. Por ser barata de produzir, é a armadura mais utilizada no Reinado por soldados de infantaria e guardas de castelo.

Cota de Malha. Longa veste de anéis metálicos interligados, formando uma malha flexível e resistente, que vai até os joelhos.

Couraça. A mais robusta das armaduras leves, formada por uma placa metálica que protege o peito e as costas, presa sobre um casaco de couro.

Couro Batido. Versão mais pesada da armadura de couro, reforçada com rebites de metal.

Escudo Leve. Tipicamente feito de madeira, este escudo é amarrado no antebraço, deixando a mão livre. Você pode carregar um objeto na mão que empunha o escudo, mas não manusear uma arma.

Escudo Pesado. Normalmente feito de aço, este escudo é preso ao antebraço e também deve ser empunhado com firmeza, impedindo o usuário de usar aquela mão.

Gibão de Peles. Usada principalmente por bárbaros e selvagens, esta armadura é formada por várias camadas de peles e couro de animais.

Loriga Segmentada. Composta por tiras horizontais de metal, esta armadura pesada é muito utilizada por legionários do Império de Tauron.

Meia Armadura. Uma cota de malha reforçada com placas de metal.

Armadura completa

Couraças

Escudos leves

Escudos pesados

Capítulo Três

ITENS GERAIS

Além de armas e armaduras, outros itens são úteis para aventureiros. Itens gerais são divididos em nove categorias: *equipamento de aventura*, *ferramentas*, *vestuário*, *esotéricos*, *alquímicos*, *alimentação*, *animais*, *veículos* e *serviços*.

Alguns itens precisam ser empunhados para serem usados; outros, precisam ser vestidos (veja "Limites de Uso", na página 141, para as regras de uso de itens). Itens que permitem um teste de resistência seguem as mesmas regras de testes de resistência de habilidades (veja a página 227).

EQUIPAMENTO DE AVENTURA

Utensílios úteis para exploradores de masmorras. A CD para fabricar qualquer desses itens é 15.

Água Benta. Produzida com a magia *Abençoar Alimentos*, esta água sagrada é um poderoso recurso na luta contra o mal. Para usar a água benta, você gasta uma ação padrão e escolhe um morto-vivo, demônio ou diabo em alcance curto (a água benta é inofensiva contra outras criaturas). O alvo sofre 2d10 pontos de dano de luz (Reflexos CD Sab reduz à metade).

Algemas. Um par de algemas para criaturas Médias. Prender uma criatura que não esteja indefesa exige empunhar a algema, agarrar o alvo (veja "Manobras de Combate", no **Capítulo 5**) e vencer um novo teste de agarrar contra ela. Você pode prender os dois pulsos da pessoa (–5 em testes que exijam o uso das mãos, impede conjuração) ou um dos pulsos dela em um objeto imóvel adjacente, caso haja, para impedir que ela se mova. Escapar das algemas exige uma ação completa e um teste de Acrobacia contra CD 30 ou de Força contra CD 25 — ou ter as chaves...

Arpéu. Um gancho de aço amarrado na ponta de uma corda para se fixar em muros, janelas, parapeitos de prédios... Prender um arpéu exige um teste de Pontaria (CD 15). Subir um muro com a ajuda de uma corda fornece +5 no teste de Atletismo.

Bandoleira de Poções. Um cinto de couro com bolsos que comportam pequenos frascos. Se você estiver vestindo uma bandoleira, pode sacar itens alquímicos e poções como uma ação livre.

Barraca. Esta barraca de lona conta como um saco de dormir para duas pessoas e fornece +2 em testes de Sobrevivência para acampar.

Corda. Um rolo com 10 metros de corda de cânhamo, o mesmo tipo usado em navios. Possui diversas utilidades: pode ajudar a descer um buraco ou muro (+5 em testes de Atletismo nessas situações), amarrar pessoas etc. Dar um nó firme ou especial (por exemplo, capaz de deslizar, se desfazer com um puxão etc.) exige um teste de Destreza (CD 15). Arrebentar a corda exige 2 pontos de dano de corte ou uma ação padrão e um teste de Força (CD 20).

Espelho. Este pequeno espelho possui diversas utilidades: observar cantos, fazer sinais de luz e, claro, garantir que você esteja apresentável.

Lampião. Um cilindro com uma alça e duas portinholas. Uma chama alimentada por óleo é acesa dentro do cilindro e uma das portinholas aberta deixa a luz sair. Acender um lampião é uma ação padrão e sua luz ilumina um raio com 15m. Carregar um lampião com óleo é uma ação padrão e ele dura uma cena.

Mochila. Uma bolsa de lona com tiras para ser carregada nas costas. Não conta como item vestido.

Mochila de Aventureiro. Feita de couro resistente, esta mochila é repleta de bolsos para prender equipamento. Vestir uma mochila de aventureiro aumenta sua capacidade de carga em 2 espaços (ela própria não gasta um espaço).

Óleo. Um frasco com óleo inflamável para lampião. Você pode atirar o frasco em uma criatura em alcance curto com uma ação padrão. Se ela sofrer dano de fogo até o fim do seu próximo turno, sofre 1d6 pontos de dano extra e fica em chamas.

Organizador de Pergaminhos. Um estojo de madeira ou couro rígido. Se você estiver vestindo um organizador de pergaminhos, pode sacar pergaminhos como uma ação livre.

Pé de Cabra. Esta barra de ferro fornece +5 em testes de Força para abrir portas, janelas e baús fechados. Um pé de cabra pode ser usado como arma, com as estatísticas de uma clava.

Saco de Dormir. Um colchão com uma coberta fina o bastante para ser enrolada e amarrada, é especialmente útil para aventureiros, que nunca

Tabela 3-6: Itens Gerais

Item	Preço	Espaços
Equipamento de Aventura		
Água benta	T$ 10	0,5
Algemas	T$ 15	1
Arpéu	T$ 5	1
Bandoleira de poções	T$ 20	1
Barraca	T$ 10	1
Corda	T$ 1	1
Espelho	T$ 10	1
Lampião	T$ 7	1
Mochila	T$ 2	—
Mochila de aventureiro	T$ 50	—
Óleo	T$ 0,1	0,5
Organizador de pergaminhos	T$ 25	1
Pé de cabra	T$ 2	1
Saco de dormir	T$ 1	1
Símbolo sagrado	T$ 5	1
Tocha	T$ 0,1	1
Vara de madeira (3m)	T$ 0,2	1
Ferramentas		
Alaúde élfico	T$ 300	1
Coleção de livros	T$ 75	1
Equipamento de viagem	T$ 10	1
Estojo de disfarces	T$ 50	1
Flauta mística	T$ 150	1
Gazua	T$ 5	1
Instrumentos de <ofício>	T$ 30	1
Instrumento musical	T$ 35	1
Luneta	T$ 100	1
Maleta de medicamentos	T$ 50	1
Sela	T$ 20	1
Tambor das profundezas	T$ 80	1
Vestuário		
Andrajos de aldeão	T$ 1	1
Bandana	T$ 5	1
Botas reforçadas	T$ 20	1
Camisa bufante	T$ 25	1
Capa esvoaçante	T$ 25	1
Capa pesada	T$ 15	1
Casaco longo	T$ 20	1

Item	Preço	Espaços
Vestuário (continuação)		
Chapéu arcano	T$ 50	1
Enfeite de elmo	T$ 15	1
Farrapos de ermitão	T$ 1	1
Gorro de ervas	T$ 75	1
Luva de pelica	T$ 5	1
Manopla	T$ 10	1
Manto camuflado	T$ 12	1
Manto eclesiástico	T$ 20	1
Robe místico	T$ 50	1
Sapatos de camurça	T$ 8	1
Tabardo	T$ 10	1
Traje da corte	T$ 100	1
Traje de viajante	T$ 10	—
Veste de seda	T$ 25	1
Esotéricos		
Bolsa de pó	T$ 300	1
Cajado arcano	T$ 1.000	2
Cetro elemental	T$ 750	1
Costela de lich	T$ 300	1
Dedo de ente	T$ 200	1
Luva de ferro	T$ 150	1
Medalhão de prata	T$ 750	1
Orbe cristalina	T$ 750	1
Tomo hermético	T$ 1.500	1
Varinha arcana	T$ 100	1
Alquímicos — Preparados		
Ácido	T$ 10	0,5
Bálsamo restaurador	T$ 10	0,5
Bomba	T$ 50	0,5
Cosmético	T$ 30	0,5
Elixir do amor	T$ 100	0,5
Essência de mana	T$ 50	0,5
Fogo alquímico	T$ 10	0,5
Pó do desaparecimento	T$ 100	0,5
Alquímicos — Catalisadores		
Baga-de-fogo	T$ 30	0,5
Dente-de-dragão	T$ 45	0,5

Tabela 3-6: Itens Gerais (Continuação)

Item	Preço	Espaços	Item	Preço	Espaços
Alquímicos — Catalisadores (continuação)			**Animais**		
Essência abissal	T$ 150	0,5	Alforje	T$ 30	—
Líquen lilás	T$ 30	0,5	Cão de caça	T$ 150	—
Musgo púrpura	T$ 45	0,5	Cavalo	T$ 75	—
Ossos de monstro	T$ 45	0,5	Cavalo de guerra	T$ 400	—
Pó de cristal	T$ 30	0,5	Estábulo (por dia)	T$ 0,1	—
Pó de giz	T$ 30	0,5	Pônei	T$ 5	—
Ramo verdejante	T$ 45	0,5	Pônei de guerra	T$ 30	—
Saco de sal	T$ 45	0,5	Trobo	T$ 60	—
Seixo de âmbar	T$ 30	0,5			
Terra de cemitério	T$ 30	0,5	**Veículos**		
			Balão goblin	T$ 200	—
Alquímicos — Venenos			Carroça	T$ 150	—
Beladona	T$ 1.500	0,5	Carruagem	T$ 500	—
Bruma sonolenta	T$ 150	0,5	Canoa	T$ 70	—
Cicuta	T$ 60	0,5	Veleiro	T$ 10.000	—
Essência de sombra	T$ 100	0,5			
Névoa tóxica	T$ 30	0,5	**Serviços**		
Peçonha comum	T$ 15	0,5	Estadia (por noite)		
Peçonha concentrada	T$ 90	0,5	comum	T$ 0,5	—
Peçonha potente	T$ 600	0,5	confortável	T$ 4	—
Pó de lich	T$ 3.000	0,5	luxuosa	T$ 20	—
Riso de Nimb	T$ 150	0,5	Condução		
			terrestre	T$ 0,5 por km	—
Alimentação			marítima	T$ 0,1 por km	—
Batata valkariana	T$ 2	0,5	aérea	T$ 10 por km	—
Gorad quente	T$ 18	0,5	Curandeiro	T$ 5	—
Macarrão de Yuvalin	T$ 6	0,5	Magia		
Prato do aventureiro	T$ 1	0,5	1º círculo	T$ 10	—
Ração de viagem (por dia)	T$ 0,5	0,5	2º círculo	T$ 90	—
Refeição comum	T$ 0,3	0,5	3º círculo	T$ 360	—
Sopa de peixe	T$ 1	0,5	Mensageiro	T$ 0,5 por km	—

sabem onde vão passar a noite. Dormir ao relento sem um acampamento e um saco de dormir diminui sua recuperação de PV e PM (veja a página 106).

Símbolo Sagrado. Um medalhão de madeira ou metal com o símbolo de uma divindade. Se você estiver vestindo (normalmente com uma corrente ao redor do pescoço) ou empunhando o símbolo sagrado de um deus do qual é devoto, recebe +1 em testes de resistência.

Tocha. Um bastão de madeira com algum combustível na ponta (geralmente trapos embebidos em parafina). Acender uma tocha é uma ação padrão. Ela ilumina um raio de 9m e dura uma cena. Pode ser usada como uma arma simples leve (dano 1d4 de impacto mais 1 de fogo, crítico x2).

Vara de Madeira. Uma haste com 3m de comprimento. Útil para alcançar pontos distantes, mas frágil demais para servir como arma.

Instrumentos Musicais

Alguns itens da categoria ferramentas são *instrumentos musicais*. Tais itens são de grande importância para bardos e possuem as regras a seguir.

• Você precisa empunhar um instrumento musical com as duas mãos para receber seus benefícios e para usar Músicas de Bardo (veja a página 45).

• Instrumentos musicais podem ser usados como esotéricos por bardos (permitindo que lance magias usando a mão que empunha o instrumento).

• Instrumentos musicais podem receber melhorias de ferramentas (contam como itens ligados a Atuação) e de esotéricos (mas afetam apenas magias lançadas por bardos).

FERRAMENTAS

Itens desta categoria afetam testes de perícia, eliminando penalidades ou fornecendo bônus. A CD para fabricar qualquer ferramenta é 20.

Alaúde Élfico. Feito com madeira de alta qualidade e manufatura delicada, este alaúde gera notas vívidas e emocionantes. Enquanto empunha este item, você pode usar a habilidade Inspiração como uma ação de movimento. Conta como um instrumento musical.

Coleção de Livros. Uma pequena coleção de tomos e tratados sobre um assunto. Fornece +1 em Conhecimento, Guerra, Misticismo, Nobreza ou Religião (definido quando o item é comprado ou fabricado).

Equipamento de Viagem. Um saco de lona contendo instrumentos úteis para sobreviver nos ermos, como pederneira (pedra para fazer fogo), panelas e talheres para cozinhar, anzól e linha para pescar e uma pequena pá. Um personagem sem este item sofre –5 em testes de Sobrevivência para fazer um acampamento. Não inclui saco de dormir ou barraca.

Estojo de Disfarces. Um conjunto de cosméticos, tintas para cabelo e algumas próteses simples (como bigodes e narizes falsos). Um personagem sem este item sofre –5 em testes de Enganação para disfarce.

Flauta Mística. Um instrumento delicado, repleto de runas e pequenas gemas místicas. Um bardo que empunhe este item aumenta a CD para resistir às magias lançadas por ele em +1. Conta como um instrumento musical.

Gazua. Uma barra fina de ferro, com a ponta torta ou em forma de gancho. Um personagem sem este item sofre –5 em testes de Ladinagem para abrir fechaduras.

Instrumentos de <Ofício>. Existe uma versão deste item para cada perícia de Ofício. Por exemplo, martelo, pregos e serrote para Ofício (carpinteiro), pergaminhos em branco, tinta e pena para Ofício (escriba) e assim por diante. Um personagem sem os instrumentos de seu Ofício sofre –5 nessa perícia.

Instrumento Musical. Um instrumento típico, como um bandolim, flauta ou lira. Veja o quadro acima para as regras deste item.

Luneta. Este instrumento valioso consiste de um cilindro metálico com duas lentes. Fornece +5 em testes de Percepção para observar coisas em alcance longo ou além.

Maleta de Medicamentos. Caixa de madeira com ervas, unguentos, bandagens e outros materiais úteis. Um personagem sem este item sofre –5 em Cura.

Sela. Uma peça de couro e pelego colocada sobre o lombo da montaria, sobre a qual o cavaleiro se senta. Inclui arreios para conduzir o animal. Um personagem montado em uma montaria sem sela sofre –5 em testes de Cavalgar. Usada no animal, a sela não ocupa espaço de carga do personagem.

Tambor das Profundezas. Um instrumento típico de anões de Doherimm, capaz de sons graves e retumbantes. Enquanto empunha este item, o alcance da habilidade Inspiração e de qualquer Música de Bardo é dobrado. Conta como um instrumento musical.

VESTUÁRIO

Todos os itens desta seção precisam ser vestidos para fornecerem seus benefícios. A CD para fabricar qualquer vestuário é 20.

Andrajos de Aldeão. Roupas típicas de camponês. Consiste de camisa larga e calças soltas ou blusa e saia e não inclui botas — os mais pobres andam descalços. Fornece +2 em testes de Investigação para interrogar (ninguém se importa com o que um aldeão escuta) e, se você possuir o poder Aparência Inofensiva, a CD para resistir a ele aumenta em +2. Porém, impõe –2 em perícias baseadas em Carisma contra pessoas que se importam com classe social.

Bandana. Um lenço tipicamente usado por bandidos e piratas. Fornece +1 em Intimidação.

Botas Reforçadas. Grossas e resistentes, estas botas de cano alto protegem contra perigos do terreno. Aumentam seu deslocamento em +1,5m se ele for reduzido por terreno difícil (após a redução).

Camisa Bufante. Blusa colorida, com mangas e golas longas e encrespadas. Fornece +1 em Atuação.

Capa Esvoaçante. Favorita entre heróis ousados, esta capa de seda produz movimentos amplos e chamativos, que fornecem +1 em Enganação.

Capa Pesada. Uma capa de couro grossa e resistente. Protege e aquece o corpo, fornecendo +1 em Fortitude.

Casaco Longo. Feito de peles ou couro grosso forrado com lã, e impermeabilizado com óleo, este casaco é quente e pesado. Fornece +5 em testes de Fortitude para resistir a efeitos de frio, mas impõe penalidade de armadura de –2.

Chapéu Arcano. Com pinturas e bordados de símbolos místicos, este chapéu pontudo ajuda a canalizar energias mágicas. Ele fornece +1 ponto de mana, mas apenas se você possuir a habilidade de classe Caminho do Arcanista.

Enfeite de Elmo. Um adorno chamativo, como crina de cavalo, plumas, asas ou um totem de animal. Fornece resistência a medo +2.

Farrapos de Ermitão. Trapos "adornados" com plantas e raízes. Uma pessoa vestindo farrapos de ermitão não parece muito civilizada, e sofre –2 em Diplomacia e em testes de Investigação para interrogar. Entretanto, recebe +2 em Adestramento.

Gorro de Ervas. Formado por duas camadas de tecido, este chapéu é preenchido com ervas preparadas para auxiliar a concentração do usuário. Fornece +1 em Vontade.

Luva de Pelica. Estas luvas delicadas preservam o tato e impedem que o suor deixe os dedos escorregadios. Fornecem +1 em Ladinagem.

Manopla. Luva metálica que permite socos mais perigosos — o dano de seus ataques desarmados torna-se letal. Uma manopla conta como uma arma para receber melhorias e encantos para usá-los em seus ataques desarmados.

Manto Camuflado. Um manto camuflado é feito para um tipo de terreno específico (veja a habilidade Explorador, na página 51). Por exemplo, um manto camuflado para floresta pode ser verde e marrom e coberto de folhas, enquanto um manto urbano pode ser cinza ou negro. Usar um manto camuflado no terreno correto fornece +2 em Furtividade.

Manto Eclesiástico. Um manto típico de igrejas e templos. Fornece +1 em Religião.

Robe Místico. Um manto longo, adornado com temas arcanos. Fornece +1 em Misticismo.

Sapatos de Camurça. Leves e resistentes, aprimoram o equilíbrio e a firmeza dos pés, fornecendo +1 em Acrobacia.

Tabardo. Uma peça de tecido usada como um colete, cobrindo o peito e as costas. Geralmente ostenta a heráldica de um reino, igreja, casa nobre ou ordem de cavaleiros. Fornece +1 em Diplomacia.

Traje da Corte. Roupas de luxo, feitas sob medida e adequadas à nobreza e realeza. Inclui algumas joias, como anéis e colares. Em certos ambientes (um baile, um salão de palácio), um personagem que não esteja vestindo este item sofre –5 em perícias baseadas em Carisma.

Traje de Viajante. Inclui botas, calças ou saias, cinto, camisa de linho e capa com capuz. A roupa padrão de aventureiros.

Veste de Seda. Esta roupa leve e elegante deixa seus movimentos os mais livres possíveis. Fornece +1 em Reflexos.

ESOTÉRICOS

Itens utilizados por conjuradores para lançar magias de forma mais eficiente. Para usar um esotérico, você precisa empunhá-lo com a mão que usará para gesticular ao lançar a magia. Uma magia só pode receber os benefícios de um esotérico por vez. A CD para fabricar qualquer esotérico é 20 e para fabricá-lo você deve ser treinado em Misticismo.

Bolsa de Pó. Uma bolsa com pó multicolorido, fabricado a partir das pétalas trituradas de flores que nascem apenas na Pondsmânia. Quando lança uma magia de encantamento ou ilusão, você recebe +2 PM para gastar em aprimoramentos.

Cajado Arcano. Um cajado típico, feito de madeira de boa qualidade e entalhado com runas. O limite de PM que você pode gastar em magias arcanas e a CD para resistir a elas aumentam em +1. Para fornecer seus benefícios, um cajado precisa ser empunhado com as duas mãos. Ele pode ser usado como arma, com as estatísticas de um bordão.

Cetro Elemental. Este cetro possui uma pedra preciosa em sua ponta: esmeralda (ácido), topázio (eletricidade), rubi (fogo) ou safira (frio). Quando lança uma magia que causa dano do tipo da pedra, o dano aumenta em um dado do mesmo tipo.

Costela de Lich. Esta varinha é feita a partir do osso de um morto-vivo. Suas magias causam +1d6 pontos de dano de trevas. Se estiver empunhando esta varinha você não recupera PV por efeitos mágicos de cura.

Dedo de Ente. Uma varinha feita da madeira de uma árvore senciente. Sempre que gastar pelo menos 1 PM para lançar uma magia, role 1d4. Com um resultado 4, você recupera 1 PM.

Luva de Ferro. Um conjunto de dedais interligados por correntes. Suas magias arcanas pessoais que concedem bônus na Defesa ou em testes de resistências têm esse bônus aumentado em +1.

Medalhão de Prata. Gravado com uma runa pessoal do conjurador, este medalhão de prata diminui em −1 PM o custo de magias de alcance pessoal.

Orbe Cristalina. Esta esfera perfeita concentra seu poder mágico. O limite de PM que você pode gastar em magias arcanas aumenta em +1.

Tomo Hermético. Um livro de tratados que aumentam a sua compreensão sobre uma escola de magia específica. A CD para resistir a suas magias arcanas dessa escola aumenta em +2.

Varinha Arcana. Uma varinha típica, feita de madeira de boa qualidade e entalhada com runas. A CD para resistir a suas magias arcanas aumenta em +1.

ALQUÍMICOS

Inclui *preparados*, *catalisadores* e *venenos*.

PREPARADOS

Itens de uso único que geram efeitos variados quando usados. A CD para fabricar qualquer preparado é 15.

Ácido. Frasco de vidro contendo um ácido alquímico altamente corrosivo. Para usar o ácido, você gasta uma ação padrão e escolhe uma criatura em alcance curto. Essa criatura sofre 2d4 pontos de dano de ácido (Reflexos CD Des reduz à metade).

Bálsamo Restaurador. Uma pasta verde e fedorenta, feita de ervas medicinais. Usá-la é uma ação completa e recupera 2d4 pontos de vida.

Bomba. Uma granada rudimentar. Para usar a bomba, você precisa empunhá-la, gastar uma ação de movimento para acender seu pavio e uma ação padrão para arremessá-la em um ponto em alcance curto. Criaturas a até 3m desse ponto sofrem 6d6 pontos de dano de impacto (Reflexos CD Des reduz à metade).

Cosmético. Perfume ou maquiagem. Usá-lo é uma ação completa e fornece +2 em testes de perícias baseadas em Carisma até o fim da cena.

Elixir do Amor. Um humanoide que beba este líquido adocicado fica apaixonado pela primeira criatura que enxergar (condição enfeitiçado; Vontade CD Car anula). O efeito dura 1d3 dias.

Essência de Mana. Esta poção feita de ervas raras e compostos alquímicos recupera energia pessoal. Beber a essência de mana é uma ação padrão e recupera 1d4 pontos de mana.

Fogo Alquímico. Frasco de cerâmica contendo uma substância que entra em combustão em contato com o ar. Para usar o fogo alquímico, você gasta uma ação padrão e escolhe uma criatura em alcance curto. Essa criatura sofre 1d6 pontos de dano de fogo e fica em chamas. Um teste de Reflexos (CD Des) reduz o dano à metade e evita as chamas.

Pó do Desaparecimento. Uma criatura ou objeto coberto por este pó torna-se invisível (como em *Invisibilidade*) por 2d6 rodadas. O usuário não sabe quando a invisibilidade vai terminar.

CATALISADORES

Substâncias preparadas através de processos alquímicos, catalisadores são itens de uso único que melhoram o efeito de uma magia quando ela é lançada.

Você precisa estar empunhando um catalisador para usá-lo e só pode usar um catalisador por vez. Reduções de custo de catalisadores acumulam com outras reduções de custo. Catalisadores que aumentam o dano só funcionam em magias que já causem dano. A CD para fabricar qualquer catalisador é 15 e para fabricá-lo você deve ser treinado em Misticismo.

Baga-de-Fogo. Pequeno fruto vermelho, apreciado por seu sabor picante. Usado como catalisador, adiciona +1d6 de dano de fogo a magias.

Dente-de-Dragão. Uma flor comum em regiões montanhosas, especialmente nas Sanguinárias, possui formato parecido com uma presa de monstro. Suas propriedades místicas aumentam o dano de magias em um dado do mesmo tipo.

Essência Abissal. Um líquido espesso, produzido através do sangue de criaturas demoníacas. Aumenta os dados de dano de magias de fogo em uma categoria — d4 para d6, d6 para d8, d8 para d10 e d10 para d12 (o máximo).

Líquen Lilás. Esta estranha planta tem aspecto cristalino e cresce em abundância na região das Uivantes. Adiciona +1d6 de dano de frio a magias.

Musgo Púrpura. Encontrado em florestas fechadas, esse fungo cintilante possui propriedades que fornecem +2 na CD de magias de ilusão.

Ossos de Monstro. Pequenas falanges de criaturas monstruosas, tratadas com óleos alquímicos. Fornece +2 na CD de magias de necromancia.

Pó de Cristal. Uma pitada de pó de um mineral cristalino puro, como quartzo ou topázio. Diminui o custo de magias de encantamento em −1 PM.

Pó de Giz. Calcário esmagado em pó, uma substância comum que, usada como catalisador, diminui o custo de magias de convocação em −1 PM.

Ramo Verdejante. Esta combinação de ervas potencializa magias de cura, aumentando sua cura em +1 PV por dado.

Saco de Sal. Um pequeno saco de couro com sal marinho. Fornece +2 na CD de magias de abjuração.

Seixo de Âmbar. Essa "gema" feita de seiva de árvore fossilizada diminui o custo de magias de transmutação em −1 PM.

Terra de Cemitério. Um punhado de terra cinzenta, colhida à noite de um cemitério. Adiciona +1d6 de dano de trevas a magias.

VENENOS

Substâncias naturais ou preparadas perigosas para seres vivos. Exceto se indicado o contrário, a CD para fabricar qualquer veneno é 20.

Beladona. Planta extremamente tóxica que afeta o sistema nervoso da vítima. *Ingestão, vítima fica paralisada (lenta) por 3 rodadas. A CD para fabricar e para resistir a este veneno aumenta em +5.*

Bruma Sonolenta. Um gás sonífero. *Inalação, vítima fica inconsciente (enjoada por 1 rodada).*

Cicuta. Planta cuja ingestão pode causar náusea, dores e até morte. *Ingestão, perde 1d12 PV por rodada durante 3 rodadas (perde 1d12 PV).*

Regras de Venenos

Venenos são classificados de acordo com o método de inoculação.

Contato. Inoculados via um ataque que acerte (ou se a vítima toca o objeto envenenado). Aplicar um veneno em uma arma exige uma ação de movimento e uma rolagem de 1d6. Se você rolar 1, se envenena acidentalmente (mas veja o poder Venefício). O veneno permanece na arma até acertar um ataque ou até o fim da cena (o que acontecer primeiro).

Inalação. Inoculados via respiração. São armazenados em frascos que podem ser arremessados em alcance curto. Quando o frasco se quebra, libera o veneno num cubo com 3m de lado. Todas as criaturas na área são expostas — prender a respiração não impede a inoculação, pois o veneno pode entrar por canais lacrimais, membranas nasais e outras partes do corpo.

Ingestão. Inoculados através da ingestão de comida ou bebida.

Uma criatura exposta a um veneno deve fazer um teste de Fortitude (CD definida pelo aplicador do veneno, atributo-chave Int). Se falhar, sofre o efeito do veneno (efeitos em parênteses afetam vítimas que passem no teste de resistência). Efeitos que não sejam instantâneos, como perda de PV recorrente ou condições, deixam a vítima com a condição envenenada, e curar esta condição encerra quaisquer efeitos de veneno (mas não recupera PV perdidos).

Essência de Sombra. Produzido a partir de compostos alquímicos que canalizam energia de trevas. *Contato, vítima fica debilitada (fraca).*

Névoa Tóxica. Este gás verde queima e corrói a pele e os pulmões. *Inalação, perde 1d12 PV por rodada durante 3 rodadas (perde 1d12 PV).*

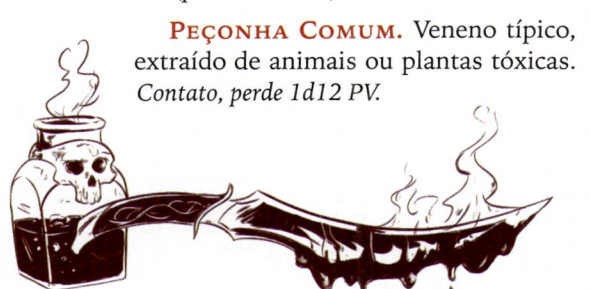

Peçonha Comum. Veneno típico, extraído de animais ou plantas tóxicas. *Contato, perde 1d12 PV.*

> ### Pratos Especiais
>
> A seção Alimentação traz *pratos especiais*, refeições feitas com ingredientes selecionados e que fornecem um benefício. Um prato especial deve ser consumido ao ser comprado ou fabricado. Seu bônus dura um dia e você só pode receber um bônus de alimentação por dia.
>
> Note que, se estiver usando a regra de custo de vida (veja a página 277), você não precisa se preocupar com a alimentação de seu personagem — refeições corriqueiras são apenas pano de fundo. Assim, use pratos especiais apenas quando quiser um benefício — e estiver disposto a pagar por ele!
>
> Fabricar um prato especial leva 1 hora e exige um teste de Ofício (cozinheiro) contra CD 15). Você pode sofrer –5 no teste para fabricar até cinco pratos (pagando o custo de todos).

Peçonha Concentrada. Dose concentrada da peçonha comum. *Contato, perde 1d12 PV por rodada durante 3 rodadas (perde 1d12 PV).*

Peçonha Potente. Veneno poderoso, extraído de animais ou plantas perigosos. *Contato, perde 2d12 PV por rodada durante 3 rodadas (perde 2d12 PV).*

Pó de Lich. Veneno letal, usado para assassinar alvos poderosos. *Ingestão, perde 4d12 PV por rodada durante 5 rodadas (perde 4d12 PV).* A CD para fabricar e para resistir a este veneno aumenta em +5.

Riso de Nimb. Este gás púrpura faz a vítima rir descontroladamente e agir de forma caótica. *Inalação, vítima fica confusa (lenta por 1 rodada).*

Alimentação

Batata Valkariana. Batatas cortadas em tiras e mergulhadas em óleo fervente. Gordurentas e pouco nutritivas, são o tipo de prato que só é servido numa metrópole como Valkaria. Apesar disso, são gostosas e deixam qualquer um empolgado. Você recebe +1d6 em um teste a sua escolha realizado até o fim do dia. Para não esquecer, deixe 1d6 em cima da sua ficha. De preferência, amarelo.

Gorad Quente. Gorad e leite, servidos quentes. Não tem erro. O gorad ativa o cérebro, fornecendo +2 PM temporários.

Macarrão de Yuvalin. Yuvalin é uma cidade mineradora em Zakharov, na fronteira com as Montanhas Uivantes. Seus habitantes criaram este prato reforçado (macarrão, bacon e creme de leite!) para encarar suas árduas jornadas de trabalho nas minas. Delicioso, o prato se espalhou por outras cidades e reinos. Você recebe +5 PV temporários.

Prato do Aventureiro. Um cozido de galinha com legumes, esta é uma refeição simples, mas nutritiva. Em sua próxima noite de sono, você aumenta a sua recuperação de pontos de vida em +1 por nível.

Ração de Viagem. Própria para viagens, uma porção desta ração alimenta uma pessoa por um dia. É feita de alimentos conservados, como carne defumada, frutas secas, pão, queijo e biscoitos. Se mantida seca dura bastante, mas quando molhada se estraga em 24 horas.

Refeição Comum. Uma refeição típica inclui pão, queijo, cozido de carne ou galinha com legumes e uma caneca de bebida, geralmente cidra, vinho ou cerveja.

Sopa de Peixe. Um cozido de peixe com verduras. É um prato humilde, mas garante um descanso relaxante. Em sua próxima noite de sono, você aumenta a sua recuperação de pontos de mana em +1 por nível.

Animais

Animais funcionam como parceiros (veja a página 260). Animais comprados são parceiros iniciantes. Para parceiros de maior nível, você precisa adquiri-los através de uma habilidade.

Alforje. Sacos de couro feitos para serem presos em uma sela. Permitem que um parceiro montaria carregue até 10 espaços de item para você.

Cão de Caça. Este cachorro valente e leal pode ser usado como parceiro perseguidor por personagens treinados em Adestramento ou montaria por personagens Pequenos e Minúsculos.

Cavalo. A montaria mais comum no Reinado. Pode ser usado como parceiro montaria (veja a página 262). Cavalos sem treinamento se assustam facilmente, sendo necessário um teste de Cavalgar (CD 20) por rodada para permanecer montado durante um combate. Cavalos de guerra dispensam esse teste.

Estábulo. Inclui alimentação para o animal.

Pônei. A montaria mais comum entre raças Pequenas. Pode ser usado como parceiro montaria

CAPÍTULO TRÊS

(veja a página 262). Pôneis sem treinamento se assustam facilmente, sendo necessário um teste de Cavalgar (CD 20) por rodada para permanecer montado durante um combate. Pôneis de guerra dispensam esse teste.

Trobo. Estas enormes aves, também chamadas de pássaros-touros, são parecidas com avestruzes com chifres, couro e cascos. Não têm asas. Possuem poucas penas, que servem apenas como ornamento. Muito dóceis, trobos são usados em áreas rurais como animais de carga e tração, mas também podem ser usados como montaria (veja a página 262).

VEÍCULOS

Balão Goblin. Feito de imensas bolsas de couro e outros tecidos remendados, com uma gôndola parecida com um grande cesto, o balão goblin é um engenho tecnológico sem igual em Arton. Um balão tem tamanho Enorme, deslocamento voo 12m, Defesa 5 (+ Des do baloeiro), 100 PV e pode carregar até 8 criaturas Médias ou 160 espaços. Ao contrário do que possa parecer, quedas de balões raramente são fatais. Quando o balão perde mais da metade de seus PV, começa a perder ar e flutua lentamente na direção do solo. Cada ocupante sofre 4d6 pontos de dano de impacto (Ref CD 15 reduz à metade). Um balão só cai de forma perigosa caso perca todos os seus PV. Neste caso, os ocupantes sofrem dano normal pela queda, de acordo com a altura. Remendar um balão em pleno voo exige uma ação completa e um teste de Ofício (artesão) contra CD 15. Se você passar no teste, recupera 1d8 PV do balão.

Carroça. Veículo de duas ou quatro rodas, aberto, normalmente usado para transportar cargas pesadas. É puxada por dois cavalos ou um trobo. Inclui os arreios necessários para controlar os animais. Uma carroça tem tamanho Grande, deslocamento 9m, Defesa 8 (+ Des do condutor), 50 PV e pode carregar até 4 criaturas Médias ou 80 espaços.

Carruagem. Veículo de quatro rodas, capaz de transportar até quatro pessoas em uma cabine fechada, mais dois condutores do lado de fora. É puxada por dois cavalos ou um trobo. Inclui os arreios necessários para controlar os animais. Tem as mesmas estatísticas de uma carroça, mas fornece cobertura leve a seus passageiros.

Canoa. Construída a partir de um único tronco de árvore, é a mais simples das embarcações. Tem as mesmas estatísticas de uma carroça, mas com deslocamento de natação.

Veleiro. Com três mastros, é o típico navio de viagem, muito popular entre mercadores.

SERVIÇOS

HOSPEDAGEM

Estalagens e tavernas são lugares onde aventureiros descansam ou se preparam para suas próximas missões. Estalagens são como hospedarias, onde se pode alugar quartos para dormir e fazer refeições. Tavernas são como bares, com refeições, bebidas e às vezes espetáculos, geralmente realizados por bardos, além de bons lugares para conseguir informações. As estadias a seguir têm preços por noite, incluem uma refeição comum e determinam sua recuperação de PV e PM (veja mais na página 106).

Comum. Um espaço no salão comunal. Se tiver sorte, o taverneiro deixará a lareira acesa para que você não passe frio. Pelo menos não ficará sozinho — pulgas e ratos lhe farão companhia. A refeição consiste de pão, sopa e água. Recupera 1 PV e 1 PM por nível.

Confortável. Um quarto pequeno, mas privativo, com uma cama com colchão de palha e um baú para guardar seus pertences. A refeição inclui pão, queijo, cozido de galinha com legumes e cerveja ou vinho (aguado). Recupera 2 PV e 2 PM por nível.

Luxuosa. Um quarto grande, com colchão de algodão ou penas, cortinas nas janelas, uma bacia de água quente para banho e outros luxos. A refeição inclui carne, frutas, doces e uma taça de vinho de boa safra. Acomodações desta categoria estão disponíveis apenas nas melhores estalagens, normalmente apenas em cidades e metrópoles. Recupera 3 PV e 3 PM por nível.

OUTROS SERVIÇOS

Condução. Inclui viagens terrestres (em carroças), marítimas (em navios) ou aéreas (balões goblins). Viajar em balões goblins é arriscado: a cada 100 km há 1 chance em 20 de queda (não fatal).

Curandeiro. O preço para você receber cuidados prolongados ou tratamento contra uma doença ou veneno (veja a página 117). Isso considera que você vai até a casa do curandeiro ou onde quer que ele receba seus pacientes — curandeiros não aceitam acompanhar aventureiros em suas jornadas.

Mensageiro. Inclui mensagens entregues a pé, por cavaleiros ou navios.

Magias. Este é o preço para lançar uma magia em uma situação comum. Ou seja, você vai até o conjurador e lançar a magia não oferece risco para ele. Se você pedir ao conjurador para acompanhá-lo numa aventura, a resposta padrão será "não, obrigado".

Equipamento

ITENS SUPERIORES

Itens superiores são equipamentos de alta qualidade, fabricados com as melhores técnicas e matérias-primas. Em termos de jogo, itens superiores possuem de uma a quatro *melhorias*. Cada melhoria fornece um benefício, mas aumenta o preço do item. Por exemplo, uma espada longa normal custa T$ 15. Uma espada longa superior com uma melhoria custa T$ 315. Já uma espada longa com quatro melhorias custa incríveis T$ 18.015!

Itens com uma melhoria são caros, mas ainda relativamente comuns. Por exemplo, um castelo poderoso e próspero pode equipar seus guardas com armas com uma melhoria. Itens com duas melhorias são muito valiosos, e nunca são produzidos em grande quantidade. O capitão da guarda do mesmo castelo pode ter um item com duas melhorias. Já itens com três ou quatro melhorias são obras-primas, tão ou mais famosos quanto seus portadores. O senhor ou a senhora do castelo do exemplo talvez tenha um item assim, e ele provavelmente terá sido uma herança passada de geração em geração.

MELHORIAS

Apenas itens das categorias armas, armaduras e escudos, ferramentas, vestuário e esotéricos podem receber melhorias. As melhorias para cada categoria de item estão listadas na **Tabela 3-8**. Cada melhoria só pode ser aplicada uma vez a um mesmo item.

Ajustada. Feito com peças medidas com precisão, o item tem a sua penalidade de armadura diminuída em 1.

Aprimorado. O item é construído de forma cuidadosa e com os melhores materiais. Esta melhoria só pode ser aplicada a uma ferramenta ou vestuário que modifique uma perícia (reduza uma penalidade ou forneça um bônus) e fornece um bônus de +1 nessa perícia (ou aumenta o bônus fornecido em +1). Por exemplo, uma maleta de medicamentos aprimorada fornece +1 em Cura e uma luva de pelica aprimorada fornece +2 em Ladinagem.

Atroz. A arma é um amontoado de pontas, ganchos e protuberâncias. É difícil empunhá-la sem se machucar, mas ela fornece +2 nas rolagens de dano. *Pré-requisito:* Cruel.

Tabela 3-7: Preço de Melhorias

Número de Melhorias	Aumento no Preço	Aumento na CD
1	+ T$ 300	+5
2	+ T$ 3.000	+10
3	+ T$ 9.000	+15
4	+ T$ 18.000	+20

Banhado a Ouro. Uma melhoria favorita de nobres pomposos ou de aventureiros que acabaram de enriquecer. Fornece +2 em Diplomacia. O mestre pode mudar o bônus para uma penalidade de –2 contra pessoas que desprezam ostentação. Além disso, pode atrair a cobiça de ladrões.

Canalizador. O esotérico possui uma gema mística que permite que você canalize mais mana do que normalmente seria capaz. O máximo de PM que você pode gastar em magias aumenta em +1.

Certeira. Fabricada para ser mais precisa e balanceada, a arma fornece +1 nos testes de ataque.

Cravejado de Gemas. É fácil ser persuadido por alguém opulento o bastante para ostentar um item cravejado de gemas. Fornece +2 em Enganação. Assim como um item banhado a ouro, um item cravejado de gemas pode atrair a cobiça de ladrões.

Cruel. Rebarbas, espinhos e até mesmo lâminas adicionais compõem uma arma cruel. Ela fornece +1 nas rolagens de dano.

Delicada. Apenas os materiais mais leves foram usados nesta armadura. As placas têm a espessura mínima necessária para oferecer a proteção que devem. Esta melhoria só pode ser aplicada a armaduras pesadas e permite que o personagem aplique 1 ponto de sua Destreza na Defesa (ou de outro atributo, caso o utilize em vez de Des). Uma armadura não pode ser delicada e reforçada.

Discreto. O item é disfarçado como outro item inócuo (como um florete escondido em uma bengala) ou modificado para ser telescópico (podendo se dobrar em si mesmo para ocupar menos espaço). O item ocupa –1 espaço (mínimo 1) e fornece +5 em testes de Ladinagem para ser ocultado.

CAPÍTULO TRÊS

Energético. Catalisadores alquímicos inseridos no item fazem com que ele potencialize energias mágicas. Suas magias que causam dano causam +1d6 pontos de dano do mesmo de tipo.

Equilibrada. Uma arma equilibrada é forjada com o balanço perfeito, o que facilita movimentos complexos. Ela fornece +2 em testes de manobras (desarmar, quebrar etc.).

Espinhosa (Armadura). Uma armadura coberta de espinhos é uma visão impressionante — principalmente se os espinhos estiverem banhados com o sangue dos inimigos! Se o usuário agarrar ou for agarrado por uma criatura, causa dano de perfuração nesta criatura igual a sua Força. O dano é causado quando a manobra é feita e no início de cada turno do personagem, enquanto ela for mantida.

Espinhoso (Escudo). Aumenta o dano de um ataque com escudo em um passo.

Harmonizada (Arma). A arma foi banhada em óleos alquímicos que a deixaram sintonizada com a aura de seu usuário. Escolha uma habilidade ativada ao se fazer um ataque ou usar a ação agredir e que custe pontos de mana. Esta habilidade tem seu custo em PM reduzido em –1 se utilizada com esta arma. *Pré-requisito:* outra melhoria qualquer.

Harmonizado (Esotérico). Escolha uma magia. Seu custo diminui em –1 PM. Você pode mudar a magia afetada pelo item com um ritual que exige um dia e T$ 100 em ingredientes.

Injeção Alquímica. Um minúsculo frasco de cerâmica ou vidro é inserido ao longo da arma, junto com um mecanismo injetor ativado por impacto. Um ataque que acerte causa seu dano normal e libera uma carga de um preparado (como ácido ou fogo alquímico) ou de água benta, que atinge o alvo automaticamente. A melhoria tem espaço para 2 doses. Carregá-la exige uma ação completa e o gasto dos itens com os quais você quiser carregá-la.

Macabro. O macabro é pintado com sangue seco, esculpido na forma de uma caveira ou decorado com pedaços de orelhas, dedos e olhos. Essa aparência assustadora fornece +2 em Intimidação, mas impõe uma penalidade de –2 em Diplomacia.

Maciça. A arma é feita com material denso, fazendo com que seus golpes tenham impacto terrível. O multiplicador de crítico da arma aumenta em 1 ponto. Uma arma não pode ser maciça e precisa.

Material Especial. A arma, armadura, escudo ou item esotérico é feito de, ou banhado

Tabela 3-8: Melhorias

Melhoria	Efeito
Melhorias para armas	
Certeira	+1 nos testes de ataque
Pungente	+2 nos testes de ataque
Cruel	+1 nas rolagens de dano
Atroz	+2 nas rolagens de dano
Equilibrada	+2 em testes de manobras
Harmonizada	Custo de habilidades de ataque diminui em –1 PM
Injeção alquímica	Gera efeito de preparado
Maciça	+1 no multiplicador de crítico
Material especial	Conforme o material
Mira telescópica	Aumenta alcance da arma
Precisa	+1 na margem de ameaça
Melhorias para armaduras e escudos	
Ajustada	–1 na penalidade de armadura
Sob medida	–2 na penalidade de armadura
Delicada	Aplica 1 ponto de Des na Defesa
Espinhosa (armadura)	Causa dano com agarrar
Espinhoso (escudo)	Aumenta dano do escudo
Material especial	Conforme o material
Polida	+5 na Defesa na primeira rodada
Reforçada	+1 na Defesa, +1 na penalidade de armadura
Selada	+1 nos testes de resistência
Melhorias para esotéricos	
Canalizador	+1 no limite de PM
Energético	+1d6 no dano de magias
Harmonizado	Custo de uma magia diminui em –1 PM
Material especial	Conforme o material
Poderoso	+1 na CD de suas magias
Vigilante	+2 na Defesa
Melhorias para ferramentas e vestuário	
Aprimorado	+1 em testes de perícia
Melhorias para qualquer das categorias acima	
Banhado a ouro	+2 em Diplomacia
Cravejado de gemas	+2 em Enganação
Discreto	–1 espaço, +5 para ocultar
Macabro	+2 em Intimidação, –2 em Diplomacia

com, um material especial. Cada material fornece um benefício, cumulativo com outros benefícios de melhorias, mas possui um preço adicional que deve ser pago além do preço da melhoria. Veja a seção a seguir para a descrição dos materiais especiais. Fabricar um item de material especial é uma melhoria porque materiais especiais exigem um trabalho mais complexo do que materiais comuns.

Mira Telescópica. Aumenta o alcance da arma em uma categoria (de curto para médio, de médio para longo) e o alcance da habilidade Ataque Furtivo para médio. Esta melhoria só pode ser aplicada em armas de disparo (exceto fundas).

Poderoso. A CD para resistir a suas magias aumenta em +1.

Polida. A armadura ou escudo foi feito com metais reluzentes. Além de bonita, a luz refletida ofusca inimigos. Em ambientes iluminados, o bônus de Defesa do item aumenta em +5, mas apenas na primeira rodada de combate — após isso, os inimigos se acostumam ao reflexo.

Precisa. Cuidado especial foi tomado ao temperar o aço desta arma, para que seu fio se mantenha sempre como uma navalha. A margem de ameaça aumenta em 1 ponto. Uma arma não pode ser precisa e maciça.

Pungente. Temperada diversas vezes para adquirir o fio ou o equilíbrio perfeito, a arma fornece +2 nos testes de ataque. *Pré-requisito:* Certeira.

Reforçada. Se for uma armadura, o item possui uma camada adicional de tecido, malha mais densa ou placas mais grossas. Se for um escudo, possui uma chapa mais espessa. O bônus na Defesa e a penalidade de armadura do item aumentam em 1. Um item não pode ser reforçado e delicado.

Selada. A armadura foi forjada de forma a proteger todo o corpo do usuário, sem deixar espaço para nem mesmo um alfinete! Esta melhoria fornece um bônus de +1 em testes de resistência, mas só pode ser aplicado em armaduras pesadas.

Sob Medida. Embora muitas armaduras sejam feitas especificamente para um usuário, esta passou por um período extenso de ajustes e refinamento, adequando-se com perfeição ao seu corpo. Reduz a penalidade por armadura em 2, mas apenas para o usuário específico (para outros, comporta-se como um item ajustado). *Pré-requisito:* Ajustada.

Vigilante. O item usa parte de sua mana pessoal para gerar um campo que desvia ataques. Você recebe +2 na Defesa.

MATERIAIS ESPECIAIS

Armas, armaduras, escudos e esotéricos podem ser feitos ou banhados de um material especial. Para isso, o item precisa ter a melhoria material especial e você precisa pagar o preço extra do material escolhido, conforme a **tabela 3-9**.

AÇO-RUBI

Este metal tem a aparência de vidro avermelhado, mas é duro como aço. Aço-rubi é caríssimo e comercializado apenas por uma guilda de ferreiros de Doherimm. Os anões mantém a origem deste material em segredo, mas suspeita-se de que ele seja minerado das profundezas de uma área de Tormenta.

Arma. A arma ignora 10 pontos de redução de dano, além de ignorar a imunidade a crítico de lefeu.

Armadura e Escudo. Fornece uma chance de ignorar o dano extra de acertos críticos e ataques furtivos: armaduras leves e escudos, 25% (1 em 1d4); armaduras pesadas, 50% (qualquer valor par em qualquer dado), cumulativas entre si.

Esotérico. Quando lança uma magia que causa dano, ela ignora 10 pontos de redução de dano, além de ignorar as imunidades a dano de lefeu.

ADAMANTE

Encontrado apenas em meteoritos (e por isso também chamado de "ferro-meteórico"), o adamante é um metal escuro, fosco e mais denso que o aço.

Arma. Aumenta o dano em um passo.

Armadura e Escudo. Fornece redução de dano: armaduras leves e escudos, RD 2; armaduras pesadas, RD 5.

Esotérico. Quando lança uma magia que causa dano, você pode pagar +1 PM para rolar novamente qualquer resultado 1 na rolagem de dano dela.

GELO ETERNO

As gélidas Montanhas Uivantes produzem gelo que nunca derrete. Expedições de aventureiros exploram essa região glacial perigosa à caça deste material fantástico.

Arma. Causa +2 pontos de dano por frio.

Armadura e Escudo. Fornece redução de fogo: armaduras leves e escudos, redução 5; armaduras pesadas, redução 10.

Esotérico. Quando lança uma magia de frio que causa dano, você pode rolar novamente qualquer resultado 1 na rolagem de dano dela.

MADEIRA TOLLON

A Floresta de Tollon produz um tipo de madeira negra, dura como aço e dotada de propriedades mágicas. Apenas armas de madeira — arcos, bordões, clavas, lanças, piques e tacapes —, escudos leves e esotéricos podem ser feitos com madeira Tollon.

Arma. Conta como mágica para vencer redução de dano. Além disso, habilidades ativadas ao se fazer um ataque ou usar a ação agredir têm seu custo em PM reduzido em −1.

Escudo e Esotérico. Fornece resistência a magia +2.

MATÉRIA VERMELHA

Qualquer material de origem lefeu — desde suas garras e carapaças, até minérios e partes de estruturas encontradas em áreas de Tormenta — apresenta propriedades parecidas, sendo conhecido como "matéria vermelha". Estes itens assustadores impõem ao usuário penalidade de −2 em perícias baseadas em Carisma (exceto Intimidação).

Arma. Causa +1d6 de dano extra. Porém, sempre que você acerta um ataque com a arma, perde 1 ponto de vida. Lefou e lefeu são imunes tanto ao dano extra de matéria vermelha quanto à perda de vida por usar armas desse material.

Armadura e Escudo. Por sua aparência "borrada", fornecem chance de falha para cada ataque: 10% para escudos e armaduras leves, 25% para armaduras pesadas (cumulativas entre si). Lefeu ignoram este efeito.

Esotérico. Você e todos os seus inimigos em alcance curto sofrem −2 em testes de resistência contra efeitos mágicos.

MITRAL

Metal raro e valioso, o mitral é prateado, brilhante e mais leve que aço. Itens de mitral ocupam −1 espaço (mínimo 1).

Fabricando Itens Superiores

Itens superiores só podem ser fabricados por personagens com a habilidade Fabricar Item Superior (veja a página 68). A fabricação deles segue a mesma regra de itens normais, porém, de acordo com o número de melhorias, o preço e a CD do teste de Ofício aumentam (veja a Tabela 3-7).

Por exemplo, o preço de uma couraça é T$ 500. Fabricá-la exige um gasto de T$ 166 (um terço do preço) e um teste de Ofício contra CD 15. Já o preço de uma couraça com duas melhorias é T$ 3.500 (T$ 500 + T$ 3.000 das duas melhorias). Fabricá-la exige um gasto de T$ 1.166 (um terço do preço) e um teste de Ofício contra CD 25 (15 da CD base + 10 das duas melhorias).

É possível adicionar melhorias a um item. Você paga a diferença de acordo com o novo número de melhorias. Por exemplo, para adicionar a terceira melhoria a um item que já possui duas, você precisa pagar mais T$ 2.000 (um terço da diferença de três para duas melhorias). Além disso, deve fazer um teste de Ofício contra a CD do número de melhorias que o item passará a ter e, se falhar por 5 ou mais, estraga o item.

Arma. Aumenta sua margem de ameaça em 1. Por exemplo, uma espada longa de mitral tem margem de ameaça 18-20.

Armadura e Escudo. Tem sua penalidade de armadura diminuída em 2. Armaduras pesadas de mitral permitem que você aplique até dois pontos de sua Destreza na Defesa.

Esotérico. Permite que você pague +2 PM ao lançar uma magia para aumentar a CD dela em +2.

Tabela 3-9: Preço Adicional de Materiais Especiais

Item	Aço-Rubi	Adamante	Gelo Eterno	Madeira Tollon	Matéria Vermelha	Mitral
Arma	+ T$ 6.000	+ T$ 3.000	+ T$ 600	+ T$ 1.500	+ T$ 1.500	+ T$ 1.500
Armadura leve	+ T$ 3.000	+ T$ 6.000	+ T$ 1.500	—	+ T$ 6.000	+ T$ 1.500
Armadura pesada	+ T$ 6.000	+ T$ 18.000	+ T$ 3.000	—	+ T$ 18.000	+ T$ 12.000
Escudo	+ T$ 3.000	+ T$ 6.000	+ T$ 1.500	+ T$ 1.500	+ T$ 6.000	+ T$ 1.500
Esotéricos	+ T$ 6.000	+ T$ 3.000	+ T$ 3.000	+ T$ 1.500	+ T$ 3.000	+ T$ 3.000

CAPÍTULO

4

MAGIA

"A MAGIA É UMA ARTE QUE DEVE SER DOMADA COMO UMA FERA!"
— RIPP

Dádiva da deusa Wynna, a magia é a força mais poderosa de Arton, capaz de produzir efeitos diversos. Uma magia pode criar uma bola de fogo ou curar ferimentos; fazer alguém adormecer ou distorcer o próprio tempo e espaço.

Este capítulo traz as regras para lançar magias, além da lista e descrição de todas elas.

CLASSIFICAÇÃO

Todas as magias são classificadas em tipos (arcana ou divina) e círculos (do 1º ao 5º).

Magia Arcana. Manipula diretamente as energias do mundo, permitindo ao conjurador violar as leis naturais e alterar a realidade. Este tipo de mágica pode ser dominado por estudo ou aptidão natural. Seus efeitos costumam ser impressionantes, destruidores e fantásticos — como produzir relâmpagos, metamorfosear criaturas, transportar por longas distâncias e criar imagens ilusórias.

Magia Divina. Provém de uma causa ou entidade poderosa — normalmente um deus maior. Através da devoção a essa causa ou entidade, o conjurador recebe poder mágico. A magia divina geralmente envolve proteção, fortalecimento e cura.

Círculos. Magias são divididas em círculos, do 1º ao 5º. Quanto mais alto o círculo da magia, mais poderosa ela é. Magias de 1º círculo são pouco mais que truques, mal excedendo capacidades mundanas. Já magias de 5º círculo podem invocar chuvas de meteoros, parar o tempo e até mesmo realizar desejos!

ATRIBUTO-CHAVE

A magia é intensa em Arton e pode ser dominada de várias formas.

• *Inteligência.* Atributo-chave dos bruxos e magos. Eles seguem métodos e fórmulas antigas, herméticas, registradas em livros e pergaminhos. Para eles, magia é ciência.

• *Sabedoria.* Atributo-chave dos clérigos e druidas. É a magia espiritual, baseada no contato com os deuses e a percepção da natureza. Para eles, magia é fé.

• *Carisma.* Atributo-chave dos bardos e feiticeiros. Eles invocam seu próprio poder interior, alimentando magias com autoconfiança e força de personalidade. Para eles, magia é arte.

O atributo-chave afeta seus pontos de mana e a CD dos testes de resistência para resistir a suas magias.

APRENDENDO MAGIAS

Sua classe diz que tipo de magia você pode lançar: arcanistas e bardos lançam magias arcanas; clérigos e druidas lançam magias divinas. Sua classe também diz com quantas magias você começa e quantas ganha por nível.

Algumas habilidades permitem que você aprenda magias novas. Caso a habilidade não diga qual magia você aprende, você pode escolher qualquer magia de um tipo e círculo que possa lançar.

LANÇANDO MAGIAS

Magias são habilidades mágicas e seguem todas as regras vistas a partir da página 224.

Custo em PM. Lançar uma magia exige gastar uma ação (varia de magia para magia) e pontos de mana (de acordo com o círculo da magia).

Tabela 4-1: Custo de Magias

Círculo	Custo
1º	1 PM
2º	3 PM
3º	6 PM
4º	10 PM
5º	15 PM

Gestos e Palavras. Lançar uma magia envolve pronunciar palavras mágicas e gesticular com pelo menos uma mão livre. É um ato chamativo, perceptível por aqueles ao redor. Um conjurador amordaçado ou incapaz de usar as mãos não pode lançar magias.

Concentração. Lançar uma magia também exige calma e concentração. Por isso, um conjurador em situação difícil deve passar em um teste de Vontade. Se falhar no teste a magia é perdida, mas os PM são gastos mesmo assim.

• *Ser ferido durante a execução da magia: CD igual ao dano.* Para magias que exigem uma ação padrão ou menos, o conjurador só pode ser ferido durante a execução se for atacado como uma reação ou se estiver sofrendo dano contínuo (por chamas ou veneno, por exemplo).

• *Condição ruim: CD 15 + custo em PM da magia.* Exemplos incluem movimento vigoroso, como montado a galope, caído ou em uma tempestade.

Capítulo Quatro

• *Condição terrível:* CD 20 + custo em PM da magia. Exemplos incluem movimento violento, como uma carroça desgovernada, agarrado ou em um terremoto.

Armaduras e Magia Arcana. O uso de armaduras atrapalha os gestos necessários para lançar magias arcanas. Lançar uma magia arcana usando armadura exige um teste de Misticismo (CD 20 + o custo em PM da magia). O teste sofre penalidade de armadura. Se falhar, a magia não funciona, mas gasta PM. Magias lançadas por habilidades de raça, poderes ou itens mágicos não sofrem esta limitação.

APRIMORAMENTOS

Algumas magias permitem gastar mais pontos de mana ao serem lançadas para aumentar seu efeito. Estas opções são chamadas de *aprimoramentos*.

Limite de PM. Como qualquer habilidade com custo variável, o máximo de PM que você pode gastar ao lançar uma magia obedece às regras para gasto de PM vistas na página 224.

Aprimoramentos Cumulativos. Para aprimoramentos que aumentam um valor (o texto começa com a palavra "aumenta"), você pode gastar aquela quantidade de PM várias vezes para acumular o aumento. A magia *Bola de Fogo* causa 6d6 pontos de dano e tem um aprimoramento que aumenta esse dano em +2d6 por +2 PM. Um arcanista de 11º nível pode gastar até 11 PM ao lançar essa magia, causando 14d6 pontos de dano.

Mago de batalha de Wynlla. Magia pode ser a arma suprema

Aprimoramentos que Mudam Magias. Alguns aprimoramentos alteram a descrição da magia (o texto começa com a palavra "muda"). Nesse caso, a magia continua igual em tudo, exceto a parte mudada pelo aprimoramento. Mudanças na mesma característica da magia nunca se acumulam.

Truque. Este aprimoramento transforma a magia em uma versão mais simples e reduz seu custo em PM para zero. Truques não podem ser usados em conjunto com outros aprimoramentos.

Pré-requisitos. Alguns aprimoramentos exigem que você seja capaz de lançar magias de determinado círculo. Para magias de classe, você deve cumprir o requisito com a classe com a qual aprendeu a magia. Para magias aprendidas de outra forma, você não tem como cumprir esses pré-requisitos.

Características de Magias

Escolas

Todas as magias, sejam arcanas ou divinas, pertencem a uma *escola*. A escolha de uma magia indica como ela utiliza e manipula energia.

Escolas de magia contam como tipos de efeitos (veja a página 228), o que indica sua relação com outros efeitos. Por exemplo, um bônus em testes de resistência contra ilusões se aplica contra quaisquer magias de ilusão.

Abjuração (Abjur). Magias de proteção, que anulam outras magias ou expulsam criaturas invocadas de volta a seus planos de existência nativos.

Adivinhação (Adiv). Magias de detecção ou que vasculham passado e futuro.

Convocação (Conv). Magias que transportam matéria. Esse transporte é realizado através do Éter Entre Mundos; por isso, qualquer efeito que bloqueia viagens etéreas também impede convocações. Criaturas convocadas surgem em uma superfície desocupada e, quando destruídas, desaparecem e são devolvidas a seus mundos nativos.

Encantamento (Encan). Magias que afetam a mente. Todas as magias de encantamento são efeitos mentais.

Evocação (Evoc). Magias que manipulam ou geram energia pura. *Ácido*, *eletricidade*, *fogo* e *frio* são as energias geradas pelos quatro elementos, respectivamente terra, ar, fogo e água. Magias de fogo funcionam sob a água, mas criam vapor quente em vez de chamas abertas. *Luz* é energia positiva, cuja manifestação é capaz de iluminar, curar e causar dano de luz. Por fim, *essência* é energia mágica pura.

Ilusão. Essas magias fazem outros perceberem algo que não existe ou ignorarem algo real. Todas as magias de ilusão são efeitos mentais.

Necromancia (Necro). Magias que canalizam energia negativa, criando escuridão, drenando a força vital de criaturas vivas e criando mortos-vivos. Magias de necromancia são efeitos de trevas.

Transmutação (Trans). Magias que alteram as propriedades físicas de uma criatura ou objeto.

Uma magia será tão poderosa quanto seu conjurador

EXECUÇÃO

A ação necessária para lançar a magia.

Ação Livre. Você só pode lançar uma magia com execução de ação livre por rodada. Isso inclui magias afetadas por habilidades como Magia Acelerada.

Reação. Magias com execução de reação só podem ser lançadas em reação àquilo contra o qual se aplicam (por exemplo, uma magia que fornece bônus na Defesa pode ser lançada em reação a um ataque).

Ação Completa. No caso de magias com execução maior do que uma ação completa, você fica desprevenido enquanto estiver lançando a magia.

ALCANCE

Indica a distância máxima a partir do conjurador que a magia alcança. Veja a página 224 para detalhes.

EFEITO

Determina se a magia afeta um alvo, uma área ou cria algo. Veja as páginas 224 e 225 para detalhes.

DURAÇÃO

A duração indica por quanto tempo a magia mantém seu efeito. Quando ela termina, a energia mágica se dissipa e a magia acaba. Veja a página 227 para detalhes.

Uma magia permanente ainda pode ser dissipada para encerrar sua duração.

RESISTÊNCIA

Magias prejudiciais normalmente permitem que seus alvos façam um teste de resistência para evitar ou reduzir seus efeitos. Veja a página 227 para detalhes.

Dificuldade. A CD do teste de resistência contra uma magia é 10 + metade do nível do personagem + atributo-chave da magia.

Samira é uma qareen feiticeira de 8º nível com Carisma 5. A CD para resistir a suas magias é 19 (10 +4 +5 = 19).

Sucesso em Testes de Resistência. Uma criatura que passe em seu teste contra uma magia sem efeitos óbvios sente um tipo de formigamento ou força hostil, mas não pode deduzir a natureza exata do ataque. O conjurador também sente que a magia falhou — não é possível fingir ter sido enfeitiçado por *Enfeitiçar*, pois o conjurador saberá. No entanto, você não sabe se um alvo passou em um teste de resistência contra magias de área ou efeito.

CUSTOS ESPECIAIS

Algumas magias poderosas exigem outros custos além de pontos de mana. Veja a página 224 para detalhes. Se uma magia possuir custo especial, isso estará indicado no fim do texto descritivo dela.

ANULANDO MAGIAS

Você pode anular uma magia conjurada por outra pessoa, fazendo uma *contramágica*. Para isso, use a ação preparar (veja a página 234) para agir quando uma criatura lançar uma magia. Nesse instante, você deve lançar uma magia que possa anular a magia original.

Normalmente, uma magia só pode ser anulada por outra igual — se um inimigo lança *Bola de Fogo*, você deve lançar outra *Bola de Fogo* para anulá-la. Mas algumas magias podem anular outras: por exemplo, *Luz* anula *Escuridão* (e vice-versa). Em caso de dúvida, cabe ao mestre julgar se uma magia anula outra. Como regra geral, uma magia nunca pode anular outra de círculo maior.

Dissipar Magia é uma exceção — pode ser usada para anular qualquer magia (mesmo de círculos maiores), mas você deve fazer um teste de Misticismo oposto por Misticismo ou Vontade de quem está lançando a magia (o que for maior). Se você vencer, seu *Dissipar Magia* funciona como contramágica.

Tanto a magia anulada quanto a usada como contramágica encerram-se instantaneamente.

Os símbolos das oito escolas de magia

LISTA DE MAGIAS ARCANAS

1º CÍRCULO

Abjur
- **Alarme.** Avisa quando alguém invadir uma área protegida.
- **Armadura Arcana.** Aumenta sua Defesa.
- **Resistência a Energia.** Fornece resistência contra um tipo de dano a sua escolha.
- **Tranca Arcana.** Tranca um item que possa ser aberto ou fechado.

Adiv
- **Aviso.** Envia um alerta telepático para uma criatura.
- **Compreensão.** Você entende qualquer coisa escrita ou falada e pode ouvir pensamentos.
- **Concentração de Combate.** Ao atacar, você pode rolar dois dados e ficar com o melhor.
- **Visão Mística.** Você pode ver auras mágicas.

Conv
- **Área Escorregadia.** Criaturas na área podem cair ou objeto afetado pode ser derrubado.
- **Conjurar Monstro.** Convoca um monstro sob seu comando.
- **Névoa.** Cria uma névoa que oferece camuflagem.
- **Teia.** Criaturas na área ficam enredadas.

Encan
- **Adaga Mental.** Alvo sofre dano psíquico e pode ficar atordoado.
- **Enfeitiçar.** Alvo se torna prestativo e pode realizar um pedido seu.
- **Hipnotismo.** Alvos ficam fascinados.
- **Sono.** Alvo cai em um sono profundo ou fica exausto.

Evoc
- **Explosão de Chamas.** Cone causa dano de fogo.
- **Luz.** Objeto ilumina como uma tocha.
- **Seta Infalível de Talude.** Dispara setas de energia que acertam automaticamente.
- **Toque Chocante.** Toque causa dano de eletricidade.

Ilusão
- **Criar Ilusão.** Cria uma ilusão visual ou sonora.
- **Disfarce Ilusório.** Muda a aparência de uma ou mais criaturas.
- **Imagem Espelhada.** Cria duplicatas para confundir os inimigos, oferecendo bônus na Defesa.
- **Leque Cromático.** Criaturas na área ficam ofuscadas ou atordoadas.

Necro
- **Amedrontar.** O alvo fica abalado ou apavorado.
- **Escuridão.** Objeto emana uma área de escuridão.
- **Raio do Enfraquecimento.** O alvo fica fatigado ou vulnerável.
- **Vitalidade Fantasma.** Você recebe pontos de vida temporários.

Trans
- **Arma Mágica.** Arma recebe bônus ou poderes mágicos.
- **Primor Atlético.** Alvo recebe bônus no deslocamento e em testes de Atletismo.
- **Queda Suave.** Alvo cai lentamente.
- **Transmutar Objetos.** Pode consertar ou fabricar um objeto temporário.

2º CÍRCULO

Abjur
- **Campo de Força.** Cria uma película protetora que absorve dano.
- **Dissipar Magia.** Encerra os efeitos de magias ativas em um alvo ou área.
- **Refúgio.** Cria um domo para abrigar o conjurador e seus aliados.
- **Runa de Proteção.** Runa protege passagem ou objeto.

Adiv
- **Ligação Telepática.** Estabelece um vínculo telepático entre duas ou mais criaturas.
- **Localização.** Determina em que direção está um objeto ou criatura a sua escolha.
- **Mapear.** Traça um esboço de mapa dos arredores.

Conv
- **Amarras Etéreas.** Laços de energia prendem o alvo.
- **Montaria Arcana.** Convoca um cavalo que serve como montaria.
- **Salto Dimensional.** Teletransporta você e outras criaturas para um ponto dentro do alcance.
- **Servos Invisíveis.** Seres invisíveis realizam tarefas para você.

Encan
- **Desespero Esmagador.** Criaturas na área perdem a vontade de lutar.
- **Marca da Obediência.** Símbolo mágico obriga o alvo a cumprir uma ordem.
- **Sussurros Insanos.** Deixa o alvo confuso.

Evoc
- **Bola de Fogo.** Esfera incandescente explode, causando dano em todas as criaturas na área.
- **Flecha Ácida.** Dispara um projétil de ácido que corrói armaduras e outros objetos.
- **Relâmpago.** Causa dano de eletricidade em criaturas numa linha.
- **Sopro das Uivantes.** Explosão em cone causa dano de frio e empurra alvos.

Ilusão
- **Aparência Perfeita.** Aumenta o Carisma e concede bônus em perícias sociais.
- **Camuflagem Ilusória.** A imagem do alvo fica distorcida, concedendo camuflagem.
- **Esculpir Sons.** Altera os sons emitidos pelos alvos.
- **Invisibilidade.** Você se torna invisível por um curto período.

Necro
- **Conjurar Mortos-Vivos.** Ergue mortos-vivos para lutar por você.
- **Crânio Voador de Vladislav.** Crânio flutuante causa dano em um alvo.
- **Toque Vampírico.** Toque causa dano e absorve pontos de vida.

Trans
- **Alterar Tamanho.** Aumenta ou diminui o tamanho de objetos e criaturas.
- **Metamorfose.** Transforma o corpo do alvo.
- **Velocidade.** Alvo pode fazer ações adicionais.

3° CÍRCULO

Abjur **Âncora Dimensional.** Impede o alvo de se afastar de um ponto, mesmo com teletransporte.
Dificultar Detecção. Protege uma criatura ou objeto contra detecção e vidência.
Globo de Invulnerabilidade. Esfera protege contra magias de 1° e 2° círculos.

Adiv **Contato Extraplanar.** Você barganha com criaturas de outros planos para obter ajuda.
Lendas e Histórias. Descobre detalhes sobre criaturas, objetos e lugares.
Vidência. Pode ver e ouvir os arredores de uma criatura.

Conv **Convocação Instantânea.** Teletransporta um objeto marcado para suas mãos.
Enxame Rubro de Ichabod. Invoca uma massa rastejante de demônios da Tormenta.
Teletransporte. Transporta você e outras criaturas e objetos para um local instantaneamente.

Encan **Imobilizar.** Alvo fica lento ou paralisado.
Selo de Mana. Você sela a energia de uma criatura, impedindo que use pontos de mana.

Evoc **Erupção Glacial.** Estacas de gelo explodem do chão, ferindo e derrubando os alvos.
Lança Ígnea de Aleph. Projétil de magma explode no alvo, causando dano por rodada.
Muralha Elemental. Evoca um muro feito de fogo ou gelo.

Ilusão **Ilusão Lacerante.** Cria uma ilusão perigosa que pode causar dano real.
Manto de Sombras. Conjurador se cobre de sombras mágicas para vários efeitos.
Miragem. Altera uma área de forma ilusória.

Necro **Ferver Sangue.** Criatura tem seu sangue aquecido até borbulhar, causando dano.
Servo Morto-Vivo. Cria um parceiro morto-vivo sob seu comando.
Tentáculos de Trevas. Tentáculos de energia negativa atacam e agarram criaturas na área.

Trans **Pele de Pedra.** Endurece sua pele, fornecendo redução de dano.
Telecinesia. Move e arremessa criaturas e objetos com a mente.
Transformação de Guerra. Você recebe habilidades superiores de combate, mas perde a habilidade de lançar magias.
Voo. Você recebe deslocamento voo 12m.

4° CÍRCULO

Abjur **Campo Antimagia.** Barreira suprime todos os efeitos mágicos.
Libertação. O alvo fica imune a efeitos que impeçam ou restrinjam movimentação.

Adiv **Sonho.** Você entra nos sonhos de uma criatura e pode interagir com ela lá.
Visão da Verdade. Você enxerga através de camuflagem, escuridão, ilusão e transmutação.

Conv **Conjurar Elemental.** Convoca um elemental como parceiro.
Mão Poderosa de Talude. Mão gigante feita de energia pode realizar várias ações.
Viagem Planar. Viaja até outro plano de existência.

Encan **Alterar Memória.** Pode apagar ou modificar a memória recente do alvo.
Marionete. Controla o corpo do alvo.

Evoc **Raio Polar.** Causa dano de frio e congela alvo.
Relâmpago Flamejante de Reynard. Dispara rajadas de fogo e relâmpago.
Talho Invisível de Edauros. Lâmina de ar em alta velocidade corta os alvos.

Ilusão **Duplicata Ilusória.** Imagem projetada copia seus movimentos e ações.
Explosão Caleidoscópica. Explosão de luzes e sons desabilita os alvos.

Necro **Assassino Fantasmagórico.** Conjura um fantasma que persegue e tenta matar o alvo.
Muralha de Ossos. Barreira de ossos afiados impede o avanço dos inimigos.

Trans **Animar Objetos.** Objetos comuns ganham vida e obedecem a seus comandos.
Controlar a Gravidade. Manipula os efeitos da gravidade em uma área.
Desintegrar. Raio transforma um alvo em pó.
Forma Etérea. Você pode se tornar etéreo enquanto a magia durar.

5° CÍRCULO

Abjur **Aprisionamento.** Prende o alvo de diversas formas poderosas.
Engenho de Mana. Disco de energia flutuante é capaz de absorver magias e gerar PM.
Invulnerabilidade. Recebe uma série de imunidades físicas ou mentais a sua escolha.

Adiv **Alterar Destino.** Enxerga o futuro, podendo alterar o resultado de um teste.
Projetar Consciência. Pode observar qualquer local ou criatura.

Conv **Buraco Negro.** Abre uma ruptura no espaço que suga tudo ao redor.
Chuva de Meteoros. Convoca um enorme meteorito incandescente.
Semiplano. Cria uma pequena dimensão.

Encan **Legião.** Você pode dominar a mente de vários alvos ao mesmo tempo e comandar suas vontades.
Palavra Primordial. Palavras mágicas podem atordoar, cegar e até matar uma criatura.
Possessão. Transfere sua consciência para o corpo do alvo, tomando controle total.

Evoc **Barragem Elemental de Vectorius.** Lança esferas elementais explosivas.
Deflagração de Mana. Explosão de energia bruta causa dano e afeta magias e itens mágicos.
Mata-Dragão. Dispara uma rajada de energia destruidora.

Ilusão **Réquiem.** Prende os alvos em uma realidade ilusória que se repete infinitamente.
Sombra Assassina. Manifesta uma cópia ilusória do alvo, que luta contra ele.

Necro **Roubar a Alma.** Arranca a alma do alvo e a prende em um objeto.
Toque da Morte. Pode matar uma criatura instantaneamente.

Trans **Controlar o Tempo.** Acelera, avança ou para o tempo.
Desejo. Modifica a realidade a seu bel-prazer.

Lista de Magias Divinas

1º Círculo

Abjur
- **Escudo da Fé.** Protege uma criatura.
- **Proteção Divina.** Alvo recebe bônus em testes de resistência.
- **Resistência a Energia.** Fornece resistência contra um tipo de dano a sua escolha.
- **Santuário.** Inimigos devem passar num teste de Vontade para atacá-lo.
- **Suporte Ambiental.** Ignora efeitos de calor e frio e pode respirar na água.

Adiv
- **Aviso.** Envia um alerta telepático para uma criatura.
- **Compreensão.** Você entende qualquer coisa escrita ou falada e pode ouvir pensamentos.
- **Detectar Ameaças.** Detecta perigos ao seu redor.
- **Orientação.** Alvo recebe bônus nos testes de perícia.
- **Visão Mística.** Você pode ver auras mágicas.

Conv
- **Arma Espiritual.** Cria uma arma de energia que ataca seus inimigos.
- **Caminhos da Natureza.** Convoca um espírito que guia você e seus aliados em terreno selvagem.
- **Criar Elementos.** Cria uma quantidade Minúscula de água, ar, fogo ou terra.
- **Névoa.** Cria uma névoa que oferece camuflagem.

Encan
- **Acalmar Animal.** Um animal fica prestativo.
- **Bênção.** Fornece bônus em ataques e dano.
- **Comando.** Força o alvo a obedecer a uma ordem.
- **Tranquilidade.** Acalma criaturas na área.

Evoc
- **Consagrar.** Abençoa a área, maximizando PV curados por luz.
- **Curar Ferimentos.** Seu toque recupera pontos de vida.
- **Despedaçar.** Som alto e agudo causa atordoamento e dano de impacto.
- **Luz.** Objeto ilumina como uma tocha.

Necro
- **Escuridão.** Objeto emana uma área de escuridão.
- **Infligir Ferimentos.** Seu toque causa dano de trevas e pode deixar fraco.
- **Perdição.** Inimigos sofrem penalidade nos ataques e danos.
- **Profanar.** Conspurca a área, maximizando dano de trevas.

Trans
- **Abençoar Alimentos.** Purifica refeição, que também fornece bônus temporários.
- **Arma Mágica.** Arma recebe bônus ou poderes mágicos.
- **Armamento da Natureza.** Arma natural ou primitiva causa dano como se fosse maior.
- **Controlar Plantas.** Vegetação enreda criaturas.

2º Círculo

Abjur
- **Círculo da Justiça.** Causa penalidades em Enganação, Furtividade e Ladinagem.
- **Dissipar Magia.** Encerra os efeitos de uma magia ativa em um alvo ou área.
- **Runa de Proteção.** Runa protege passagem ou objeto.
- **Vestimenta da Fé.** Traje, armadura ou escudo recebe bônus na Defesa.

Adiv
- **Augúrio.** Diz se uma ação trará resultados bons, ruins ou ambos.
- **Condição.** Monitora a condição (PV, condições, magias afetando) de criaturas tocadas.
- **Globo da Verdade de Gwen.** Globo revela cena vista pelo conjurador.
- **Mente Divina.** Fornece bônus em um ou mais atributos mentais.
- **Voz Divina.** Converse com criaturas variadas, plantas, rochas e cadáveres.

Conv
- **Enxame de Pestes.** Convoca um enxame que causa dano toda rodada.
- **Soco de Arsenal.** Alvo sofre dano de impacto e é empurrado.

Encan
- **Aliado Animal.** Um animal prestativo se torna um parceiro.
- **Marca da Obediência.** Símbolo mágico obriga o alvo a cumprir uma ordem.
- **Oração.** Aliados recebem bônus e inimigos sofrem penalidades em testes e rolagens.

Evoc
- **Controlar Fogo.** Move ou apaga uma chama, esquenta um objeto ou cria armas flamejantes.
- **Purificação.** Toque remove condições prejudiciais.
- **Raio Solar.** Linha causa dano de luz e deixa criaturas ofuscadas.
- **Tempestade Divina.** Causa penalidades e permite fazer relâmpagos caírem.

Ilusão
- **Silêncio.** Cria uma área em que é impossível ouvir sons ou lançar magias.

Necro
- **Conjurar Mortos-Vivos.** Ergue mortos-vivos para lutar por você.
- **Miasma Mefítico.** Nuvem causa dano de ácido e enjoo.
- **Rogar Maldição.** O alvo sofre efeitos prejudiciais variados.

Trans
- **Controlar Madeira.** Fortalece, molda, repele ou deforma um objeto de madeira.
- **Físico Divino.** Fornece bônus em um ou mais atributos físicos.

3º Círculo

Abjur
- **Banimento.** Expulsa criaturas de outros planos e destrói mortos-vivos.
- **Proteção contra Magia.** Concede bônus em testes de resistência contra magias.

Adiv
- **Comunhão com a Natureza.** Você recebe dados para usar como bônus em testes de perícias.
- **Lendas e Histórias.** Descobre detalhes sobre criaturas, objetos e magias.

| | Vidência. Pode ver e ouvir os arredores de uma criatura.
Conv | Servo Divino. Invoca um espírito para realizar uma tarefa, por um preço.
| | Viagem Arbórea. Você pode usar árvores e plantas para se teletransportar.
Encan | Despertar Consciência. Plantas e animais ganham consciência e se tornam parceiros.
| | Heroísmo. Alvo fica imune a medo e ganha bônus contra inimigos mais poderosos do que ele.
| | Imobilizar. Alvo fica lento ou paralisado.
| | Missão Divina. Alvo deve cumprir uma tarefa, ou sofrer penalidades em testes.
| | Selo de Mana. Você sela a energia de uma criatura, impedindo que use Pontos de Mana.
Evoc | Coluna de Chamas. Os céus despejam luz e fogo sobre seus inimigos.
| | Dispersar as Trevas. Dispersão anula magias, protege aliados e cega inimigos.
| | Sopro da Salvação. Cone cura aliados e remove condições prejudiciais.
Ilusão | Manto de Sombras. Conjurador se cobre de sombras mágicas para vários efeitos.
Necro | Anular a Luz. Explosão anula magias, protege aliados e enjoa inimigos.
| | Poeira da Podridão. Nuvem causa dano de trevas e impede magia de cura.
| | Servo Morto-Vivo. Cria um parceiro morto-vivo sob seu comando.
Trans | Controlar Água. Congela, derrete, evapora, aumenta ou reduz o nível de um corpo d'água.
| | Controlar Terra. Amolece, molda ou solidifica uma área de terra, pedra ou similar.
| | Pele de Pedra. Endurece sua pele, fornecendo redução de dano.
| | Potência Divina. Você aumenta de tamanho e recebe bônus de Força e redução de dano, mas perde habilidade de lançar magias.

4° Círculo

Abjur | Cúpula de Repulsão. Campo de força invisível impede a aproximação de um tipo de criatura.
| | Libertação. O alvo fica imune a efeitos que impeçam ou restrinjam movimentação.
Adiv | Premonição. Você vislumbra o futuro e pode refazer testes.
| | Visão da Verdade. Você enxerga através de camuflagem, escuridão, ilusão e transmutação.
Conv | Guardião Divino. Elemental de luz cura aliados.
| | Viagem Planar. Viaja até outro plano de existência.
Encan | Conceder Milagre. Alvo pode lançar uma de suas magias de 2° círculo ou menor.
Evoc | Círculo da Restauração. Círculo de energia luminosa restaura PV e PM.
| | Cólera de Azgher. Explosão solar cega, incendeia e causa dano.
| | Manto do Cruzado. Invoca um manto de energia que concede poderes a quem o vestir.
| | Terremoto. Tremor de terra causa dano de impacto.

Necro | Ligação Sombria. Alvo sofre todo dano e efeitos negativos que você sofrer.
| | Muralha de Ossos. Barreira de ossos afiados impede o avanço dos inimigos.
Trans | Controlar o Clima. Muda o clima de uma área.

5° Círculo

Abjur | Aura Divina. Emana poder divino bruto, afetando as criaturas na área.
| | Invulnerabilidade. Recebe uma série de imunidades físicas ou mentais a sua escolha.
| | Lágrimas de Wynna. Alvo perde a capacidade de lançar magias arcanas.
Adiv | Projetar Consciência. Pode observar qualquer local ou criatura.
Conv | Buraco Negro. Abre uma ruptura no espaço que suga tudo ao redor.
| | Intervenção Divina. Convoca sua divindade para que realize um milagre.
Encan | Palavra Primordial. Palavras mágicas podem atordoar, cegar e até matar uma criatura.
Evoc | Fúria do Panteão. Nuvem gera efeitos destrutivos.
| | Segunda Chance. Cura e ressuscita aliados.
Necro | Reanimação Impura. Ressuscita uma criatura morta, mas como um zumbi sob seu controle.
| | Roubar a Alma. Arranca a alma do alvo e a prende em um objeto.
| | Toque da Morte. Pode matar uma criatura instantaneamente.

Gradda, a Pútrida. Conjurações e palavrões

Descrição das Magias

Abençoar Alimentos
Divina 1 (Transmutação)

Execução: padrão; **Alcance:** curto; **Alvo:** alimento para 1 criatura; **Duração:** cena.

Você purifica e abençoa uma porção de comida ou dose de bebida. Isso torna um alimento sujo, estragado ou envenenado próprio para consumo. Além disso, se for consumido até o final da duração, o alimento oferece 5 PV temporários ou 1 PM temporário (além de quaisquer bônus que já oferecesse). Bônus de alimentação duram um dia e cada personagem só pode receber um bônus de alimentação por dia.

Truque: o alimento é purificado (não causa nenhum efeito nocivo se estava estragado ou envenenado), mas não fornece bônus ao ser consumido.

+1 PM: aumenta o número de alvos em +1.

+1 PM: muda a duração para permanente, o alvo para 1 frasco com água e adiciona componente material (pó de prata no valor de T$ 5). Em vez do normal, cria um frasco de água benta.

Acalmar Animal
Divina 1 (Encantamento)

Execução: padrão; **Alcance:** curto; **Alvo:** 1 animal; **Duração:** cena; **Resistência:** Vontade anula.

O animal fica prestativo em relação a você. Ele não fica sob seu controle, mas percebe suas palavras e ações da maneira mais favorável possível. Você recebe +10 nos testes de Adestramento e Diplomacia que fizer contra o animal.

Um alvo hostil ou que esteja envolvido em um combate recebe +5 em seu teste de resistência. Se você ou seus aliados tomarem qualquer ação hostil contra o alvo, a magia é dissipada e ele retorna à atitude que tinha antes (ou piorada, de acordo com o mestre). Se tratar bem o alvo, a atitude pode permanecer mesmo após o término da magia.

+1 PM: muda o alcance para médio.

+1 PM: muda o alvo para 1 monstro ou espírito com Inteligência 1 ou 2.

+2 PM: aumenta o número de alvos em +1.

+5 PM: muda o alvo para 1 monstro ou espírito. Requer 3º círculo.

Adaga Mental
Arcana 1 (Encantamento)

Execução: padrão; **Alcance:** curto; **Alvo:** 1 criatura; **Duração:** instantânea; **Resistência:** Vontade parcial.

Você manifesta e dispara uma adaga imaterial contra a mente do alvo, que sofre 2d6 pontos de dano psíquico e fica atordoado por uma rodada. Se passar no teste de resistência, sofre apenas metade do dano e evita a condição. Uma criatura só pode ficar atordoada por esta magia uma vez por cena.

+1 PM: você lança a magia sem gesticular ou pronunciar palavras (o que permite lançar esta magia de armadura) e a adaga se torna invisível. Se o alvo falhar no teste de resistência, não percebe que você lançou uma magia contra ele.

+2 PM: muda a duração para um dia. Além do normal, você "finca" a adaga na mente do alvo. Enquanto a magia durar, você sabe a direção e localização do alvo, desde que ele esteja no mesmo mundo.

+2 PM: aumenta o dano em +1d6.

Alarme
Arcana 1 (Abjuração)

Execução: padrão; **Alcance:** curto; **Área:** esfera com 9m de raio; **Duração:** 1 dia.

Você cria uma barreira protetora invisível que detecta qualquer criatura que tocar ou entrar na área protegida. Ao lançar a magia, você pode escolher quais criaturas podem entrar na área sem ativar seus efeitos. *Alarme* pode emitir um aviso telepático ou sonoro, decidido quando a magia é lançada. Um aviso telepático alerta apenas você, inclusive acordando-o se estiver dormindo, mas apenas se estiver a até 1km da área protegida. Um aviso sonoro alerta todas as criaturas em alcance longo.

+2 PM: muda o alcance para pessoal. A área é emanada a partir de você.

+5 PM: além do normal, você também percebe qualquer efeito de adivinhação que seja usado dentro da área ou atravesse a área. Você pode fazer um teste oposto de Misticismo contra quem usou o efeito; se passar, tem um vislumbre de seu rosto e uma ideia aproximada de sua localização ("três dias de viagem ao norte", por exemplo).

+9 PM: muda a duração para um dia ou até ser descarregada e a resistência para Vontade anula. Quando um intruso entra na área, você pode descarregar a magia. Se o intruso falhar na resistência, ficará paralisado por 1d4 rodadas. Além disso, pelas próximas 24 horas você e as criaturas escolhidas ganham +10 em testes de Sobrevivência para rastrear o intruso.

Aliado Animal
Divina 2 (Encantamento)

Execução: padrão; **Alcance:** curto; **Alvo:** 1 animal prestativo; **Duração:** 1 dia.

Você cria um vínculo mental com um animal prestativo em relação a você. O *Aliado Animal* obedece a você no melhor de suas capacidades, mesmo que isso arrisque a vida dele. Ele funciona como um parceiro veterano, de um tipo a sua escolha entre ajudante, combatente, fortão, guardião, montaria ou perseguidor.

+1 PM: muda o alvo para 1 animal Minúsculo e a duração para 1 semana. Em vez do normal, o animal se desloca no melhor de suas capacidades até um local designado por você — em geral, para levar um item, carta ou similar. Quando o animal chega ao destino, fica esperando até o fim da magia, permitindo apenas que uma ou mais criaturas escolhidas por você se aproximem e peguem o que ele estiver carregando.

+7 PM: muda o parceiro para mestre. Requer 3º círculo.

+12 PM: muda o alvo para 2 animais prestativos. Cada animal funciona como um parceiro de um tipo diferente, e você pode receber a ajuda de ambos (mas ainda precisa seguir o limite de parceiros de acordo com o seu nível de personagem). Requer 4º círculo.

Capítulo Quatro

ALTERAR DESTINO
ARCANA 5 (ADIVINHAÇÃO)

Execução: reação; **Alcance:** pessoal; **Alvo:** você; **Duração:** instantânea.

Sua mente visualiza todas as possibilidades de um evento, permitindo a você escolher o melhor curso de ação. Você pode rolar novamente um teste de resistência com um bônus de +10 ou um inimigo deve rolar novamente um ataque contra você com uma penalidade de –10.

ALTERAR MEMÓRIA
ARCANA 4 (ENCANTAMENTO)

Execução: padrão; **Alcance:** toque; **Alvo:** 1 criatura; **Duração:** instantânea; **Resistência:** Vontade anula.

Você invade a mente do alvo e altera ou apaga suas memórias da última hora.

+2 PM: muda o alcance para pessoal e o alvo para área cone de 4,5m.

+5 PM: você pode alterar ou apagar as memórias das últimas 24 horas.

ALTERAR TAMANHO
ARCANA 2 (TRANSMUTAÇÃO)

Execução: padrão; **Alcance:** curto; **Alvo:** 1 objeto; **Duração:** 1 dia.

Esta magia aumenta ou diminui o tamanho de um item mundano em até três categorias (um objeto Enorme vira Pequeno, por exemplo). Você também pode mudar a consistência do item, deixando-o rígido como pedra ou flexível como seda (isso não altera sua RD ou PV, apenas suas propriedades físicas). Se lançar a magia num objeto de uma criatura involuntária, ela pode fazer um teste de Vontade para anulá-la.

+1 PM: aumenta o número de alvos em +1.

+2 PM: muda o alcance para toque e o alvo para 1 criatura. Em vez do normal, o alvo aumenta uma categoria de tamanho (seu equipamento se ajusta ao novo tamanho). O alvo também recebe Força +2. Um alvo involuntário pode fazer um teste de Fortitude para negar o efeito.

+3 PM: muda o alcance para toque e o alvo para 1 criatura. Em vez do normal, o alvo diminui uma categoria de tamanho (seu equipamento se ajusta ao novo tamanho). O alvo também recebe Destreza +2. Um alvo involuntário pode fazer um teste de Fortitude para negar o efeito. Requer 3º círculo.

+7 PM: muda o alcance para toque, o alvo para 1 criatura, a duração para permanente e a resistência para Fortitude anula. Em vez do normal, se falhar na resistência o alvo e seu equipamento têm seu tamanho mudado para Minúsculo. O alvo tem seu valor de Força reduzido a –5 e seus deslocamentos reduzidos a 3m. Requer 4º círculo.

AMARRAS ETÉREAS
ARCANA 2 (CONVOCAÇÃO)

Execução: padrão; **Alcance:** médio; **Alvo:** 1 criatura; **Duração:** cena; **Resistência:** Reflexos anula.

Três laços de energia surgem e se enroscam no alvo, deixando-o agarrado. A vítima pode tentar se livrar, gastando uma ação padrão para fazer um teste de Atletismo. Se passar, destrói um laço, mais um laço adicional para cada 5 pontos pelos quais superou a CD. Os laços também podem ser atacados e destruídos: cada um tem Defesa 10, 10 PV, RD 5 e imunidade a dano mágico. Se todos os laços forem destruídos, a magia é dissipada. Por serem feitos de energia, os laços afetam criaturas incorpóreas.

+2 PM: aumenta o número de alvos em +1.

+2 PM: aumenta o número de laços em um alvo a sua escolha em +1 (bônus máximo limitado pelo círculo máximo de magia que você pode lançar).

+3 PM: em vez do normal, cada laço é destruído automaticamente com um único ataque bem-sucedido; porém, cada laço destruído libera um choque de energia que causa 1d8+1 pontos de dano de essência na criatura amarrada. Requer 3º círculo.

AMEDRONTAR
ARCANA 1 (NECROMANCIA)

Execução: padrão; **Alcance:** curto; **Alvo:** 1 animal ou humanoide; **Duração:** cena; **Resistência:** Vontade parcial.

O alvo é envolvido por energias sombrias e assustadoras. Se falhar na resistência, fica apavorado por 1 rodada, depois abalado. Se passar, fica abalado por 1d4 rodadas.

+2 PM: alvos que falhem na resistência ficam apavorados por 1d4+1 rodadas, em vez de apenas 1.

+2 PM: muda o alvo para 1 criatura.

+5 PM: afeta todos os alvos válidos a sua escolha dentro do alcance.

ÂNCORA DIMENSIONAL
ARCANA 3 (ABJURAÇÃO)

Execução: padrão; **Alcance:** curto; **Alvo:** 1 criatura ou objeto; **Duração:** cena.

O alvo é envolvido por um campo de força cor de esmeralda que impede qualquer movimento planar. Isso inclui magias de convocação (como *Salto Dimensional* e *Teletransporte*), viagens astrais e a habilidade incorpóreo.

+2 PM: muda o alcance para médio, a área para esfera com 3m de raio e o alvo para criaturas escolhidas.

+2 PM: muda o efeito para criar um fio de energia cor de esmeralda que prende o alvo a um ponto no espaço dentro do alcance. O ponto precisa ser fixo, mas não precisa de nenhum apoio ou superfície (pode simplesmente flutuar no ar). O alvo não pode se afastar mais de 3m do ponto, nem fisicamente, nem com movimento planar. O fio possui 20 PV e redução de dano 20 (mas pode ser dissipado por efeitos que libertam criaturas, como o *Julgamento Divino: Libertação* do paladino).

+4 PM: como acima, mas em vez de um fio, cria uma corrente de energia, com 20 PV e redução de dano 40.

+4 PM: muda o alvo para área de cubo de 9m, a duração para permanente e adiciona componente material (chave de esmeralda no valor de T$ 2.000). Em vez do normal, nenhum tipo de movimento planar pode ser feito para entrar ou sair da área.

+9 PM: muda o alcance para médio, a área para esfera com 3m de raio e o alvo para criaturas escolhidas. Cria um fio de energia (veja acima) que prende todos os alvos ao centro da área.

ANIMAR OBJETOS
ARCANA 4 (TRANSMUTAÇÃO)

Execução: padrão; **Alcance:** médio; **Alvo:** até 8 objetos Minúsculos ou Pequenos, 4 objetos Médios, 2 objetos Grandes ou 1 objeto Enorme; **Duração:** cena.

Você concede vida a objetos inanimados. Cada objeto se torna um parceiro sob seu controle. O tipo dele é escolhido da lista de tamanho e ele não conta em seu limite de parceiros. Com uma ação de movimento, você pode comandar mentalmente qualquer objeto animado dentro do alcance para que auxilie você ou outra criatura. Outros usos criativos para os objetos ficam a cargo do mestre. Objetos animados são construtos com valores de Força, Destreza e PV de acordo com seu tamanho. Todos os outros atributos são nulos, eles não têm valor de Defesa ou testes de resistência e falham automaticamente em qualquer teste oposto. Diferente de parceiros comuns, um objeto pode ser alvo de ações hostis.

Esta magia não afeta itens mágicos, nem objetos que estejam sendo carregados por outra criatura.

+5 PM: muda a duração para permanente e adiciona componente material (prataria no valor de T$ 1.000). Você pode ter um máximo de objetos animados igual à metade do seu nível.

Estatísticas de objetos animados

Minúsculo: For –3, Des 4, 5 PV; Assassino ou Combatente Iniciante.

Pequeno: For –2, Des 2, 10 PV; Combatente ou Guardião Iniciante.

Médio: For 0, Des 1, 20 PV; Combatente ou Guardião Veterano.

Grande: For 2, Des 0, 40 PV; Fortão, Guardião ou Montaria (cavalo) Veterano.

Enorme: For 4, Des –2, 80 PV; Fortão, Guardião ou Montaria (cavalo) Mestre.

ANULAR A LUZ
DIVINA 3 (NECROMANCIA)

Execução: padrão; **Alcance:** pessoal; **Área:** esfera com 6m de raio; **Duração:** ver texto.

Esta magia cria uma onda de escuridão que causa diversos efeitos. Magias de até 3º círculo na área são dissipadas se você passar num teste de Religião contra a CD de cada uma. Seus aliados na área são protegidos por uma aura sombria e recebem +4 na Defesa até o fim da cena. Inimigos na área ficam enjoados por 1d4 rodadas (apenas uma vez por cena). *Anular a Luz* anula *Dispersar as Trevas* (este efeito tem duração instantânea).

+2 PM: aumenta o bônus na Defesa em +1.

+4 PM: muda as magias dissipadas para até 4º círculo. Requer 4º círculo.

+9 PM: muda as magias dissipadas para até 5º círculo. Requer 5º círculo.

APARÊNCIA PERFEITA
ARCANA 2 (ILUSÃO)

Execução: padrão; **Alcance:** pessoal; **Alvo:** você; **Duração:** cena.

Esta magia lhe concede um rosto idealizado, porte físico garboso, voz melodiosa e olhar sedutor. Caso seu Carisma seja 5 ou mais, você recebe +2 neste atributo. Do contrário, ele se torna 5 (isso conta como um bônus). Além disso, você recebe +5 em Diplomacia e Enganação. Quando a magia acaba, quaisquer observadores percebem a mudança e tendem a suspeitar de você. Da mesma maneira, pessoas que o viram sob o efeito da magia sentirão que "algo está errado" ao vê-lo em condições normais. Quando a cena acabar, você pode gastar os PM da magia novamente como uma ação livre para mantê-la ativa. Este efeito não fornece PV ou PM adicionais.

+1 PM: muda o alcance para toque e o alvo para 1 humanoide.

APRISIONAMENTO
ARCANA 5 (ABJURAÇÃO)

Execução: completa; **Alcance:** curto; **Alvo:** 1 criatura; **Duração:** permanente; **Resistência:** Vontade anula.

Você cria uma prisão mágica para aprisionar uma criatura. Se falhar no teste de resistência, o alvo sofre o efeito da magia; se passar, fica imune a esta magia por uma semana. Enquanto estiver aprisionada, a criatura não precisa respirar e alimentar-se, e não envelhece. Magias de adivinhação não conseguem localizar ou perceber o alvo. Ao lançar a magia, você escolhe uma das seguintes formas de prisão. O componente material varia, mas todos custam T$ 1.000.

Acorrentamento: o alvo é preso por correntes firmemente enraizadas no chão, que o mantém no lugar. O alvo fica paralisado e não pode se mover ou ser movido por qualquer meio. *Componente Material:* uma fina corrente de mitral.

Contenção Mínima: o alvo diminui para 2 cm de altura e é preso dentro de uma pedra preciosa ou objeto semelhante. Luz passa através da pedra, permitindo que o alvo veja o lado de fora e seja visto, mas nada mais pode passar, nem por meio de teletransporte ou viagem planar. A pedra não pode ser quebrada enquanto o alvo estiver dentro. *Componente Material:* uma pedra preciosa, como um diamante ou rubi.

Prisão Dimensional: o alvo é transportado para um semiplano protegido contra teletransporte e viagens planares. Pode ser um labirinto, uma gaiola, uma torre ou qualquer estrutura ou área confinada e pequena a sua escolha. *Componente Material:* uma representação em miniatura da prisão, feita de jade.

Sepultamento: o alvo é sepultado nas profundezas da terra, em uma esfera mágica. Nada pode destruir ou atravessar a esfera, nem mesmo teletransporte ou viagens planares. *Componente Material:* um pequeno orbe de adamante.

Sono Eterno: o alvo adormece e não pode ser acordado. *Componente Material:* fruta preparada com ervas soníferas raras.

Quando a magia é lançada, você deve especificar uma condição que fará com que ela termine e solte o alvo. A condição pode ser tão específica ou elaborada quanto você quiser, mas deve ser possível de acontecer. As condições podem se basear no nome, identidade ou divindade padroeira de uma criatura, ou em ações ou qualidades observáveis, mas nunca em estatísticas intangíveis, como nível, classe ou pontos de vida. O mestre tem a palavra final sobre se uma condição é válida ou não.

ÁREA ESCORREGADIA
ARCANA 1 (CONVOCAÇÃO)

Execução: padrão; **Alcance:** curto; **Alvo ou Área:** quadrado de 3m ou 1 objeto; **Duração:** cena; **Resistência:** Reflexos (veja texto).

Esta magia recobre uma superfície com uma substância gordurosa e escorregadia. Criaturas na área devem passar na resistência para não cair. Nas rodadas seguintes, criaturas que tentem movimentar-se pela área devem fazer testes de Acrobacia para equilíbrio (CD 10).

Área Escorregadia pode tornar um item escorregadio. Uma criatura segurando um objeto afetado deve passar na resistência para não deixar o item cair cada vez que usá-lo.

+1 PM: aumenta a área em +1 quadrado de 1,5m.

+2 PM: muda a CD dos testes de Acrobacia para 15.

+5 PM: muda a CD dos testes de Acrobacia para 20.

ARMA ESPIRITUAL
DIVINA 1 (CONVOCAÇÃO)

Execução: padrão; **Alcance:** pessoal; **Alvo:** você; **Duração:** cena.

Você invoca a arma preferida de sua divindade (caso sua divindade possua uma), que surge flutuando a seu lado. Uma vez por rodada, quando você sofrer um ataque corpo a corpo, pode usar uma reação para que a arma cause automaticamente 2d6 pontos de dano do tipo da arma — por exemplo, uma espada longa causa dano de corte — no oponente que fez o ataque. Esta magia se dissipa se você morrer.

+1 PM: além do normal, a arma o protege. Você recebe +1 na Defesa.

+2 PM: aumenta o bônus na Defesa em +1.

+2 PM: muda a duração para sustentada. Além do normal, uma vez por rodada, você pode gastar uma ação livre para fazer a arma acertar automaticamente um alvo adjacente. Se a arma atacar, não poderá contra-atacar até seu próximo turno. Requer 2º círculo.

+2 PM: muda o tipo do dano para essência. Requer 2º círculo.

+2 PM: aumenta o dano causado pela arma em +1d6 (bônus máximo limitado pelo círculo máximo de magia que você pode lançar).

+5 PM: invoca duas armas, permitindo que você contra-ataque (ou ataque, se usar o aprimoramento acima) duas vezes por rodada. Requer 3º círculo.

ARMA MÁGICA
UNIVERSAL 1 (TRANSMUTAÇÃO)

Execução: padrão; **Alcance:** toque; **Alvo:** 1 arma empunhada; **Duração:** cena.

A arma é considerada mágica e fornece +1 nos testes de ataque e rolagens de dano (isso conta como um bônus de encanto). Caso você esteja empunhando a arma, pode usar seu atributo-chave de magias em vez do atributo original nos testes de ataque (não cumulativo com efeitos que somam este atributo).

+2 PM: aumenta o bônus em +1 (bônus máximo limitado pelo círculo máximo de magia que você pode lançar).

+2 PM: a arma causa +1d6 de dano de ácido, eletricidade, fogo ou frio, escolhido quando a magia é lançada. Este aprimoramento só pode ser usado uma vez.

+3 PM: muda o bônus de dano do aprimoramento acima para +2d6.

ARMADURA ARCANA
ARCANA 1 (ABJURAÇÃO)

Execução: padrão; **Alcance:** pessoal; **Alvo:** você; **Duração:** cena.

Esta magia cria uma película protetora invisível, mas tangível, fornecendo +5 na Defesa. Esse bônus é cumulativo com outras magias, mas não com bônus fornecido por armaduras.

+1 PM: muda a execução para reação. Em vez do normal, você cria um escudo mágico que fornece +5 na Defesa contra o próximo ataque que sofrer (cumulativo com o bônus fornecido pelo efeito básico desta magia e armaduras).

+2 PM: aumenta o bônus na Defesa em +1.

+2 PM: muda a duração para um dia.

ARMAMENTO DA NATUREZA
DIVINA 1 (TRANSMUTAÇÃO)

Execução: padrão; **Alcance:** toque; **Alvo:** 1 arma (veja texto); **Duração:** cena.

Você fortalece uma arma mundana primitiva (sem custo em T$, como bordão, clava, funda ou tacape), uma arma natural ou um ataque desarmado. O dano da arma aumenta em um passo e ela é considerada mágica. Ao lançar a magia, você pode mudar o tipo de dano da arma (escolhendo entre corte, impacto ou perfuração).

+1 PM: fornece +1 nos testes de ataque com a arma.

+2 PM: muda a execução para ação de movimento.

+3 PM: aumenta o bônus nos testes de ataque em +1.

+5 PM: aumenta o dano da arma em mais um passo.

ASSASSINO FANTASMAGÓRICO
ARCANA 4 (NECROMANCIA)

Execução: padrão; **Alcance:** longo; **Alvo:** 1 criatura; **Duração:** cena, até ser descarregada; **Resistência:** Vontade anula, Fortitude parcial.

Usando os medos subconscientes do alvo, você cria uma imagem daquilo que ele mais teme. Apenas a própria vítima pode ver o *Assassino Fantasmagórico* com nitidez; outras criaturas presentes (incluindo o conjurador) enxergam apenas um espectro sombrio.

Quando você lança a magia, o espectro surge adjacente a você e a vítima faz um teste de Vontade. Se ela passar, percebe que o espectro é uma ilusão e a magia é dissipada. Se falhar, acredita na existência do espectro, que então flutua 18m por rodada em direção à vítima, sempre no fim do seu turno. Ele é incorpóreo e imune a magias (exceto magias que dissipam outras).

Se o espectro terminar seu turno adjacente à vítima, ela deve fazer um teste de Fortitude. Se passar, sofre 6d6 pontos de dano de trevas (este dano não pode reduzir o alvo a menos de 0 PV e não o deixa sangrando). Se falhar, sofre um colapso, ficando imediatamente com –1 PV e sangrando.

O espectro persegue o alvo implacavelmente. Ele desaparece se o alvo ficar inconsciente ou se afastar além de alcance longo dele, ou se for dissipado.

AUGÚRIO
DIVINA 2 (ADIVINHAÇÃO)

Execução: completa; **Alcance:** pessoal; **Alvo:** você; **Duração:** instantânea.

Esta magia diz se uma ação que você tomará em breve — no máximo uma hora no futuro — trará resultados bons ou ruins. O mestre rola 1d6 em segredo; com um resultado de 2 a 6, a magia funciona e você recebe uma das seguintes respostas: "felicidade" (a ação trará bons resultados); "miséria" (a ação trará maus resultados); "felicidade e miséria" (para ambos) ou "nada" (para ações que não trarão resultados bons ou ruins).

Com um resultado 1, a magia falha e oferece o resultado "nada". Não há como saber se esse resultado foi dado porque a magia falhou ou não. Lançar esta magia múltiplas vezes sobre o mesmo assunto gera sempre o primeiro resultado.

Por exemplo, se o grupo está prestes a entrar em uma câmara, o augúrio dirá "felicidade" se a câmara contém um tesouro desprotegido, "miséria" se contém um monstro, "felicidade e miséria" se houver um tesouro e um monstro ou "nada" se a câmara estiver vazia.

+3 PM: muda a execução para 1 minuto. Em vez do normal, você pode consultar uma divindade, fazendo uma pergunta sobre um evento que acontecerá até um dia no futuro. O mestre rola a chance de falha; com um resultado de 2 a 6, você recebe uma resposta, desde uma simples frase até uma profecia ou enigma. Em geral, este uso sempre oferece pistas, indicando um caminho a tomar para descobrir a resposta que se procura. Numa falha você não recebe resposta alguma. Requer 3º círculo.

+7 PM: muda a execução para 10 minutos e a duração para 1 minuto. Em vez do normal, você consulta uma divindade, podendo fazer uma pergunta por rodada, desde que ela possa ser respondida com "sim", "não" ou "não sei" (embora poderosos, os deuses não são oniscientes). O mestre rola a chance de falha para cada pergunta. Em caso de falha, a resposta também é "não sei". Requer 4º círculo.

+7 PM: o mestre rola 1d12; a magia só falha em um resultado 1.

+12 PM: o mestre rola 1d20; a magia só falha em um resultado 1.

AURA DIVINA
DIVINA 5 (ABJURAÇÃO)

Execução: padrão; **Alcance:** pessoal; **Área:** esfera com 9m de raio; **Duração:** cena; **Resistência:** Vontade parcial.

Você se torna um conduíte da energia de sua divindade, emanando uma aura brilhante. Você e aliados devotos da mesma divindade ficam imunes a encantamento e recebem +10 na Defesa e em testes de resistência. Aliados não devotos da mesma divindade recebem +5 na Defesa e em testes de resistência. Além disso, inimigos que entrem na área devem fazer um teste de Vontade; em caso de falha, recebem uma condição a sua escolha entre esmorecido, debilitado ou lento até o fim da cena. O teste deve ser refeito cada vez que a criatura entrar novamente na área.

+2 PM: aumenta os bônus na Defesa e em testes de resistência em +1.

AVISO
UNIVERSAL 1 (ADIVINHAÇÃO)

Execução: movimento; **Alcance:** longo; **Alvo:** 1 criatura; **Duração:** instantânea.

Envia um aviso telepático para uma criatura, mesmo que não possa vê-la nem tenha linha de efeito. Escolha um:

Alerta: o alvo recebe +5 em seu próximo teste de Iniciativa e de Percepção dentro da cena.

Mensagem: o alvo recebe uma mensagem sua de até 25 palavras. Vocês devem ter um idioma em comum para o alvo poder entendê-lo.

Localização: o alvo sabe onde você está naquele momento. Se você mudar de posição, ele não saberá.

+1 PM: aumenta o alcance em um fator de 10 (90m para 900m, 900m para 9km e assim por diante).

+1 PM: se escolher mensagem, o alvo pode enviar uma resposta de até 25 palavras para você até o fim de seu próximo turno.

+2 PM: se escolher localização, muda a duração para cena. O alvo sabe onde você está mesmo que você mude de posição.

+3 PM: aumenta o número de alvos em +1.

BANIMENTO
DIVINA 3 (ABJURAÇÃO)

Execução: 1d3+1 rodadas; **Alcance:** curto; **Alvo:** 1 criatura; **Duração:** instantânea; **Resistência:** Vontade parcial.

Você expulsa uma criatura não nativa de Arton. Um alvo nativo de outro mundo (como muitos espíritos), é teletransportado de volta para um lugar aleatório de seu mundo de origem. Já um alvo morto-vivo tem sua conexão com as energias negativas rompidas, sendo reduzido a 0 PV. Se passar na resistência, em vez dos efeitos acima, o alvo fica enjoado por 1d4 rodadas.

Se você tiver um ou mais itens que se oponham ao alvo de alguma maneira, a CD do teste de resistência aumenta em +2 por item. Por exemplo, se lançar a magia contra demônios do frio (vulneráveis a água benta e que odeiam luz e calor) enquanto segura um frasco de água benta e uma tocha acesa, a CD aumenta em +4. O mestre decide se determinado item é forte o bastante contra a criatura para isso.

+0 PM: muda a resistência para nenhum. Em vez do normal, devolve automaticamente uma criatura conjurada (como por uma magia de convocação) para seu plano de origem.

BARRAGEM ELEMENTAL DE VECTORIUS
ARCANA 5 (EVOCAÇÃO)

Execução: padrão; **Alcance:** longo; **Efeito:** 4 esferas elementais; **Duração:** instantânea; **Resistência:** Reflexos parcial.

Criada pelo arquimago Vectorius, esta magia produz quatro esferas, de ácido, eletricidade, fogo e frio, que voam até um ponto a sua escolha. Quando atingem o ponto escolhido, explodem causando 6d6 pontos de dano de seu respectivo tipo numa área com 12m de raio. Um teste de Reflexos reduz o dano à metade. Você pode mirar cada esfera em uma criatura ou ponto diferente. Uma criatura ao alcance da explosão de mais de uma esfera deve fazer um teste de resistência para cada uma. Além disso, as esferas causam os seguintes efeitos em criaturas que falharem em seus testes de resistência:

- *Ácido:* vulnerável até o fim da cena.
- *Elétrica:* atordoado por 1 rodada (apenas uma vez por cena).
- *Fogo:* em chamas.
- *Frio:* lento até o fim da cena.

+5 PM: aumenta o dano de cada esfera em +2d6.

+5 PM: muda o tipo de dano de todas as esferas para essência (mas elas ainda causam os outros efeitos como se seu tipo de dano não mudasse).

BÊNÇÃO
DIVINA 1 (ENCANTAMENTO)

Execução: padrão; **Alcance:** curto; **Alvos:** aliados; **Duração:** cena.

Abençoa seus aliados, que recebem +1 em testes de ataque e rolagens de dano. *Bênção* anula *Perdição*.

+1 PM: muda o alvo para 1 cadáver e a duração para 1 semana. O cadáver não se decompõe nem pode ser transformado em morto-vivo.

+2 PM: aumenta os bônus em +1 (bônus máximo limitado pelo círculo máximo de magia que você pode lançar).

BOLA DE FOGO
ARCANA 2 (EVOCAÇÃO)

Execução: padrão; **Alcance:** médio; **Área:** esfera com 6m de raio; **Duração:** instantânea; **Resistência:** Reflexos reduz à metade.

Esta famosa magia de ataque cria uma poderosa explosão, causando 6d6 pontos de dano de fogo em todas as criaturas e objetos livres na área.

+2 PM: aumenta o dano em +2d6.

+2 PM: muda a área para efeito de esfera flamejante com tamanho Médio e a duração para cena. Em vez do normal, cria uma esfera flamejante com 1,5m de diâmetro que causa 3d6 pontos de dano a qualquer criatura no mesmo espaço. Você pode gastar uma ação de movimento para fazer a esfera voar 9m em qualquer direção. Ela é imune a dano, mas pode ser apagada com água. Uma criatura só pode sofrer dano da esfera uma vez por rodada.

+3 PM: muda a duração para um dia ou até ser descarregada. Em vez do normal, você cria uma pequena pedra flamejante, que pode detonar como uma reação, descarregando a magia. A pedra pode ser usada como uma arma de arremesso com alcance curto. Uma vez detonada, causa o dano da magia numa área de esfera com 6m de raio.

BURACO NEGRO
UNIVERSAL 5 (CONVOCAÇÃO)

Execução: completa; **Alcance:** longo; **Efeito:** buraco negro; **Duração:** 3 rodadas; **Resistência:** Fortitude parcial.

Esta magia cria um vácuo capaz de sugar tudo nas proximidades. Escolha um espaço desocupado para o buraco negro. No início de cada um de seus três turnos seguintes, todas as criaturas a até alcance longo do buraco negro, incluindo você, devem fazer um teste de Fortitude. Em caso de falha, ficam caídas e são puxadas 30m na direção do buraco. Objetos soltos também são puxados. Criaturas podem gastar uma ação de movimento para se segurar em algum objeto fixo, recebendo +2 em seus testes de resistência.

Criaturas e objetos que iniciem seu turno no espaço do buraco negro devem gastar uma ação de movimento e fazer um teste de Fortitude. Se passarem, podem escapar se arrastando (deslocamento de 1,5m) para longe dele. Se falharem, perdem a ação (mas podem gastar outra para tentar novamente). Se terminarem seu turno no espaço do buraco negro, são sugadas, desaparecendo para sempre.

Não se conhece o destino das coisas sugadas pelo buraco negro. Alguns estudiosos sugerem que são enviadas para outros mundos — provavelmente Sombria, reino da deusa Tenebra.

+5 PM: muda o efeito para que você não seja afetado.

CAMINHOS DA NATUREZA
DIVINA 1 (CONVOCAÇÃO)

Execução: padrão; **Alcance:** curto; **Área:** criaturas escolhidas; **Duração:** 1 dia.

Você invoca espíritos da natureza, pedindo que eles abram seu caminho. As criaturas afetadas recebem deslocamento +3m e ignoram penalidades por terreno difícil em terrenos naturais.

TRUQUE: muda o alcance para pessoal e o alvo para você. Em vez do normal, você recebe +5 em testes de Sobrevivência para se orientar.

+1 PM: além do normal, a CD para rastrear os alvos em terreno natural aumenta em +10.

+2 PM: aumenta o bônus de deslocamento em +3m.

CAMPO ANTIMAGIA
ARCANA 4 (ABJURAÇÃO)

Execução: padrão; **Alcance:** pessoal; **Alvo:** você; **Duração:** sustentada.

Você é cercado por uma barreira invisível com 3m de raio que o acompanha. Qualquer habilidade mágica ou item mágico que entre na área da barreira é suprimida enquanto estiver lá.

Criaturas convocadas que entrem em um *Campo Antimagia* desaparecem. Elas reaparecem na mesma posição quando a duração do *Campo* termina — supondo que a duração da magia que as convocou ainda não tenha terminado.

Criaturas mágicas ou imbuídas com magia durante sua criação não são diretamente afetadas pelo *Campo Antimagia*. Entretanto, como qualquer criatura, não poderão usar magias ou habilidades mágicas dentro dele.

Uma magia que dissipa outras não dissipa um *Campo Antimagia*, e dois *Campos* na mesma área não se neutralizam. Artefatos e deuses maiores não são afetados por um *Campo Antimagia*.

CAMPO DE FORÇA
ARCANA 2 (ABJURAÇÃO)

Execução: padrão; **Alcance:** pessoal; **Alvo:** você; **Duração:** cena.

Esta magia cria uma película protetora sobre você. Você recebe 30 pontos de vida temporários.

+1 PM: muda a execução para reação e a duração para instantânea. Em vez do normal, você recebe RD 30 contra o próximo dano que sofrer.

+3 PM: muda os PV temporários ou a RD para 50. Requer 3º círculo.

+7 PM: muda os PV temporários ou a RD para 70. Requer 4º círculo.

+7 PM: muda o alcance para curto, o alvo para outra criatura ou objeto Enorme ou menor e a duração para sustentada. Em vez do normal, cria uma esfera imóvel e tremeluzente ao redor do alvo. Nenhuma criatura, objeto ou efeito de dano pode passar pela esfera, embora criaturas possam respirar normalmente. Criaturas na área podem fazer um teste de Reflexos para evitar serem aprisionadas e sempre que você se concentrar. Requer 4º círculo.

+9 PM: como o aprimoramento acima, mas tudo dentro da esfera fica praticamente sem peso. Uma vez por rodada, você pode gastar uma ação livre para flutuar a esfera e seu conteúdo 9m em uma direção. Requer 4º círculo.

CAMUFLAGEM ILUSÓRIA
ARCANA 2 (ILUSÃO)

Execução: padrão; **Alcance:** toque; **Alvo:** 1 criatura; **Duração:** cena.

O alvo fica com sua imagem nublada, como se vista através de um líquido, recebendo os efeitos de camuflagem leve.

+3 PM: muda a duração para sustentada. A imagem do alvo fica mais distorcida, aumentando a chance de falha da camuflagem leve para 50%.

+7 PM: muda o alcance para curto e o alvo para criaturas escolhidas. Requer 4º círculo.

CHUVA DE METEOROS
ARCANA 5 (CONVOCAÇÃO)

Execução: completa; **Alcance:** longo; **Área:** quadrado com 18m de lado; **Duração:** instantânea; **Resistência:** Reflexos parcial.

Meteoros caem dos céus, devastando a área afetada. Criaturas na área sofrem 15d6 pontos de dano de impacto, 15d6 pontos de dano de fogo e ficam caídas e presas sob os escombros (agarradas). Uma criatura que passe no teste de resistência sofre metade do dano total e não fica caída e agarrada. Uma criatura agarrada pode escapar gastando uma ação padrão e passando em um teste de Atletismo. Toda a área afetada fica coberta de escombros, sendo considerada terreno difícil, e imersa numa nuvem de poeira (camuflagem leve). Esta magia só pode ser utilizada a céu aberto.

+2 PM: aumenta o número de meteoros que atingem a área, o que aumenta o dano em +2d6 de impacto e +2d6 de fogo.

CÍRCULO DA JUSTIÇA
DIVINA 2 (ABJURAÇÃO)

Execução: completa; **Alcance:** curto; **Área:** esfera com 9m de raio; **Duração:** 1 dia; **Resistência:** Vontade parcial.

Também conhecida como *Lágrimas de Hyninn*, esta magia é usada em tribunais e para proteger áreas sensíveis. Criaturas na área sofrem –10 em testes de Acrobacia, Enganação, Furtividade e Ladinagem e não podem mentir deliberadamente — mas podem tentar evitar perguntas que normalmente responderiam com uma mentira (sendo evasivas ou cometendo omissões, por exemplo). Uma criatura que passe na resistência tem as penalidades reduzidas para –5 e pode mentir.

+1 PM: muda a execução para ação padrão, o alcance para pessoal, o alvo para você, a duração para cena e a resistência para nenhuma. Em vez do normal, qualquer criatura ou objeto invisível em alcance curto se torna visível. Isso não dissipa o efeito mágico; se sair do seu alcance, a criatura ou objeto voltam a ficar invisíveis.

+3 PM: muda a penalidade nas perícias para –10 (se passar na resistência) e –20 (se falhar). Requer 4º círculo.

+7 PM: muda a duração para permanente e adiciona componente material (balança de prata no valor de T$ 5.000).

CÍRCULO DA RESTAURAÇÃO
DIVINA 4 (EVOCAÇÃO)

Execução: padrão; **Alcance:** curto; **Área:** esfera com 3m de raio; **Duração:** 5 rodadas.

Você evoca um círculo de luz que emana uma energia poderosa. Qualquer criatura viva que termine o turno dentro do círculo recupera 3d8+3 PV e 1 PM. Mortos-vivos e criaturas que sofrem dano por luz perdem PV e PM na mesma quantidade. Uma criatura pode recuperar no máximo 5 PM por dia com esta magia.

+2 PM: aumenta a regeneração de PV em 1d8+1.

CÓLERA DE AZGHER
DIVINA 4 (EVOCAÇÃO)

Execução: padrão; **Alcance:** médio; **Área:** esfera com 6m de raio; **Duração:** instantânea. **Resistência:** Reflexos parcial.

Você cria um fulgor dourado e intenso. Criaturas na área ficam cegas por 1d4 rodadas e em chamas, e sofrem 10d6 pontos de dano de fogo (mortos-vivos sofrem 10d8 pontos de dano). Uma criatura que passe no teste de resistência não fica cega nem em chamas e sofre metade do dano.

+2 PM: aumenta o dano em +2d6 (+2d8 contra mortos-vivos).

+2 PM: aumenta a área em +6m de raio.

+5 PM: a luz purificadora do Deus-Sol dissipa todas as magias de necromancia ativas na área. Requer 5º círculo.

COLUNA DE CHAMAS
DIVINA 3 (EVOCAÇÃO)

Execução: padrão; **Alcance:** longo; **Área:** cilindro com 3m de raio e 30m de altura; **Duração:** instantânea; **Resistência:** Reflexos reduz à metade.

Um pilar de fogo sagrado desce dos céus, causando 6d6 pontos de dano de fogo mais 6d6 pontos de dano de luz nas criaturas e objetos livres na área.

+1 PM: aumenta o dano de fogo em +1d6.

+1 PM: aumenta o dano de luz em +1d6.

COMANDO
DIVINA 1 (ENCANTAMENTO)

Execução: padrão; **Alcance:** curto; **Alvo:** 1 humanoide; **Duração:** 1 rodada; **Resistência:** Vontade anula.

Você dá uma ordem irresistível, que o alvo deve ser capaz de ouvir (mas não precisa entender). Se falhar na resistência, ele deve obedecer ao comando em seu próprio turno da melhor maneira possível. Escolha um dos efeitos.

Fuja: o alvo gasta seu turno se afastando de você (usando todas as suas ações).

Largue: o alvo solta quaisquer itens que esteja segurando e não pode pegá-los novamente até o início de seu próximo turno. Como esta é uma ação livre, ele ainda pode executar outras ações (exceto pegar aquilo que largou).

Pare: o alvo fica pasmo (apenas uma vez por cena).

Senta: com uma ação livre, o alvo senta no chão (se estava pendurado ou voando, desce até o chão). Ele pode fazer outras ações, mas não se levantar até o início de seu próximo turno.

Venha: o alvo gasta seu turno se aproximando de você (usando todas as suas ações).

+1 PM: muda o alvo para 1 criatura.

+2 PM: aumenta a quantidade de alvos em +1.

COMPREENSÃO
UNIVERSAL 1 (ADIVINHAÇÃO)

Execução: padrão; **Alcance:** toque; **Alvo:** 1 criatura ou texto; **Duração:** cena; **Resistência:** Vontade anula (veja descrição).

Essa magia lhe confere compreensão sobrenatural. Você pode tocar um texto e entender as palavras mesmo que não conheça o idioma. Se tocar numa criatura inteligente, pode se comunicar com ela mesmo que não tenham um idioma em comum. Se tocar uma criatura não inteligente, como um animal, pode perceber seus sentimentos.

Você também pode gastar uma ação de movimento para ouvir os pensamentos de uma criatura tocada (você "ouve" o que o alvo está pensando), mas um alvo involuntário tem direito a um teste de Vontade para proteger seus pensamentos e evitar este efeito.

+1 PM: muda o alcance para curto.

+2 PM: muda o alcance para curto e o alvo para criaturas escolhidas. Você pode entender todas as criaturas afetadas, mas só pode ouvir os pensamentos de uma por vez.

+2 PM: muda o alvo para 1 criatura. Em vez do normal, pode vasculhar os pensamentos do alvo para extrair informações. O alvo tem direito a um teste de Vontade para anular este efeito. O mestre decide se a criatura sabe ou não a informação que você procura. Requer 2º círculo.

+5 PM: muda o alcance para pessoal e o alvo para você. Em vez do normal, você pode falar, entender e escrever qualquer idioma. Requer 3º círculo.

COMUNHÃO COM A NATUREZA
DIVINA 3 (ADIVINHAÇÃO)

Execução: completa; **Alcance:** pessoal; **Alvo:** você; **Duração:** 1 dia.

Após uma breve união com a natureza local, você obtém informações e intuições sobre a região em que está, numa distância equivalente a um dia de viagem. Você recebe 6d4 dados de auxílio. Enquanto a magia durar, sempre que for realizar um teste de perícia em áreas naturais, você pode gastar 2d4 (mais 2d4 para cada círculo de magias acima do 3º que puder lançar) e adicionar o resultado rolado como bônus no teste. A magia termina se você ficar sem dados.

+1 PM: muda a execução para 1 minuto e a duração para instantânea. Em vez do normal, você descobre 1d4+1 informações sobre os seguintes temas: terreno, animais, vegetais, minerais, cursos d'água e presença de criaturas antinaturais numa região natural em que você esteja. Você pode, por exemplo, descobrir a quantidade de cavernas (terreno), se uma planta rara existe (vegetais) e se há mortos-vivos (criaturas antinaturais) na região.

+3 PM: aumenta o número de dados de auxílio em +2.

+4 PM: muda o tipo dos dados de auxílio para d6.

+8 PM: muda o tipo dos dados de auxílio para d8.

CONCEDER MILAGRE
DIVINA 4 (ENCANTAMENTO)

Execução: padrão; **Alcance:** toque; **Alvo:** 1 criatura; **Duração:** permanente até ser descarregada.

Você transfere um pouco de seu poder divino a outra criatura. Escolha uma magia de até 2º círculo que você conheça; o alvo pode lançar essa magia uma vez, sem pagar o custo dela em PM (aprimoramentos podem ser usados, mas o alvo deve gastar seus próprios PM). Você sofre uma penalidade de –3 PM até que o alvo lance a magia.

+4 PM: muda o círculo da magia concedida para 3º e a penalidade de PM para –6.

CONCENTRAÇÃO DE COMBATE
ARCANA 1 (ADIVINHAÇÃO)

Execução: livre; **Alcance:** pessoal; **Alvo:** você; **Duração:** 1 rodada.

Você amplia sua percepção, antecipando movimentos dos inimigos e achando brechas em sua defesa. Quando faz um teste de ataque, você rola dois dados e usa o melhor resultado.

+2 PM: muda a execução para padrão e a duração para cena. Requer 2º círculo.

+5 PM: além do normal, ao atacar você, um inimigo deve rolar dois dados e usar o pior resultado. Requer 3º círculo.

+9 PM: muda a execução para padrão, o alcance para curto, o alvo para criaturas escolhidas e a duração para cena. Requer 4º círculo.

+14 PM: muda a execução para padrão e a duração para um dia. Além do normal, você recebe um sexto sentido que o avisa de qualquer perigo ou ameaça. Você fica imune às condições surpreendido e desprevenido e recebe +10 na Defesa e Reflexos. Requer 5º círculo.

CONDIÇÃO
DIVINA 2 (ADIVINHAÇÃO)

Execução: padrão; **Alcance:** curto; **Alvo:** até 5 criaturas; **Duração:** cena.

Pela duração da magia, você sabe a posição e status (PV atuais, se estão com uma condição ou sob efeito de magia...) dos alvos. Depois de lançada, a distância dos alvos não importa — a magia só deixa de detectar um alvo se ele morrer ou for para outro plano.

+1 PM: aumenta o número de alvos em +1.

+1 PM: muda a duração para um dia.

CONJURAR ELEMENTAL
ARCANA 4 (CONVOCAÇÃO)

Execução: completa; **Alcance:** médio; **Efeito:** parceiro elemental; **Duração:** sustentada.

Esta magia transforma uma porção de um elemento inerte em uma criatura elemental Grande do tipo do elemento alvo. Por exemplo, lançar esta magia numa fogueira ou tocha cria um elemental do fogo. Você pode criar elementais do ar, água, fogo e terra com essa magia. O elemental obedece a todos os seus comandos e pode funcionar como um parceiro do tipo destruidor (cuja habilidade custa apenas 2 PM para ser usada) e mais um tipo entre os indicados na lista abaixo, ambos mestres. O elemental auxilia apenas você e não conta em seu limite de parceiros.

Ar: assassino, perseguidor ou vigilante. Dano de eletricidade.

Água: ajudante, guardião ou médico. Dano de frio.

Fogo: atirador, combatente ou fortão. Dano de fogo.

Terra: combatente, guardião ou montaria. Dano de impacto.

+5 PM: o elemental muda para Enorme e recebe dois tipos de parceiro indicados no seu elemento.

+5 PM: você convoca um elemental de cada tipo. Quando lança a magia, você pode escolher se cada elemental vai auxiliar você ou um aliado no alcance. Requer 5º círculo.

CONJURAR MONSTRO
ARCANA 1 (CONVOCAÇÃO)

Execução: completa; **Alcance:** curto; **Efeito:** 1 criatura conjurada; **Duração:** sustentada.

Você conjura um monstro Pequeno que ataca seus inimigos. Você escolhe a aparência do monstro e o tipo de dano que ele pode causar, entre corte, impacto e perfuração. No entanto, ele não é uma criatura real, e sim um construto feito de energia. Se for destruído, ou quando a magia acaba, desaparece com um brilho, sem deixar nada para trás. Você só pode ter um monstro conjurado por esta magia por vez.

O monstro surge em um espaço desocupado a sua escolha dentro do alcance e age no início de cada um de seus turnos, a partir da próxima rodada. O monstro tem deslocamento 9m e pode fazer uma ação de movimento por rodada. Você pode gastar uma ação padrão para dar uma das seguintes ordens a ele.

Mover: o monstro se movimenta o dobro do deslocamento nessa rodada.

Atacar: o monstro causa 2d4+2 pontos de dano a uma criatura adjacente.

Lançar Magia: o monstro pode servir como ponto de origem para uma magia lançada por você com execução de uma ação padrão ou menor. Ele pode descarregar um *Toque Chocante* em um inimigo distante, ou mesmo "cuspir" uma *Bola de Fogo*! Você gasta PM normalmente para lançar a magia.

Outros usos criativos para monstros conjurados ficam a critério do mestre. O monstro não age sem receber uma ordem.

Para efeitos de jogo, o monstro conjurado tem For 2, Des 3 e todos os outros atributos nulos. Ele tem Defesa igual a sua, 20 pontos de vida e usa o seu bônus para teste de Reflexos. Ele é imune a efeitos que pedem um teste de Fortitude ou Vontade.

+1 PM: o monstro ganha deslocamento de escalada ou natação igual ao seu deslocamento terrestre.

+1 PM: aumenta o deslocamento do monstro em +3m.

+1 PM: muda o tipo de dano do ataque do monstro para ácido, fogo, frio ou eletricidade.

+2 PM: aumenta os PV do monstro em +10 para cada categoria de tamanho a partir de Pequeno (+10 PV para Pequeno, +20 PV para Médio etc.).

+2 PM: aumenta o tamanho do monstro para Médio. Ele tem For 4, Des 3, 45 PV, deslocamento 12m e seu ataque causa 2d6+6 pontos de dano.

+2 PM: o monstro ganha resistência 5 contra dois tipos de dano (por exemplo, corte e frio).

+4 PM: o monstro ganha uma nova ordem: *Arma de Sopro*. Para dar essa ordem você gasta 1 PM, e faz o monstro causar o dobro de seu dano de ataque em um cone de 6m a partir de si (Reflexos reduz à metade).

+5 PM: aumenta o tamanho do monstro para Grande. Ele tem For 7, Des 2, 75 PV, deslocamento 12m e seu ataque causa 4d6+10 pontos de dano com 3m de alcance. Requer 2º círculo.

+9 PM: o monstro ganha deslocamento de voo igual ao dobro do deslocamento.

+9 PM: o monstro ganha imunidade contra dois tipos de dano.

+9 PM: aumenta o tamanho do monstro para Enorme. Ele tem For 11, Des 1, 110 PV, deslocamento 15m e seu ataque causa 4d8+15 pontos de dano com 4,5m de alcance. Requer 4º círculo.

+14 PM: aumenta o tamanho do monstro para Colossal. Ele tem For 15, Des 0, 180 PV, deslocamento 15m e seu ataque causa 4d12+20 pontos de dano com 9m de alcance. Requer 5º círculo.

CONJURAR MORTOS-VIVOS
UNIVERSAL 2 (NECROMANCIA)

Execução: completa; **Alcance:** curto; **Efeito:** 6 mortos-vivos; **Duração:** sustentada.

Você conjura seis esqueletos capangas de tamanho Médio feitos de energia negativa em espaços desocupados dentro do alcance. Você pode gastar uma ação de movimento para fazer os mortos-vivos andarem (eles têm deslocamento 9m) ou uma ação padrão para fazê-los causar dano a criaturas adjacentes (1d6+2 pontos de dano de trevas cada). Os esqueletos têm For 2, Des 2, Defesa 18 e todos os outros atributos nulos; eles têm 1 PV e falham automaticamente em qualquer teste de resistência ou oposto, mas são imunes a atordoamento, dano não letal, doença, encantamento, fadiga, frio, ilusão, paralisia, sono e veneno. Eles desaparecem quando são reduzidos a 0 PV ou no fim da cena. Os mortos-vivos não agem sem receber uma ordem. Usos criativos para capangas fora de combate ficam a critério do mestre.

+2 PM: aumenta o número de mortos-vivos conjurados em +1.

+3 PM: em vez de esqueletos, conjura carniçais. Requer 3º círculo.

+7 PM: em vez de esqueletos, conjura sombras. Requer 4º círculo.

Carniçal: como esqueletos, mas têm For 3, Des 3, Defesa 27 e causam 1d8+3 pontos de dano de trevas mais perda de 1d8 PV por veneno. Além disso, criaturas atingidas por um carniçal devem passar num teste de Fortitude ou ficam paralisadas por 1 rodada. Uma criatura que passe no teste de resistência fica imune à paralisia dos carniçais por um dia.

Sombra: como esqueletos, mas têm Des 4, Defesa 35, são incorpóreas e causam 2d10 pontos de dano de trevas. Além disso, criaturas vivas atingidas por uma sombra devem passar num teste de Fortitude ou perdem 1d4 PM. Sombras perdem a habilidade incorpóreo quando expostas à luz do sol.

CONSAGRAR
DIVINA 1 (EVOCAÇÃO)

Execução: padrão; **Alcance:** longo; **Área:** esfera com 9m de raio; **Duração:** 1 dia.

Você enche a área com energia positiva. Pontos de vida curados por efeitos de luz são maximizados dentro da área. Isso também afeta dano causado em mortos-vivos por esses efeitos. Por exemplo, *Curar Ferimentos* cura automaticamente 18 PV. Esta magia não pode ser lançada em uma área contendo um símbolo visível dedicado a uma divindade que não a sua. *Consagrar* anula *Profanar*.

+1 PM: além do normal, mortos-vivos na área sofrem –2 em testes e Defesa.

+2 PM: aumenta as penalidades para mortos-vivos em –1 (penalidade máxima limitada pelo círculo máximo de magia que você pode lançar).

+9 PM: muda a execução para 1 hora, a duração para permanente e adiciona componente material (incenso e óleos no valor de T$ 1.000). Requer 4º círculo.

CONTATO EXTRAPLANAR
ARCANA 3 (ADIVINHAÇÃO)

Execução: completa; **Alcance:** pessoal; **Alvo:** você; **Duração:** 1 dia.

Sua mente viaja até outro plano de existência, onde entra em contato com seres como gênios e demônios. Você firma um contrato com uma dessas entidades para que o auxilie, em troca de se alimentar de seu mana. Quando a magia é lançada, você recebe 6d6 dados de auxílio. Enquanto a magia durar, sempre que for realizar um teste de perícia, você pode gastar 1d6 (mais 1d6 para cada círculo de magias acima do 3º que puder lançar) e adicionar o resultado como bônus no teste. No entanto, sempre que rolar um "6" num desses dados, a entidade "suga" 1 PM de você. A magia termina se você gastar todos os dados, ficar sem PM ou no fim do dia (o que acontecer primeiro).

+2 PM: aumenta o número de dados de auxílio em +1.

+8 PM: Muda os dados de auxílio para d12. Sempre que rolar um resultado 12 num desses dados, a entidade "suga" 2 PM de você. Requer 4º círculo.

CONTROLAR A GRAVIDADE
ARCANA 4 (TRANSMUTAÇÃO)

Execução: padrão; **Alcance:** médio; **Área:** cubo de 12m de lado; **Duração:** sustentada.

Você controla os efeitos da gravidade dentro da área. Ao lançar a magia, escolha um dos efeitos abaixo. Enquanto a magia durar, você pode gastar uma ação padrão para mudar o efeito.

Aumentar: no início de seus turnos, cada criatura na área deve fazer um teste de Atletismo. Se passar, fica fatigada. Se falhar, fica fatigada e caída.

Inverter: inverte a gravidade da área, fazendo com que criaturas e objetos "caiam" para cima, atingindo o topo (12m) em uma rodada. Se um obstáculo (como um teto) impedir o movimento das criaturas, elas sofrem 1d6 pontos de dano de impacto para cada 1,5m de "queda". Elas podem então se levantar e caminhar no obstáculo, de cabeça para baixo. Se não houver obstáculo, as criaturas e objetos ficam flutuando no topo da área afetada, sem poder sair do lugar. Criaturas voadoras podem se movimentar normalmente. Alguém adjacente a algo que possa agarrar tem direito a um teste de Reflexos para evitar a "queda". A criatura deve permanecer presa pela duração da magia; caso contrário "cairá".

Reduzir: criaturas ou objetos livres Médios ou menores flutuam para cima e para baixo conforme sua vontade, com deslocamento de voo 6m. Criaturas na área recebem +20 em testes de Atletismo para escalar e saltar. Uma criatura levitando fica instável, sofrendo –2 em testes de ataque.

CONTROLAR ÁGUA
DIVINA 3 (TRANSMUTAÇÃO)

Execução: padrão; **Alcance:** longo; **Área:** esfera com 30m de raio; **Duração:** cena; **Resistência:** veja texto.

Você controlar os movimentos e comportamentos da água. Ao lançar a magia, escolha um dos efeitos abaixo.

Congelar: toda a água mundana na área é congelada. Criaturas nadando na área ficam imóveis; escapar exige gastar uma ação padrão e passar num teste de Atletismo ou Acrobacia.

Derreter: gelo mundano na área vira água e a magia termina. A critério do mestre, isso pode criar terreno difícil.

Enchente: eleva o nível da água mundana na área em até 4,5m. A sua escolha, muda área para alvo: uma embarcação. O alvo recebe +3m em seu deslocamento pela duração do efeito.

Evaporar: toda a água e gelo mundano na área evaporam instantaneamente e a magia termina. Elementais da água, plantas monstruosas e criaturas com imunidade a frio na área sofrem 10d8 pontos de dano de fogo; outras criaturas vivas recebem metade desse dano (Fortitude reduz à metade).

Partir: diminui o nível de toda água mundana na área em até 4,5m. Em um corpo d'água raso, isso abre um caminho seco, que pode ser atravessado a pé. Em um corpo d'água profundo, cria um redemoinho que pode prender barcos (um teste de Pilotagem permite ao piloto livrar a embarcação). Elementais da água na área ficam lentos.

+2 PM: aumenta o dano em +2d8.

Controlar Fogo
DIVINA 2 (EVOCAÇÃO)

Execução: padrão; **Alcance:** curto; **Alvo:** veja texto; **Duração:** cena.

Você pode criar, moldar, mover ou extinguir chamas e emanações de calor. Ao lançar a magia, escolha um dos efeitos.

Chamejar: o alvo é armas escolhidas. Elas causam +1d6 de dano de fogo. Também afeta armas naturais e ataques desarmados.

Esquentar: o alvo é 1 objeto, que começa a esquentar. Ele sofre 1d6 pontos de dano de fogo por rodada e causa o mesmo dano a qualquer criatura que o esteja segurando ou vestindo. A critério do mestre, o objeto ou a criatura vestindo-o também podem ficar em chamas. Uma criatura pode gastar uma ação completa para resfriar o objeto (jogando areia ou se jogando numa fonte de água próxima, por exemplo) e cancelar o efeito da magia.

Extinguir: o alvo é 1 chama de tamanho Grande ou menor, que é apagada. Isso cria uma nuvem de fumaça que ocupa uma esfera com 3m de raio centrada onde estava a chama. Dentro da fumaça, criaturas têm camuflagem leve.

Modelar: o alvo é 1 chama de tamanho Grande ou menor. A cada rodada, você pode gastar uma ação livre para movimentá-la 9m em qualquer direção. Se atravessar o espaço ocupado por uma criatura, causa 2d6 pontos de dano de fogo. Uma criatura só pode receber dano dessa maneira uma vez por rodada.

+1 PM: muda a duração para sustentada e a resistência para Reflexos reduz à metade. Em vez do normal, você deve escolher o seguinte efeito. *Labaredas:* a cada rodada, você pode gastar uma ação de movimento para projetar uma labareda, acertando um alvo em alcance curto a partir da chama. O alvo sofre 4d6 pontos de dano de fogo (Reflexos reduz à metade).

+2 PM: aumenta o dano em +1d6 (exceto do efeito chamejar).

+3 PM: muda o alvo para 1 criatura composta principalmente por fogo, lava ou magma (como um elemental do fogo) e a resistência para Fortitude parcial. Em vez do normal, se a criatura falhar no teste de resistência, é reduzida a 0 PV. Se passar, sofre 5d6 pontos de dano.

Controlar Madeira
DIVINA 2 (TRANSMUTAÇÃO)

Execução: padrão; **Alcance:** médio; **Alvo:** 1 objeto de madeira Grande ou menor; **Duração:** cena.

Você molda, retorce, altera ou repele madeira. Se lançar esta magia num objeto de uma criatura involuntária, ela tem direito a um teste de Vontade para anulá-la. Ao lançar a magia, escolha.

Fortalecer: deixa o alvo mais resistente. Armas têm seu dano aumentado em um passo. Escudos têm seu bônus de Defesa aumentado em +2 (isso é uma melhoria no item, portanto é cumulativa com outras magias). Esses e outros itens de madeira recebem +5 na RD e dobram seus PV.

Modelar: muda a forma do alvo. Pode transformar um galho em espada, criar uma porta onde antes havia apenas uma parede, transformar um tronco em uma caixa... Mas não pode criar mecanismos complexos (como uma besta) ou itens consumíveis.

Repelir: o alvo é repelido por você. Se for uma arma, ataques feitos com ela contra você falham automaticamente. Se for uma porta ou outro objeto que possa ser aberto, ele vai se abrir quando você se aproximar, mesmo que esteja trancado. Um objeto que vá atingi-lo, como uma carroça, tronco ou barril, vai desviar ou parar adjacente a você, sem lhe causar dano. Os efeitos de regras em outros objetos de madeira ficam a cargo do mestre.

Retorcer: estraga o alvo. Uma porta retorcida emperra (exigindo um teste de Força contra CD 25 para ser aberta). Armas e itens retorcidos impõem –5 em testes de perícia. Escudos retorcidos deixam de oferecer bônus (mas ainda impõem penalidades). Um barco retorcido começa a afundar e naufraga ao final da cena. Os efeitos de regras em outros objetos de madeira ficam a cargo do mestre.

+1 PM: muda o alcance para pessoal, o alvo para você e a duração para um dia. Você e seu equipamento se transformam em uma árvore de tamanho Grande. Nessa forma, você não pode falar ou fazer ações físicas, mas consegue perceber seus arredores normalmente. Se for atacado nessa forma, a magia é dissipada. Um teste de Sobrevivência (CD 30) revela que você não é uma árvore verdadeira.

+3 PM: muda o alvo para área de quadrado com 9m de lado e a duração para cena. Em vez do normal, qualquer vegetação na área fica rígida e afiada. A área é considerada terreno difícil e criaturas que andem nela sofrem 1d6 pontos de dano de corte para cada 1,5m que avancem.

+7 PM: muda o tamanho do alvo para Enorme ou menor. Requer 3º círculo.

+12 PM: muda o tamanho do alvo para Colossal ou menor. Requer 4º círculo.

Controlar o Clima
DIVINA 4 (TRANSMUTAÇÃO)

Execução: completa; **Alcance:** 2km; **Área:** esfera com 2km de raio; **Duração:** 4d12 horas.

Você muda o clima da área onde se encontra, podendo criar qualquer condição climática: chuva, neve, ventos, névoas... Veja o **Capítulo 6: O Mestre** para os efeitos do clima.

+1 PM (Apenas Druidas): muda o raio da área para 3km e duração para 1d4 dias.

Controlar o Tempo
ARCANA 5 (TRANSMUTAÇÃO)

Execução: padrão; **Alcance:** curto; **Alvo:** veja texto; **Duração:** veja texto.

Aquele que controla o tempo controla o mundo. Escolha um dos efeitos a seguir.

Congelar o tempo: você gera uma bolha do seu tamanho na qual o tempo passa mais lentamente. Para outras criaturas, a bolha surge e desaparece instantaneamente, mas, para você, ela dura 3 rodadas, durante as quais você pode agir e não é afetado por efeitos contínuos (como chamas). Porém, durante essas 3 rodadas, você e quaisquer efeitos que você gerar não podem sair da área que você ocupava quando lançou esta magia. Efeitos de área com duração maior que a da bolha voltam a agir normalmente quando ela termina.

Saltar no tempo: você e até 5 criaturas voluntárias são transportadas de 1 a 24 horas para o futuro, desaparecendo com um brilho. Vocês ressurgem no mesmo lugar, com a mesma velocidade e orientação; do seu ponto de vista, nenhum tempo se passou. Se

MAGIA

um objeto sólido agora ocupa o espaço de uma criatura, ela ressurge na área vazia mais próxima.

Voltar no tempo: você revive os últimos segundos. Todas as ações da rodada anterior são desfeitas (incluindo perda de PV e PM — exceto os gastos nesta magia). Tudo retorna à posição em que estava no início do seu turno na última rodada e você é o único que sabe o que acontecerá. Outros personagens devem repetir as mesmas ações — exceto se você fizer algo a respeito (como avisar seus aliados sobre o que vai acontecer). Você só pode reviver uma mesma rodada uma vez.

CONTROLAR PLANTAS
DIVINA 1 (TRANSMUTAÇÃO)

Execução: padrão; **Alcance:** curto; **Área:** quadrado com 9m de lado; **Duração:** cena; **Resistência:** Reflexos anula.

Esta magia só pode ser lançada em uma área com vegetação. As plantas se enroscam nas criaturas da área. Aquelas que falharem na resistência ficam enredadas. Uma vítima pode se libertar com uma ação padrão e um teste de Acrobacia ou Atletismo. Além disso, a área é considerada terreno difícil. No início de seus turnos, a vegetação tenta enredar novamente qualquer criatura na área, exigindo um novo teste de Reflexos.

Truque: muda a área para alvo de 1 planta e a resistência para nenhuma. Em vez do normal, você pode fazer a planta se mover como se fosse animada. Ela não pode causar dano ou atrapalhar a concentração de um conjurador.

+1 PM: muda a duração para instantânea. Em vez do normal, as plantas na área diminuem, como se tivessem sido podadas. Terreno difícil muda para terreno normal e não fornece camuflagem. Esse efeito dissipa o uso normal de *Controlar Plantas*.

+1 PM: além do normal, criaturas que falhem na resistência também ficam imóveis.

+2 PM: muda o alcance para pessoal, a área para alvo (você) e a resistência para nenhuma. Em vez do normal, você consegue se comunicar com plantas, que começam com atitude prestativa em relação a você. Além disso, você pode fazer testes de Diplomacia com plantas. Em geral, plantas têm uma percepção limitada de seus arredores e normalmente fornecem respostas simplórias.

CONTROLAR TERRA
DIVINA 3 (TRANSMUTAÇÃO)

Execução: padrão; **Alcance:** longo; **Área:** 9 cubos com 1,5m de lado; **Duração:** instantânea; **Resistência:** veja texto.

Você manipula a densidade e a forma de toda terra, pedra, lama, argila ou areia na área. Ao lançar a magia, escolha.

Amolecer: se afetar o teto, uma coluna ou suporte, provoca um desabamento que causa 10d6 pontos de dano de impacto às criaturas na área (Reflexos reduz à metade). Se afetar um piso de terra ou pedra, cria terreno difícil de areia ou argila, respectivamente.

Modelar: pode usar pedra ou argila para criar um ou mais objetos simples de tamanho Enorme ou menor (sem mecanismos ou partes móveis). Por exemplo, pode transformar um tijolo em uma maça, criar uma passagem onde antes havia apenas uma parede ou levantar uma ou mais paredes que oferecem cobertura total (RD 8 e 50 PV para cada 3m).

Solidificar: transforma lama ou areia em terra ou pedra. Criaturas com os pés na superfície ficam agarradas. Elas podem se soltar com uma ação padrão e um teste de Acrobacia ou Atletismo.

+1 PM: aumenta o número de cubos de 1,5m em +2.

+1 PM: muda o alcance para pessoal, o alvo para você e a duração para um dia. Você e seu equipamento fundem-se a uma superfície ou objeto adjacente feito de pedra, terra, argila ou areia que possa acomodá-lo. Você pode voltar ao espaço adjacente como uma ação livre, dissipando a magia. Enquanto mesclado, você não pode falar ou fazer ações físicas, mas consegue perceber seus arredores normalmente. Pequenos danos não o afetam, mas se o objeto (ou o trecho onde você está imerso) for destruído, a magia é dissipada, você volta a um espaço livre adjacente e sofre 10d6 pontos de dano de impacto.

CONVOCAÇÃO INSTANTÂNEA
ARCANA 3 (CONVOCAÇÃO)

Execução: padrão; **Alcance:** ilimitado; **Alvo:** 1 objeto de até 2 espaços; **Duração:** instantânea.

Você invoca um objeto de qualquer lugar para sua mão. O item deve ter sido previamente preparado com uma runa pessoal sua (ao custo de T$ 5). A magia não funciona se o objeto estiver com outra criatura, mas você saberá onde ele está e quem o está carregando (ou sua descrição física, caso não conheça a criatura).

+1 PM: além do normal, até 1 hora após ter lançado a magia, você pode gastar uma ação de movimento para enviar o objeto de volta para o local em que ele estava antes.

+1 PM: muda o alvo para um baú Médio, a duração para permanente e adiciona sacrifício de 1 PM. Em vez do normal, você esconde o baú no Éter Entre Mundos, com até 20 espaços de equipamento. A magia faz com que qualquer objeto caiba no baú, independentemente do seu tamanho. Uma vez escondido, você pode convocar o baú para um espaço livre adjacente, ou de volta para o Éter, com uma ação padrão. *Componente material:* baú construído com matéria-prima da melhor qualidade (T$ 1.000). Você deve ter em mãos uma miniatura do baú, no valor de T$ 100, para invocar o baú verdadeiro.

+2 PM: aumenta o número de alvos em +1.

+2 PM: muda o alvo para 1 objeto de até 10 espaços. Um objeto muito grande ou pesado para aparecer em suas mãos surge em um espaço adjacente a sua escolha.

CRÂNIO VOADOR DE VLADISLAV
ARCANA 2 (NECROMANCIA)

Execução: padrão; **Alcance:** médio; **Alvo:** 1 criatura; **Duração:** instantânea; **Resistência:** Fortitude parcial.

Esta magia cria um crânio envolto em energia negativa. Quando atinge o alvo, ele causa 4d8+4 pontos de dano de trevas e se desfaz emitindo um som horrendo, deixando abalado o alvo e todos os inimigos num raio de 3m dele (criaturas já abaladas ficam apavoradas por 1d4 rodadas). Passar no teste de resistência diminui o dano à metade e evita a condição (as demais criaturas na área também tem direito ao teste de resistência, para evitar a condição).

+2 PM: aumenta o dano em +1d8+1.

+2 PM: aumenta o número de alvos em +1.

CRIAR ELEMENTOS
DIVINA 1 (CONVOCAÇÃO)

Execução: padrão; **Alcance:** curto; **Efeito:** elemento escolhido; **Duração:** instantânea.

Você cria uma pequena porção de um elemento, a sua escolha. Os elementos criados são reais, não mágicos. Elementos físicos devem surgir em uma superfície. Em vez de um cubo, pode-se criar objetos simples (sem partes móveis) feitos de gelo, terra ou pedra.

Água: enche um recipiente de tamanho Minúsculo (como um odre) com água potável ou cria um cubo de gelo de tamanho Minúsculo.

Ar: cria um vento fraco em um quadrado de 1,5m. Isso purifica a área de qualquer gás ou fumaça, ou remove névoa por uma rodada.

Fogo: cria uma chama que ilumina como uma tocha. Você pode segurá-la na palma de sua mão sem se queimar, ou fazê-la surgir em um quadrado de 1,5m. Se uma criatura ou objeto estiver no quadrado, sofre 1d6 pontos de dano de fogo; se falhar num teste de Reflexos, fica em chamas.

Terra: cria um cubo de tamanho Minúsculo feito de terra, argila ou pedra.

+1 PM: aumenta a quantidade do elemento em um passo (uma categoria de tamanho para água ou terra, +1 quadrado de 1,5m para ar e fogo).

+1 PM: muda o efeito para alvo 1 criatura ou objeto e a resistência para Reflexos reduz à metade. Se escolher água ou terra, você arremessa o cubo ou objeto criado no alvo, causando 2d4 pontos de dano de impacto. Para cada categoria de tamanho acima de Minúsculo, o dano aumenta em um passo. O cubo se desfaz em seguida.

+1 PM: se escolheu fogo, aumenta o dano inicial de cada chama em +1d6.

CRIAR ILUSÃO
ARCANA 1 (ILUSÃO)

Execução: padrão; **Alcance:** médio; **Efeito:** ilusão que se estende a até 4 cubos de 1,5m; **Duração:** cena; **Resistência:** Vontade desacredita.

Esta magia cria uma ilusão visual (uma criatura, uma parede...) ou sonora (um grito de socorro, um uivo assustador...). A magia cria apenas imagens ou sons simples, com volume equivalente ao tom de voz normal para cada cubo de 1,5m no efeito. Não é possível criar cheiros, texturas ou temperaturas, nem sons complexos, como uma música ou diálogo. Criaturas e objetos atravessam uma ilusão sem sofrer dano, mas a magia pode, por exemplo, esconder uma armadilha ou inimigo. A magia é dissipada se você sair do alcance.

+1 PM: muda a duração para sustentada. A cada rodada você pode gastar uma ação livre para mover a imagem ou alterar levemente o som, como aumentar o volume ou fazer com que pareça se afastar ou se aproximar, ainda dentro dos limites do efeito. Você pode, por exemplo, criar a ilusão de um fantasma que anda pela sala, controlando seus movimentos. Quando você para de sustentar a magia, a imagem ou som persistem por mais uma rodada antes de a magia se dissipar.

+1 PM: aumenta o efeito da ilusão em +1 cubo de 1,5m.

+1 PM: também pode criar ilusões de imagem e sons combinados.

+1 PM: também pode criar sons complexos com volume máximo equivalente ao que cinco pessoas podem produzir para cada cubo de 1,5m no efeito. Com uma ação livre, você pode alterar o volume do som ou fazê-lo se aproximar ou se afastar dentro do alcance.

+2 PM: também pode criar odores e sensações térmicas, que são percebidos a uma distância igual ao dobro do tamanho máximo do efeito. Por exemplo, uma miragem de uma fogueira com 4 cubos de 1,5m poderia emanar calor e cheiro de queimado a até 12m.

+2 PM: muda o alcance para longo e o efeito para esfera com 30m de raio. Em vez do normal, você cria um som muito alto, equivalente a uma multidão. Criaturas na área lançam magias como se estivessem em uma condição ruim e a CD de testes de Percepção para ouvir aumenta em +10. Requer 2º círculo.

+2 PM: também criar sensações táteis, como texturas; criaturas que não saibam que é uma ilusão não conseguem atravessá-la sem passar em um teste de Vontade (objetos ainda a atravessam). A ilusão ainda é incapaz de causar ou sofrer dano. Requer 2º círculo.

+5 PM: muda a duração para sustentada. Além do normal, você pode gastar uma ação livre para modificar livremente a ilusão (mas não pode acrescentar novos aprimoramentos após lançá-la). Requer 3º círculo.

CÚPULA DE REPULSÃO
DIVINA 4 (ABJURAÇÃO)

Execução: padrão; **Alcance:** pessoal; **Alvo:** você; **Duração:** sustentada; **Resistência:** Vontade anula.

Uma cúpula de energia invisível o cerca, impedindo a aproximação de certas criaturas. Escolha um tipo de criatura (animais, espíritos, monstros...) ou uma raça de humanoides (elfos, goblins, minotauros..). Criaturas do grupo escolhido que tentem se aproximar a menos de 3m de você (ou seja, que tentem ficar adjacentes a você) devem fazer um teste de Vontade. Se falharem, não conseguem, gastam a ação e só podem tentar novamente na rodada seguinte. Isso impede ataques corpo a corpo, mas não ataques ou outros efeitos à distância. Se você tentar se aproximar além do limite de 3m, rompe a cúpula e a magia é dissipada.

+2 PM: a cúpula impede criaturas de se aproximarem a menos de 4,5m de você (ou seja, deve haver dois quadrados entre você e as criaturas).

+5 PM: além do normal, criaturas afetadas também precisam fazer o teste de resistência se fizerem um ataque ou efeito à distância você. Se falharem, o efeito é desviado pela cúpula. Requer 5º círculo.

CURAR FERIMENTOS
DIVINA 1 (EVOCAÇÃO)

Execução: padrão; **Alcance:** toque; **Alvo:** 1 criatura; **Duração:** instantânea.

Você canaliza luz que recupera 2d8+2 pontos de vida na criatura tocada.

Truque: muda o alvo para 1 morto-vivo. Em vez do normal, causa 1d8 pontos de dano de luz (Vontade reduz à metade).

+1 PM: aumenta a cura em +1d8+1.

+2 PM: também remove uma condição de fadiga do alvo.

+2 PM: muda o alcance para curto.

+5 PM: muda o alcance para curto e o alvo para criaturas escolhidas.

DEFLAGRAÇÃO DE MANA
ARCANA 5 (EVOCAÇÃO)

Execução: completa; **Alcance:** pessoal; **Área:** esfera com 15m de raio; **Duração:** instantânea; **Resistência:** Fortitude parcial.

Após concentrar seu mana, você emana energia, como uma estrela em plena terra. Todas as criaturas na área sofrem 150 pontos de dano de essência e todos os itens mágicos (exceto artefatos) tornam-se mundanos. Você não é afetado pela magia. Alvos que passem no teste de Fortitude sofrem metade do dano e seus itens mágicos voltam a funcionar após um dia.

+1 PM: aumenta o dano em +10.

+5 PM: afeta apenas criaturas a sua escolha.

DESEJO
ARCANA 5 (TRANSMUTAÇÃO)

Execução: completa; **Alcance:** veja texto; **Alvo:** veja texto; **Duração:** veja texto; **Resistência:** veja texto.

Esta é a mais poderosa das magias arcanas, permitindo alterar a realidade a seu bel-prazer. Você pode:

- Dissipar os efeitos de qualquer magia de 4º círculo ou menor.
- Transportar até 10 criaturas voluntárias em alcance longo para qualquer outro local, em qualquer plano.
- Desfazer um acontecimento recente. A magia permite que um teste realizado por uma criatura em alcance longo na última rodada seja realizado novamente. Por exemplo, se um aliado morreu na última rodada devido ao ataque de um inimigo, você pode obrigar o inimigo a refazer esse ataque.

Você pode desejar por algo ainda mais poderoso. Nesse caso, a magia requer o sacrifício de 2 PM e pode fazer coisas como:

- Criar um item mundano de até T$ 30.000.
- Duplicar os efeitos de qualquer magia de até 4º círculo. Caso a magia precise de um componente material para ser lançada, ainda é necessário providenciar o componente.
- Aumentar um atributo de uma criatura em +1. Cada atributo só pode ser aumentado uma vez com *Desejo*.

Desejo pode gerar efeitos ainda mais poderosos, mas cuidado! Desejar a fortuna de um rei pode transportá-lo para a sala de tesouro real, onde você poderá ser preso ou morto; desejar ser imortal pode transformá-lo em morto-vivo, e assim por diante. Qualquer efeito que não se encaixe na lista acima deve ser decidido pelo mestre.

DESESPERO ESMAGADOR
ARCANA 2 (ENCANTAMENTO)

Execução: padrão; **Alcance:** pessoal; **Área:** cone de 6m; **Duração:** cena; **Resistência:** Vontade parcial.

Humanoides na área são acometidos de grande tristeza, adquirindo as condições fraco e frustrado. Se passarem na resistência, adquirem essas condições por uma rodada.

+2 PM: em vez do normal, as condições adquiridas são debilitado e esmorecido.

+3 PM: em vez do normal, afeta qualquer tipo de criatura.

+3 PM: além do normal, criaturas que falhem na resistência ficam aos prantos (pasmos) por 1 rodada (apenas uma vez por cena). Requer 3º círculo.

DESINTEGRAR
ARCANA 4 (TRANSMUTAÇÃO)

Execução: padrão; **Alcance:** médio; **Alvo:** 1 criatura ou objeto; **Duração:** instantânea; **Resistência:** Fortitude parcial.

Você dispara um raio fino e esverdeado que causa 10d12 pontos de dano de essência. Se o alvo passar no teste de resistência, em vez disso sofre 2d12 pontos de dano.

Independentemente do resultado do teste de Fortitude, se os PV do alvo forem reduzidos a 0 ou menos, ele será completamente desintegrado, restando apenas pó.

+4 PM: aumenta o dano total em +2d12 e o dano mínimo em +1d12.

DESPEDAÇAR
DIVINA 1 (EVOCAÇÃO)

Execução: padrão; **Alcance:** curto; **Alvo:** 1 criatura ou objeto mundano Pequeno; **Duração:** instantânea; **Resistência:** Fortitude parcial.

Esta magia emite um som alto e agudo. O alvo sofre 1d8+2 pontos de dano de impacto (ou o dobro disso e ignora RD se for um construto ou objeto mundano) e fica atordoado por uma rodada (apenas uma vez por cena). Um teste de Fortitude reduz o dano à metade e evita o atordoamento.

+2 PM: aumenta o dano em +1d8+2.

+2 PM: muda o alvo para objeto mundano Médio. Requer 2º círculo.

+5 PM: muda o alvo para objeto mundano Grande. Requer 3º círculo.

+9 PM: muda o alvo para objeto mundano Enorme. Requer 4º círculo.

+14 PM: muda o alvo para objeto mundano Colossal. Requer 5º círculo.

+5 PM: muda o alcance para pessoal e a área para esfera com 6m de raio. Todas as criaturas e objetos mundanos na área são afetados.

DESPERTAR CONSCIÊNCIA
DIVINA 3 (ENCANTAMENTO)

Execução: completa; **Alcance:** toque; **Alvo:** 1 animal ou planta; **Duração:** 1 dia.

Você desperta a consciência de um animal ou planta. O alvo se torna um parceiro veterano de um tipo a sua escolha entre ajudante, combatente, fortão, guardião, médico, perseguidor ou vigilante. Se usar esta magia em outro parceiro que já possua, o nível de poder de um de seus tipos aumenta em um passo (apenas uma vez por parceiro). Se já for um parceiro mestre, recebe o bônus de outro tipo de parceiro iniciante (entre as escolhas acima). O alvo se torna uma criatura racional, com Inteligência –1, e pode falar.

+4 PM: muda o alvo para 1 escultura mundana inanimada. Além do normal, o alvo tem as mesmas características de um construto.

+4 PM: muda a duração para permanente e adiciona penalidade de –3 PM.

DETECTAR AMEAÇAS
DIVINA 1 (ADIVINHAÇÃO)

Execução: padrão; **Alcance:** pessoal; **Área:** esfera com 18m de raio; **Duração:** cena, até ser descarregada.

Você recebe uma intuição aguçada sobre perigos ao seu redor. Quando uma criatura hostil ou armadilha entra na área do efeito, você faz um teste de Percepção (CD determinada pelo mestre de acordo com a situação). Se passar, sabe a origem (criatura ou armadilha), direção e distância do perigo. Se falhar, sabe apenas que o perigo existe.

+1 PM: você descobre também a raça ou espécie e o poder da criatura detectada (determinado pela aura dela). Criaturas de 1º a 6º nível ou ND geram aura tênue, criaturas de 7º a 12º nível ou ND geram aura moderada e criaturas de 13º ao 20º nível ou ND geram aura poderosa. Criaturas acima do 20º nível ou ND geram aura avassaladora.

+2 PM: além do normal, você não fica surpreso desprevenido contra perigos detectados com sucesso e recebe +5 em testes de resistência contra armadilhas. Requer 2º círculo.

DIFICULTAR DETECÇÃO
ARCANA 3 (ABJURAÇÃO)

Execução: padrão; **Alcance:** toque; **Alvo:** 1 criatura ou objeto; **Duração:** 1 dia.

Esta magia oculta a presença do alvo contra qualquer meio mágico de detecção, inclusive detectar magia. Um conjurador que lance uma magia de adivinhação para detectar a presença ou localização do alvo deve fazer um teste de Vontade. Se falhar, a magia não funciona, mas os PM são gastos mesmo assim. Se for lançada sobre uma criatura, *Dificultar Detecção* protege tanto a criatura quanto seu equipamento.

+4 PM: muda o alvo para área de cubo de 9m. Qualquer criatura ou objeto na área recebe o efeito da magia enquanto estiver dentro dela.

+4 PM: muda a duração para 1 semana.

DISFARCE ILUSÓRIO
ARCANA 1 (ILUSÃO)

Execução: padrão; **Alcance:** pessoal; **Alvo:** você; **Duração:** cena; **Resistência:** Vontade desacredita.

Você muda a aparência do alvo, incluindo seu equipamento. Isso inclui altura, peso, tom de pele, cor de cabelo, timbre de voz etc. O alvo recebe +10 em testes de Enganação para disfarce. O alvo não recebe novas habilidades (você pode ficar parecido com outra raça, mas não ganhará as habilidades dela), nem modifica o equipamento (uma espada longa disfarçada de bordão continua funcionando e causando dano como uma espada).

Truque: muda o alcance para toque, o alvo para 1 criatura e a duração por 1 semana. Em vez do normal, você faz uma pequena alteração na aparência do alvo, como deixar o nariz vermelho ou fazer brotar um gerânio no alto da cabeça. A mudança é inofensiva, mas persistente — se a flor for arrancada, por exemplo, outra nascerá no local.

+1 PM: muda o alcance para curto e o alvo para 1 objeto. Você pode, por exemplo, transformar pedaços de ferro em moedas de ouro. Você recebe +10 em testes de Enganação para falsificação.

+2 PM: muda o alcance para curto e o alvo para 1 criatura. Uma criatura involuntária pode anular o efeito com um teste de Vontade.

+2 PM: a ilusão inclui odores e sensações. Isso muda o bônus em testes de Enganação para disfarce para +20.

+3 PM: muda o alcance para curto e o alvo para criaturas escolhidas. Cada criatura pode ter uma aparência diferente. Criaturas involuntárias podem anular o efeito com um teste de Vontade. Requer 2º círculo.

DISPERSAR AS TREVAS
DIVINA 3 (EVOCAÇÃO)

Execução: padrão; **Alcance:** pessoal; **Área:** esfera com 6m de raio; **Duração:** veja texto.

Esta magia cria um forte brilho (multicolorido ou de uma cor que remeta a sua divindade) que causa diversos efeitos. Todas as magias de 3º círculo ou menor ativas na área são dissipadas se você passar num teste de Religião contra a CD de cada magia. Seus aliados na área recebem +4 em testes de resistência e redução de trevas 10 até o fim da cena, protegidos por uma aura sutil da mesma cor. Inimigos na área ficam cegos por 1d4 rodadas (apenas uma vez por cena). *Dispersar as Trevas* anula *Anular a Luz* (este efeito tem duração instantânea).

+2 PM: aumenta o bônus nas resistências em +1.

+4 PM: muda o alcance para curto, a área para alvo 1 criatura e a duração para cena. O alvo fica imune a efeitos de trevas.

+4 PM: muda o círculo máximo de magias dissipadas para 4º. Requer 4º círculo.

+9 PM: muda o círculo máximo de magias dissipadas para 5º. Requer 5º círculo.

DISSIPAR MAGIA
UNIVERSAL 2 (ABJURAÇÃO)

Execução: padrão; **Alcance:** médio; **Alvo ou Área:** 1 criatura ou 1 objeto mágico ou esfera com 3m de raio; **Duração:** instantânea.

Você dissipa outras magias que estejam ativas, como se sua duração tivesse acabado. Note que efeitos de magias instantâneas não podem ser dissipados (não se pode dissipar uma *Bola de Fogo* ou *Relâmpago* depois que já causaram dano...). Se lançar essa magia em uma criatura ou área, faça um teste de Misticismo; você dissipa as magias com CD igual ou menor que o resultado do teste. Se lançada contra um item mágico, o transforma em um item mundano por 1d6 rodadas (Vontade anula).

+12 PM: muda a área para esfera com 9m de raio. Em vez do normal, cria um efeito de disjunção. Todas as magias na área são automaticamente dissipadas e todos os itens mágicos na área, exceto aqueles que você estiver carregando, viram itens mundanos por uma cena (com direito a um teste de Vontade para evitar esse efeito). Requer 5º círculo.

DUPLICATA ILUSÓRIA
ARCANA 4 (ILUSÃO)

Execução: padrão; **Alcance:** médio; **Efeito:** cópia ilusória; **Duração:** cena.

Você cria uma cópia ilusória semirreal de... você mesmo! Ela é idêntica em aparência, som e cheiro, mas é intangível. A cada turno, você escolhe se verá e ouvirá através da duplicata ou de seu corpo original. A cópia reproduz todas as suas ações, incluindo fala. Qualquer magia com alcance de toque ou maior que você lançar pode se originar da duplicata, em vez do seu corpo original. As magias afetam outros alvos normalmente, com a única diferença de se originarem da cópia, em vez de você. Se quiser que a duplicata faça algo diferente de você, você deve gastar uma ação de movimento. Qualquer criatura que interagir com a cópia tem direito a um teste de Vontade para perceber que é uma ilusão. As magias que se originam dela, no entanto, são reais. A cópia desaparece se sair do alcance.

+3 PM: cria uma cópia adicional.

ENFEITIÇAR
ARCANA 1 (ENCANTAMENTO)

Execução: padrão; **Alcance:** curto; **Alvo:** 1 humanoide; **Duração:** cena; **Resistência:** Vontade anula.

O alvo fica enfeitiçado (veja a página 394). Um alvo hostil ou que esteja envolvido em um combate recebe +5 em seu teste de resistência. Se você ou seus aliados tomarem qualquer ação hostil contra o alvo, a magia é dissipada e o alvo retorna à atitude que tinha antes (ou piorada, de acordo com o mestre).

+2 PM: em vez do normal, você sugere uma ação para o alvo e ele obedece. A sugestão deve ser feita de modo que pareça aceitável, a critério do mestre. Pedir ao alvo que pule de um precipício, por exemplo, dissipa a magia. Já sugerir a um guarda que descanse um pouco, de modo que você e seus aliados passem por ele, é aceitável. Quando o alvo executa a ação, a magia termina. Você pode determinar uma condição específica para a sugestão: por exemplo, que um rico mercador doe suas moedas para o primeiro mendigo que encontrar.

+5 PM: muda o alvo para 1 espírito ou monstro. Requer 3º círculo.

+5 PM: afeta todos os alvos dentro do alcance.

ENGENHO DE MANA
ARCANA 5 (ABJURAÇÃO)

Execução: padrão; **Alcance:** médio; **Efeito:** disco de energia com 1,5m de diâmetro; **Duração:** sustentada.

Você cria um disco de energia que lembra uma roda de engenho e flutua no ponto em que foi conjurado. O disco é imune a dano, não pode ser movido e faz uma contramágica automática contra qualquer magia lançada em alcance médio dele (exceto as suas), usando seu teste de Misticismo. Caso vença o teste, o engenho não só anula a magia como absorve os PM usados para lançá-la, acumulando PM temporários. No seu turno, se estiver ao alcance do disco, você pode gastar PM nele para lançar magias.

+1 PM: em vez de flutuar no ponto em que foi conjurado, o disco flutua atrás de você, mantendo-se sempre adjacente.

+4 PM: muda a duração para um dia.

ENXAME DE PESTES
DIVINA 2 (CONVOCAÇÃO)

Execução: completa; **Alcance:** médio; **Efeito:** 1 enxame Médio (quadrado de 1,5m); **Duração:** sustentada. **Resistência:** Fortitude reduz à metade.

Você conjura um enxame de criaturas a sua escolha, como besouros, gafanhotos, ratos, morcegos ou serpentes. O enxame pode passar pelo espaço de outras criaturas e não impede que outras criaturas entrem no espaço dele. No final de seus turnos, o enxame causa 2d12 pontos de dano de corte a qualquer criatura em seu espaço (Fortitude reduz à metade). Você pode gastar uma ação de movimento para mover o enxame 12m.

+2 PM: aumenta o dano em +1d12.

+3 PM: muda a resistência para Reflexos reduz à metade e o enxame para criaturas maiores, como gatos, guaxinins, compsognatos ou kobolds. Ele causa 3d12 pontos de dano (a sua escolha entre corte, impacto ou perfuração). O resto da magia segue normal.

+5 PM: aumenta o número de enxames em +1. Eles não podem ocupar o mesmo espaço. Requer 3º círculo.

+7 PM: muda a resistência para Reflexos reduz à metade e o enxame para criaturas elementais. Ele causa 5d12 pontos do dano (a sua escolha entre ácido, eletricidade, fogo ou frio). O resto da magia segue normal. Requer 4º círculo.

ENXAME RUBRO DE ICHABOD
ARCANA 3 (CONVOCAÇÃO)

Execução: padrão; **Alcance:** médio; **Efeito:** 1 enxame Grande (quadrado de 3m); **Duração:** sustentada; **Resistência:** Reflexos reduz à metade.

Você conjura um enxame de pequenas criaturas da Tormenta. O enxame pode passar pelo espaço de outras criaturas e não impede que outras criaturas entrem no espaço dele. No final de cada um de seus turnos, o enxame causa 4d12 pontos de dano de ácido a qualquer criatura em seu espaço (Reflexos reduz à metade). Você pode gastar uma ação de movimento para mover o enxame com deslocamento de 12m.

+1 PM: além do normal, uma criatura que falhe no teste de Reflexos fica agarrada (o enxame escala e cobre o corpo dela). A criatura pode gastar uma ação padrão e fazer um teste de Acrobacia ou Atletismo para escapar. Se você mover o enxame, a criatura fica livre.

+2 PM: aumenta o dano em +1d12.

+2 PM: muda o dano para trevas.

+3 PM: o enxame vira Enorme (quadrado de 6m de lado).

+3 PM: o enxame ganha deslocamento de voo 18m e passa a ocupar um cubo ao invés de um quadrado.

+4 PM: o enxame inclui parasitas que explodem e criam novos enxames. No início de cada um de seus turnos, role 1d6. Em um resultado 5 ou 6, um novo enxame surge adjacente a um já existente à sua escolha. Você pode mover todos os enxames com uma única ação de movimento, mas eles não podem ocupar o mesmo espaço. Requer 4º círculo.

ERUPÇÃO GLACIAL
ARCANA 3 (EVOCAÇÃO)

Execução: padrão; **Alcance:** médio; **Área:** quadrado de 6m de lado; **Duração:** instantânea; **Resistência:** Reflexos parcial.

Estacas de gelo irrompem do chão. Criaturas na área sofrem 4d6 de dano de corte, 4d6 de dano de frio e ficam caídas. Passar no teste de Reflexos evita o dano de corte e a queda. As estacas duram pela cena, o que torna a área afetada terreno difícil, e concedem cobertura leve para criaturas dentro da área ou atrás dela. As estacas são destruídas caso sofram qualquer quantidade de dano por fogo mágico.

+3 PM: aumenta o dano de frio em +2d6 e o dano de corte em +2d6.

+4 PM: muda a área para cilindro com 6m de raio e 6m de altura e a duração para sustentada. Em vez do normal, a magia cria uma tempestade de granizo que causa 3d6 pontos de dano de impacto e 3d6 pontos de dano de frio em todas as criaturas na área (sem teste de resistência). A tempestade fornece camuflagem leve às criaturas dentro dela e deixa o piso escorregadio. Piso escorregadio conta como terreno difícil e obriga criaturas na área a fazer testes de Acrobacia para equilíbrio (veja o **Capítulo 2**). Requer 4º círculo.

ESCUDO DA FÉ
DIVINA 1 (ABJURAÇÃO)

Execução: reação; **Alcance:** curto; **Alvo:** 1 criatura; **Duração:** 1 turno.

Um escudo místico se manifesta momentaneamente para bloquear um golpe. O alvo recebe +2 na Defesa.

+1 PM: muda a execução para ação padrão, o alcance para toque e a duração para cena.

+1 PM: também fornece ao alvo camuflagem leve contra ataques à distância.

+2 PM: aumenta o bônus na Defesa em +1.

+2 PM: muda a execução para ação padrão, o alcance para toque e a duração para cena. A magia cria uma conexão mística entre você e o alvo. Além do efeito normal, o alvo sofre metade do dano por ataques e efeitos; a outra metade do dano é transferida a você. Se o alvo sair de alcance curto de você, a magia é dissipada. Requer 2º círculo.

+3 PM: muda a duração para um dia. Requer 2º círculo.

ESCULPIR SONS
ARCANA 2 (ILUSÃO)

Execução: padrão; **Alcance:** médio; **Alvo:** 1 criatura ou objeto; **Duração:** cena; **Resistência:** Vontade anula.

Esta magia altera os sons emitidos pelo alvo. Ela não é capaz de criar sons, mas pode omiti-los (como fazer uma carroça ficar silenciosa) ou transformá-los (como fazer uma pessoa ficar com voz de passarinho). Você não pode criar sons que não conhece (não pode fazer uma criatura falar num idioma que não conheça). Uma vez que escolha a alteração, ela não pode ser mudada. Um conjurador que tenha a voz modificada drasticamente não poderá lançar magias.

+2 PM: aumenta o número de alvos em +1. Todas as criaturas e objetos devem ser afetadas da mesma forma.

ESCURIDÃO
UNIVERSAL 1 (NECROMANCIA)

Execução: padrão; **Alcance:** curto; **Alvo:** 1 objeto; **Duração:** cena; **Resistência:** Vontade anula (veja texto).

O alvo emana sombras em uma área com 6m de raio. Criaturas dentro da área recebem camuflagem leve por escuridão leve. As sombras não podem ser iluminadas por nenhuma fonte de luz natural. O objeto pode ser guardado (em um bolso, por exemplo) para interromper a escuridão, que voltará a funcionar caso o objeto seja revelado. Se lançar a magia num objeto de uma criatura involuntária, ela tem direito a um teste de Vontade para anulá-la. *Escuridão* anula *Luz*.

+1 PM: aumenta a área da escuridão em +1,5m de raio.

+2 PM: muda o efeito para fornecer camuflagem total por escuridão total. As sombras bloqueiam a visão na área e através dela.

+2 PM: muda o alvo para 1 criatura e a resistência para Fortitude parcial. Você lança a magia nos olhos do alvo, que fica cego pela cena. Se passar na resistência, fica cego por 1 rodada. Requer 2º círculo.

+3 PM: muda a duração para um dia.

+5 PM: muda o alcance para pessoal e o alvo para você. Em vez do normal, você é coberto por sombras, recebendo +10 em testes de Furtividade e camuflagem leve. Requer 2º círculo.

EXPLOSÃO CALEIDOSCÓPICA
ARCANA 4 (ILUSÃO)

Execução: padrão; **Alcance:** curto; **Área:** esfera com 6m de raio; **Duração:** instantânea. **Resistência:** Fortitude parcial.

Esta magia cria uma forte explosão de luzes estroboscópicas e sons cacofônicos que desorientam as criaturas atingidas. O efeito que cada criatura sofre depende do nível ou ND dela.

Nível ou ND 4 ou menor: se falhar no teste de resistência, fica inconsciente. Se passar, fica atordoada por 1d4 rodadas e enjoada pelo resto da cena.

Nível ou ND entre 5 e 9: se falhar no teste de resistência, fica atordoada por 1d4 rodadas e enjoada pelo resto da cena. Se passar, fica atordoada por 1 rodada e enjoada por 1d4 rodadas.

Nível ou ND 10 ou maior: se falhar no teste de resistência, fica atordoada por 1 rodada e enjoada por 1d4 rodadas. Se passar, fica desprevenida e enjoada por 1 rodada.

Uma criatura só pode ser atordoada por esta magia uma vez por cena.

EXPLOSÃO DE CHAMAS
ARCANA 1 (EVOCAÇÃO)

Execução: padrão; **Alcance:** pessoal; **Área:** cone de 6m; **Duração:** instantânea; **Resistência:** Reflexos reduz à metade.

Um leque de chamas irrompe de suas mãos, causando 2d6 pontos de dano de fogo às criaturas na área.

TRUQUE: muda o alcance para curto, a área para alvo de 1 objeto e a resistência para Reflexos anula. Você gera uma pequena explosão que não causa dano mas pode acender uma vela, tocha ou fogueira. Também pode fazer um objeto inflamável com RD 0 (como uma corda ou pergaminho) ficar em chamas. Uma criatura em posse de um objeto pode evitar esse efeito se passar no teste de resistência.

+1 PM: aumenta o dano em +1d6.

+1 PM: muda a resistência para Reflexos parcial. Se passar, a criatura reduz o dano à metade; se falhar, fica em chamas (veja Condições, na página 394).

FERVER SANGUE
ARCANA 3 (NECROMANCIA)

Execução: padrão; **Alcance:** curto; **Alvo:** 1 criatura; **Duração:** sustentada; **Resistência:** Fortitude parcial.

O sangue do alvo aquece até entrar em ebulição. Quando a magia é lançada, e no início de cada um de seus turnos, o alvo sofre 4d8 pontos de dano de fogo e fica enjoado por uma rodada (Fortitude reduz o dano à metade e evita a condição). Se o alvo passar em dois testes de Fortitude seguidos, dissipa a magia. Se o alvo for reduzido a 0 PV pelo dano desta magia, seu corpo explode, matando-o e causando 6d6 pontos de dano de fogo em todas as criaturas a até 3m (Reflexos reduz à metade). Essa magia não afeta criaturas sem sangue, como construtos ou mortos-vivos.

+2 PM: aumenta o dano em +1d8.

+9 PM: muda alvo para criaturas escolhidas. Requer 5º círculo.

FÍSICO DIVINO
DIVINA 2 (TRANSMUTAÇÃO)

Execução: padrão; **Alcance:** toque; **Alvo:** 1 criatura; **Duração:** cena.

Você fortalece o corpo do alvo. Ele recebe +2 em Força, Destreza ou Constituição, a sua escolha. Esse aumento não oferece PV ou PM adicionais.

+3 PM: muda o alcance para curto e o alvo para criaturas escolhidas.

+3 PM: em vez do normal, o alvo recebe +2 nos três atributos físicos. Requer 3º círculo.

+7 PM: em vez do normal, o alvo recebe +4 no atributo escolhido. Requer 4º círculo.

+12 PM: em vez do normal, o alvo recebe +4 nos três atributos físicos. Requer 5º círculo.

FLECHA ÁCIDA
ARCANA 2 (EVOCAÇÃO)

Execução: padrão; **Alcance:** médio; **Alvo:** 1 criatura ou objeto; **Duração:** instantânea; **Resistência:** Reflexos parcial.

Você dispara um projétil que causa 4d6 pontos de dano de ácido. Se falhar no teste de resistência, o alvo fica coberto por um muco corrosivo, sofrendo mais 2d6 de dano de ácido no início de seus dois próximos turnos. Se lançada contra um objeto que não esteja em posse de uma criatura a magia causa dano dobrado e ignora a RD do objeto.

+1 PM: além do normal, se o alvo coberto pelo muco ácido estiver usando armadura ou escudo, o item é corroído. Isso reduz o bônus na Defesa do item em 1 ponto permanentemente. O item pode ser consertado, restaurando seu bônus (veja Ofício, na página 121).

+2 PM: aumenta a redução na Defesa em +1.

+2 PM: aumenta o dano inicial e o dano por rodada em +1d6.

FORMA ETÉREA
ARCANA 4 (TRANSMUTAÇÃO)

Execução: completa; **Alcance:** pessoal; **Alvo:** você; **Duração:** sustentada.

Você e todo o equipamento que está com você são transportados para o plano etéreo, que existe paralelamente ao plano material (o mundo físico). Na prática, é como ser transformado em um fantasma (mas você ainda é considerado uma criatura viva). Uma criatura etérea é invisível (pode alterar entre visível e invisível como ação livre), incorpórea e capaz de se mover em qualquer direção, inclusive para cima e para baixo. Ela enxerga o plano material, mas tudo parece cinza e insubstancial, reduzindo o alcance da visão e audição para 18m. Magias de abjuração e essência afetam criaturas etéreas, mas outras magias, não. Da mesma forma, uma criatura etérea não pode atacar nem lançar magias contra criaturas no plano material. Duas criaturas etéreas podem se afetar normalmente. Uma criatura afetada pode se materializar como uma ação de movimento, encerrando a magia. Uma criatura etérea que se materialize em um espaço ocupado é jogada para o espaço não ocupado mais próximo e sofre 1d6 pontos de dano de impacto para cada 1,5m de deslocamento.

+5 PM: muda o alcance para toque e o alvo para até 5 criaturas voluntárias que estejam de mãos dadas. Depois que a magia é lançada, as criaturas podem soltar as mãos. Requer 5º círculo.

FÚRIA DO PANTEÃO
DIVINA 5 (EVOCAÇÃO)

Execução: completa; **Alcance:** longo; **Área:** cubo de 90m; **Duração:** sustentada; **Resistência:** veja texto.

Você cria uma nuvem de tempestade violenta. Os ventos tornam ataques à distância impossíveis e fazem a área contar como condição terrível para lançar magia. Além disso, inimigos na área têm a visibilidade reduzida (como a magia *Névoa*). Uma vez por turno, você pode gastar uma ação de movimento para gerar um dos efeitos a seguir.

Nevasca. Inimigos na área sofrem 10d6 pontos de dano de frio (Fortitude reduz à metade). A área fica coberta de neve, virando terreno difícil até o fim da cena ou até você usar siroco.

Raios. Até 6 inimigos a sua escolha na área sofrem 10d8 pontos de dano de eletricidade (Reflexos reduz à metade).

Siroco. Transforma a chuva em uma tempestade de areia escaldante. Inimigos na área sofrem 10d6 pontos de dano (metade corte, metade fogo) e ficam sangrando (Fortitude reduz o dano à metade e evita a condição).

Trovões. Inimigos sofrem 10d6 pontos de dano de impacto e ficam desprevenidos por uma rodada (Fortitude reduz o dano à metade e evita a condição).

GLOBO DA VERDADE DE GWEN
DIVINA 2 (ADIVINHAÇÃO)

Execução: padrão; **Alcance:** curto; **Efeito:** 1 globo; **Duração:** cena.

Cria um globo flutuante e intangível, com 50cm de diâmetro. O globo mostra uma cena vista até uma semana atrás por você ou por uma criatura que você toque ao lançar a magia (mediante uma pergunta; a criatura pode fazer um teste de Vontade para anular o efeito), permitindo que outras pessoas a vejam.

+1 PM: o globo mostra uma cena vista até um mês atrás.

+2 PM: como acima, até um ano atrás.

+2 PM: ao lançar a magia, você pode tocar um cadáver. O globo mostra a última cena vista por essa criatura.

+4 PM: muda o alcance para longo e o efeito para 10 globos. Todos mostram a mesma cena.

GLOBO DE INVULNERABILIDADE
ARCANA 3 (ABJURAÇÃO)

Execução: padrão; **Alcance:** pessoal; **Alvo:** você; **Duração:** sustentada.

Você é envolto por uma esfera mágica brilhante com 3m de raio, que detém qualquer magia de 2º círculo ou menor. Nenhuma magia pode ser lançada contra um alvo dentro do globo e magias de área não o penetram. No entanto, magias ainda podem ser lançadas de dentro para fora.

Uma magia que dissipe outras magias só dissipa o globo se for usada diretamente sobre você, não o afetando se usada em área. Efeitos mágicos não são dissipados quando entram na esfera, apenas suprimidos (voltam a funcionar fora do globo, caso sua duração não tenha acabado). O globo é imóvel e não tem efeito sobre criaturas ou objetos. Após lançá-lo, você pode entrar ou sair livremente.

+4 PM: muda o efeito para afetar magias de até 3º círculo. Requer 4º círculo.

+9 PM: muda o efeito para afetar magias de até 4º círculo. Requer 5º círculo.

GUARDIÃO DIVINO
DIVINA 4 (CONVOCAÇÃO)

Execução: padrão; **Alcance:** curto; **Efeito:** elemental de luz invocado; **Duração:** cena ou até ser descarregado.

A magia invoca um elemental Pequeno, com a forma de um orbe feito de luz divina. A criatura é incorpórea, imune a dano e ilumina como uma tocha. O elemental tem 100 pontos de luz.

Uma vez por rodada, durante o seu turno, o elemental pode se movimentar (deslocamento de voo 18m) e gastar quantos pontos de luz quiser para curar dano ou condições de criaturas em alcance curto, à taxa de 1 PV por 1 ponto de luz ou uma condição por 3 pontos de luz (entre abalado, apavorado, alquebrado, atordoado, cego, confuso, debilitado, enjoado, esmorecido, exausto, fascinado, fatigado, fraco, frustrado, ofuscado, pasmo, sangrando, surdo ou vulnerável). A magia é encerrada quando o elemental fica sem pontos de luz.

HEROÍSMO
DIVINA 3 (ENCANTAMENTO)

Execução: padrão; **Alcance:** toque; **Alvo:** 1 criatura; **Duração:** cena.

Esta magia imbui uma criatura com coragem e valentia. O alvo fica imune a medo e recebe 40 PV temporários e +4 em testes de ataque e rolagens de dano contra o inimigo de maior ND na cena.

+2 PM: muda o bônus para +6.

HIPNOTISMO
ARCANA 1 (ENCANTAMENTO)

Execução: padrão; **Alcance:** curto; **Alvos:** 1 animal ou humanoide; **Duração:** 1d4 rodadas; **Resistência:** Vontade anula.

Suas palavras e movimentos ritmados deixam o alvo fascinado. Esta magia só afeta criaturas que possam perceber você. Se usar esta magia em combate, o alvo recebe +5 em seu teste de resistência. Se a criatura passar, fica imune a este efeito por um dia.

TRUQUE: muda a duração para 1 rodada. Em vez de fascinado, o alvo fica pasmo (apenas uma vez por cena).

+1 PM: como normal, mas alvos que passem na resistência não sabem que foram vítimas de uma magia.

+2 PM: muda o alvo para animais ou humanoides escolhidos.

+2 PM: muda a duração para sustentada.

+2 PM: também afeta espíritos e monstros na área. Requer 2º círculo.

+5 PM: também afeta construtos, espíritos, monstros e mortos-vivos na área. Requer 3º círculo.

ILUSÃO LACERANTE
ARCANA 3 (ILUSÃO)

Execução: padrão; **Alcance:** médio; **Área:** cubo de 9m; **Duração:** sustentada; **Resistência:** Vontade anula.

Você cria uma ilusão de algum perigo mortal. Quando a magia é lançada, criaturas na área devem fazer um teste de Vontade; uma falha significa que a criatura acredita que a ilusão é real e sofre 3d6 pontos de dano psíquico não letal. Sempre que uma criatura iniciar seu turno dentro da área, deve repetir o teste de Vontade. Se falhar, sofre o dano novamente. Somente criaturas que falham veem a ilusão, e racionalizam o efeito sempre que falham no teste (por exemplo, acredita que o mesmo teto pode cair sobre ela várias vezes).

+3 PM: aumenta o dano em +2d6.

+4 PM: muda a área para um cubo de 90m. Requer 4º círculo.

IMAGEM ESPELHADA
ARCANA 1 (ILUSÃO)

Execução: padrão; **Alcance:** pessoal; **Alvo:** você; **Duração:** cena.

Três cópias ilusórias suas aparecem. As duplicatas ficam ao seu redor e imitam suas ações, tornando difícil para um inimigo saber quem atacar. Você recebe +6 na Defesa. Cada vez que um ataque contra você erra, uma das imagens desaparece e o bônus na Defesa diminui em 2. Um oponente deve ver as cópias para ser confundido. Se você estiver invisível, ou o atacante fechar os olhos, você não recebe o bônus (mas o atacante ainda sofre penalidades normais por não enxergar).

+2 PM: aumenta o número de cópias em +1 (e o bônus na Defesa em +2).

+2 PM: além do normal, toda vez que uma cópia é destruída, emite um clarão de luz. A criatura que destruiu a cópia fica ofuscada por uma rodada. Requer 2º círculo.

IMOBILIZAR
UNIVERSAL 3 (ENCANTAMENTO)

Execução: padrão; **Alcance:** curto; **Alvo:** 1 humanoide ou animal; **Duração:** cena; **Resistência:** Vontade parcial.

O alvo fica paralisado; se passar na resistência, em vez disso fica lento. A cada rodada, pode gastar uma ação completa para fazer um novo teste de Vontade. Se passar, se liberta do efeito.

+1 PM: muda o alvo para 1 espírito.

+2 PM: aumenta o número de alvos em +1.

+3 PM: muda o alvo para 1 criatura. Requer 4º círculo.

INFLIGIR FERIMENTOS
DIVINA 1 (NECROMANCIA)

Execução: padrão; **Alcance:** toque; **Alvo:** 1 criatura; **Duração:** instantânea; **Resistência:** Fortitude reduz à metade.

Você canaliza energia negativa contra um alvo, causando 2d8+2 pontos de dano de trevas (ou curando 2d8+2 PV, se for um morto-vivo). *Infligir Ferimentos* anula *Curar Ferimentos*.

+1 PM: além do normal, se falhar na resistência, o alvo fica fraco pela cena.

+2 PM: aumenta o dano em +1d8+1.

+2 PM: muda a resistência para nenhum. Como parte da execução da magia, você pode fazer um ataque corpo a corpo contra o alvo. Se acertar, causa o dano do ataque e o efeito da magia.

+5 PM: muda o alcance para curto e o alvo para criaturas escolhidas.

INTERVENÇÃO DIVINA
DIVINA 5 (CONVOCAÇÃO)

Execução: completa; **Alcance:** veja texto; **Alvo:** veja texto; **Duração:** veja texto; **Resistência:** veja texto.

Você pede a sua divindade para interceder diretamente. Você pode:

- Curar todos os PV e condições de até 10 criaturas em alcance longo (este efeito cura mortos-vivos, em vez de causar dano).
- Dissipar os efeitos de qualquer magia de 4º círculo ou menor.

Você pode implorar por algo ainda mais poderoso. Nesse caso, a magia requer o sacrifício de 2 PM e pode fazer coisas como:

- Criar um item mundano de até T$ 30.000.
- Duplicar os efeitos de qualquer magia de até 4º círculo. Caso a magia precise de um componente material para ser lançada, ainda é necessário providenciar o componente.
- Proteger uma cidade de um desastre, como uma erupção vulcânica, enchente ou terremoto.
- Ressuscitar uma criatura em alcance longo que tenha morrido há até uma rodada. A criatura acorda com 1 PV.
- Qualquer outra coisa que o mestre autorize, conforme os desejos e objetivos da divindade do conjurador.

INVISIBILIDADE
ARCANA 2 (ILUSÃO)

Execução: livre; **Alcance:** pessoal; **Alvo:** você; **Duração:** 1 rodada.

O alvo fica invisível (incluindo seu equipamento). Um personagem invisível recebe camuflagem total, +10 em testes de Furtividade contra ouvir e criaturas que não possam vê-lo ficam desprevenidas contra seus ataques.

A magia termina se o alvo faz uma ação hostil contra uma criatura. Ações contra objetos livres não dissipam a *Invisibilidade* (você pode tocar ou apanhar objetos que não estejam sendo segurados por outras criaturas). Causar dano indiretamente — por exemplo, acendendo o pavio de um barril de pólvora que vai detonar mais tarde — não é considerado um ataque.

Objetos soltos pelo alvo voltam a ser visíveis e objetos apanhados por ele ficam invisíveis. Qualquer parte de um item carregado que se estenda além de seu alcance corpo a corpo natural se torna visível. Uma luz nunca fica invisível (mesmo que sua fonte seja).

+1 PM: muda a execução para ação padrão, o alcance para toque e o alvo para 1 criatura ou 1 objeto Grande ou menor.

+3 PM: muda a duração para cena. Requer 3º círculo.

+3 PM: muda a duração para sustentada. Em vez do normal, o alvo gera uma esfera de invisibilidade. Não pode ser usado em conjunto com outros aprimoramentos. O alvo e todas as criaturas a até 3m dele se tornam invisíveis, como no efeito normal da magia (ainda ficam visíveis caso façam uma ação hostil). A esfera se move juntamente com o alvo; qualquer coisa que saia da esfera fica visível. Requer 3º círculo.

+7 PM: muda a execução para ação padrão, o alcance para toque e o alvo para 1 criatura. A magia não é dissipada caso o alvo faça uma ação hostil. Requer 4º círculo.

INVULNERABILIDADE
UNIVERSAL 5 (ABJURAÇÃO)

Execução: padrão; **Alcance:** pessoal; **Alvo:** você; **Duração:** cena.

Esta magia cria uma barreira mágica impenetrável que protege você contra efeitos nocivos mentais ou físicos, a sua escolha.

Proteção mental: você fica imune às condições abalado, alquebrado, apavorado, atordoado, confuso, esmorecido,

MAGIA

fascinado, frustrado e pasmo, além de efeitos de encantamento e ilusão.

Proteção física: você fica imune às condições atordoado, cego, debilitado, enjoado, envenenado, exausto, fatigado, fraco, lento, ofuscado e paralisado, além de acertos críticos, ataques furtivos e doenças.

+5 PM: muda o alcance para curto e o alvo para 1 criatura.

LÁGRIMAS DE WYNNA
DIVINA 5 (ABJURAÇÃO)

Execução: padrão; **Alcance:** curto; **Alvo:** 1 criatura; **Duração:** instantânea; **Resistência:** Vontade parcial.

Se falhar no teste de resistência, o alvo perde a habilidade de lançar magias arcanas até o fim da cena. Se passar, perde a habilidade por uma rodada.

+2 PM: muda a área para esfera com 6m de raio e o alvo para criaturas escolhidas.

+5 PM: muda a execução para um dia e adiciona custo adicional (sacrifício de 1 PM). O alvo da magia precisa ser mantido em alcance curto do conjurador durante toda a execução. Ao término, faz um teste de Vontade. Se falhar, perde a habilidade de lançar magias arcanas permanentemente. Se passar, resiste, mas ainda pode ser alvo da magia no dia seguinte. Nenhum poder mortal é capaz de reverter essa perda. Os clérigos de Wynna dizem que a deusa chora cada vez que este ritual é realizado.

LANÇA ÍGNEA DE ALEPH
ARCANA 3 (EVOCAÇÃO)

Execução: padrão; **Alcance:** médio; **Alvo:** 1 criatura; **Duração:** instantânea; **Resistência:** Reflexos parcial.

Esta magia foi desenvolvida pelo mago imortal Aleph Olhos Vermelhos, um entusiasta dos estudos vulcânicos. Ela dispara um projétil de magma contra o alvo, que sofre 4d6 pontos de dano de fogo e 4d6 pontos de dano de perfuração e fica em chamas. As chamas causam 2d6 pontos de dano por rodada, em vez do dano normal. Se passar no teste de resistência, o alvo sofre metade do dano e não fica em chamas.

Respingos de rocha incandescente se espalham com a explosão, atingindo todas as criaturas adjacentes ao alvo, que devem fazer um teste de Reflexos. Se falharem, ficam em chamas, como descrito acima.

+3 PM: aumenta o dano inicial em +2d6 e o dano do efeito em chamas em +1d6.

+4 PM: muda a duração para cena ou até ser descarregada. Em vez do efeito normal, a magia cria quatro dardos de lava que flutuam ao lado do conjurador. Uma vez por rodada, como uma ação livre, você pode disparar um dos dardos em uma criatura, causando o efeito normal da magia. Requer 4º círculo.

LEGIÃO
ARCANA 5 (ENCANTAMENTO)

Execução: padrão; **Alcance:** médio; **Alvo:** até 10 criaturas na área; **Duração:** sustentada. **Resistência:** Vontade parcial.

Você domina a mente dos alvos. Os alvos obedecem cegamente a seus comandos, exceto ordens claramente suicidas. Um alvo tem direito a um teste no final de cada um de seus turnos para se livrar do efeito. Alvos que passarem no teste ficam abalados por 1 rodada enquanto recuperam a consciência.

+1 PM: aumenta o número de alvos em +1.

LENDAS E HISTÓRIAS
UNIVERSAL 3 (ADIVINHAÇÃO)

Execução: padrão; **Alcance:** toque; **Alvo:** 1 criatura, objeto ou local; **Duração:** sustentada.

Você descobre informações sobre uma criatura, objeto ou local que esteja tocando. O que exatamente você descobre depende do mestre: talvez você não descubra tudo que há para saber, mas ganhe pistas para continuar a investigação. A cada rodada que mantiver a magia, você descobre:

• Todas as informações sobre o alvo, como se tivesse passado em todos os testes de Conhecimento para tal.

• Todas as habilidades do alvo. Se for uma criatura, você sabe suas estatísticas de jogo como raça, classe, nível, atributos, magias, resistências e fraquezas. Se for um item mágico, aprende seu efeito e funcionamento.

• Se o alvo está sob influência de alguma magia e todas as informações sobre as magias ativas, se houver alguma.

+4 PM: muda a execução para um dia, o alcance para ilimitado e adiciona componente material (cuba de ouro cheia d'água e ingredientes mágicos, no valor de T$ 1.000). Você ainda precisa ter alguma informação sobre o alvo, como um nome, descrição ou localização.

LEQUE CROMÁTICO
ARCANA 1 (ILUSÃO)

Execução: padrão; **Alcance:** pessoal; **Área:** cone de 4,5m; **Duração:** instantânea. **Resistência:** Vontade parcial.

Um cone de luzes brilhantes surge das suas mãos, deixando os animais e humanoides na área atordoados por 1 rodada (apenas uma vez por cena, Vontade anula) e ofuscados pela cena. Esta magia não afeta criaturas cegas.

+2 PM: além do normal, as criaturas afetadas ficam vulneráveis pela cena.

+2 PM: também afeta espíritos e monstros na área. Requer 2º círculo.

+5 PM: também afeta construtos, espíritos, monstros e mortos-vivos na área. Requer 3º círculo.

LIBERTAÇÃO
UNIVERSAL 4 (ABJURAÇÃO)

Execução: padrão; **Alcance:** curto; **Alvo:** 1 criatura; **Duração:** cena.

O alvo fica imune a efeitos de movimento e ignora qualquer efeito que impeça ou restrinja seu deslocamento. Por fim, pode usar habilidades que exigem liberdade de movimentos mesmo se estiver usando armadura ou escudo.

+2 PM: além do normal, o alvo pode caminhar sobre a água ou outros líquidos com seu deslocamento normal. Entretanto, isso não protege contra qualquer efeito que o líquido possa causar (o alvo pode andar sobre lava, mas ainda vai sofrer dano).

+2 PM: além do normal, o alvo pode escolher 20 em todos os testes de Atletismo.

+2 PM: além do normal, o alvo pode escolher 20 em todos os testes de Acrobacia e pode fazer todas as manobras desta perícia mesmo sem treinamento.

+5 PM: muda o alcance para curto e o alvo para até 5 criaturas.

+5 PM: pode dissipar *Aprisionamento*.

LIGAÇÃO SOMBRIA
DIVINA 4 (NECROMANCIA)

Execução: padrão; **Alcance:** longo; **Alvo:** 1 criatura; **Duração:** 1 dia; **Resistência:** Fortitude anula.

Cria uma conexão entre seu corpo e o da criatura alvo, deixando uma marca idêntica na pele de ambos. Enquanto a magia durar, sempre que você sofrer qualquer dano ou condição, o alvo desta magia deve fazer um teste de Fortitude; se falhar, sofre o mesmo dano que você ou adquire a mesma condição. A magia termina se o alvo chegar a 0 pontos de vida.

+5 PM: a magia não termina se o alvo chegar a 0 PV (o que significa que dano causado por essa magia pode matá-lo).

LIGAÇÃO TELEPÁTICA
ARCANA 2 (ADIVINHAÇÃO)

Execução: padrão; **Alcance:** toque; **Alvo:** 2 criaturas voluntárias; **Duração:** 1 dia.

Você cria um elo mental entre duas criaturas com Inteligência 3 ou maior (você pode ser uma delas). As criaturas podem se comunicar independente de idioma ou distância, mas não em mundos diferentes.

+2 PM: aumenta o número de alvos em +1.

+3 PM: muda o alvo para 1 criatura. Em vez do normal, você cria um elo mental que permite que você veja e ouça pelos sentidos da criatura, se gastar uma ação de movimento. Uma criatura involuntária pode fazer um teste de Vontade para suprimir a magia por uma hora. Requer 3º círculo.

LOCALIZAÇÃO
ARCANA 2 (ADIVINHAÇÃO)

Execução: padrão; **Alcance:** pessoal; **Área:** esfera com 90m de raio; **Duração:** cena.

Esta magia pode encontrar uma criatura ou objeto a sua escolha. Você pode pensar em termos gerais ("um elfo", "algo de metal") ou específicos ("Gwen, a elfa", "uma espada longa"). A magia indica a direção e distância da criatura ou objeto mais próximo desse tipo, caso esteja ao alcance. Você pode movimentar-se para continuar procurando. Procurar algo muito específico ("a espada longa encantada do Barão Rulyn") exige que você tenha em mente uma imagem precisa do objeto; caso a imagem não seja muito próxima da verdade, a magia falha, mas você gasta os PM mesmo assim. Esta magia pode ser bloqueada por uma fina camada de chumbo.

Truque: muda a área para alvo você. Em vez do normal, você sabe onde fica o norte e recebe +5 em testes de Sobrevivência para se orientar.

+5 PM: aumenta a área em um fator de 10 (90m para 900m, 900m para 9km e assim por diante).

LUZ
UNIVERSAL 1 (EVOCAÇÃO)

Execução: padrão; **Alcance:** curto; **Alvo:** 1 objeto; **Duração:** cena; **Resistência:** Vontade anula (veja texto).

O alvo emite luz (mas não produz calor) em uma área com 6m de raio. O objeto pode ser guardado (em um bolso, por exemplo) para interromper a luz, que voltará a funcionar caso o objeto seja revelado. Se lançar a magia num objeto de uma criatura involuntária, ela tem direito a um teste de Vontade para anulá-la. *Luz* anula *Escuridão*.

+1 PM: aumenta a área iluminada em +3m de raio.

+2 PM: muda a duração para um dia.

+2 PM: muda a duração para permanente e adiciona componente material (pó de rubi no valor de T$ 50). Não pode ser usado em conjunto com outros aprimoramentos. Requer 2º círculo.

+0 PM (Apenas Arcanos): muda o alvo para 1 criatura. Você lança a magia nos olhos do alvo, que fica ofuscado pela cena. Não afeta criaturas cegas.

+2 PM (Apenas Arcanos): muda o alcance para longo e o efeito para cria 4 pequenos globos flutuantes de pura luz. Você pode posicionar os globos onde quiser dentro do alcance. Você pode enviar um à frente, outra para trás, outra para cima e manter um perto de você, por exemplo. Uma vez por rodada, você pode mover os globos com uma ação livre. Cada um ilumina como uma tocha, mas não produz calor. Se um globo ocupar o espaço de uma criatura, ela fica ofuscada e sua silhueta pode ser vista claramente (ela não recebe camuflagem por escuridão ou invisibilidade). Requer 2º círculo.

+2 PM (Apenas Divinos): a luz é cálida como a do sol. Criaturas que sofrem penalidades e dano pela luz solar sofrem seus efeitos como se estivessem expostos à luz solar real. Seus aliados na área estabilizam automaticamente e ficam imunes à condição sangrando, e seus inimigos ficam ofuscados. Requer 2º círculo.

+5 PM (Apenas Divinos): muda o alcance para toque e o alvo para 1 criatura. Em vez do normal, o alvo é envolto em um halo de luz, recebendo +10 em testes de Diplomacia e redução de trevas 10. Requer 2º círculo.

MANTO DE SOMBRAS
UNIVERSAL 3 (ILUSÃO)

Execução: padrão; **Alcance:** pessoal; **Alvo:** você; **Duração:** sustentada.

Você fica coberto por um manto de energia sombria. Nesta forma, torna-se incorpóreo (inclui seu equipamento): só pode ser afetado por armas e habilidades mágicas, ou por outras criaturas incorpóreas, e pode atravessar objetos sólidos, mas não manipulá-los. Também não pode atacar criaturas normais (mas ainda pode lançar magias nelas). Além disso, se torna vulnerável à luz direta: se exposto a uma fonte de luz, sofre 1 ponto de dano por rodada.

Você pode gastar uma ação de movimento e 1 PM para "entrar" em uma sombra do seu tamanho ou maior e se teletransportar para outra sombra, também do seu tamanho ou maior, em alcance médio.

+4 PM: muda o alcance para toque e o alvo para 1 criatura. Requer 4º círculo.

MANTO DO CRUZADO
DIVINA 4 (EVOCAÇÃO)

Execução: padrão; **Alcance:** pessoal; **Alvo:** você; **Duração:** sustentada.

Você invoca o poder de sua divindade na forma de um manto de energia que reveste seu corpo. Esta magia tem duas versões. Você escolhe qual versão pode lançar quando aprende esta magia. Ela não pode ser mudada.

Manto de Luz: um manto dourado e luminoso. No início de cada um de seus turnos, você e todos os seus aliados em alcance curto recuperam 2d8 PV. Você recebe imunidade a dano de trevas e seus ataques corpo a corpo causam +2d8 pontos de dano de luz.

Manto de Trevas: um manto negro como a noite. No início de cada um de seus turnos, todos os inimigos em alcance curto sofrem 4d8 pontos de dano de trevas. Você cura metade de todo o dano causado pela magia.

MÃO PODEROSA DE TALUDE
ARCANA 4 (CONVOCAÇÃO)

Execução: padrão; **Alcance:** médio; **Efeito:** mão gigante de energia; **Duração:** sustentada.

Esta magia cria uma mão flutuante Grande que sempre se posiciona entre você e um oponente a sua escolha. A mão fornece cobertura leve (+5 na Defesa) contra esse oponente. Nada é capaz de enganar a mão — coisas como escuridão, invisibilidade, metamorfose e disfarces mundanos não a impedem de protegê-lo. A mão tem Defesa 20 e PV e resistências iguais aos seus. Com uma ação de movimento, você pode comandar a mão para que o proteja de outro oponente ou para que realize uma das ações a seguir.

Agarrar: a mão usa uma manobra agarrar contra o oponente, usando o seu Misticismo com um bônus adicional de +10. A mão mantém o oponente agarrado, mas não causa dano.

Esmagar: a mão esmaga um oponente agarrado, causando 2d6+10 pontos de dano de impacto.

Empurrar: a mão afasta o oponente (manobra empurrar usando o seu Misticismo com um bônus adicional de +10). A mão acompanha o oponente para empurrá-lo o máximo que conseguir, dentro do alcance da magia.

+2 PM: aumenta o dano em +1d6+5.

+5 PM: muda o bônus adicional em Misticismo para +20. Requer 5º círculo.

MAPEAR
ARCANA 2 (ADIVINHAÇÃO)

Execução: padrão; **Alcance:** toque; **Alvo:** superfície ou objeto plano, como uma mesa ou papel; **Duração:** cena.

Uma fagulha percorre a superfície afetada, queimando-a enquanto esboça um mapa da região onde o conjurador está. Se você conhece o lugar, o mapa será completo. Caso contrário, apresentará apenas um esboço geral, além de um ponto de referência (para possibilitar localização) e um lugar de interesse, ambos definidos pelo mestre. A região representada no mapa tem tamanho máximo de um quadrado de 10km de lado. Caso você esteja dentro de uma construção, o mapa mostrará o andar no qual você se encontra.

+3 PM: muda o alvo para 1 criatura e a duração para 1 hora. Em vez do normal, a criatura tocada descobre o caminho mais direto para entrar ou sair de um lugar. Assim, a magia pode ser usada para descobrir a rota até o relicário de uma catedral ou a saída mais próxima de uma masmorra (mas não para encontrar a localização de uma criatura ou objeto; a magia funciona apenas em relação a lugares). Caso a criatura demore mais de uma hora para percorrer o caminho, o conhecimento se perde.

MARCA DA OBEDIÊNCIA
UNIVERSAL 2 (ENCANTAMENTO)

Execução: padrão; **Alcance:** toque; **Alvo:** 1 criatura; **Duração:** cena; **Resistência:** Vontade anula.

Você toca uma criatura, gravando uma marca mística no corpo dela enquanto profere uma ordem, como "não ataque a mim ou meus aliados", "siga-me" ou "não saia desta sala". A criatura deve seguir essa ordem, gastando todas as ações de seu turno para isso. A ordem não pode ser genérica demais (como "ajude-me", por exemplo), nem forçar o alvo a atos suicidas. A cada rodada, o alvo pode fazer um teste de Vontade. Se passar, a magia é dissipada.

+3 PM: muda a duração para um dia. Se não estiver em combate, a criatura só pode fazer o teste de Vontade a cada hora. Requer 3º círculo.

+3 PM: sempre que o alvo fizer o teste de Vontade e falhar, a marca causa 3d6 pontos de dano psíquico. Requer 3º círculo.

MARIONETE
ARCANA 4 (ENCANTAMENTO)

Execução: padrão; **Alcance:** médio; **Alvo:** 1 criatura; **Duração:** sustentada; **Resistência:** Fortitude anula.

Esta magia manipula o sistema nervoso do alvo. Ao sofrer a magia, e no início de cada um de seus turnos, a vítima faz um teste de Fortitude. Se passar, a magia é anulada. Se falhar, todas as suas ações físicas naquele turno estarão sob controle do conjurador. A vítima ainda tem consciência de tudo que acontece à sua volta, podendo ver, ouvir e até falar com certo esforço (mas não para lançar magias). Contudo, seu corpo realiza apenas os movimentos que o conjurador deseja. A vítima pode ser manipulada para se movimentar, lutar, usar habilidades de combate... Enfim, qualquer coisa de que seja fisicamente capaz.

Você precisa de linha de efeito para controlar a vítima. Se perder o contato, não poderá controlá-la — mas ela estará paralisada até que o conjurador recupere o controle ou a magia termine.

MATA-DRAGÃO
ARCANA 5 (EVOCAÇÃO)

Execução: duas rodadas; **Alcance:** pessoal; **Área:** cone de 30m; **Duração:** instantânea; **Resistência:** Reflexos reduz à metade.

Esta é uma das mais poderosas magias de destruição existentes. Após entoar longos cânticos, o conjurador dispara uma carga de energia que varre uma enorme área à sua frente, causando 20d12 pontos de dano de essência em todas as criaturas, construções e objetos livres atingidos. Sempre que rola um resultado 12 em um dado de dano, a magia causa +1d12 pontos de dano. Apesar de seu poder destrutivo, esta magia é lenta, tornando seu uso difícil em combate.

+1 PM: aumenta o dano em +1d12.

MENTE DIVINA
DIVINA 2 (ADIVINHAÇÃO)

Execução: padrão; **Alcance:** toque; **Alvo:** 1 criatura; **Duração:** cena.

Você fortalece a mente do alvo. Ele recebe +2 em Inteligência, Sabedoria ou Carisma, a sua escolha. Esse aumento não oferece PV, PM ou perícias adicionais.

+3 PM: muda o alcance para curto e o alvo para criaturas escolhidas.

+3 PM: em vez do normal, o alvo recebe +2 nos três atributos mentais. Requer 3º círculo.

+7 PM: em vez do normal, o alvo recebe +4 no atributo escolhido. Requer 4º círculo.

+12 PM: em vez do normal, o alvo recebe +4 nos três atributos mentais. Requer 5º círculo.

METAMORFOSE
ARCANA 2 (TRANSMUTAÇÃO)

Execução: padrão; **Alcance:** pessoal; **Alvo:** você; **Duração:** cena.

Você muda sua aparência e forma — incluindo seu equipamento — para qualquer outra criatura, existente ou imaginada. Independentemente da forma escolhida, você recebe +20 em testes de Enganação para disfarce. Características não mencionadas não mudam.

Se mudar para uma forma humanoide, pode mudar o tipo de dano (entre corte, impacto e perfuração) de suas armas (se usa uma maça e transformá-la em espada longa, ela pode causar dano de corte, por exemplo). Se quiser, pode assumir uma forma humanoide com uma categoria de tamanho acima ou abaixo da sua; nesse caso aplique os modificadores em Furtividade e testes de manobra.

Se mudar para outras formas, você pode escolher uma Forma Selvagem do druida (veja no **CAPÍTULO 1**). Nesse caso você não pode atacar com suas armas, falar ou lançar magias até voltar ao normal, mas recebe uma ou mais armas naturais e os bônus da forma selvagem escolhida.

+1 PM: a forma escolhida recebe uma habilidade de sentidos entre faro, visão na penumbra e visão no escuro.

+3 PM: a forma escolhida recebe percepção às cegas. Requer 3º círculo.

+3 PM: muda o alcance para toque, o alvo para 1 criatura e adiciona resistência (Vontade anula).

+3 PM: muda o alcance para médio, o alvo para 1 criatura e a resistência para Vontade anula. Em vez do normal, transforma o alvo em uma criatura ou objeto inofensivo (ovelha, sapo, galinha, pudim de ameixa etc.). A criatura não pode atacar, falar e lançar magias; seu deslocamento vira 3m e sua Defesa vira 10. Suas outras características não mudam. No início de seus turnos, o alvo pode fazer um teste de Vontade; se passar, retorna à sua forma normal e a magia termina. Requer 3º círculo.

+5 PM: se mudar para formas não humanoides, pode escolher uma Forma Selvagem Aprimorada. Requer 3º círculo.

+9 PM: se mudar para formas não humanoides, pode escolher uma Forma Selvagem Superior. Requer 4º círculo.

+12 PM: além do normal, no início de seus turnos o alvo pode mudar de forma novamente, como uma ação livre, fazendo novas escolhas. Requer 5º círculo.

MIASMA MEFÍTICO
DIVINA 2 (NECROMANCIA)

Execução: padrão; **Alcance:** médio; **Área:** nuvem com 6m de raio; **Duração:** instantânea; **Resistência:** Fortitude (veja texto).

A área é coberta por emanações letais. Criaturas na área sofrem 5d6 pontos de dano de ácido e ficam enjoadas por 1 rodada. Se passarem na resistência, sofrem metade do dano e não ficam enjoadas.

TRUQUE: muda o alcance para toque, a área para alvo (1 criatura com 0 PV ou menos), a duração para instantânea, a resistência para Fortitude anula e adiciona componente material (pó de ônix no valor de T$ 10). Em vez do normal, você canaliza o *Miasma* contra uma vítima. Se falhar na resistência, ela morre e você recebe +2 na CD de suas magias por um dia. Se passar, fica imune a este truque por um dia.

+2 PM: aumenta o dano em +1d6.

+3 PM: muda o tipo do dano para trevas.

MIRAGEM
ARCANA 3 (ILUSÃO)

Execução: padrão; **Alcance:** longo; **Área:** cubo de até 90m de lado; **Duração:** 1 dia; **Resistência:** Vontade desacredita.

Você faz um terreno parecer outro, incluindo sons e cheiros. Uma planície pode parecer um pântano, uma floresta pode parecer uma montanha etc. Esta magia pode ser usada para criar armadilhas: areia movediça pode parecer terra firme ou um precipício pode parecer um lago. Você pode alterar, incluir e esconder estruturas dentro da área, mas não criaturas (embora elas possam se esconder nas estruturas ilusórias).

+4 PM: além do normal, pode alterar a aparência de criaturas escolhidas na área, como se usando *Disfarce Ilusório*.

+9 PM: muda a duração para permanente e adiciona componente material (pó de diamante no valor de T$ 1.000). Requer 4º círculo.

MISSÃO DIVINA
DIVINA 3 (ENCANTAMENTO)

Execução: padrão; **Alcance:** curto; **Alvo:** 1 criatura; **Duração:** 1 semana ou até ser descarregada; **Resistência:** Vontade anula (veja texto)

Esta magia obriga o alvo a cumprir uma tarefa a sua escolha. Ela dura uma semana ou até o alvo cumprir a tarefa, o que vier primeiro. O alvo pode recusar a missão — mas, no fim de cada dia em que não se esforçar para cumprir a tarefa, deve fazer um teste de Vontade; se falhar, sofre uma penalidade cumulativa de –2 em todos os testes e rolagens.

A *Missão Divina* não pode forçar um ato suicida, nem uma missão impossível (como matar um ser que não existe).

+2 PM: muda o alcance para toque, a duração para permanente e adiciona penalidade de –1 PM. Em vez do normal, você inscreve uma marca (como uma tatuagem) na pele do alvo e escolhe um tipo de ação que ativará a marca. Normalmente, será cometer um crime (roubar, matar...) ou outra coisa contrária às Obrigações & Restrições de sua divindade. Sempre que a marca é ativada, o alvo recebe uma penalidade cumulativa de –2 em todos os testes. Muitas vezes, portar essa marca é um estigma por si só, já que esta magia normalmente é lançada em criminosos ou traidores. Uma magia que dissipe outras suprime a marca e suas penalidades por um dia; elas só podem ser totalmente removidas pelo conjurador original ou pela magia *Purificação*.

+4 PM: muda a duração para 1 ano ou até ser descarregada.

MONTARIA ARCANA
ARCANA 2 (CONVOCAÇÃO)

Execução: padrão; **Alcance:** curto; **Efeito:** criatura conjurada; **Duração:** 1 dia.

Esta magia convoca um parceiro cavalo (ou pônei) de guerra veterano. Sua aparência é de um animal negro com crina e cauda cinzentas e cascos feitos de fumaça, mas você pode mudá-la se quiser. Além dos benefícios normais, a *Montaria Arcana* pode atravessar terreno difícil sem redução em seu deslocamento. Você pode usar Misticismo no lugar de Cavalgar para efeitos desta montaria (incluindo ser considerado treinado).

+1 PM: além do normal, criaturas do tipo animal em alcance curto da montaria devem fazer um teste de Vontade. Se passarem, ficam abaladas pela cena; se falharem, ficam apavoradas por 1d4 rodadas, depois abaladas pela cena.

+3 PM: muda a duração para permanente e adiciona penalidade de –3 PM.

+3 PM: aumenta o tamanho da montaria em uma categoria. Isso também aumenta o número de criaturas que ela pode carregar — duas para uma criatura Enorme, seis para Colossal. Uma única criatura controla a montaria; as outras apenas são deslocadas.

+3 PM: muda o nível do parceiro para mestre. Requer 3º círculo.

MURALHA DE OSSOS
UNIVERSAL 4 (NECROMANCIA)

Execução: padrão; **Alcance:** médio; **Efeito:** muro de ossos; **Duração:** cena.

Uma parede de ossos se eleva da terra. A parede tem 15m de comprimento, 9m de altura e 1,5m de espessura. Ela pode ter qualquer forma — não precisa ser uma linha reta —, mas sua base precisa estar sempre tocando o solo. Quando a parede surge, criaturas na área ocupada ou adjacentes sofrem 4d8 pontos de dano de corte e precisam fazer um teste de Reflexos para não ficarem presas no emaranhado de ossos. Uma criatura presa dessa maneira fica agarrada, e pode gastar uma ação padrão para fazer um teste de Atletismo para se soltar. Se passar no teste, sai da muralha para um dos lados adjacentes. Se falhar, sofre 4d8 pontos de dano de corte.

É possível destruir o muro para atravessá-lo ou libertar uma criatura agarrada. Cada trecho de 3m do muro tem Defesa 8, 40 PV e redução de corte, frio e perfuração 10. Também é possível escalar a parede. Isso exige um teste de Atletismo e causa 4d8 pontos de dano de corte para cada 3m escalados.

+3 PM: aumenta o comprimento em +15m e a altura em +3m.

+5 PM: o muro é feito de uma massa de esqueletos animados. Sempre que uma criatura iniciar seu turno adjacente ou escalando a muralha, deve fazer um teste de Reflexos. Se falhar fica agarrada, sofrendo os efeitos normais de estar agarrada pela magia.

MURALHA ELEMENTAL
ARCANA 3 (EVOCAÇÃO)

Execução: padrão; **Alcance:** médio; **Efeito:** muralha de energia; **Duração:** cena. **Resistência:** veja texto.

Uma muralha de um elemento a sua escolha se eleva da terra. Ela pode ser um muro de até 30m de comprimento e 3m de altura (ou o contrário) ou uma cúpula de 3m de raio. Os efeitos variam conforme o elemento escolhido.

Fogo. Faz surgir uma violenta cortina de chamas. Um lado da muralha (a sua escolha) emite ondas de calor, que causam 2d6 pontos de dano de fogo em criaturas a até 6m quando você lança a magia e no início de seus turnos. Atravessar a muralha causa 8d6 pontos de dano de fogo. Caso seja criada em uma área onde existem criaturas, elas sofrem dano como se estivessem atravessando a muralha, mas podem fazer um teste de Reflexos para reduzir o dano à metade e escapar para um lado (a criatura escolhe, mas se escapar para o lado quente sofrerá mais 2d6 pontos de dano).

Gelo. Evoca uma parede grossa de gelo denso com 15cm de espessura. Na forma de cúpula, pode prender uma ou mais criaturas, mas elas têm direito a um teste de Reflexos para escapar antes que a cúpula se forme. Cada trecho de 3m da muralha tem Defesa 8, 40 PV e RD 5. Um trecho da muralha que atinja 0 PV será rompido. Qualquer efeito de fogo causa dano dobrado à muralha. Uma criatura que atravesse um trecho rompido da muralha sofre 4d6 pontos de dano de frio.

+2 PM: aumenta o dano por atravessar a muralha em +2d6.

+2 PM: aumenta o comprimento em +15m e altura em +3m, até 60m de comprimento e 9m de altura.

+4 PM: muda a duração para sustentada e adiciona uma nova escolha, *Essência*. A muralha é invisível e indestrutível — imune a qualquer forma de dano e não afetada por nenhuma magia. Ela não pode ser atravessada nem mesmo por criaturas incorpóreas. No entanto, magias que teletransportam criaturas, como *Salto Dimensional*, podem atravessá-la. Magias e efeitos de dano, como *Bola de Fogo* e o sopro de um dragão, não vencem a muralha, mas magias lançadas diretamente sobre uma criatura ou área, como *Sono*, podem ser lançadas contra alvos que estejam no outro lado como se tivessem linha de efeito. Requer 4º círculo.

NÉVOA
UNIVERSAL 1 (CONVOCAÇÃO)

Execução: padrão; **Alcance:** curto; **Efeito:** nuvem com 6m de raio e 6m de altura; **Duração:** cena.

Uma névoa espessa eleva-se de um ponto a sua escolha, obscurecendo toda a visão — criaturas a até 1,5m têm camuflagem leve e criaturas a partir de 3m têm camuflagem total. Um vento forte dispersa a névoa em 4 rodadas e um vendaval a dispersa em 1 rodada. Esta magia não funciona sob a água.

+1 PM: a magia também funciona sob a água, criando uma nuvem de tinta.

+2 PM: você pode escolher criaturas no alcance ao lançar a magia; elas enxergam através do efeito. Requer 2º círculo.

+2 PM: a nuvem tem um cheiro horrível. No início de seus turnos, qualquer criatura dentro dela, ou qualquer criatura com faro em alcance curto da nuvem, deve fazer um teste de Fortitude. Se falhar, fica enjoada por uma rodada.

+2 PM: a nuvem tem um tom esverdeado e se torna cáustica. No início de seus turnos, criaturas dentro dela sofrem 2d4 pontos de dano de ácido.

+3 PM: aumenta o dano de ácido em +2d4.

+5 PM: além do normal, a nuvem fica espessa, quase sólida. Qualquer criatura dentro dela tem seu deslocamento reduzido para 3m (independentemente de seu deslocamento normal) e sofre −2 em testes de ataque e rolagens de dano.

ORAÇÃO
DIVINA 2 (ENCANTAMENTO)

Execução: padrão; **Alcance:** curto; **Alvos:** todas as criaturas (veja texto); **Duração:** sustentada.

Você e os seus aliados no alcance recebem +2 em testes de perícia e rolagens de dano, e todos os seus inimigos no alcance sofrem −2 em testes de perícia e rolagens de dano. Esse efeito é cumulativo com outras magias. *Componente material:* T$ 20 por PM gasto em incensos ou outras oferendas.

+2 PM: aumenta os bônus em +1 (bônus máximo limitado pelo círculo máximo de magia que você pode lançar).

+2 PM: aumenta as penalidades em −1 (penalidade máxima limitada pelo círculo máximo de magia que você pode lançar).

+7 PM: muda o alcance para médio. Requer 3º círculo.

+12 PM: muda a duração para cena. Requer 4º círculo.

ORIENTAÇÃO
DIVINA 1 (ADIVINHAÇÃO)

Execução: padrão; **Alcance:** curto; **Alvo:** 1 criatura; **Duração:** 1 rodada.

Em seu próximo teste de perícia, o alvo pode rolar dois dados e ficar com o melhor resultado.

+2 PM: muda a duração para cena. Em vez do normal, escolha um atributo. Sempre que o alvo fizer um teste de perícia baseado no atributo escolhido, pode rolar dois dados e ficar com o melhor resultado. Não se aplica a testes de ataque ou resistência. Requer 2º círculo.

+5 PM: como acima, mas, em vez de um atributo, escolha entre atributos físicos (Força, Destreza e Constituição) ou mentais (Inteligência, Sabedoria e Carisma). Requer 3º círculo.

+5 PM: muda o alvo para criaturas escolhidas. Requer 3º círculo.

PALAVRA PRIMORDIAL
UNIVERSAL 5 (ENCANTAMENTO)

Execução: padrão; **Alcance:** curto; **Alvo:** 1 criatura com menos níveis que você; **Duração:** instantânea ou veja texto; **Resistência:** Vontade parcial.

Você pronuncia uma palavra do idioma primordial da Criação, que causa um dos efeitos abaixo, a sua escolha.

Atordoar: a criatura fica atordoada por 1d4+1 rodadas (apenas uma vez por cena). Se passar no teste de resistência, ou se já foi atordoada por esta magia, fica desprevenida por 1d4 rodadas.

Cegar: a criatura fica cega. Se passar no teste de resistência, fica ofuscada por 1d4 rodadas.

CAPÍTULO QUATRO

Matar: a criatura morre. Além do teste de Vontade, a criatura tem direito a um teste de Fortitude se tiver mais da metade de seus PV. Se passar em qualquer um deles, em vez de morrer perde 10d8 pontos de vida e fica sangrando.

PELE DE PEDRA
UNIVERSAL 3 (TRANSMUTAÇÃO)

Execução: padrão; **Alcance:** pessoal; **Alvo:** você; **Duração:** cena.

Sua pele ganha aspecto e dureza de rocha. Você recebe redução de dano 5.

+1 PM: muda o alcance para toque e o alvo para 1 criatura.

+4 PM: muda a duração para um dia.

+4 PM: sua pele ganha aspecto e dureza de aço. Você recebe redução de dano 10. Requer 4º círculo.

+4 PM: muda o alcance para toque, o alvo para 1 criatura, a duração para 1d4 rodadas e adiciona Resistência: Fortitude anula. Em vez do efeito normal, a magia transforma o alvo e seu equipamento em uma estátua inerte e sem consciência. A estátua possui os mesmos PV da criatura e redução de dano 8; se for quebrada, a criatura morrerá. Requer 4º círculo.

+9 PM: como acima, mas com duração permanente. Requer 5º círculo.

PERDIÇÃO
DIVINA 1 (NECROMANCIA)

Execução: padrão; **Alcance:** curto; **Alvos:** criaturas escolhidas; **Duração:** cena; **Resistência:** nenhuma.

Amaldiçoa os alvos, que recebem –1 em testes de ataque e rolagens de dano. *Perdição* anula *Bênção*.

+2 PM: aumenta as penalidades em –1 (bônus máximo limitado pelo círculo máximo de magia que você pode lançar).

POEIRA DA PODRIDÃO
DIVINA 3 (NECROMANCIA)

Execução: padrão; **Alcance:** médio; **Área:** nuvem com 6m de raio; **Duração:** cena; **Resistência:** Fortitude (veja texto).

Você manifesta uma nuvem de poeira carregada de energia negativa, que apodrece lentamente as criaturas na área. Ao lançar a magia, e no início de seus turnos, criaturas na área sofrem 2d8+8 pontos de dano de trevas (Fortitude reduz à metade). Alvos que falharem no teste não podem recuperar PV por uma rodada.

+2 PM: aumenta o dano em +1d8+4.

POSSESSÃO
ARCANA 5 (ENCANTAMENTO)

Execução: padrão; **Alcance:** longo; **Alvo:** 1 criatura; **Duração:** 1 dia; **Resistência:** Vontade anula.

Você projeta sua consciência no corpo do alvo. Enquanto possuir uma criatura, você assume o controle total do corpo dela. O seu próprio corpo fica inconsciente e a consciência do alvo fica inerte. Em termos de jogo, você continua usando a sua ficha, mas com os atributos físicos e deslocamento da criatura. Se o alvo passar no teste de resistência, sabe que você tentou possuí-lo e fica imune a esta magia por um dia. Caso o corpo da criatura morra enquanto você a possui, a criatura morre e você deve fazer um teste de Vontade contra a CD da sua própria magia. Se passar, sua consciência retorna para o seu corpo (contanto que esteja dentro do alcance). Do contrário, você também morre. Retornar para o seu corpo voluntariamente é uma ação livre.

+5 PM: você ganha acesso às habilidades de raça e classe da criatura.

+5 PM: enquanto a magia durar e você estiver dentro do alcance do seu corpo original, pode "saltar" de uma criatura possuída para outra. O novo alvo tem direito a um teste de Vontade. Se falhar, você assume o controle do corpo dele e o alvo anterior recobra a consciência.

+5 PM: muda a duração para permanente, mas destrói seu corpo original no processo. Uma criatura possuída pode fazer um teste de Vontade no começo do dia para retomar seu corpo. Se passar, recobra a consciência (e a sua própria consciência fica inerte). O teste se repete no início de cada dia. Se o corpo de uma criatura possuída morrer e houver outra criatura em alcance curto, você pode tentar possuí-la. Enquanto houver novos corpos para possuir, você é imortal!

POTÊNCIA DIVINA
DIVINA 3 (TRANSMUTAÇÃO)

Execução: padrão; **Alcance:** pessoal; **Alvo:** você; **Duração:** sustentada.

Você canaliza o poder de sua divindade. Você aumenta uma categoria de tamanho (seu equipamento muda de acordo) e recebe Força +4 e RD 10. Você não pode lançar magias enquanto estiver sob efeito de *Potência Divina*.

+2 PM: aumenta o bônus de Força em +1.

+5 PM: aumenta a RD em +5.

+2 PM: muda o alcance para toque e o alvo para 1 criatura. A magia falha se você e o alvo não forem devotos da mesma divindade.

PREMONIÇÃO
DIVINA 4 (ADIVINHAÇÃO)

Execução: padrão; **Alcance:** pessoal; **Alvo:** você; **Duração:** cena.

Vislumbres do futuro permitem que você reavalie suas ações. Uma vez por rodada, você pode rolar novamente um teste recém realizado, mas deve aceitar o resultado da nova rolagem.

+3 PM: muda a execução para reação, o alcance para curto, o alvo para 1 criatura e a duração para instantânea. Esta magia só pode ser usada em uma criatura que tenha acabado de fazer um teste. Obriga a criatura a fazer uma nova rolagem de dados e aceitar o novo resultado, seja ele um sucesso ou falha. Criaturas involuntárias têm direito a um teste de Vontade para negar o efeito.

+10 PM: muda a duração para um dia.

PRIMOR ATLÉTICO
ARCANA 1 (TRANSMUTAÇÃO)

Execução: padrão; **Alcance:** toque; **Alvo:** 1 criatura; **Duração:** cena.

Você modifica os limites físicos do alvo, que recebe deslocamento +9m e +10 em testes de Atletismo.

+1 PM: além do normal, o alvo recebe um bônus adicional de +20 em testes de Atletismo para saltar (para um bônus total de +30).

+1 PM: além do normal, o alvo pode escalar paredes e tetos sem precisar fazer testes de Atletismo. Para isso, precisa estar com as mãos livres, mas pode usar uma única mão se ficar parado no lugar. O alvo não fica desprevenido enquanto escala.

+1 PM: muda a execução para ação de movimento, o alcance para pessoal, o alvo para você e a duração para instantânea. Você salta muito alto e pousa em alcance corpo a corpo de uma criatura em alcance curto. Se fizer um ataque corpo a corpo contra essa criatura neste turno, recebe os benefícios e penalidades de uma investida e sua arma causa um dado extra de dano do mesmo tipo durante este ataque.

+3 PM: além do normal, ao fazer testes de perícias baseadas em Força, Destreza ou Constituição, o alvo pode rolar dois dados e escolher o melhor. Não afeta testes de ataque ou resistência. Requer 2º círculo.

PROFANAR
DIVINA 1 (NECROMANCIA)

Execução: padrão; **Alcance:** longo; **Área:** esfera com 9m de raio; **Duração:** 1 dia.

Você enche a área com energia negativa. Dano de trevas é maximizado dentro da área. Isso também afeta PV curados em mortos-vivos por esses efeitos. Esta magia não pode ser lançada em uma área contendo um símbolo visível dedicado a uma divindade que não a sua. *Profanar* anula *Consagrar*.

+1 PM: além do normal, mortos-vivos na área recebem +2 na Defesa e +2 em todos os testes.

+2 PM: aumenta os bônus para mortos-vivos em +1 (bônus máximo limitado pelo círculo máximo de magia que você pode lançar).

+9 PM: muda a execução para 1 hora, a duração para permanente e adiciona componente material (incenso e óleos no valor de T$ 1.000). Requer 4º círculo.

PROJETAR CONSCIÊNCIA
UNIVERSAL 5 (ADIVINHAÇÃO)

Execução: padrão; **Alcance:** ilimitado (veja texto); **Alvo:** local ou criatura conhecidos; **Duração:** sustentada.

Esta magia faz com que sua consciência deixe seu corpo e se transporte instantaneamente para um local ou para perto de uma criatura. Se escolher um local, ele precisa ser conhecido por você. Se escolher uma criatura, você transporta sua consciência até onde ela estiver, desde que esteja no mesmo plano.

Você adquire uma forma fantasmagórica invisível, mas pode se mostrar usando uma ação de movimento. Pode se mover em qualquer direção com deslocamento de voo 18m e, por ser incorpóreo, é capaz de atravessar objetos sólidos, mas fica limitado a se mover dentro dos limites do local, ou dentro de alcance curto da criatura alvo. Você pode ver e ouvir como se estivesse presente no local e pode falar mentalmente com qualquer criatura que possa ver, contanto que tenham um idioma em comum.

+10 PM: além do normal, sua projeção é capaz de lançar magias que não precisem de componentes materiais e tenham duração diferente de sustentada. Sua forma fantasmagórica funciona como na magia *Forma Etérea*, sendo afetada por magias de abjuração e essência, mas as magias que ela lança podem afetar criaturas corpóreas.

PROTEÇÃO CONTRA MAGIA
DIVINA 3 (ABJURAÇÃO)

Execução: padrão; **Alcance:** toque; **Alvo:** 1 criatura; **Duração:** cena.

Você protege o alvo contra efeitos mágicos nocivos. O alvo recebe +5 em testes de resistência contra magias.

+4 PM: muda o bônus para +10. Requer 4º círculo.

+4 PM: em vez do normal, o alvo fica imune a uma escola de magia a sua escolha. Requer 4º Círculo.

+9 PM: em vez do normal, o alvo fica imune a duas escolas de magia a sua escolha. Requer 5º Círculo.

PROTEÇÃO DIVINA
DIVINA 1 (ABJURAÇÃO)

Execução: padrão; **Alcance:** toque; **Alvo:** 1 criatura; **Duração:** cena.

Esta magia cria uma barreira mística invisível que fornece ao alvo +2 em testes de resistência.

+2 PM: aumenta o bônus concedido em +1.

+2 PM: muda a execução para reação, o alcance para curto e a duração para 1 rodada. Em vez do normal, o alvo recebe +5 no próximo teste de resistência que fizer (cumulativo com o efeito básico desta magia).

+2 PM: muda o alvo para área de esfera com 3m de raio. Todos os aliados dentro do círculo recebem o bônus da magia. Requer 2º círculo.

+5 PM: torna o alvo imune a efeitos mentais e de medo. Requer 3º círculo.

PURIFICAÇÃO
DIVINA 2 (EVOCAÇÃO)

Execução: padrão; **Alcance:** toque; **Alvo:** 1 criatura; **Duração:** instantânea.

Você purifica a criatura tocada, removendo uma condição dela entre abalado, apavorado, alquebrado, atordoado, cego, confuso, debilitado, enjoado, envenenado, esmorecido, exausto, fascinado, fatigado, fraco, frustrado, lento, ofuscado, paralisado, pasmo ou surdo.

+2 PM: também recupera todos os PV perdidos por veneno.

+2 PM: em vez de uma, remove todas as condições listadas.

+3 PM: também permite que o alvo solte qualquer item amaldiçoado que esteja segurando (mas não remove a maldição do item em si).

+7 PM: também dissipa magias e efeitos prejudiciais de encantamento, necromancia e transmutação afetando o alvo. Requer 3º círculo.

QUEDA SUAVE
ARCANA 1 (TRANSMUTAÇÃO)

Execução: reação; **Alcance:** curto; **Alvos:** 1 criatura ou objeto Grande ou menor; **Duração:** até chegar ao solo ou cena, o que vier primeiro.

O alvo cai lentamente. A velocidade da queda é reduzida para 18m por rodada — o suficiente para não causar dano. Como lançar esta magia é uma reação, você pode lançá-la rápido o bastante para salvar a si ou um aliado de quedas inesperadas. Lançada sobre um projétil — como uma flecha ou uma rocha largada do alto de um penhasco —, a magia faz com que ele cause metade do dano normal, devido à lentidão.

Queda Suave só funciona em criaturas e objetos em queda livre; a magia não vai frear um golpe de espada ou o mergulho rasante de um atacante voador.

Truque: muda o alvo para objeto Minúsculo. Em vez do normal, você pode gastar uma ação de movimento para levitar o alvo até 4,5m em qualquer direção.

+2 PM: muda o alvo para até 10 criaturas ou objetos adequados.

+2 PM: aumenta a categoria de tamanho do alvo em uma.

RAIO DO ENFRAQUECIMENTO
ARCANA 1 (NECROMANCIA)

Execução: padrão; **Alcance:** curto; **Alvo:** 1 criatura; **Duração:** cena; **Resistência:** Fortitude parcial.

Você dispara um raio púrpura que drena as forças do alvo. Se falhar na resistência, o alvo fica fatigado. Se passar, fica vulnerável. Note que, como efeitos de magia não acumulam, lançar esta magia duas vezes contra o mesmo alvo não irá deixá-lo exausto.

Truque: muda o alcance para toque e a resistência para Fortitude anula. Em vez do normal, sua mão emana um brilho púrpura e, ao tocar o alvo, ele fica fatigado.

+2 PM: em vez do normal, se falhar na resistência o alvo fica exausto. Se passar, fica fatigado. Requer 2º círculo.

+5 PM: como acima, mas muda o alvo para criaturas escolhidas. Requer 3º círculo.

RAIO POLAR
ARCANA 4 (EVOCAÇÃO)

Execução: padrão; **Alcance**: médio; **Alvo**: 1 criatura; **Duração**: instantânea. **Resistência**: Fortitude parcial.

Você dispara um raio azul esbranquiçado de gelo e ar congelante. O alvo sofre 10d8 pontos de dano de frio e fica preso em um bloco de gelo (paralisado). Se passar no teste de resistência, sofre metade do dano e, em vez de paralisado, fica lento por uma rodada.

É possível quebrar o gelo para libertar uma criatura presa: o bloco tem 20 PV, RD 10 e é vulnerável a fogo. Uma criatura presa pode gastar uma ação completa para fazer um teste de Atletismo e se libertar do gelo; cada vez que passar no teste causa 10 pontos de dano ao bloco, ignorando a RD.

+3 PM: aumenta o dano em +2d8.

+5 PM: muda o alvo para área de esfera com 6m de raio. Em vez de um raio, você dispara uma bola de gelo que explode, causando o efeito da magia em todas as criaturas na área.

RAIO SOLAR
DIVINA 2 (EVOCAÇÃO)

Execução: padrão; **Alcance**: médio; **Área**: linha; **Duração**: instantânea; **Resistência**: Reflexos (veja texto).

Você canaliza uma poderosa rajada de energia positiva que ilumina o campo de batalha. Criaturas na área sofrem 4d8 pontos de dano de luz (ou 4d12, se forem mortos-vivos) e ficam ofuscadas por uma rodada. Se passarem na resistência, sofrem metade do dano e não ficam ofuscadas.

Truque: muda a duração para cena e a resistência para nenhuma. Em vez do normal, cria um facho de luz que ilumina a área da magia. Uma vez por rodada, você pode mudar a direção do facho como uma ação livre.

+2 PM: aumenta o dano ou cura em +1d8 (ou +1d12 em mortos-vivos).

+3 PM: em vez do normal, criaturas vivas a sua escolha na área curam 4d8 pontos de vida; o restante sofre o dano normalmente.

+3 PM: criaturas que falhem na resistência ficam cegas por 1d4 rodadas.

REANIMAÇÃO IMPURA
DIVINA 5 (NECROMANCIA)

Execução: completa; **Alcance**: toque; **Alvo**: 1 criatura; **Duração**: cena.

Você reanima uma criatura morta recentemente (dentro da mesma cena), trazendo sua alma de volta ao corpo de forma forçada. O tipo da criatura muda para morto-vivo, mas ela retém suas memórias e habilidades de quando estava viva, podendo inclusive lançar magias. A criatura pode pensar e falar livremente, mas obedece cegamente a seus comandos. Quando a cena termina, a criatura volta a ficar morta, mas muitos clérigos malignos usam meios para guardar e preservar o corpo de criaturas poderosas para serem reanimadas dessa forma quando necessário. Se for destruída, a criatura não pode ser reanimada novamente com esta magia.

REFÚGIO
ARCANA 2 (ABJURAÇÃO)

Execução: completa; **Alcance**: curto; **Efeito**: domo com 6m de raio; **Duração**: 1 dia.

Esta magia cria um domo imóvel e quase opaco por fora, mas transparente pelo lado de dentro. Ele protege contra calor, frio e forças pequenas, mas não contra qualquer coisa capaz de causar dano. Assim, o domo protege contra neve e vento comuns, mas não contra uma flecha ou *Bola de Fogo*. Porém, como o domo é quase opaco, qualquer criatura dentro dele tem camuflagem total contra ataques vindos de fora. Criaturas podem entrar e sair do domo livremente. Descansar dentro do *Refúgio* concede recuperação normal de PV e PM.

+1 PM: além do normal, os limites do domo são envolvos por uma fumaça escura e espessa, que impede criaturas do lado de fora de enxergar ou ouvir o que está dentro. Criaturas do lado de dentro enxergam e ouvem normalmente o que está do lado de fora. A fumaça também bloqueia magias de adivinhação.

+3 PM: em vez do normal, cria uma cabana que comporta até 10 criaturas Médias. Descansar nesse espaço concede recuperação confortável (recupera PV e PM igual ao dobro do nível). Para todos os efeitos é uma cabana normal, com paredes de madeira, telhado, uma porta, duas janelas e alguma mobília (camas, uma mesa com bancos e uma lareira). A porta e as janelas têm 15 PV, RD 5 e são protegidas por um efeito idêntico à magia *Tranca Arcana*. As paredes têm 200 PV e RD 5.

+3 PM: em vez do normal, cria um espaço extradimensional, similar a uma caverna vazia e escura, que comporta até 10 criaturas Médias. A entrada para o espaço precisa estar desenhada em um objeto fixo como uma grande pedra ou árvore. Qualquer criatura que atravesse a entrada consegue entrar no espaço. Nenhum efeito a partir do mundo real afeta o espaço e vice-versa, mas aqueles que estiverem dentro podem observar o mundo real como se uma janela de 1m estivesse centrada na entrada. Qualquer coisa que esteja no espaço extradimensional surge no mundo real na área vazia mais próxima da entrada quando a duração da magia acaba. Requer 3º círculo.

+9 PM: em vez do normal, cria uma mansão extradimensional que comporta até 100 criaturas Médias, com quartos luxuosos, comida e bebida e dez servos fantasmagóricos (como na magia *Servos Invisíveis*). Descansar na mansão concede recuperação luxuosa (recupera PV e PM igual ao triplo do nível). A mansão tem uma única entrada, uma porta feita de luz. Você pode deixá-la visível ou invisível como uma ação livre e apenas criaturas escolhidas por você podem passar. Requer 4º círculo.

RELÂMPAGO
ARCANA 2 (EVOCAÇÃO)

Execução: padrão; **Alcance**: médio; **Área**: linha; **Duração**: instantânea; **Resistência**: Reflexos reduz à metade.

Você dispara um poderoso raio que causa 6d6 pontos de dano de eletricidade em todas as criaturas e objetos livres na área.

+2 PM: aumenta o dano em +2d6.

+3 PM: muda a área para alvo (criaturas escolhidas). Em vez do normal, você dispara vários relâmpagos, um para cada alvo escolhido, causando 6d6 pontos de dano de eletricidade. Requer 3º círculo.

RELÂMPAGO FLAMEJANTE DE REYNARD
ARCANA 4 (EVOCAÇÃO)

Execução: duas rodadas; **Alcance**: médio; **Efeito**: bolas de fogo e relâmpagos; **Duração**: sustentada; **Resistência**: Reflexos reduz à metade.

Esta é uma magia poderosa, desenvolvida pelo metódico e impassível arquimago Reynard. Você invoca as energias elementais do fogo e do relâmpago, fazendo com que uma de suas mãos fique em chamas e a outra mão eletrificada. Pela duração da magia, você pode gastar uma ação de movimento para disparar uma bola de fogo (10d6 pontos de dano de fogo numa esfera com 6m de raio) ou um relâmpago (10d6 pontos de dano de eletricidade numa linha). Você também pode, como uma ação padrão, usar as duas mãos num ataque de energia mista (20d12 pontos de dano, metade de fogo e metade de eletricidade, numa esfera com 9m de raio). Você precisa estar com as duas mãos livres para invocar o efeito misto e isso consome toda a energia da magia, terminando-a imediatamente. Por se tratar de um ritual complexo, o tempo de execução dessa magia não pode ser reduzido.

+2 PM: aumenta o dano das rajadas em +1d6 e o dano da rajada mista em +2d12.

RÉQUIEM
ARCANA 5 (ILUSÃO)

Execução: completa; **Alcance:** curto; **Alvo:** criaturas escolhidas; **Duração:** sustentada; **Resistência:** Vontade anula.

Esta magia cria uma ilusão particular para cada uma das criaturas que atingir. Enquanto a magia durar, no início de cada um de seus turnos, cada criatura afetada deve fazer um teste de Vontade; se falhar, acha que não tomou as ações que realmente fez no turno anterior e é obrigada a repetir as mesmas ações neste turno, com uma penalidade cumulativa de –5 em todos os testes para cada vez que se repetir (a penalidade não se aplica ao teste de Vontade contra esta magia). Por exemplo, se a criatura se aproximou de um alvo e o atacou, precisa se aproximar desse mesmo alvo e atacar novamente. A ação repetida consome PM e recursos normalmente e, caso exija um teste de resistência, qualquer alvo faz esse teste com um bônus igual ao da penalidade desta magia.

RESISTÊNCIA A ENERGIA
UNIVERSAL 1 (ABJURAÇÃO)

Execução: padrão; **Alcance:** toque; **Alvo:** 1 criatura; **Duração:** cena.

Ao lançar esta magia, escolha entre ácido, eletricidade, fogo, frio, luz ou trevas. O alvo recebe redução de dano 10 contra o tipo de dano escolhido.

+2 PM: aumenta a redução de dano em +5.

+2 PM: muda a duração para um dia. Requer 2º círculo.

+5 PM: muda o alcance para curto e o alvo para criaturas escolhidas. Requer 3º círculo.

+5 PM: muda o efeito para redução de dano contra todos os tipos listados na magia. Requer 3º círculo.

+9 PM: muda o efeito para imunidade a um tipo listado na magia. Requer 4º círculo.

ROGAR MALDIÇÃO
DIVINA 2 (NECROMANCIA)

Execução: padrão; **Alcance:** curto; **Alvo:** 1 criatura; **Duração:** sustentada; **Resistência:** Fortitude anula.

Você entoa cânticos maléficos que amaldiçoam uma vítima, criando efeitos variados. Ao lançar a magia, escolha entre os seguintes.

Debilidade: o alvo fica esmorecido e não pode se comunicar ou lançar magias. Ainda reconhece seus aliados e pode segui-los e ajudá-los, mas sempre de maneira simplória.

Doença: muda a duração para instantânea. O alvo contrai uma doença a sua escolha, que o afeta imediatamente (sem período de incubação).

Fraqueza: o alvo fica debilitado e lento.

Isolamento: o alvo perde o uso de um de seus cinco sentidos a sua escolha. Se perder a visão, fica cego. Se perder a audição, fica surdo. Se perder o olfato ou paladar, não pode usar a habilidade faro. Se perder o tato, fica caído e não pode se levantar.

Você também pode inventar sua própria maldição, usando esses exemplos como sugestões, mas o mestre tem a palavra final sobre o efeito.

+3 PM: aumenta o número de efeitos que você pode escolher em +1. Requer 3º círculo.

+7 PM: muda a duração para permanente e resistência para Fortitude parcial. Se passar, a criatura ainda sofre os efeitos da maldição, mas por 1 rodada. Requer 4º círculo.

ROUBAR A ALMA
UNIVERSAL 5 (NECROMANCIA)

Execução: padrão; **Alcance:** curto; **Alvo:** 1 criatura; **Duração:** permanente; **Resistência:** Vontade parcial.

Você rouba a alma da vítima, armazenando-a em um objeto. Se o alvo passar no teste de resistência, sente o impacto de sua alma ser puxada para fora do corpo e fica abalado por 1 rodada. Se falhar, seu corpo fica caído, inconsciente e inerte, enquanto sua alma é transportada para dentro do objeto. O corpo não envelhece nem se decompõe, permanecendo em estase. Ele pode ser atacado e destruído normalmente. O objeto escolhido deve custar T$ 1.000 por nível ou ND da criatura e não possuir uma alma presa ou se quebrará quando a magia for lançada (embora personagens não conheçam o conceito de "nível" dentro do mundo de jogo, podem ter noção do poder geral de uma criatura, estimando assim o valor do objeto). Se o objeto for destruído, a magia se esvai. Se o corpo ainda estiver disponível, a alma retorna para ele. Caso contrário, escapa para os Mundos dos Deuses.

Custo adicional: sacrifício de 1 PM.

+5 PM: o objeto que abriga a alma detém os mesmos PM totais que o alvo. Se estiver empunhando o objeto, você pode usar esses PM para lançar magias no lugar dos seus. O objeto recupera PM por dia como se o personagem estivesse em descanso normal.

+10 PM: como uma reação ao lançar esta magia, você possui o corpo sem alma do alvo, como na magia *Possessão* (mesmo que não conheça a magia).

RUNA DE PROTEÇÃO
UNIVERSAL 2 (ABJURAÇÃO)

Execução: 1 hora; **Alcance:** toque; **Alvo:** uma área de 6m de raio; **Duração:** permanente até ser descarregada. **Resistência:** varia (veja o texto).

Você escreve uma runa pessoal em uma superfície fixa, como uma parede ou o chão, que protege uma pequena área ao redor. Quando uma criatura entra na área afetada a runa explode, causando 6d6 pontos de dano em todos os alvos a até 6m. A criatura que ativa a runa não tem direito a teste de resistência; outras criaturas na área têm direito a um teste de Reflexos para reduzir o dano à metade. Quando lança a magia, você escolhe o tipo de dano, entre ácido, eletricidade, fogo, frio, luz ou trevas.

Você pode determinar que a runa se ative apenas em condições específicas — por exemplo, apenas por goblins ou apenas por mortos-vivos. Você também pode criar uma palavra mágica que impeça a runa de se ativar.

Um personagem pode encontrar a runa com um teste de Investigação e desarmá-la com um teste de Ladinagem.

Componente material: pó de diamante no valor de T$ 200, com o qual o conjurador desenha a runa, que brilha por alguns instantes e depois se torna praticamente invisível.

+1 PM: aumenta o dano em +2d6.

+1 PM: muda o alvo para "você" e o alcance para "pessoal". Ao invés do normal, escolha uma magia de 1º círculo que você conhece e pode lançar, com tempo de execução de uma ação padrão ou menor. Você escreve a runa em seu corpo e especifica uma condição de ativação como, por exemplo, "quando eu for alvo de um ataque" ou "quando for alvo de uma magia". Quando a condição for cumprida, você pode ativar a runa e lançar a magia escolhida como uma reação. Você só pode escrever uma runa em seu corpo ao mesmo tempo.

+3 PM: como o aprimoramento anterior, mas você pode escolher magias de 2º círculo. Requer 3º círculo.

SALTO DIMENSIONAL
ARCANA 2 (CONVOCAÇÃO)

Execução: padrão; **Alcance:** curto; **Alvo:** você; **Duração:** instantânea.

Esta magia transporta você para outro lugar dentro do alcance. Você não precisa perceber nem ter linha de efeito ao seu destino, podendo simplesmente imaginá-lo. Por exemplo, pode se transportar 3m adiante para ultrapassar uma porta fechada. Uma vez transportadas, criaturas não podem agir até a rodada seguinte. Esta magia não permite que você apareça dentro de um corpo sólido; se o ponto de chegada não tem espaço livre, você ressurge na área vazia mais próxima.

+1 PM: muda o alcance para médio.

+1 PM: muda o alvo para você e uma criatura voluntária. Você pode escolher este aprimoramento mais vezes para aumentar o número de alvos adicionais em +1, mas deve estar tocando todos os alvos.

+2 PM: muda a execução para reação. Em vez do normal, você recebe +5 na Defesa e em testes de Reflexos contra um ataque ou efeito que esteja prestes a atingi-lo. Após a resolução do efeito, salta para um espaço adjacente (1,5m).

+3 PM: muda o alcance para longo.

SANTUÁRIO
DIVINA 1 (ABJURAÇÃO)

Execução: padrão; **Alcance:** toque; **Alvo:** 1 criatura; **Duração:** cena; **Resistência:** Vontade anula.

Qualquer criatura que tente fazer uma ação hostil contra o alvo deve fazer um teste de Vontade. Se falhar, não consegue, perde a ação e não pode tentar novamente até o fim da cena. *Santuário* não protege o alvo de efeitos de área. Além disso, o próprio alvo também não pode fazer ações hostis (incluindo forçar outras criaturas a atacá-lo), ou a magia é dissipada — mas pode usar habilidades e magias de cura e suporte, como *Curar Ferimentos* e *Bênção*.

+1 PM: além do normal, escolha um tipo de criatura entre animal, construto ou morto-vivo. Você não pode ser percebido por criaturas não inteligentes (Int –4 ou menor) do tipo escolhido.

+9 PM: também protege o alvo contra efeitos de área. Uma criatura que tente atacar uma área que inclua o alvo deve fazer o teste de Vontade; se falhar, não consegue e perde a ação. Ela só pode tentar novamente se o alvo sair da área.

SEGUNDA CHANCE
DIVINA 5 (EVOCAÇÃO)

Execução: padrão; **Alcance:** toque; **Alvo:** 1 criatura; **Duração:** instantânea.

Um brilho de luz, na forma de asas de fênix, emana do alvo. Ele recupera 200 pontos de vida e se cura de qualquer das seguintes condições: abalado, apavorado, alquebrado, atordoado, cego, confuso, debilitado, enjoado, envenenado, esmorecido, exausto, fascinado, fatigado, fraco, frustrado, lento, ofuscado, paralisado, pasmo ou surdo.

+1 PM: aumenta a cura em +20 PV.

+2 PM: muda o alcance para curto e o alvo para até 5 criaturas.

+5 PM: muda o alvo para uma criatura que tenha morrido há até uma rodada. Esta magia pode curá-la.

SELO DE MANA
UNIVERSAL 3 (ENCANTAMENTO)

Execução: padrão; **Alcance:** toque; **Alvo:** 1 criatura; **Duração:** cena; **Resistência:** Vontade parcial.

Seu toque manifesta um selo mágico na pele do alvo, que atrapalha o fluxo de mana. Pela duração da magia, sempre que o alvo realizar qualquer ação que gaste PM, deve fazer um teste de Vontade; se passar, faz a ação normalmente. Se falhar, a ação não tem efeito (mas os PM são gastos mesmo assim).

+4 PM: muda o alcance para curto e o alvo para criaturas escolhidas dentro do alcance. Requer 4º círculo.

SEMIPLANO
ARCANA 5 (CONVOCAÇÃO)

Execução: completa; **Alcance:** curto; **Efeito:** semiplano com 30m de lado; **Duração:** 1 dia.

Você cria uma dimensão particular. Você pode entrar no semiplano gastando uma ação padrão e 10 PM, desaparecendo do plano material como se tivesse se teletransportado. Você pode levar criaturas voluntárias que esteja tocando, ao custo de 1 PM por criatura extra. Você também pode levar objetos que esteja tocando, ao custo de 1 PM por objeto Médio ou menor, 2 PM por objeto Grande, 5 PM por Enorme e 10 PM por Colossal. Uma vez no semiplano, pode gastar uma ação completa para voltar ao plano material, no mesmo local onde estava. Caso conheça a magia *Viagem Planar*, pode lançá-la para voltar ao plano material em outro local.

Você escolhe a forma e a aparência do semiplano — uma caverna, um asteroide que singra o éter, um palacete de cristal etc. Ele contém ar, luz e calor, mas além disso é vazio. Entretanto, você pode levar itens (mobília, ferramentas etc.) a cada viagem.

+2 PM: adiciona alvo (1 criatura). Você cria uma semiplano labiríntico e expulsa o alvo para ele. A cada rodada, a vítima tem direito a um teste de Investigação ou Sobrevivência, com bônus cumulativo de +1 para cada teste já realizado, para escapar do labirinto. Quando o alvo escapa, a magia termina e o alvo reaparece no plano material no mesmo local onde estava quando a magia foi lançada. Magias como *Salto Dimensional* e *Teletransporte* não ajudam a escapar do labirinto, mas *Viagem Planar*, sim.

+5 PM: muda a duração para permanente e adiciona componente material (maquete do semiplano feita de materiais preciosos no valor de T$ 5.000). Você pode lançar a magia diversas vezes para aumentar as dimensões do semiplano em +30m de lado a cada vez.

SERVO DIVINO
DIVINA 3 (CONVOCAÇÃO)

Execução: padrão; **Alcance:** curto; **Efeito:** criatura conjurada; **Duração:** cena ou até ser descarregada.

Você pede a sua divindade que envie um espírito para ajudá-lo. Esse espírito realiza uma tarefa a sua escolha que possa ser cumprida em até uma hora — desde algo simples como "use suas asas para nos levar até o topo da montanha" até algo complexo como "escolte esses camponeses até o castelo". A magia é descarregada quando a criatura cumpre a tarefa, retornando a seu plano natal. O tipo de criatura é escolhido pelo mestre, de acordo com as necessidades da tarefa.

Componente material: um pagamento de T$ 100 ao espírito. A forma de pagamento varia — doações a um templo, um item mágico ou mesmo dinheiro.

+4 PM: muda a duração para um dia ou até ser descarregada. O espírito realiza uma tarefa a sua escolha que exija até um dia. O custo do pagamento aumenta para T$ 500. O resto segue normal.

+9 PM: muda a duração para 1 semana ou até ser descarregada. O espírito realiza uma tarefa que exija até uma semana. O custo do pagamento aumenta para T$ 1.000. O resto segue normal.

SERVO MORTO-VIVO
UNIVERSAL 3 (NECROMANCIA)

Execução: completa; **Alcance:** toque; **Alvo:** 1 cadáver; **Duração:** instantânea.

Esta magia transforma o cadáver de um humanoide, animal ou monstro em um esqueleto ou zumbi (conforme o estado de conservação do corpo). O morto-vivo então obedece a todos os seus comandos, mesmo suicidas. Se quiser que o morto-vivo o acompanhe, ele funciona como um parceiro iniciante, de um tipo a sua escolha entre ajudante, atirador, combatente, fortão, guardião ou montaria.

Uma vez por rodada, quando sofre dano, você pode sacrificar um servo morto-vivo e evitar esse dano. O servo é destruído no processo e não pode ser reanimado

Componente material: um ônix negro (T$ 100), inserido na boca ou olho do cadáver.

+3 PM: muda o componente material para pó de ônix negro (T$ 500). Em vez de um zumbi ou esqueleto, cria um carniçal. Ele pode funcionar como um parceiro veterano, escolhido entre ajudante, atirador, combatente, fortão ou guardião. O resto segue normal.

+3 PM: muda o componente material para pó de ônix negro (T$ 500). Em vez de um zumbi ou esqueleto, cria uma sombra. Ela pode funcionar como um parceiro veterano, escolhido entre assassino, combatente ou perseguidor. O restante da magia segue normal.

+7 PM: muda o componente material para ferramentas de embalsamar (T$ 1.000). Em vez de um zumbi ou esqueleto, cria uma múmia. Ela pode funcionar como um parceiro mestre, escolhido entre ajudante, destruidor, guardião ou médico. O restante da magia segue normal. Requer 4º círculo.

SERVOS INVISÍVEIS
ARCANA 2 (CONVOCAÇÃO)

Execução: padrão; **Alcance:** longo; **Efeito:** criaturas conjuradas; **Duração:** 1 cena.

Você cria até três servos invisíveis e silenciosos, capazes de realizar tarefas simples como apanhar lenha, colher frutos, varrer o chão ou alimentar um cavalo. Os servos podem ser usados para manter arrumada e organizada uma mansão ou pequena torre ou para preparar um acampamento nos ermos para você e seus aliados (veja a perícia Sobrevivência, na página 123).

Eles também podem ajudá-lo em tarefas mais complexas, como fazer uma pesquisa ou preparar uma poção, mas isso consome sua energia mágica. Você pode "gastar" um servo para receber um bônus não cumulativo de +2 em um teste de perícia (exceto testes de ataque e resistência). Os servos não são criaturas reais; não podem lutar, nem resistir a qualquer dano ou efeito que exija um teste de resistência ou teste oposto — falharão automaticamente no teste e serão destruídos.

+2 PM: aumenta o número de servos conjurados em 1.

+3 PM: você pode comandar os servos para realizar uma única tarefa no seu lugar. Em termos de jogo, eles passam automaticamente em um teste de perícia com CD máxima igual ao seu nível, +2 para cada servo conjurado. O tempo necessário para realizar a tarefa é o tempo do uso da perícia em questão. Requer 3º círculo.

SETA INFALÍVEL DE TALUDE
ARCANA 1 (EVOCAÇÃO)

Execução: padrão; **Alcance:** médio; **Alvos:** criaturas escolhidas; **Duração:** instantânea.

Favorita entre arcanistas iniciantes, esta magia lança duas setas de energia que causam 1d4+1 pontos de dano de essência cada. Você pode lançar as setas em alvos diferentes ou concentrá-las num mesmo alvo. Caso você possua um bônus no dano de magias, como pelo poder Arcano de Batalha, ele é aplicado em apenas uma seta (o bônus vale para a magia, não cada alvo).

+2 PM: muda as setas para lanças de energia que surgem e caem do céu. Cada lança causa 1d8+1 pontos de dano de essência. Requer 2º círculo.

+2 PM: muda o número de setas/lanças para três.

+4 PM: muda o número de setas/lanças para cinco. Requer 2º círculo.

+9 PM: muda o número de setas/lanças para dez. Requer 4º círculo.

SILÊNCIO
DIVINA 2 (ILUSÃO)

Execução: padrão; **Alcance:** médio; **Área:** esfera com 6m de raio; **Duração:** sustentada.

Um silêncio sepulcral recai sobre a área e nenhum som é produzido nela. Enquanto estiverem na área, todas as criaturas ficam surdas. Além disso, como lançar magias exige palavras mágicas, normalmente nenhuma magia pode ser lançada dentro da área.

+1 PM: muda a área para alvo de 1 objeto. Em vez do normal, o alvo emana uma área de silêncio com 3m de raio. Se lançar a magia num objeto de uma criatura involuntária, ela tem direito a um teste de Vontade para anulá-la.

+2 PM: muda a duração para cena. Em vez do normal, nenhum som pode deixar a área, mas criaturas dentro da área podem falar, ouvir e lançar magias com palavras mágicas normalmente.

SOCO DE ARSENAL
DIVINA 2 (CONVOCAÇÃO)

Execução: padrão; **Alcance:** médio; **Alvo:** 1 criatura; **Duração:** instantânea; **Resistência:** Fortitude parcial.

Ninguém sabe se Mestre Arsenal foi realmente o criador desta magia — mas ele foi o primeiro a utilizá-la. Você fecha o punho e gesticula como se estivesse golpeando o alvo, causando dano de impacto igual a 4d6 + sua Força. A vítima é empurrada 3m na direção oposta à sua. Passar no teste de resistência reduz o dano à metade e evita o empurrão.

+1 PM: muda o alcance para pessoal, o alvo para você, a duração para cena e a resistência para nenhuma. Em vez do normal, seus ataques corpo a corpo passam a acertar inimigos distantes. Seu alcance natural aumenta em 3m; uma criatura Média pode atacar adversários a até 4,5m, por exemplo.

+2 PM: aumenta o dano em +1d6.

+4 PM: aumenta o empurrão em +3m.

+5 PM: muda o tipo do dano para essência.

SOMBRA ASSASSINA
ARCANA 5 (ILUSÃO)

Execução: padrão; **Alcance:** curto; **Alvo:** 1 criatura; **Duração:** cena; **Resistência:** Vontade parcial.

Esta magia cria uma duplicata ilusória do alvo na forma de uma silhueta, ligada a ele como se fosse uma manifestação sólida de sua própria sombra. A duplicata de sombras segue automaticamente o alvo. Sempre que o alvo faz uma ação hostil — fazer um ataque, usar uma habilidade, lançar uma magia — a sombra imediatamente realiza a mesma ação contra o alvo, usando as mesmas estatísticas e rolagens. A sombra pode ser atacada, tem as mesmas estatísticas do alvo e é destruída quando chega a 0 PV. Se o alvo passar no teste de resistência, a sombra desaparece no final do turno do alvo, depois de copiar sua ação dessa rodada.

+10 PM: muda o alvo para criaturas escolhidas na área.

SONHO
ARCANA 4 (ADIVINHAÇÃO)

Execução: 10 minutos; **Alcance:** ilimitado; **Alvo:** 1 criatura viva; **Duração:** veja texto.

Você entra nos sonhos de uma criatura. Uma vez lá, pode conversar com ela até que ela acorde. Se o alvo não estiver dormindo quando você lançar a magia, você pode permanecer em transe até que ele adormeça. Durante o transe, você fica indefeso e sem consciência dos arredores. Você pode sair do transe quando quiser, mas a magia termina.

+2 PM: transforma o sonho do alvo em um pesadelo. A vítima deve fazer um teste de Vontade. Se falhar, não recupera PV ou PM pela noite, sofre 1d10 pontos de dano de trevas e acorda fatigada. A vítima recebe bônus ou penalidades em seu teste de resistência, dependendo do conhecimento que você tiver dela. Use os mesmos modificadores da magia *Vidência*.

+1 PM: aumenta o número de alvos em +1. Todos os alvos compartilham um mesmo sonho (ou pesadelo) entre si e com você.

SONO
ARCANA 1 (ENCANTAMENTO)

Execução: padrão; **Alcance:** curto; **Alvo:** 1 humanoide; **Duração:** cena; **Resistência:** Vontade parcial.

Um cansaço místico recai sobre o alvo. Se falhar na resistência, ele fica inconsciente e caído ou, se estiver envolvido em combate ou outra situação perigosa, fica exausto por 1 rodada, depois fatigado. Em ambos os casos, se passar, o alvo fica fatigado por 1d4 rodadas.

+2 PM: alvos que falhem na resistência ficam exaustos por 1d4+1 rodadas, em vez de apenas 1.

+2 PM: muda o alvo para criatura.

+5 PM: afeta todos os alvos válidos a sua escolha dentro do alcance.

SOPRO DA SALVAÇÃO
DIVINA 3 (EVOCAÇÃO)

Execução: padrão; **Alcance:** pessoal; **Área:** cone de 9m; **Duração:** instantânea.

Você enche seus pulmões de luz e energia positiva e sopra um cone de poeira reluzente. O sopro afeta apenas seus aliados na área, curando 2d8+4 pontos de vida e removendo uma das seguintes condições de todos os alvos: abalado, atordoado, apavorado, alquebrado, cego, confuso, debilitado, enfeitiçado, enjoado, esmorecido, exausto, fascinado, fatigado, fraco, frustrado, lento, paralisado, pasmo e surdo.

+2 PM: aumenta a cura em +1d8+2.

+4 PM: além do normal, se um aliado estiver com PV negativos, seus PV são levados a 0 e então a cura é aplicada.

+4 PM: remove todas as condições listadas, em vez de apenas uma.

SOPRO DAS UIVANTES
ARCANA 2 (EVOCAÇÃO)

Execução: padrão; **Alcance:** pessoal; **Área:** cone de 9m; **Duração:** instantânea; **Resistência:** Fortitude parcial.

Você sopra ar gélido que causa 4d6 pontos de dano de frio (Fortitude reduz à metade). Criaturas de tamanho Médio ou menor que falhem na resistência ficam caídas e são empurradas 6m na direção oposta. Se houver uma parede ou outro objeto sólido (mas não uma criatura) no caminho, a criatura para de se mover, mas sofre +2d6 pontos de dano de impacto.

+2 PM: aumenta o dano de frio em +2d6.

+3 PM: aumenta o tamanho máximo das criaturas afetadas em uma categoria. Requer 3º círculo.

SUPORTE AMBIENTAL
DIVINA 1 (ABJURAÇÃO)

Execução: padrão; **Alcance:** toque; **Alvo:** 1 criatura; **Duração:** 1 dia.

Esta magia facilita a sobrevivência em ambientes hostis. O alvo fica imune aos efeitos de calor e frio extremos, pode respirar na água se respirar ar (ou vice-versa) e não sufoca em fumaça densa.

+5 PM: muda o alcance para curto e o alvo para criaturas escolhidas.

SUSSURROS INSANOS
ARCANA 2 (ENCANTAMENTO)

Execução: padrão; **Alcance:** curto; **Alvo:** 1 humanoide; **Duração:** cena; **Resistência:** Vontade anula.

Você murmura palavras desconexas que afetam a mente do alvo. O alvo fica confuso.

+2 PM: aumenta o número de alvos em +1.

+3 PM: muda o alvo para 1 criatura.

+12 PM: muda o alvo para criaturas escolhidas. Requer 5º círculo.

TALHO INVISÍVEL DE EDAUROS
ARCANA 4 (EVOCAÇÃO)

Execução: padrão; **Alcance:** pessoal; **Área:** cone de 9m; **Duração:** instantânea; **Resistência:** Fortitude parcial.

Esta magia cruel foi desenvolvida pelo mago de combate Edauros, quando ainda era um bípede. Você faz um gesto rápido e dispara uma lâmina de ar em alta velocidade. Criaturas na área sofrem 10d8 pontos de dano de corte e ficam sangrando. Alvos que passem no teste de resistência sofrem metade do dano e não ficam sangrando.

+2 PM: aumenta o dano em +2d8.

+2 PM: muda o alvo para você, a duração para sustentada e o efeito para uma vez por rodada, como uma ação de movimento, você pode disparar uma lâmina de ar contra um alvo em alcance médio, causando 6d8 pontos de dano de corte (Fortitude reduz à metade).

TEIA
ARCANA 1 (CONVOCAÇÃO)

Execução: padrão; **Alcance:** curto; **Área:** cubo com 6m de lado; **Duração:** cena; **Resistência:** Reflexos anula.

Teia cria várias camadas de fibras entrelaçadas e pegajosas na área. Qualquer criatura na área que falhar na resistência fica enredada. Uma vítima pode se libertar com uma ação padrão e um teste de Acrobacia ou Atletismo. A área ocupada por *Teia* é terreno difícil.

A *Teia* é inflamável. Qualquer ataque que cause dano de fogo destrói as teias por onde passar, libertando as criaturas enredadas mas deixando-as em chamas.

+1 PM: além do normal, criaturas que falhem na resistência também ficam imóveis.

+2 PM: além do normal, no início de seus turnos a magia afeta novamente qualquer criatura na área, exigindo um novo teste de Reflexos. Requer 2º círculo.

+2 PM: aumenta a área em +1 cubo de 1,5m.

TELECINESIA
ARCANA 3 (TRANSMUTAÇÃO)

Execução: padrão; **Alcance:** médio; **Alvo:** veja texto; **Duração:** sustentada ou instantânea (veja texto).

Você move objetos ou criaturas se concentrando. Ao lançar a magia, escolha uma das opções a seguir.

Força Contínua: você move uma criatura Média ou menor, ou objeto de até 10 espaços, a até 6m por rodada. Uma criatura pode anular o efeito sobre ela, ou sobre um objeto que possua, passando num teste de Vontade. O alvo pode ser movido em qualquer direção dentro do alcance. Ele cai no chão se sair do alcance ou a magia terminar. **Duração:** sustentada.

Empurrão Violento: nesta versão a energia mágica é expelida de uma única vez e arremessa até 10 objetos (no máximo 10 espaços). Os objetos devem estar a até 3m uns dos outros e podem ser arremessados até o alcance da magia.

Objetos arremessados podem atingir criaturas em seu caminho, causando de 1 ponto de dano de impacto por espaço (objetos macios, sem pontas ou sem fio) até 1d6 pontos de dano por espaço (objetos duros, pontudos ou afiados). Criaturas atingidas têm direito a um teste de Reflexos para reduzir o dano à metade.

Criaturas Médias ou menores podem ser arremessadas, mas têm direito a um teste de Vontade para evitar o efeito (em si mesmas ou em objetos que estejam segurando). Uma criatura arremessada contra uma superfície sólida sofre 1d6 pontos de dano de impacto para cada 3m que "voou" no deslocamento (incluindo outras criaturas; nesse caso, ambas sofrem o dano). **Duração:** instantânea.

+3 PM: aumenta o tamanho máximo da criatura em uma categoria (para Grande, Enorme e Colossal) ou dobra a quantidade de espaços do objeto.

TELETRANSPORTE
ARCANA 3 (CONVOCAÇÃO)

Execução: padrão; **Alcance:** toque; **Alvo:** até 5 criaturas voluntárias; **Duração:** instantânea.

Esta magia transporta os alvos para um lugar a sua escolha a até 1.000km. Você precisa fazer um teste de Misticismo, com dificuldade que depende de seu conhecimento sobre o local de destino.

CD 20. Um lugar familiar, que você visita com frequência.

CD 30. Um lugar conhecido, que você já visitou pelo menos uma vez.

CD 40. Um lugar que você nunca visitou e só conhece a partir da descrição de outra pessoa que esteve lá.

Você não pode se teletransportar para um lugar que nunca visitou sem a descrição de alguém. Ou seja, não pode se transportar para a "sala de tesouro do rei" se nunca esteve nela nem falou com alguém que esteve.

Se passar no teste, os alvos chegam ao lugar desejado. Se falhar, os alvos surgem 1d10 x 10km afastados em qualquer direção (se o destino é uma cidade costeira, você pode surgir em alto-mar). Se falhar por 5 ou mais, você chega em um lugar parecido, mas errado. E se você rolar 1 natural no teste a magia falha (mas você gasta os PM) e fica atordoado por 1d4 rodadas.

+2 PM: aumenta o número de alvos em +5.

+2 PM: em vez do normal, a magia teletransporta os alvos para seu santuário — um local familiar e previamente preparado. A magia pode ser usada sem limite de distância ou necessidade de testes, mas apenas dentro do mesmo plano. Preparar um local como seu santuário exige um ritual de um dia e o gasto de T$ 1.000. Você só pode ter um santuário por vez.

+9 PM: muda a execução para ação completa, a duração para cena e adiciona sacrifício de 1 PM. Em vez do normal, você cria um círculo de 1,5m de diâmetro no chão, que transporta qualquer criatura que pisar nele. O destino é escolhido quando a magia é lançada e pode ser qualquer lugar, em qualquer mundo, sem a necessidade de testes, desde que seja conhecido por você. O círculo é tênue e praticamente invisível. Você pode marcá-lo de alguma forma (por exemplo, lançando-o sobre uma plataforma elevada). Se não fizer isso, alguém pode pisar nele por acidente. Junte isso a um destino hostil e você terá uma armadilha bastante eficaz! Requer 5º círculo.

TEMPESTADE DIVINA
DIVINA 2 (EVOCAÇÃO)

Execução: completa; **Alcance:** longo; **Área:** cilindro com 15m de raio e 15m de altura; **Duração:** sustentada.

Esta magia só pode ser usada em ambientes abertos. A área fica sujeita a um vendaval — ataques à distância sofrem penalidade de –5, chamas são apagadas e névoas são dissipadas. Você também pode gerar chuva (–5 em testes de Percepção), neve (como chuva, e a área se torna terreno difícil) ou granizo (como chuva, mais 1 ponto de dano de impacto por rodada, no início de seus turnos).

+1 PM: além do normal, uma vez por rodada você pode gastar uma ação padrão para fazer um raio cair sobre um alvo na área, causando 3d8 pontos de dano de eletricidade (Reflexos reduz à metade).

+2 PM: aumenta o dano de raios (veja acima) em +1d8.

+3 PM: se escolheu causar chuva, ela se torna mais grossa, revelando a silhueta de criaturas invisíveis na área. Criaturas Médias ou menores ficam lentas e criaturas voadoras precisam passar num teste de Atletismo por rodada ou caem ao solo (mas podem fazer testes de Acrobacia para reduzir o dano de queda, como o normal).

+3 PM: se escolheu causar granizo, muda o dano para 2d6 por rodada.

+3 PM: se escolheu causar neve, criaturas na área sofrem 2d6 pontos de dano de frio no início de seus turnos.

+3 PM: muda a área para cilindro com 90m de raio e 90m de altura.

TENTÁCULOS DE TREVAS
ARCANA 3 (NECROMANCIA)

Execução: padrão; **Alcance:** médio; **Área:** esfera com 6m de raio; **Duração:** cena.

Um círculo de energias sombrias se abre no chão, de onde surgem tentáculos feitos de treva viscosa. Ao lançar a magia e no início de cada um de seus turnos, você faz um teste da manobra agarrar (usando seu bônus de Misticismo) contra cada criatura na área. Se você passar, a criatura é agarrada; se a vítima já está agarrada, é esmagada, sofrendo 4d6 pontos de dano de trevas. A área conta como terreno difícil. Os tentáculos são imunes a dano.

+2 PM: aumenta o raio da área em +3m.

+2 PM: aumenta o dano dos tentáculos em +2d6.

TERREMOTO
DIVINA 4 (EVOCAÇÃO)

Execução: padrão; **Alcance:** longo; **Área:** esfera com 30m de raio; **Duração:** 1 rodada; **Resistência:** veja texto.

Esta magia cria um tremor de terra que rasga o solo. O terremoto dura uma rodada, durante a qual criaturas sobre o solo ficam atordoadas (apenas uma vez por cena). Barreiras físicas não interrompem a área de *Terremoto*.

O efeito exato depende do terreno.

Caverna ou subterrâneo: a magia derruba o teto, causando 12d6 pontos de dano de impacto e agarrando todas as criaturas na área. Um teste de Reflexos reduz o dano à metade e evita a condição.

Construção: todas as estruturas na área sofrem 200 pontos de dano de impacto, o suficiente para derrubar construções de madeira ou alvenaria simples, mas não de alvenaria reforçada. Criaturas em uma construção que desmorone sofrem o mesmo efeito de criaturas em uma caverna (veja acima).

Espaço aberto: fendas se abrem no chão. Cada criatura na área precisa rolar um dado; em um resultado ímpar, uma fenda se abre sob ela e ela precisa fazer um teste de Reflexos; se falhar, cai na fenda. A criatura pode escapar gastando uma ação completa e passando em um teste de Atletismo. No início do seu próximo turno as fendas se fecham, matando todos que estejam dentro delas.

Penhasco: o penhasco racha, criando um desmoronamento que percorre uma distância horizontal igual à distância da queda. Por exemplo, um penhasco com 30m de altura desmorona em uma área de 30m de comprimento além da base. Qualquer criatura no caminho sofre 12d6 pontos de dano de impacto e fica agarrada. Um teste de Reflexos reduz o dano à metade e evita ficar agarrado.

Rio, lago ou pântano: fissuras se abrem sob a água, drenando-a e formando um lamaçal. Criaturas na área precisam fazer um teste de Reflexos para não afundarem na lama e ficarem agarradas. No início do seu próximo turno as fissuras se fecham, possivelmente afogando as criaturas que ficaram agarradas.

Criaturas agarradas (efeito possível de caverna, construção, penhasco e rio, lago ou pântano) sofrem 1d6 pontos de dano por rodada até serem libertadas, o que exige uma ação completa e um teste de Atletismo (por parte da própria criatura ou de um aliado adjacente).

TOQUE CHOCANTE
ARCANA 1 (EVOCAÇÃO)

Execução: padrão; **Alcance:** toque; **Alvo:** 1 criatura; **Duração:** instantânea; **Resistência:** Fortitude reduz à metade.

Arcos elétricos envolvem sua mão, causando 2d8+2 pontos de dano de eletricidade. Se o alvo usa armadura de metal (ou carrega muito metal, a critério do mestre), sofre uma penalidade de –5 no teste de resistência.

+1 PM: aumenta o dano em +1d8+1.

+2 PM: muda a resistências para nenhum. Como parte da execução da magia, você faz um ataque corpo a corpo contra o alvo. Se acertar, causa o dano do ataque e da magia.

+2 PM: muda o alcance para pessoal e o alvo para área: esfera com 6m de raio. Você dispara raios pelas pontas dos dedos que afetam todas as criaturas na área.

TOQUE DA MORTE
UNIVERSAL 5 (NECROMANCIA)

Execução: padrão; **Alcance:** toque; **Alvo:** 1 criatura; **Duração:** instantânea; **Resistência:** veja texto.

Sua mão exala energias letais. A criatura sofre 10d8+10 pontos de dano de trevas. Se estiver com menos da metade de seus PV, em vez disso deve fazer um teste de Fortitude. Se passar, sofre o dano normal. Se falhar, seus PV são reduzidos a –10.

+2 PM: muda o alcance para curto. Em vez de tocar no alvo, você dispara um raio púrpura da ponta de seu dedo indicador.

+10 PM: muda o alcance para curto e o alvo para inimigos no alcance. Em vez de tocar no alvo, você dispara raios púrpuras da ponta de seus dedos.

TOQUE VAMPÍRICO
ARCANA 2 (NECROMANCIA)

Execução: padrão; **Alcance:** toque; **Alvo:** 1 criatura; **Duração:** instantânea; **Resistência:** Fortitude reduz à metade.

Sua mão brilha com energia sombria, causando 6d6 pontos de dano de trevas. Você recupera pontos de vida iguais à metade do dano causado (se causou algum dano).

+2 PM: muda a resistências para nenhum como parte da execução da magia, você pode fazer um ataque corpo a corpo contra o alvo. Se acertar, causa o dano do ataque e da magia, e recupera pontos de vida iguais à metade do dano da magia.

+2 PM: aumenta o dano em +2d6.

+2 PM: muda o alcance para pessoal, o alvo para você e a duração para cena. Em vez do normal, a cada rodada você pode gastar uma ação padrão para tocar 1 criatura e causar 3d6 pontos de dano. Você recupera pontos de vida iguais à metade do dano causado. Requer 3º círculo.

TRANCA ARCANA
ARCANA 1 (ABJURAÇÃO)

Execução: padrão; **Alcance:** toque; **Alvo:** 1 objeto Grande ou menor; **Duração:** permanente.

Esta magia tranca uma porta ou outro item que possa ser aberto ou fechado (como um baú, caixa etc.), aumentando a CD de testes de Força ou Ladinagem para abri-lo em +10. Você pode abrir livremente sua própria tranca sem problemas.

Componente material: chave de bronze no valor de T$ 25.

Truque: muda o alcance para curto. Em vez do normal, pode abrir ou fechar um objeto de tamanho Médio ou menor, como uma porta ou baú. Não afeta objetos trancados.

+1 PM: muda o alcance para curto e a duração para instantânea. Em vez do normal, a magia abre portas, baús e janelas trancadas, presas, barradas ou protegidas por *Tranca Arcana* (o efeito é dissipado) a sua escolha. Ela também afrouxa grilhões e solta correntes.

+5 PM: aumenta a CD para abrir o alvo em +5.

+5 PM: muda o alvo para 1 objeto de qualquer tamanho, podendo afetar até mesmo os portões de um castelo. Requer 3º círculo.

TRANQUILIDADE
DIVINA 1 (ENCANTAMENTO)

Execução: padrão; **Alcance:** curto; **Alvo:** 1 animal ou humanoide; **Duração:** cena; **Resistência:** Vontade parcial.

Você emana ondas de serenidade. Se falhar na resistência, o alvo tem sua atitude mudada para indiferente (veja a página 259) e não pode atacar ou realizar qualquer ação agressiva. Se passar, sofre –2 em testes de ataque. Qualquer ação hostil contra o alvo ou seus aliados dissipa a magia e faz ele retornar à atitude que tinha antes (ou pior, de acordo com o mestre).

+1 PM: muda o alvo para 1 criatura.

+1 PM: aumenta o número de alvos em +1.

+5 PM: muda o alcance para médio e o alvo para criaturas escolhidas. Requer 3º círculo.

TRANSFORMAÇÃO DE GUERRA
ARCANA 3 (TRANSMUTAÇÃO)

Execução: padrão; **Alcance:** pessoal; **Alvo:** você; **Duração:** sustentada.

Você se torna uma máquina de combate, ficando mais forte, rápido e resistente. Você recebe +6 na Defesa, testes de ataque e rolagens de dano corpo a corpo, e 30 PV temporários. Durante a *Transformação de Guerra* você não pode lançar magias, mas se torna proficiente em todas as armas.

+2 PM: aumenta os bônus na Defesa, testes de ataque e rolagens de dano corpo a corpo em +1, e os PV temporários em +10.

+2 PM: adiciona componente material (barra de adamante no valor de T$ 100). Sua forma de combate ganha um aspecto metálico e sem expressões. Além do normal, você recebe redução de dano 10 e imunidade a atordoamento e efeitos de cansaço, encantamento, metabolismo, trevas e veneno, e não precisa respirar.

TRANSMUTAR OBJETOS
ARCANA 1 (TRANSMUTAÇÃO)

Execução: padrão; **Alcance:** toque; **Alvo:** matéria-prima, como madeira, rochas, ossos; **Duração:** cena.

A magia transforma matéria bruta para moldar um novo objeto. Você pode usar matéria-prima mundana para criar um objeto de tamanho Pequeno ou menor e preço máximo de T$ 25, como um balde ou uma espada. O objeto reverte à matéria-prima no final da cena, ou se for tocado por um objeto feito de chumbo. Esta magia não pode ser usada para criar objetos consumíveis, como alimentos ou itens alquímicos, nem objetos com mecanismos complexos, como bestas ou armas de fogo. *Transmutar Objetos* anula *Despedaçar*.

TRUQUE: muda o alvo para 1 objeto mundano Minúsculo (ou material em quantidade equivalente) e a duração para instantânea. Em vez do normal, você pode alterar as propriedades físicas do alvo, como colorir, limpar ou sujar itens pequenos (incluindo peças de roupa), aquecer, esfriar e/ou temperar (mas não produzir) ou curar 1 PV do objeto, consertando pequenas falhas como colar um frasco de cerâmica quebrado, unir os elos de uma corrente ou costurar uma roupa rasgada. Um objeto só pode ser afetado por este truque uma vez por dia.

+1 PM: muda o alcance para toque, o alvo para 1 construto e a duração para instantânea. Em vez do normal, cura 2d8 PV do alvo. Você pode gastar 2 PM adicionais para aumentar a cura em +1d8.

+2 PM: aumenta o limite de tamanho do objeto em uma categoria.

+3 PM: aumenta o preço máximo do objeto criado em um fator de x10 (+3 PM por T$ 250 de preço, +6 PM por T$ 2.500 de preço e assim por diante).

+5 PM: muda o alvo para 1 objeto mundano e a duração para instantânea. Em vez do normal, você cura todos os PV do alvo, restaurando o objeto totalmente. Este aprimoramento está sujeito aos limites de tamanho e preço do objeto conforme a magia original e não funciona se o objeto tiver sido completamente destruído (queimado até virar cinzas ou desintegrado, por exemplo). Requer 3º círculo.

+9 PM: como o aprimoramento anterior, mas passa a afetar itens mágicos.

VELOCIDADE
ARCANA 2 (TRANSMUTAÇÃO)

Execução: padrão; **Alcance:** curto; **Alvo:** 1 criatura; **Duração:** sustentada.

O alvo pode realizar uma ação padrão ou de movimento adicional por turno. Esta ação não pode ser usada para lançar magias e ativar engenhocas.

+0 PM: muda a duração para cena. A ação adicional que você pode fazer é apenas de movimento. Uma criatura só pode receber uma ação adicional por turno como efeito de *Velocidade*.

+7 PM: muda o alvo para criaturas escolhidas no alcance. Requer 4º círculo.

+7 PM: muda o alcance para pessoal e o alvo para você. Você acelera sua mente, além de seu corpo. A ação adicional pode ser usada para lançar magias e ativar engenhocas. Requer 4º círculo.

VESTIMENTA DA FÉ
DIVINA 2 (ABJURAÇÃO)

Execução: padrão; **Alcance:** toque; **Alvo:** 1 armadura, escudo ou vestuário; **Duração:** 1 dia.

Você fortalece um item, aumentando o bônus de Defesa de uma armadura ou escudo em +2. No caso de um vestuário, ele passa a oferecer +2 na Defesa (não cumulativo com armadura). Os efeitos desta magia contam como um bônus de encanto.

+3 PM: o objeto oferece o mesmo bônus em testes de resistência. Requer 3º círculo.

+4 PM: aumenta o bônus em +1.

+7 PM: o objeto também oferece redução de dano 5. Requer 4º círculo.

VIAGEM ARBÓREA
DIVINA 3 (CONVOCAÇÃO)

Execução: completa; **Alcance:** pessoal; **Alvo:** você; **Duração:** cena.

Como parte da execução, você entra em uma árvore adjacente que seja maior do que você. Você pode permanecer dentro da árvore, percebendo os arredores de forma normal (mas sem poder fazer ações). Você pode gastar uma ação de movimento para sair dessa árvore, ou de qualquer outra dentro de 1km. Se estiver dentro de uma árvore que seja destruída, a magia termina e você sofre 10d6 pontos de dano de impacto. Enquanto a magia durar você pode gastar uma ação de movimento e 1 PM para entrar em outras árvores.

+2 PM: muda o alcance para toque, o alvo para até cinco criaturas e a duração para instantânea. Os alvos entram em uma planta (de tamanho Médio ou maior) e saem em outra planta do mesmo tamanho a até 100km de distância, especificada em direção e distância aproximadas (como "50km ao norte").

VIAGEM PLANAR
UNIVERSAL 4 (CONVOCAÇÃO)

Execução: completa; **Alcance:** toque; **Alvo:** pessoal; **Duração:** instantânea.

Você viaja instantaneamente para outro plano da Criação. Lá, você chega de 10 a 1.000km do destino pretendido (role 1d100 e multiplique por 10km).

Componente material: um bastão de metal precioso em forma de forquilha (no valor de T$ 1.000). O tipo de metal determina para qual plano de existência você será enviado. Os metais que levam a dimensões específicas podem ser difíceis de encontrar, de acordo com o mestre.

+2 PM: muda o alvo para até cinco criaturas voluntárias que você esteja tocando.

VIDÊNCIA
UNIVERSAL 3 (ADIVINHAÇÃO)

Execução: completa; **Alcance:** ilimitado; **Alvo:** 1 criatura; **Duração:** sustentada; **Resistência:** Vontade anula.

Através de uma superfície reflexiva (bacia de água benta para clérigos, lago para druidas, bola de cristal para magos, espelho para feiticeiros etc.) você pode ver e ouvir uma criatura escolhida e seus arredores (cerca de 6m em qualquer direção), mesmo que ela se mova. O alvo pode estar a qualquer distância, mas se passar em um teste de Vontade, a magia falha. A vítima recebe bônus ou penalidades em seu teste de resistência, dependendo do conhecimento que você tiver dela.

• Não conhece o alvo: +10.
• Ouviu falar do alvo: +5.
• O alvo está em outro plano ou mundo: +5.
• Já encontrou o alvo pessoalmente: +0.
• Tem uma pintura, escultura ou outra representação do alvo: –2.
• Conhece bem o alvo: –5.
• Tem um pertence pessoal ou peça de roupa do alvo: –5.
• Tem uma parte do corpo do alvo (unhas, cabelos...): –10.

VISÃO DA VERDADE
UNIVERSAL 4 (ADIVINHAÇÃO)

Execução: movimento; **Alcance:** pessoal; **Alvo:** você; **Duração:** cena.

Você enxerga a forma real das coisas. Você pode ver através de camuflagem e escuridão (normais e mágicas), assim como efeitos de ilusão e transmutação (enxergando a verdade como formas translúcidas ou sobrepostas).

+1 PM: muda o alcance para toque e o alvo para 1 criatura.

+1 PM: além do normal, o alvo fica com sentidos apurados; ele recebe +10 em todos os testes de Percepção.

+2 PM: além do normal, o alvo escuta falsidades; ele recebe +10 em todos os testes de Intuição.

+4 PM: além do normal, o alvo enxerga através de paredes e barreiras com 30cm de espessura ou menos (as paredes e barreiras parecem translúcidas).

VISÃO MÍSTICA
UNIVERSAL 1 (ADIVINHAÇÃO)

Execução: padrão; **Alcance:** pessoal; **Alvo:** você; **Duração:** cena.

Seus olhos brilham com uma luz azul e passam a enxergar auras mágicas. Este efeito é similar ao uso de Misticismo para detectar magia, mas você detecta todas as auras mágicas em alcance médio e recebe todas as informações sobre elas sem gastar ações. Além disso, você pode gastar uma ação de movimento para descobrir se uma criatura que possa perceber em alcance médio é capaz de lançar magias e qual a aura gerada pelas magias de círculo mais alto que ela pode lançar.

+1 PM: recebe visão no escuro.

+2 PM: muda a duração para um dia.

+2 PM: também pode enxergar objetos e criaturas invisíveis. Eles aparecem como formas translúcidas.

VITALIDADE FANTASMA
ARCANA 1 (NECROMANCIA)

Execução: padrão; **Alcance:** pessoal; **Alvo:** você; **Duração:** instantânea.

Você suga energia vital da terra, recebendo 2d10 pontos de vida temporários. Os PV temporários desaparecem ao final da cena.

+2 PM: aumenta os PV temporários recebidos em +1d10. Caso a magia cause dano, em vez disso aumenta o dano causado em +1d10.

+5 PM: muda o alvo para área: esfera com 6m de raio centrada em você e a resistência para Fortitude reduz à metade. Em vez do normal, você suga energia das criaturas vivas na área, causando 1d10 pontos de dano de trevas e recebendo PV temporários iguais ao dano total causado. Os PV temporários desaparecem ao final da cena. Requer 2º círculo.

VOO
ARCANA 3 (TRANSMUTAÇÃO)

Execução: padrão; **Alcance:** pessoal; **Alvo:** você; **Duração:** cena.

Você recebe deslocamento de voo 12m. Voar por meio desta magia é simples como andar — você pode atacar e lançar magias normalmente enquanto voa. Quando a magia termina, você desce lentamente até o chão, como se estivesse sob efeito de *Queda Suave*.

+1 PM: muda o alcance para toque e o alvo para 1 criatura.

+4 PM: muda a duração para um dia. Requer 4º círculo.

+4 PM: muda o alcance para curto e o alvo para até 10 criaturas. Requer 4º círculo.

VOZ DIVINA
DIVINA 2 (ADIVINHAÇÃO)

Execução: padrão; **Alcance:** pessoal; **Alvo:** você; **Duração:** cena.

Você pode conversar com criaturas de qualquer raça e tipo: animal, construto, espírito, humanoide, monstro ou morto-vivo. Pode fazer perguntas e entende suas respostas, mesmo sem um idioma em comum ou se a criatura não for capaz de falar, mas respeitando os limites da Inteligência dela. A atitude dessas criaturas não é alterada, mas você pode usar a perícia Diplomacia para tentar mudar sua atitude.

+1 PM: você concede um pouco de vida a um cadáver, suficiente para que ele responda a suas perguntas. O conhecimento do corpo é limitado ao que ele tinha enquanto vivo e suas respostas são curtas e enigmáticas. Um corpo só pode ser alvo desta magia uma vez. Ela também não funciona em um corpo cuja cabeça tenha sido destruída.

+1 PM: você pode falar com plantas (normais ou monstruosas) e rochas. Plantas e rochas têm percepção limitada de seus arredores e normalmente fornecem respostas simplórias.

CAPÍTULO 5

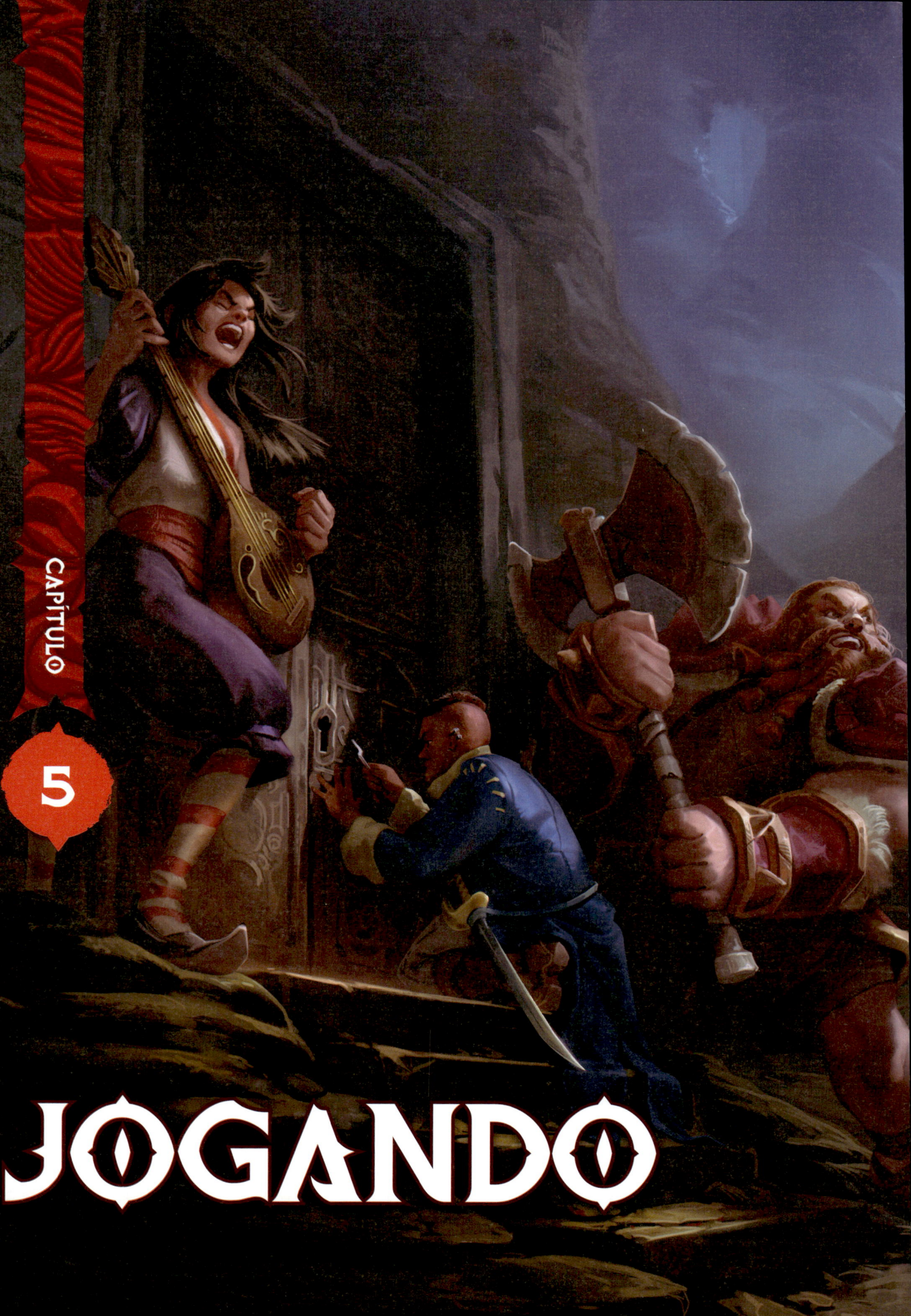

JOGANDO

"Aventureiros não ficam velhos! Apenas ficam experientes! Ou morrem antes, né?"
— Katabrok, o Filósofo

Então você construiu seu personagem, combinou a primeira sessão de jogo e finalmente está sentado em volta da mesa (ou conectado via internet) com seus amigos. A aventura está para começar!

E agora?

Não deixe que o número de páginas deste livro o iluda: jogar TORMENTA20 é simples. Como jogador, você vai ouvir o que o mestre descreve, pensar em como seu personagem reagiria a isso e então declarar uma ou mais ações. Também vai prestar atenção no que os demais jogadores fazem e interagir com os personagens deles. Uma sessão de TORMENTA20 é essencialmente uma longa conversa, na qual você e seus amigos contam uma história uns para os outros.

Como jogador, suas responsabilidades são cuidar de seu personagem, divertir seus colegas e se integrar com o grupo, tanto no jogo quanto na vida real. Você não precisa "adivinhar" para onde o mestre quer levar a história — um dos melhores lados deste jogo é justamente a liberdade que ele oferece! Contudo, lembre-se de que o mestre tem a palavra final sobre o resultado das ações e decisões dos personagens. Assim como ele não decide tudo que vai acontecer na história, você também não decide sozinho. Todos os membros do grupo colaboram igualmente.

Alguns mestres gostam de começar aventuras com os personagens separados, jogando um pouco com cada jogador. Outros preferem decretar que os personagens já se conhecem de antemão ou que pelo menos estão todos no mesmo lugar no início. O rumo natural de uma narrativa de TORMENTA20 é unir os personagens num grupo de heróis que se aventura em conjunto. Você não precisa anular a personalidade de seu personagem para se juntar aos outros, mas deve colaborar tanto quanto possível.

Uma aventura de TORMENTA20 é como uma história numa série, filme, livro, HQ ou videogame. Se tudo estiver fluindo e você estiver "assistindo a um filme" na sua cabeça enquanto imagina o que você e seus amigos descrevem, está no caminho certo.

Você também vai usar as regras e rolar dados para fazer testes quando o mestre pedir. Em TORMENTA20, você não precisará fazer testes ou se preocupar com regras a não ser em situações com resultado incerto ou que tenham grande peso para a história. Por exemplo, caminhar até o mercado e perguntar os preços das especiarias vindas de longe não exige um teste. Correr até o mercado, desviando de dezenas de pessoas e animais, pelas ruas labirínticas, chegando a tempo de impedir um assassinato, exige um teste (ou vários).

Não olhe para sua ficha tentando decidir quais ações são possíveis. *Qualquer* ação é possível, a não ser que o mestre diga algo em contrário. Se você acaba de se deparar com um nobre e quer conquistar a admiração dele, não procure na ficha de personagem alguma habilidade para impressionar aristocratas. Apenas diga o que pretende fazer e deixe que o mestre decida qual teste você precisa fazer para isso. Começar um discurso empolado? Fazer uma rápida exibição de suas habilidades com a espada? Contar uma piada? Mentir, dizendo que você é um parente distante dele? Tudo é válido. Algumas ações, como sair voando ou quebrar uma parede com um soco, serão impossíveis, ao menos para personagens iniciantes. De novo, pense em séries, filmes, livros e videogames. Imagine se a ação que você pensou teria lugar numa história bem amarrada numa dessas mídias.

Acima de tudo, tente imaginar se a ação é algo que seu personagem faria. Uma clériga do Deus da Justiça realmente tentaria engambelar o nobre com uma mentira? Um menestrel simpático tentaria ameaçá-lo?

Mas estamos nos adiantando. Vamos começar do começo.

O PAPEL DO JOGADOR

Quase toda interação numa sessão de TORMENTA20 começa com o mestre estabelecendo uma cena. Ele pode descrever um lugar, como uma taverna, um castelo ou uma floresta. Ou pode narrar um acontecimento, como uma caravana de mercadores chegando à cidade ou um bando de orcs correndo para atacar os personagens jogadores. Ele pode até mesmo descrever uma sensação — por exemplo, um ruído que o aventureiro acaba de ouvir num quarto escuro e aparentemente vazio, ou a dor nauseante quando o herói percebe ter sido envenenado. Muitas vezes o mestre acaba sua fala com as palavras "O que você faz?" ou "O que vocês fazem?". Mesmo que ele não diga isso, quando o mestre termina, os jogadores estão convidados a declarar suas ações.

Você não precisa decorar cada palavra que o mestre disser. A descrição não é um enigma ou "pegadinha" que você deve decifrar. Mas preste atenção, tente imaginar o que está acontecendo. Uma caravana de mercadores está chegando à cidade? Imagine o burburinho de várias pessoas falando ao mesmo tempo em línguas estrangeiras. A visão impressionante de roupas exóticas e semblantes desconhecidos. Pense na curiosidade de seu personagem para bisbilhotar os novos produtos que eles podem estar trazendo. Sinta o entusiasmo de saber que pode haver notícias de terras estrangeiras e fique ansioso, pensando em quanto dinheiro pode gastar com as novidades que acabam de chegar. Um bando de orcs está correndo para o ataque? Visualize seus rostos disformes, os dentes arreganhados e os olhos apertados de ódio. Ouça o barulho das lâminas saindo das bainhas. Sinta o cheiro do suor azedo deles. Mais do que isso, entre em seu personagem e pense como ele: há um grupo de criaturas selvagens tentando matá-lo e elas vão chegar em questão de segundos!

Embora seu personagem possa ser indiferente a algumas cenas ou acontecimentos, tente achar um ponto de conexão em tudo que o mestre diz. Imagine-se cercado por essas imagens, sons e cheiros. Interpretar um personagem é estar no mundo de jogo durante algumas horas.

DECLARANDO SUA AÇÃO

Uma vez que o mestre tenha estabelecido a cena, os jogadores reagem, dizendo o que vão fazer. Esta estrutura não é rígida — não há uma "fase do mestre" e uma "fase dos jogadores", apenas o fluxo normal de uma conversa entre amigos. Também não há uma ordem fixa para as ações, exceto em combate. Assim como em uma conversa em grupo, ouça seus amigos, ache o momento certo para falar e declare sua ação sem interromper (demais) os outros. O mestre vai ajudar nessa dinâmica, perguntando as ações de todos caso um ou mais jogadores estejam calados ou não consigam um espaço para falar.

Não existe um formato único para declarar sua ação. Você pode falar em primeira pessoa ("Eu vou até os mercadores para perguntar as notícias do Deserto da Perdição") ou em terceira ("*Sir* Dragan saca a espada e ergue o escudo, avisando aos orcs para ficarem longe"). Cada RPGista tem sua própria mania para declarar suas ações: "Eu quero escutar furtivamente a conversa na mesa ao lado", "Meu personagem vai se esconder no meio do feno", "Se o nobre é muito arrogante, Aethelric tentaria meter medo nele", "Então eu saltei para impedir que ele tome o veneno!" são todos exemplos de jeitos válidos de declarar sua ação. A maioria dos jogadores acaba alternando entre vários jeitos.

Você não precisa achar as palavras exatas para declarar suas ações. Por exemplo, se você diz "Vou sair do meu quarto", todos vão presumir que você levantou da cama, lavou o rosto e se vestiu, a não ser que você diga especificamente que saiu pelado! Da mesma forma, se você disser que vai comer uma ração de viagem, todos presumirão que você primeiro a desembrulhou. Tormenta20 não é um jogo de minúcias e detalhes irritantes. Também não pense nas ações que você declarou como uma "jogada" num jogo competitivo. Se, por engano, você disser "Eu ataco o elfo" em vez de "Eu ataco o orc", não há problema; você obviamente queria atacar o orc, não o elfo.

Existe um equilíbrio sobre o que é grande demais e pequeno demais para ser uma "ação". Em cenas movimentadas como combates, perseguições e

Declarando Suas Ações

Para declarar suas ações, diga *o que* você quer fazer e *como*.

Por exemplo:

"Eu vou tentar impressionar o nobre, cantando uma música de sua terra."

"Eu vou tentar me esconder dos guardas, me abaixando atrás dos barris."

"Eu vou atacar o lefeu com minha espada."

Não Seja Fominha!

Ao declarar sua ação, tome cuidado para não declarar também a ação *dos outros*. Você pode dizer "Vou até os mercadores para perguntar notícias", mas não "Vou até os mercadores e eles me contam notícias do Deserto da Perdição". Ou pior: "*Sir* Dragan saca a espada e Lucille fica para trás, escondendo-se atrás das árvores". Tentar controlar os personagens do mestre é irritante e controlar os personagens dos outros jogadores é pura falta de educação. Mesmo que você ache que tem ideias melhores que outro jogador, contenha-se. Você pode no máximo dar sugestões. Se alguém está fazendo isso com você, peça para ele parar ou peça ajuda do mestre. Lembre-se: sua visão da história não é melhor nem pior que a de ninguém. Mesmo que você ache genial a cena do cavaleiro defendendo a ladina que se esconde nas sombras, a decisão não é só sua.

armadilhas, tudo isso está codificado em regras. Em outras cenas, não há tanta rigidez, mas logo você vai pegar o jeito. "Eu passo a tarde inteira conversando com os mercadores" é uma ação ampla demais. Por outro lado, "Eu caminho um metro" é uma ação restrita demais. O ideal é que cada ação convide o mestre e os outros jogadores a responder, criando a interação e a narrativa. Além disso, o mestre vai dar o tom da cena. Se você diz "Vou falar com os mercadores", o mestre pode responder com "Vocês passam a tarde conversando e você descobre muitas novidades..." ou com "O mercador olha para os lados, desconfiado, e sussurra que tem coisas importantes a contar, mas não aqui".

INTERPRETANDO

Interpretar um personagem é um dos aspectos mais importantes de Tormenta20. Mas como se interpreta um personagem?

Para interpretar, você deve primeiro conhecer seu personagem. Vamos falar mais sobre isso daqui a pouco, mas já podemos adiantar algo: seu personagem tem uma personalidade diferente da sua, pelo menos em alguns aspectos. Assim, quando você se deparar com uma situação descrita pelo mestre ou uma ação realizada por um dos outros jogadores, pense em como *o personagem* reagiria.

A maioria das situações não vai provocar reações extremas. Ao ver a caravana de mercadores chegando à cidade, seu personagem dificilmente fugiria de medo ou atacaria. Assim, é plenamente aceitável que você tenha uma reação "comum": olhar os produtos, puxar conversa, tentar notar algo suspeito, ignorar a caravana... Contudo, às vezes haverá uma situação capaz de provocar uma reação muito forte. Isso inclui a maioria dos combates e muitas cenas cruciais de interpretação. Sua resposta vai ser lógica: frente a uma batalha, você vai lutar ou fugir; frente a uma acusação de assassinato, vai tentar se defender.

Mas e se, por acaso, o mestre descreveu a caravana de mercadores do Deserto da Perdição, sem lembrar que seu personagem é fascinado por essa região? Como um detalhe de interpretação, você incluiu que seu herói sempre sonhou em ser um mercador rico, antes de ser chamado à aventura. E agora? O que você faz?

Na vida real, devemos agir com bom senso, sempre medindo as consequências e sem ousar muito. Em Tormenta20, não precisamos ter tanto cuidado. Afinal, é só um jogo de faz de conta! Assim, embora você não deva fazer ações absurdas, pode jogar o bom senso pela janela por algum tempo, para interpretar seu personagem. Talvez, ao ver a caravana, você descreva seu personagem chorando e se revoltando, por pura inveja dos mercadores. Por que eles estão vivendo seu sonho e você está enfrentando monstros toda semana? Talvez você vá até os mercadores e peça para integrar a caravana, para o choque dos outros jogadores! Talvez você intempestivamente ofereça os serviços do grupo como guardas da caravana de graça, só pela honra de acompanhar profissionais tão importantes!

Tudo isso pode ser disruptivo e gerar alguns problemas... Mas só para os personagens! Desde que os *jogadores* (as pessoas reais em volta da mesa) não estejam sendo prejudicados, esse tipo de ação meio louca pode ser muito divertida. Não estrague a história que todos estão construindo em conjunto, mas não tenha medo de adicionar novos elementos. Talvez sua ação não dê certo... Mas, se der, pode levar a toda uma nova linha narrativa!

Parte de interpretar também é "falar dentro do personagem". Ou seja, em vez de só declarar suas ações, você assume a voz do personagem e fala

O Objetivo do RPG

Por mais que se teorize e se fale sobre Tormenta20 e outros jogos do mesmo tipo, o objetivo dos jogadores e do mestre é apenas um: diversão.

Essa diversão é alcançada através de uma história e regras, mas nenhum desses elementos deve ser mais importante que a verdadeira finalidade do jogo. Se você e seus amigos estão criando uma narrativa memorável, cheia de viradas surpreendentes e personagens marcantes, ótimo. Mas a qualidade da história *não* é mais importante que a diversão dos envolvidos. Se o grupo alcança maestria em regras e os jogadores triunfam sobre desafios cada vez maiores, excelente! Mas isso não vale de nada se todos não estão se divertindo.

Ao jogar Tormenta20, priorize a troca entre as pessoas, a descontração e o bem-estar dos participantes. Em geral, os melhores momentos narrativos não vêm de tramas minuciosamente planejadas, mas das surpresas criadas pela interação entre os jogadores. Este é um jogo baseado em relações pessoais e nenhuma história ou regra valem mais que uma amizade.

A Guilda do Macaco. Decisões, rolagens e consequências (nem todas ruins)

como se fosse ele: "Bem-vindos, mercadores do Deserto! Sou Dragan. Vocês não imaginam como é bom sentir o cheiro dos temperos que vocês trazem!" Embora a maioria dos RPGistas goste de fazer isso, não é obrigatório. Se você não se sentir à vontade para falar como seu personagem, pode apenas descrever ações ("Eu me apresento e digo que é muito bom sentir o cheiro..."). Alguns jogadores elevam isso a arte, criando uma voz, um sotaque ou um conjunto de maneirismos para seus personagens. De novo, isso não é obrigatório, mas pode ser muito divertido.

Não se preocupe em ter uma "boa" interpretação no sentido teatral do termo. O objetivo de Tormenta20 não é formar atores, muito menos promover competições de atuação. Você não precisa ter vergonha, apenas se divertir.

REAGINDO

Esses "passos" informais se seguem, constituindo o jogo em si. A partir de suas ações e sua interpretação, o mestre vai descrever novas situações e os jogadores vão descrever suas próprias ações, para que você narre sua nova ação e assim por diante.

Em Tormenta20, diferente de videogames, você não pode "salvar" o jogo ou voltar atrás. Deve lidar com as consequências de suas ações — a não ser no caso de ter se enganado com alguma coisa, como já foi dito. Parte da graça do jogo é encontrar dificuldades e ser obrigado a pensar no que fazer em situações desfavoráveis. Assim, se sua ação resultou em desastre, não se desespere. O importante é que a história esteja divertida, a interação entre o grupo seja positiva e o jogo esteja interessante.

Em algum ponto, a cena vai acabar. Deixe que o mestre encerre as cenas, pois ele conhece o fluxo da história melhor que os jogadores.

QUEM É SEU PERSONAGEM?

Quando você construiu o personagem, deve ter decidido seu nome, divindade padroeira, aparência etc. Mas, quando chega a hora de interpretar, você pode se deparar com uma dúvida: afinal, quem é esse sujeito? Como ele reagiria às situações descritas pelo mestre? Também pode descobrir que a personalidade que você criou de antemão não se encaixa bem com a narrativa da campanha ou simplesmente não é divertida na prática. Sem problemas; corrigir isso é muito fácil.

Para criar uma personalidade marcante e que apareça facilmente durante o jogo, comece por sua classe de personagem. Lembre de heróis de séries, livros, filmes etc. que poderiam ter essa classe se fossem traduzidos em regras. Então ache características em comum deles. Junte isso com a própria descrição da classe. Pronto, aí está a base.

Exemplos: temos vários paladinos na ficção. Rei Artur, Capitão América, Luke Skywalker... O que todos eles têm em comum? Lutam pelo bem, não recuam frente a combates difíceis, tendem a confiar nas pessoas, são otimistas... E quanto aos magos? Gandalf, Dumbledore, Merlin, Doutor Estranho... Eles costumam ser orgulhosos e misteriosos, preocupam-se com segredos antigos e muitas vezes aconselham personagens mais intempestivos. O que dizer dos ladinos? Han Solo, Faye Valentine, Bilbo Bolseiro, Arya Stark, a Mulher-Gato... Ladinos são espertos, desconfiados e irreverentes, preocupam-se primeiro consigo mesmos para depois dar alguma atenção aos outros.

Depois que tiver construído a base de sua personalidade, escolha uma característica que seja contraditória a tudo isso — mas que não anule completamente tudo que você já decidiu. Uma paladina pode ser muito gulosa e esfomeada, um mago pode ser um romântico incurável, um ladino pode ser pavio-curto, sempre achando motivos para brigar. Junte isso às características padrão.

Pronto. Você não precisa de mais nada se não quiser. Sua paladina comilona acaba de encontrar a caravana de mercadores? Pode não ser uma situação muito adequada para mostrar o lado heroico e altruísta, mas talvez o estômago dela ronque. Então ela imediatamente se interessa pelas guloseimas exóticas que os mercadores trazem. O mago pode se apaixonar à primeira vista por um dos mercadores. Já o ladino acha que um dos estrangeiros chamou ele de baixinho e agora está furioso.

Seus atributos, perícias e poderes podem ajudá-lo a decidir suas ações e personalidade. Alguém com alta Sabedoria provavelmente seria calmo e controlado, um ladino treinado em Investigação tem grande chance de ser desconfiado ou mesmo cínico e qualquer um que possua Ataque Poderoso deve gostar de resolver as coisas com a força bruta.

A personalidade do seu personagem também vai se formar naturalmente, à medida que o jogo avança, tanto pelas decisões que você toma quanto pelo acaso dos dados. Foi por puro azar que você falhou em todos os testes contra aquela aranha gigante, mas isso é oportunidade para que seu personagem adquira medo de aranhas comuns. Você também pode (com a permissão do mestre) inventar novas características de personalidade na hora, para se encaixar com uma cena específica. Quando os orcs atacam, você inventa que seu personagem foi salvo por um orc piedoso, então nunca mataria um deles. Contudo, não exagere — crie características de personalidade "improvisadas" no máximo uma ou duas vezes na campanha, ou seu personagem virará um maluco completo.

FAZENDO TESTES

Até agora, você não precisou se preocupar com as regras, a não ser para construir o personagem. Contudo, mais cedo ou mais tarde o mestre vai pedir algum *teste*.

As páginas a seguir trazem todas as regras que você precisa conhecer como jogador. Porém, se você está começando, não se preocupe em decorar todas as mecânicas do jogo ou as nuances dos testes que está fazendo. Não se preocupe nem mesmo com os números e minúcias na ficha de personagem. Apenas preste atenção ao que o mestre diz, role o dado adequado e escute o resultado de sua ação. Um colega mais experiente pode lhe dar conselhos sobre como melhorar suas chances nos testes, mas isso não é uma desculpa para que ele tome as decisões por você. O personagem é seu, quem manda é você... E é você que vai ter que lidar com as consequências de suas ações!

Alguns grupos gostam de otimizar seus personagens em termos de jogo, principalmente melhorando suas chances em combate. Não há problema nenhum em jogar assim. Na verdade, muitos heróis da ficção seriam extremamente eficientes em regras. Construir personagens poderosos faz parte tanto do aspecto técnico quanto da narrativa do jogo.

Contudo, Tormenta20 não é uma competição. Se, na hora dos testes, você não se sai tão bem quanto os outros jogadores, isso não significa que você é um membro menos valioso do grupo ou que tem menos direito de estar lá. Você pode pedir dicas sobre como melhorar seu herói em termos de jogo, mas isso não é obrigatório.

Embora a interpretação seja encorajada, às vezes testes são exigidos para resolver questões sociais. Se você quer impressionar o nobre com um discurso, não basta falar bonito por meia hora. Você efetivamente precisa rolar um dado para verificar o sucesso da ação. Nenhum jogador deve tentar "engambelar" o mestre com descrições mirabolantes ou atuação teatral. Não interessa que você narrou o salto acrobático de sua pirata, pousando atrás do vilão e espetando-o com a espada. Você ainda terá que fazer testes para que essa ação aconteça. Não importa que você é muito eloquente, seu personagem só será eloquente quando passar num teste.

Saber falar bem não o torna melhor ou pior que nenhum outro jogador de Tormenta20; todos têm as mesmas chances. Isso também significa que um jogador tímido pode ter um personagem falastrão e carismático. Escolhas e personalidade são decididas em interpretação. Momentos com sucesso e fracasso incertos são decididos com testes.

VITÓRIAS & DERROTAS

Quando estiver jogando Tormenta20, tenha em mente que seu personagem não é você mesmo. Nenhuma falha nos dados ou fracasso na história diminui de forma alguma suas próprias vitórias pessoais. Da mesma forma, por maior que seja o triunfo de seu personagem, isso tudo só existe na ficção.

Não leve o que acontece no jogo para o lado pessoal. Tormenta20 é um jogo sobre contar histórias que muitas vezes são longas. Essas histórias são moldadas por meio de regras e dados, com resultados bastante aleatórios. Por mais sorte que você tenha e por melhores que sejam suas ideias, é impossível que seu personagem sempre saia ganhando. Assim, não meça seu divertimento pelo quanto você foi bem-sucedido. Seu guerreiro fortão foi nocauteado por um kobold? Não fique com raiva. Os outros jogadores estão rindo do personagem, da improbabilidade dos dados e da situação, *não* de você. Ria também.

Seu personagem também não será o protagonista sempre. Claro, o ideal é que o grupo divida os holofotes igualmente o tempo todo, mas muitas cenas ressaltam as habilidades e a personalidade de um herói. A bucaneira brilha no mar, a clériga se destaca quando o assunto é religião. Se o seu personagem não tem nada para fazer numa cena específica ou parece temporariamente inútil, relaxe e observe a interpretação de seus colegas. Seu momento logo vai chegar.

Seu personagem só existe enquanto parte de uma experiência em grupo. Um grupo em que todos devem ser heróis, companheiros e amigos.

Não Seja Babaca!

Existem elementos em Tormenta20 que sugerem interações negativas. Por exemplo, o mestre interpreta vilões e impõe desafios. Os personagens podem fracassar. Existe maldade no mundo de jogo — por isso há necessidade de heróis!

Contudo, qualquer relação de antagonismo fica restrita aos personagens ficcionais. Nunca há motivo para fazer as *pessoas reais* se sentirem mal.

Nenhuma interação entre jogadores, mesmo através de personagens, deve romper os limites do conforto de cada um. Nenhuma característica das pessoas reais deve ser trazida para a mesa de jogo como algo pejorativo ou para tornar o jogador/personagem vulnerável. Independentemente da história e das regras, qualquer jogador, a qualquer momento, pode (e deve) falar se algo o está deixando desconfortável. Mas isso não é dever apenas do jogador sentindo o desconforto. Todos devem prestar atenção às reações, comentários e postura dos colegas, para garantir que ninguém esteja passando dos limites. Uma sessão de Tormenta20 é um espaço seguro.

Não existe espaço para discriminação em Tormenta20. Pessoas de todas as etnias, gêneros, orientações, crenças e estilos de vida são bem-vindas. Nem mesmo deve haver discriminação no mundo ficcional de jogo. Você pode jogar com os personagens mais diversos e provavelmente vai encontrar pouca resistência dos coadjuvantes interpretados pelo mestre. As únicas exceções são vilões intolerantes, mas mesmo nesses casos apenas se todos estão confortáveis em enfrentar maldade desse tipo. Não há por que repetir no jogo preconceitos vivenciados na realidade.

A inclusão é um tema prevalente em Tormenta20 e deve ser praticada pelo grupo. Nenhum jogador está acima dos outros; nenhum personagem é mais ou menos válido que os demais. Se você está tendo dificuldade em encontrar um grupo que o faça se sentir bem-vindo, não hesite em procurar a comunidade de Tormenta na internet — você vai encontrar jogadores de todo o Brasil prontos a recebê-lo.

REGRAS DO JOGO

TESTES

Sempre que um personagem tenta fazer uma ação cujo resultado é incerto, o jogador faz um *teste*. Um teste é uma rolagem de 1d20 + um modificador.

Testes são classificados pela característica utilizada (atributo ou perícia) e pelo que define sua CD (comuns ou opostos).

TESTES DE ATRIBUTO

Você usa testes de atributo para tarefas básicas, para as quais nenhuma perícia se aplica. Para fazer um teste de atributo, role 1d20 e some o valor do atributo apropriado.

TESTE DE ATRIBUTO = 1D20 + ATRIBUTO

Aqui estão alguns exemplos de testes de atributo, seguidos pelo atributo testado.

- Erguer um objeto pesado (Força).
- Amarrar cordas (Destreza).
- Estabilizar sangramento (Constituição).
- Resolver um enigma (Inteligência).
- Decidir se algo é prudente (Sabedoria).
- Causar boa impressão (Carisma).

TESTES DE PERÍCIA

Um teste de perícia funciona como um teste de atributo. Porém, você soma o bônus da perícia em questão.

TESTE DE PERÍCIA = 1D20 + BÔNUS DE PERÍCIA

O **Capítulo 2: Perícias & Poderes** explica como calcular seu bônus de cada perícia.

TESTES COMUNS

Testes comuns são usados quando um personagem está competindo contra o ambiente. Eles são realizados contra uma CD determinada pelo mestre, de acordo com a tarefa sendo realizada. Consulte a **Tabela 5-1: Dificuldades** para exemplos.

O mestre pode estipular as dificuldades de todos os testes usando a tabela abaixo como guia. Porém, o **Capítulo 2** traz exemplos de dificuldades para tarefas específicas nas descrições de cada perícia.

TESTES OPOSTOS

Testes opostos são usados quando dois ou mais personagens estão competindo entre si. Cada personagem envolvido faz seu teste. Aquele com maior valor é o vencedor. Em caso de empate, aquele com o maior bônus vence. Se os bônus forem iguais, outra rolagem deve ser feita.

MISTURANDO TESTES COMUNS E OPOSTOS

Um teste pode ser comum e oposto ao mesmo tempo. Por exemplo, se três personagens estão disputando para ver quem atravessa um lago primeiro, todos devem fazer um teste de Atletismo contra uma CD. Aqueles que passarem atravessam o lago. Dentre esses, aquele com o maior resultado chega primeiro.

Tabela 5-1: Dificuldades

Tarefa	CD	Exemplo
Fácil*	5	Subir uma encosta íngreme (Atletismo)
Média	10	Ouvir um guarda se aproximando (Percepção)
Difícil	15	Estancar um sangramento (Cura)
Desafiadora	20	Nadar contra uma correnteza (Atletismo)
Formidável	25	Sabotar uma armadilha complexa (Ladinagem)
Heroica	30	Decifrar um pergaminho antigo em um idioma morto (Conhecimento)
Quase Impossível	40	Fabricar uma "obra-prima", ou seja, um item com quatro melhorias (Ofício)

*Testes fáceis aparecem na tabela para fornecer senso de escala, mas normalmente não são exigidos — caso um personagem tente uma tarefa fácil, o mestre pode considerar que ele passa automaticamente, para acelerar o jogo.

REGRAS ADICIONAIS DE TESTES

A seguir, algumas regras que se aplicam a testes.

SUCESSOS E FALHAS AUTOMÁTICOS

Ao fazer um teste, um 20 natural (quando o resultado do d20 é 20) *sempre* é um sucesso, e um 1 natural (quando o resultado do d20 é 1) *sempre* é uma falha, não importando o valor a ser alcançado.

CONDIÇÕES FAVORÁVEIS E DESFAVORÁVEIS

Certas situações podem tornar um teste mais fácil ou mais difícil. Para representar isso, o mestre pode alterar o teste de duas maneiras.

• Conceder ao personagem um bônus de +2 ou mais para representar circunstâncias que melhorem seu desempenho. Por exemplo, procurar por um livro em uma biblioteca bem organizada com um teste de Investigação.

• Impor ao personagem uma penalidade de –2 ou mais para representar circunstâncias que atrapalham seu desempenho, como procurar por um frasco específico em um laboratório bagunçado com um teste de Investigação.

NOVAS TENTATIVAS

Em geral, você pode tentar um teste de novo em caso de falha e continuar tentando por toda a eternidade. Contudo, alguns testes acarretam penalidades (ou problemas!) em caso de falha. Por exemplo, um personagem que falhe em um teste de Atletismo para subir uma encosta pode tentar novamente. Mas, se falhar por 5 ou mais, cairá. Ele pode se levantar e tentar de novo, supondo que a queda não tenha sido muito dolorida...

FERRAMENTAS

Algumas perícias requerem ferramentas. Se isso for necessário, será mencionado na descrição da perícia. Se você não possui o item apropriado, ainda pode usar a perícia, mas sofre uma penalidade de –5 no teste.

AJUDAR

Às vezes, os personagens trabalham juntos e se ajudam. Um personagem (normalmente aquele com o maior bônus) é considerado o líder, e faz o teste normal, enquanto cada ajudante faz um teste contra CD 10 (usando a mesma perícia ou outra que faça sentido). Um teste de ajuda concede ao líder um bônus de +1, e +1 adicional para cada 10 pontos acima da CD (+2 para um resultado 20, +3 para 30 e assim por diante).

Em muitos casos, ajuda externa não traz benefícios — você não pode ajudar um colega a ser mais silencioso em seu teste de Furtividade. Ou então apenas um número limitado de ajudantes pode auxiliar alguém ao mesmo tempo (não há espaço para muitas pessoas à volta de uma mesma fechadura). O mestre limita a ajuda como achar melhor, de acordo com a tarefa e as condições.

TESTES SEM ROLAGENS

Um teste representa a realização de uma tarefa desafiadora — com alta dificuldade ou feita em situação de perigo. Quando este não é o caso, você pode usar as opções a seguir para dispensar as rolagens. Elas são úteis para acelerar o jogo e não interromper a história com rolagens desnecessárias.

Se precisar muito passar em seu teste, invente um jeito!

Escolher 0. Quando seu bônus total em um teste é igual ou maior que a CD, você não precisa fazer o teste — você automaticamente passa. A tarefa é trivial para alguém com suas habilidades. Por exemplo, um personagem com Sobrevivência +15 não precisa fazer testes para montar acampamento em uma planície (uma tarefa com CD 15). Caso o teste tenha variados graus de sucesso, você obtém o mínimo possível. Você ainda pode fazer uma rolagem para alcançar um grau maior de sucesso, se quiser, mas arrisca falhar se rolar um 1 natural.

Escolher 10. Quando não há pressão para realizar uma tarefa, você pode escolher 10. Isso significa realizar a tarefa com calma, sem chance para erros. Em vez de rolar 1d20, considere um resultado 10 automático. Isso costuma bastar para muitas tarefas.

Escolher 20. Quando não há pressão e a tarefa não oferece nenhuma consequência ou penalidade em caso de falha, você pode escolher 20. Isso significa gastar todo o tempo do mundo e tentar todas as possibilidades, até passar. Em vez de rolar 1d20, considere um resultado 20 automático. Escolher 20 exige vinte vezes mais tempo que o normal para executar a perícia (ou, para simplificar, a cena inteira, de acordo com o mestre).

TESTES ESTENDIDOS

A maioria das tarefas pode ser resolvida com um único teste. Se um personagem quer escalar um muro, o sucesso ou a falha são aparentes após um único teste. Entretanto, para situações complexas e que consomem tempo — como escalar uma montanha —, ou quando o mestre quer criar clima de tensão, esta regra pode ser usada.

Em um teste estendido, *o grupo deve acumular uma quantidade de sucessos antes de três falhas*, o que indica uma falha total. Quanto mais complexa a tarefa, mais sucessos são exigidos — veja a tabela ao lado.

Por exemplo, os personagens estão procurando o esconderijo de uma guilda de ladrões. Para isso precisam fazer perguntas na cidade. Pela complexidade da tarefa, o mestre pede um teste estendido de Investigação com complexidade média e CD 20. Isso significa que os heróis devem fazer testes de Investigação contra CD 20 até acumularem cinco sucessos. Se conseguirem, descobrem as pistas. Porém, se acumularem três falhas antes dos cinco sucessos, têm uma falha total — nesse caso, o grupo pode ter sido descuidado e alertado os membros da guilda, além de não conseguir a informação que queria.

Para alguns testes, não há perigo em falhar. Mas só alguns...

Testes estendidos podem envolver mais de uma perícia. Por exemplo, infiltrar-se em uma base purista pode exigir um sucesso em Atletismo, para escalar o muro, e dois em Furtividade, para não ser visto pelas sentinelas. Um julgamento pode exigir dois sucessos em Nobreza, para conhecer a lei, mais três em Diplomacia, para convencer o magistrado.

TESTES ESTENDIDOS ABERTOS

O mestre pode permitir que os *jogadores* decidam quais perícias vão usar em um teste estendido. O jogador escolhe a perícia, então explica como vai utilizá-la para resolver o desafio.

Por exemplo, em um julgamento, um personagem poderia usar Enganação ("vou corromper o magistrado"); Intimidação ("vou assustar os jurados para que decidam em meu favor"); Intuição ("vou analisar a situação para determinar qual o melhor argumento") etc.

Permitir que os jogadores descrevam quais perícias vão usar irá envolvê-los mais com a cena. Se o mestre permitir isso, cada teste avulso dentro do teste estendido precisa ser feito com uma perícia diferente. Se combinada com as opções que dificultam os testes estendidos (veja abaixo), essa opção exige pensamento tático por parte do grupo!

TESTES ESTENDIDOS EM GRUPO

Por serem feitos ao longo do tempo, testes estendidos podem ser feitos por mais de um personagem, ou mesmo pelo grupo todo. De fato, colocar o grupo inteiro para fazer um único teste estendido é uma ótima forma de unir os jogadores!

Caso mais de um personagem esteja participando do teste estendido, resolva o teste por "rodadas"; a cada rodada, cada jogador faz um teste. Some os sucessos e falhas de todos para definir se o teste estendido é bem-sucedido ou não.

Fazer testes estendidos em grupo é muito útil em testes estendidos abertos (veja acima), nas quais cada perícia só pode ser usada uma vez. Com vários personagens participando do teste, a chance deles terem mais perícias treinadas diferentes é maior.

AJUDA E TESTES ESTENDIDOS

Personagens podem ajudar em testes estendidos, usando a regra de ajuda padrão. Porém, uma perícia usada para ajudar não poderá ser usada novamente no teste estendido, seja para ajudar, seja para realizar o teste principal.

TABELA 5-2: TESTES ESTENDIDOS

Sucessos Exigidos	Complexidade	Exemplos
3	Baixa	Escalar um paredão (Atletismo)
5	Média	Atravessar o Pântano dos Juncos (Sobrevivência)
7	Alta	Compreender um ritual antigo (Misticismo)

DIFICULTANDO TESTES ESTENDIDOS

Para testes estendidos especialmente desafiadores, o mestre pode usar *dificuldades cumulativas* e *penalidades por falhas*.

No primeiro caso, a CD aumenta em +2 a cada teste (independentemente de o teste ser um sucesso ou uma falha), representando a dificuldade crescente. Por exemplo, num teste estendido para se infiltrar até os aposentos reais do castelo, a CD pode aumentar a cada teste, pois quanto mais perto do quarto do rei, maior a segurança.

No segundo caso, o mestre aplica uma penalidade para cada falha — isto é, além de chegar mais perto da falha total. Digamos que um personagem esteja envolvido em uma negociação intrincada com um aristocrata, exigindo um teste estendido de Diplomacia. Cada vez que falha, pode sofrer uma penalidade cumulativa de –2 nos testes seguintes — isso significa que o aristocrata está ficando cada vez mais ofendido. Da mesma forma, um personagem escalando uma montanha com um teste estendido de Atletismo pode sofrer 3d6 pontos de dano para cada falha, representando ferimentos durante a subida.

INTERRUPÇÕES E NOVAS TENTATIVAS

A maioria dos testes estendidos pode ser interrompida sem problemas. Entretanto, o mestre pode determinar que uma interrupção conte como uma falha ou até mesmo como uma falha completa no teste estendido.

Normalmente pode-se fazer novas tentativas de testes estendidos. Entretanto, da mesma forma que com testes normais, alguns testes estendidos têm consequências que devem ser levadas em conta. Por exemplo, uma armadilha que exige um teste estendido de Ladinagem pode disparar em caso de falha.

JOGANDO

HABILIDADES

Além de atributos e perícias, personagens possuem *habilidades* fornecidas por sua raça, origem, classe, itens e outras fontes.

USANDO HABILIDADES

Habilidades podem ser passivas (seus efeitos estão sempre funcionando) ou ativadas (precisam ser usadas para gerar seus efeitos). O poder Coração da Selva, do druida é uma habilidade passiva, enquanto a Fúria do bárbaro é uma habilidade ativada. Para usar habilidades ativadas você precisa gastar uma ação e, provavelmente, pontos de mana.

AÇÃO NECESSÁRIA

A descrição da habilidade determina a ação necessária para usá-la. Caso nada esteja descrito, usar a habilidade é uma ação livre (exceto no caso abaixo).

Habilidades Engatilhadas. Habilidades ativadas por decorrência de outro evento (como fazer um ataque), são ativadas como uma reação e somente uma vez por instância do evento.

A habilidade Frenesi, do bárbaro, diz que quando você usa a ação agredir, pode gastar 2 PM para realizar um ataque adicional. Ativar Frenesi é uma reação que só pode ser feita uma vez por ação agredir.

CUSTO DE PONTOS DE MANA

A descrição da habilidade determina se são necessários PM para usá-la. Nesse caso, você gasta os PM mesmo em caso de falha. Por exemplo, se um guerreiro usa Ataque Especial e erra o ataque, ainda assim gasta os pontos de mana.

Para habilidades com custo variável, o máximo de PM que você pode gastar por uso é igual ao seu nível na classe que fornece a habilidade (mas você sempre pode usar a habilidade em seu custo mínimo). Para habilidades de raça, origem ou outras fontes e poderes gerais, o limite é o seu nível de personagem.

CUSTOS ESPECIAIS

Alguns habilidades possuem custos além de PM.

Componente Material. A habilidade exige ingredientes para ser usada. Esses ingredientes devem estar na mão do personagem e são consumidos com o uso (mesmo que a habilidade falhe).

Penalidade de PM. A habilidade reduz seus PM máximos enquanto estiver ativa (você não recupera esses PM até a duração da habilidade acabar).

Sacrifício de PM. Certas habilidades poderosíssimas têm um custo ainda mais alto: você deve sacrificar *permanentemente* certa quantidade de PM para usá-las.

ALCANCE

Muitas habilidades possuem um *alcance*, isto é, a distância máxima a partir do personagem da qual o efeito pode se originar. Caso alguma parte da área da habilidade esteja além do alcance, a área é afetada normalmente.

Pessoal. A habilidade afeta somente o personagem e/ou objetos que ele esteja carregando. Também pode ser uma habilidade de área que se inicia a partir do personagem e só o afeta se mencionar.

Toque. O personagem precisa tocar o alvo em seu alcance natural para afetá-lo, mas não precisa gastar uma ação ou fazer testes para isso (tocar o alvo faz parte da ação da habilidade).

Curto. A habilidade alcança alvos a até 9m (6 quadrados em um mapa).

Médio. A habilidade alcança alvos a até 30m (20 quadrados em um mapa).

Longo. A habilidade alcança alvos a até 90m (60 quadrados em um mapa).

Ilimitado. A habilidade alcança qualquer lugar no mesmo mundo. A maioria das habilidade com este alcance exige que você conheça e/ou já tenha estado no ponto de origem da habilidade.

EFEITO

Toda habilidade gera um *efeito* — causar dano em um alvo, fornecer um bônus a você ou qualquer outra coisa. A seguir estão regras gerais para efeitos. Muitos efeitos possuem um tipo (veja a página 228).

ALVOS & ÁREAS

A maior parte das habilidades atinge um ou mais alvos ou afeta uma área.

Linha de Efeito. Um caminho direto e sem obstruções até onde a habilidade pode ter efeito. Você deve ter linha de efeito para qualquer alvo ou ponto de origem da área que queira afetar, ou para qualquer espaço onde queira criar um efeito. Qualquer barreira sólida, visível ou não, anula a linha de efeito.

Alvo. A habilidade afeta um ou mais alvos, que podem ser criaturas ou objetos. Você usa a habilidade sobre os alvos e deve ser capaz de percebê-los. Uma habilidade usada sobre um tipo de alvo errado

CAPÍTULO CINCO

falha automaticamente. Por exemplo, a magia *Tranca Arcana* não tem efeito se lançada sobre algo que não seja uma porta, baú ou semelhante.

Objetos e Tamanhos. Algumas habilidades se referem a objetos em termos de espaços — consulte o **Capítulo 3**. Outras habilidades se referem a objetos em termos de categorias de tamanho. Nesse caso, o mestre deve arbitrar a categoria do objeto comparando-o com criaturas. Por exemplo, uma adaga é um objeto Minúsculo, uma carroça é um objeto Grande e um galeão é um objeto Colossal.

Área. A habilidade afeta uma área. Normalmente, você escolhe um ponto dentro do alcance e que possa perceber para ser a origem da área, mas não controla quais criaturas ou objetos serão afetados — qualquer coisa na área estará sujeita aos efeitos, incluindo você. De acordo com o mestre, você pode usar uma habilidade numa área que não possa perceber com um teste de Percepção (Misticismo no caso de magias) contra CD 20 + custo em PM. Para habilidades com alcance pessoal, você é o ponto de origem e não é afetado (exceto quando dito o contrário). Áreas avançam até seu limite ou até serem interrompidas por uma barreira capaz de bloqueá-las. Em geral, áreas se enquadram em uma das categorias a seguir.

• *Cilindro.* Surge na interseção de quatro quadrados, estendendo-se pela largura indicada e subindo até o fim da altura indicada.

• *Cone.* Surge adjacente a você e se afasta de você na direção escolhida, ficando mais largo com a distância, conforme os modelos da ilustração abaixo.

• *Esfera.* Surge na interseção de quatro quadrados, estendendo-se em todas as direções até o limite de seu raio.

• *Linha.* Surge adjacente a você e se afasta de você reta até o fim do alcance. A menos que indicado o contrário, uma linha tem 1,5m de largura.

• *Quadrado.* Surge no quadrado ou quadrados escolhidos, afetando o piso. Um "cubo" é como um quadrado, mas afeta também a altura.

• *Outros.* Algumas habilidades podem ter áreas específicas, citadas em sua descrição.

Criação. Caso a habilidade crie ou invoque alguma coisa, a coisa aparece em um local a sua escolha dentro do alcance e para o qual você tenha linha de efeito. Após surgir, a coisa pode se mover ou ser movida para fora da linha de efeito. Por exemplo, você não pode conjurar um monstro dentro de uma sala fechada. Mas, uma vez conjurar, o monstro pode entrar na sala, mesmo que você ainda não tenha linha de efeito para o interior dela.

Redirecionando Efeitos. Algumas habilidades permitem redirecionar seu efeito para novos alvos ou áreas após serem usadas. Quando isso for possível, redirecionar a habilidade é uma ação padrão.

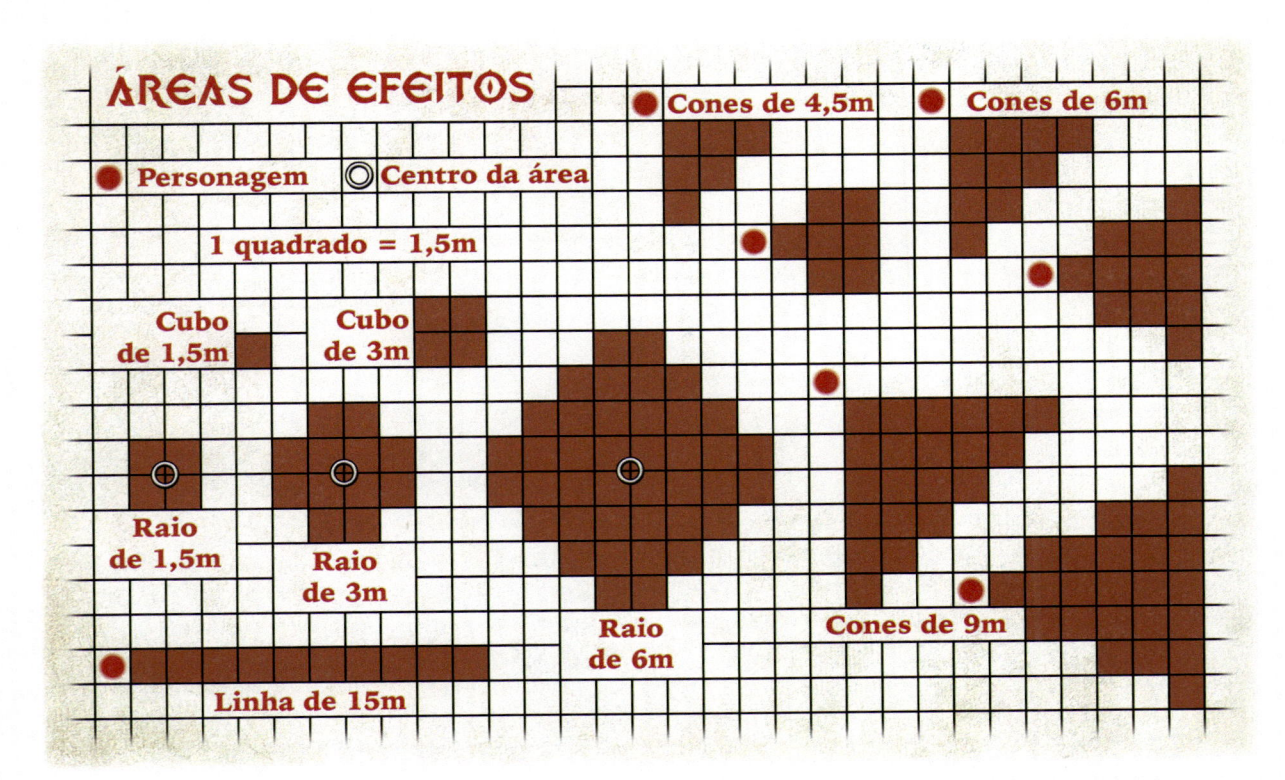

Clarificações de Regras

Arredondando. A menos que indicado o contrário, sempre que um efeito indica uma divisão, arredonde *para baixo*. Por exemplo, se um ataque causa 7 pontos de dano e um efeito reduz esse dano à metade, o ataque causa apenas 3 pontos de dano.

Ordem. Se mais de um efeito afetar um valor, siga a ordem de operações padrão. Ou seja, aplique primeiro multiplicações e divisões, depois somas e subtrações. O resultado de um teste de resistência é sempre o primeiro a ser aplicado.

Por exemplo: um guerreiro usando uma armadura *incandescente* (que fornece redução de fogo 10) é atingido por uma *Bola de Fogo* que causa 26 pontos de dano. Primeiro, ele faz seu teste de Reflexos. Se passar, reduz o dano à metade, para 13 (26/2=13).

Então, o guerreiro pode usar a habilidade Durão. Se tiver passado no teste de resistência, sofrerá 6 pontos de dano (13/2=6). Se tiver falhado, sofrerá 13 pontos de dano (26/2=13).

Por fim, ele aplica sua RD 10. Se tiver passado no teste de resistência e usado a habilidade Durão, não sofrerá dano. Se tiver passado no teste de resistência *ou* usado a habilidade Durão, sofrerá 3 pontos de dano (13–10=3). Por fim, se não tiver passado no teste nem usado Durão, sofrerá 16 pontos de dano (26–10=16).

Multiplicações. Se mais de um efeito fizer você multiplicar um valor, combine-os em um único multiplicador, com cada efeito além do primeiro adicionando seu multiplicador –1. Por exemplo, dois efeitos que dobrem o valor (x2 + x2) irão triplicar o valor (2 + [2–1] = 3) em vez de quadruplicá-lo.

ACUMULANDO EFEITOS

A interação entre diferentes efeitos depende de sua origem. As fontes de efeitos são **habilidades**, **perícias**, **itens**, **magias**, **parceiros** e o **ambiente**.

Efeitos de habilidades e perícias acumulam entre si, exceto quando vierem da mesma habilidade ou perícia. Assim, o bônus na Defesa da Pele de Ferro do bárbaro acumula com o bônus na Defesa da Esquiva Sagaz do bucaneiro. Isso não inclui magias.

Efeitos de itens, magias, parceiros e o ambiente acumulam com os de outras fontes, mas não entre si. Assim, um personagem com um item que forneça +1 em Fortitude e uma magia que também forneça +1 em Fortitude terá um bônus de +2 nessa perícia. Porém, um personagem com dois itens ou duas magias que forneçam +1 em Fortitude *não* terá +2 — como os efeitos são da mesma fonte, não acumulam.

Armaduras. Bônus na Defesa e penalidade de armadura de escudos se acumulam com os de armaduras e um outro item adicional a sua escolha.

Atributos. O valor de um mesmo atributo não se acumula em características do personagem. Ou seja, um clérigo/druida não soma duas vezes sua Sabedoria nos pontos de mana, assim como um bucaneiro/nobre não soma duas vezes seu Carisma na Defesa. A exceção são perícias: é possível somar um atributo a uma perícia que use este mesmo atributo-chave, mas apenas uma vez. Por exemplo, um caçador pode usar Explorador para somar sua Sabedoria em Percepção e Sobrevivência (perícias que usam Sabedoria).

Chance de Falha. Chance de falha nunca acumula acima de 75%. Sempre há no mínimo uma chance de 1 em 4 de acertar o alvo.

Reduções de Custo. Reduções no custo de PM não são cumulativas. Uma habilidade nunca pode ter seu custo reduzido para menos de 1 PM.

EFEITOS QUE AFETAM TESTES

Efeitos que fornecem um bônus a um teste ou modificam sua dificuldade devem ser usados antes de rolar o dado. Efeitos que permitem que você role novamente o dado devem ser usados antes de o mestre declarar se você passou ou não no teste (e você deve ficar com o segundo valor rolado, mesmo que seja pior que o primeiro).

A habilidade Orgulho, do nobre, que fornece um bônus para um teste, deve ser usada antes de rolar o teste. A habilidade Mestre em Arma, do guerreiro, que permite que você role novamente um ataque recém realizado, deve ser usada antes de o mestre declarar se o ataque acertou ou não.

LIMITES DE NÍVEL

Algumas habilidades são *limitadas pelo seu nível*. Para classes, use seu nível naquela classe. Para outros casos, seu nível de personagem.

A habilidade Insolência, do bucaneiro, permite que você some seu Carisma na Defesa, limitado pelo seu nível. Assim, um bucaneiro de 2º nível com Car 3 soma +2 na Defesa. Quando subir para o 3º nível, passará a somar +3. Da mesma forma, um lutador de 4º nível usando a habilidade Voadora soma no máximo +4d6 de dano, mesmo que tenha se deslocado mais de 8 quadrados.

CAPÍTULO CINCO

DURAÇÃO

A *duração* indica por quanto tempo a habilidade mantém seu efeito.

Instantânea. O efeito da habilidade termina assim que ela é usada, mas suas consequências podem durar mais tempo. Por exemplo, uma magia *Curar Ferimentos* age instantaneamente, mas os ferimentos continuam curados.

Cena. A habilidade dura uma cena inteira, encerrando-se quando esse momento da história acaba. Uma cena não tem uma medida fixa. Podem ser algumas rodadas (um combate), alguns minutos (uma conversa entre personagens), horas (atravessar um bosque) ou até dias (uma viagem sem incidentes). Veja mais sobre isso no **Capítulo 6: O Mestre**.

Sustentada. A habilidade precisa de um fluxo constante de mana. O personagem deve gastar 1 PM como uma ação livre no início de cada turno seu para manter o efeito ativo. Se não o fizer, a habilidade termina. Você pode manter diversas habilidades sustentadas, pagando o custo de cada uma, mas apenas uma magia sustentada por vez.

Definida. A duração pode ser medida em rodadas, horas, dias ou outra unidade de tempo.

Permanente. A habilidade fica ativa para sempre, mas ainda pode ser encerrada de outras formas.

Duração e Áreas. Caso a habilidade afete uma área, seus efeitos permanecem nessa área pela sua duração. Criaturas e objetos válidos que entrem na área são afetados, deixando de sê-lo quando saem.

Descarregar. Algumas habilidades duram até serem ativadas e descarregadas. A habilidade permanece "dormente" até que determinado evento aconteça, quando é ativada e descarregada, ou até que sua duração transcorra, quando se encerra sem efeito.

Encerrando suas habilidades. Um personagem pode encerrar uma habilidade sua e seus respectivos efeitos como uma ação livre.

Morte e Duração. A morte de um personagem não afeta suas habilidades (exceto sustentadas) — elas permanecem até que sua duração termine.

TESTES DE RESISTÊNCIA

Habilidades prejudiciais normalmente permitem que seus alvos façam um teste de resistência para evitar ou reduzir seus efeitos. Se esse for o caso, o tipo de teste (Fortitude, Reflexos ou Vontade) e a maneira como ele altera o efeito serão descritos na habilidade.

A CD do teste de resistência para qualquer efeito gerado por um personagem é **10 + metade do nível do personagem + seu valor num atributo**. O atributo aparecerá entre parênteses na descrição da fonte do efeito (habilidade ou item; para magias, será sempre o atributo-chave da magia).

A habilidade Presença Aristocrática, do nobre, tem CD Car, ou seja, a CD para resistir a ela é 10 + metade do nível do personagem + seu Carisma. Para Marsha Yleus, uma humana nobre de 10º nível com Carisma 4, a CD para resistir a essa habilidade é 19 (10 + 5 + 4).

Anula. A habilidade não tem efeito sobre um alvo que passe em seu teste de resistência.

Parcial. O efeito é menor em um alvo que passe no teste de resistência.

Reduz à Metade. O efeito é reduzido à metade em um alvo que passe no teste de resistência.

Desacredita. Um termo específico para efeitos de ilusão. Se uma criatura interagir com a ilusão (examinando-a de perto ou tocando-a; apenas observá-la de longe não é suficiente) tem direito a um teste para perceber que ela não é real. A ilusão continua funcionando mesmo que uma criatura perceba que ela não é real; essa criatura pode avisar seus aliados como uma ação livre, permitindo que eles façam testes para desacreditar.

Objetos e Dano. A menos que a descrição do efeito diga o contrário, itens carregados não sofrem dano por habilidades (mesmo de área). Objetos soltos sofrem dano (mas somente de habilidades que possam ter objetos como alvo ou afetem uma área).

Objetos e Testes de Resistência. Para habilidades capazes de afetar objetos e que permitem testes de resistência, itens mundanos soltos falham automaticamente e itens mundanos carregados podem fazer testes com o bônus de seu portador. Itens mágicos sempre podem fazer teste de resistência, usando seu próprio bônus (veja página 334) ou de seu portador, se houver (o que for maior).

Testes de Perícia. Algumas habilidades incluem testes de perícia para resistir a efeitos. A menos que a descrição indique o contrário, a dificuldade dos testes é igual à CD para resistir à habilidade.

TIPOS DE EFEITOS

Muitos efeitos são categorizados em um (ou em mais de um) dos tipos a seguir. Por si só, a maioria dos tipos não possui efeito em regras. Contudo, indicam como o efeito interage com outros. Por exemplo, uma criatura com imunidade a medo não será afetada por efeitos do tipo medo.

Arcano. Gerado pelas energias místicas de Arton. Todos efeitos arcanos são mágicos.

Atordoamento. Afeta a capacidade de agir do alvo.

Cansaço. Diminui as capacidades físicas do alvo. Construtos e mortos-vivos são imunes a efeitos de cansaço.

Climático. Gerado pelas forças da natureza.

Cura. Cura pontos de vida do alvo.

Dano. Reduz os PV do alvo. Efeitos deste tipo são subdivididos em tipos de dano (veja a página 230).

Divino. Gerado pela energia de um deus, direta ou indiretamente. Todos efeitos divinos são mágicos.

Luz. Efeitos relacionados a dano e cura de luz, iluminação e energia positiva (sinônimo de luz).

Mágico. Energizados por forças arcanas ou divinas, envolvem magias, efeitos gerados por itens mágicos ou marcados com o símbolo ✦. Podem ser subdivididos em escolas de magia (veja a página 172).

Medo. Medo capaz de prejudicar o alvo. Criaturas com Inteligência nula são imunes a medo.

Mental. Afeta a mente do alvo, diminuindo suas capacidades ou influenciando-a. Criaturas com Inteligência nula são imunes a efeitos mentais.

Metabolismo. Afeta a fisiologia do alvo. Incluem doenças, sangramento e fome. Construtos e mortos-vivos são imunes a efeitos de metabolismo.

Metamorfose. Altera a forma ou composição corporal do alvo. Inclui petrificação.

Movimento. Afeta ou remove a capacidade de se movimentar do alvo.

Perda de Vida. Reduz os PV do alvo. Ao contrário de dano, não é afetado por redução de dano.

Sentidos. Afeta os sentidos físicos do alvo, por exemplo, deixando-o cego ou surdo.

Trevas. Efeitos relacionados a necromancia, escuridão e energia negativa (sinônimo de trevas).

Veneno. Efeitos gerados por venenos. Construtos e mortos-vivos são imunes a venenos.

HABILIDADES GERAIS

As habilidades a seguir podem ser fornecidas por diversas fontes, como raça ou magias.

Agarrar Aprimorado. Se a criatura acertar um ataque com uma arma natural (especificada na habilidade), poderá fazer a manobra agarrar com esta arma como uma ação livre. Enquanto está usando a arma natural para agarrar, a criatura não pode usá-la para desferir outros ataques.

Cura Acelerada. No início de seu turno, a criatura recupera pontos de vida iguais ao seu valor de Cura Acelerada (por exemplo, 5 PV com Cura Acelerada 5). Se houver algum tipo de dano listado após uma barra, a Cura Acelerada não recupera dano daqueles tipos. Por exemplo, uma criatura com Cura Acelerada 10/ácido recupera 10 PV no início de seu turno, a menos que o dano tenha sido causado por ácido. Múltiplas habilidades de Cura Acelerada se acumulam. Cura Acelerada não cura perda de PV, apenas dano.

Deslocamento de Escalada. Pode caminhar por superfícies verticais e até mesmo de cabeça para baixo como se fossem o chão. O movimento de escalada segue as demais regras de movimento e é afetado pelas características da superfície (uma parede acidentada pode ser considerada terreno difícil, por exemplo). Uma criatura que esteja escalando e perca seu deslocamento de escalada ou a capacidade de realizar ações físicas (como por ficar inconsciente ou paralisada) cai.

Deslocamento de Escavação. Pode se mover sob terreno granular, como terra e areia (mas não atravessar rocha sólida). Após a passagem da criatura, o terreno atrás dela se fecha devido aos restos de material deixados para trás. Deslocamento de escavação pode ser afetado pelas características do solo: por exemplo, um solo pedregoso pode ser considerado terreno difícil.

Deslocamento de Natação. Pode se deslocar em líquidos sem precisar fazer testes de Atletismo. Porém, assim como criaturas terrestres podem precisar de testes de Acrobacia e Atletismo em certas circunstâncias (como durante um terremoto), uma criatura com deslocamento de natação pode precisar de testes de Atletismo (como em correntes aquáticas muito fortes ou num redemoinho). A criatura não sofre penalidades e limitações por estar submersa (com exceção daquelas relacionadas às suas armas — veja mais na página 269).

Capítulo Cinco

Deslocamento de Voo. Pode voar. Uma criatura com deslocamento de voo pode encerrar seu deslocamento em pleno ar e pode se mover e atacar como uma criatura terrestre. Uma criatura voando que perca seu deslocamento de voo ou a capacidade de realizar ações cai 150m por rodada. Uma criatura voando que sofra uma manobra derrubar bem-sucedida cai 1d6 x 1,5 m antes de recuperar o voo.

Faro. A criatura tem olfato apurado. Contra inimigos em alcance curto que não possa ver, ela não fica desprevenida e camuflagem total lhe causa apenas 20% de chance de falha.

Imunidade. A criatura é imune a um tipo de efeito ou outro elemento (como um tipo de dano, uma condição ou uma habilidade). Ela não sofre nenhuma consequência direta daquilo contra a qual ela é imune. Ela ainda pode ser afetada indiretamente — por exemplo, uma criatura imune a efeitos mágicos ainda é afetada por terreno difícil criado por magias. Imunidade a acertos críticos os transforma em acertos normais.

Incorpóreo. A criatura não tem corpo físico. Só pode ser afetada por armas e efeitos mágicos (mesmo as com alcance toque) ou outras criaturas incorpóreas. Ela pode atravessar objetos sólidos, mas não manipulá-los e tem Força nula.

Percepção às Cegas. A criatura usa sentidos diferentes da visão (como radar, sonar, sensibilidade a vibrações etc.). Efeitos relacionados à visão, como escuridão e invisibilidade, não a afetam. Ela pode fazer testes de Percepção para observar usando estes sentidos, ao invés da visão. Esta habilidade tem alcance curto (a menos que especificado o contrário).

Redução de Dano (RD). A criatura ignora parte do dano que sofre. Por exemplo, se uma criatura com RD 5 sofre um ataque que causa 8 pontos de dano, perde apenas 3 PV. A redução pode ser contra um ou mais tipos de dano específicos. Assim, uma criatura com redução de fogo 10 ignora 10 pontos de dano de fogo, mas sofre dano de outros tipos normalmente. Caso haja um ou mais tipos de dano listados após uma barra, a RD *não* se aplica àqueles tipos. Por exemplo, uma criatura com RD 10/mágico ignora 10 pontos de dano de todos os ataques que sofrer — exceto dano causado por habilidades e armas mágicas. Múltiplos efeitos de RD são cumulativos.

Resistência a <Efeito>. A criatura recebe um bônus em testes de resistência contra efeitos do tipo especificado no nome desta habilidade. Por exemplo, uma criatura com resistência a magia +2 recebe +2 em testes de Fortitude, Reflexos ou Vontade contra habilidades mágicas.

Visão na Penumbra. A criatura enxerga em escuridão leve em alcance curto (exceto mágica). Ela ignora camuflagem leve por esse tipo de escuridão (veja a página 318).

Visão no Escuro. A criatura enxerga em escuridão total em alcance curto (exceto mágica). Ela ignora camuflagem total por esse tipo de escuridão (veja a página 318).

Vulnerabilidade a Dano. A criatura sofre +50% a mais de dano de um tipo específico. Por exemplo, se uma criatura com vulnerabilidade a frio sofre um ataque que causa 15 pontos de dano de frio, ela sofre 22 pontos de dano (15 x 1,5 = 22).

A medusa barda Kir'zanaath "Kiki" Odello: uma habilidade para cada situação

COMBATE

Embora seja possível superar obstáculos e vencer inimigos de muitas formas, às vezes os heróis ficam sem escolha além de sacar suas armas, preparar suas magias e partir para a batalha.

ESTATÍSTICAS DE COMBATE

A seguir estão as explicações das estatísticas usadas em combate.

TESTE DE ATAQUE

Este é um tipo específico de teste de perícia, para acertar um alvo com um ataque. Normalmente é um teste de Luta, para um ataque corpo a corpo, ou de Pontaria, para um ataque à distância.

A dificuldade do teste é a Defesa do alvo. Se o resultado é igual ou maior que a Defesa do alvo, você acerta e causa dano (veja **Dano**, a seguir).

Um teste de ataque pode sofrer modificadores por habilidades, arma e condições.

DANO

Quando você acerta um ataque, causa dano. Esse dano reduz os pontos de vida do inimigo (veja **Ferimentos & Morte**, a seguir).

Você rola dados para descobrir quanto dano causou. O tipo de dado depende da arma ou ataque utilizado — por exemplo, 1d4 para uma adaga ou 1d8 para uma espada longa. O dano de cada arma é descrito no **Capítulo 3: Equipamento**. Para ataques corpo a corpo ou com armas de arremesso, você soma sua Força na rolagem de dano.

Dano com Arma Corpo a Corpo ou de Arremesso = Dano da Arma + Força do Atacante

Dano com Arma de Disparo = Dano da Arma

Assim, um personagem com Força 3 usando uma espada longa causa 1d8+3 pontos de dano (1d8 da espada longa mais 3 da Força).

TIPOS DE DANO

Cada arma ou efeito que causa dano possui um *tipo*, conforme a lista a seguir. Por si só, o tipo de dano não possui efeito em regras. Contudo, indica a relação do dano com outros efeitos. Por exemplo, uma criatura com redução de corte 5 reduz todo dano de corte que sofre em 5.

Ácido. Certos monstros e perigos naturais, além de itens alquímicos, causam dano deste tipo. Ácido é ligado ao elemento terra.

Corte. Armas afiadas, como espadas, machados e as garras de um monstro, causam dano de corte.

Eletricidade. Algumas magias e perigos naturais, como um relâmpago, causam dano deste tipo. Eletricidade é ligada ao elemento ar.

Essência. Energia mágica pura, canalizada por magias como *Seta Infalível de Talude*.

Fogo. Causado por calor e chamas naturais e mágicas. Fogo é ligado ao elemento... fogo!

Frio. Algumas magias, além de clima severo, causam dano de frio. Ligado ao elemento água.

Impacto. Causado por armas de contusão, como clavas e maças, além de ondas de choque, explosões, ataques sônicos e quedas.

Luz. Magias e outros efeitos provenientes de divindades bondosas causam dano de luz.

Perfuração. Armas pontudas, como lanças, e mordidas de monstros causam dano de perfuração.

Psíquico. Ataques mentais e magias que afetam a mente da vítima causam dano deste tipo.

Trevas. Causado por efeitos de necromancia e ligados a divindades malignas.

ACERTOS CRÍTICOS

Um acerto crítico é um ataque especialmente certeiro, que atinge pontos vitais ou vulneráveis.

A tabela de armas do **Capítulo 3: Equipamento** possui uma coluna "Crítico". Cada arma tem uma margem de ameaça (que pode ser 18, 19 ou 20) e um multiplicador (que pode ser x2, x3 ou x4). Quando nenhuma margem aparece, será 20. Quando nenhum multiplicador aparece, será x2.

CAPÍTULO CINCO

Você faz um acerto crítico quando acerta um ataque rolando um valor igual ou maior que a margem de ameaça da arma. Neste caso, multiplica os dados de dano do ataque (incluindo quaisquer aumentos por passos) pelo multiplicador da arma. Bônus numéricos de dano, assim como dados extras (como pela habilidade Ataque Furtivo) não são multiplicados.

Certas criaturas são imunes a acertos críticos. Um alvo imune a acertos críticos ainda sofre o dano de um ataque normal.

Iniciativa

A cada rodada, todo personagem tem um *turno* — sua vez de agir. A Iniciativa determina a ordem dos turnos dentro da rodada.

Teste de Iniciativa. No início do combate, cada jogador faz um teste de Iniciativa para seu personagem. O mestre faz um único teste para os inimigos (caso haja inimigos com bônus de Iniciativa diferentes, o mestre usa o menor valor). Aqueles com os resultados mais altos agem primeiro.

No caso de empates, o personagem com o maior modificador de perícia age primeiro. Se o empate persistir, eles fazem um novo teste de Iniciativa entre si, para decidir quem age primeiro.

Não é preciso fazer novos testes de Iniciativa a cada rodada; a ordem se mantém durante todo o combate.

Entrando na Batalha. Se um personagem entra na batalha depois que ela começou, faz um teste de Iniciativa e age quando seu turno chegar, na rodada seguinte.

Surpresa. Quando o combate começa, se você não percebeu seus inimigos, está *surpreendido*. Se você está ciente de seus inimigos, mas eles não estão cientes de você, eles é que estão surpreendidos. Caso os dois lados tenham se percebido, ninguém está surpreendido. E se nenhum lado percebe o outro... bem, nenhum combate acontece!

Maquius está sempre pronto para rolar Iniciativa

Como funciona o combate?

O combate acontece em uma série de rodadas. Uma rodada é o tempo necessário para que todos os personagens no combate tenham seu turno. Um turno é o tempo que cada personagem tem para agir.

Um combate obedece aos seguintes passos.

Passo 1. Cada personagem faz um teste de Iniciativa. O mestre faz um único teste para os inimigos.

Passo 2. O mestre diz quais personagens estão cientes de seus inimigos. Aqueles que não percebem a presença de inimigos começam o combate surpreendidos. Um personagem surpreendido fica desprevenido e não age na primeira rodada.

Passo 3. Todos os personagens têm seu turno na ordem da Iniciativa (exceto aqueles surpreendidos, que não agem na primeira rodada).

Passo 4. Quando todos os personagens tiverem seu turno, a rodada termina. Uma outra rodada se inicia, com todos os personagens agindo novamente, na mesma ordem. Mesmo aqueles que estavam surpreendidos agora podem agir.

Percebendo os Inimigos. O mestre diz quem está ciente de seus inimigos no começo do combate. Em geral, ele diz aos jogadores para fazerem testes de Percepção contra uma dificuldade ou opostos pelo teste de Furtividade dos inimigos (caso estes estejam sendo cautelosos).

Um personagem que nunca fica surpreendido (por exemplo, se tiver a habilidade Esquiva Sobrenatural) pode rolar a Iniciativa e agir mesmo que falhe em seu teste de Percepção; de alguma maneira ele já esperava o perigo, ou reage com reflexos impossivelmente rápidos.

Crânio Negro, algoz da Tormenta, contra Orion Drake, cavaleiro da Luz

A Rodada de Combate

Uma rodada representa cerca de seis segundos no mundo de jogo. Durante a rodada, cada jogador (incluindo o mestre) tem o seu *turno*, a sua vez de realizar ações.

Pense em "rodada" como se fosse uma medida de tempo, como "mês": o mês representa os dias marcados no calendário, mas também determina o tempo entre um dia e o mesmo dia no mês seguinte.

Assim, a rodada começa no turno do primeiro personagem (aquele que teve Iniciativa mais alta) e termina após o turno do último (aquele com Iniciativa mais baixa). Mas a rodada também é o tempo entre uma Iniciativa e a mesma Iniciativa na rodada seguinte. Efeitos que duram certo número de rodadas terminam imediatamente antes do mesmo resultado de Iniciativa quando se iniciaram, após o número apropriado de rodadas.

Tipos de Ações

No seu turno, você pode fazer uma *ação padrão* e uma *ação de movimento*, em qualquer ordem.

Você pode trocar sua ação padrão por uma ação de movimento, para fazer duas ações de movimento, mas não pode fazer o inverso.

Você também pode abrir mão das duas ações (tanto a padrão quanto a de movimento) para fazer uma *ação completa*.

Portanto, em um turno você pode fazer:

- **Uma ação padrão e uma ação de movimento;**
- **Ou duas ações de movimento;**
- **Ou uma ação completa.**

Você também pode executar qualquer quantidade de ações livres e reações.

Ação Padrão. Basicamente, uma ação padrão permite que você execute uma tarefa. Fazer um ataque ou lançar uma magia são as ações padrão mais comuns.

Ação de Movimento. Esta ação representa algum tipo de movimento físico. Seu uso mais comum é percorrer uma distância igual a seu deslocamento. Levantar-se, sacar uma arma, pegar um item de sua mochila, abrir uma porta e subir numa montaria também são ações de movimento.

Ação Completa. Este tipo de ação exige todo o tempo e esforço normal de uma rodada. Para uma ação completa, você deve abrir mão de sua ação padrão e de sua ação de movimento — mas, normalmente, você ainda pode realizar ações extras, ações livres e reações.

Ação Livre. Esta ação não exige quase nenhum tempo e esforço, mas ainda só pode ser feita em seu turno. Jogar-se no chão ou gritar uma ordem são ações livres — mas o mestre pode decidir que algo é complicado demais para ser livre. Dar uma ordem curta é uma ação livre, explicar um plano inteiro, não!

Reação. Uma reação acontece em resposta a outra coisa. Como ações livres, reações tomam tão pouco tempo que você pode realizar qualquer quantidade delas. A diferença é que uma ação livre é uma escolha consciente, feita no seu turno. Já uma reação é uma resposta automática, que pode ocorrer mesmo fora do seu turno. Você pode reagir mesmo se não puder realizar ações, como por estar atordoado. Um teste de Percepção para perceber um troll escondido no pântano, ou um teste de Reflexos para escapar de uma explosão, são exemplos de reações.

Ações Padrão

Sua ação padrão normalmente representa a coisa mais importante que você vai fazer em seu turno.

Agredir. Você faz um ataque com uma arma corpo a corpo ou à distância.

Com uma arma corpo a corpo, você pode atacar qualquer inimigo dentro de seu alcance natural (1,5m para criaturas Pequenas e Médias ou um inimigo adjacente no mapa). Personagens maiores, ou usando certas armas, podem atacar mais longe. Você pode substituir um ataque corpo a corpo por uma manobra de combate (veja a seguir).

Com uma arma de ataque à distância, você pode atacar qualquer inimigo que consiga ver e que esteja no alcance da arma (ou até o dobro do alcance, sofrendo uma penalidade de –5).

- *Atirando em Combate Corpo a Corpo.* Quando faz um ataque à distância contra uma criatura em combate corpo a corpo, você sofre –5 no teste de ataque. Uma criatura está em combate corpo a corpo se estiver dentro do alcance natural de qualquer inimigo (incluindo você).

Atropelar. Você usa uma ação padrão durante um movimento para avançar pelo espaço ocupado por uma criatura (normalmente, você não pode fazer uma ação padrão durante um movimento; isto é uma exceção). A criatura pode lhe dar passagem ou resistir. Se der passagem, você avança pelo espaço dela; ne-

Manobras de Combate

Uma manobra é um ataque corpo a corpo para fazer algo diferente de causar dano — como arrancar a arma do oponente ou empurrá-lo para um abismo. Não é possível fazer manobras de combate com ataques à distância.

Faça um teste de manobra (um teste de ataque corpo a corpo) oposto com a criatura. Mesmo que ela esteja usando uma arma de ataque à distância, deve fazer o teste usando seu valor de Luta. Em caso de empate, o personagem com o maior bônus vence. Se os bônus forem iguais, outro teste deve ser feito. Em geral, você pode usar qualquer arma corpo a corpo para fazer manobras de combate.

Estas são as manobras que você pode fazer.

• **Agarrar.** Você segura uma criatura (por seu braço, sua roupa etc.). Uma criatura agarrada fica desprevenida e imóvel, sofre –2 nos testes de ataque e só pode atacar com armas leves. Ela pode se soltar com uma ação padrão, vencendo um teste de manobra oposto. Você só pode agarrar com um ataque desarmado ou arma natural e, enquanto agarra, fica com essa mão ou arma natural ocupada. Além disso, move-se metade do deslocamento normal, mas arrasta a criatura que estiver agarrando. Você pode soltá-la com uma ação livre. Você pode atacar uma criatura agarrada com sua mão livre. Se preferir, pode substituir um ataque por um teste de agarrar contra a criatura. Se vencer, causa dano de impacto igual a um ataque desarmado ou arma natural. Isso significa que você está esmagando ou sufocando o inimigo.

Um personagem fazendo um ataque à distância contra um alvo envolvido na manobra agarrar tem 50% de chance de mirar no alvo errado!

• **Derrubar.** Você deixa o alvo caído. Esta queda normalmente não causa dano. Se você vencer o teste oposto por 5 pontos ou mais, derruba o oponente com tanta força que também o empurra um quadrado em uma direção a sua escolha. Se isso o jogar além de um parapeito ou precipício, ele pode fazer um teste de Reflexos (CD 20) para se agarrar numa beirada.

• **Desarmar.** Você derruba um item que a criatura esteja segurando. Normalmente o item cai no mesmo lugar em que o alvo está (a menos que o alvo esteja voando, sobre uma ponte etc.). Se você vencer o teste oposto por 5 pontos ou mais, derruba o item com tanta força que também o empurra um quadrado em uma direção a sua escolha.

• **Empurrar.** Você empurra a criatura 1,5m. Para cada 5 pontos de diferença entre os testes, você empurra o alvo mais 1,5m. Você pode gastar uma ação de movimento para avançar junto com a criatura (até o limite do seu deslocamento).

• **Quebrar.** Você atinge um item que a criatura esteja segurando. Veja adiante em "Quebrando Objetos".

nhum teste é necessário. Se resistir, faça um teste de manobra oposto; se você vencer, deixa a criatura caída e continua seu avanço. Se o alvo vencer, continua de pé e detém seu avanço. Atropelar é uma ação livre se tentada durante uma investida.

Fintar. Faça um teste de Enganação oposto ao teste de Reflexos de uma criatura em alcance curto. Se você passar, ela fica desprevenida contra seu próximo ataque, mas apenas até o fim de seu próximo turno.

Lançar uma Magia. A maioria das magias exige uma ação padrão para ser executada.

Preparar. Você prepara uma ação (padrão, de movimento ou livre) para realizar mais tarde, após seu turno, mas antes de seu turno na próxima rodada. Diga a ação que vai fazer e em quais circunstâncias (por exemplo, "disparar minha besta na primeira criatura que passar pela porta"). A qualquer momento antes de seu próximo turno, você pode fazer a ação preparada como uma reação a essas circunstâncias.

Se, no seu próximo turno, você ainda não tiver realizado sua ação preparada, não pode mais realizá-la (embora possa preparar a mesma ação de novo).

Pelo resto do combate, sua Iniciativa fica imediatamente acima da qual você fez a ação preparada.

Usar uma Habilidade ou Item Mágico. Algumas habilidades e itens mágicos, como poções, exigem uma ação padrão para serem usadas.

AÇÕES DE MOVIMENTO

Uma ação de movimento serve para mudar algo de posição — seja você, seja um item.

Levantar-se. Levantar do chão (ou de uma cama, cadeira...) exige uma ação de movimento.

Manipular Item. Muitas vezes, manipular um item exige uma ação de movimento. Pegar um objeto em uma mochila, abrir ou fechar uma porta e atirar uma corda para alguém são ações de movimento.

Mirar. Você mira em um alvo que possa ver, dentro do alcance de sua arma. Isso anula a penalidade de –5 em testes de Pontaria realizados neste turno contra aquele alvo caso ele esteja engajado em combate corpo a corpo.

Movimentar-se. Você percorre uma distância igual a seu deslocamento (tipicamente 9m para raças de tamanho Médio). Outros movimentos, como nadar, escalar ou cavalgar, também usam esta ação.

Sacar ou Guardar Item. Sacar ou guardar um item exige uma ação de movimento. Se puder usar mais de uma arma (como por possuir Ambidestria), pode sacar todas elas.

AÇÕES COMPLETAS

Ações completas exigem muito tempo e esforço. Leia mais sobre isso na página 233.

Corrida. Você corre mais rapidamente que seu deslocamento normal. Veja a perícia Atletismo.

Golpe de Misericórdia. Você desfere um golpe letal em um oponente adjacente e indefeso. Um golpe de misericórdia é um acerto crítico automático. Além de sofrer dano, a vítima tem uma chance de morrer instantaneamente. Esta chance é de 25% (1 em 1d4) para personagens e NPCs importantes e de 75% (1 a 3 em 1d4) para NPCs secundários.

Investida. Você avança até o dobro de seu deslocamento (e no mínimo 3m) em linha reta e, no fim do movimento, faz um ataque corpo a corpo. Você recebe +2 no teste de ataque, mas sofre –2 na Defesa até o seu próximo turno, porque sua guarda fica aberta. Você não pode fazer uma investida em terreno difícil. Durante uma investida, você pode fazer a manobra atropelar como uma ação livre (mas não pode atropelar e atacar o mesmo alvo).

Lançar uma Magia. Ao lançar magias com execução maior do que uma ação completa, você gasta uma ação completa a cada rodada.

AÇÕES LIVRES

Uma ação livre demanda pouco ou nenhum tempo, esforço ou atenção. Normalmente você pode executar quantas ações livres quiser por turno, mas o mestre pode limitar ou proibir ações complexas.

Atrasar. Escolhendo atrasar sua ação, você age mais tarde na ordem de Iniciativa, em relação à Iniciativa que rolou. Isto é o mesmo que reduzir sua Iniciativa voluntariamente pelo resto do combate. Quando sua nova Iniciativa chegar, você age normalmente. Você pode especificar este novo valor de Iniciativa ou apenas esperar até algum momento e então agir, fixando sua nova Iniciativa neste ponto. Atrasar é útil para ver o que seus amigos ou inimigos farão, antes de decidir o que você mesmo fará.

• *Limites para atrasar.* Você pode atrasar sua Iniciativa até –10 menos seu bônus de Iniciativa. Quando a contagem de Iniciativa chega a esse ponto, você deve agir ou abrir mão de qualquer ação na rodada. Por exemplo, um personagem com um bônus de Iniciativa +3 pode esperar até a contagem de Iniciativa chegar a –13. Nesse ponto, deve agir ou desistir de seu turno. Isso importa quando vários personagens atrasam suas ações.

Aventureiros contra tropas da Supremacia Purista

> **Variante: Mapa de Batalha**
>
> Para auxiliar a visualização dos personagens em combate, você pode usar um mapa de batalha (uma superfície quadriculada, como um tabuleiro de xadrez) e peças para representar cada criatura. Cada quadrado do mapa de batalha deve ter 2,5 centímetros de lado e representa 1,5m no mundo de jogo. Assim, um personagem com deslocamento 9m pode percorrer 6 quadrados com uma ação de movimento. Para simplificar, você pode se referir a distâncias no jogo em "quadrados" (de 1,5m) em vez de metros.
>
> Usar mapas de batalha deixa o combate mais complexo, exigindo que os jogadores calculem suas ações e movimentos levando em conta questões como flanquear, terreno difícil e distâncias exatas das habilidades. Via de regra, é uma opção divertida para grupos que gostam do aspecto tático do jogo.
>
> A Jambô possui mapas de batalha e peças para representar criaturas em sua loja online, em www.jamboeditora.com.br. Você também pode encontrar mapas e peças na internet ou, se for treinado em algum Ofício relevante, criar os seus próprios!

• *Vários atrasos.* Se vários personagens estão atrasando suas ações, aquele com o maior bônus de Iniciativa (ou a maior Destreza, em caso de empate) tem a vantagem. Se dois ou mais personagens que estejam atrasando quiserem agir na mesma contagem de Iniciativa, aquele com o maior bônus age primeiro. Se dois ou mais personagens estão tentando agir um depois do outro, aquele com o maior bônus de Iniciativa tem o direito de agir depois.

Falar. Em geral, falar é uma ação livre. Lançar magias ou usar habilidades de classe que dependem da voz não são ações livres. O mestre também pode limitar aquilo que você consegue falar durante uma rodada (vinte palavras são o limite padrão).

Jogar-se no Chão. Jogar-se no chão é uma ação livre. Você recebe os benefícios e penalidades normais por estar caído, mas normalmente não sofre dano ao se jogar no chão.

Largar um Item. Deixar cair um item que esteja segurando é uma ação livre. Mas deixar cair (ou jogar) um item com a intenção de acertar algo é uma ação padrão. E deixar cair (ou jogar) um item para que outra pessoa agarre é uma ação de movimento.

FERIMENTOS & MORTE

Sempre que você sofre dano — golpeado pelo tacape de um ogro, atingido por uma *Bola de Fogo* ou caindo em uma armadilha —, subtrai este valor de seus pontos de vida. Você anota seus pontos de vida em sua ficha de personagem ou em qualquer papel de rascunho.

O dano pode deixar cicatrizes, amassar sua armadura e sujar sua roupa de sangue, mas não o impede de agir. Isso só muda quando seus pontos de vida chegam a 0 ou menos.

Se ficar com 0 PV ou menos, você cai inconsciente e fica sangrando. No início de seu turno, faça um teste de Constituição (CD 15). Se passar, você estabiliza e não precisa mais fazer esse teste (exceto se perder mais PV). Se falhar, você perde 1d6 pontos de vida. Você deve repetir o teste a cada rodada, até estabilizar ou morrer. Um personagem sangrando pode ser estabilizado com um teste de Cura (CD 15) ou com qualquer efeito que cure pelo menos 1 PV.

Um personagem com 0 ou menos pontos de vida que recupere PV até um valor positivo (1 ou mais) por causa de uma habilidade, magia ou descanso, recobra a consciência e pode agir normalmente.

Quando seus pontos de vida chegam a –10 ou a um número negativo igual à metade de seus PV totais (o que for mais baixo), você morre.

Por exemplo: Oberon, o Martelo, um arcanista com 12 PV, morre se chegar a –10 PV. Mais tarde na campanha, Oberon sobe vários níveis e chega a 30 PV. Agora, ele só morre se chegar a –15 PV.

DANO NÃO LETAL

Dano não letal conta para determinar quando você cai inconsciente, mas não para determinar quando você começa a sangrar ou morre. Efeitos de cura recuperam primeiro pontos de vida perdidos por dano não letal.

Quase todo dano causado em condições normais (armas, armadilhas, magias...) é letal. Você pode usar uma arma para causar dano não letal (batendo com as partes não afiadas da arma, controlando a força dos golpes ou evitando pontos vitais), mas sofre uma penalidade de –5 no teste de ataque.

Ataques desarmados e certas armas específicas causam dano não letal. Você pode usar esses ataques e armas para causar dano letal, mas sofre a mesma penalidade de –5 no teste de ataque.

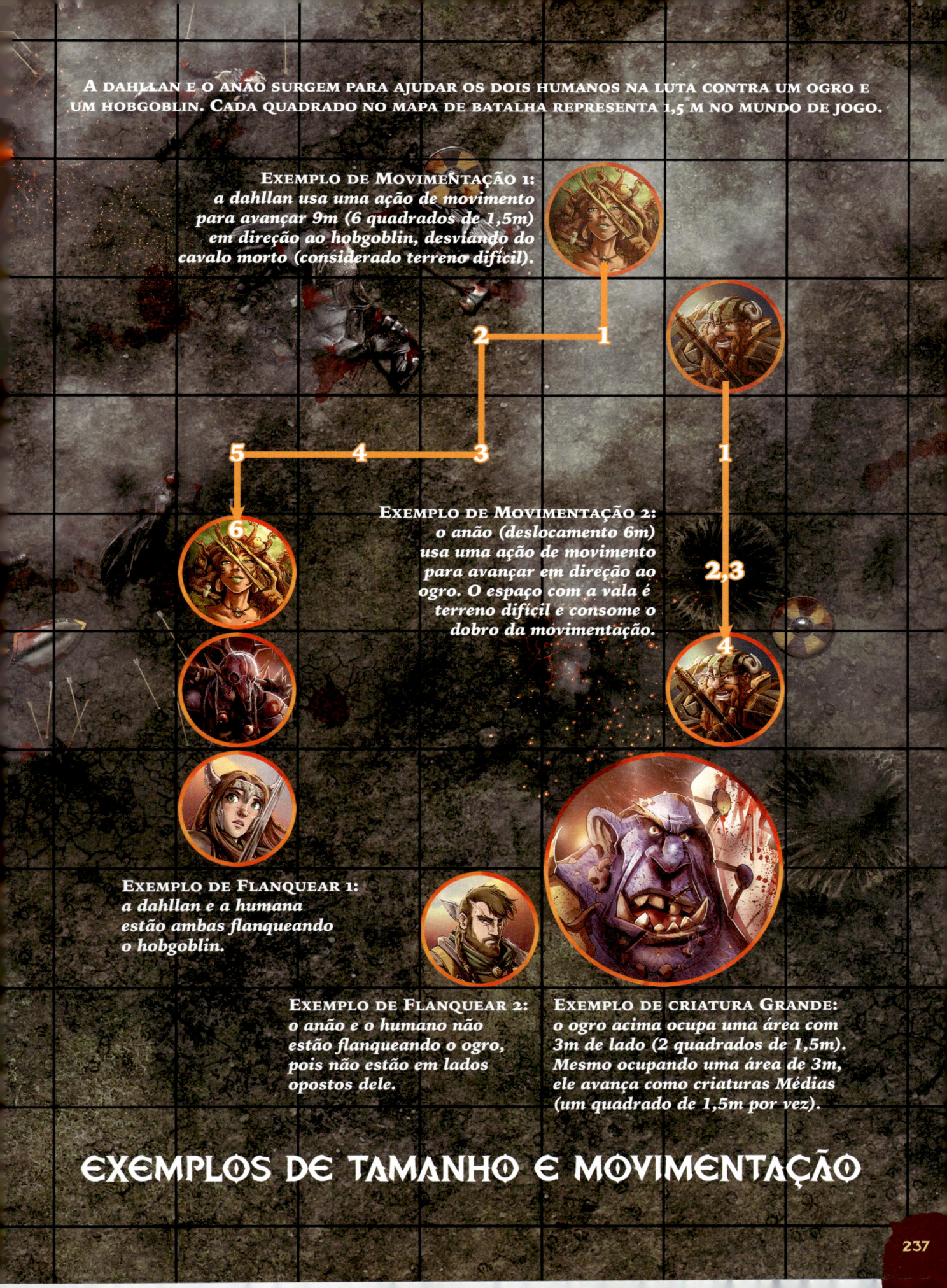

A DAHLLAN E O ANÃO SURGEM PARA AJUDAR OS DOIS HUMANOS NA LUTA CONTRA UM OGRO E UM HOBGOBLIN. CADA QUADRADO NO MAPA DE BATALHA REPRESENTA 1,5 M NO MUNDO DE JOGO.

EXEMPLO DE MOVIMENTAÇÃO 1: a dahllan usa uma ação de movimento para avançar 9m (6 quadrados de 1,5m) em direção ao hobgoblin, desviando do cavalo morto (considerado terreno difícil).

EXEMPLO DE MOVIMENTAÇÃO 2: o anão (deslocamento 6m) usa uma ação de movimento para avançar em direção ao ogro. O espaço com a vala é terreno difícil e consome o dobro da movimentação.

EXEMPLO DE FLANQUEAR 1: a dahllan e a humana estão ambas flanqueando o hobgoblin.

EXEMPLO DE FLANQUEAR 2: o anão e o humano não estão flanqueando o ogro, pois não estão em lados opostos dele.

EXEMPLO DE CRIATURA GRANDE: o ogro acima ocupa uma área com 3m de lado (2 quadrados de 1,5m). Mesmo ocupando uma área de 3m, ele avança como criaturas Médias (um quadrado de 1,5m por vez).

EXEMPLOS DE TAMANHO E MOVIMENTAÇÃO

CAPÍTULO 6

O MESTRE

> "É muito conveniente para vocês que as leis universais dos deuses sejam reflexo da maneira de pensar dos humanos e dos elfos."
> — Maryx Corta-Sangue

Existe uma figura indispensável para qualquer jogo de Tormenta20: o mestre. O mestre cria a base da história que todos vão desenvolver, descreve o mundo onde os personagens jogadores vivem, interpreta vilões e coadjuvantes e toma decisões de regras. Embora o mestre não esteja acima dos outros jogadores, o papel dele é diferente. É possível haver uma aventura sem um guerreiro ou um mago — mas, sem o mestre, não há aventura alguma!

A melhor maneira de entender o papel do mestre é pensar nele como um jogador que interpreta tudo que *não são* os personagens principais. Se o paladino do grupo quer falar com a capitã da guarda, quem interpreta a oficial é o mestre. Se a ladina quer se esconder nos becos, quem descreve as ruelas é o mestre. Se o caçador quer examinar o solo da floresta para rastrear inimigos, quem explica as descobertas do herói é o mestre. É claro, o mestre não apenas reage às ações dos jogadores: ele pode dizer que uma tempestade está se formando, que um bando de hobgoblins ataca o grupo ou que um bardo irritante começa a seguir os aventureiros. De um rato que entra na mochila do druida até um deus que joga uma maldição sobre a clériga, de um oceano tempestuoso capaz de naufragar navios até uma pedrinha no sapato do bucaneiro, o mestre controla tudo no mundo de jogo, exceto os personagens jogadores. O processo de narrar e arbitrar a história é chamado de "mestrar".

Uma das atribuições do mestre é atuar como juiz. Você não é apenas um contador de histórias, é também o árbitro de um jogo. Deve conhecer as regras, pelo menos para saber onde procurar caso tenha dúvida. Quando um jogador declara uma ação, você deve decidir o resultado dela, usando as mecânicas ou seu bom senso. Também deve julgar as reações dos NPCs com base no comportamento dos heróis. Este equilíbrio entre julgamento de interpretação e arbitragem de regras é a essência do "poder" do mestre. Quando um RPGista diz que "quando essa pessoa é o mestre, todos se divertem muito", em geral está falando sobre a habilidade de narração, talento para o improviso, domínio de regras e bom senso de seu colega.

Se tudo isso pareceu demais, relaxe. Quando você começar a descrever os ambientes que imaginou e levar sua história adiante, verá como tudo flui. E, se cometer algum erro, não há problema. Ninguém espera que você seja um diretor de cinema ou escritor profissional. Você não tem obrigação de chegar a nenhum padrão de qualidade. Está aqui para se divertir com seus amigos.

COMO MESTRAR

O papel do mestre é variado e pode parecer confuso. A seguir vamos explicar as principais etapas do trabalho desse contador de histórias.

PREPARAÇÃO

Diferente dos demais jogadores, boa parte do trabalho do mestre acontece antes da sessão de jogo. Na fase da preparação, o mestre lê as regras e a ambientação do mundo de jogo, inventa a base da história que quer contar com o grupo e estabelece as linhas gerais do que vai acontecer.

Preparar demais é um risco tão grande quanto preparar de menos. Quanto mais amplo for o elemento com o qual você está lidando, mais vago ele deve ser em sua preparação. Em compensação, quanto mais imediato, mais você deve prestar atenção a ele. Mas chega de teoria, vamos a um exemplo.

Digamos que você, um mestre iniciante, decide começar uma campanha clássica de Tormenta20. Se você não sabe o que é uma campanha, não se assuste, já vamos falar disso. Você decide que sua história vai lidar com um mago maligno tentando escravizar todos os dragões do mundo para usá-los em um plano de dominação. Para isso, ele vai usar um artefato mágico que você acabou de inventar: o Coração de Kally. Kally, ou Kallyadranoch, é o Deus dos Dragões, como você pode ver no Capítulo 1. Embora nada seja dito sobre seu coração, você imagina uma enorme pedra preciosa escondida no fundo de uma montanha. Esta pedra é a forma física do coração do deus, contendo boa parte de seu poder. O mago maligno (o vilão da história) sabe que este artefato existe, mas não sabe onde está. O objetivo dele é obtê-lo e, com o objeto, dominar os dragões de Arton. Você visualiza uma grande batalha nos céus, com os personagens jogadores montando dragões, combatendo os dragões controlados pelo mago. Também imagina uma cena em que os heróis devem negociar com Kallyadranoch — ele é um deus tirânico, mas está indefeso sem o Coração e os heróis são sua única chance. Você inventou tudo isso apenas porque pareceu divertido. A história poderia ser qualquer coisa.

Pronto. Isso é tudo que você precisa saber sobre a trama geral, pois ela acontecerá ao longo de meses ou anos, não semana que vem. Não há necessidade de criar uma cadeia de eventos que vai levar à batalha nos céus. Na verdade, fazer isso só iria atrapalhar. Afinal, o desenrolar da história depende das ações dos jogadores. Embora a batalha

Capítulo Seis

seja uma cena instigante, você nem sabe se ela vai mesmo acontecer!

Você precisa saber mais sobre o que é específico e imediato: a primeira sessão de jogo. Sua tarefa na primeira sessão é criar uma história simples e pequena que possa um dia levar à história mais ampla que você quer compartilhar com o grupo, e que dê oportunidades para os personagens jogadores brilharem. Essencialmente, esboçar o primeiro episódio de uma série ou o primeiro capítulo de um livro. Só o primeiro.

Você decide que a primeira sessão vai ser simples: os personagens estão numa aldeia, então são contratados para se livrar de kobolds que estão saqueando viajantes nas estradas. Kobolds têm a ver com dragões, então você acha que vai conseguir ligar tudo mais tarde. Não adianta tentar fazer uma trama totalmente encadeada logo de início, pois os jogadores são imprevisíveis. Você decide que os kobolds fazem parte de um bando maior, um grupo de mercenários humanoides monstruosos que se chama "Coração Sombrio".

Antes da primeira sessão de jogo, você deve conhecer as fichas de kobolds presentes neste livro — afinal, eles serão os principais inimigos. Decida quantos kobolds serão um bom desafio; lembre-se de que, no início, é bom que os personagens vençam, para que não fiquem desencorajados. Imagine a aldeia, a taverna, os habitantes da região. Anote um punhado de nomes de aldeões para que o lugar pareça vivo. Decida uma característica para a aldeia (digamos que, na praça central, há uma árvore rara com flores prateadas que florescem só uma vez a cada dez anos). Crie dois ou três aldeões com personalidades simples: o taverneiro que está sempre tentando alimentar os fregueses de graça (para desespero de sua esposa), a prefeita que adora contar piadas sem graça, o garotinho que quer ser um grande guerreiro. Pense num nome para a aldeia... Digamos Vila Prateada, por causa da árvore. Pronto! Você já tem um ambiente vivo onde os jogadores vão começar. Você não vai precisar de nenhuma profundidade adicional.

Você não precisa de fichas para nenhum dos aldeões, muito menos de descrições de cada casa da aldeia. Se algum jogador perguntar sobre esses detalhes, improvise: as casas têm uma sala, um quarto e uma cozinha, tudo com teto de sapé. A aldeã que está passando na praça é alta e tem cabelos trançados. Qualquer coisa serve.

Vamos à história. Pense numa sequência de eventos simples. Os personagens estão na taverna

Quem É o Mestre?

Se você tiver dificuldade para entender o papel do mestre, pense num videogame. Você joga com um personagem, mas há muito mais acontecendo além dos movimentos do protagonista, certo? Há um cenário, inimigos, efeitos sonoros, coadjuvantes, desafios... Em Tormenta20, tudo isso é descrito pelo mestre e está sob controle dele. Outra maneira de pensar no mestre é como o narrador de um livro. Ele estabelece o ambiente, situa o leitor com imagens, sons, cheiros e sensações... Enfim, narra a história. A única diferença é que o mestre não tem qualquer poder de decisão sobre as ações dos heróis — os personagens jogadores.

e recebem o chamado para lidar com os kobolds. Falam com a prefeita que vai contratá-los e descobrem informações. Então podem pensar sozinhos num plano — talvez eles usem a si mesmos como iscas na estrada, talvez tentem rastrear os kobolds. Eles então enfrentam os kobolds. Quando vencem, descobrem uma carta escrita em linguagem humana. Ela diz: "Todo o ouro deve ser levado de volta à fortaleza. Thurgann não tolera trapaceiros! O Coração Sombrio vencerá".

Quem é Thurgann? Onde é a fortaleza? Você ainda não precisa saber nada disso, pois só vai aparecer na segunda sessão de jogo. Basta que haja algo instigante para levar a história para a frente. A próxima cena envolve os personagens recebendo a recompensa da prefeita, talvez falando com ela sobre a carta. Contudo, o que exatamente eles vão fazer fica por conta deles.

O que podemos tirar desse exemplo? Uma boa primeira sessão tem um local interessante (a aldeia), dois ou três coadjuvantes (o taverneiro, a prefeita, o garotinho), um tipo de inimigo (os kobolds) e um mistério ou surpresa (a carta). Mais do que isso é complicação desnecessária.

Este é um exemplo de uma primeira sessão com bastante preparação. Alguns mestres preferem deixar as coisas mais em aberto. Mais à frente vamos explorar melhor como criar aventuras, então não se desespere se ainda não entendeu. Por enquanto o que você precisa saber é: prepare as bases gerais de sua história, esteja pronto para lidar com as regras e deixe os jogadores livres para agir.

PROPOSTA

Em algum ponto entre ter a ideia inicial e terminar a preparação, você pode explicar aos jogadores como será o jogo e verificar se eles gostam da proposta. Você não vai estragar nenhuma surpresa, mas pode checar para adequar a história aos interesses de todos.

Usando o exemplo anterior, você pode perguntar se todos gostariam de uma história épica envolvendo personagens clássicos de fantasia medieval. Se quiser revelar um pouco mais, pode sugerir que tem algo a ver com dragões. Propor a ideia antes de começar o jogo tem duas vantagens. A primeira é retirar qualquer elemento que não seria divertido. Por exemplo, um dos jogadores pode ter acabado de jogar uma campanha com outro grupo, na qual o grande vilão era o deus Kallyadranoch. Nesse caso, talvez você decida mudar as coisas e fazer com que o deus seja imediatamente preso, perdendo seu poder, para que os jogadores não precisem interagir com ele. A segunda vantagem é incorporar elementos pelos quais os jogadores demonstrem interesse. Digamos que um deles ache ótimo enfrentar vilões clássicos do cenário, especialmente trolls nobres. Bem, talvez o mago maligno na verdade seja um troll nobre...

Ao discutir a proposta, o grupo também deve combinar seus personagens, ou ao menos trocar ideias sobre eles. Assim, você evita um grupo com três magos e nenhum guerreiro, ou um grupo no qual nenhum personagem irá se interessar pela história que o mestre esboçou. Usando nosso exemplo, um bom grupo de personagens seria variado e equilibrado (um guerreiro, um mago, um clérigo...). Personagens cruéis ou egoístas não se encaixariam bem, então todos combinam de interpretar heróis — ou novatos tentando ser heróis. Você pode incluir vínculos entre os personagens: todos se conhecem, todos são naturais da mesma cidade, todos foram presos injustamente pelo mesmo nobre...

Depois de ter a ideia, fazer a proposta e preparar a primeira sessão, é hora de jogar!

INÍCIO

Na hora marcada, todos devem estar reunidos em volta da mesa (ou conectados na internet) com suas fichas prontas. Cabe ao mestre dar início à história.

Caso seus jogadores não conheçam nada sobre Arton, dê um resumo muito rápido (quatro ou cinco frases) sobre o mundo. Fale que é um cenário de fantasia medieval clássico, com cavaleiros, magos, elfos, anões e outros tipos do gênero. Explique que há muitos reinos e muitos deuses, mas não se preocupe em citar cada um deles. Fale que existe uma grande ameaça: a Tormenta, uma tempestade de sangue que corrompe e destrói áreas de Arton. Diga que Arton é um mundo de heróis, onde há espaço para todos. Se algum personagem pertencer a uma raça não humana, você pode explicar um pouco mais sobre este povo ("os elfos perderam seu reino e sua deusa, portanto vivem espalhados pelos reinos humanos"). No caso de algum clérigo ou paladino, ofereça um resumo sobre sua divindade padroeira. Cuidado para não demorar demais nesta parte. Mesmo que os jogadores façam perguntas, diga que os personagens não sabem todos os detalhes e que eles descobrirão ao longo da história. Os mais curiosos podem ler este livro ou qualquer um dos vários materiais de TORMENTA.

Então comece a história em si, estabelecendo uma cena. Diga onde os personagens estão — principalmente se você é um mestre iniciante, é recomendado que o grupo já comece junto no mesmo lugar, mesmo que os personagens ainda não se conheçam. Fale uma ou duas frases sobre o reino ou região e sobre a aldeia, cidade, castelo ou outro local específico onde todos estão. Explique de forma rápida como e por que cada um chegou lá ("o guerreiro estava procurando trabalho como guarda de caravana e ouviu dizer que a Vila Prateada é ponto de parada de vários mercadores da região..."). Então descreva a primeira ação: algo acontece, exigindo uma reação de todos.

O início mais clássico em jogos deste tipo é fazer com que o grupo esteja numa taverna, então aparece um velhinho aflito procurando aventureiros para resolver algum problema. Nesse caso, o surgimento do velhinho é a primeira ação que exige uma reação dos personagens. Você pode variar um pouco sobre este tema, fazendo com que algo aconteça na taverna para unir o grupo. Por exemplo, um valentão puxa briga com um jovem indefeso e exige o dinheiro do coitado.

É claro que a taverna é só um clichê. Você pode começar a sessão de qualquer forma que quiser. Talvez todos os personagens estejam em um festival da colheita, comendo e se divertindo. Talvez estejam na corte de um barão, respondendo a um chamado por aventureiros. Talvez estejam dentro de um navio, viajando a uma ilha distante, ou perdidos numa encruzilhada na estrada. O importante é que estejam no mesmo lugar e sejam chamados à ação por alguma coisa.

Este primeiro chamado à ação não precisa ter a ver com a história. O importante é que, uma vez que isso aconteça, ninguém pode ficar indiferente. Depois de descrever esse acontecimento, muitos mestres terminam com uma frase clássica:

"O que vocês fazem?"

Uma batalha será tão vibrante quanto o mestre e os jogadores a descreverem

AÇÕES DOS JOGADORES

Os jogadores vão descrever as ações que querem fazer. Cabe a você decidir e narrar o resultado. Lembre-se de insistir caso algum jogador esteja quieto ou não se sinta confortável para falar. Nem sempre todos os personagens precisam agir, mas no começo é importante que todos se envolvam.

Você rapidamente vai achar um meio-termo entre ouvir os desejos dos jogadores e descrever o que acontece ou deixar que eles descrevam sem interferência. Algumas ações podem ser descritas pelo jogador: "Eu caminho até lá", "Eu olho pela janela", "Eu começo a rir" etc. Por outro lado, algumas ações só podem ser decididas por você. Nenhum jogador pode dizer "Eu me levanto e vou até o valentão. Ele fica com medo e foge da taverna". O jogador pode *tentar* intimidar o valentão, mas vai precisar de testes e o desenrolar da ação será decidido pelo mestre.

Ações rotineiras (caminhar, sacar uma arma, comprar itens no mercado, cavalgar sem pressa...) não exigem testes. Ações com resultados incertos (atacar um inimigo, negociar o preço de um item, arrombar uma porta, galopar por terreno difícil...) exigem testes, pois têm chance de falhar. E, mais importante, o sucesso ou a falha destas ações modifica o rumo da história. Se um personagem tropeça num buraco na rua e apenas perde alguns segundos, isso não tem nenhum peso na história. Assim, não é preciso haver um teste. Contudo, se o mesmo personagem está procurando uma taverna clandestina escondida no porto, isso exige um teste. Encontrar ou não a taverna é algo que muda a história.

Cada jogador só pode descrever a ação do seu personagem. Ninguém pode decidir as ações dos personagens dos outros. Mesmo que dois jogadores estejam jogando com aventureiros que tenham uma relação hierárquica (digamos, um nobre e seu guarda-costas guerreiro), ninguém pode jogar com o personagem de outra pessoa. O nobre pode dar uma ordem, mas se o guerreiro vai segui-la ou não depende da decisão de seu jogador. "Eu recuo para o fundo da taverna e o guerreiro avança para atacar o valentão" não é uma ação válida. Contudo, "Eu recuo para o fundo da taverna e peço para o guerreiro me proteger do valentão" pode ser.

O MESTRE

RESULTADOS

Uma vez que uma ação seja declarada, você narra o resultado. Pode ser algo simples: se o jogador disse que vai andar até a barraca de tortas de vagem no mercado, basta você dizer que ele chegou e que o hynne vendedor oferece um pedaço de torta. Ou pode ser algo mais complexo: se o jogador declarou que vai atacar um inimigo, você pede um teste e descreve o resultado com base no resultado da rolagem.

Uma das principais responsabilidades do mestre é ser honesto com os dados. Tormenta20 é um jogo em que uma história é contada em conjunto. Você não é o dono da história. Assim, se o jogador declarou uma ação que vai contra o que você imaginou, rolou o dado e teve sucesso, não force uma falha apenas para manter a narrativa "nos eixos". Da mesma forma, se você estava esperando uma cena épica e o jogador rolou um 1 natural, descreva a falha. Você não sabe qual história está sendo contada até que ela se mostre para todos, por meio da sua narrativa, das ações do grupo e das rolagens.

Você decide a dificuldade das rolagens com base nos parâmetros da página 220. Na maior parte das situações, se o personagem passa no teste, consegue fazer o que queria. Por exemplo, se o lutador diz que quer saltar um muro, você pede a ele um teste de Atletismo. Se ele passa no teste, salta o muro — simples assim. Porém, algumas situações, especialmente cenas de ação, exigem um detalhamento maior. Nesses casos, consulte a descrição das perícias no Capítulo 2 para regras aprofundadas.

Tente ser consistente — se os personagens tentarem a mesma ação nas mesmas condições mais de uma vez, a dificuldade deve ser a mesma. Às vezes pode ser difícil lembrar da dificuldade de ações anteriores, principalmente em situações que você não tinha imaginado. Você achou que o grupo tentaria lutar contra o valentão, mas a barda teve a ideia de fazê-lo rir com uma piada. A jogadora rolou 15 no teste e você descreveu a taverna toda caindo na risada. Mais tarde, a barda mais uma vez conta piadas, rola 17 e você diz que ninguém ri. Você simplesmente não lembrava que antes um resultado menor era suficiente para agradar o público. Caso a jogadora reclame disso, você pode admitir que se enganou e mudar o resultado da ação.

De qualquer forma, o jogador narra sua intenção e o mestre narra o que realmente acontece. Esta é a dinâmica básica de Tormenta20.

REAÇÕES

Uma vez que as ações dos jogadores tenham tido seus resultados, os coadjuvantes e o ambiente reagem. Por exemplo, se o grupo se meteu contra o valentão, a vítima dele pode aproveitar para fugir. O taverneiro pode subir no balcão e gritar que não quer confusão na taverna. Se alguém resolveu virar uma mesa, os fregueses pulam das cadeiras e se afastam, tentando não se molhar com a cerveja derramada.

Tenha em mente as coisas que você já tinha decidido que iriam acontecer e mantenha o plano, mas adapte tudo ao que os personagens fazem. Por exemplo: você tinha decidido que o velhinho ia chegar no exato momento em que os personagens se mostravam heroicos ao defender a vítima do valentão, então pediria que eles resolvessem o problema dos kobolds. Mas eles não parecem heróis — a barda está contando piadas, a bárbara virou uma mesa cheia de canecas, o nobre está se escondendo atrás de todos e o guerreiro só está interessado em proteger seu patrão. Enquanto isso, o taverneiro está tentando botar ordem na casa e o valentão está gargalhando no chão. E agora?

O velhinho pode chegar nesse instante. Mas, em vez de se impressionar com o heroísmo dos aventureiros, ele diz: "Oh, não! Eu esperava encontrar heróis, mas aqui só há piadistas e arruaceiros! Será que ninguém vai aparecer para salvar nossa vila dos kobolds?".

Seja honesto com as ações dos jogadores. Deixe que eles arranjem problemas, cometam erros, tenham sucessos, sofram fracassos e façam coisas

Narrando Falhas

Sempre que possível, tente transformar as falhas dos heróis em algo interessante. Às vezes, a única resposta possível para uma falha num teste é "você não conseguiu". Mas você também pode introduzir uma consequência, uma reação dos NPCs ou uma dificuldade adicional que mova a história adiante. Por exemplo, se a caçadora tenta rastrear um monstro e falha, você pode decidir que ela na verdade encontra um rastro falso, que vai levar a uma armadilha. Tome cuidado apenas para não transformar falhas em sucessos. Se o ladino falha ao tentar arrombar uma fechadura, não diga "você consegue, mas quebra suas ferramentas". O que estava em jogo não era a necessidade de comprar novas ferramentas, mas a tentativa de abrir a fechadura!

inesperadas. Se a ladina quiser aproveitar para roubar o taverneiro, não se desespere. Deixe que ela tente. Não era nada do que você esperava, mas esta é a história que vocês estão contando em conjunto. Você achou que seria a história de um grupo honrado se voluntariando para defender uma aldeia, mas é a história de como um bando de desordeiros acabou se metendo sem querer num conflito entre kobolds e aldeões. Também pode ser interessante, não?

Não se perca em minúcias, nem deixe que os jogadores se percam. Ao narrar os resultados, não se prenda a coisas como as palavras exatas que foram ditas, não tente achar "pegadinhas" para frustrar o grupo. Se o nobre diz que vai recuar até o fundo da taverna, não importa que ele não descreveu que estava desviando das cadeiras. Obviamente ele faria isso. Se a bárbara declara que vai virar a mesa, não diga que toda a cerveja foi derramada sobre ela — é claro que ela ia virá-la para o outro lado. Deixe o fluxo das ações e reações tão dinâmico e ágil quanto possível. O clima deve ser o de uma conversa entre amigos, não de um formulário de imposto de renda.

IMPROVISO

A partir das ações e reações, conduza a história. Cada conjunto de reações vai levar a uma nova situação que você deve descrever. Pergunte constantemente o que os jogadores querem fazer.

A chance de algo inesperado surgir logo no início é muito alta. Não seguir o que você pensou não é "jogar errado". Tente achar o próximo ponto de contato entre o que está acontecendo e o que você tinha planejado. Digamos que, com toda a bagunça na taverna, não exista o menor contexto para que os aventureiros sejam contratados. Os aldeões expulsam-nos da vila, jogando tomates podres. Mas você conseguiu duas coisas: unir todos na mesma situação (expulsos, sem ter para onde ir) e colocá-los num lugar onde possam encontrar a próxima situação planejada: o ataque dos kobolds na estrada!

Desorientados e sujos, os personagens agora precisam se defender contra os saqueadores kobolds. Eles vencem ou perdem, com base nos dados — mas você planejou o primeiro combate para que eles sejam capazes de vencer. Então eles agora têm evidências de que há kobolds saqueando a região (os monstrinhos tinham em suas bolsas moedas de ouro típicas desta região, que só são usadas por humanos) e alguma pista sobre o local de onde eles vêm (um mapa ou rastro). Falta uma motivação para continuar. Você imaginava que eles seriam contratados pelos aldeões, mas e agora?

Improviso na Pior das Hipóteses

Às vezes, os jogadores podem declarar ações muito diferentes do que você esperava. Ações que não são muito dignas de heróis. O que fazer?

Lembre os jogadores de seus próprios personagens. Aventureiros heroicos não fariam algo assim. Jogadores iniciantes podem simplesmente não lembrar da moralidade de seus personagens. Deuses padroeiros, traços de personalidade e detalhes de histórico podem ser usados para puxar o grupo de volta para o tipo de história que havia sido proposto: o Deus da Justiça reprovaria ataques covardes, um cavaleiro honrado não atacaria um velhinho, uma bárbara que perdeu a tribo para um ataque de gnolls não destruiria uma aldeia sem motivo.

Pode ser que os jogadores achem que o jogo é como um videogame, no qual é comum atacar personagens sem nenhuma consequência. Lembre a eles que não é possível "salvar" em Tormenta20.

Se nada disso funcionar, você pode encerrar a sessão mais cedo e conversar com o grupo. Por que todos decidiram realizar ações malignas se haviam concordado com a proposta de uma campanha heroica? Por que resolveram mudar a personalidade de seus aventureiros? É possível que esteja acontecendo algum mal-entendido que pode ser resolvido com um pouco de sinceridade. Lembre os jogadores da proposta da campanha.

Tormenta20 é um jogo sobre heróis que combatem o mal e tornam o mundo um lugar melhor. Ser maligno é fácil e pouco recompensador. O grupo todo vai se divertir muito mais com personagens heroicos.

Talvez o garoto que estava sendo intimidado pelo valentão apareça. Ele seguiu o grupo escondido e viu que eles derrotaram os kobolds. Ele pede desculpas pelos outros aldeões — estão todos desconfiados de estranhos por causa dos ataques. Mas ele garante que a prefeita não vai se importar com a bagunça na taverna e pode oferecer uma boa recompensa se os heróis acabarem com a ameaça kobold.

Então começa outra cena, com outras ações e assim por diante.

SESSÕES, AVENTURAS E CAMPANHAS

Até agora falamos em como conduzir o jogo numa história coerente e usamos os termos "sessões", "aventuras" e "campanhas". Mas afinal, o que é tudo isso?

Uma "sessão" é um encontro do grupo para jogar. Não tem duração fixa, nem relevância nas regras, apenas na vida real. Se vocês se encontram numa tarde por duas horas para jogar uma ou duas cenas, isso é uma sessão. Se o grupo marca um jogo enorme, que começa no início da noite e só acaba com o raiar do sol, isso também é uma sessão. Alguns grupos gostam de acabar as sessões com alguma cena marcante ou gancho para a próxima parte da história, mas isso não é necessário. Comece e termine as sessões quando e como ficar mais conveniente para todos.

Uma "aventura" é uma história inteira. Alguns grupos só jogam aventuras isoladas, levando os heróis de um incidente a outro sem nenhuma ligação entre eles. Contudo, a maioria acaba encadeando as aventuras em campanhas — já vamos falar mais sobre isso. Uma aventura precisa ter começo, meio e fim definidos. Muitos mestres tentam fazer com que cada aventura dure exatamente uma sessão de jogo, mas na maior parte dos casos isso é difícil, pois os jogadores tomam decisões inesperadas e a narrativa se estende mais do que o planejado. Pense numa aventura como um episódio de uma série. Pode ter conexão direta com os outros episódios ou pode ser uma história isolada com personagens recorrentes, mas está claro para todos que é uma parte da narrativa maior. Muitas vezes aventuras oferecem algum tipo de resolução, vitória ou desenvolvimento de história no final: um mistério é desvendado, um inimigo é derrotado, uma descoberta importante é feita etc. Vários mestres gostam de distribuir XP apenas no final de cada aventura. Leia mais sobre isso no **Capítulo 8: Recompensas**.

Uma "campanha" é um conjunto de aventuras contando uma mesma história. Em geral, a campanha terá o mesmo vilão ou grupo de vilões do início ao fim — como nas boas narrativas épicas, o vilão começa muito mais poderoso que os heróis, que só conseguem enfrentar seus capangas... Mas então os protagonistas ficam mais poderosos e o derrotam no final. A campanha também deve ter um "tema" geral e uma pergunta ou questionamento que é proposto no início e resolvido no fim. No nosso exemplo anterior, o tema era a guerra dos dragões controlados pelo mago maligno e o questionamento era se ele iria triunfar ou se seria vencido. Se uma aventura é um episódio de uma série, a campanha é a série inteira. Embora os mesmos personagens possam jogar mais de uma campanha, em geral os grupos aposentam seus heróis após o fim de uma, começando com personagens novos na próxima. Alguns mestres não se preocupam muito com aventuras fechadas, concentrando-se só na narrativa maior, tecida naturalmente ao longo da campanha.

Idealmente, cada sessão deve contribuir pelo menos um pouco para a história que vocês estão criando juntos, mesmo que seja só um combate emocionante ou uma piada memorável. De qualquer forma, ao se preparar para mestrar, tente pensar em todos os níveis da narrativa: o grande épico que está tomando forma (a campanha), a história sendo contada no momento (a aventura) e os eventos que vão acontecer agora (a sessão). Quanto mais imediato, mais você precisa estar pronto. Quanto mais longínquo e amplo, mais vago e incerto pode ser.

ESTRUTURANDO UMA AVENTURA

Você pode ter uma ótima ideia para uma aventura, pensar em desafios e situações interessantes... Mas não conseguir colocar isso em prática. Não há problema. Montar uma aventura, assim como planejar qualquer história, é uma técnica, não algo que depende de talento especial ou inspiração. A seguir está uma explicação sobre como estruturar aventuras boas tanto para iniciantes quanto para veteranos.

FASE 1: NORMALIDADE

Introduza os jogadores a uma situação normal, que não exige ação imediata e que não oferece perigo de qualquer tipo. Pode ser qualquer coisa: talvez o grupo ainda não se conheça e todos estejam por acaso na mesma taverna, ouvindo um bardo desafinado. Talvez eles já sejam um grupo estabelecido e estão viajando por uma floresta. Talvez estejam numa mesa de banquete ou numa cela de prisão. O objetivo aqui é deixar os jogadores à vontade. Eles podem fazer basicamente o que quiserem por alguns minutos (incluindo não fazer nada) e não haverá grandes consequências. Esta fase também serve para mostrar ao grupo como é o cotidiano normal que eles estão vivendo, para depois contrastar com a ação da história principal. Tome cuidado para não forçar os personagens a situações que só são boas ou interessantes para você — se o grupo começa numa cela de prisão, eles devem ter sido presos na aventura anterior, a menos que esta seja a primeira aventura.

FASE 2: MOTIVAÇÃO

Algo acontece para tirar o grupo da situação normal e jogá-lo à ação. A motivação mais clássica é uma combinação de altruísmo e lucro: um velhinho chega na taverna pedindo por aventureiros para resolver um perigo que assola a região. Em troca, os aventureiros serão pagos. Contudo, pode ser apenas autopreservação (um garoto avista um batalhão de hobgoblins se aproximando), necessidade (uma grande tempestade começa e o único abrigo é um castelo próximo) ou algo totalmente fora do controle dos heróis (eles são teletransportados e surgem num lugar estranho). O importante aqui é que haja um objetivo claro (por exemplo, acabar com os gnolls que assolam a aldeia) e que os jogadores tenham razões suficientes para agir. Nesta fase, é útil oferecer um curso de ação bem claro e óbvio. O velhinho não só pede para que os aventureiros enfrentem os gnolls, mas também sabe onde eles costumam se reunir.

FASE 3: VITÓRIA PARCIAL

O grupo parte para a ação e encontra o primeiro desafio. Pode ser um combate contra capangas da ameaça principal ou contra uma parte da ameaça principal. O mais importante é que a aventura deixa de ser sobre o que vai acontecer e passa a ser sobre o que está acontecendo. Planeje esta fase de forma que os heróis tenham uma vitória nítida, mas não total. Assim, eles vão perceber que têm capacidade para resolver o problema principal e terão chance de aproveitar as habilidades de seus personagens. Caso esta fase não envolva combate, tenha certeza de que as interações acabam favoráveis ao grupo, as pistas são descobertas, os itens são encontrados etc. Ou seja, os heróis vencem. É claro que você não deve trapacear em favor dos jogadores: se eles tiverem muito azar ou ideias muito ruins, podem fracassar aqui.

Ninguém se arriscará no Labirinto de Tapista sem um bom motivo

Tipos de Jogadores

Jogadores de Tormenta20 são pessoas e, assim, classificá-los em "tipos" é reduzi-los a estereótipos. Contudo, como mestre, você pode tentar entender os jogadores mais típicos pelas suas preferências e tornar o jogo mais divertido para eles.

• **Jogadores Teatrais.** Gostam mais da história e interpretação. Para eles, profundidade dramática e viradas de trama valem mais que desafios ou precisão de regras. Debates acalorados, confissões de amor e revelação de segredos são mais emocionantes que batalhas. Se você ouvir alguém descrevendo combates como "um monte de rolagens e regras chatas", provavelmente está falando com um jogador teatral. Para agradar um jogador teatral, insira momentos emotivos mesmo em cenas de ação. Os inimigos não precisam ser só monstros genéricos, podem ser rivais que discursam, juram vingança e declaram seu ódio durante a batalha. Deixe o jogador teatral livre para conversar com NPCs e explorar locais de interesse, mas não permita que ele domine o jogo com monólogos ou interações sem propósito com cada aldeão. Se o jogador fizer questão de saber o tipo de chá preferido do guarda que por acaso estava passando, peça para ele inventar detalhes sobre esse figurante entre uma sessão e outra, depois mostrando suas ideias para o grupo. Seu trabalho vai até ficar mais fácil.

• **Jogadores Estratégicos.** Gostam mais das regras, otimização de personagens e combate. Para eles, o mundo do jogo não parece real se não há regulamentos consistentes que descrevam os acontecimentos. Uma virada de trama ou momento dramático que só acontece porque o mestre decidiu, quebrando as regras, é artificial e menos emocionante. Da mesma forma, heróis que não são eficientes em regras parecem falsos, porque nunca estariam à altura de desafios reais. Para agradar um jogador estratégico, insira dificuldade real no jogo e cobre precisão nas fichas. Não "roube", mesmo que isso vá criar uma boa história; deixe que a história se revele naturalmente a partir das rolagens e decisões.

(Continua...)

FASE 4: INFORMAÇÕES E DESENVOLVIMENTO

A grande recompensa da fase anterior é a descoberta de um curso de ação para resolver o problema principal. Isso pode ser uma informação sobre onde está a ameaça a ser combatida (os gnolls tinham um mapa de sua tribo). Também pode ser um acontecimento: talvez, quando os heróis estavam enfrentando estes gnolls, um outro bando atacou a aldeia e sequestrou o clérigo, gritando o nome de um deus maligno. Agora o grupo sabe que eles são cultistas do tal deus. Use aqui cenas de interpretação e de exploração (veja mais sobre isso neste capítulo) para que os jogadores cheguem à conclusão sobre o que fazer a seguir.

FASE 5: DERROTA PARCIAL

Uma narrativa linear rumo ao sucesso sem nenhum revés seria chata. Assim, planeje o próximo encontro para que os personagens sofram uma derrota, sejam obrigados a fugir ou simplesmente notem como a ameaça é mais complicada do que eles imaginavam. Pode ser apenas um combate mais difícil: eles achavam que bastaria chegar na tribo e surrar todos os gnolls, mas havia muitas das criaturas. Pode ser um fracasso de outro tipo (eles chegam tarde demais e o clérigo já foi sacrificado) ou até uma traição (eles veem o clérigo dando ordens aos gnolls!). O objetivo aqui é assustar, frustrar, surpreender ou irritar os heróis. Veja bem: os *heróis*, não os *jogadores*! Eles começam a ter uma motivação pessoal para continuar na aventura. Também deve ficar claro que é preciso pensar e traçar estratégias para resolver o problema. Não se desespere se a sorte ou as boas ideias dos jogadores causarem uma vitória inesperada aqui. Apenas garanta que os vilões não foram totalmente derrotados.

FASE 6: CONDIÇÕES PARA A VITÓRIA

Esta é uma versão mais definitiva da fase 4. Os personagens descobriram que não podem simplesmente correr até o problema e resolvê-lo automaticamente, então o que fazer? Talvez eles investiguem, talvez explorem a região, talvez conversem com coadjuvantes que apareceram anteriormente... Tudo depende do que você planejou e das decisões dos jogadores. O importante é que eles descobrem uma forma de vencer de uma vez por todas. Talvez, explorando a floresta, eles achem um velho xamã gnoll que foi expulso da tribo. Então, conversando com o monstro renegado, descobrem que o líder dos gnolls tem medo de cobras. Agora eles podem traçar uma estratégia: se jogarem cobras sobre o líder, ele vai fugir apavorado e o resto da tribo vai ficar desorganizada, sendo muito mais vulnerável. Ou então eles falam com os aldeões e a garotinha tímida que só ficava olhando de longe revela que o clérigo ficou furioso quando ela bisbilhotou atrás do altar na igreja. Vasculhando o lugar, encontram um antigo amuleto escondido num compartimento secreto. Um pouco de pesquisa nos tomos do templo revela que este é um amuleto que anula os poderes dos cultistas do deus maligno. Nesta fase também pode haver preparação para o confronto final: os heróis se equipam, montam armadilhas, conseguem aliados...

FASE 7: VITÓRIA TOTAL

Armados com as informações, estratégias, aliados ou equipamentos que foram obtidos na fase anterior, os aventureiros atacam a ameaça, desta vez com condições de vencer. É o clímax da aventura, o maior confronto, no qual heróis e vilões podem morrer. Valorize as táticas dos jogadores, mas não tenha medo de fazer com que os vilões sejam perigosos. O triunfo deve ser suado! Também deixe claro que a preparação anterior foi crucial: eles não conquistaram um pequeno bônus, mas a diferença entre vitória e derrota. Mais uma vez, se falta de planejamento ou azar causarem uma derrota aqui, não há problema. Você já está no fim da aventura e terá até a próxima para pensar em como lidar com esse desenvolvimento inesperado. A graça de jogar Tormenta20 está na imprevisibilidade!

FASE 8: RESOLUÇÃO, RECOMPENSAS E GANCHOS

Uma vez que os heróis tenham vencido, tudo volta ao normal. Esta fase é parecida com a fase 1. Os personagens devem ter mudado um pouco ao longo da aventura, mesmo que só em termos de poderes e equipamento. Eles recebem gratidão das pessoas que salvaram ou são recompensados com a verdade quando alguém se revela um traidor. Também recebem pagamento! Mantenha esta fase curta; se ela se arrastar, pode prejudicar o clímax anterior. Se você planeja continuar a aventura numa campanha, aqui é um bom momento para inserir um gancho. Quando os aldeões estão festejando a vitória dos aventureiros, a garotinha tímida fala em voz gutural, seus olhos brilhando como brasas. Ela diz que os heróis pagarão por sua interferência. Então pisca e volta a falar normalmente, não entendendo por que todos estão olhando para ela. Nesse instante, um mensageiro chega esbaforido, com a notícia de que a cidade próxima está sob ataque de gnolls e o rei está chamando aventureiros. Não precisa ser um gancho tão direto — pode ser simplesmente alguém dizendo que ainda há outros problemas a serem resolvidos na região...

Tipos de Jogadores (Continuação)

Contudo, não permita que o jogador estratégico transforme o jogo numa corrida armamentista, otimizando seu personagem até tornar os outros irrelevantes. Exija que quaisquer elementos de regras façam sentido na história e, se mesmo assim ele estiver poderoso demais, crie alguma maldição ou dificuldade extra para seu personagem. Sem roubar, mas desafiando-o ao nível que ele pode responder. Não deixe que este jogador questione suas decisões, mas peça para que ele seja um consultor de regras para você mesmo e para o resto do grupo, ajudando todos a atingir a exatidão de que ele gosta.

• **Jogadores Sociais.** Gostam mais da interação com as pessoas do grupo. Mesmo que a história e as regras não sejam as melhores, eles estão felizes por passar tempo com seus amigos. Para eles, de nada vale criar algo extraordinário se não há diversão no mundo real. Uma boa risada é mais importante que uma boa rolagem, uma conversa com alguém do mundo real vale mais que uma audiência com a Rainha-Imperatriz. Para agradar este tipo de jogador, torne o clima do jogo leve e incentive a participação de todos. Seu objetivo não é ser um tirano que decide como os outros devem se divertir, mas um participante numa atividade em grupo. Um comentário fora do personagem não é um pecado mortal e uma piada não é um insulto. Peça e incentive momentos de imersão sem distrações, como cenas dramáticas, combates aguerridos e enigmas, mas não cobre esta intensidade o tempo todo. Também não deixe que o jogador social transforme a sessão numa mesa de bar. Peça para que ele o ajude a reunir o grupo antes ou depois do jogo, para que haja uma boa convivência sem sacrificar a campanha.

A maior parte dos jogadores é um misto dos três tipos, tendendo um pouco mais para um deles. Todos os tipos podem coexistir em um grupo. Na verdade, um misto de todos eles, cada um colaborando com sua especialidade, provavelmente é um grupo de RPG "ideal".

CENAS

Você não precisa medir o tempo de forma exata em TORMENTA20, exceto em algumas cenas de ação, quando o tempo é medido em rodadas (veja a seguir). Na maior parte dos outros momentos, não há necessidade de saber se transcorreram quinze minutos ou meia hora, ou mesmo uma ou seis horas. O tempo narrativo de uma aventura de TORMENTA20 é medido em "cenas".

Uma cena não é uma unidade de tempo fixa, mas um pedaço distinto da história. Um combate é uma cena. Uma discussão noite adentro na corte da Rainha-Imperatriz é uma cena. Uma perseguição de poucos minutos nas ruelas de Vectora é uma cena. O mestre decide quando uma cena começa e termina. Em geral, uma cena começa quando um novo lugar ou situação é introduzido e termina quando os personagens saem deste lugar ou chegam a uma resolução para a situação. Uma cena pode ser interrompida para dar lugar a outra cena sem que nada disso aconteça. Por exemplo, se os personagens estão discutindo na corte e de repente são atacados, a cena da discussão acaba e uma nova cena começa — um combate.

Cenas são conceitos importantes em termos de jogo — muitos poderes dos personagens funcionam durante uma cena, por exemplo. Assim, o mestre tem bastante controle sobre quantas vezes um jogador pode usar determinado poder durante o jogo. Contudo, aqui não vamos falar de regras. Vamos discutir cenas como ferramentas para montar sua aventura.

Uma sessão típica de TORMENTA20 tem em torno de três cenas. Assim, uma aventura mediana (três sessões) terá mais ou menos nove cenas. Nada disso está escrito em pedra ou é obrigatório, mas pode ajudá-lo a planejar seu jogo. Embora uma cena possa ser qualquer coisa que você imagine, a maioria pode ser classificada em três tipos: cenas de ação, cenas de exploração e cenas de interpretação.

Uma boa aventura deve ter um misto dos três tipos, mas muitos grupos priorizam um (especialmente ação e interpretação). Se você estiver mestrando para um grupo sem preferências especiais, faça um equilíbrio dos tipos. Caso seu grupo tenha preferência especial por um dos três tipos, faça com que o escolhido ocupe metade das cenas e os outros dois dividam a outra metade.

CENAS DE AÇÃO

Têm como objetivo conquistar algo fisicamente. Em geral, cenas de ação são combates — nada mais simples que vencer os inimigos por meio da força das armas. Contudo, também podem ser perseguições, armadilhas etc. O fundamental de uma cena de ação é que tudo acontece rápido. O jogo é dividido em rodadas, com cada personagem tendo sua vez de agir (seu turno). Descreva imagens passando sem que os heróis consigam ver exatamente o que são, sons altos, acontecimentos súbitos e surpresas o tempo todo. A vida dos aventureiros estará em risco em quase todas as cenas de ação. Embora seja possível interpretar durante uma cena de ação, elas tendem a priorizar as mecânicas. Afinal, uma rolagem pode ser a diferença entre a vida e a morte! Por isso, um excesso de cenas de ação pode levar a um jogo com personagens vazios, sem personalidade. Contudo, a falta de cenas de ação leva a uma história parada e segura demais, sem riscos.

Tipos de Cenas e Estrutura

O exemplo de estrutura é equilibrado em termos de tipos de cenas. A fase 1 é uma cena de interpretação, assim como a fase 2. A fase 3 é uma cena de ação. A fase 4 é uma cena de exploração. A fase 5 é mais uma cena de ação. A fase 6 é uma cena de exploração ou de interpretação, de acordo com a vontade dos jogadores e o planejamento do mestre. A fase 7 é a maior cena de ação da aventura e a fase 8 é uma cena de interpretação.

Se a aventura for jogada ao longo de três sessões, a primeira terá duas cenas de interpretação (boas para situar os jogadores) e uma de ação (boa para deixá-los ansiosos pela continuação). A segunda terá uma cena de exploração e uma de ação — pela primeira vez os personagens serão desafiados intelectualmente e descobrirão que cenas de ação são perigosas. Em termos de estrutura de história, é o "ponto baixo" dos heróis. Por fim, a terceira sessão terá uma cena de exploração ou interpretação (escolha do grupo), uma grande cena de ação e uma cena de interpretação tranquila, para arrematar. Se tudo der certo, será possível notar a diferença (mesmo que sutil) nas personalidades dos heróis entre a primeira cena da primeira sessão e a última cena da última sessão, deixando claro aos jogadores tudo pelo que seus personagens passaram.

CENAS DE EXPLORAÇÃO

Têm como objetivo conquistar algo intelectualmente, por meio de interação com coisas, não pessoas. A cena de exploração mais óbvia é a busca por pistas numa cena de crime ou a solução de um enigma, mas pode ser o grupo desbravando uma floresta, um deserto ou outro lugar ermo. Pode ser que não haja nenhum desafio: andando pela floresta, os aventureiros descobrem seus mistérios e o mestre descreve o que eles veem. Contudo, também pode haver dificuldades: os heróis vasculham as prateleiras de uma biblioteca ancestral, procurando e decifrando tomos antigos que contêm segredos arcanos. Embora regras possam ser importantes (por exemplo, com testes para decifrar os livros), as ideias dos próprios jogadores são fundamentais aqui. Muitas cenas de exploração são resolvidas quando alguém na vida real pensa em examinar algum lugar, entende uma pista deixada pelo mestre ou mata uma charada. Um excesso de cenas de exploração pode levar a uma aventura dominada por descrições do mestre, em que os jogadores agem pouco. Contudo, falta de exploração leva a aventuras sem maravilhas e descobertas, em ambientes conhecidos e previsíveis.

CENAS DE INTERPRETAÇÃO

Têm como objetivo conquistar algo emocionalmente, por meio de diálogo e interação com outros personagens. Cenas de interpretação nem sempre precisam de um objetivo, embora as melhores avancem a história de alguma forma. Podem simplesmente ser um exercício da personalidade dos personagens e da atuação dos jogadores. Elas envolvem mais conversa e emoções reais. Muitas vezes a linha divisória entre personagens e jogadores se mistura. Contudo, quando há algo em jogo, o mestre deve exigir testes e mediar os resultados com regras. Excesso de cenas de interpretação pode levar a uma aventura arrastada e perdida em minúcias — ninguém precisa interpretar uma conversa casual com um livreiro, quando decide nem mesmo comprar um livro. Contudo, falta de cenas de interpretação faz com que os personagens sejam só amontoados de números. Sem interpretação, nenhuma das outras tem sentido. Nem mesmo a morte de um personagem importa, pois basta fazer outro.

Nem tudo é perigo ou peleja; aventureiros podem conversar!

Estruturando uma campanha

Se você já planejou uma aventura ou várias, já conhece os heróis e já tem um elenco de coadjuvantes, resta planejar a campanha em si. Qualquer planejamento de campanha é obrigatoriamente vago e sujeito a mudanças drásticas, pois os jogadores podem (e devem!) tomar decisões inesperadas que bagunçam tudo. Além disso, os dados são sempre imprevisíveis. Contudo, você pode usar este modelo para ter uma ideia geral de como visualizar uma campanha do início ao fim e como conduzi-la.

Pode haver campanhas de três aventuras ou de duzentas. Contudo, vamos ser realistas. Se cada aventura demora em média três sessões para ser terminada, não adianta pensar em centenas de aventuras, pois dificilmente haverá tempo para tudo isso — se houver, você é muito sortudo, tem uma incrível capacidade de planejamento e um excelente grupo de amigos. Vamos imaginar uma campanha com 20 aventuras — uma para cada nível de personagem. Com três sessões por aventura, isso dá uma média de 60 sessões. Como um ano tem 52 semanas, se o grupo tentar se reunir toda semana, considerando compromissos, viagens e períodos em que não se pode jogar, a campanha durará cerca de dois anos. Um jogo épico, mas dentro de um período de tempo razoavelmente previsível.

Aventura 1: Introdução

Comece com uma aventura básica. Os personagens se conhecem e lidam com uma ameaça local. Formam um grupo e têm sua primeira vitória. A ameaça é ligada à trama principal, mas está a pelo menos três graus de distância do grande vilão. Por exemplo, os heróis enfrentam salteadores que trabalham para uma guilda que tenta desestabilizar o comércio na região para que um nobre maligno que trabalha para o vilão tome o poder. Este nobre será o "vilão intermediário", que vai surgir no meio da campanha. A aventura acaba com uma ligação com a trama principal — uma tatuagem em um dos salteadores, uma carta enigmática etc. No final também há um gancho imediato para a próxima aventura.

Aventura 2: Tudo fica maior

Seguindo o gancho da primeira aventura, os heróis realizam uma missão parecida, mas em escala maior. Por exemplo, em vez de enfrentar salteadores para defender uma aldeia, enfrentam mercenários para defender um barão. Acaba com a informação de um ataque, perigo ou ameaça maior que acontecerá imediatamente — na próxima aventura.

Aventura 3: Primeiro chefe

Os heróis enfrentam a ameaça que foi descoberta no final da aventura anterior. Esta é uma aventura de ação ininterrupta, em que o grupo frustra um grande plano. Aqui o chefe dos primeiros inimigos é vencido e há a sensação de um ciclo se fechando. Mas, no final, os heróis descobrem para quem os inimigos destas três aventuras trabalhavam: o vilão intermediário (no exemplo, o nobre que quer tomar o controle do reino). Por fim, há a primeira aparição de algum coadjuvante poderoso: indeciso misterioso, mentor palpiteiro ou outro.

Aventura 4: Monstro da semana

Os heróis precisam fazer algo para entrar na luta contra o grande vilão (por exemplo, levar as evidências a um alto nobre). Mas isso não acontece imediatamente. No caminho, eles se deparam com uma ameaça localizada e lidam com ela. Fica claro que não tem relação com a mitologia.

Aventura 5: Conquistando confiança

Para se inserir na luta contra o grande vilão, os heróis precisam fazer algo para se provar. Talvez cumpram uma missão e demonstrem seu poder, talvez apenas precisem conseguir uma audiência com um nobre. De qualquer forma, esta aventura deve parecer um incômodo, um desvio desnecessário. Uma vez cumprida a missão, parece que tudo vai ficar bem, mas a cena de vitória é interrompida.

Aventura 6: Nadando entre os tubarões

O grande vilão interrompe tudo que os personagens estavam fazendo. Talvez ele apareça em pessoa, talvez mande um subalterno poderoso. O capanga recorrente está junto. De qualquer forma, algo muito grave acontece (o castelo onde os heróis estavam é destruído, o nobre morre etc.) e há o primeiro confronto entre heróis e vilões poderosos. Os heróis só não morrem porque são salvos por uma figura poderosa do bem. Esta aventura é um ponto baixo para os personagens e pode ser mais curta que as outras.

Aventura 7: Contexto

Aventura calma, quase só cenas de interpretação. Os heróis estão na presença de grandes forças do bem. Esses figurões dizem que eles não deveriam estar ali, que quase foram mortos. Mas, agora que estão envolvidos, não adianta tentar tapar o sol com a peneira. Os figurões explicam tudo que está acontecendo aos personagens. Como alternativa,

Mesmo seres épicos precisam lidar com aqueles "grupelhos de heróis"

eles não sabem o que está acontecendo, apenas que haveria um ataque, e os personagens é que devem explicar a eles. Os grandes heróis dão aos personagens uma missão no combate ao grande vilão. Esta é uma aventura extremamente rápida se você não der aos aventureiros a chance de explorar algum lugar, reunir poderes, ganhar itens ou ver maravilhas.

AVENTURA 8: MONSTRO DA SEMANA

No caminho ou em um momento antes de poder cumprir a missão dada pelos figurões, os heróis se deparam com uma ameaça localizada e lidam com ela.

AVENTURA 9: AGORA É PESSOAL

Ao cumprir a missão designada pelos figurões, os heróis se deparam mais uma vez com o capanga recorrente ou outro vilão menor que possam enfrentar. A dinâmica de duelos/inimizade pessoal fica evidente. Os heróis conseguem cumprir a missão, mas ficam sabendo de algo terrível: isso tudo era secundário, pois a região do começo da campanha está ameaçada! O vilão intermediário que foi sugerido no início (no exemplo, o nobre que queria tomar o controle do reino) está para agir e não há tempo para avisar ninguém! Os heróis precisam resolver isso sozinhos.

AVENTURA 10: DE VOLTA AO LAR

Os heróis retornam à região que foi o início de tudo e reencontram coadjuvantes que só os conheciam como pirralhos iniciantes. Há uma imensa batalha. Os heróis enfrentam e vencem definitivamente o vilão intermediário (no exemplo, o nobre maligno), mostrando sua evolução. Um coadjuvante querido morre.

AVENTURA 11: RECOLHENDO AS PEÇAS

Os heróis lidam com o impacto da aventura anterior — com funerais, reuniões com nobres, tempo de descanso etc. Ninguém sabe qual será o próximo passo do grande vilão. Esta é uma boa aventura para introduzir uma história pessoal dos heróis (aparição de familiares, casamento, volta à cidade natal etc.).

O MESTRE

Mitologia e Monstro da Semana

Embora uma campanha seja uma história contínua, pode ser cansativo jogar sempre a mesma narrativa, sem nenhum episódio lidando com outras coisas. Como mestre, incentive os personagens a terem interesses fora do conflito principal. Para isso, introduza algumas aventuras sem relação com o tema geral, com uma ameaça isolada que surge e é derrotada na própria aventura. Aventuras que lidam com a história maior são chamadas de aventuras "de mitologia". Já aventuras isoladas são chamadas de "monstro da semana".

Aventura 12: Monstro da Semana

Enquanto ninguém sabe o que vai acontecer, os heróis enfrentam uma ameaça localizada. Se você quiser, pode relacioná-la a algum elemento do passado de um deles.

Aventura 13: Reino Exótico

A verdadeira dimensão do plano do grande vilão (e sua próxima jogada) se revela quando um habitante de um lugar distante e exótico entra em contato com os heróis, pedindo ajuda. Eles também estão com problemas relacionados ao grande vilão. Os heróis vão até o reino distante e se maravilham com seu exotismo e sua magia. A maior parte da aventura tem a ver com exploração, interação com pessoas diferentes e obtenção de bônus que não seriam possíveis nos reinos usuais.

Aventura 14: Tudo Fica Pior

A missão no reino exótico culmina numa batalha em que os heróis mais uma vez enfrentam seus inimigos recorrentes. O grande vilão aparece, mas não dá atenção aos personagens, considerando-os vermes sem importância. O revés que ele sofreu na aventura 10 foi uma inconveniência menor, pois havia outros capangas como o vilão intermediário agindo pelo mundo. Um figurão vai atrás do vilão e morre. O reino exótico é abalado (conquistado, devastado, tomado por uma praga etc.). Nada parece ser capaz de deter o grande vilão.

Aventura 15: União Faz a Força

Apenas a união de vários povos será capaz de fazer frente ao grande vilão. Os heróis começam a reunir aliados em vários reinos. Eles já falam em pé de igualdade com os figurões.

Aventura 16: Unidos Venceremos

Os heróis continuam reunindo aliados, ao longo de uma ou mais missões para lideranças no mundo inteiro. No final, participam de algum tipo de grande conselho com governantes ou heróis lendários.

Aventura 17: Batalha em Massa

Há o primeiro grande combate entre as forças do bem e do mal. Talvez isso seja uma batalha entre exércitos, talvez seja a invasão a um covil do vilão. O importante é que aqui todos estejam lutando com suas máximas capacidades.

Aventura 18: No Inferno

Os heróis entram num lugar em que o poder do vilão é supremo (reino de mortos-vivos, área de Tormenta, dimensão maligna etc.). Eles avançam, mas para seguir adiante têm um grande combate ou provação. Se houver algum herói lendário entre eles, ele morre ou precisa ser protegido.

Aventura 19: A Virada

No centro de poder do grande vilão, os heróis enfrentam o capanga recorrente. Todos sabem que esta é a última vez. Por medo, por finalmente ver os motivos dos heróis ou por arrependimento, o inimigo revela que a fraqueza do vilão não era nada do que se acreditava. É algo a que os personagens podem ter acesso, mas de uma forma que ninguém esperava. Esta fraqueza não está aqui, no lugar de poder do vilão, mas no lar dos heróis! E o vilão também está lá. Mesmo que os heróis relutem em fazer isso, precisam matar seu inimigo, que não cede até o final, ou então ele morre por ter "traído" o grande vilão.

Aventura 20: Mestres dos Dois Mundos

Os heróis têm todo o poder e todo o conhecimento de que precisam para vencer o grande vilão. O plano dele acontece num local conhecido pelos heróis. Eles chegam lá transformados por sua jornada no reino exótico, pelas alianças e pelo inferno. São os líderes absolutos de todos os coadjuvantes. Enfrentam o vilão e vencem com a informação dada pelo inimigo que souberam respeitar. Então há um desfecho, com recompensas e reflexão sobre o quanto as vidas de todos mudaram ao longo da campanha. Quaisquer problemas pessoais foram resolvidos e agora os personagens alcançam a felicidade ou a resolução de suas jornadas — conquistando seus objetivos, casando, reconciliando-se com pessoas de seu passado e finalmente ficando em paz. Fim.

NPCs

Os personagens jogadores são os protagonistas da história. Mas, além deles, suas aventuras vão incluir coadjuvantes e antagonistas, desde o fazendeiro que vende legumes na feira até o grande vilão. Esses são os NPCs — da sigla em inglês para "personagem não jogador", pois são controlados pelo mestre.

É importante criar NPCs divertidos e marcantes, para que seus jogos não pareçam um deserto povoado apenas por zumbis sem mente. Mas você não precisa de estatísticas de jogo para todos eles. Na verdade, são raros os coadjuvantes que merecem esse tratamento de luxo!

Os únicos NPCs que precisam de fichas são aqueles que podem enfrentar o grupo. Para os demais, um nome, uma frase de descrição e dois ou três traços de personalidade são suficientes. E para personagens incidentais (o dono da estrebaria, a baronesa que passa pela rua em sua carruagem...) talvez nem mesmo isso seja necessário.

Digamos que a sua aventura envolva o resgate do filho de um nobre, raptado por bandidos. O nobre encontra os heróis no mercado da cidade, acompanhado por uma cavaleira. Você precisará da ficha dos bandidos (que enfrentarão os heróis) e do chefe da gangue (um vilão importante, que deve ser um bom desafio). O nobre e seu filho não precisam de fichas, apenas de nomes, descrições e personalidades. A cavaleira que escolta o nobre? Também não precisa (veja abaixo). E quanto aos mercadores, guardas e aldeões no mercado? Nem se importe com eles. Descreva-os em uma ou duas frases e siga em frente.

Para NPCs que precisam de ficha, consulte o **Capítulo 7: Ameaças**. Este capítulo traz algumas fichas prontas, além de regras para você criar as suas (veja a página 322). Já para NPCs que acompanham o grupo, como o cavaleiro do exemplo anterior, use a regra de parceiros, na página 260.

Alguns mestres gostam de incluir NPCs que acompanham o grupo — amigos, mentores ou mesmo protegidos. Não há problema em fazer isso. Apenas lembre-se de que os NPCs são coadjuvantes. Por mais que você goste de seus NPCs, *nunca* faça com que sejam o centro das atenções. Esse papel cabe aos jogadores.

ARQUÉTIPOS DE NPCs

A quantidade de personalidades distintas para NPCs só depende de sua imaginação. Contudo, existem alguns estereótipos que são úteis para muitas aventuras. Eles não apenas são personagens divertidos e fáceis de interpretar, mas cumprem funções na narrativa e tornam seu trabalho mais simples.

VELHINHO DA TAVERNA

Talvez o tipo mais clássico de Tormenta20. O velhinho da taverna é uma pessoa (em geral um senhor idoso) que chega aonde os aventureiros estão reunidos (em geral uma taverna) anunciando que há um problema urgente que só pode ser resolvido por heróis. Embora seja um clichê, o velhinho da taverna tem algumas vantagens: ele claramente precisa de ajuda, não pode resolver o problema sozinho e tem informações relevantes. Todos aceitam que um velhinho não possa dar cabo de um bando de hobgoblins com as próprias mãos, mas que conheça bem os caminhos da floresta porque andava por lá quando era jovem. Os heróis não precisam desconfiar do velhinho da taverna, pois ele é uma figura conhecida na região. Ele tem necessidade, informação e confiabilidade — a receita certa para dar uma missão aos aventureiros.

MENTOR PALPITEIRO

Muitos heróis precisam aprender suas habilidades com alguém, ou precisam de alguém que lhes dê conselhos, ordens e às vezes alguns presentes. O mentor palpiteiro é uma figura de autoridade na vida de um ou mais personagens jogadores. É um NPC útil porque, através dele, o mestre pode dar qualquer dica ou bônus aos heróis. Por que ele não deu esse benefício antes? Porque era importante que o herói aprendesse a se virar sozinho, para ter humildade e perseverança. Além disso, o mentor palpiteiro pode colocar os aventureiros na linha quando estão fazendo bobagens demais ou servir como a voz do mestre e do cenário. Os heróis ficaram com o ouro roubado pelos bandidos em vez de devolvê-lo às vítimas? Adivinhe quem vai puxar sua orelha! O mentor palpiteiro não está disponível sempre que o jogador quer, ele surge quando decide. Pode parecer arbitrário ou até mesmo injusto, mas se ele for misterioso e sábio o bastante, os heróis vão aceitar.

Mentor palpiteiro, protegido indefeso, indeciso misterioso... Um NPC pode ser tudo — menos o protagonista

PROTEGIDO INDEFESO

Um NPC incapaz de resistir sozinho a qualquer perigo, mas que está nas mesmas situações que os heróis. O protegido indefeso pode ser um fator de complicação em combates (precisa sempre haver alguém garantindo que não seja atingido) ou pode ser sequestrado para motivar aventuras. Ele só funciona se o grupo se importar com ele e se houver uma boa razão para ele não conseguir se virar sozinho. Se uma caçadora está sempre precisando ser defendida pelos heróis, os jogadores podem ficar irritados com ela, e com razão. Ela pode pegar seu arco e cuidar da própria vida! Para garantir que o protegido indefeso tenha a simpatia do grupo, faça com que ele ofereça algum benefício (por exemplo, é um garoto muito doente, mas capaz de prever o futuro) e que só entre em jogo esporadicamente.

AMIGO

É fácil criar um mundo em que todos são vítimas que precisam ser salvas (velhinhos da taverna, protegidos indefesos) ou bandidos que querem matar os heróis (capangas em geral). Para evitar isso, existe o amigo. O amigo é um NPC que vive para ajudar. Ele não deve acompanhar os heróis o tempo todo, mas às vezes aparece para auxiliar em combate, dar dicas ou mesmo oferecer um ombro amigo. O segredo para um bom amigo é que ele não deve ser contrário a nenhum objetivo dos heróis. Ele não vai sacrificar a própria vida por eles, mas não compete em nada com o grupo. Quando eles se encontram, é um alívio. Um amigo ocasional faz com que o jogo seja mais leve e diminui qualquer sensação de antagonismo entre jogadores e mestre.

VILÃO

Nenhuma boa história de fantasia pode existir sem um bom vilão. Existem incontáveis tratados sobre como criar bons vilões, mas o que interessa para o mestre de Tormenta20 é como fazer isso ser eficiente em jogo e ser percebido pelos jogadores. O vilão deve ter um plano que ameaça o modo de vida dos personagens de forma definitiva, mas que pareça plausível. Um vilão cujo plano é destruir o mundo certamente será derrotado, pois os jogadores sabem que você não quer destruir Arton. Contudo, um vilão que quer dominar o Reinado pode ser bem-sucedido, então todos estarão sendo governados por um tirano. O vilão deve ser tão poderoso que é impossível para os heróis vencê-lo até o final da campanha. Contudo, também deve haver algum tipo de comunicação entre heróis e vilão. Os heróis devem encontrar e interagir com o vilão pelo menos uma vez no início da campanha e uma vez no meio, antes do encontro final. Dê a seu vilão algum motivo para não matar os heróis (talvez eles sejam salvos pelo indeciso misterioso?) e aos heróis um motivo para odiá-lo (talvez ele mate um protegido indefeso ou um amigo). Os jogadores também precisam conhecer o grande plano do vilão, pelo menos a partir do meio da campanha, para saber o que vai acontecer em caso de fracasso.

Capanga Recorrente

Enquanto o vilão é uma figura imperdoável e inatingível, o capanga recorrente é seu asseclas, que os aventureiros encontram de novo e de novo ao longo da campanha. Alguns capangas recorrentes são imbecis que só servem para ser alvo de pena ou de piadas, outros são ameaças reais. Contudo, este inimigo está no nível dos heróis. Quando eles se enfrentam, o resultado é sempre incerto. Mas o capanga recorrente também deve ter um meio de escapar sempre que for vencido, ou não será recorrente. É comum que o capanga recorrente sofra com uma maldade do vilão entre o meio e o fim da campanha, passando a ser um amigo dos heróis. Ele também pode morrer nas mãos do vilão — os heróis provavelmente têm alguma afeição por ele e vão relutar em matá-lo.

Indeciso Misterioso

Às vezes, os aventureiros se metem numa enrascada da qual não conseguem sair sozinhos. Ou então ficam com poder demais — talvez caia em suas mãos um artefato que deveria estar longe. Você, como mestre, precisa de um jeito de ajudá-los sem que eles possam contar com ajuda o tempo todo, ou de derrotá-los sem matá-los. Entra aí o indeciso misterioso, um personagem mais poderoso que os heróis, sendo capaz de vencer o grupo inteiro sozinho. Ele tem algum meio de surgir e desaparecer de repente. Mais importante do que isso, ele conhece os personagens, mas eles não o conhecem. Seus objetivos às vezes coincidem com os dos heróis, às vezes são contrários. O indeciso misterioso não vai fazer nada que os aventureiros pedirem se não quiser, mas também não os odeia. Quando eles se enfrentam, ele nunca mata. Quando o indeciso ajuda o grupo, é sempre de forma enigmática. Em algum ponto da história, o grupo deve ficar tão poderoso quanto o indeciso. Então ele precisará de sua ajuda e revelará afinal quem ele era o tempo todo e quais seus objetivos. Quando isso acontecer, ele passa a ser um amigo normal.

Regras para NPCs
Categorias de Atitude

Todo NPC possui uma *categoria de atitude* em relação a cada personagem — uma medida geral da relação do NPC com o personagem em questão. No geral, você não precisa se preocupar com a categoria de atitude. Porém, ela pode ajudá-lo a determinar o que o NPC está disposto a fazer pelo personagem.

Prestativo. Adora o personagem e pode ajudá-lo, mesmo correndo perigo. Um herói recebe +5 em testes de persuasão contra NPCs prestativos.

Amistoso. Gosta do personagem e pode ajudá-lo, mas dificilmente se arriscará por ele.

Indiferente. Não gosta nem desgosta do personagem. Vai tratá-lo como socialmente esperado. Esta é a categoria padrão.

Inamistoso. Desgosta do personagem, mas não a ponto de se arriscar para prejudicá-lo. Pode enganá-lo, criar intrigas sobre ele... Um herói sofre –5 em testes de persuasão contra um NPC inamistoso.

Hostil. Odeia o personagem e vai tentar prejudicá-lo, mesmo correndo perigo — pode roubá-lo ou mesmo atacá-lo! Um herói falha automaticamente em testes de persuasão contra um NPC hostil.

Testes de Perícias

Às vezes, uma interação com um NPC exigirá uma estatística de jogo. Por exemplo, se um personagem quiser barganhar com um mercador, você precisará do valor de Vontade dele. Como dito anteriormente, você não precisa ter fichas completas para cada NPC. Em vez disso, use a tabela abaixo. Apenas determine o patamar do NPC de acordo com o papel dele no mundo e se a perícia em questão é "forte" ou "fraca" para ele. Por exemplo, um mercador usaria a coluna "forte" para Diplomacia, Ofício e Vontade, e a coluna "fraca" para as demais perícias.

Tabela 6-1: Estatísticas de NPCs

Patamar	Perícia Forte	Perícia Fraca
Iniciante *(exemplo: guarda de cidade, mascate...)*	+5	+0
Veterano *(capitão da guarda, mercador próspero...)*	+10	+3
Campeão *(guarda-costas real, mestre de guilda...)*	+15	+6

O Mestre

PARCEIROS

Parceiros são NPCs que se aventuram com o grupo. Podem ser adquiridos através de habilidades, contratados ou comprados (no caso de animais ou construtos) ou mesmo recebidos como recompensa.

USANDO PARCEIROS

Em Tormenta20, o foco da história são os personagens — eles são os astros, os protagonistas, aqueles que resolvem os problemas. NPCs devem ser no máximo coadjuvantes. Assim, evite parceiros que participem da ação o tempo todo. A menos que sua campanha seja justamente sobre recrutar parceiros, eles devem ser usados apenas em situações especiais; a mais clássica é quando heróis estão perto de enfrentar um vilão poderoso, que não podem derrotar sozinhos. Antes do confronto final, recrutam parceiros para equilibrar a batalha.

Parceiros podem ser recompensas por boas ideias ou missões completadas. O grupo fez amizade com um guerreiro local? Quando um monstro atacar a cidade, talvez ele apareça para dar uma mãozinha. O grupo salvou um barão? O nobre pode enviar uma cavaleira para acompanhá-los na próxima aventura.

Por outro lado, evite usar parceiros apenas como bônus. Parceiros devem ter personalidade e fazer parte da história, caso contrário, serão reduzidos a um ajuste na ficha! O mestre não precisa interpretar o parceiro a cada momento — ele é um coadjuvante, não precisa de tanto "tempo de tela". Mas, às vezes, deve dizer alguma coisa. Parceiros podem ser interpretados pelo próprio jogador que os escolheu, de acordo com a preferência do grupo.

Parceiros funcionam melhor se usados com parcimônia, para serem algo especial. Mesmo que o parceiro seja amigo do grupo, arranje motivos para que ele não possa se aventurar sempre. O guerreiro precisa proteger a cidade, afinal de contas!

REGRAS DE PARCEIROS

Parceiros não atuam como NPCs completos. Eles não têm um turno e não realizam ações. Em vez disso, cada parceiro ajuda um personagem, fornecendo um bônus. Esse bônus depende do tipo e nível de poder do parceiro (*iniciante*, *veterano* ou *mestre*). Essa classificação é abstrata, não indicando classe e nível do NPC, e fica a cargo do mestre. Parceiros fornecidos por habilidades só mudam de poder (de iniciante para veterano, por exemplo), quando instruído pela habilidade.

Cada parceiro pode ajudar apenas um personagem por vez. No início do seu turno, você pode gastar uma ação de movimento para passar um parceiro para outro personagem em alcance curto até o fim da cena (para fazer isso com um animal, você precisa ser treinado em Adestramento).

Personagens iniciantes (até o 4º nível) podem ter um parceiro, personagens veteranos e campeões (do 5º ao 16º nível) podem ter até dois e personagens lenda (do 17º nível em diante) podem ter até três parceiros. Se um efeito fornecer um parceiro temporário além do seu limite, você não se beneficiará dele — mas pode passá-lo para outro personagem como visto acima.

Parceiros não podem ser alvos de ações hostis. Porém, em situações dramáticas, o mestre pode decidir que algo acontece com ele. Se um personagem é capturado por orcs, o cavalo dele pode acabar a serviço dos humanoides — ou ser devorado!

TIPOS DE PARCEIROS

Estes são exemplos de parceiros. O mestre pode criar outros ou misturar benefícios: por exemplo, um cavaleiro da Luz mestre pode fornecer +2 em testes de ataque e +2 na Defesa (os benefícios de um combatente veterano e um guardião iniciante).

ADEPTO

Um conjurador capaz de ajudá-lo a lançar suas magias. *Iniciante*: o custo para lançar suas magias de 1º círculo diminui –1 PM. *Veterano*: como acima, mas também reduz o custo de suas magias de 2º círculo. *Mestre*: como acima, e esta redução se torna cumulativa com outras reduções.

AJUDANTE

Um bardo, nobre ou sábio que ajuda com palavras firmes ou encorajadoras. *Iniciante*: você recebe +2 em duas perícias. *Veterano*: muda para +2 em três perícias. *Mestre*: muda para +4 em três perícias. As perícias são definidas pelo parceiro. Um ajudante não pode fornecer bônus em Luta ou Pontaria.

ASSASSINO

Um ladino ou outro tipo furtivo e letal. *Iniciante*: você pode usar a habilidade Ataque Furtivo +1d6. Se já possui a habilidade, o bônus é cumulativo. *Veterano*: além do Ataque Furtivo, fornece bônus por flanquear contra um inimigo por rodada. *Mestre*: muda o dano do Ataque Furtivo para +2d6. *Note que, além de fornecer +2 em testes de ataque corpo a corpo, o bônus por flanquear facilita que o personagem use seu Ataque Furtivo.*

CAPÍTULO SEIS

ATIRADOR

Um arqueiro, besteiro ou outro combatente à distância. *Iniciante:* uma vez por rodada, você recebe +1d6 em uma rolagem de dano à distância. *Veterano:* muda para +1d10. *Mestre:* muda para +2d8.

COMBATENTE

Um bucaneiro, guerreiro, paladino ou animal de caça. *Iniciante:* +2 em testes de ataque. *Veterano:* muda para +3 em testes de ataque. *Mestre:* muda para +4 em testes de ataque e, uma vez por rodada, você pode gastar 5 PM para fazer um ataque extra.

DESTRUIDOR

Um arcanista ou inventor. *Iniciante:* uma vez por rodada, como uma ação livre, você pode gastar 1 PM para causar 2d6 pontos de dano de ácido, eletricidade, fogo ou frio (de acordo com o parceiro) em um alvo em alcance curto. *Veterano:* como acima, mas você também pode gastar 2 PM para causar 4d6 pontos de dano. *Mestre:* como acima, mas você também pode gastar 4 PM para causar 6d6 pontos de dano em uma área de 6m de raio em alcance médio.

FORTÃO

Um bárbaro, lutador ou outro tipo que bate primeiro e pensa depois. *Iniciante:* uma vez por rodada, você recebe +1d8 em uma rolagem de dano corpo a corpo. *Veterano:* muda para +1d12. *Mestre:* muda para +3d6.

GUARDIÃO

Um cavaleiro, cão de guarda ou outro NPC cuja função primária é proteger. *Iniciante:* você recebe +2 na Defesa. *Veterano:* muda para +3. *Mestre:* muda para +4 na Defesa e +2 em testes de resistência.

MAGIVOCADOR

Um conjurador especializado em magias ofensivas. *Iniciante:* o dano de suas magias aumenta em +1 dado do mesmo tipo. *Veterano:* como acima, e a CD para resistir a suas magias aumenta em +1. *Mestre:* como acima, mas dobra os bônus (para um total de +2 dados de dano e +2 na CD).

MÉDICO

Um clérigo, druida, herbalista ou outro NPC com capacidades curativas. *Iniciante:* uma vez por rodada você pode gastar 1 PM para curar 1d8+1 PV de uma criatura adjacente. *Veterano:* como acima, mas você pode gastar 3 PM para curar 3d8+3 PV ou remover uma condição prejudicial (como abalado ou fatigado). *Mestre:* como acima, mas você também pode gastar 5 PM para curar 6d8+6 PV.

> **Por Que Parceiros?**
>
> Parceiros são mais indicados que NPCs com fichas porque aceleram o jogo e mantêm o foco nos personagens. Se cada parceiro tivesse suas próprias ações, o jogo ficaria lento. Além disso, se agisse independentemente, um parceiro poderia acabar rolando o ataque que mata o vilão, frustrando os jogadores. Com parceiros que oferecem bônus, quem efetivamente age é sempre o jogador.

PERSEGUIDOR

Um caçador, animal farejador ou outro especialista em localizar alvos. *Iniciante:* +2 em Percepção e Sobrevivência. *Veterano:* você pode usar Sentidos Aguçados. *Mestre:* você pode usar Percepção às Cegas.

VIGILANTE

Um vigia ou animal de guarda, sempre atento aos arredores. *Iniciante:* +2 em Percepção e Iniciativa. *Veterano:* você pode usar Esquiva Sobrenatural. *Mestre:* você pode usar Olhos nas Costas.

MONTARIAS E COMBATE MONTADO

Montarias são um tipo específico de parceiro. Elas usam as seguintes regras especiais.

• Para usar um parceiro montaria você precisa montar nele. Para passá-lo para outro aliado, precisa desmontar antes. Ambas são ações de movimento.

• Uma vez montado, você precisa gastar uma ação de movimento e fazer um teste de Cavalgar (CD 10) por turno para guiar a montaria. Se passar, recebe os benefícios dela. Se falhar, perde a ação de movimento. Se falhar por 5 ou mais, cai da montaria e sofre 1d6 pontos de dano. Se for treinado em Cavalgar, você recebe os bônus da montaria automaticamente, sem precisar gastar a ação ou fazer o teste.

• Se você sofrer dano, deve fazer um teste de Cavalgar (CD igual ao dano). Se falhar, cai da montaria e sofre 1d6 pontos de dano. Se possuir o poder Ginete, você não precisa fazer esse teste.

• Cada parceiro montaria possui uma categoria de tamanho (indicada ao lado do nome do parceiro). Um personagem só pode montar uma montaria maior do que ele mesmo, e enquanto estiver montado usa o tamanho da montaria para efeitos do espaço que ocupa e para modificador de Furtividade.

> ### Variante: Parceiros Vulneráveis
>
> Com esta variante, parceiros podem se ferir e morrer. Sempre que um personagem sofre dano, deve rolar um dado para cada parceiro. Com um resultado "1", o parceiro fica ferido. Por si só, isso não tem efeito em jogo. Porém, caso o jogador role um novo 1 para um parceiro que já esteja ferido, esse parceiro morre. O dado rolado depende do poder do parceiro: d4 para iniciantes, d6 para veteranos e d8 para mestres. Esta variante coloca sobre o jogador a decisão de continuar ou não usando um parceiro ferido — o personagem abre mão da ajuda para não arriscar o amigo?
>
> Recomendamos esta variante apenas para parceiros circunstanciais, não aqueles recebidos por habilidades de classe.

- O balanço da montaria em movimento torna mais difícil atacar à distância (–2 em testes de ataque) e conta como condição ruim para lançar magias. Se possuir o poder Ginete, você não sofre nenhuma dessas penalidades.

Montarias podem ser compradas ou recebidas por habilidades. No primeiro caso, são sempre parceiros iniciantes. No segundo, seu poder é definido pela habilidade em questão. Note que embora alguns animais sejam facilmente comprados, como cavalos e trobos, outros são raros. Encontrar um grifo à venda é quase impossível!

CAVALO — GRANDE

A montaria mais comum do Reinado. *Iniciante:* seu deslocamento muda para 12m e você recebe uma ação de movimento extra por turno (apenas para se deslocar). *Veterano:* como acima, mas seu deslocamento muda para 15m e você recebe +2 em ataques corpo a corpo. *Mestre:* como acima, mas você recebe uma segunda ação de movimento extra por turno (novamente, apenas para se deslocar).

Estas estatísticas também se aplicam a pôneis (tamanho Médio).

CÃO DE CAÇA — MÉDIO OU PEQUENO

Cães de porte adequado são montarias comuns para personagens Pequenos ou Minúsculos. *Iniciante:* seu deslocamento muda para 9m, você pode usar faro e recebe uma ação de movimento extra por turno (apenas para se deslocar). *Veterano:* como acima, mas seu deslocamento muda para 12m e você recebe +2 na Defesa. *Mestre:* como acima; além disso, uma vez por rodada, quando acerta um ataque corpo a corpo, você pode fazer a manobra derrubar como uma ação livre.

LOBO-DAS-CAVERNAS — GRANDE

Primos primitivos e maiores dos lobos comuns, lobos-das-cavernas são usados como montaria por goblinoides e aventureiros selvagens. *Iniciante:* seu deslocamento muda para 12m e você recebe uma ação de movimento extra por turno (apenas para se deslocar). *Veterano:* como acima, mas seu deslocamento muda para 15m e, uma vez por rodada, você recebe +1d8 em uma rolagem de dano corpo a corpo. *Mestre:* como acima; além disso, uma vez por rodada, quando acerta um ataque corpo a corpo, você pode fazer a manobra derrubar como uma ação livre.

Estas estatísticas também se aplicam a lobos comuns (tamanho Médio).

GRIFO — GRANDE

Esta fera majestosa é muito cobiçada por heróis. *Iniciante:* uma vez por rodada, você recebe +1d8 em uma rolagem de dano corpo a corpo (um grifo iniciante é um filhote e não pode ser usado como montaria). *Veterano:* como acima, mas pode ser usado como montaria, mudando seu deslocamento para voo 18m. *Mestre:* como acima, mas você recebe uma ação de movimento extra por turno (apenas para se deslocar).

GORLOGG — GRANDE

Esta besta primitiva é usada como montaria pelos mais selvagens. *Iniciante:* seu deslocamento muda para 12m e, uma vez por rodada, você recebe +1d6 em uma rolagem de dano corpo a corpo. *Veterano:* como acima, mas o bônus em rolagens de dano corpo a corpo muda para +1d10. *Mestre:* seu deslocamento muda para 15m e o bônus em rolagens de dano corpo a corpo muda para +2d8.

TROBO — GRANDE

Usados como animais de carga e tração, trobos também servem como montarias. *Iniciante:* seu deslocamento muda para 9m e você recebe uma ação de movimento extra por turno (apenas para se deslocar) e +1 em testes de resistência. *Veterano:* como acima, mas seu deslocamento muda para 12m e o bônus em testes de resistência muda para +2. *Mestre:* como acima, mas o bônus em testes de resistência muda para +5.

AMBIENTES DE AVENTURA

MASMORRAS

Antigas redes de túneis levando ao reino secreto de Doherimm. Ruínas esquecidas de templos sszzaazitas. Covis de dragões, com suas promessas de tesouro. Lugares fechados, perigosos, repletos de armadilhas e monstros. Em Arton, esses lugares são conhecidos coletivamente como "masmorras".

Uma masmorra pode ser pequena e apertada, um simples esconderijo de bandidos, ou um vasto complexo planar como o Labirinto de Valkaria, vencido por heróis do passado para libertar a Deusa da Humanidade. São lugares de mistério e bizarria, de eventos absurdos e sem sentido. Uma tribo orc vive no aposento vizinho ao ninho de aranhas gigantes, sem que ocorra qualquer conflito — *até* a chegada de aventureiros. Uma passagem secreta se abre onde não deveria estar. Um caldeirão na antiga cozinha pode conter tanto uma poção mágica de cura quanto uma mão zumbi estranguladora.

Todas as masmorras, no entanto, têm uma coisa em comum: são o alvo preferido de heróis que desejam adquirir experiência e conquistar tesouros.

Em termos de jogo, masmorras são um ambiente comum de aventura. Por serem fechadas, limitam as opções dos jogadores e simplificam a vida do mestre. Em uma masmorra, o grupo pode decidir basicamente para qual sala ir. Se você mapear todas as salas, terá uma resposta para todas as decisões dos jogadores. Mestres iniciantes devem considerar fazer suas primeiras aventuras nesse tipo de ambiente.

CRIANDO AVENTURAS EM MASMORRAS

Criar uma aventura em uma masmorra exige basicamente criar a masmorra em si.

Conceito. Defina o conceito da masmorra. A tabela ao lado traz algumas ideias, mas as possibilidades são ilimitadas — praticamente qualquer espaço fechado pode ser uma masmorra.

Tamanho. A quantidade de salas. Masmorras pequenas têm entre 3 e 6 salas e podem ser resolvidas como parte de uma sessão de jogo. Masmorras médias têm entre 7 e 20 salas e ocupam uma sessão inteira. Masmorras grandes têm entre 21 e 50 salas

Tabela 6-2: Ideias de Masmorras

1D20	Masmorra
1	Complexo de cavernas subterrâneas
2	Mina abandonada
3	Templo de um deus maligno
4	Esgotos da cidade
5	Castelo de um déspota
6	Torre de um mago louco
7	Moinho da vila
8	Armazém no porto
9	Ruínas de uma civilização perdida
10	Fortaleza anã abandonada
11	Mansão assombrada
12	Prisão da cidade
13	Caverna submersa
14	Gruta usada como covil por um monstro
15	Biblioteca mágica
16	Galeão encalhado
17	Labirinto feito para proteger um tesouro
18	Manicômio repleto de vilões insanos
19	Vulcão inativo
20	Castelo nas nuvens

e são o escopo de toda uma aventura. Não recomendamos masmorras maiores do que isso — por mais interessante que o ambiente seja, ficar tanto tempo num mesmo lugar acaba sendo entediante.

Objetivo Principal. O objetivo da masmorra é aquilo que o grupo foi buscar nela. Um antídoto? O esconderijo do vilão? Um tesouro? O conceito funciona como um guia — se a masmorra é uma prisão, o objetivo pode ser resgatar um prisioneiro.

Objetivos Secundários (Opcional; Apenas Masmorras Médias e Grandes). Invente um objetivo secundário, algo que o grupo deve fazer antes do objetivo principal. Por exemplo, uma chave que precisa ser encontrada para abrir a última porta. Um objetivo secundário faz com que o grupo interaja mais com a masmorra. Em vez de avançar direto rumo ao fim, os personagens terão que explorar em busca do objetivo secundário. Masmorras médias podem ter um objetivo secundário, enquanto masmorras grandes podem ter até três.

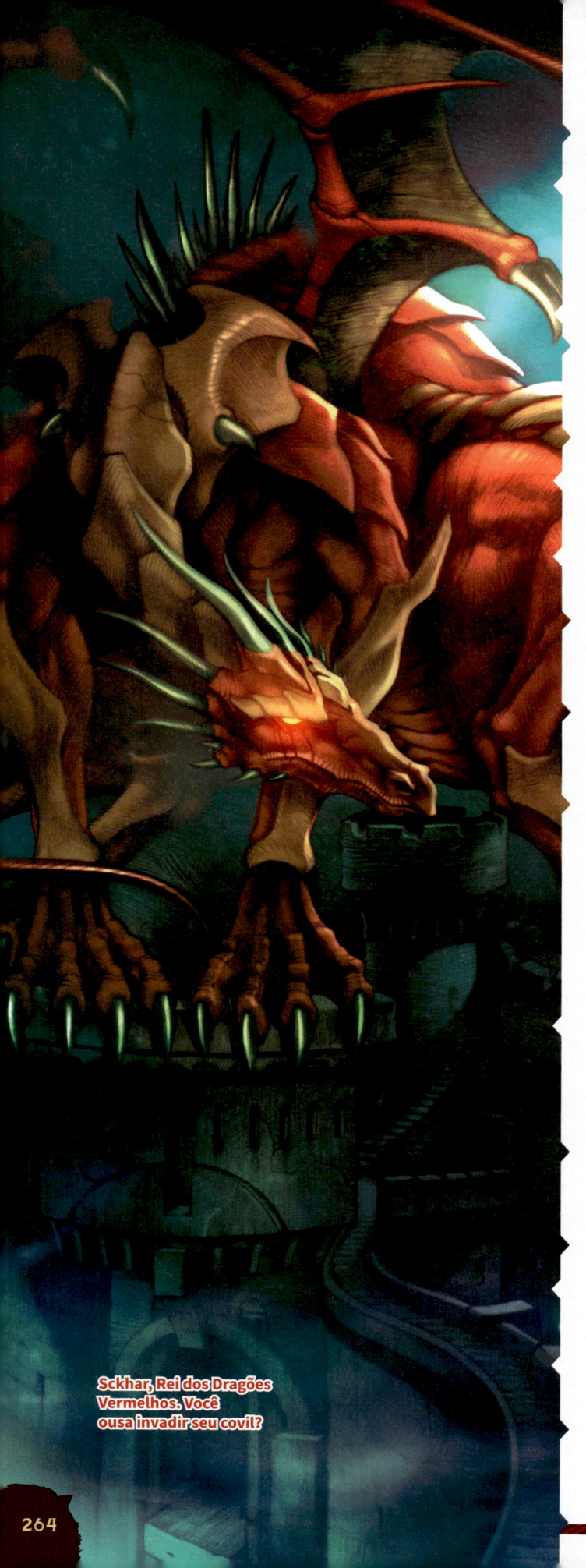

Sckhar, Rei dos Dragões Vermelhos. Você ousa invadir seu covil?

Objetivos Opcionais. Invente objetivos que *não são* obrigatórios para atingir o principal. O melhor exemplo é uma sala pela qual os personagens não precisam passar, mas que possui um tesouro e um desafio. Os personagens encaram o desafio para conquistar o tesouro? A decisão é deles. Adicionar escolhas faz com que os jogadores se envolvam mais. Masmorras pequenas devem ter um objetivo opcional; masmorras médias, dois, e masmorras grandes, três.

Ameaças. Calcule uma ameaça para cada três salas, com um misto de cenas de ação (monstros, armadilhas) e exploração (labirintos, enigmas). Veja o **Capítulo 7: Ameaças**.

Pontos de Interesse (Opcional). Pense em elementos que tornarão a jornada dos heróis mais interessante. Um rio subterrâneo, uma coleção de tapeçarias com a história de um antigo reino, uma estátua falante... Isso inclui NPCs com os quais os personagens podem interagir (se o NPC for apenas um inimigo, será uma ameaça). Os pontos de interesse podem ter relação com os objetivos ou ameaças da masmorra ou ser apenas elementos descritivos.

Mapa. Desenhe o mapa da masmorra, com o número de salas que escolheu e corredores para conectá-las. Distribua os objetivos (principal, secundários e opcionais) nas salas e as ameaças antes ou junto dos objetivos. Faça mais de um caminho, para que os jogadores tenham escolhas. Se você não souber ou não quiser desenhar, pode procurar mapas prontos ou geradores de mapas na internet. Na verdade, outra maneira de criar uma masmorra é começar pelo mapa e ir preenchendo-o com os elementos desta lista (objetivos, ameaças e pontos de interesse).

Descrição e Regras. Por fim, escreva uma descrição rápida para cada sala da masmorra e as regras de cada objetivo e ameaça, como fichas de criaturas.

ELEMENTOS DE MASMORRAS

Pisos. Pisos planos (tablados de madeira, ladrilhos em bom estado...) não têm efeito em regras. Pisos irregulares (cavernas naturais, construções em ruínas...) exigem testes de Acrobacia (CD 10) para correr ou fazer uma investida. Piso escorregadio, seja por água, gelo ou mesmo sangue, também exige o uso de Acrobacia para se equilibrar. Um piso que seja irregular e escorregadio aumenta a CD do teste para 15. Por fim, pisos cobertos de escombros, entulhos ou outros obstáculos impactantes contam como terreno difícil.

Paredes. Paredes normalmente são de alvenaria ou pedra bruta (escavada ou natural), mas também podem ser de madeira. Paredes de alvenaria têm redução de dano 8 e 200 PV por trecho de 1,5m de lado. A CD de Atletismo para escalá-las é 20. Paredes de pedra bruta têm RD 8, 500 PV e CD 15 para escalar. Por fim, paredes de madeira possuem RD 5, 100 PV e CD 20 para escalar.

Portas. Podem ser de madeira (usada em casas comuns), madeira reforçada (encontrada em mansões, armazéns e outras construções protegidas), pedra (usada em templos e torres) e ferro (usada em salas de tesouro). Além de portas, muitos ambientes são fechados por grades de ferro, especialmente castelos, calabouços e esgotos. A tabela a seguir traz a redução de dano e os pontos de vida de cada tipo de porta. Também é possível abrir uma porta com um encontrão ou chute — em termos de jogo, uma ação padrão e um teste de Força. A dificuldade do teste aparece na tabela. Um personagem que falhe por 5 ou mais sofre 1d6 pontos de dano de impacto.

Portas Secretas. Encontrar uma dessas exige um teste de Investigação, com CD de 20 (portas escondidas atrás de estantes ou tapeçarias) a 30 (portas feitas para se mesclar perfeitamente às paredes).

Escadarias. Subir uma escadaria conta como terreno difícil. Descer uma escadaria correndo ou fazendo uma investida exige um teste de Acrobacia (CD 10). Em caso de falha, você cai no chão, rola 1d4 x 1,5m para frente (ou até o fim da escada) e sofre 1d6 pontos de dano de impacto por 1,5m rolados.

Pilares. Pilares e colunas existem por motivos funcionais (suportar o peso do teto) e estéticos. Via de regra, quanto maior e mais profunda for uma sala, mais colunas ela terá. Pilares podem ser estreitos (com menos de 1,5m de largura) ou largos (com mais de 1,5m de largura). Um pilar estreito tem RD 8 e 100 PV. Um personagem pode ficar no mesmo espaço de um pilar estreito e receber cobertura leve por isso (+5 na Defesa). Um pilar largo possui RD 8 e 500 PV. Um personagem não pode ficar no mesmo espaço de um pilar largo, mas pode ficar atrás dele para ganhar cobertura leve. Estalagmites e estátuas contam como pilares estreitos ou largos, de acordo com seu tamanho.

Tapeçarias. Um elemento comum de muitas masmorras (especialmente templos e castelos antigos), tapeçarias podem ser úteis como esconderijo ou meio de alcançar um ponto mais alto. Uma tapeçaria com 1,5m de largura tem RD 0 e 10 PV. Um personagem atrás de uma tapeçaria possui camuflagem leve. A CD do teste de Atletismo para escalar uma tapeçaria é 15 (supondo que ela seja resistente o bastante para sustentar o peso do personagem).

Altares. Outro elemento típico de masmorras são altares — normalmente, blocos de pedra retangulares que são o centro de um templo. Um altar comum ocupa um espaço de 1,5m por 3m, possui RD 8 e 200 PV e fornece cobertura leve a qualquer criatura atrás dele, embora altares maiores, menores e de outros materiais existam. Um altar também pode emanar uma aura mágica, especialmente as magias *Consagrar* e *Profanar*.

Tabela 6-3: Portas

Tipo de Porta	RD	PV	CD
Madeira	5	20	15
Madeira reforçada	5	30	20
Pedra	8	100	25
Ferro	10	100	25
Grade	10	60	20

OS ERMOS

Florestas sombrias, montanhas escarpadas e o fundo do mar são exemplos de "ermos", lugares abertos e inóspitos — ao contrário de masmorras, que são fechadas e inóspitas. Ermos e masmorras são os ambientes de aventura mais comuns. Incontáveis histórias de fantasia épica incluem jornadas pelos ermos.

CRIANDO AVENTURAS NOS ERMOS

É possível fazer uma aventura nos ermos como se fosse uma masmorra, ou seja, mapeando o lugar que os personagens vão explorar. No caso de uma floresta, por exemplo, apenas substitua as salas por clareiras e os corredores por trilhas entre as árvores.

Porém, ermos são definidos por serem lugares abertos, onde os personagens podem ir em qualquer direção. Para emular isso, é melhor usar uma abordagem abstrata. Em vez de fazer um mapa, defina uma condição para os personagens avançarem e uma série de encontros que eles terão à medida que avançam.

Imagine uma aventura que tenha como objetivo encontrar uma flor mágica no centro da Mata dos Galhos Partidos. Você define que, para avançar pela floresta, os personagens precisam passar em um teste de Sobrevivência. Cada teste representa um dia de viagem e, para chegar ao centro, é necessário passar em três testes (ou seja, na melhor das hipóteses, o grupo chegará em três dias). Para cada avanço, você prepara uma cena — uma ameaça, objetivo opcional ou ponto de interesse. Por exemplo, após o primeiro sucesso, os heróis são atacados por lobos famintos.

Para deixar as coisas mais envolventes, coloque escolhas para os jogadores. Após o segundo sucesso, o grupo vê seu caminho bloqueado por teias. Eles seguem em frente, arriscando serem atacados por aranhas gigantes, ou procuram outro caminho, talvez estendendo sua jornada em um ou mais dias? Por fim, defina uma consequência para o tempo perdido. Talvez o grupo tenha mantimentos limitados, talvez haja monstros errantes e a cada dia exista uma chance de que os heróis sejam atacados.

Prepare uma descrição para cada um dos dias da jornada e sua aventura estará pronta. Essa abordagem abstrata funciona bem — e simplifica a vida do mestre.

Arton é vasto, as distâncias são enormes. Importante é a jornada, não o destino

CLIMA

O clima pode ser um aspecto importante de uma cena — uma batalha sob uma tempestade costuma ser mais dramática que lutar em um belo dia de sol!

Calor e Frio. Um personagem em clima muito quente (acima de 50º C) ou muito frio (abaixo de –10º C) deve fazer um teste de Fortitude por dia (CD 15 +1 por teste anterior). Se falhar sofre 1d6 pontos de dano de fogo ou frio que só pode ser curado após sair do clima quente ou frio. Em calor ou frio extremos (acima de 60º C ou abaixo de –20º C) o teste deve ser feito por minuto.

Neblina. Fornece camuflagem. Neblina espessa fornece camuflagem leve a criaturas a 1,5m e camuflagem total a criaturas a mais de 1,5m.

PRECIPITAÇÕES

Chuva. –5 em testes de Percepção e os mesmos efeitos de vento forte.

Granizo. Como chuva, mas no início de cada rodada, todas as criaturas sofrem 1 ponto de dano de impacto.

Neve. Como chuva, mas cria terreno difícil.

Tempestade. –10 em testes de Percepção e os mesmos efeitos de vendaval. No início de cada rodada, há 10% de chance de uma criatura aleatória ser atingida por um raio (8d10 pontos de dano de eletricidade).

VENTO

Vento Forte. –2 em testes de ataque à distância e 50% de chance por rodada de apagar chamas ou dissipar névoas.

Vendaval. –5 em testes de ataque à distância. Apaga chamas e dissipa névoas.

Furacão. Torna ataques à distância impossíveis, apaga chamas e dissipa névoas. No início de cada rodada, criaturas Médias ou menores devem passar em um teste de Fortitude (CD 15) ou caem, são arrastadas 1d4 x 1,5m na direção do vento e sofrem 1d6 pontos de dano de impacto para cada 1,5m.

Tornado. Torna ataques à distância impossíveis, apaga chamas e dissipa névoas. No início de cada rodada, criaturas Grandes ou menores devem passar em um teste de Fortitude (CD 25) ou caem, são arrastadas 1d12 x 1,5m em uma direção aleatória e sofrem 1d6 pontos de dano de impacto para cada 1,5m.

Jornadas em "Montagem"

Às vezes, o grupo passa pelos ermos sem que isso seja a aventura em si. Se o propósito da viagem é apenas levar os personagens ao local da aventura, não se preocupe em criar encontros. Em vez disso, resuma tudo a uma descrição curta: *"Depois de uma semana de viagem, vocês chegam a Nova Malpetrim"*. Filmes muitas vezes resumem uma viagem a uma sequência rápida de cenas — uma montagem —, justamente para chegar logo ao que interessa.

É claro, para passar a ideia de uma jornada, você pode fazer uma descrição mais esmerada: *"Vocês avançam pela província de Petrynia. Por dias, tudo que veem são fazendas abandonadas e vilas desertas, um testemunho da decadência do Império de Tauron. Enfim, avistam movimento na estrada — fazendeiros e mercadores puxando carroças com legumes e mercadorias em direção a uma das poucas cidades da região. Nova Malpetrim, a Cidade dos Aventureiros, aguarda por vocês"*. A seguir estão algumas dicas para uma descrição assim.

Transmita a Atmosfera. Concentre sua descrição em poucos elementos que transmitam a ideia que você quer. Se os personagens estão viajando por Deheon, um reino próspero, descreva camponeses rechonchudos que os cumprimentam na estrada. Se estão cruzando Aslothia, um reino amaldiçoado, atente para o céu sempre nublado, a terra cinzenta e o povo sofrido. No exemplo acima, o elemento importante são as "fazendas abandonadas e vilas desertas", que passam a ideia de um lugar perigoso e sem lei.

Seja Sucinto. Evite falar por mais do que dois ou três minutos. Mais do que isso torna a cena chata e, ao contrário do que possa parecer, *não* transmite mais informações. Pelo contrário — os jogadores vão parar de prestar atenção e você não vai conseguir transmitir nada!

Lembre-se do Fantástico. Arton é um mundo maravilhoso — use isso em suas descrições. Nas montanhas que cobrem o horizonte, os personagens veem grifos voando. No bosque perto da estrada, luzes feéricas brilham à noite.

TERRENOS

São agrupados em colinas, desertos, florestas, montanhas, pântanos, planícies, árticos e aquáticos.

COLINAS

Um tipo de terreno caracterizado por ondulações (suaves ou íngremes) e eventuais penhascos.

Inclinação Suave. Não afeta o movimento, mas personagens no lado superior recebem bônus por terreno elevado contra personagens no lado inferior.

Inclinação Íngreme. Conta como terreno difícil para subir. Descer uma inclinação íngreme correndo ou fazendo uma investida exige um teste de Acrobacia (ou Cavalgar, se você estiver montado; CD 10). Em caso de falha, você cai no chão, rola 1d4 x 1,5m para frente (ou até o fim da inclinação) e sofre 1d6 pontos de dano de impacto por 1,5m rolados.

Penhasco. Um rochedo alto e escarpado, um penhasco típico tem 1d6 x 3m de altura. Escalar um penhasco exige um teste de Atletismo (CD 15).

DESERTOS

Lugares áridos e quentes (para desertos de clima frio, veja "Ártico", a seguir).

Dunas. Formadas pela ação do vento sobre a areia, dunas funcionam como inclinações íngremes (veja "Colinas", acima). Porém, cair e rolar de uma duna não causa dano.

FLORESTAS

Incluem florestas fechadas e abertas (bosques). Florestas fechadas são cobertas de árvores largas, folhagens e vegetação rasteira. Bosques normalmente possuem apenas árvores estreitas.

Árvores. Podem ser estreitas (com menos de 1,5m de largura) ou largas (com mais de 1,5m de largura). Uma árvore estreita tem RD 5 e 100 PV. Um personagem pode ficar no mesmo espaço de uma árvore estreita e receber cobertura leve. Uma árvore larga possui RD 5 e 500 PV. Um personagem não pode ficar no mesmo espaço de uma árvore larga, mas pode ficar atrás dela para ganhar cobertura leve. Subir numa árvore exige um teste de Atletismo (CD 15). Um personagem no topo de uma árvore precisa se equilibrar (CD 15; veja Acrobacia, na página 115). Um personagem no topo de uma árvore larga recebe camuflagem leve contra criaturas no solo.

Folhagens. Moitas e arbustos contam como terreno difícil e fornecem camuflagem leve a criaturas dentro deles.

Vegetação Rasteira. Raízes, vinhas e outros tipos de vegetação rasteira contam como terreno difícil. Além disso, impõem penalidade de –2 em teste de Furtividade pelas folhas secas e galhos caídos.

MONTANHAS

O início de um terreno montanhoso é normalmente marcado por inclinações e penhascos (veja "Colinas", acima).

Abismo. Uma fenda no chão, normalmente com 1d4 x 1,5m de largura e 2d4 x 3m de profundidade. Escalar para fora de um abismo exige um teste de Atletismo (CD 20).

Altitude. A falta de oxigênio de grandes altitudes pode ser letal. Um personagem no cume de uma montanha deve fazer um teste de Fortitude (CD 15 + 1 por teste anterior) por dia. Em caso de falha, fica fatigado até descer (se já estava fatigado, fica exausto).

Paredão. Um penhasco vertical e muito alto, normalmente com 2d6 x 3m de altura. Escalar um paredão exige um teste de Atletismo (CD 25).

Seixos. Em montanhas, inclinações íngremes às vezes são cobertas de pedrinhas. Nesse caso, a CD do teste para descer a inclinação numa corrida ou investida aumenta para 15.

PÂNTANOS

Inclui brejos, charcos, mangues (pântanos de água salgada) e qualquer tipo de terreno alagado. Pântanos possuem muita vegetação rasteira, folhagens e árvores (veja "Florestas", acima), além de água parada (veja "Aquático", abaixo) e lodaçais.

Lodaçal. Poças com uma mistura de água e lama que atrapalha os movimentos. Um lodaçal conta como terreno difícil e impõe a condição vulnerável a qualquer personagem dentro dele.

PLANÍCIES

Incluem estradas, pastos, fazendas e campos de batalha. Normalmente, não há elementos associados a planícies, embora às vezes elas contenham vegetação rasteira (veja em "Florestas", acima). Campos de batalha, porém, muitas vezes possuem trincheiras.

Trincheira. Uma vala escavada no solo para proteger soldados. Um personagem em uma trincheira recebe cobertura leve contra ataques à distância. Sair de uma trincheira conta como terreno difícil. Essa regra pode ser usada para valas, leitos de rio secos e acidentes geográficos similares.

ÁRTICO

Qualquer região fria. Normalmente, regiões árticas são montanhas ou desertos gelados (tundras).

Gelo. Você pode andar no gelo à metade do seu deslocamento sem testes. Porém, andar em seu deslocamento normal, correr, fazer uma investida ou sofrer dano sobre o gelo exige um teste de Acrobacia (CD 15, no caso de movimento, ou igual ao dano sofrido). Em caso de falha, você cai e desliza 1d4 x 1,5m (para a frente, no caso de movimento, ou na direção do ataque, no caso de dano sofrido).

Rio Congelado. Andar sobre um rio congelado é como andar sobre gelo. Se você cair e rolar 1 no d4 para determinar quanto desliza, o gelo quebra e você afunda. Se você afundar, sofre 1d6 pontos de dano de frio por rodada e precisa nadar. Sair exige estar debaixo de um buraco no gelo e gastar uma ação de movimento para se erguer. Abrir um buraco exige causar 10 pontos de dano de impacto ou fogo.

AQUÁTICO

Este tipo de terreno é dividido em água corrente (rios e mar agitado) e parada (lagos e mar calmo).

Água Corrente. A velocidade típica de uma correnteza é 1d6 x 3m por rodada. No fim de cada rodada, todos os personagens na água são arrastados nessa velocidade na direção da correnteza. A CD de testes de Atletismo para nadar em um rio é 15 (para correntezas de 9m por rodada ou menos) ou 20 (para correntezas mais rápidas). Sair de uma correnteza com velocidade de 15m ou mais exige chegar até a margem ou ponto de apoio (como um bote ou uma tábua flutuante), então gastar uma ação de movimento e passar num teste de Atletismo (CD 20) para agarrar alguma coisa (galho, raiz, corda...). Se falhar, o personagem não consegue agarrar nada (e, no fim da rodada, será levado pela correnteza).

Água Parada. Água parada exige testes de Atletismo para nadar, conforme a descrição da perícia, mas não possui nenhum outro modificador.

Personagens Submersos. Criaturas debaixo d'água não podem falar (e, portanto, lançar magias) e sofrem –2 em testes de ataque e –5 em testes de Percepção. Eles só podem se deslocar fazendo testes de Atletismo para nadar. Criaturas com deslocamento de natação não sofrem essas penalidades.

Armas de ataque à distância não podem ser usadas (com exceção de armas de arremesso de perfuração, bestas e redes) e armas de corte e impacto causam metade do dano debaixo d'água. Por fim, criaturas submersas recebem camuflagem e cobertura leves contra personagens fora d'água.

> ### Perigos Ambientais
>
> Na vida real, uma jornada pelos ermos pode ser bastante perigosa, mesmo sem nenhum monstro. Há diversas obras com o tema "homem contra natureza". O Capítulo 7: Ameaças traz regras para perigos ambientais, como avalanches. Além de emocionantes, são uma boa alternativa para quando você quer uma cena de ação que não seja necessariamente um combate.

OUTROS ELEMENTOS DOS ERMOS

COVIL

Da gruta de um urso-coruja ao fosso de um escorpião gigante, os ermos estão repletos de lares de monstros. Um covil pode ser avistado com testes de Percepção ou Sobrevivência, e esta última perícia pode ser usada para identificar o habitante do lugar (CD 15 + ND da criatura). Normalmente um monstro estará em seu covil, mas há 25% de chance de ele estar fora — e qualquer tesouro que ele possua estar desprotegido. Resta saber se os personagens conseguirão entrar e sair antes da criatura voltar...

RUÍNA

Os ermos são repletos dos resquícios de eras passadas. Um personagem que entre em uma ruína deve rolar 1d6. Com um resultado 1 ou 2, a ruína possui apenas uma ameaça (normalmente uma armadilha ou monstro, a critério do mestre). Com um resultado 3 ou 4, estará vazia. Com um resultado 5, possui uma ameaça e um tesouro. Com um resultado 6, possui apenas um tesouro. As ameaças e os tesouros são apropriados para o nível do grupo. Essa mecânica serve para lugares pequenos — ruínas grandes são masmorras por si só!

SANTUÁRIO

Mesmo em regiões inóspitas é possível encontrar lugares consagrados aos deuses — uma estátua de Khalmyr, um círculo de flores para Allihanna, uma pedra manchada de sangue para Megalokk... Um teste de Religião (CD 20) indica a qual deus o santuário é consagrado. Tocar um santuário de seu deus patrono fornece o efeito de uma magia (normalmente *Bênção*, *Curar Ferimentos*, *Físico Divino* ou *Vestimenta da Fé*), mas apenas uma vez por dia. Porém, se o santuário for de um deus inimigo, você é amaldiçoado (veja *Rogar Maldição*) até o final do dia.

Viagens

Via de regra, é melhor lidar com viagens de forma abstrata (veja o quadro "Jornadas em 'Montagem'", na página 267). Mas, se quiser lidar com uma viagem de forma detalhada, use as informações a seguir.

Velocidade de Viagem. Consulte a tabela abaixo para determinar a velocidade de viagem do grupo, por hora ou por dia, de acordo com o deslocamento do membro mais lento do grupo.

Terreno e Clima. As distâncias na tabela consideram terreno aberto e clima bom. Em terreno difícil (florestas, pântanos...) ou clima ruim (chuva, neblina...) diminua a distância pela metade. Essas reduções são cumulativas. De acordo com o mestre, testes de Sobrevivência podem anular essas reduções.

Marcha Forçada. As distâncias na tabela consideram um ritmo normal de caminhada, mas é possível avançar mais rápido. Nesse caso, a distância por hora dobra, mas a cada hora o personagem deve passar em um teste de Fortitude (CD 15 +1 por teste anterior) ou perde 1d6 pontos de vida.

Perdendo-se. Se o grupo não está seguindo uma estrada ou marco — como um rio ou praia —, o guia deve passar em um teste de Sobrevivência por dia, ou ficará perdido. Um grupo perdido viaja em uma direção aleatória. Uma vez por dia, cada personagem pode fazer um teste de Sobrevivência (CD 20 –1 por dia de viagem aleatória) para perceber que está no caminho errado e determinar um novo caminho (com um novo teste de Sobrevivência).

Suprimentos. Controle suprimentos apenas se isso for importante para a aventura — por exemplo, durante uma travessia pelo Deserto da Perdição, a falta de água e comida pode ser tão perigosa quanto um monstro! Nesse caso, os jogadores devem controlar suas rações de viagem. Testes de Sobrevivência para encontrar suprimentos, e de Fortitude para resistir à fome e à sede, podem tornar uma viagem tão emocionante quanto um combate.

Tabela 6-4: Viagens

Deslocamento	por hora[1]	por dia[2]
4,5m	2,25km	18km
6m	3km	24km
7,5m	3,75km	30km
9m	4,5km	36km
12m	6km	48km

[1]Deslocamento x 0,5 km. [2]Deslocamento por hora x 8 km.

Ambientes Urbanos

O terceiro e último tipo de ambiente de aventura é formado por cidades, vilas e qualquer lugar com uma comunidade organizada — de um acampamento das legiões táuricas a um bosque habitado por fadas. Embora a fantasia épica seja mais ligada a masmorras e ermos, ambientes urbanos são ótimos para muitas aventuras. Crime e intriga, especialmente, fazem com que as ruas de uma metrópole sejam tão perigosas quanto os corredores de qualquer masmorra.

Criando Aventuras Urbanas

Aventuras urbanas são diferentes de aventuras em masmorras ou em ermos por uma razão básica: cidades são habitadas. Numa cidade, os aventureiros não podem lidar com problemas simplesmente atacando-os. Eles devem respeitar as leis. Portanto, aventuras urbanas são focadas em interação com NPCs.

Isso não quer dizer que não possa haver ação e combates em cidades. Ambientes urbanos se prestam bem para duelos, emboscadas em becos escuros, lutas de arena... Contudo, qualquer interação, mesmo hostil, levará a uma nova interação, com os mesmos coadjuvantes ou outros. Sempre há consequências.

Para criar uma aventura urbana, comece pensando em uma masmorra. Contudo, em vez de salas e corredores, crie personagens (as "salas") e ligações entre eles (os "corredores").

Os heróis têm um problema a resolver (o objetivo da aventura). Este problema diz respeito a um NPC — em geral vilões a serem combatidos, mas também podem ser inocentes precisando de ajuda, um nobre a ser bajulado etc. A partir deste personagem, trace conexões com outros personagens, que vão levar até ele ou que fornecem alguma ferramenta para cumprir a tarefa final. Crie uma terceira camada de NPCs para levar até estes e assim por diante, até chegar a um bom número de interações. Siga a estrutura de aventura neste mesmo capítulo.

Embora cidades sejam boas para cenas de interpretação, também pode haver cenas dos outros tipos. Os heróis começam conversando com o taverneiro (interpretação) que fala a eles sobre um estranho que viu no dia anterior. Os aventureiros procuram o estranho (exploração), mas ele foge. Eles o perseguem (ação) e ele conta o que sabe (interpretação). Os heróis pedem um favor a um nobre (interpretação) que exige que eles lutem para seu divertimento (ação) etc.

Capítulo Seis

Quase todas as aventuras urbanas envolvem investigação, mas não precisam ser mistérios. A diferença entre uma aventura de mistério e outra mais comum é que, numa aventura comum, os NPCs não vão necessariamente esconder nada. Eles só precisam ser localizados e apaziguados (com interpretação ou combate) para dar a próxima pista.

Como cidades têm muitos NPCs, lembre que os jogadores podem falar com qualquer um — mesmo um que você não tenha preparado. Não se desespere. Escolha um dos NPCs já planejados e o adapte. Se os heróis ignoraram o bardo desiludido e foram atrás de um ferreiro, talvez ele seja um ferreiro desiludido!

TIPOS DE COMUNIDADES

Como visto na seção anterior, você não precisa se preocupar em detalhar completamente um ambiente urbano. Porém, ter uma ideia geral das características do lugar onde se passa a aventura é útil. Para isso, consulte os tipos de comunidade abaixo.

ALDEIA

A maior parte das comunidades de Arton é formada por pequenos povoados rurais. São lugares isolados e com poucos recursos, que dependem de aventureiros errantes para protegê-los quando enfrentam problemas grandes demais.

As características abaixo podem ser usadas para outras comunidades pequenas, como o acampamento legionário e o bosque feérico citados anteriormente.

População. Até 1.000 habitantes.

Governo. Em aldeias afastadas, nenhum. Quando a comunidade precisa decidir algo — como contratar um grupo de aventureiros para lidar com um problema —, a decisão é tomada por um "sábio", um ancião respeitado pelos outros habitantes. Aldeias na área de influência de um nobre serão governadas por um magistrado apontado por ele.

Guarda. Nenhuma formal. Em caso de ataque, 2d10 camponeses podem pegar ancinhos, foices e outras ferramentas (armas simples). Se a aldeia tiver um magistrado, ele terá uma pequena força de defesa (1d4+1 guardas; veja o **Capítulo 7: Ameaças**).

Justiça. Mais uma vez, nenhuma formal. A comunidade se baseia em senso comum (não roube, não mate etc.) ou dogmas religiosos. Um criminoso será julgado pelo sábio ou magistrado, que tem autoridade absoluta... Isto é, se não for expulso por uma turba enfurecida antes!

Economia. Aldeias possuem um único armazém (quando não dependem de mercadores ambulantes). Apenas itens de até T$ 50 estão disponíveis, e em quantidades limitadas (1d6 exemplares de cada ou menos, de acordo com o mestre). Uma aldeia tem 1d4 x T$ 100 em dinheiro para pagar os personagens ou comprar itens deles. Tipos específicos de comunidades podem ter outras limitações. O acampamento táurico, por exemplo, pode ter diversas armas, mas nenhum item alquímico.

VILA

Vilas são comunidades autossuficientes, com produção agrícola, comércio e serviços. Ao contrário de aldeias, possuem uma estrutura civil formal, ainda que simples.

População. Até 5.000 habitantes.

Governo. Vilas são governadas por um burgomestre (equivalente a um prefeito) eleito pelos habitantes ou apontado por um nobre local, caso haja. Há um salão comunal, onde o burgomestre atende ao povo e toma decisões, com uma estrutura simples (alguns servos, um clérigo, talvez um arcanista).

Guarda. Milícia formada por 10d10 guardas comandados por um sargento. O burgomestre pode ter alguns guarda-costas de mais alto nível.

Justiça. Leis simples, impostas pela milícia. Crimes pequenos são resolvidos pelo sargento; punições comuns incluem multas, trabalho forçado ou alguns dias no pelourinho. Crimes maiores são julgados pelo nobre local que, novamente, tem autoridade absoluta. Julgamentos são baseados em convencer o nobre de que o seu lado é o certo — em termos de jogo, testes opostos de Diplomacia entre o acusador e o réu; caso um dos dois esteja mentindo, o nobre pode fazer um teste de Intuição para descobrir isso.

Economia. Uma vila possui um mercado com lojas e oficinas. Itens de até T$ 1.000 estão disponíveis, mas itens raros (armas exóticas, itens alquímicos, itens superiores...) existem em quantidades limitadas (2d6 exemplares de cada) ou não existem em absoluto. Uma vila tem 1d6 x T$ 1.000 em dinheiro disponível.

CIDADE

Com milhares de habitantes, cidades possuem economia forte, política intrincada e todos os outros aspectos de uma vida urbana vibrante. Os habitantes sentem as vantagens e as desvantagens disso: há riqueza, mas também crime. Há um governo forte, mas também intriga. Cidades são raras e afastadas umas das outras por vastidões ermas. Cada reino possui apenas algumas dessas comunidades e viajar de uma a outra é uma aventura por si só!

População. Até 25.000 habitantes.

Governo. Um lorde prefeito apontado pelo regente do reino, assessorado por um conselho eleito de cidadãos "respeitáveis" (fazendeiros e mercadores prósperos, clérigos etc.). Há uma estrutura formal de governo e o lorde prefeito dificilmente estará disponível para qualquer um.

Guarda. Força com centenas de soldados e oficiais, liderada por um capitão (normalmente, um cavaleiro ou guerreiro de pelo menos 8º nível). Cidades são quase sempre muradas. Em caso de ataque, alguns habitantes podem ajudar a guarda, como clérigos de templos locais e aventureiros residentes.

Justiça. Leis complexas, detalhadas em documentos oficiais. Julgamentos são processos formais, com juízes (normalmente clérigos de Khalmyr), advogados e promotores públicos, que representam a autoridade da Coroa local. Um julgamento desses pode ser uma aventura por si só, envolvendo um teste estendido e a busca por provas e testemunhas para receber bônus nos testes.

Economia. Praticamente qualquer item ou serviço mundano estará disponível numa cidade. Itens especialmente valiosos, acima de T$ 10.000 (como itens superiores com muitas melhorias ou de materiais especiais) podem não estar disponíveis. Uma cidade tem 2d4 x T$ 10.000 em dinheiro disponível.

METRÓPOLE

Ainda maiores que cidades, comunidades desse tipo são extremamente raras. Cada reino tem no máximo uma metrópole (sua capital), mas em muitos países nem mesmo a capital atinge esse tamanho.

População. Normalmente, por volta de 100 mil habitantes, embora as maiores metrópoles de Arton — Valkaria, a Cidade sob a Deusa, e Tiberus, a capital do Império de Tauron — tenham mais de um milhão de habitantes cada.

Governo. O próprio regente do reino ao qual pertencem, embora a administração cotidiana seja delegada a incontáveis oficiais e conselheiros. Haverá um verdadeiro labirinto burocrático e con-

Valkaria, o centro do mundo. Impressionante? Sim. Segura? Veja bem...

seguir uma audiência com o governante será quase impossível.

GUARDA. Um exército com soldados, oficiais, clérigos, arcanistas de batalha, construtos, monstros domados e basicamente tudo que o mestre quiser. Além das defesas formais, metrópoles são habitadas por dezenas de aventureiros que não vão ficar de braços cruzados caso sua cidade seja atacada.

JUSTIÇA. Como em cidades, com a diferença de que há diversos tribunais, guildas de juristas oferecendo seus serviços e, em casos maiores, todo tipo de jogo sujo e corrupção.

ECONOMIA. Uma infinidade de oficinas locais, além de caravanas e navios mercantes do mundo inteiro, supre os bazares de uma metrópole com tudo que pode ser imaginado — e o que não está disponível nas lojas respeitáveis pode ser encontrado no mercado clandestino. Até mesmo itens mágicos podem ser encontrados à venda, em leilões exclusivos. A quantidade de dinheiro disponível em uma metrópole é virtualmente ilimitada.

LEI & ORDEM

Uma grande diferença de ambientes urbanos para masmorras e ermos é a existência da lei. Nas profundezas de uma mina abandonada, os heróis podem fazer o que quiserem. Já nas ruas de uma cidade, devem pensar duas vezes antes de sair lançando *Bolas de Fogo*! A seção anterior detalha como cada tipo de comunidade aplica a lei, mas a legislação em si varia de reino para reino — ou mesmo de comunidade para comunidade, de acordo com o nobre local.

No que tange a aventureiros, as normas mais importantes são aquelas que restringem o que eles podem portar. A maior parte das comunidades não possui restrições, mas algumas proíbem armas marciais, varinhas de bruxos e outros itens perigosos, além de símbolos sagrados de certos deuses (como Aharadak, Sszzaas e Tenebra). Armas de fogo são um caso especial: são proibidas em todo o Reinado. Decida se a sua comunidade possui alguma restrição. Personagens podem fazer testes de Nobreza para conhecer a lei de lugares que visitem.

PERSEGUIÇÕES

Um elemento típico de aventuras urbanas, especialmente aquelas envolvendo a lei e o crime, são perseguições. Os personagens podem correr atrás de um bandido pelas ruas de uma cidade, desviando-se da multidão e saltando por sobre caixotes — ou então eles mesmos podem ser perseguidos pela milícia. Para conduzir uma perseguição, use as regras a seguir.

INICIANDO A PERSEGUIÇÃO

Para iniciar uma perseguição, o mestre deve listar quem são os perseguidores e fugitivos, determinar os objetivos de cada lado e estipular a distância inicial.

Normalmente, o objetivo dos perseguidores é simples: alcançar os fugitivos. Já o objetivo dos fugitivos pode ser alcançar um lugar específico ou abrir uma distância mínima. Se o grupo está perseguindo bandidos, o mestre pode determinar que a gangue possui um esconderijo a 200 metros de distância. Assim, os heróis devem alcançar os bandidos antes que estes percorram 200m. Se os personagens estiverem fugindo da milícia, o mestre pode determinar que, se abrirem uma distância de 100m dos milicianos, estes irão desistir da perseguição. Se os fugitivos não tiverem um esconderijo e os perseguidores não planejam desistir, a perseguição pode continuar até que um dos lados fique exausto.

A distância inicial entre os perseguidores e os fugitivos depende da cena. Pode ser 3m, se os dois lados estavam discutindo até algo acontecer e um deles resolver fugir, ou até 30m, no caso de um miliciano que viu um bandido procurado do outro lado do mercado. Na dúvida, o mestre pode rolar 1d10 x 3m.

CONDUZINDO A PERSEGUIÇÃO

Para conduzir uma perseguição, utilize as regras de corrida, descritas na perícia Atletismo (veja a página 116). Cada participante faz um teste de Atletismo por rodada. Para controlar a distância que cada um percorreu, pegue uma folha de papel e separe-a em colunas, com uma coluna para cada participante. Na coluna de cada perseguidor, anote o número 0. Na coluna de cada fugitivo, anote a distância inicial da perseguição. No fim de cada rodada, some a distância que cada participante percorreu com o número diretamente acima na sua coluna e anote este número logo abaixo. Assim, você saberá a qualquer momento a distância que cada participante percorreu em relação ao ponto de partida dos perseguidores.

Se, no fim de uma rodada, a distância de um perseguidor for maior do que a distância de um fugitivo, esse perseguidor alcançou o fugitivo, encerrando a perseguição. O fugitivo pode se render ou uma cena de combate pode começar.

Lembre-se que um personagem pode correr por um número de rodadas igual a 1 + sua Constituição. Após isso, deve fazer um teste de Fortitude (CD 15 +1 por teste anterior) por rodada. Se falhar, fica fatigado e sai da perseguição.

Para deixar a perseguição mais interessante, o mestre pode adicionar eventos, divididos em obstáculos e atalhos. Obstáculos exigem que todos os participantes façam um teste. Um participante que falhe percorre metade da distância naquela rodada (arredonde para baixo para o incremento de 1,5m mais próximo). Atalhos permitem que cada participante escolha fazer um teste. Um participante que passe no teste avança o dobro da distância naquela rodada; se falhar, avança apenas metade.

O mestre pode decidir por obstáculos ou atalhos, ou rolar uma vez por rodada na tabela abaixo. O mestre pode aumentar a CD dos obstáculos em +5, para zonas especialmente movimentadas, criar novos elementos ou determinar penalidades diferentes para uma falha (como dano, por exemplo).

TABELA 6-5: EVENTOS DE PERSEGUIÇÕES

D20	Evento	Teste	Exemplo
1-6	Nenhum	—	—
7-8	Obstáculo	Força CD 15	Pilha de caixotes bloqueia o caminho.
9-10	Obstáculo	Acrobacia CD 20	Frutas caídas deixam o piso escorregadio.
11-12	Obstáculo	Reflexos CD 20	Barris rolam pela rua.
13-14	Obstáculo	Intimidação CD 20	Multidão impede a passagem.
15-16	Atalho	Adestramento CD 20	Carroça na qual se pode tentar subir.
17-18	Atalho	Força CD 15	Caminho mais curto, mas bloqueado.
19-20	Atalho	Percepção CD 20	Ruelas labirínticas, nas quais se pode cortar caminho ou se perder.

Exemplo de Perseguição

No exemplo a seguir, usamos distâncias em quadrados de 1,5m, para simplificar. O paladino Sotnas Oger avista Vallefar, o lefou feiticeiro rubro, e corre na direção dele, disposto a prendê-lo. O lefou decide fugir. O mestre determina que a distância inicial entre os dois é de 6 quadrados e que se Vallefar percorrer 60 quadrados, alcançará uma taverna movimentada, onde poderá se mesclar à multidão.

Para controlar a perseguição, o mestre separa uma folha em duas colunas, uma para Sotnas e outra para Vallefar, e anota as distâncias iniciais de cada um — 0 para o paladino e 6 para o feiticeiro.

Sotnas possui Atletismo +11 e deslocamento de 4 quadrados, o que impõe –2 em seus testes para corrida. Já Vallefar possui Atletismo +5 e deslocamento de 6 quadrados (sem modificador).

Na primeira rodada, o paladino rola 8 no d20, somando 17 no teste e percorrendo 17 quadrados. Já o feiticeiro rola 19 no d20, somando 24 no teste e percorrendo 24 quadrados. No fim da primeira rodada, as distâncias dos participantes estão em 17 quadrados para Sotnas e 30 quadrados para Vallefar (24 percorridos mais 6 da distância inicial). O paladino bufa de raiva ao ver o lefou se distanciando.

Na segunda rodada, Sotnas soma 25 no teste — o paladino está dando tudo de si! Já Vallefar soma 20 no teste. No fim da segunda rodada, as distâncias estão em 42 quadrados para Sotnas e 50 quadrados para o lefou.

Prevendo que a perseguição está terminando, o mestre rola na tabela de eventos, para acrescentar mais emoção à cena, e tira um 7. O mestre descreve que o caminho para a taverna está bloqueado por uma pilha de entulhos. Cada participante deve fazer um teste de Força (CD 15). Vallefar está à frente, mas Sotnas é mais forte. Se o lefou não conseguir derrubar os entulhos, há uma boa chance de que o paladino o alcance antes que ele chegue à taverna...

OUTROS ELEMENTOS URBANOS

Ruas. Vilas e cidades possuem ruas estreitas, entre 3m e 6m de largura, e becos mais estreitos ainda, com 1,5m ou 3m de largura. Cidades grandes e metrópoles também possuem avenidas com até 9m de largura, permitindo que duas carroças passem lado a lado. Ruas normalmente são de terra batida (que vira um lamaçal em caso de chuva, exigindo testes de Acrobacia para corridas ou investidas) ou, mais raramente, paralelepípedos.

Construções. Em vilas e cidades, a maior parte das construções possui dois ou três pavimentos. O primeiro, de alvenaria, é usado para lojas e oficinas. Os restantes, de madeira, são usados para residência. As construções são geminadas, formando longas filas separadas por becos. Bairros pobres possuem casebres de um andar, enquanto as zonas mais exclusivas das maiores cidades possuem mansões protegidas por muros e jardins internos.

Muros e Portões. Muros de uma cidade normalmente possuem entre 6m e 9m de altura, enquanto os de uma metrópole podem atingir até 18m de altura. Muros possuem ameias que fornecem cobertura leve a quem estiver no topo. A CD para escalá-los é 25. O portão típico de uma cidade é feito de madeira, com RD 5 e 60 PV, mas as maiores comunidades possuem portões de ferro, com RD 10 e 300 PV.

Telhados. Subir em um telhado exige escalar a lateral de uma construção (CD 20). Andar sobre um telhado exige um teste de Acrobacia (CD 10) por ação de movimento. Correr sobre um telhado aumenta a CD em +5. Quando um telhado termina, o personagem deve pular para o próximo telhado (ou para outro ponto alto, como uma marquise, gárgula, poste etc.). Isso normalmente exige um teste de Atletismo (CD 20), mas a CD pode ser maior (para ruas muito largas) ou menor (para ruas especialmente estreitas). O mestre pode misturar as regras de correr sobre telhados com as regras de perseguição — talvez fazendo com que participantes sobre telhados não sejam afetados por obstáculos.

Esgotos. Apenas metrópoles possuem sistemas de esgotos. Entrar num esgoto exige abrir um bueiro (ação completa) e descer uma escada (ação de movimento) ou saltar (ação livre, exige um teste de Atletismo contra CD 15 para não sofrer 1d6 pontos de dano de impacto).

Multidões. As ruas das maiores cidades muitas vezes estão lotadas de pessoas. Um espaço ocupado por uma multidão conta como terreno difícil e fornece cobertura leve a qualquer um dentro dele. Uma multidão que veja algo perigoso foge na direção oposta com deslocamento de 9m no fim de cada rodada. É possível direcionar uma multidão com um teste de Diplomacia (CD 15, ação completa) ou Intimidação (CD 20, ação livre).

TEMPO ENTRE AVENTURAS

Durante aventuras, os personagens invadem masmorras, enfrentam vilões, conquistam tesouros. Mas o que acontece entre uma missão e outra? O que os heróis fazem quando não estão salvando o mundo? Em campanhas simples você pode evitar essa pergunta: entre as aventuras, os heróis ficam se divertindo na taverna enquanto esperam o próximo velhinho com um problema. Mas em campanhas complexas, que buscam contar uma saga épica, em vez de uma série de aventuras isoladas e sem consequência, essa questão ganha importância.

Nessas campanhas, você precisa de tempo entre as aventuras para que os personagens e as tramas possam se desenvolver de forma verossímil. Um herói que entre em uma masmorra por dia poderia subir um nível por dia. Mas faz sentido na *história* que um jovem inexperiente se torne um campeão lendário em menos de um mês? Se em sua campanha uma guerra começar, algum tempo terá que se passar para que ela se desenvolva — afinal, conflitos desse tipo levam meses ou até anos. Além disso, os jogadores podem querer um tempo para seus personagens buscarem seus próprios objetivos, em vez de apenas reagir às tramas dos vilões.

Esta seção apresenta duas opções para o mestre conduzir o tempo entre aventuras.

SUMÁRIOS

A opção mais simples. Entre uma aventura e outra, você arbitra o que acontece: "Depois de salvar o reino do ataque purista, vocês passam um mês festejando na capital, aproveitando a fama e a fortuna que ganharam. Até que, certa noite, um velhinho entra na taverna em que vocês estão...".

Você pode (e deve) levar em conta as peculiaridades dos personagens para descrever esses eventos. O bárbaro e o ladino podem ficar festejando, mas o arcanista talvez prefira partir para estudar em uma torre, voltando convenientemente na noite em que o velhinho entra na taverna.

Esta opção funciona quando os personagens não têm objetivos específicos — comum com jogadores iniciantes. Nesses casos, é melhor que o mestre tome as rédeas do tempo entre aventuras e simplesmente descreva o que aconteceu.

Essas narrativas também são boas para longos saltos temporais. Por exemplo, o grupo derrotou um grande vilão e terminou um arco de histórias. Você quer que eles tenham uma sensação de vitória, então *não quer* que a próxima aventura comece logo. Em vez disso, você diz: "Cinco anos se passam. Graças à vitória de vocês contra o necromante, são anos de paz e prosperidade. Mas então, no sexto ano...". Esse tipo de salto se presta para ser descrito em sumário. É um tempo de inatividade, no qual todos estarão aproveitando a vitória em vez de procurar problemas.

JOGANDO SOLOS

A segunda opção é mais complexa. Em vez de o mestre descrever o que acontece, os jogadores escolhem o que querem fazer. A diferença para uma aventura normal está no nível de detalhamento.

Aventuras são a parte principal da campanha; são descritas em detalhes e resolvidas com as regras completas do jogo. Já o tempo entre aventuras é a parte secundária, por isso é menos detalhado e resolvido com regras simplificadas. Se sua campanha fosse um filme, as aventuras seriam cenas normais; já o tempo entre elas seria uma montagem.

Também há um motivo prático para isso: entre as aventuras, o grupo muitas vezes estará separado. Se o mestre demorar para resolver a ação de um jogador, os outros ficarão muito tempo parados.

Para ter um conjunto de regras simples e, ao mesmo tempo, capaz de resolver todos os tipos de ações que os jogadores podem querer realizar entre aventuras, você precisa abstrair. Exija poucos testes, fazendo com que cada um determine o resultado de um evento inteiro. Por exemplo, resolva um combate com um teste de ataque e uma infiltração a uma base inimiga com um teste de Furtividade.

A seguir estão três ações que os jogadores podem fazer durante o tempo entre aventuras: *trabalho*, *treinamento* e *busca*. A primeira opção serve para ganhar dinheiro. A segunda tem como objetivo ganhar poder. A terceira é um grande "guarda-chuva" para outras coisas que o jogador queira fazer — basicamente, qualquer ação cujo objetivo *não* seja adquirir dinheiro ou poder é uma busca.

Os personagens podem fazer uma ação por mês de tempo de jogo. O mestre pode aumentar este tempo para uma ação por estação (três meses) ou até um ano, para campanhas que se estendam por longos períodos. Independentemente da medida que escolher, evite saltos que forneçam muitas ações por vez — é melhor resolver essa parte rapidamente, para chegar logo na aventura. O tempo entre aventuras é o aperitivo da campanha, não o prato principal.

TRABALHO

Personagens treinados em Ofício podem usar o tempo entre aventuras para ganhar dinheiro ou fabricar itens, conforme as regras da perícia. Embora esta ação não seja a preferida de aventureiros, é a mais usada por pessoas comuns!

TREINAMENTO

A vida de aventuras é perigosa; faz sentido que em seu tempo livre os personagens pratiquem para ficar mais poderosos.

O jogador deve descrever como seu personagem vai treinar e escolher um atributo relacionado ao treinamento descrito. Um guerreiro que faça exercícios físicos pode usar Força, enquanto que um arcanista que estude em uma biblioteca pode usar Inteligência.

O personagem então faz três testes do atributo escolhido, com CD 10 + metade de seu nível. Se passar em pelo menos dois, recebe um benefício de seu próximo nível de personagem, a sua escolha. Caso contrário, nada acontece — o personagem não sofre nenhuma penalidade por falhar no treinamento, além do tempo perdido. A lista abaixo resume os benefícios que o jogador pode escolher.

• PV equivalentes ao seu próximo nível.
• PM equivalentes ao seu próximo nível.
• Uma habilidade de classe do seu próximo nível.
• +1 em todas as perícias (apenas se o seu próximo nível de personagem for par).

Você pode treinar múltiplas vezes, mas deve escolher um benefício diferente a cada vez. Quando sobe de nível, recebe os benefícios não escolhidos desse nível, tornando-se um personagem normal do novo nível. Na prática, você perde os benefícios do treinamento quando sobe de nível. Isso evita que personagens fiquem com poder acima do resto do grupo, mas você ainda terá tido um benefício em todas as sessões entre o treinamento e o próximo nível.

De acordo com o mestre, benefícios de treinamento podem se manter entre os níveis. Isto é,

Variante: Custo de Vida

Entre uma aventura e outra, heróis precisam comer e comprar roupas, como qualquer pessoa. Mas TORMENTA20 é sobre combater o mal, não administrar despesas domésticas!

Para simplificar, em vez de pagar cada estadia ou refeição, você pode pagar um custo mensal que representa o seu sustento. Esse valor inclui despesas mundanas como moradia, comida, roupas e transporte, mas não itens com benefícios mecânicos.

O jogador escolhe um dos custos mensais a seguir. O custo define a condição de descanso padrão do personagem.

• **POBRE (T$ 10).** Você dorme na rua, em celeiros ou nas piores hospedarias. Come pão velho e veste trapos. Alguns clérigos e paladinos vivem assim por opção — doam quase todo o seu dinheiro, mantendo apenas o mínimo para viver. Outros, como bárbaros, caçadores e druidas, não se importam muito com conforto. *Condição ruim*.

• **MÉDIO (T$ 50).** Você dorme em estalagens e come em tavernas. Este estilo de vida é caro para pessoas comuns — imagine alguém que viva em hotéis e coma em restaurantes todos os dias —, mas boa parte dos aventureiros pode pagar por isso. *Condição normal*.

• **RICO (T$ 100).** Você fica em quartos privativos nas estalagens, alimenta-se bem e veste-se com roupas feitas por alfaiates. *Condição confortável*.

• **LUXUOSO (T$ 200).** Você dorme nas melhores estalagens — quando não é convidado por um nobre local para ficar em seu castelo — e come banquetes. Seus passeios de carruagem atraem olhares de admiração e inveja. *Condição luxuosa*.

se você tem um benefício de treinamento e sobe de nível, automaticamente ganha um benefício do *próximo* nível. Se a qualquer momento o personagem acumular quatro benefícios de treinamento, perde todos eles e *sobe um nível* imediatamente.

Isso pode fazer com que os personagens fiquem com níveis diferentes. Se os jogadores não se importarem com isso, é uma opção interessante. Em termos de história, faz sentido que aventureiros focados

> ### Variantes para Treinamentos e Buscas
>
> Em treinamentos, o mestre pode exigir que o personagem tenha acesso a algum elemento de história para treinar, como um mestre ou um livro, ou pague por seu treinamento. Nesse caso, o treino custa T$ 100 por nível de personagem e deve ser pago antes de os testes serem feitos.
>
> Em buscas, o personagem pode se aventurar de forma ousada. Se fizer isso, a CD de todos os testes aumenta em +5. Mas, se ele somar dois ou três sucessos, recebe uma recompensa a mais.

em adquirir poder pessoal se tornem mais poderosos que aqueles mais interessados em outras coisas.

Como alternativa, seu benefício de treinamento pode ser trocar uma habilidade escolhida previamente (como um poder ou magia) por outra que poderia ter escolhido naquele momento.

BUSCA

Com esta ação, o personagem executa qualquer tarefa a sua escolha, limitado apenas pelo bom senso. Se na última aventura o grupo encontrou um artefato misterioso, o arcanista pode pesquisar para descobrir o que o item faz. Se o histórico do guerreiro diz que ele teve sua família morta por um vampiro, ele pode usar seu tempo livre para investigar o paradeiro do morto-vivo, para que um dia possa se vingar. Nesse último exemplo, note que a luta contra o vampiro merece ser uma aventura, mas a investigação pode ser resolvida em uma busca solo.

Para resolver uma busca, o jogador descreve o que planeja fazer em linhas gerais. Dizer que vai "investigar o paradeiro do vampiro" é pouco. Dizer que vai perguntar entre os camponeses do reino, procurar nas criptas da região ou contratar um mago para usar *Vidência* é suficiente. É importante ter uma ideia do que o personagem vai fazer, mas não é necessário detalhar.

O jogador então escolhe uma perícia relacionada à descrição da busca. Se o jogador disse que vai perguntar entre os camponeses do reino, Investigação seria coerente. Intimidação também — mas, nesse caso, o personagem estaria coagindo as pessoas, o que poderia ter consequências mais tarde. Já Atletismo não tem nenhuma relação com a ideia do jogador e não poderia ser usado.

Após o jogador escolher uma perícia, é a vez do mestre. Assim como o jogador, ele deve levar em conta a descrição da busca. No exemplo anterior, o mestre poderia escolher Diplomacia, para o guerreiro convencer as pessoas de que não é um asseclado vampiro, ou Intuição, para discernir informações úteis de boatos e superstições.

Por fim, o jogador rola 2d12 na **Tabela 6-6: Desafios de Buscas**, para definir a terceira e última perícia. A tabela traz exemplos de desafios relacionados a cada perícia, mas o mestre pode inventar outros.

Por exemplo, se o jogador rolar 13 (Sobrevivência), o mestre pode descrever que o vampiro atacou uma aldeia em um pântano. Para chegar até lá e interrogar os camponeses, o personagem precisará atravessar essa região difícil.

Com as três perícias definidas (a primeira escolhida pelo jogador, a segunda pelo mestre e a terceira aleatoriamente), é hora de rolar. Os testes têm CD 20 + metade do nível do personagem (heróis mais poderosos se envolvem em missões mais difíceis ou atraem a atenção de inimigos mais poderosos).

A quantidade de sucessos determina o resultado da busca. Se o personagem não tiver nenhum sucesso (ou seja, se falhar nos três testes), não consegue o que queria e sofre um *castigo* (um ferimento, perda de um item etc.). Se tiver um sucesso, não consegue o que queria, mas não sofre nenhuma penalidade. Se tiver dois sucessos, consegue o que queria (por exemplo, a localização do covil do vampiro). Por fim, se tiver três sucessos, consegue o que queria e um benefício adicional a critério do mestre. Talvez, além da localização do covil do vampiro, o guerreiro descubra também uma fraqueza do monstro.

Tanto os castigos quanto as recompensas de uma busca podem ser definidos pelo mestre ou de forma aleatória, usando a **Tabela 6-7: Consequências de Buscas**. Isso é especialmente útil se o personagem está se aventurando sem um objetivo específico.

Em buscas, os jogadores podem tentar usar outras habilidades no lugar dos testes definidos pela mecânica. Por exemplo, um arcanista pode querer substituir um teste de Furtividade por *Invisibilidade*. Isso não é permitido. Lembre-se de que cada teste não representa uma única ação, mas sim uma sequência de eventos ao longo de horas ou mesmo dias. Da mesma forma, habilidades que modificam perícias (fornecem bônus, substituem um teste por outro...) não podem ser usadas em buscas.

Usos criativos de habilidades podem, entretanto, fornecer bônus num dos testes, assim como boas ideias e interpretação. O bônus varia de +2 a +5.

Capítulo Seis

RECOMPENSAS

Favor. Você recebe um favor de um NPC ou organização, ou a promessa de um favor futuro, que o ajuda por uma cena. Exemplos incluem a ajuda de um parceiro, uma carona para um local distante (através de navio, tapete voador, *Teletransporte*...), uma magia lançada para você, o empréstimo de um item mágico etc. Você decide o favor, mas o mestre deve aprová-lo.

Informação. Você recebe uma informação, como a localização de um tesouro, a identidade do traidor na corte, a resposta para um enigma mágico, a cura para um veneno sobrenatural etc. Você decide a informação, mas o mestre deve aprová-lo.

Poder. Você recebe um benefício de treinamento, definido aleatoriamente.

Tesouro. Você ganha um bem material. Role na tabela **Tesouros** (veja o **Capítulo 8: Recompensas**), na coluna de riquezas, de itens ou em ambas, na linha correspondente a seu nível.

Tabela 6-6: Desafios de Buscas

2D12	Perícia	Exemplo
2	Misticismo	Decifrar uma runa
3	Adestramento	Acalmar uma fera
4	Conhecimento	Traduzir um texto antigo
5	Enganação	Participar de uma intriga
6	Cura	Tratar um veneno
7	Iniciativa	Perseguir um bandido
8	Intimidação	Negociar com um criminoso
9	Investigação	Descobrir uma localização
10	Reflexos	Evitar um desmoronamento
11	Atletismo	Escalar um penhasco
12	Percepção	Evitar uma emboscada
13	Sobrevivência	Atravessar os ermos
14	Fortitude	Tolerar clima ruim
15	Diplomacia	Negociar com um mercador
16	Furtividade	Infiltrar-se num lugar
17	Acrobacia	Atravessar uma ravina
18	Intuição	Elucidar um enigma
19	Vontade	Resistir a uma maldição
20	Luta	Defender-se de um monstro
21	Jogatina	Apostar com as fadas
22	Nobreza	Participar de um baile
23	Religião	Entender um presságio
24	Guerra	Atravessar um campo de batalha

CASTIGOS

Abalo. Você sofre uma derrota que abala sua confiança. Durante a próxima aventura, seus pontos de mana máximos diminuem em 1 por nível de personagem (se você é um personagem de 5º nível com 15 PM, por exemplo, terá apenas 10 PM na próxima aventura).

Complicação. Você sofre uma complicação, que irá afetá-lo em algum momento de sua carreira. Você pode ter feito um inimigo poderoso, contraído uma doença mágica etc. Cabe ao mestre definir os detalhes exatos dessa complicação, baseando-se nos parâmetros das outras penalidades da lista.

Ferimento. Você sofre um ferimento severo, que demora a cicatrizar. Durante a próxima aventura, seu pontos de vida máximos diminuem em 1 por nível de personagem. Habilidades e magias de cura não funcionam contra este efeito.

Maldição. Você sofre um efeito da magia *Rogar Maldição* na próxima aventura.

Ruína. Você perde dinheiro ou itens, a sua escolha, em valor equivalente a um quarto (perda menor) ou metade (perda maior) do dinheiro inicial do seu nível (veja a página 140). Por exemplo, um personagem de 5º nível (dinheiro inicial T$ 2.000) perde T$ 500 em uma perda menor e T$ 1.000 em uma perda maior. Se não tiver como pagar, sofre um Abalo (veja acima).

Tabela 6-7: Consequências de Buscas

Sucessos	Consequência
0	1 castigo
1	Nenhuma
2	1 recompensa
3	2 recompensas

Recompensas & Castigos

Para cada castigo ou recompensa, role 1d6 na tabela abaixo.

1D6	Recompensa	Castigo
1	Tesouro (riqueza)	Ruína (menor)
2	Favor	Abalo
3	Tesouro (item)	Complicação
4	Informação	Ferimento
5	Tesouro (ambos)	Maldição
6	Poder	Ruína (maior)

CAPÍTULO 7

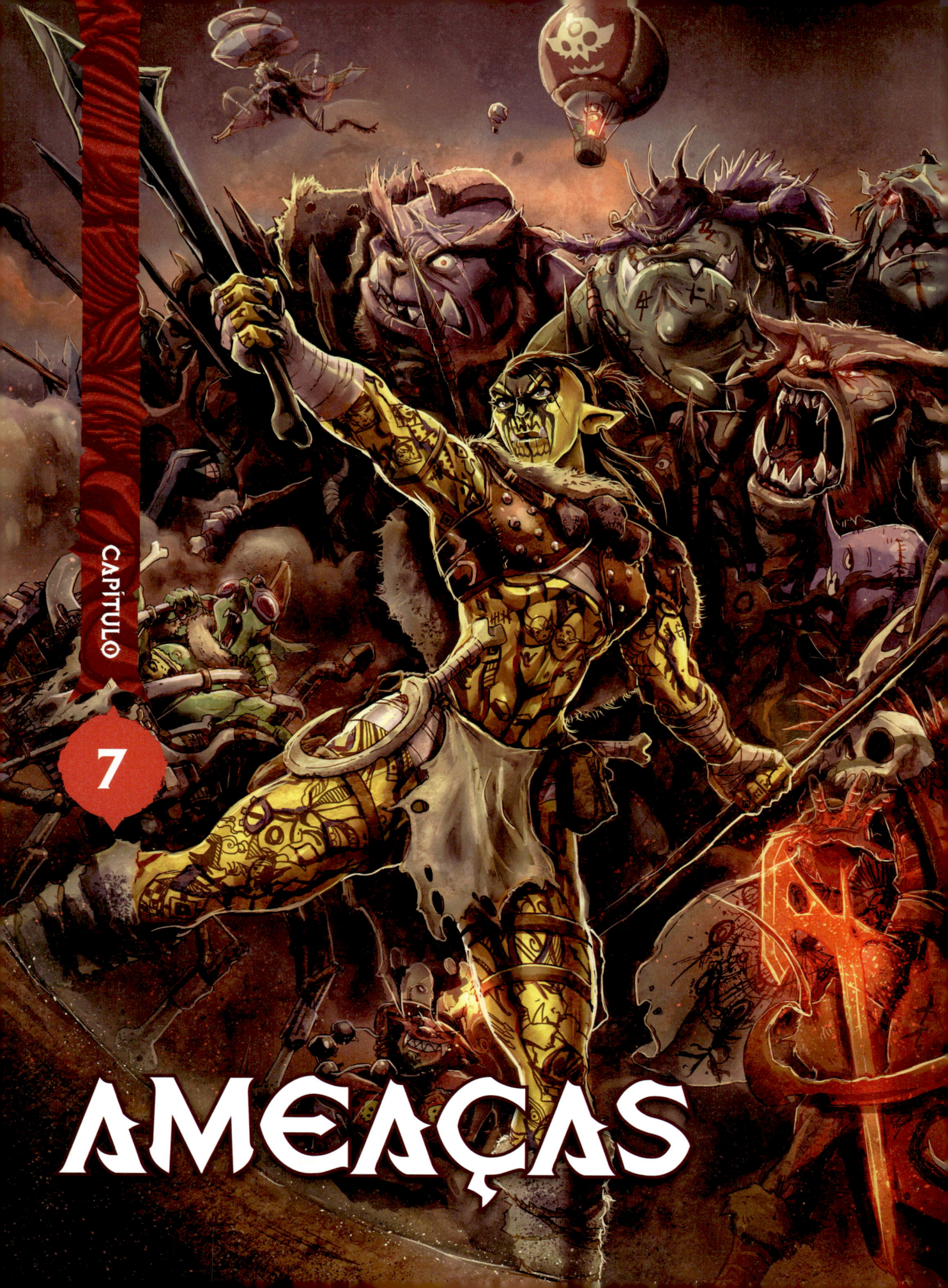

AMEAÇAS

> "Nosso mundo está sendo devorado pela Tormenta! Se deuses existissem, acha mesmo que deixariam essa bagunça acontecer? Permitiriam esse mundo falho?"
> — Christian Pryde

Arton é um mundo de problemas. De bandidos de estrada a dragões majestosos, não faltam perigos para o Reinado e para o povo comum. Perigos que os aventureiros devem enfrentar.

Este capítulo explica como construir as ameaças de uma aventura — os combates e outros perigos que o grupo poderá enfrentar em cada cena —, além de trazer ameaças prontas para o mestre usar.

CONSTRUINDO COMBATES

A ameaça mais comum em TORMENTA20 é o combate — uma cena de ação na qual os personagens enfrentam uma ou mais criaturas. Para construir um combate equilibrado — nem tão fácil a ponto de ser chato, nem tão difícil a ponto de o grupo não ter chance — você deve considerar o **nível de desafio (ND)** dos inimigos.

O nível de desafio mede o poder da criatura e indica o nível para o qual ela é um desafio justo. Assim, uma criatura de ND 3 fornece um combate equilibrado para personagens de 3º nível. Isso significa que ela causará dano aos heróis, exigirá que eles gastem pontos de mana e talvez derrube alguns deles. Porém, ao fim do combate, será derrotada.

Além do ND, o mestre deve considerar os fatores a seguir na construção de um combate.

EXPERIÊNCIA DOS JOGADORES. Jogadores veteranos dominam fatores como posicionamento tático e uso de habilidades, e normalmente conseguem enfrentar criaturas com ND maior do que o nível de seus personagens.

COMPOSIÇÃO DO GRUPO. O nível de desafio de uma criatura considera grupos de quatro personagens. Grupos com menos ou mais aventureiros devem enfrentar inimigos com ND menor ou maior. Além disso, grupos com personagens mais poderosos e/ou focados em combate podem lidar com inimigos com ND acima do seu nível.

AMBIENTE E CIRCUNSTÂNCIAS. Fatores ambientais, como terreno elevado, cobertura e escuridão, podem afetar o resultado de um combate. Inimigos com ataques à distância, por exemplo, serão mais perigosos se estiverem em um local de difícil acesso. Circunstâncias afetando os personagens também podem ser determinantes. Um grupo que esteja sem seu equipamento dificilmente conseguirá enfrentar inimigos de seu ND.

QUANTIDADE DE COMBATES. Um grupo consegue enfrentar um ou dois combates de seu nível de desafio antes de precisar descansar. Se você quiser uma aventura com muitas batalhas, diminua o ND de cada uma em 1 ou 2. Por outro lado, se quiser uma aventura com apenas um combate, aumente o ND dele em 1 ou 2 pontos.

VÁRIOS INIMIGOS

Para construir um combate com vários inimigos, calcule o *nível de desafio do combate*, que será uma função do ND de cada inimigo.

Para criaturas com ND menor do que 1, o nível de desafio do combate será igual ao ND da criatura multiplicado pela quantidade delas. Assim, quatro inimigos de ND 1/4, ou dois inimigos de ND 1/2, formam um combate de ND 1, sendo um desafio apropriado para um grupo de 1º nível.

Para criaturas com ND igual ou maior do que 1, o nível de desafio do combate será igual ao ND da criatura +2 para cada vez que a quantidade delas dobrar. Assim, dois inimigos de ND 1 formam um combate de ND 3, quatro inimigos de ND 5 formam um combate de ND 9 e assim por diante.

Para calcular a XP e rolar tesouro, continue usando o ND de cada criatura separadamente.

CRIATURAS

As seções a seguir trazem criaturas para o mestre usar como inimigos. As seções são divididas por temas, para ajudar o mestre na seleção dos adversários. Porém, o mestre é livre para misturar os grupos! Por exemplo, uma turba de zumbis pode ser encontrada perambulando em uma masmorra.

NOME E ND

O nome e o nível de desafio (ND) da criatura. O ND funciona como o nível da criatura (mas uma criatura terá sempre pelo menos 1 nível).

TIPO E TAMANHO

O tipo (e subtipo, quando houver) representa a natureza da criatura dentro do mundo. Ele determina que habilidades podem afetar a criatura. Além disso, alguns tipos fornecem habilidades específicas. Tipos são explicados na página 284.

PAPEL DE COMBATE

O papel de combate da criatura indica como ela deve ser usada pelo mestre. Existem três papeis: *solo*, *lacaio* e *especial*, indicados por um ícone.

🐦 *Solo*. A criatura foi construída para enfrentar os personagens sozinha. Ela possui estatísticas equilibradas; especialmente, possui muitos pontos de vida, para garantir que o combate dure um tempo bom (por volta de 3 a 5 rodadas). Este papel é ocupado principalmente por grandes monstros e vilões.

🗡️ *Lacaio*. A criatura foi construída para enfrentar os personagens em grandes quantidades. Por conta disso, você normalmente usará lacaios de ND *menor* do que o nível do grupo. Por exemplo, um grupo de 5º nível pode enfrentar um bando de lacaios de ND 1. Lacaios possuem valores de ataque e dano mais altos, para garantir que continuem sendo uma ameaça real para personagens, mesmo considerando que seu ND será menor que o nível deles, mas menos pontos de vida, para serem derrotadas mais rapidamente e não deixarem o combate excessivamente lento. Este papel é ocupado primariamente por humanoides e monstros pequenos.

✦ *Especial*. A criatura possui diversas habilidades especiais e/ou foi feita para ser usada em situações fora de combate direto (por exemplo, pode ser usada para enganar ou roubar os personagens). Este papel é ocupado também por conjuradores ou líderes (criaturas cujas habilidades fortalecem outras, e consequentemente devem ser usadas em conjunto com lacaios). Procure analisar a ficha de uma criatura especial antes de usá-la!

INICIATIVA E PERCEPÇÃO

Os bônus de Iniciativa e Percepção da criatura e quaisquer habilidades relacionadas a sentidos.

DEFESA E RESISTÊNCIAS

A Defesa e os bônus de Fortitude, Reflexos e Vontade da criatura, além de quaisquer habilidades especiais defensivas, como redução de dano.

PONTOS DE VIDA

O total de pontos de vida da criatura.

DESLOCAMENTO

A quantidade de metros que a criatura consegue percorrer com uma ação de movimento (e, entre parênteses, a quantidade de quadrados de 1,5m). O número padrão é o deslocamento terrestre da criatura. Uma criatura pode possuir outras formas de deslocamento, como voo e natação.

PONTOS DE MANA

A quantidade de PM que a criatura possui. Caso a criatura não possua habilidades com custo em PM, esta linha não aparecerá.

Dicas para Combates

Nenhum grupo é igual ao outro. Enquanto alguns jogadores priorizam história e interpretação, às vezes até mesmo fazendo escolhas deliberadamente fracas em termos mecânicos em prol de um conceito, outros são máquinas de otimização, capazes de alcançar valores altíssimos de ataque, Defesa e outras características (os "combeiros"). Assim, é impossível garantir que os níveis de desafio do livro funcionem para o seu grupo.

Para resolver isso, comece a campanha com combates mais fáceis — com ND menor que o nível do grupo — e ajuste a dificuldade aos poucos, conforme for aprendendo as capacidades dos jogadores e personagens.

Além do nível de desafio, há outro fator que você deve considerar: a quantidade de inimigos. Via de regra, combates contra um inimigo são mais fáceis tanto para o mestre quanto para os jogadores. Para o mestre, há apenas um NPC para controlar. Para os jogadores, há menos decisões a se tomar — posicionamento, quem atacar etc. Combates contra muitos inimigos complicam as coisas um pouco. O mestre precisa fazer diversas ações por rodada e os jogadores possuem mais opções. Por outro lado, esse tipo de batalha pode ser muito divertida, com um clima cinematográfico!

Algumas criaturas funcionam melhor como oponentes avulsos. Elas terão muitos pontos de vida, para resistirem aos ataques de todo o grupo por algumas rodadas. Basiliscos, manticoras e quase todos os monstros entram nesse grupo. Já criaturas feitas para serem usadas em grandes quantidades possuem poucos PV em relação aos seus valores de ataque e dano. Dessa forma, são perigosas, mas caem rápido, para que o combate não se estenda muito. Orcs, ratos gigantes e zumbis entram aqui. Mesmo nesses casos, evite combates contra mais de dez inimigos, pois tantos NPCs podem deixar as rodadas lentas.

Por fim, certas criaturas, como o cavaleiro do Leopardo Sangrento e o sacerdote de Aharadak, são mais complexas e exigem que o mestre estude suas fichas para entender suas táticas. Evite usar esses inimigos se você não tiver tempo para se preparar antes!

De humildes goblins a terríveis dragões, Arton é habitado por uma infinidade de criaturas

AÇÕES

Todos os ataques e habilidades que a criatura pode fazer (e, entre parênteses, a ação necessária e seu custo em PM, se houver). Habilidades sem ação exigida são passivas (estão sempre ativas). Algumas habilidades terminam com o termo "recarga" e um tipo de ação. Nesse caso, sempre que usar a habilidade, a criatura precisará gastar a ação determinada para recarregá-la antes de poder usá-la novamente.

ATRIBUTOS

Os valores de atributos da criatura. Algumas criaturas possuem um valor de atributo nulo (–). Nesse caso, a criatura *não* possui o atributo em questão e não pode usá-lo. Uma criatura com "For –" não pode exercer força física sobre o mundo; uma criatura com "Des –" não pode se mover, e uma criatura com "Int –" não é capaz de pensar, agindo apenas conforme uma programação prévia.

PERÍCIAS

Os valores totais das demais perícias da criatura (além de Iniciativa, Percepção, Fortitude, Reflexos e Vontade, que já apareceram). Caso a criatura não possua outras perícias, esta linha não aparecerá.

EQUIPAMENTO E TESOURO

Itens utilizados pela criatura, se houver. Após os itens, a categoria de tesouro da criatura (veja o **Capítulo 8: Recompensas**). Algumas criaturas possuem recursos que podem ser extraídos de seu corpo. Extrair um recurso exige uma hora de trabalho e um teste de Sobrevivência, ou de um Ofício relacionado ao recurso, com CD 15 + ND da criatura. Em caso de falha, os recursos são estragados.

TIPOS DE CRIATURAS

Animais. Bestas e feras irracionais (Int –5 ou –4), sem poderes mágicos.

Construtos. Objetos animados ou criaturas artificiais. Possuem visão no escuro e imunidade a efeitos de cansaço, metabólicos e de veneno, não recuperam PV por descanso e efeitos de cura, e a perícia Cura não funciona com eles — mas Ofício (artesão) pode ser usada no lugar dela com os mesmos efeitos.

Espíritos. Nativos de outros planos.

Humanoides. Seres parecidos com os humanos: racionais e com culturas próprias. Este tipo é subdivido em raças (humano, anão, goblin...).

Monstros. Criaturas de anatomia estranha e/ou com habilidades fantásticas.

Mortos-vivos. Cadáveres animados por energia negativa. Mortos-vivos possuem visão no escuro; imunidade a efeitos de cansaço, metabólicos, de trevas e de veneno; sofrem dano por efeitos mágicos de cura de luz (Vontade CD do efeito reduz à metade) e recuperam PV com dano de trevas.

Capítulo Sete

Tabela 7-1: Criaturas por Nível de Desafio

Criatura	Grupo	ND	Criatura	Grupo	ND
Bandido	Ermos	1/4	Arauto de Thwor	Duyshidakk	4
Cascavel	Sszzaazitas	1/4	Basilisco	Ermos	4
Glop	Masmorras	1/4	Capelão de guerra	Puristas	4
Goblin salteador	Duyshidakk	1/4	Esqueleto de elite	Reino dos Mortos	4
Rato gigante	Masmorras	1/4	Ogro	Ermos	4
Zumbi	Reino dos Mortos	1/4	Urso-coruja	Ermos	4
Guarda de cidade	Ermos	1/2	Aparição	Reino dos Mortos	5
Lobo	Ermos	1/2	Capitão-baluarte	Puristas	5
Jiboia	Sszzaazitas	1/2	Ganchador	Trolls nobres	5
Orc combatente	Masmorras	1/2	Hobgoblin mago de batalha	Duyshidakk	5
Recruta purista	Puristas	1/2	Orc mutante	Masmorras	5
Centauro combatente	Ermos	1	Otyugh	Tormenta	5
Chefe bandido	Ermos	1	Serpe	Ermos	5
Gnoll saqueador	Ermos	1	Troll	Trolls nobres	5
Gorlogg	Ermos	1	Engenho de guerra goblin	Duyshidakk	6
Naja	Sszzaazitas	1	Fintroll feitor	Trolls nobres	6
Sargento da guarda	Ermos	1	Geraktril	Tormenta	6
Soldado purista	Puristas	1	Mantícora	Masmorras	6
Trog	Ermos	1	Nagah mística	Sszzaazitas	6
Aranha gigante	Masmorras	2	Centopeia-dragão	Masmorras	7
Enxame kobold	Dragões	2	Cultista de Sszzaas	Sszzaazitas	7
Esqueleto	Reino dos Mortos	2	Dragão jovem	Dragões	7
Finntroll caçador	Trolls nobres	2	Necromante	Reino dos Mortos	7
Gárgula	Masmorras	2	Devorador de medos	Duyshidakk	8
Gnoll filibusteiro	Ermos	2	Falange	Reino dos Mortos	8
Hobgoblin soldado	Duyshidakk	2	Reishid	Tormenta	8
Lobo-das-cavernas	Ermos	2	Cavaleiro do Leopardo	Puristas	9
Maníaco lefou	Tormenta	2	Sombra de Thwor	Duyshidakk	9
Orc chefe	Masmorras	2	Troll das cavernas	Trolls nobres	9
Turba zumbi	Reino dos Mortos	2	Golem de ferro	Masmorras	10
Centauro xamã	Ermos	3	Sacerdote de Aharadak	Tormenta	10
Cão do inferno	Ermos	3	Tirano do Terceiro	Dragões	10
Dragão filhote	Dragões	3	Dragão adulto	Dragões	11
Goblin engenhoqueiro	Duyshidakk	3	Hidra	Sszzaazitas	11
Grifo	Ermos	3	Vampiro	Reino dos Mortos	12
Guerreiro de chifres	Masmorras	3	Lagash	Sszzaazitas	13
Sargento-mor	Puristas	3	Colosso supremo	Puristas	14
Sucuri	Sszzaazitas	3	Dragão venerável	Dragões	15
Nagah guardião	Sszzaazitas	3	Thuwarokk	Tormenta	16
Uktril	Tormenta	3	Dragão rei	Dragões	20

MASMORRAS

Masmorras são descritas no **Capítulo 6**. A seguir estão criaturas que habitam esse ambiente.

GLOP — ND 1/4

Pequenas gosmas esverdeadas com formato de gota que perambulam pelos corredores de masmorras. Irracionais, seu único propósito parece ser alimentar-se, o que fazem saltando sobre matéria orgânica e dissolvendo-a com seus corpos ácidos.

Monstro Pequeno

Iniciativa +0, **Percepção** +0, percepção às cegas
Defesa 10, **Fort** +0, **Ref** +2, **Von** –5, imunidade a ácido
Pontos de Vida 10
Deslocamento 9m (6q)
Corpo a Corpo Pancada +7 (1d4 mais 1d4 ácido).

For 0, **Des** 0, **Con** 0, **Int** —, **Sab** –5, **Car** –5

Tesouro Nenhum.

RATO GIGANTE — ND 1/4

Esse roedor de pelagem grossa, olhos vermelhos e presas amareladas atinge até um metro de comprimento. Ratos gigantes vivem em bandos e podem ser encontrados em quase qualquer lugar — pântanos ermos, esgotos de metrópoles e porões de tavernas não muito recomendadas...

Animal Pequeno

Iniciativa +5, **Percepção** +4, faro, visão na penumbra
Defesa 12, **Fort** +0, **Ref** +3, **Von** –2
Pontos de Vida 3
Deslocamento 12m (8q), escalar 6m (4q)
Corpo a Corpo Mordida +7 (1d4+3 mais doença).
Doença Uma criatura mordida por um rato gigante é exposta a doença infecção do esgoto (veja a página 318).

For 0, **Des** 2, **Con** 1, **Int** –4, **Sab** 1, **Car** –3

Tesouro Nenhum.

ORCS

Estes humanoides monstruosos podem ser encontrados em muitos pontos de Arton, em pequenos bandos ou vastas tribos. Selvagens e violentos, lutam com brutalidade e sem estratégia, obedecendo a seus líderes apenas pela força. Seu maior ponto fraco é a sensibilidade a luz, levando-os a infestar masmorras e outros lugares subterrâneos, de onde lançam ataques noturnos contra povoados civilizados.

ORC COMBATENTE — ND 1/2

Humanoide (orc) Médio

Iniciativa +4, **Percepção** +1, visão no escuro
Defesa 14, **Fort** +5, **Ref** +3, **Von** +0
Pontos de Vida 8
Deslocamento 9m (6q)
Corpo a Corpo Maça +9 (1d8+7).
Sensibilidade a Luz Quando exposto a luz do sol ou similar, o orc fica ofuscado.

For 4, **Des** 1, **Con** 2, **Int** –1, **Sab** –1, **Car** –1

Equipamento Couro batido, maça. **Tesouro** Metade.

ORC CHEFE — ND 2

Humanoide (orc) Médio

Iniciativa +5, **Percepção** +3, visão no escuro.
Defesa 19, **Fort** +13, **Ref** +7, **Von** +2
Pontos de Vida 66
Deslocamento 9m (6q)
Corpo a Corpo Machado de batalha +11 (1d8+12, x3).
Urro Selvagem (Movimento) O orc chefe recebe +2 em testes de ataque e rolagens de dano corpo a corpo até o final da cena, mas não pode fazer nenhuma ação que exija calma e concentração.
Sensibilidade a Luz Quando exposto a luz do sol ou similar, o orc fica ofuscado.

For 5, **Des** 2, **Con** 4, **Int** 0, **Sab** 0, **Car** 0

Perícias Intimidação +4, Sobrevivência +5 (+7 em subterrâneos).
Equipamento Gibão de peles, machado de batalha. **Tesouro** Padrão.

ORC MUTANTE — ND 5

Humanoide (orc) Médio

Iniciativa +8, **Percepção** +5, visão no escuro.
Defesa 22, **Fort** +15, **Ref** +11, **Von** +7
Pontos de Vida 55
Deslocamento 9m (6q)
Corpo a Corpo Machado de guerra +11 (1d12+18, x3) e mordida +20 (1d6+18).
Terceiro Braço (Livre) Se o orc mutante acerta o ataque de machado de guerra e o ataque de mordida em uma mesma criatura na mesma rodada, ele rasga a vítima com seu terceiro braço degenerado, causando mais 1d6+9 pontos de dano de corte.
Sensibilidade a Luz Quando exposto a luz do sol ou similar, o orc fica ofuscado.

For 6, **Des** 2, **Con** 4, **Int** –2, **Sab** –2, **Car** –2

Equipamento Machado de guerra. **Tesouro** Padrão.

ARANHA GIGANTE — ND 2

Grandes como cavalos, estas aranhas capturam suas vítimas com teia, disparando-a ou tecendo uma armadilha em alguma passagem, para então paralisá-las com a picada venenosa.

Monstro Grande

INICIATIVA +7, **PERCEPÇÃO** +3, visão no escuro
DEFESA 19, **FORT** +8, **REF** +11, **VON** +3
PONTOS DE VIDA 77
DESLOCAMENTO 12m (8q), escalar 12m (8q)
CORPO A CORPO Mordida +12 (2d6+8 mais veneno).
TEIA (PADRÃO) A aranha gigante dispara teia em um quadrado de 3m de lado em alcance curto. Criaturas na área ficam enredadas (Reflexos CD 18 evita). Uma criatura enredada pode se soltar com uma ação completa e um teste de Força ou Acrobacia (CD 20) ou cortando a teia (cada espaço de 1,5m de teia tem 5 PV e RD 5). Fogo queima a teia em duas rodadas (e liberta as criaturas), mas causa 1d6 pontos de dano de fogo por rodada a todas as criaturas nela. A aranha gigante também pode usar a teia para cobrir uma área quadrada com 6m de lado. Por sua semitransparência, a teia é difícil de ver (Percepção CD 20) até ser tarde demais. Uma criatura que entre na área fica enredada. A aranha pode andar na própria teia sem se enredar. Ela percebe automaticamente (como se tivesse percepção às cegas) qualquer criatura na teia.
VENENO Condição fraco (Fort CD 18 evita).

FOR 5, DES 4, CON 1, INT –5, SAB 0, CAR –4

PERÍCIAS Furtividade +9.
TESOURO 1d4 doses de veneno de aranha gigante (CD 17 para extrair, T$ 45 cada dose).

GÁRGULA — ND 2

Esses predadores furtivos se mantêm imóveis no alto de ruínas, castelos, catedrais e outros prédios, fingindo ser estátuas. Quando surge uma oportunidade de atacar, mergulham com suas garras.

Construto Médio

INICIATIVA +3, **PERCEPÇÃO** +3, visão no escuro
DEFESA 19, **FORT** +13, **REF** +7, **VON** +2, imunidade a condição petrificado, redução de dano 5
PONTOS DE VIDA 65
DESLOCAMENTO 12m (8q), voo 18m (12q)
CORPO A CORPO duas garras +12 (1d6+6).
IMOBILIDADE Uma gárgula pode permanecer completamente imóvel. Se ela estiver assim, um personagem deve passar num teste de Percepção (CD 35) para perceber que ela é uma criatura e não uma estátua.

FOR 6, DES 2, CON 4, INT –2, SAB 1, CAR –2

TESOURO Padrão.

GUERREIRO DE CHIFRES — ND 3

Numerosas entidades malignas invadem Arton para corromper, torturar ou destruir os mortais. De corpo humanoide e cabeça de bode, guerreiros de chifres estão entre os demônios mais fracos, mas ainda assim são inimigos perigosos. Podem ser encontrados vagando em masmorras, sozinhos ou em pequenos bandos — às vezes sob comando de um arcanista, responsável por sua convocação a este mundo.

Espírito (demônio) Médio

INICIATIVA +6, **PERCEPÇÃO** +3, faro, visão no escuro
DEFESA 21, **FORT** +13, **REF** +11, **VON** +9, imunidade a ácido e venenos, redução de dano 5, redução de fogo e frio 10.
PONTOS DE VIDA 100
DESLOCAMENTO 9m (6q)
CORPO A CORPO Machado de guerra +14 (1d12+16, x3) ou chifres +14 (2d6+10 impacto).
MARRADA (COMPLETA) O guerreiro de chifres faz uma investida e ataca com seu machado de guerra e seus chifres. Os dois ataques recebem o bônus de +2 da investida, mas devem ser feitos contra o mesmo alvo.

FOR 5, DES 3, CON 4, INT –2, SAB 1, CAR –1

PERÍCIAS Atletismo +8, Intimidação +4.
EQUIPAMENTO Machado de guerra cruel. **TESOURO** Padrão.

MANTÍCORA — ND 6

Monstro com corpo de leão, asas de dragão e rosto humano envelhecido, a mantícora está entre as criaturas mais perigosas em uma masmorra — muitas vezes adotando tais lugares como seu covil, ou encarregadas de sua proteção por um mestre ainda mais poderoso.

Monstro Grande

INICIATIVA +7, **PERCEPÇÃO** +8, faro, visão no escuro
DEFESA 26, **FORT** +18, **REF** +7, **VON** +12
PONTOS DE VIDA 240
DESLOCAMENTO 9m (6q), voo 15m (10q)
CORPO A CORPO Mordida +18 (1d10+12) e duas garras +18 (1d8+12).
ESPINHOS (MOVIMENTO) A mantícora dispara 1d4 espinhos de sua cauda. Cada espinho atinge uma criatura em alcance médio, causando 1d8+7 pontos de dano de perfuração (Ref CD 22 reduz à metade). *Recarga (movimento)*.

FOR 7, DES 2, CON 5, INT –2, SAB 1, CAR –1

TESOURO Padrão mais espinhos (CD 21 para extrair). Os espinhos contam como T$ 150 em matéria-prima para fabricar flechas superiores.

CENTOPEIA-DRAGÃO — ND 7

Com dez metros de comprimento, estes monstros incandescentes avançam devorando tudo que encontram. Embora também sejam encontrados em áreas

Masmorras escondem tesouros valiosos... E perigos letais!

abertas, são mais perigosos em masmorras, onde preenchem túneis estreitos com a bocarra imensa.

Monstro Enorme

Iniciativa +10, **Percepção** +8, visão no escuro
Defesa 27, **Fort** +20, **Ref** +14, **Von** +9, imunidade a condição caído, redução de fogo 10
Pontos de Vida 275
Deslocamento 15m (10q), escavar 6m (4q)
Corpo a Corpo Mordida +24 (2d8+18 mais 2d6 de fogo).
Agarrar Aprimorado (Livre) Quando a centopeia-dragão acerta um ataque de mordida, pode usar a manobra agarrar (teste +29).
Aura de Calor Quando enfurecida, esta criatura emana um calor intenso. No início de cada turno da centopeia-dragão, todas as criaturas em alcance curto sofrem 4d6+9 pontos de dano de fogo.
Engolir (Padrão) Se a centopeia-dragão começar seu turno agarrando uma criatura Média ou menor, poderá fazer um teste de agarrar contra ela. Se vencer, engole a criatura. Uma criatura engolida continua agarrada e sofre 2d6+18 pontos de dano de impacto, mais 4d6+9 pontos de dano de fogo, no início de cada turno da centopeia-dragão. A centopeia-dragão só pode manter uma criatura engolida por vez. Uma criatura engolida pode escapar causando 20 pontos de dano ao estômago da centopeia-dragão (Defesa 10). Isso faz com que a criatura seja regurgitada e fique caída na frente do monstro.

For 11, **Des** 3, **Con** 9, **Int** –4, **Sab** 1, **Car** 0

Tesouro 2d4 doses de essência abissal (CD 22 para extrair).

GOLEM DE FERRO ND 10

Ainda que existam golens inteligentes, também existem numerosos construtos antigos e sem inteligência real — deixados em ruínas ancestrais para proteger as propriedades de seus mestres, talvez há muito falecidos. Ao perseguir um tesouro antigo, um grupo de aventureiros pode acabar despertando um imenso e quase invulnerável golem de ferro, um dos oponentes mais perigosos de uma masmorra.

Construto Grande

Iniciativa +4, **Percepção** +9, visão no escuro
Defesa 36, **Fort** +24, **Ref** +14, **Von** +11, redução de dano 10
Pontos de Vida 400
Deslocamento 9m (6q)
Corpo a Corpo Duas pancadas +30 (2d10+25).
Imunidade a Magia O golem de ferro é imune a efeitos mágicos, com as seguintes exceções. Efeitos mágicos de eletricidade deixam o golem de ferro lento por 1d6 rodadas. Efeitos mágicos de fogo removem a condição lento e curam 1 PV para cada 3 pontos de dano que causariam.
Sopro (Movimento) O golem de ferro expele uma nuvem de gás venenoso que preenche um cubo de 3m de lado. Criaturas dentro da área perdem 6d12 pontos de vida e ficam enjoadas (Fortitude CD 30 reduz à metade e evita a condição enjoado). *Recarga (movimento), veneno.*

For 12, **Des** –1, **Con** 10, **Int** —, **Sab** 0, **Car** –5

Tesouro Nenhum.

CAPÍTULO SETE

ERMOS

Em Arton, o perigo não está apenas nas profundezas das masmorras. Não está apenas nos territórios puristas, na sombria Aslothia ou nas bizarras áreas de Tormenta. O perigo espreita em toda parte, nas estradas, nos campos, em plena luz do dia. Este é um mundo vasto e indomado, com extensas áreas selvagens e inexploradas no próprio coração do Reinado. Mesmo a gigantesca metrópole de Valkaria, com sua eficiente guarda, mal consegue vigiar poucos quilômetros além de suas muralhas. Impossível patrulhar até todas as rotas comerciais. Longe das cidades, você estará por sua conta, sem que faltem perigos para desafiá-lo.

Muitos são bandidos humanos e de outras raças "civilizadas" tirando proveito das grandes distâncias para executar emboscadas. Outros pertencem a raças selvagens, que sequer conhecem outras formas de sobrevivência exceto matar e pilhar. Outros ainda são predadores naturais, farejando e espreitando em busca da próxima refeição. Perigos de todos os tamanhos, de uma alcateia de lobos-das-cavernas a um serpe vigiando seu território. Percorrer terras desabitadas sempre envolve risco. Acampar e pernoitar, mais ainda. Todo viajante deve estar preparado para lutar por seus pertences ou pela vida.

BANDIDOS

Bandidos operam em estradas desertas, emboscando viajantes. Individualmente, não são ameaça para heróis aventureiros, mas em grande número podem ser perigosos.

BANDIDO — ND 1/4
Humanoide (humano) Médio

INICIATIVA +4, **PERCEPÇÃO** +1
DEFESA 13, **FORT** +1, **REF** +3, **VON** −1
PONTOS DE VIDA 6
DESLOCAMENTO 9m (6q)
CORPO A CORPO Clava +7 (1d6+3).

FOR 1, DES 2, CON 1, INT 0, SAB −1, CAR 0

PERÍCIAS Furtividade +5.
EQUIPAMENTO Clava. **TESOURO** Metade.

CHEFE BANDIDO — ND 1
Humanoide (humano) Médio

INICIATIVA +4, **PERCEPÇÃO** +2
DEFESA 16, **FORT** +5, **REF** +8, **VON** +3
PONTOS DE VIDA 30
DESLOCAMENTO 9m
CORPO A CORPO Espada curta +9 (1d6+5, 19).
À DISTÂNCIA Adaga +7 (1d4+3, 19).
ATAQUE FURTIVO Uma vez por rodada, o chefe bandido causa +2d6 pontos de dano com ataques corpo a corpo, ou à distância em alcance curto, contra alvos desprevenidos ou que esteja flanqueando.

FOR 3, DES 2, CON 2, INT 0, SAB 0, CAR 1

PERÍCIAS Furtividade +7, Intimidação +6.
EQUIPAMENTO Adaga, espada curta. **TESOURO** Padrão.

GUARDAS

Onde há ordem e civilização, há algum tipo de guarda ou milícia. Embora guardas sejam mais comuns nas ruas de cidades e vilas, também podem ser encontrados patrulhando estradas ou guarnecendo postos de fronteira. Como aventureiros às vezes operam fora da lei, podem ter problemas com guardas.

GUARDA DE CIDADE — ND 1/2
Humanoide (humano) Médio

INICIATIVA +4, **PERCEPÇÃO** +3
DEFESA 15, **FORT** +5, **REF** +2, **VON** +1
PONTOS DE VIDA 8
DESLOCAMENTO 9m (6q)
CORPO A CORPO Maça +7 (1d8+5).

FOR 2, DES 1, CON 2, INT 0, SAB 0, CAR 0

PERÍCIAS Atletismo +5.
EQUIPAMENTO Apito, couro batido, maça. **TESOURO** Nenhum.

SARGENTO DA GUARDA — ND 1
Humanoide (humano) Médio

INICIATIVA +5, **PERCEPÇÃO** +4
DEFESA 17, **FORT** +9, **REF** +4, **VON** +3
PONTOS DE VIDA 28
DESLOCAMENTO 6m (4q)
CORPO A CORPO Maça +10 (1d8+10).
À DISTÂNCIA Besta leve +9 (1d8+5, 19).
ORDENS (MOVIMENTO) O sargento grita ordens para seus aliados em alcance médio. Eles recebem +2 em testes de perícia até o fim da cena.

FOR 3, DES 1, CON 2, INT 0, SAB 0, CAR 1

PERÍCIAS Atletismo +7, Intuição +4.
EQUIPAMENTO Apito, besta leve, cota de malha, maça, virotes x10. **TESOURO** Metade.

LOBO
ND 1/2

Predadores primordiais, lobos vivem em alcateias lideradas pelo macho mais forte — o alfa, que conduz o bando nas caçadas. Podem ser encontrados em quase qualquer ambiente, especialmente planícies, florestas e regiões montanhosas.

Lobos atacam mordendo as pernas da vítima para derrubá-la. Sua tática favorita é enviar alguns indivíduos para atacar pela frente, enquanto o resto circula e ataca por trás.

Animal Médio

Iniciativa +5, **Percepção** +6, faro, visão na penumbra
Defesa 14, **Fort** +6, **Ref** +3, **Von** +1
Pontos de Vida 14
Deslocamento 15m (10q)
Corpo a Corpo Mordida +7 (1d6+5).
Derrubar (livre) Se o lobo acerta um ataque de mordida, pode fazer a manobra derrubar (teste +7).
Táticas de Alcateia Quando flanqueia um inimigo, o lobo recebe +2 no teste de ataque e na rolagem de dano (além do bônus normal por flanquear, para um total de +4 no ataque e +2 no dano).

For 3, **Des** 3, **Con** 3, **Int** –4, **Sab** 2, **Car** –2

Perícias Sobrevivência +6.
Tesouro Nenhum.

CENTAUROS

Este povo equino é recluso, desconfiado e territorial. Prestam reverência a Allihanna como caçadores das planícies, que percorrem em pequenos bandos, às vezes liderados por um xamã. Quando encontram viajantes, seu comportamento é imprevisível: podem se afastar com cautela, questioná-los com animosidade aberta ou mesmo atacar sem provocação.

CENTAURO COMBATENTE
ND 1

Humanoide (centauro) Grande

Iniciativa +3, **Percepção** +3
Defesa 16, **Fort** +9, **Ref** +2, **Von** +5
Pontos de Vida 35
Deslocamento 12m (8q)
Corpo a Corpo Tacape +9 (1d12+5) e cascos +9 (1d8+5).
À Distância Arco longo +7 (1d10+5, x3).
Investida Poderosa Quando faz uma investida com seu tacape, o centauro causa +1d12 pontos de dano.
Medo de Altura Se estiver adjacente a uma queda de 3m ou mais de altura, o centauro fica abalado.

For 5, **Des** 2, **Con** 3, **Int** –2, **Sab** 1, **Car** –2

Perícias Sobrevivência +5.
Equipamento Arco longo aumentado, flechas x20, tacape aumentado. **Tesouro** Metade.

CENTAURO XAMÃ
ND 3

Humanoide (centauro) Grande

Iniciativa +4, **Percepção** +8
Defesa 21, **Fort** +9, **Ref** +4, **Von** +15
Pontos de Vida 35
Deslocamento 12m (8q)
Pontos de Mana 20
Corpo a Corpo Bordão +11 (1d8+4) e cascos +11 (1d8+4).
Magias O centauro xamã lança magias como um clérigo de 3º nível (CD 17).
- *Armamento da Natureza (Movimento, 3 PM)* Uma das armas do xamã se torna mágica e seu dano aumenta em um passo (de 1d8 para 1d10).
- *Controlar Plantas (Padrão, 2 PM)* Uma área quadrada de 9m de lado de vegetação em alcance curto se torna terreno difícil. Criaturas na área quando a magia é lançada ou no início de seus próprios turnos ficam enredadas e imóveis (Fortitude evita). Uma vítima pode se libertar com uma ação padrão e um teste de Acrobacia ou Atletismo.
- *Curar Ferimentos (Padrão, 3 PM)* Uma criatura adjacente cura 4d8+4 PV.

Medo de Altura Se estiver adjacente a uma queda de 3m ou mais de altura, o centauro fica abalado.
Voz da Natureza O centauro está sempre sob efeito da magia *Voz Divina*, apenas para falar com animais.

For 4, **Des** 1, **Con** 3, **Int** –1, **Sab** 4, **Car** 0

Perícias Religião +8, Sobrevivência +10.
Equipamento Bordão aumentado, símbolo de Allihanna.
Tesouro Metade.

GNOLLS

De todos os humanoides monstruosos, o estridente povo-hiena é o mais propenso a preparar emboscadas em beira de estrada. Preguiçosos e covardes, lutam apenas quando estão em vantagem, fugindo ou rendendo-se assim que a situação muda. Sua cultura considera a rendição um ato de honra e bravura; sempre aceitam a rendição de um inimigo, esperando o mesmo em retorno. Muitos são rústicos e primitivos, enquanto outros aprenderam os modos da civilização, mostrando grande apreço por armas de fogo.

GNOLL SAQUEADOR
ND 1

Humanoide (gnoll) Médio

Iniciativa +5, **Percepção** +4, faro
Defesa 15, **Fort** +7, **Ref** +7, **Von** +1
Pontos de Vida 15
Deslocamento 9m (6q)
Corpo a Corpo Lança +10 (1d6+4) e mordida +10 (1d6+4).
À Distância Arco curto +9 (1d6+3, x3).

For 3, **Des** 2, **Con** 3, **Int** –2, **Sab** 1, **Car** –1

Equipamento Arco curto, flechas x20, lança. **Tesouro** Metade.

CAPÍTULO SETE

GNOLL FILIBUSTEIRO — ND 2

Humanoide (gnoll) Médio

Iniciativa +9, **Percepção** +4, faro
Defesa 19, **Fort** +7, **Ref** +11, **Von** +4
Pontos de Vida 60
Deslocamento 9m (6q)

Corpo a Corpo Espada curta +11 (1d6+4, 19) e mordida +11 (1d6+4).
À Distância Mosquete +12 (2d8+9, 19/x3).
Recarga Rápida O gnoll filibusteiro pode recarregar seu mosquete como uma ação de movimento.

For 3, **Des** 4, **Con** 3, **Int** −1, **Sab** 2, **Car** −1

Equipamento Balas x10, espada curta, mosquete. **Tesouro** Padrão.

GORLOGG — ND 1

Estas feras primitivas lembram uma combinação de lobo e crocodilo, com mandíbulas capazes de destroçar ossos. Gorlogg existiam apenas no mundo perdido de Galrasia, até que começaram a ser capturados e trazidos para o Reinado, como temíveis bestas de guerra. Fugindo e retornando à vida selvagem, passaram a se reproduzir, formando bandos e ameaçando comunidades. Apesar da dificuldade para domá-los, são cobiçados como montarias por aventureiros valorosos (ou sem amor à vida).

Animal Grande

Iniciativa +4, **Percepção** +3, visão na penumbra
Defesa 16, **Fort** +8, **Ref** +5, **Von** +3
Pontos de Vida 36
Deslocamento 12m (8q)

Corpo a Corpo Mordida +9 (2d6+8, x3).
Agarrar Aprimorado (Livre) Se o gorlogg acerta um ataque de mordida, pode usar a manobra agarrar (teste +13).

For 5, **Des** 2, **Con** 5, **Int** −4, **Sab** 1, **Car** −2

Perícias Atletismo +9.
Tesouro Nenhum.

TROG — ND 1

Quando um destes homens-lagarto decide integrar um grupo de aventureiros, isso é exceção, não regra. Trogs são predadores cruéis, cheios de ódio por todos os outros seres, especialmente anões. Preferem atacar em bandos e agir na escuridão, à noite ou nos subterrâneos. Sua tática padrão é aguardar por vítimas em emboscadas, mantendo-se escondidos com seu poder camaleônico — então atacam à distância com azagaias antes de enfrentar os inimigos restantes corpo a corpo, enfraquecendo-os com seu gás fétido. São atraídos por armas e outros itens feitos de metal, que eles próprios não sabem forjar.

Estradas, bosques, vilas. Em Arton, o perigo espreita em qualquer lugar

Humanoide (trog) Médio
Iniciativa +3, **Percepção** +0, visão no escuro
Defesa 16, **Fort** +10, **Ref** +5, **Von** +1
Pontos de Vida 11
Deslocamento 9m (6q)

Corpo a Corpo Lança +11 (1d6+5) e mordida +11 (1d6+5).
À Distância Azagaia +9 (1d6+5).
Mau Cheiro (Padrão) O trog expele um gás fétido. Todas as criaturas (exceto trogs) em alcance curto ficam enjoadas por 1d6 rodadas (Fort CD 15 evita). Uma criatura que passe no teste de resistência fica imune a esta habilidade por um dia. *Veneno*.
Sangue Frio O trog sofre 1 ponto de dano adicional por dado de dano de frio.

For 3, **Des** 1, **Con** 3, **Int** –2, **Sab** 0, **Car** –1

Perícias Furtividade +7.
Equipamento Azagaias x2, lança. **Tesouro** Metade.

LOBO-DAS-CAVERNAS ND 2

Um ancestral pré-histórico do lobo comum, mas muito maior e com uma coluna de placas ósseas ao longo do dorso. Podem ser encontrados em vários pontos de Arton, sobretudo em Lamnor, onde são usados por goblinoides como bestas de guarda e montaria. As placas dorsais não são armas — estudiosos acreditam que sejam atrativo sexual (apenas os machos as possuem). Lobos-das-cavernas caçam como lobos comuns: quando em alcateia, parte do bando ataca pela frente, enquanto os demais circulam e atacam por trás com a poderosa mordida.

Animal Grande
Iniciativa +5, **Percepção** +7, faro, visão na penumbra
Defesa 19, **Fort** +11, **Ref** +7, **Von** +6
Pontos de Vida 73
Deslocamento 15m (10q)

Corpo a Corpo Mordida +13 (2d6+10).
Derrubar (Livre) Se o lobo-das-cavernas acerta um ataque de mordida, pode fazer a manobra derrubar (teste +15).
Táticas de Alcateia Quando flanqueia um inimigo, o lobo-das-cavernas recebe +2 no teste de ataque e na rolagem de dano (além do bônus normal por flanquear, para um total de +4 no ataque e +2 no dano).

For 6, **Des** 2, **Con** 5, **Int** –4, **Sab** 2, **Car** –2

Perícias Sobrevivência +11.
Tesouro Nenhum.

CÃO DO INFERNO ND 3

Estas feras agressivas são enormes, fortes e musculosas, com pelagem castanho-avermelhada como ferrugem, presas, garras e língua negras como carvão, e olhos de um vermelho ameaçador. Cães do inferno são oriundos de planos divinos e trazidos com frequência para Arton por conjuradores malignos.

Espírito Grande
Iniciativa +6, **Percepção** +4, faro, visão no escuro
Defesa 21, **Fort** +11, **Ref** +9, **Von** +7, imunidade a fogo, redução de dano 10/mágico, vulnerabilidade a frio
Pontos de Vida 95
Deslocamento 12m (8q)

Corpo a Corpo Mordida +14 (2d6+6 mais 2d6 de fogo).
Sopro (padrão) O cão do inferno cospe fogo em um cone de 6m. Criaturas na área sofrem 4d6+4 pontos de dano de fogo (Ref CD 17 reduz à metade). *Recarga (movimento)*.

For 6, **Des** 3, **Con** 4, **Int** –2, **Sab** 1, **Car** –2

Perícias Atletismo +9.
Tesouro 1d4 doses de essência abissal (CD 18 para extrair).

GRIFO ND 3

Grifos têm corpo e patas traseiras de leão, mas patas dianteiras, asas e cabeça de águia. Com 2,5 m de comprimento e envergadura de 7,5m, estão entre as criaturas mais majestosas de Arton. Também são alguns dos voadores mais rápidos que existem, superando até mesmo alguns dragões.

Como as águias, habitam lugares altos, de onde mergulham guinchando para atacar suas presas. Em seu habitat natural, grifos vivem em bandos de um macho mais seu harém de 1d6 fêmeas. Quando criados desde filhotes, os grifos podem ser domesticados, servindo de montaria. Muitas tribos bárbaras das Montanhas Sanguinárias criam e cavalgam grifos. Um grifo domesticado será sempre fiel a seu tratador. Entretanto, eles adoram carne de cavalo, o que pode ser um problema quando são misturados com essas montarias mais comuns.

Monstro Grande
Iniciativa +9, **Percepção** +7, visão no escuro
Defesa 19, **Fort** +9, **Ref** +15, **Von** +4, imunidade a medo
Pontos de Vida 110
Deslocamento 12m, voo 24m

Corpo a Corpo Mordida +14 (2d6+5) e duas garras +14 (1d6+5).
Bote (Completa) O grifo faz uma investida e ataca com sua mordida e suas duas garras. Os três ataques recebem o bônus de +2 da investida, mas devem ser feitos contra o mesmo alvo.

For 5, **Des** 4, **Con** 3, **Int** –4, **Sab** 2, **Car** –1

Tesouro Um ninho de grifo tem 25% de chance de conter 1d4 ovos no valor de T$ 2.500 cada.

CAPÍTULO SETE

BASILISCO — ND 4

Lagartos venenosos com dois metros de comprimento, basiliscos possuem o terrível poder de transformar seres vivos em pedra com o olhar. Criaturas solitárias, vivem tanto em terra firme quanto na água.

Monstro Médio

Iniciativa +6, **Percepção** +5, visão no escuro
Defesa 23, **Fort** +10, **Ref** +9, **Von** +9, redução de dano 5
Pontos de Vida 145
Deslocamento 9m (6q), natação 9m (6q)

Corpo a Corpo Mordida +16 (2d8+12 mais veneno).
Olhar Petrificante No início de seu turno, cada personagem em alcance curto do basilisco deve fazer um teste de Reflexos (CD 18). Se passar, desvia o olhar. Se falhar, fica lento. Se já estiver lento, fica petrificado permanentemente. Um personagem pode fechar os olhos como uma reação para ficar imune a esta habilidade, mas sofrerá os efeitos de estar cego por uma rodada. Efeitos que removem paralisia revertem a petrificação. *Metamorfose*.
Veneno Peçonha concentrada (perde 1d12 pontos de vida por rodada durante 3 rodadas, Fortitude CD 18 reduz a duração para uma rodada).

For 4, **Des** 2, **Con** 4, **Int** −4, **Sab** 1, **Car** 0

Tesouro 1d4 doses de peçonha concentrada (CD 19 para extrair), couro de basilisco (CD 19 para extrair, conta como T$ 1.000 como matéria-prima para fabricar uma armadura superior).

OGRO — ND 4

Estes gigantes primitivos são solitários e mal-humorados, quase nunca encontrados em bandos. No entanto, por sua estupidez, são frequentemente convencidos a acompanhar bandidos e gnolls, em troca de diversão ou guloseimas. Também é comum encontrá-los servindo a bruxos ou cultistas. Enganar um ogro não é tarefa difícil, sendo muito mais recomendado que tentar vencê-lo pela força bruta. Mesmo quando enfurecidos, podem cair em provocações e ser levados a cometer erros.

Humanoide (gigante) Grande

Iniciativa +3, **Percepção** +1, visão na penumbra
Defesa 23, **Fort** +16, **Ref** +10, **Von** +0
Pontos de Vida 130
Deslocamento 9m (6q)

Corpo a Corpo Tacape +16 (1d12+18).
Burro Demais... O ogro sofre −5 em testes de Intuição e Vontade (já contabilizados na ficha).
...Para Morrer! Todo o dano de corte, impacto e perfuração que o ogro sofre é reduzido à metade.

For 7, **Des** 0, **Con** 4, **Int** −3, **Sab** −2, **Car** −2

Perícias Atletismo +12, Intuição −5.
Equipamento Tacape aumentado. **Tesouro** Padrão.

URSO-CORUJA — ND 4

Este estranho ser lembra um grande urso, mas coberto de penas e com a cabeça de uma enorme coruja. A cor varia do castanho ao marrom, com bico em tom marfim fosco. A teoria mais aceita entre os estudiosos do Reinado diz que foram criados por um mago insano. Após matar seu criador, teriam fugido da torre dele e se espalhado pelos ermos.

Ursos-coruja habitam os ermos de Arton, fazendo de florestas e cavernas seus covis. São criaturas agressivas, atacando qualquer coisa que se mova. Rasgam e bicam, tentando agarrar a vítima e fazê-la em pedaços, para então devorá-la. Quem sobrevive a encontros com a fera pode atestar a selvageria em seus olhos vermelhos.

Monstro Grande

Iniciativa +7, **Percepção** +5, faro, visão no escuro
Defesa 23, **Fort** +16, **Ref** +10, **Von** +5
Pontos de Vida 145
Deslocamento 12m (8q)

Corpo a Corpo Mordida +16 (1d8+5) e duas garras +15 (1d6+5).
Agarrar Aprimorado (Livre) Se o urso-coruja acerta um ataque de garra, pode fazer a manobra agarrar (teste +18).

For 7, **Des** 3, **Con** 5, **Int** −4, **Sab** 1, **Car** −2

Tesouro Nenhum.

SERPE — ND 5

Muitas vezes confundidos com dragões, estes monstros reptilianos alados são apenas feras com pouca inteligência e sem poderes mágicos. Ao contrário de dragões, não possuem braços — apenas as patas traseiras e asas, como pássaros. Ainda assim, são muito perigosos e agressivos, uma ameaça constante aos viajantes do Reinado e além. A ponta da longa cauda esconde um ferrão, contendo um dos venenos mais poderosos de que se tem notícia.

Monstro Grande

Iniciativa +5, **Percepção** +7, faro, visão no escuro
Defesa 24, **Fort** +10, **Ref** +16, **Von** +5, imunidade a paralisia
Pontos de Vida 200
Deslocamento 9m (6q), voo 18m (12q)

Corpo a Corpo Mordida +17 (2d6+12) e ferrão +17 (1d8+12 mais veneno).
Agarrar Aprimorado (Livre) Se a serpe acerta um ataque de mordida, pode fazer a manobra agarrar (teste +19).
Veneno Peçonha concentrada (perde 1d12 pontos de vida por rodada durante 3 rodadas, Fortitude CD 20 reduz a duração para uma rodada).

For 6, **Des** 1, **Con** 6, **Int** −2, **Sab** 1, **Car** −1

Tesouro 1d4 doses de peçonha concentrada (CD 20 para extrair).

Ameaças

OS PURISTAS

Em meio a tantos seres monstruosos que aterrorizam Arton, existe uma ameaça humana. Extremamente humana, no pior sentido. A Supremacia Purista é uma nação belicosa e fanática, determinada a exterminar todos os não humanos de Arton. Veja mais sobre os puristas no **Capítulo 9: Mundo de Arton**. A seguir estão fichas dos membros mais comuns dos batalhões.

RECRUTA PURISTA — ND 1/2

A ralé do exército purista. São recrutados entre filhos de camponeses — ou entre órfãos, criminosos e outros "indesejados". Recebem treinamento militar e equipamento abaixo dos padrões da Supremacia, mas ainda superior ao da maior parte do Reinado. São usados em missões menos importantes, como atacar aldeias com poucas defesas, proteger lugares não estratégicos e patrulhar estradas secundárias.

Humanoide (humano) Médio

Iniciativa +3, **Percepção** +0
Defesa 16, Fort +6, Ref +2, Von +0
Pontos de Vida 10
Deslocamento 6m (4q)

Ataque Corpo a Corpo Alabarda +8 (1d10+5, x3).
Lutar em Formação Se o recruta estiver adjacente a um aliado que também possua este poder, recebe +2 em testes de ataque e Defesa.

For 2, Des 1, Con 2, Int –1, Sab –1, Car 0

Equipamento Alabarda, cota de malha. **Tesouro** Nenhum.

SOLDADO PURISTA — ND 1

A base dos batalhões puristas. São recrutados entre crianças da Supremacia (normalmente entre 10 a 12 anos) e enviados a um dos vários campos militares do reino. Lá aprendem a seguir ordens, a usar o equipamento dos batalhões e a seguir a doutrina purista. É um treino brutal e eficaz. Muitos morrem. Os que sobrevivem se tornam jovens fortes e enrijecidos, repletos de cicatrizes no corpo e na alma.

Quando estão chegando à maioridade (15 a 17 anos), são enviados à cidade militar de Warton (ou a outro quartel) para concluir seu treinamento e serem alocados a um batalhão. A etapa final de sua formação é na verdade uma lavagem cerebral que transforma os futuros soldados em máquinas de matar, sem qualquer traço de compaixão ou remorso. Os soldados puristas, tragicamente, possuem pouco de sua tão aclamada humanidade.

Humanoide (humano) Médio

Iniciativa +4, **Percepção** +1
Defesa 20, **Fort** +10, **Ref** +4, **Von** +1
Pontos de Vida 20
Deslocamento 6m (4q)

Corpo a Corpo Espada bastarda +9 (1d10+9, 19).
À Distância Besta pesada +7 (1d12+4, 19).
Lutar em Formação Se o soldado estiver adjacente a um aliado que também possua este poder, recebe +2 em testes de ataque e Defesa.

For 3, Des 1, Con 3, Int 0, Sab –1, Car 0

Equipamento Besta pesada, escudo pesado, espada bastarda, meia armadura, virotes x10. **Tesouro** Metade.

SARGENTO-MOR — ND 3

Sargentos da Supremacia são soldados veteranos e embrutecidos. Por já terem provado seu valor em batalha, recebem o comando de um batalhão, formado por cem soldados. Apesar da promoção, ainda são mais guerreiros do que comandantes e lideram pelo exemplo, avançando à frente de suas tropas (para um oficial estrategista, veja Capitão-Baluarte, a seguir). Seja enfrentando tropas inimigas, seja enfrentando heróis aventureiros, sargentos nunca se abalam; confiam em seu treinamento, em sua experiência e em sua força bruta.

Humanoide (humano) Médio

Iniciativa +4, **Percepção** +3
Defesa 24, **Fort** +14, **Ref** +9, **Von** +5
Pontos de Vida 105
Deslocamento 6m (4q)

Corpo a Corpo Espada bastarda +14 (1d12+15, 19).
À Distância Besta pesada +12 (1d12+10, 19).
Lutar em Formação Se o sargento-mor estiver adjacente a um aliado que também possua este poder, recebe +2 em testes de ataque e Defesa.
Varrer (Livre) Uma vez por rodada, quando o sargento-mor faz um ataque corpo a corpo e reduz os pontos de vida do alvo para 0 ou menos, pode realizar um ataque adicional contra outra criatura dentro do seu alcance.

For 4, Des 1, Con 4, Int 0, Sab 0, Car 0

Equipamento Armadura completa, besta pesada, escudo pesado, espada bastarda aumentada certeira, virotes x10. **Tesouro** Padrão.

CAPELÃO DE GUERRA ND 4

Composto por adoradores fanáticos de Valkaria e Arsenal, o Templo da Pureza Divina prega que os humanos são a raça eleita e que os outros povos devem ser exterminados para "purificar" Arton. Os capelães são o braço armado do Templo e com frequência acompanham batalhões puristas em missão.

Humanoide (humano) Médio

Iniciativa +4, **Percepção** +7
Defesa 21, **Fort** +10, **Ref** +5, **Von** +16, imunidade a medo
Pontos de Vida 105
Deslocamento 6m (4q)

Pontos de Mana 25
Corpo a Corpo Martelo de guerra +14 (1d8+15, x3).
Magias O capelão de guerra lança magias como um clérigo de 5º nível (CD 18).
- *Arma Mágica (Padrão, 5 PM)* Uma arma do capelão se torna mágica, fornecendo +2 nos testes de ataque e rolagens de dano e +1d6 pontos de dano de fogo.
- *Bênção (Padrão, 3 PM)* Aliados em alcance curto recebem +2 em testes de ataque e rolagens de dano até o fim da cena.
- *Curar Ferimentos (Padrão, 5 PM)* Uma criatura adjacente cura 6d8+6 PV.
- *Soco de Arsenal (Padrão, 5 PM)* Uma criatura em alcance médio sofre 5d6+5 pontos de dano de impacto e é empurrada 3m na direção oposta (Fortitude reduz o dano à metade e evita o empurrão).

For 4, **Des** 0, **Con** 4, **Int** 1, **Sab** 3, **Car** –1

Perícias Misticismo +5, Religião +7.
Equipamento Armadura completa, escudo leve, martelo de guerra certeiro, símbolo sagrado. **Tesouro** Padrão.

CAPITÃO-BALUARTE ND 5

Esses oficiais de baixo escalão são escolhidos entre a jovem nobreza da Supremacia e treinados desde a infância para liderar. São combatentes hábeis, mas seu verdadeiro talento está em liderar as investidas de seus subordinados, não em atacar pessoalmente.

Humanoide (humano) Médio

Iniciativa +4, **Percepção** +5
Defesa 33, **Fort** +15, **Ref** +5, **Von** +13
Pontos de Vida 115
Deslocamento 6m (4q)

Corpo a Corpo Espada longa +17 (1d8+8, 19).
Comandar (Padrão) Os aliados em alcance médio do capitão-baluarte recebem +4 em testes de ataque e rolagens de dano até o fim da rodada.
Formação Invencível Os aliados em alcance curto do capitão-baluarte recebem +2 na Defesa.

For 3, **Des** 0, **Con** 4, **Int** 3, **Sab** 1, **Car** 4

Perícias Cavalgar +4, Guerra +7, Nobreza +7.
Equipamento Armadura completa reforçada, escudo pesado reforçado, espada longa certeira. **Tesouro** Dobro.

Ódio Puro

Puristas passam por um processo de doutrinação no qual aprendem a obedecer ordens sem questionar e a odiar todas as raças não humanas. Um purista recebe +5 em testes de Vontade quando está seguindo ordens de um superior (qualquer purista com ND maior) e +2 em rolagens de dano contra humanoides não humanos.

CAVALEIRO DO LEOPARDO SANGRENTO ND 9

Considerados "puristas entre os puristas", os cavaleiros da Ordem do Leopardo Sangrento são os mais fanáticos combatentes da Supremacia. A sinistra capa com o símbolo da ordem significa que passaram pelo terrível rito de iniciação — sacrificar um não humano com as próprias mãos. Além de atuar como guarda-costas para líderes puristas, os Leopardos também executam missões estratégicas de sabotagem e assassinato.

Humanoide (humano) Médio

Iniciativa +17, **Percepção** +15
Defesa 36, **Fort** +21, **Ref** +11, **Von** +17, imunidade a medo
Pontos de Vida 270
Deslocamento 9m (6q)

Pontos de Mana 58
Corpo a Corpo Espada bastarda +28 (3d6+15, 19).
Cavaleiro Místico O cavaleiro lança magias como um arcanista de 9º nível (CD 28). Ele pode lançar magias arcanas de armadura sem precisar de testes de Misticismo. Uma vez por rodada, quando usa a ação agredir para fazer ataques corpo a corpo, pode lançar uma magia como ação livre (pagando seu custo normal em PM).
- *Concentração de Combate (Padrão, 3 PM)* Até o final da cena, sempre que faz um ataque, o cavaleiro rola dois dados e usa o melhor resultado.
- *Dissipar Magia (Padrão, 3 PM)* O cavaleiro escolhe uma criatura, objeto ou esfera de 3m em alcance médio e faz um teste de Misticismo. Todas as magias no alvo escolhido com CD menor que o teste são dissipadas.
- *Pele de Pedra (Padrão, 6 PM)* Recebe RD 5 até o final da cena.
- *Toque Chocante (Padrão, 9 PM)* O cavaleiro faz um ataque corpo a corpo. Se acertar, além do dano normal, causa 8d8+8 pontos de dano de eletricidade.
- *Velocidade (Padrão, 3 PM, sustentada)* O cavaleiro pode executar uma ação padrão adicional por turno, que não pode ser usada para lançar magias.

For 5, **Des** 2, **Con** 4, **Int** 4, **Sab** 0, **Car** 2

Perícias Furtividade +8, Intimidação +17, Misticismo +19.
Equipamento Armadura completa reforçada, espada bastarda aumentada pungente de adamante. **Tesouro** Padrão.

O avanço indetenível dos batalhões puristas

COLOSSO SUPREMO — ND 14

Grandes como moinhos de vento, feitos de pedra e metal, estes engenhos infernais são forjados com técnicas que combinam magia e tecnologia goblin. Plataformas em seus ombros abrigam soldados operando balistas, bem como oficiais que supervisionam e comandam as tropas no solo. Em seu interior, escravos goblins são responsáveis pela operação e reparos em tempo real. Além de sua espada titânica e canhões que disparam jatos de chamas, o colosso possui chaminés que expelem uma fumaça escura e venenosa; os tripulantes humanos usam máscaras protetoras, enquanto os goblins são resistentes ao veneno (e também fáceis de substituir).

Construto Colossal

Iniciativa +8, **Percepção** +9, visão no escuro
Defesa 46, **Fort** +31, **Ref** +19, **Von** +20, cura acelerada 20, redução de dano 10, resistência a magia +5
Pontos de Vida 675
Deslocamento 12m (8q)

Corpo a Corpo Espada titânica +39 (4d12+30, 19).
Balistas (Livre) O colosso possui duas balistas, uma em cada ombro. Cada balista é tripulada por soldados que a carregam e a disparam em rodadas alternadas (bônus de ataque +39, 6d8 pontos de dano de perfuração, crítico 19, alcance médio). É possível atacar as tripulações para impedir os disparos. Cada tripulação possui Defesa 26, 50 PV e usa os testes de resistência do colosso.
Fumos Tóxicos Uma criatura que comece seu turno em alcance curto do colosso perde 4d6 PV e fica enjoada (Fortitude CD 38 evita). *Veneno*.
Goblins Consertadores Goblins especialmente pequenos rastejam por dentro dos dutos do colosso fazendo reparos, sendo a fonte da cura acelerada do construto. Por estarem dentro do colosso, os goblins são imunes a dano, mas ainda podem ser afetados por efeitos mentais. Eles possuem Vontade +3 (mas recebem a resistência a magia do colosso) e, se forem afetados por qualquer condição, a cura acelerada deixa de funcionar.
Jato de Chamas (Movimento) O colosso dispara um jato de chamas que atinge um cone de 12m. Criaturas na área sofrem 8d8+10 pontos de dano de fogo (Ref CD 38 reduz à metade).
Passar por Cima (Completa) O colosso percorre até o dobro do seu deslocamento, passando por qualquer criatura Grande ou menor. Uma criatura atropelada sofre 6d8+15 pontos de dano de impacto (Reflexos CD 38 reduz à metade).
Varrer (Livre) Uma vez por rodada, quando o colosso supremo faz um ataque corpo a corpo e reduz os pontos de vida do alvo para 0 ou menos, pode realizar um ataque adicional contra outra criatura dentro do seu alcance.

For 15, **Des** –1, **Con** 10, **Int** —, **Sab** –5, **Car** –5
Tesouro 1d6 engrenagens (CD 29 para extrair; cada engrenagem conta como T$ 1.000 em matéria-prima para fabricar engenhocas).

REINO DOS MORTOS

Mortos-vivos sempre existiram em Arton, temidos em masmorras assombradas, caçados por campeões dos deuses ou tolerados como servos de conjuradores prestigiados. No entanto, dois acontecimentos recentes aumentaram a incidência de mortos-vivos — a destruição de Ragnar, o Deus da Morte, deixando a própria morte sem uma divindade, e a conversão do Conde Ferren Asloth em um poderoso lich, com a subsequente criação de Aslothia, o Reino dos Mortos.

Nem todos os mortos-vivos já foram seres vivos. Alguns são criados por magia, enquanto outros surgem por fenômenos sobrenaturais. Não importando sua origem, todos são movidos por energia negativa, oposta à energia positiva da vida. Muitos perdem qualquer inteligência, seguindo apenas instintos básicos (ou as ordens de seu criador), enquanto outros mantêm as memórias que tinham em vida.

ZUMBIS

O tipo mais comum e rudimentar de morto-vivo, pouco mais que um amontoado cambaleante de carne apodrecida. Podem ser conjurados e controlados ou ocorrer espontaneamente em lugares amaldiçoados. Sozinhos, zumbis são adversários fáceis até para plebeus bem armados ou heróis novatos — mas uma grande horda pode surpreender e sobrepujar até mesmo aventureiros experientes.

ZUMBI — ND 1/4
Morto-vivo Médio

Iniciativa –1, **Percepção** –1, visão no escuro
Defesa 11, **Fort** +3, **Ref** –1, **Von** –1
Pontos de Vida 20
Deslocamento 6m (4q)
Corpo a Corpo Mordida +7 (1d6+6).
Fraqueza Zumbi O zumbi sofre o dobro de dano de acertos críticos ou de ataques feitos contra seu cérebro (Defesa 21).

For 3, Des –1, Con 2, Int —, Sab –1, Car 0

Tesouro Nenhum.

TURBA ZUMBI — ND 2
Morto-vivo (bando) Grande

Iniciativa +1, **Percepção** +1, visão no escuro
Defesa 11, **Fort** +5, **Ref** +1, **Von** +1
Pontos de Vida 100
Deslocamento 6m (4q)
Corpo a Corpo Mordida +17 (2d6+12)
Ataque em Bando Se um ataque da turba zumbi exceder a Defesa do inimigo por 10 ou mais, ela causa o dobro do dano. Se um ataque da turba errar, ela ainda assim causa metade do dano.
Fraqueza Zumbi A turba zumbi sofre o dobro de dano de acertos críticos ou de ataques feitos contra seus cérebros (Defesa 21).
Forma Coletiva A turba zumbi é imune a efeitos que afetam apenas uma criatura e não causam dano, como a magia *Raio do Enfraquecimento*, mas sofre 50% a mais de dano de efeitos de área, como *Bola de Fogo*. Um personagem com o poder Trespassar que acerte a turba pode usá-lo para fazer um ataque adicional contra ela (mas apenas uma vez por turno).

For 3, Des –1, Con 3, Int —, Sab –1, Car 0

Tesouro Nenhum.

ESQUELETOS

Basta um olhar atento para diferenciar um osteon destes mortos-vivos sem mente. Esqueletos se movem e lutam com agilidade, até empunhando armas, mas sem qualquer inteligência guiando seus atos — apenas seguem as ordens de seus criadores. Muitos necromantes, especialmente em Aslothia e Wynlla, usam esqueletos como servos e soldados. De fato, as temidas falanges — tropas de esqueletos de elite — são uma das principais linhas de defesa do Reino dos Mortos.

ESQUELETO — ND 2
Morto-vivo Médio

Iniciativa +7, **Percepção** +3, visão no escuro
Defesa 19, **Fort** +3, **Ref** +7, **Von** +12, redução de corte, frio e perfuração 5
Pontos de Vida 14
Deslocamento 9m (6q)
Corpo a Corpo Espada longa +14 (2d8+12, 19).

For 5, Des 3, Con 0, Int —, Sab 0, Car –5.

Equipamento Escudo pesado, espada longa. **Tesouro** Nenhum.

ESQUELETO DE ELITE — ND 4
Morto-vivo Médio

Iniciativa +10, **Percepção** +4, visão no escuro
Defesa 25, **Fort** +4, **Ref** +10, **Von** +16, redução de corte, frio e perfuração 5

Pontos de Vida 60
Deslocamento 6m (4q)

Corpo a Corpo Espada longa +18 (2d8+15 mais 2d8 de trevas, 19).

For 6, Des 4, Con 2, Int —, Sab 0, Car –5

Equipamento Escudo pesado, espada longa, meia armadura. **Tesouro** Nenhum.

FALANGE   ND 8

Morto-vivo (bando) Grande
Iniciativa +12, **Percepção** +6, visão no escuro
Defesa 25, **Fort** +6, **Ref** +12, **Von** +18, redução de corte, frio e perfuração 5
Pontos de Vida 300
Deslocamento 6m

Corpo a Corpo Espada longa +28 (4d8+30 mais 4d8 de trevas, 19).
Ataque em Bando Se um ataque da falange exceder a Defesa do inimigo por 10 ou mais, ela causa o dobro do dano. Se um ataque da falange errar, ela ainda assim causa metade do dano.
Forma Coletiva A falange é imune a efeitos que afetam apenas uma criatura e não causam dano, como a magia *Raio do Enfraquecimento*, mas sofre 50% a mais de dano de efeitos de área, como *Bola de Fogo*. Um personagem com o poder Trespassar que acerte a falange pode usá-lo para fazer um ataque adicional contra ela (mas apenas uma vez por turno).

For 6, Des 4, Con 2, Int —, Sab 0, Car –5

Equipamento. Escudo pesado, espada longa, meia armadura. **Tesouro** Nenhum.

APARIÇÃO   ND 5

Vistas à distância, estas criaturas feitas de pura sombra lembram vultos usando mantos esvoaçantes. Dizem que são sombras separadas de seus antigos "donos", agora odiando os vivos e a própria luz. Apesar de sua extrema furtividade na escuridão, podem ser detectadas por animais e crianças. Em combate, usam o toque sombrio para drenar a vida de seus oponentes, concentrando-se em uma vítima por vez.

Morto-vivo Médio
Iniciativa +10, **Percepção** +6, visão no escuro
Defesa 23, **Fort** +5, **Ref** +17, **Von** +11, incorpóreo
Pontos de Vida 110
Deslocamento Voo 18m (12q)

Corpo a Corpo Toque drenante +18 (3d8+6 de trevas). Uma criatura viva atingida deve fazer um teste de Fortitude (CD 21). Se falhar, fica fraca e a aparição recebe 20 PV temporários cumulativos.
Vulnerabilidade à Luz do Dia Uma aparição exposta a luz solar natural fica debilitada.

For —, Des 6, Con 0, Int 0, Sab 2, Car 2

Perícias Furtividade +15.
Tesouro Nenhum.

NECROMANTE   ND 7

Estes arcanistas especializados em magias de trevas e na conjuração de mortos-vivos nem sempre são vilões. Alguns, bem-intencionados, acreditam firmemente que os mortos são uma força de trabalho valiosa, deixando os vivos livres para se dedicar a disciplinas mentais. Outros, no entanto, utilizam esqueletos e zumbis apenas como recursos para atingir objetivos perversos. Muitos são figuras de autoridade em Aslothia.

Um necromante raramente comete a imprudência de ser encontrado sozinho — quase sempre estará acompanhado por esqueletos. Em combate, tentará se manter protegido por seus servos, enquanto usa magias para fortificá-los e incapacitar oponentes.

Humanoide (elfo) Médio
Iniciativa +9, **Percepção** +9, visão na penumbra
Defesa 23, **Fort** +7, **Ref** +14, **Von** +20
Pontos de Vida 180
Deslocamento 12m (8q)

Pontos de Mana 55
Corpo a Corpo Adaga +22 (1d4 mais 1d8 de trevas, 19).
Ergam-se! (Completa, 5 PM) O necromante conjura seis mortos-vivos feitos de sombra em espaços desocupados em alcance curto. No turno do necromante, cada morto-vivo pode andar (deslocamento 9m) e causar dano a uma criatura adjacente (2d8 pontos de dano de trevas). Os mortos-vivos têm For 3, Des 3, Defesa 25 e todos os outros atributos nulos; eles têm 1 PV e falham automaticamente em qualquer teste de resistência ou oposto, mas são imunes a atordoamento, dano não letal, doença, encantamento, fadiga, frio, ilusão, paralisia, sono e veneno.
Sacrificar Servo (Reação) Uma vez por rodada, quando sofre dano, o necromante sacrifica um de seus mortos-vivos conjurados para reduzir esse dano a 0.
Magias O necromante lança magias como um arcanista de 7º nível (CD 26, 28 para necromancia*).
- *Amedrontar* (Padrão, 7 PM)* Animais e humanoides a escolha do necromante em alcance curto ficam apavorados por 1d4+1 rodadas e depois abalados (Vontade reduz para abalado).
- *Armadura Arcana (Padrão, 7 PM)* O necromante recebe +7 na Defesa por um dia.
- *Crânio Voador* (Padrão, 6 PM)* Um crânio de energia negativa causa 6d8+6 pontos de dano de trevas em uma criatura em alcance médio e deixa todas as criaturas a 3m do alvo abaladas (Fortitude reduz à metade e evita a condição).
- *Toque Vampírico* (Padrão, 6 PM)* O necromante toca em uma criatura e causa 10d6 pontos de dano de trevas (Fortitude reduz à metade) e recupera pontos de vida iguais à metade do dano causado.

For 0, Des 2, Con 1, Int 5, Sab 0, Car 0

Perícias Conhecimento +14, Misticismo +16. **Equipamento** Adaga, essência de mana. **Tesouro** Dobro.

Capítulo Sete

VAMPIRO   ND 12

Tornar-se vampiro costuma ser o objetivo de muitos necromantes em busca de mais poder ou clérigos de Tenebra que querem melhor servir à deusa. Essa "dádiva" pode ser alcançada através de pactos, rituais ou maldições. Cada vampiro é único, mas todos partilham duas fraquezas principais: são vulneráveis à luz do sol e dependentes de sangue.

Ainda que sejam temidos em todo o Reinado e além, muitos vampiros compõem a alta sociedade de Aslothia, onde são membros da nobreza (e cometem atrocidades impunemente).

Morto-vivo Médio

Iniciativa +15, **Percepção** +13, visão no escuro
Pontos de Vida 550
Defesa 45, **Fort** +12, **Ref** +26, **Von** +20, cura acelerada 10, redução de dano 10/luz.
Deslocamento 18m (12q), escalar 18m (12q)
Corpo a Corpo Espada longa x2 +25 (2d8+25 mais 2d10 de trevas, 17) e garra +36 (2d6+25 mais 2d10 de trevas).
Dominação Vampírica (Padrão) O vampiro sussurra palavras de controle para um humanoide em alcance curto. A vítima fica confusa, enfeitiçada ou fascinada até o final da cena ou perde suas memórias da última hora, a escolha do vampiro (Von CD 29 evita). Uma criatura só pode ser alvo desta habilidade uma vez por cena.
Drenar Sangue (Padrão) O vampiro drena sangue de uma criatura viva que esteja agarrando; ele causa 6d6 pontos de dano de perfuração e recupera a mesma quantidade de PV. Uma criatura morta pelo vampiro desta forma se erguerá como um vampiro na próxima noite e deverá vencer um teste de Vontade oposto contra o vampiro ou ficará sob o controle dele até que ele a liberte ou seja destruído.
Forma de Morcego (Padrão) O vampiro se transforma em um morcego. Ele se torna Minúsculo (+5 em Furtividade e –5 em testes de manobra) e recebe deslocamento de voo 12m. Seu equipamento é absorvido (retornando quando ele volta ao normal) e suas outras estatísticas não são alteradas. A transformação dura quanto tempo ele desejar, mas termina caso faça um ataque, lance uma magia ou sofra dano.
Presença Majestosa (Reação) Quando uma criatura ataca o vampiro, deve passar em um teste de Vontade (CD 29) ou não conseguirá machucá-lo e perderá a ação. Uma criatura que passe no teste de Vontade não é mais afetada por esta habilidade até o fim da cena.
Sensibilidade ao Sol Quando exposto a luz solar direta, o vampiro fica ofuscado e perde 6d6 PV por rodada.

For 6, Des 5, Con 5, Int 3, Sab 3, Car 6

Perícias Diplomacia +16, Enganação +16, Furtividade +25, Nobreza +13.
Equipamento Armadura completa delicada de mitral, espada longa precisa de mitral. **Tesouro** Dobro.

Em Aslothia, os mortos governam

OS DUYSHIDAKK

Com a manifestação da Flecha de Fogo e a realização da antiga profecia, a temida Aliança Negra não existe mais. Ainda assim, os povos goblinoides — ou duyshidakk — permanecem senhores absolutos do continente Lamnor e continuam tão perigosos para o Reinado quanto antes, ou talvez mais. Thwor Khoshkothruk, o Imperador Supremo, derrotou Ragnar e ascendeu como o novo Deus dos Goblinoides. Sem uma liderança central, os duyshidakk agora compõem vastos exércitos e hordas independentes (até mesmo reinos), com seus próprios chefes e generais.

Outrora considerados "feras estúpidas", os goblinoides possuem história e cultura complexas. Até mesmo seus ataques contra o Reinado encontram certa justificativa: no passado, a raça humana escolheu se aliar aos elfos contra os goblinoides, em vez de se unir ao povo com quem já compartilhavam o continente para repelir os colonizadores. Considerando os humanos traidores, estes duyshidakk não apenas lutam para preservar seu modo de vida, mas também buscam justiça (ou vingança) por esse crime milenar. Hordas inteiras ainda planejam invadir o Reinado para cumprir a visão do deus Thwor, "O Mundo Como Deve Ser", essencialmente Arton tomado por caos e anarquia.

Independentemente de tudo isso, muitas pessoas ainda veem os goblinoides como monstros. E goblinoides sem contato com a cultura de Lamnor podem mesmo não passar de bestas ferozes. Mas os duyshidakk buscam revelar a eles a verdade de Thwor.

GOBLIN SALTEADOR — ND 1/4

Quase sempre subestimados e considerados "fracos", estes goblins possuem uma ferocidade caótica, sendo máquinas insanas de esfaquear e estripar. Um pequeno bando pode chacinar um povoado humano ou sobrepujar aventureiros novatos; em grandes números, atacando por todos os lados, conseguem derrubar até mesmo heróis experientes.

Humanoide (goblin) Pequeno
Iniciativa +5, **Percepção** +1, visão no escuro
Defesa 13, **Fort** +2, **Ref** +3, **Von** –1
Pontos de Vida 4
Deslocamento 9m (6q), escalada 9m (6q)
Corpo a Corpo Duas adagas +7 (1d4, 19).
Frenesi O goblin salteador recebe +2 em testes de ataque e rolagens de dano para cada outro goblin salteador adjacente ao seu alvo.
For 0, **Des** 3, **Con** 0, **Int** 0, **Sab** –1, **Car** –1
Equipamento Adagas x2. **Tesouro** Padrão.

HOBGOBLIN SOLDADO — ND 2

De estatura similar a humanos robustos, hobgoblins são os mais militaristas entre os duyshidakk. Contrariando o que se espera de "humanoides monstruosos", suas armas e armaduras são de extrema qualidade, assim como suas estratégias de combate. Lutam de forma inteligente e organizada, dividindo suas forças entre infantaria na linha de frente (lutadores corpo a corpo em armaduras pesadas) e artilharia com arcos, bestas ou armas de pólvora dando apoio na retaguarda.

Humanoide (hobgoblin) Médio
Iniciativa +4, **Percepção** +1, visão no escuro
Defesa 19, **Fort** +12, **Ref** +7, **Von** +3
Pontos de Vida 18
Deslocamento 6m (4q)
Corpo a Corpo Espada longa +15 (1d8+15, 19).
À Distância Arco longo +11 (1d8+6, x3).
For 4, **Des** 2, **Con** 1, **Int** 0, **Sab** 0, **Car** –1
Perícias Ofício (armeiro) +2.
Equipamento Arco longo, cota de malha, escudo pesado, espada longa, flechas x20. **Tesouro** Padrão.

GOBLIN ENGENHOQUEIRO — ND 3

Tidos por muitos como pragas inúteis, os goblins cultivam uma longa "tradição" de transformar sucata em mecanismos e engenhocas de certa utilidade. Ainda que imprevisíveis, estes aparatos se tornaram a marca registrada da raça e encontraram um espaço entre as lanças e escudos das hordas goblinoides.

Humanoide (goblin) Pequeno
Iniciativa +5, **Percepção** +2, visão no escuro
Defesa 19, **Fort** +3, **Ref** +15, **Von** +9
Pontos de Vida 74
Deslocamento 9m (6q), escalada 9m (6q)
Corpo a Corpo Adaga +8 (1d4+3, 19).
À Distância Besta leve +9 (1d8+3, 19).

Engenhocas (Padrão) O goblin engenhoqueiro faz um teste de Ofício (engenhoqueiro) contra CD 15 para ativar uma de suas engenhocas. Para cada engenhoca, a CD aumenta em +5 a cada nova ativação no mesmo dia. Se passar no teste, a engenhoca é ativada. Se falhar, ela engüiça e não pode mais ser usada nesta cena.
- *Asa de Bambu.* O engenhoqueiro recebe deslocamento de voo 12m até o fim da cena.
- *Cospe-chamas.* Produz um cone de chamas de 9m. Criaturas na área sofrem 6d6 pontos de dano de fogo e ficam em chamas (Reflexos CD 19 reduz o dano à metade e evita a condição).
- *Gritador.* Produz um ruído ensurdecedor. Todas as criaturas em alcance curto escolhidas pelo goblin engenhoqueiro sofrem −2 em testes de ataque e rolagens de dano até o fim da cena.

For 0, Des 2, Con 2, Int 3, Sab −1, Car 0

Perícias Furtividade +7, Ofício (engenhoqueiro) +10.
Equipamento Adaga, besta leve, instrumentos de Ofício (engenhoqueiro), virotes x10. **Tesouro** Padrão.

ARAUTO DE THWOR ND 4

Após conhecer a história de sofrimento e opressão dos duyshidakk, não é espantoso que outros povos experimentem afinidade com sua causa. Hoje Thwor não é servido apenas por goblinoides, mas também por humanos e outras raças! Aceitos como irmãos pelos duyshidakk e abraçando suas tradições, estes clérigos assumem a missão sagrada de criar O Mundo Como Deve Ser e transformar Arton na utopia selvagem pregada por seu deus.

Humanoide (humano) Médio

Iniciativa +5, **Percepção** +8
Defesa 23, **Fort** +10, **Ref** +4, **Von** +16
Pontos de Vida 135
Deslocamento 6m (4q)
Pontos de Mana 26
Corpo a Corpo Machado de guerra +16 (3d6+12, x3).
O Mundo como Ele É (Reação) Quando erra um ataque, o arauto de Thwor pode repetir o teste de ataque. Ele pode usar esta habilidade uma vez contra cada oponente a cada cena.
Magias O arauto de Thwor lança magias como um clérigo de 4º nível (CD 18).
- *Amedrontar (Padrão, 3 PM)* Um animal ou humanoide em alcance curto fica apavorado por 1d4+1 rodadas e depois abalado (Vontade reduz para abalado apenas).
- *Curar Ferimentos (Padrão, 4 PM)* O arauto cura 5d8+5 PV de uma criatura adjacente.
- *Perdição (Padrão, 1 PM)* Criaturas escolhidas em alcance curto sofrem −1 em testes de ataque e rolagens de dano até o fim da cena.

For 3, Des 1, Con 3, Int 0, Sab 4, Car 0

Perícias Intimidação +9, Religião +8.
Equipamento Machado de guerra, símbolo de Thwor. **Tesouro** Padrão.

HOBGOBLIN MAGO DE BATALHA ND 5

No passado remoto, durante a Infinita Guerra contra os elfos, todos os hobgoblins odiavam e desprezavam magia — justamente por ser "coisa de elfo". Mais tarde, no entanto, integrar a Aliança Negra e derrotar Lenórienn trouxe uma atitude mais pragmática. Após pilharem os tomos arcanos élficos, muitos hobgoblins passariam a dominar conjurações com efeitos destrutivos.

Humanoide (hobgoblin) Médio

Iniciativa +5, **Percepção** +4, visão no escuro
Defesa 17, **Fort** +11, **Ref** +5, **Von** +17
Pontos de Vida 120
Deslocamento 9m (6q)
Pontos de Mana 35
Corpo a Corpo Espada longa +14 (1d8+3, 19).
Arcano de Batalha O hobgoblin mago de batalha soma sua Inteligência (+4) nas rolagens de dano com magias.
Magias O hobgoblin mago de batalha lança magias como um mago de 5º nível (CD 22).
- *Amedrontar (Padrão, 3 PM)* Um animal ou humanoide em alcance curto fica apavorado por 1d4+1 rodadas e depois abalado (Vontade reduz para abalado apenas).
- *Armadura Arcana (Padrão, 5 PM)* O hobgoblin recebe +6 na Defesa por um dia.
- *Bola de Fogo (Padrão, 5 PM)* O hobgoblin cria uma poderosa explosão em alcance médio que causa 8d6+5 pontos de dano de fogo em todas as criaturas em um raio de 6m (Reflexos reduz à metade).
- *Concentração de Combate (Livre, 1 PM)* Quando faz um ataque, o hobgoblin rola dois dados e usa o melhor resultado.
- *Toque Vampírico (Padrão, 5 PM)* O hobgoblin faz um ataque com sua espada longa. Se acertar, além do dano da arma ele causa 6d6+5 pontos de dano de trevas e recupera pontos de vida iguais à metade desse dano de trevas.

For 3, Des 1, Con 3, Int 4, Sab 0, Car −1

Perícias Guerra +9, Misticismo +9, Ofício (armeiro) +11.
Equipamento Espada longa, essência de mana. **Tesouro** Padrão.

ENGENHO DE GUERRA GOBLIN ND 6

Elevando a capacidade mecânica e inventiva dos goblins a novos patamares, o engenho de guerra goblin é uma geringonça de terror e imprevisibilidade. Polias, roldanas, engrenagens, fumaça e uma pitada de magia se misturam sob as mãos questionavelmente hábeis de engenhoqueiros goblins para produzir uma máquina de guerra capaz de mudar os rumos de uma batalha. Ou explodir tentando...

AMEAÇAS

Um engenho de guerra parece uma enorme carroça de madeira e ferro sem cavalos, com três pares de grandes rodas. Uma cúpula de metal na parte superior do veículo abriga o artilheiro que opera sua arma principal, um poderoso canhão de raios. Outras armas menores se projetam de suas laterais, operadas freneticamente pela tripulação goblin, que se reveza entre pilotar o aparelho e efetuar reparos. Um engenho de guerra pode ser um trunfo no campo de batalha ou apenas uma grande fonte de barulho e fumaça.

Construto Enorme

Iniciativa +3, **Percepção** +5, visão no escuro
Defesa 25, **Fort** +18, **Ref** +6, **Von** +12, redução de dano 10
Pontos de Vida 246
Deslocamento 12m (8q)

Arsenal de Engenhocas (Padrão) O engenho de guerra possui várias engenhocas operadas por sua frenética tripulação. Sempre que esta habilidade é usada, role 1d6 quatro vezes. O resultado de cada dado indica qual engenhoca é ativada. Resultados repetidos são desperdiçados — isso significa que mais de um goblin tentou usar uma mesma engenhoca, perdendo sua ação.

1) *Canhão elétrico.* O engenho dispara um raio em uma linha com alcance médio. Criaturas na área sofrem 8d8 pontos de dano de eletricidade (Reflexos CD 22 reduz à metade).
2) *Balestra ácida.* O engenho dispara um virote de ácido em uma criatura em alcance médio. O alvo sofre 8d6 pontos de dano de ácido, mais 4d6 pontos de dano de ácido no início de seu próximo turno (Reflexos CD 22 reduz à metade e evita o dano subsequente).
3) *Foles.* O engenho dispara labaredas em um cone de alcance curto. Criaturas na área sofrem 6d6 pontos de dano de fogo e ficam em chamas (Reflexos CD 23 reduz à metade e evita as chamas).
4) *Lâmina giratória.* O engenho faz um ataque corpo a corpo em cada criatura adjacente (ataque +20, dano 4d6+10 corte, 19, corte).
5) *Poça de óleo.* O engenho vaza óleo escorregadio e inflamável. Todas as criaturas em alcance curto ficam vulneráveis a fogo até se limparem (o que exige uma ação completa) e caem no chão. Um teste de Reflexos contra CD 22 evita ambos os efeitos.
6) *Reparos emergenciais.* O engenho recupera 20 PV.

Divididos em incontáveis hordas, os povos duyshidakk são uma ameaça ao Reinado

Capítulo Sete

Tripulação Se o engenho de guerra for destruído, 1d6 goblins salteadores escapam de seus escombros e surgem no início da rodada seguinte.

For 10, **Des** 0, **Con** 7, **Int** —, **Sab** 0, **Car** –5

Tesouro Padrão.

DEVORADOR DE MEDOS ND 8

Bugbears são crueldade e violência em forma de carne. Para estas criaturas, o maior prazer é aterrorizar e o segundo maior é matar (após aterrorizar). Entre estes seres assustadores, os mestres absolutos do pavor são os devoradores de medos.

Devoradores de medos podem literalmente farejar o medo, algo tão intoxicante para eles quanto o álcool é para humanos. Isso os leva a acuar vítimas apavoradas, até o momento em que decidem desferir o golpe mortal. Não há prazer em golpear o guarda de milícia pelas costas, antes que ele perceba qualquer perigo; o devorador de medos prefere abalar a coragem da vítima aos poucos, rosnando ameaças nas sombras, fazendo-a procurar inutilmente em volta, até fugir em pânico. Então ele ataca. E mata.

Humanoide (bugbear) Médio

Iniciativa +11, **Percepção** +9, faro, visão no escuro
Defesa 31, **Fort** +21, **Ref** +15, **Von** +8, imunidade a medo
Pontos de Vida 325
Deslocamento 9m (6q)
Corpo a Corpo Machado de guerra x2 +26 (1d12+20, x3).
Apavorar (Movimento) O devorador de medos faz um teste de Intimidação oposto pela Vontade de todas as criaturas a sua escolha em alcance médio. Criaturas que falhem ficam abaladas pela cena; criaturas que falhem por 10 ou mais ficam apavoradas por 1d4 rodadas e abaladas pela cena. O devorador de medos não pode usar esta habilidade mais de uma vez na mesma criatura na mesma cena.
Artesão do Medo Quando faz um teste de Intimidação, o devorador de medos rola dois dados e usa o melhor resultado.
Medo Inebriante O devorador de medos sofre metade do dano de ataques e efeitos de criaturas abaladas ou apavoradas. Além disso, enquanto estiver em alcance médio de uma criatura abalada ou apavorada, ele recebe um bônus em testes de perícia e rolagens de dano corpo a corpo igual à penalidade causada pela condição. Quando acerta um ataque corpo a corpo em uma dessas criaturas, o devorador recebe uma quantidade de PV temporários igual a essa penalidade.

For 5, **Des** 3, **Con** 3, **Int** 0, **Sab** 1, **Car** 0

Perícias Furtividade +13, Intimidação +14.
Equipamento Machado de guerra cruel. **Tesouro** Metade.

SOMBRA DE THWOR ND 9

Muitas vezes lembrados por sua força física e aparência brutal, hobgoblins são também humanoides ágeis e furtivos, capazes de agir confortavelmente nas sombras. Dentre estes, os sombras de Thwor são os mais habilidosos espiões e assassinos. Seja no comando astuto de forças goblinoides, seja em missões solo para eliminar alguma figura de destaque, eles seguem enganando e confundindo os humanos, que esperam enfrentar um monstro rosnador — e acabam apunhalados por um matador silencioso.

Humanoide (hobgoblin) Médio

Iniciativa +17, **Percepção** +10, visão no escuro
Defesa 33, **Fort** +15, **Ref** +21, **Von** +9
Pontos de Vida 295
Deslocamento 9m (6q)
Corpo a Corpo Duas machadinhas +27 (1d6+12 mais veneno, x3).
À Distância Duas machadinhas +27 (1d6+12 mais 2d12 veneno, x3).
Assassinar (Movimento) O sombra de Thwor analisa uma criatura em alcance curto. Em seu primeiro Ataque Furtivo que causar dano a ela até o fim do seu próximo turno, ele dobra os dados de dano do Ataque Furtivo.
Ataque Furtivo Uma vez por rodada, o sombra de Thwor causa +7d6 pontos de dano com ataques corpo a corpo, ou à distância em alcance curto, contra alvos desprevenidos ou que ele esteja flanqueando.
Evasão Aprimorada Quando sofre um efeito que permite um teste de Reflexos para reduzir o dano à metade, o sombra de Thwor não sofre dano algum se passar e sofre apenas metade do dano se falhar.
Um com as Sombras O sombra de Thwor nunca fica surpreendido ou flanqueado e não sofre penalidades por se mover com seu deslocamento normal enquanto usa Furtividade.
Veneno Perde 2d12 pontos de vida por rodada durante 3 rodadas (Fort CD 26 reduz para uma rodada).

For 5, **Des** 5, **Con** 5, **Int** 2, **Sab** 2, **Car** 0

Perícias Acrobacia +15, Atletismo +13, Furtividade +18, Intimidação +9, Ladinagem +15, Ofício (armeiro) +12.
Equipamento Couro batido ajustado, machadinhas atrozes x4, peçonha potente x1d4. **Tesouro** Padrão.

OS SSZZAAZITAS

Ainda que nenhum devoto de Sszzaas seja honesto, nem todos são malignos. De fato, alguns até empregam seus poderes para promover o bem, ajudar aventureiros — até mesmo como uma forma de "trair" sua divindade, ainda seguindo suas obrigações e restrições. Da mesma forma, nem todos os devotos deste deus são sszzaazitas (mesmo que pouquíssimos em Arton vejam qualquer diferença). Este título é reservado a um grupo seleto de cultistas, os mais fanáticos, manipuladores e perigosos de todos. Se realmente fazem parte de uma organização coesa, ou estão competindo entre si pelo favoritismo do Senhor das Víboras, difícil dizer — talvez ambas as teorias sejam verdadeiras. Seus reais números também são desconhecidos; parecem capazes de influenciar cada cidade, cada palácio, cada regente, sem que se consiga realmente encontrar seus membros.

Sszzazitas não são apenas clérigos, mas qualquer criatura que siga os preceitos de Sszzaas ao trair, torturar e matar em proveito próprio. São servidos por uma variedade de criaturas relacionadas a serpentes. Os cultistas utilizam esses monstros como força de combate, enquanto eles mesmos agem nas sombras.

COBRAS

Não apenas um animal sagrado para os sszzaazitas, mas o próprio símbolo de sua divindade, será praticamente certa a existência de serpentes variadas (especialmente as peçonhentas) em seus covis e esconderijos. São amplamente utilizadas como familiares, armadilhas e instrumentos de assassinato. E como precaver-se contra seus "aliados" nunca é demais, cultistas também guardam zelosamente frascos com antídoto.

CASCAVEL — ND 1/4
Animal Minúsculo

Iniciativa +5, **Percepção** +3, faro, visão na penumbra
Defesa 13, **Fort** +2, **Ref** +5, **Von** −1
Pontos de Vida 2
Deslocamento 6m (4q), escalar 6m (4q), natação 9m (6q)
Corpo a Corpo Mordida +7 (1d4 mais veneno).
Veneno Perde 1d12 pontos de vida (Fort CD 16 evita).

For −2, Des 3, Con 0, Int −5, Sab 0, Car −4

Perícias Furtividade +12.
Tesouro 1 dose de peçonha comum (CD 15 para extrair).

JIBOIA — ND 1/2
Animal Médio

Iniciativa +5, **Percepção** +3, faro, visão na penumbra
Defesa 14, **Fort** +3, **Ref** +5, **Von** +0
Pontos de Vida 14
Deslocamento 6m (4q), escalar 6m (4q), natação 9m (6q)
Corpo a Corpo Mordida +9 (1d6+4).
Agarrar Aprimorado (Livre) Se a jiboia acerta um ataque de mordida, pode fazer a manobra agarrar (teste +9).
Constrição (Livre) No início de cada um de seus turnos, a jiboia causa 2d6+4 pontos de dano de impacto na criatura que estiver agarrando.

For 2, Des 3, Con 1, Int −5, Sab 1, Car −4

Perícias Furtividade +7.
Tesouro Nenhum.

NAJA — ND 1
Animal Pequeno

Iniciativa +8, **Percepção** +3, faro, visão na penumbra
Defesa 17, **Fort** +5, **Ref** +10, **Von** +1
Pontos de Vida 13
Deslocamento 6m (4q), escalar 6m (4q), natação 6m (4q)
Corpo a Corpo Mordida +12 (1d4 mais veneno).
Veneno Perde 1d12 pontos de vida durante 3 rodadas (Fortitude CD 18 reduz para uma rodada).

For −1, Des 4, Con 1, Int −5, Sab 0, Car −4

Perícias Furtividade +10.
Tesouro 1 dose de peçonha concentrada (CD 16 para extrair).

SUCURI — ND 3
Animal Grande

Iniciativa +5, **Percepção** +4, faro, visão na penumbra
Defesa 19, **Fort** +9, **Ref** +15, **Von** +3
Pontos de Vida 88
Deslocamento 6m (4q), escalar 9m (6q), natação 9m (6q)
Corpo a Corpo Mordida +18 (2d6+14).
Agarrar Aprimorado (Livre) Se a sucuri acerta um ataque de mordida, pode fazer a manobra agarrar (teste +20).
Constrição (Livre) No início de cada um de seus turnos, a sucuri causa 4d6+14 pontos de dano de impacto na criatura que estiver agarrando.

For 6, Des 2, Con 4, Int −5, Sab 1, Car −4

Perícias Furtividade +8.
Tesouro Nenhum.

CAPÍTULO SETE

NAGAH

Estes seres de torso humanoide e corpo de serpente foram outrora considerados uma raça de devotos de Allihanna. Infelizmente, tudo não passou de um elaborado e duradouro disfarce, mantido enquanto Sszzaas estava afastado, tramando seu retorno. Hoje, quase todos os grupos sszzaazitas incluem algumas nagahs. Em sua sociedade, os machos quase sempre são guerreiros, enquanto as fêmeas são clérigas ou arcanistas, exercendo a liderança.

NAGAH GUARDIÃO   ND 3

Humanoide (nagah) Médio

Iniciativa +6, **Percepção** +3
Defesa 21, **Fort** +6, **Ref** +11, **Von** +9, resistência a veneno +5
Pontos de Vida 45
Deslocamento 9m (6q)
Corpo a Corpo Duas cimitarras +14 (1d6+6, 18) e cauda +14 (1d6+6).
Fraquezas Ofídias O nagah guardião sofre 1 ponto de dano adicional para cada dado de dano de frio e –5 em testes de resistência contra Músicas de Bardo.

For 4, Des 3, Con 2, Int 0, Sab 0, Car 0

Perícias Enganação +4, Furtividade +6.
Equipamento Cimitarras x2. **Tesouro** Padrão.

NAGAH MÍSTICA   ND 6

Humanoide (nagah) Médio

Iniciativa +8, **Percepção** +6
Defesa 20, **Fort** +6, **Ref** +12, **Von** +18, resistência a veneno +5
Pontos de Vida 160
Deslocamento 9m (6q)

Pontos de Mana 35
Corpo a Corpo Adaga +18 (1d6+6, 19) e cauda +18 (1d6+6).
Magia Acelerada (Livre, 4 PM) Uma vez por rodada, quando lança uma magia com execução de ação completa ou menor, a nagah mística muda a execução dela para livre.
Magias A nagah mística lança magias como uma maga de 8º nível (CD 24).
- *Imagem Espelhada (Padrão, 5 PM)* Cinco cópias ilusórias da nagah surgem ao seu redor, concedendo a ela +10 na Defesa. Cada vez que um ataque erra a nagah, uma das cópias desaparece e o bônus na Defesa diminui em 2.
- *Relâmpago (Padrão, 5 PM)* A nagah causa 8d6 pontos de dano de eletricidade em todas as criaturas em uma linha com alcance médio (Reflexos reduz à metade).
- *Velocidade (Padrão, 3 PM, sustentada)* A nagah pode executar uma ação padrão adicional por turno, que não pode ser usada para lançar magias.

Fraquezas Ofídias Como o nagah guardião.

For 1, Des 3, Con 2, Int 4, Sab 2, Car 2

Perícias Conhecimento +10, Enganação +9, Furtividade +10, Intuição +9, Misticismo +10.
Equipamento Adaga, essência de mana. **Tesouro** Padrão.

> O mestre da guilda, a capitã da guarda, o amigo de infância — qualquer um pode ser um sszzaazita

CULTISTA DE SSZZAAS — ND 7

Mesmo com sua religião sendo proibida no Reinado, todos já ouviram falar de algum grupo sszzaazita escondido nas sombras de mansões sinistras ou tavernas discretas, tecendo planos dentro de planos, cometendo crimes para seu patrono maléfico. Encabeçando tais cabalas sombrias, quase sempre haverá um devoto de Sszzaas, manipulando seus asseclas, prometendo poder e riquezas, quando na verdade apenas executa os ditames do Grande Corruptor.

Humanoide (medusa) Médio

INICIATIVA +11, **PERCEPÇÃO** +12, visão no escuro
DEFESA 29, **FORT** +7, **REF** +14, **VON** +20, resistência a veneno +5
PONTOS DE VIDA 160
PONTOS DE MANA 40
CORPO A CORPO Adaga +22 (1d4+4 mais veneno, 19)
ATAQUE FURTIVO Uma vez por rodada, a cultista de Sszzaas causa +5d6 pontos de dano com ataques corpo a corpo, ou à distância em alcance curto, contra alvos desprevenidos ou que ela esteja flanqueando.
MAGIAS A cultista de Sszzaas lança magias como uma clériga de 7° nível (CD 22). 1° — *Arma Mágica*, *Comando*, *Curar Ferimentos*, *Escuridão*; 2° — *Enxame de Pestes*, *Miasma Mefítico*.
OLHAR ATORDOANTE (MOVIMENTO) Uma criatura em alcance curto fica atordoada por uma rodada (apenas uma vez por cena; Fort CD 22 evita).
VENENO Perde 2d12 pontos de vida durante 3 rodadas (Fort CD 22 reduz para uma rodada).

FOR 0, DES 2, CON 0, INT 4, SAB 4, CAR 5

PERÍCIAS Enganação +20, Intuição +20, Religião +17.
EQUIPAMENTO Adaga certeira, couraça, escudo leve, símbolo de Sszzaas. **TESOURO** Padrão.

HIDRA — ND 11

Esta monstruosidade reptiliana tem a aparência de um lagarto imenso e obeso, coberto de escamas verdes ou marrons, com cinco cabeças encimando pescoços longos e flexíveis como serpentes. Hidras são criaturas solitárias e normalmente habitam pântanos, onde se escondem imersas em água ou lama, esperando por uma presa. Porém, às vezes são capturadas por sszzaazitas, sendo usadas como guardiãs de lugares importantes ou armas de guerra. Seja como for, a hidra é um monstro voraz, agressivo e difícil de matar; quando uma de suas cabeças é cortada, outras duas nascem no lugar!

Monstro Enorme

INICIATIVA +9, **PERCEPÇÃO** +9, faro, visão no escuro
DEFESA 35, **FORT** +24, **REF** +18, **VON** +9, cura acelerada 100
PONTOS DE VIDA 550
DESLOCAMENTO 9m (6q), natação 9m (6q)
CORPO A CORPO Cinco mordidas +34 (3d6+16).
CORTAR CABEÇAS As cabeças da hidra são seu ponto fraco e é possível atacá-las diretamente. Atacar uma cabeça impõe uma penalidade de –2 no teste de ataque. Se o ataque acertar e causar pelo menos 25 pontos de dano de corte, a cabeça é decepada e a hidra perde um ataque de mordida. Entretanto, 1d4 rodadas após a cabeça ser decepada, duas novas nascem em seu lugar (a hidra pode ter até dez cabeças). Para impedir o nascimento de novas cabeças é necessário cauterizar o pescoço. Isso exige causar 25 pontos de dano de ácido ou fogo na hidra. Se todas as cabeças da hidra forem decepadas e todos seus pescoços forem cauterizados, ela morre.

FOR 10, DES 0, CON 10, INT –4, SAB 0, CAR –1

PERÍCIAS Furtividade +4 (+14 em pântanos).
TESOURO Padrão.

LAGASH — ND 13

Esta serpente gigantesca é considerada sagrada pelos sszzaazitas — embora isso não impeça cultistas do Deus da Traição de usarem-na para proteger tesouros valiosos. O corpo de um lagash é coberto de escamas negras, seus olhos brilham amarelos e a bocarra verte veneno... e cobras! Lagash são pouco conhecidos no Reinado — além de habitar apenas selvas profundas e subterrâneos, quem encontra um desses monstros normalmente não sobrevive para contar a história.

Monstro Enorme

INICIATIVA +19, **PERCEPÇÃO** +11, faro, visão no escuro
DEFESA 41, **FORT** +26, **REF** +20, **VON** +13, imunidade a efeitos de movimento e veneno
PONTOS DE VIDA 660
DESLOCAMENTO 12m (8q), escalar 12m (8q), natação 12m (8q)
CORPO A CORPO Mordida +37 (4d12+28 mais veneno).
AGARRAR APRIMORADO (LIVRE) Se o lagash acerta um ataque de mordida, pode fazer a manobra agarrar (teste +42).
CONSTRIÇÃO (LIVRE) No início de cada um de seus turnos, o lagash causa 6d12+28 pontos de dano de impacto na criatura que estiver agarrando.
CRIAS DE SSZZAAS (MOVIMENTO) O lagash cospe 2d6 serpentes em alcance curto. As serpentes agem a partir da próxima rodada do lagash. Elas têm deslocamento 9m (normal, de escalada e de natação) e podem gastar uma ação padrão para causar 1d6 pontos de dano de perfuração em uma criatura adjacente. As serpentes possuem For –1, Des 2 e todos os outros atributos nulos; elas têm 1 PV e não têm valor de Defesa ou testes de resistência (qualquer efeito as acerta automaticamente). *Recarga (movimento)*.
CUSPE VENENOSO (PADRÃO) O lagash cospe veneno em um cone de 9m. Criaturas na área perdem 6d12 pontos de vida e ficam cegas por 1d4 rodadas (Fortitude CD 35 reduz à metade e evita a cegueira).
VENENO Perde 4d12 pontos de vida por rodada durante 5 rodadas (Fort CD 35 reduz para uma rodada).

FOR 11, DES 4, CON 9, INT –3, SAB 2, CAR –2

PERÍCIAS Furtividade +17.
TESOURO Padrão.

OS TROLLS NOBRES

Os subterrâneos de Arton são habitados por todo tipo de horrores. Mas, pior ainda, são território dos finntroll.

Estes tiranos sádicos, também chamados de trolls nobres, fazem parte de uma raça antiga, povoando vastas cidades subterrâneas. Sua sociedade maligna acredita ter direito a governar tudo que existe, tornando todos os outros seres seus escravos ou comida. Os prepotentes finntrolls acreditam ser as criaturas mais perfeitas na criação; todos os outros são seres inferiores que devem lhes servir.

Assim como os monstruosos trolls comuns, finntrolls também são feitos de matéria vegetal. Contudo, apesar desse parentesco (e ainda que também sejam capazes de regenerar partes perdidas), os trolls nobres são muito diferentes. Têm estatura humana, ainda que mais altos, magros e pálidos, com olhos profundos. Usam vestimentas elaboradas, escuras, adornadas com joias. Os homens geralmente raspam o cabelo, enquanto as mulheres usam penteados elaborados.

FINNTROLL

Arrogantes e indolentes, finntroll raramente deixam seu império subterrâneo — e quando o fazem, sempre têm um propósito cruel, como caçar escravos, roubar itens mágicos ou selar alianças nefastas com vilões da superfície.

Caçadores são especialistas em caçar escravos, os mais vistos no Reinado. A população de aldeias inteiras já desapareceu na calada da noite após o ataque de um bando de caçadores.

Feitores são ainda mais perigosos. Membros de uma casta elevada, raramente serão encontrados sozinhos — em geral, estarão no comando de escravos, trolls ou monstros ainda piores.

FINNTROLL CAÇADOR — ND 2
Humanoide (finntroll) Médio

INICIATIVA +7, **PERCEPÇÃO** +7, visão no escuro
DEFESA 19, **FORT** +6, **REF** +12, **VON** +4, imunidade a atordoamento e metamorfose, resistência a magia +2
PONTOS DE VIDA 65
DESLOCAMENTO 9m (6q)
CORPO A CORPO Duas cimitarras +12 (1d6+5, 18).
À DISTÂNCIA Besta pesada +12 (1d12+4, 19) ou rede +12 (agarrar).
MARCA DA PRESA (MOVIMENTO) O finntroll analisa uma criatura em alcance curto. Até o final da cena, recebe +1d8 em rolagens de dano contra essa criatura (ou +2d8, se a criatura for um anão, elfo ou humano).
NATUREZA VEGETAL O finntroll é afetado por habilidades e magias que afetam plantas.
REGENERAÇÃO VEGETAL (MOVIMENTO) O finntroll recupera 5 PV. Esta habilidade não cura dano de ácido e fogo e não pode ser usada quando o finntroll está exposto à luz do sol ou similar.
SENSIBILIDADE A LUZ Quando exposto à luz do sol ou similar, o finntroll fica ofuscado.

FOR 2, DES 3, CON 3, INT 2, SAB 2, CAR −1

PERÍCIAS Furtividade +8, Sobrevivência +7.
EQUIPAMENTO Besta pesada, cimitarra x2, rede, virotes x20.
TESOURO Padrão.

FINNTROLL FEITOR — ND 6
Humanoide (finntroll) Médio

INICIATIVA +9, **PERCEPÇÃO** +5, visão no escuro
DEFESA 20, **FORT** +8, **REF** +12, **VON** +16, imunidade a atordoamento e metamorfose, resistência a magia +2
PONTOS DE VIDA 155
DESLOCAMENTO 9m (6q)
PONTOS DE MANA 35
CORPO A CORPO Chicote +18 (1d3+10, 19).
AÇOITAR (PADRÃO) O finntroll usa de coerção e dor para motivar seus subalternos. No próximo turno de cada aliado do finntroll em alcance médio, esse aliado recebe uma ação de movimento extra e +2 em testes de ataque e rolagens de dano.
ESPECIALISTA EM ENCANTAMENTO A CD para resistir às magias de encantamento do feitor aumenta em +2.
MAGIAS O finntroll feitor lança magias como um mago de 7º nível (CD 26). 1º — *Adaga Mental, Armadura Arcana, Enfeitiçar*; 2º — *Desespero Esmagador, Marca da Obediência, Relâmpago*. CD 21 (23 para encantamento).
NATUREZA VEGETAL O finntroll é afetado por habilidades e magias que afetam plantas.
REGENERAÇÃO VEGETAL (MOVIMENTO) O finntroll recupera 5 PV. Esta habilidade não cura dano de ácido e fogo e não pode ser usada quando o finntroll está exposto à luz do sol ou similar.
SENSIBILIDADE A LUZ Quando exposto à luz do sol ou similar, o finntroll fica ofuscado.

FOR 0, DES 3, CON 3, INT 4, SAB 0, CAR 2

PERÍCIAS Intimidação +9, Misticismo +11.
EQUIPAMENTO Chicote cruel. **TESOURO** Dobro.

GANCHADOR
ND 5

Esta criatura parece um besouro humanoide com quase três metros de altura. A cabeça lembra a de um urubu com um bico grande e é a única parte da criatura não coberta por um exoesqueleto duro e repleto de pontas afiadas. Mas são os braços que dão nome à criatura, pois terminam em ganchos pontudos de aparência cruel. Ganchadores vivem nos subterrâneos de Arton e estão entre as criaturas escravizadas pelos finntroll.

Monstro Grande

Iniciativa +7, **Percepção** +5, percepção às cegas
Defesa 26, **Fort** +15, **Ref** +11, **Von** +7
Pontos de Vida 210
Deslocamento 9m (6q), escalar 9m (6q)
Corpo a Corpo Mordida +17 (2d6+8) e duas garras +17 (1d8+8, 19/x3).
Dilacerar Se o ganchador acerta os dois ataques de garra em uma mesma criatura na mesma rodada, causa mais 2d8+8 pontos de dano.
Quebrar Tudo! O ganchador recebe +2 em testes de ataque para quebrar (teste total +21) e causa +1d8 pontos de dano contra objetos.
Sensibilidade a Luz Quando exposto à luz do sol ou similar, o ganchador fica ofuscado.

For 6, Des 3, Con 5, Int –2, Sab 1, Car –2

Tesouro Metade mais duas garras (CD 20 para extrair; cada garra conta como T$ 500 em matéria-prima para fabricar armas de corte superiores).

TROLL
ND 5

Um troll é um monstro feito de matéria vegetal. Alto e magro como uma árvore, possui pele verde e verruguenta e braços longos que terminam em garras afiadas. Estes monstros vorazes não apenas servem aos finntroll como guardas e soldados, mas também são encontrados em diversos pontos de Arton, uma ameaça constante a viajantes e aventureiros. Alguns dizem que são uma versão primitiva dos finntroll, enquanto outros presumem que foram criados pelos trolls nobres através de experimentos perversos que envolvem transformar criaturas indefesas.

Um troll pode regenerar quase qualquer ferimento, até mesmo membros decepados. Essa capacidade exige quantidades fantásticas de comida, fazendo com que o monstro esteja sempre faminto — um troll vai tentar devorar qualquer coisa que se mova. Apenas dano causado por fogo ou ácido impede sua regeneração.

As estatísticas a seguir representam a espécie de troll mais comum, que habita pântanos e charcos, mas existem outras (veja o quadro ao lado).

Dos subterrâneos, os finntroll e seus monstros surgem para capturar e escravizar

Independentemente da espécie, trolls procuram viver em tocas ou ruínas próximas a trilhas ou estradas, onde têm constante acesso a presas. Seu apetite contínuo e macabro os leva a capturar todo tipo de criaturas — especialmente humanoides, cujo sabor apreciam — e usá-las como ingredientes em numerosas "receitas" diabólicas.

Monstro Grande

Iniciativa +4, **Percepção** +3, visão no escuro
Defesa 23, **Fort** +14, **Ref** +10, **Von** +6, cura acelerada 15/ácido ou fogo
Pontos de Vida 165
Deslocamento 9m (6q)
Corpo a Corpo Mordida +17 (1d8+6) e duas garras +17 (1d6+6).
Dilacerar Se o troll acerta os dois ataques de garra em uma mesma criatura na mesma rodada, causa mais 2d6+6 pontos de dano.

For 6, **Des** 2, **Con** 6, **Int** −2, **Sab** −1, **Car** −2

Tesouro Padrão.

Troll das Cavernas — ND 9

Maiores e mais poderosos que trolls comuns, são empregados pelos finntrolls como armas pesadas. Possuem ombros imensos, braços largos como troncos de árvore e cabeça redonda e abrutalhada. Suas pernas poderosas terminam em pés sem dedos e sua pele cinzenta é tão áspera — e dura — quanto a rocha. Um grupo destas gigantescas criaturas pode desafiar até os mais poderosos heróis do Reinado!

Monstro Enorme

Iniciativa +7, **Percepção** +14, faro, visão no escuro
Defesa 29, **Fort** +21, **Ref** +15, **Von** +9, cura acelerada 20/ácido ou fogo
Pontos de Vida 345
Deslocamento 12m (8q), escalar 9m (6q)
Corpo a Corpo Tacape +26 (3d6+27) e mordida +26 (2d6+27).
Golpe Avassalador (Livre) Quando acerta um ataque de tacape, o troll das cavernas arremessa a vítima 1d6 x 1,5m em uma direção à escolha dele (Fortitude CD 28 evita). A vítima fica caída e, se atingir algum obstáculo, sofre 1d6 pontos de dano de impacto para cada 1,5m que foi arremessada.
Varrer (Livre) Uma vez por rodada, quando o troll das cavernas faz um ataque corpo a corpo e reduz os pontos de vida do alvo para 0 ou menos, pode realizar um ataque adicional contra outra criatura dentro do seu alcance.

For 9, **Des** 0, **Con** 11, **Int** −2, **Sab** −1, **Car** −2

Equipamento Tacape gigante. **Tesouro** Metade.

Trolls Variantes

Além do troll comum, existem outras espécies adaptadas a outros ambientes. Estas variantes usam as estatísticas do troll comum, com os modificadores a seguir.

Ghillanin

Estes trolls subterrâneos têm a pele cinzenta, com textura de rocha. São muito usados pelos finntroll; vastas hordas deles atacaram o reino anão de Doherimm durante o Chamado às Armas.

Pele Dura. O ghillanin possui Defesa 25.

Sensibilidade a Luz. Quando exposto à luz do sol ou similar, o ghillanin fica ofuscado e sua cura acelerada não funciona.

Glacioll

Estes trolls do gelo são habitantes das Uivantes e outros lugares frios. De cor azulada, não apenas são imunes a frio, como também absorvem sua energia, ficando maiores! Um glacioll atingido por um ataque ou magia de frio se fortalece, em vez de sofrer dano.

Absorver Frio. Quando sofre dano de frio, o glacioll em vez disso recebe uma quantidade de PV temporários igual ao dano que sofreria. Para cada 10 PV temporários recebidos desta forma, o troll glacioll recebe +1 em testes de ataque e rolagens de dano até o fim da cena.

Vulnerabilidade a Fogo. O glacioll sofre +50% de dano de fogo.

Vrakoll

Estes trolls aquáticos são encontrados em água doce ou salgada. Podem respirar e se mover livremente debaixo d'água, mas têm dificuldade para lutar em terra firme. Levando em conta a dificuldade em atacá-los com fogo ou ácido quando submersos, em seu ambiente eles são praticamente invencíveis!

Aquático. O vrakoll possui deslocamento de natação 9m e pode respirar debaixo d'água. Entretanto, sofre −2 em testes de ataque em terra firme.

OS DRAGÕES

Inferiores apenas aos próprios deuses, dragões são as criaturas mais antigas e poderosas de Arton. Sua força física e habilidades mágicas são igualadas apenas pelo terror que sua simples presença incita no coração dos outros seres.

Os dragões foram criados por Kallyadranoch e dominaram o mundo de Arton em eras primevas. Com o surgimento de outras raças favoritas dos deuses, essa soberania se viu enfraquecida — mas o golpe decisivo veio com a queda e o esquecimento de Kally, após a Revolta dos Três. Buscando preservar seu orgulho, os dragões recolheram-se para regiões selvagens e afastadas, como as Montanhas Sanguinárias.

Dragões são tão variados quanto humanoides. A maioria é agressiva, egoísta, maligna e, acima de tudo, arrogante (não sem certa razão...), mas alguns podem ser sábios e honrados. Em comum, todos possuem a herança de Kallyadranoch — conforme envelhecem, tornam-se cada vez mais poderosos.

A simples presença de um dragão afeta todo o equilíbrio de poder em uma região, possivelmente afastando outros monstros. Assim, não é sem motivo que muitos dragões são venerados como protetores, mesmo quando sua ganância exige tributos cruéis.

ENXAME KOBOLD — ND 2

Esses pequenos humanoides reptilianos são considerados uma praga — o que realmente são! Medindo 75cm de altura, parecem caricaturas de dragões, com cabeças grandes e desproporcionais, orelhas caninas e pequenos chifres, corpo magro e cauda fina, curta.

Embora possam se reproduzir como seres normais, kobolds às vezes surgem espontaneamente onde existe ou existiu um dragão; diz-se que a própria energia dracônica faz seus ovos brotarem como fungos. Um kobold sozinho dificilmente representa ameaça. Infelizmente, eles normalmente surgem em grandes quantidades, atacando como enxames.

Humanoide (kobold) Médio

INICIATIVA +6, **PERCEPÇÃO** +1, visão no escuro
DEFESA 17, **FORT** +7, **REF** +13, **VON** +2
PONTOS DE VIDA 60
DESLOCAMENTO 9m (6q)
CAIXA COM PREGOS (PADRÃO) Os kobolds arremessam uma caixa com pregos (ou outra coisa perigosa, como insetos peçonhentos) em uma criatura em alcance curto. A vítima sofre 2d6 pontos de dano de perfuração e fica atordoada por uma rodada (Ref CD 16 reduz o dano à metade e evita a condição atordoado).
ENXAME Um enxame é uma aglomeração de criaturas que agem em conjunto. Em termos de regras, pode entrar no espaço ocupado por um personagem. No fim de seu turno, o enxame causa 2d6 pontos de dano de perfuração a qualquer personagem em seu espaço, automaticamente. Um enxame é imune a manobras de combate e efeitos que afetam apenas uma criatura e não causam dano, e sofre apenas metade do dano de ataques com armas. Porém, sofre 50% a mais de dano por efeitos de área.
UNIDOS VENCEREMOS No início de cada rodada, novos kobolds se juntam ao enxame. O enxame ganha +10 PV (até um limite máximo de 100 PV). O enxame recebe +1 em rolagens de dano para cada 10 PV que possui.

FOR 0, **DES** 3, **CON** 0, **INT** –1, **SAB** 0, **CAR** –1
TESOURO Metade.

DRAGÕES

As estatísticas a seguir representam o tipo mais comum de dragão, um cuspidor de fogo.

DRAGÃO FILHOTE — ND 3

Monstro (dragão) Médio

INICIATIVA +8, **PERCEPÇÃO** +5, percepção às cegas, visão no escuro
DEFESA 22, **FORT** +15, **REF** +3, **VON** +9, imunidade a fogo, resistência a magia +1, vulnerabilidade a frio
PONTOS DE VIDA 140
DESLOCAMENTO 12m (8q), voo 18m (12q)
CORPO A CORPO Mordida +15 (2d6+5) e duas garras +15 (1d6+5).
SOPRO (PADRÃO) Todas as criaturas em um cone de 6m sofrem 2d12 pontos de dano de fogo e ficam em chamas (Ref CD 18 reduz o dano à metade e evita a condição). *Recarga (movimento).*

FOR 4, **DES** 3, **CON** 3, **INT** 0, **SAB** 0, **CAR** 0
TESOURO Padrão.

DRAGÃO JOVEM — ND 7

Monstro (dragão) Grande

INICIATIVA +11, **PERCEPÇÃO** +11, percepção às cegas, visão no escuro
DEFESA 32, **FORT** +20, **REF** +9, **VON** +12, imunidade a fogo, redução de dano 5, resistência a magia +2, vulnerabilidade a frio
PONTOS DE VIDA 320
DESLOCAMENTO 12m (8q), voo 18m (12q)

Pontos de Mana 15

Corpo a Corpo Mordida +25 (2d6+14, 19) e duas garras +25 (1d8+14, 19).

Sopro (Padrão) Todas as criaturas em um cone de 9m sofrem 6d12 pontos de dano de fogo e ficam em chamas (Ref CD 25 reduz o dano à metade e evita a condição). *Recarga (movimento)*.

Varrer (Livre) Uma vez por rodada, quando o dragão faz um ataque corpo a corpo e reduz os pontos de vida do alvo para 0 ou menos, pode realizar um ataque adicional contra outra criatura dentro do seu alcance.

For 7, Des 2, Con 6, Int 2, Sab 2, Car 2

Perícias Intimidação +11.

Tesouro Dobro e 2 peças de couro de dragão (CD 22 para extrair, veja o quadro na página 312).

DRAGÃO ADULTO   ND 11

Monstro (dragão) Enorme

Iniciativa +12, **Percepção** +15, percepção às cegas, visão no escuro

Defesa 42, **Fort** +24, **Ref** +11, **Von** +18, imunidade a fogo, redução de dano 10, resistência a magia +3, vulnerabilidade a frio

Pontos de Vida 600

Deslocamento 12m (8q), voo 24m (16q)

Pontos de Mana 70

Corpo a Corpo Mordida +35 (4d10+25, 18) e duas garras +35 (3d10+25, 18).

Aura Aterradora Vontade CD 21 evita (veja quadro ao lado).

Magia O dragão adulto lança magias como um conjurador de 11º nível (CD 32).

- *Campo de Força (Reação, 4 PM)* Quando sofre dano, o dragão recebe redução de dano 30 contra este dano.
- *Curar Ferimentos (Padrão, 11 PM)* Uma criatura adjacente cura 12d8+12 PV.
- *Dissipar Magia (Padrão, 3 PM)* O dragão escolhe uma criatura, objeto ou esfera de 3m em alcance médio e faz um teste de Misticismo. Todas as magias no alvo escolhido com CD menor que o resultado do teste são dissipadas.
- *Enfeitiçar (Padrão, 1 PM)* Um humanoide em alcance curto fica enfeitiçado até o final da cena (Vontade evita).
- *Globo de Invulnerabilidade (Padrão, 6 PM, sustentada)* O dragão é envolto por uma esfera mágica com 3m de raio que detém qualquer magia de 2º círculo ou menor.
- *Velocidade (Padrão, 3 PM, sustentada)* O dragão pode executar uma ação padrão adicional por turno, que não pode ser usada para lançar magias.

Sopro (Padrão) Todas as criaturas em um cone de 12m sofrem 12d12 pontos de dano de fogo e ficam em chamas (Ref CD 32 reduz o dano à metade e evita a condição). *Recarga (movimento)*.

Varrer (Livre) Uma vez por rodada, quando o dragão faz um ataque corpo a corpo e reduz os pontos de vida do alvo para 0 ou menos, pode realizar um ataque adicional contra outra criatura dentro do seu alcance.

For 11, Des 1, Con 8, Int 4, Sab 4, Car 4

Perícias Enganação +15, Intimidação +15, Misticismo +15.

Tesouro Dobro e 4 peças de couro de dragão (CD 26 para extrair, veja o quadro na página 312).

Habilidades Dracônicas

Todos os dragões partilham as seguintes habilidades.

Aura Aterradora. A simples visão de um dragão adulto ou mais velho amedronta o mais valente dos aventureiros. Uma criatura que comece seu turno em alcance longo do dragão fica apavorada (se tiver 4 níveis ou menos) ou abalada (se tiver 5 níveis ou mais) até o fim da cena (Vontade evita). Uma criatura que passe no teste de resistência fica imune a esta habilidade por um dia.

Imunidades. Dragões são imunes a efeitos de atordoamento, cansaço, dano do tipo de seu sopro, metamorfose e paralisia.

Magia Dracônica. Dragões adultos ou mais velhos podem lançar magias sem palavras mágicas, gestos ou concentração.

Metamorfose Dracônica (Completa). Dragões jovens ou mais velhos podem se transformar em outras criaturas, como a magia *Metamorfose* (mas sem limitação para tamanhos menores que o seu). Eles costumam usar esta habilidade para se infiltrar em sociedades humanoides, aprender sobre seus costumes ou apenas quando não querem ser reconhecidos. Um dragão morto reverte à sua forma original.

Resistência a Magia. Dragões filhotes têm resistência a magia +1. Esse bônus aumenta em +1 para cada categoria de idade acima de filhote.

Sopro (Padrão). O dragão cospe energia em uma área. A área do sopro, o tipo de energia e o dano dependem do dragão. *Recarga (movimento)*.

DRAGÃO VENERÁVEL   ND 15

Monstro (dragão) Enorme

Iniciativa +16, **Percepção** +22, percepção às cegas, visão no escuro

Defesa 52, **Fort** +28, **Ref** +15, **Von** +22, imunidade a fogo, redução de dano 15, resistência a magia +4, vulnerabilidade a frio

Pontos de Vida 800

Deslocamento 12m (8q), voo 24m (16q)

Pontos de Mana 97

Corpo a Corpo Mordida +44 (4d12+40, 17) e duas garras +44 (3d12+40, 17).

> ### Couro de Dragão
>
> Cobiçado por artesãos em toda Arton, o couro escamado de um dragão verdadeiro é um material especial que pode ser empregado para fabricar certos itens superiores. Tanto o couro bruto quanto itens de couro de dragão não existem à venda; a única maneira de obter esse material é derrotar um dragão.
>
> **ARMADURA E ESCUDO.** *Armaduras leves e escudos (exigem uma peça):* Defesa +1, RD 10 contra o tipo de dano do sopro do dragão e resistência a magia +2. *Armaduras pesadas (exigem três peças):* Defesa +2, redução de dano 20 contra o tipo de dano do sopro do dragão e resistência a magia +5.
>
> **ESOTÉRICO (EXIGE UMA PEÇA).** Quando lança uma magia que cause dano do mesmo tipo do sopro do dragão, você pode gastar 1 PM para aumentar o dano da magia em +1 por dado.

AURA ATERRADORA Vontade CD 40 evita (veja o quadro na página 311).
FLUXO DE MANA O dragão venerável pode manter duas magias sustentadas simultaneamente com apenas uma ação livre (mas pagando o custo de cada uma).
MAGIA ACELERADA (LIVRE, 4 PM) Uma vez por rodada, quando lança uma magia com execução de ação completa ou menor, o dragão muda a execução dela para livre.
MAGIA O dragão venerável lança magias como um conjurador de 15º nível (CD 40).
* *Campo de Força (Reação, 7 PM)* Quando sofre dano, o dragão recebe redução de dano 50 contra este dano.
* *Controlar a Gravidade (Padrão, 10 PM, sustentada)* O dragão controla os efeitos da gravidade em um cubo de 12m de lado em alcance médio (veja página 186).
* *Curar Ferimentos (Padrão, 15 PM)* Uma criatura adjacente cura 16d8+16 PV.
* *Dissipar Magia (Padrão, 3 PM)* O dragão escolhe uma criatura, objeto ou esfera de 3m em alcance médio e faz um teste de Misticismo. Todas as magias no alvo escolhido com CD menor que o resultado do teste são dissipadas.
* *Enfeitiçar (Padrão, 1 PM)* Um humanoide em alcance curto fica enfeitiçado até o final da cena (Vontade evita).
* *Globo de Invulnerabilidade (Padrão, 10 PM, sustentada)* O dragão é envolto por uma esfera mágica com 3m de raio que detém qualquer magia de 3º círculo ou menor.
* *Velocidade (Padrão, 3 PM, sustentada)* O dragão pode executar uma ação padrão adicional por turno, que não pode ser usada para lançar magias.

SOPRO (PADRÃO) Todas as criaturas em um cone de 15m sofrem 16d12 pontos de dano de fogo e ficam em chamas (Ref CD 40 reduz o dano à metade e evita a condição). *Recarga (movimento).*
VARRER (LIVRE) Uma vez por rodada, quando o dragão faz um ataque corpo a corpo e reduz os pontos de vida do alvo para 0 ou menos, pode realizar um ataque adicional contra outra criatura dentro do seu alcance.

FOR 13, DES 1, CON 10, INT 6, SAB 6, CAR 6

PERÍCIAS Enganação +22, Intimidação +22, Intuição +22, Misticismo +22.
TESOURO Dobro e 4 peças de couro de dragão (CD 30 para extrair, veja o quadro ao lado).

DRAGÃO REI ND 20
Monstro (dragão) Colossal

INICIATIVA +19, **PERCEPÇÃO** +27, percepção às cegas, visão no escuro
DEFESA 62, **FORT** +34, **REF** +20, **VON** +28, imunidade a fogo, redução de dano 20, resistência a magia +5, vulnerabilidade a frio
PONTOS DE VIDA 1400
DESLOCAMENTO 12m (8q), voo 36m (24q)
PONTOS DE MANA 128
CORPO A CORPO Mordida +55 (6d20+50, 16) e duas garras +50 (6d20+50, 16).
AURA ATERRADORA Vontade CD 50 evita (veja o quadro na página 311).
ESCAMAS SUPREMAS O dragão rei sofre apenas metade do dano de fontes mundanas.
FLUXO DE MANA O dragão rei pode manter duas magias sustentadas simultaneamente com apenas uma ação livre (mas pagando o custo de cada uma).
MAGIA ACELERADA (LIVRE, 4 PM) Uma vez por rodada, quando lança uma magia com execução de ação completa ou menor, o dragão muda a execução dela para livre.
MAGIA O dragão rei lança magias como um conjurador de 20º nível (CD 50).
* *Campo de Força (Reação, 7 PM)* Quando sofre dano, o dragão recebe redução de dano 50 contra este dano.
* *Controlar a Gravidade (Padrão, 10 PM, sustentada)* O dragão controla os efeitos da gravidade em um cubo de 12m de lado em alcance médio (veja página 186).
* *Controlar o Tempo (Padrão, 15 PM)* O dragão controla o tempo ao seu redor (veja página 187).
* *Dissipar Magia (Padrão, 3 PM)* O dragão escolhe uma criatura, objeto ou esfera de 3m em alcance médio e faz um teste de Misticismo. Todas as magias no alvo escolhido com CD menor que o resultado do teste são dissipadas.
* *Enfeitiçar (Padrão, 1 PM)* Um humanoide em alcance curto fica enfeitiçado até o final da cena (Vontade evita).
* *Globo de Invulnerabilidade (Padrão, 15 PM, sustentada)* O dragão é envolto por uma esfera mágica com 3m de raio que detém qualquer magia de 4º círculo ou menor.
* *Segunda Chance (Padrão, 20 PM)* Uma criatura adjacente cura 300 PV e condições (veja a página 205).
* *Velocidade (Padrão, 10 PM, sustentada)* O dragão pode executar uma ação padrão adicional por turno.

SOPRO (PADRÃO) Todas as criaturas em um cone de 18m sofrem 20d12 pontos de dano de fogo e ficam em chamas (Ref CD 50 reduz o dano à metade e evita a condição). *Recarga (movimento).*

O poder de um dragão é igualado apenas por sua arrogância

Varrer (Livre) Uma vez por rodada, quando o dragão faz um ataque corpo a corpo e reduz os pontos de vida do alvo para 0 ou menos, pode realizar um ataque adicional contra outra criatura dentro do seu alcance.

For 17, Des 0, Con 12, Int 7, Sab 7, Car 7

Perícias Enganação +26, Intimidação +26, Intuição +26, Misticismo +26.
Tesouro Dobro e 6 peças couro de dragão (CD 26 para extrair, veja o quadro na página 312).

TIRANO DO TERCEIRO ND 10

Poderosos servos de Kallyadranoch, os tiranos são verdadeiros exércitos de uma só pessoa, cavalgando dragões e aterrorizando o mundo com seu poderio. Ambiciosos e cruéis como as feras que adoram, estão entre os maiores vilões de Arton.

Humanoide (humano) Médio

Iniciativa +9, **Percepção** +10, visão no escuro
Defesa 37, **Fort** +22, **Ref** +10, **Von** +16, imunidade a atordoamento e medo, redução de dano 5, resistência a magia +2
Pontos de Vida 370
Deslocamento 6m (4q)
Pontos de Mana 62
Corpo a Corpo Machado de batalha x2 +29 (2d8+14, x3) e garra +29 (1d8+14).
Dádiva Dracônica O tirano do terceiro pode lançar magias arcanas cavalgando e/ou de armadura sem precisar de testes de Misticismo.
Magias O tirano do terceiro lança magias como um mago de 10º nível (CD 30).
- *Bola de Fogo (Padrão, 9 PM)* O tirano cria uma poderosa explosão em alcance médio que causa 12d6+5 pontos de dano de fogo em todas as criaturas em um raio de 6m (Reflexos reduz à metade).
- *Concentração de Combate (Padrão, 8 PM)* Até o fim da cena, quando faz um ataque, o tirano rola dois dados e usa o melhor resultado, e quando um oponente ataca o tirano, rola dois dados e usa o pior resultado.
- *Velocidade (Padrão, 3 PM, sustentada)* O tirano pode executar uma ação padrão adicional por turno, que não pode ser usada para lançar magias.

For 6, Des 0, Con 6, Int 2, Sab 1, Car 4

Perícias Cavalgar +9, Intimidação +13, Misticismo +11.
Equipamento Armadura completa de adamante, machado de batalha de adamante atroz. **Tesouro** Dobro.

A TORMENTA

Quando o grupo de aventureiros conhecido como o Esquadrão do Inferno entrou em contato com um outro universo, inadvertidamente libertou sobre Arton a maior de todas as ameaças. Esses invasores são chamados *lefeu*, ou demônios da Tormenta; seres tão bizarros, tão macabros, que só conseguimos vê-los como insetos monstruosos — os limites daquilo que nossas mentes conseguem imaginar. A Tormenta choveu sangue ácido e demônios sobre Tamu-ra, destruindo uma civilização milenar. Mais tarde surgiriam outras áreas de Tormenta, lugares de profanação e pesadelo, onde nosso próprio mundo é devorado, substituído pela Anticriação aberrante.

Uma área de Tormenta é hostil à vida, um lugar onde apenas os aventureiros mais fortificados conseguem sequer pisar. Infelizmente, a corrupção não se restringe a esses territórios — a Tormenta avança sobre Arton de numerosas formas. Sua loucura toca os povos, transformando pessoas em maníacos depravados. Criaturas aberrantes rondam o Reinado, espreitando povoados, infestando masmorras. Mesmo o próprio Panteão perdeu sua pureza divina, agora acolhendo Aharadak, o infecto Deus da Tormenta.

MANÍACO LEFOU — ND 2

Poucos meios-demônios da Tormenta têm a sorte de integrar um grupo de aventureiros. Temidos e hostilizados por todas as outras raças, quase todos abraçam a violência e a loucura. Tornam-se selvagens ensandecidos, solitários ou em pequenos grupos, atacando tudo que encontram. Mais de uma aldeia foi chacinada por maníacos lefou, buscando apenas um fim para o pesadelo sangrento que é sua existência.

Humanoide (lefou) Médio

Iniciativa +4, **Percepção** +2
Defesa 18, **Fort** +12, **Ref** +7, **Von** +3
Pontos de Vida 25
Deslocamento 9m (6q)
Corpo a Corpo Machado de guerra +16 (1d12+15, x3).
Frenesi Insano Sempre que causa ou sofre dano, o maníaco lefou recebe um bônus cumulativo de +2 em testes de ataque e rolagens de dano até o fim da cena.

For 5, **Des** 1, **Con** 1, **Int** –1, **Sab** –1, **Car** –2

Equipamento Machado de guerra. **Tesouro** Metade.

LEFEU

A seguir estão quatro demônios da Tormenta.

UKTRIL — ND 3

Mesmo o lefeu mais comum e mais fraco é uma abominação perversa, uma combinação impossível de humano e formiga, com garras cruéis que gotejam muco. Estes monstros rondam as fronteiras das áreas de Tormenta em pequenos grupos, não raras vezes infestando masmorras e regiões vizinhas. Também podem ser conjurados por magias profanas ou oferecidos por Aharadak como servos para cultistas.

Monstro (lefeu) Médio

Iniciativa +9, **Percepção** +10, visão no escuro
Defesa 22, **Fort** +12, **Ref** +11, **Von** +6, redução de dano 10
Pontos de Vida 45
Deslocamento 9m (6q)
Corpo a Corpo Pinça +16 (2d6+6, 19) e garra +16 (1d6+6).
Insanidade da Tormenta 1d6 PM (Vontade CD 17 evita).

For 5, **Des** 4, **Con** 2, **Int** –1, **Sab** 2, **Car** –4

Tesouro Nenhum.

GERAKTRIL — ND 6

Versão maior e mais avançada dos uktril, são abominações de três braços com pinças capazes de cortar homens ao meio. Podem ser encontrados liderando bandos uktril ou em pequenos grupos próprios. São também emissários sagrados de Aharadak, às vezes manifestando-se em cerimônias profanas para abater vítimas oferecidas em sacrifício.

Monstro (lefeu) Médio

Iniciativa +13, **Percepção** +16, visão no escuro
Defesa 30, **Fort** +18, **Ref** +15, **Von** +6, redução de dano 10
Pontos de Vida 240
Deslocamento 9m (6q)
Corpo a Corpo Duas pinças +23 (3d6+10, 19) e garra +23 (1d8+10).
Insanidade da Tormenta 2d4 PM (Vontade CD 22 evita).

For 7, **Des** 5, **Con** 3, **Int** 1, **Sab** 3, **Car** –1

Tesouro Nenhum.

REISHID — ND 8

Mestres da espionagem e assassinato, estes lefeu estão entre os mais perigosos encontrados longe das áreas de Tormenta. Dobrando suas asas de barata como capuzes e mantos, conseguem passar

CAPÍTULO SETE

despercebidos mesmo em grandes cidades. Nestes tempos de culto a Aharadak, muitas vezes também se tornam mestres de cerimônia em rituais profanos.

Monstro (lefeu) Médio

Iniciativa +17, **Percepção** +19, visão no escuro
Defesa 37, **Fort** +19, **Ref** +21, **Von** +10, redução de dano 10
Pontos de Vida 295
Deslocamento 9m (6q), escalar 9m (6q), voo 15m (10q)
Corpo a Corpo *Adaga da Tormenta* +30 (1d4+18 mais 1d8 de trevas, 19), garra +30 (1d6+18) e mordida +30 (1d6+18 mais veneno).
Ataque em Movimento O reishid pode se mover antes e depois de executar a ação agredir, desde que a distância total percorrida não seja maior que seu deslocamento.
Ataque Reflexo (Reação) Uma vez por rodada, o reishid pode fazer um ataque corpo a corpo contra um alvo adjacente que esteja desprevenido ou que se mova para fora de seu alcance.
Insanidade da Tormenta 2d6 PM (Vontade CD 26 evita).
Sombra Rubra Quando faz um teste de Iniciativa ou Furtividade, o reishid rola dois dados e usa o melhor resultado.
Veneno Condição paralisado por 1d6 horas (Fort CD 26 reduz para lento por 1d6 rodadas).

For 4, Des 7, Con 4, Int 4, Sab 4, Car 1

Perícias Furtividade +20.
Tesouro Padrão mais *adaga da Tormenta*. Esta é uma arma mágica específica que conta como uma *adaga formidável tumular*. Sua lâmina é longa e ondulada e seu cabo lembra uma carapaça. A adaga secreta muco adesivo pelo cabo, que mantém a arma firme na mão, fornecendo +5 em testes contra desarmar. Soltar uma *adaga da Tormenta* gasta uma ação de movimento.

THUWAROKK   ND 16

Este gigantesco lefeu lembra um besouro blindado, mas é quase tão grande quanto um castelo! Além de quatro pares de patas, possui três pares de "braços" menores e ágeis. Sua carapaça é espessa como uma muralha, recobrindo o dorso e mostrando poucas juntas vulneráveis. Lembrando mais imensas máquinas de guerra que seres vivos, os thuwarokk eram conhecidos como "colossos da Tormenta" — e são exatamente isso: feras colossais, monstros de destruição total, capazes de dizimar exércitos.

Monstro (lefeu) Colossal

Iniciativa +11, **Percepção** +12, visão no escuro
Defesa 50, **Fort** +30, **Ref** +24, **Von** +16, redução de dano 10
Pontos de Vida 900
Deslocamento 12m (8q)
Corpo a Corpo Quatro pancadas +48 (4d12+24).
Carapaça A carapaça do thuwarokk reduz todo dano de corte, impacto e perfuração que ele sofre pela metade. Se o thuwarokk passar num teste de resistência contra magia que o tem como alvo, ela é revertida contra o conjurador. Apesar de resistente, a carapaça de um thuwarokk possui pontos fracos, que podem ser encontrados com uma ação de movimento e um teste de Percepção (CD 25). Um personagem que encontre um ponto fraco pode atacar a criatura com −5 no teste de ataque, mas, se acertar, ignora as proteções da carapaça.
Insanidade da Tormenta 2d12 PM (Vontade CD 42 evita).
Jato de Ácido (Movimento) O thuwarokk dispara um jato corrosivo que atinge um cone de 30m. Criaturas na área sofrem 10d8+20 pontos de dano de ácido (Ref CD 42 reduz à metade). *Recarga (movimento)*.
Passar por Cima (Completa) O thuwarokk percorre até o dobro do seu deslocamento, passando por qualquer criatura Enorme ou menor. Uma criatura atropelada sofre 10d12+50 pontos de dano (Ref CD 42 reduz à metade).

For 17, Des −1, Con 10, Int −3, Sab 0, Car −4

Tesouro Nenhum.

OTYUGH   ND 5

Este monstro disforme e repugnante surge em lugares maculados pela Tormenta — especialmente pântanos, esgotos e masmorras — sendo fruto da corrupção aberrante. O corpo pustulento de um otyugh possui três patas, bocarra descomunal e tentáculos espinhosos. Até onde se sabe, seu único propósito é devorar tudo em seu caminho.

Monstro Grande

Iniciativa +3, **Percepção** +10, visão no escuro
Defesa 24, **Fort** +17, **Ref** +11, **Von** +5, imunidade a doenças e venenos, redução de dano 5
Pontos de Vida 213
Deslocamento 6m (4q)
Corpo a Corpo Dois tentáculos +17 (1d8+9, alcance 4,5m) e mordida +17 (1d6+9 mais doença).

Habilidades Lefeu

Todos os lefeu partilham as seguintes habilidades (já contabilizadas em suas fichas).

Imunidades. Lefeu são imunes a acertos críticos, ácido, cansaço, eletricidade, fogo, frio, luz, paralisia, metabolismo, metamorfose, trevas e veneno.

Insanidade da Tormenta. Uma criatura que veja um ou mais lefeu deve fazer um teste de Vontade contra o lefeu de maior ND. Se falhar, perde os PM indicados (+1 PM para cada lefeu além do primeiro). Se for reduzida a 0 PM, fica confusa. Uma criatura só é afetada por esta habilidade uma vez por dia.

Percepção Temporal. Um lefeu soma sua Sabedoria em testes de ataque, Defesa e Reflexos (já contabilizado na ficha).

Visão Ampla. Um lefeu recebe +5 em Percepção e não pode ser flanqueado.

Agarrar Aprimorado (Livre) Se o otyugh acerta um ataque de tentáculo, pode fazer a manobra agarrar (teste +19).
Constrição (Livre) No início de cada um de seus turnos, o otyugh causa 1d8+9 pontos de dano de impacto em qualquer criatura que esteja agarrando.
Doença Uma criatura mordida por um otyugh é exposta a doença infecção do esgoto (veja a página 318).

For 5, Des –1, Con 4, Int –2, Sab 1, Car –2

Perícias Furtividade +3 (+13 em seu refúgio).
Tesouro Padrão.

SACERDOTE DE AHARADAK   ND 10

Esses macabros devotos do Deus da Tormenta promovem a insanidade, a devassidão e a deturpação de tudo que é vivo. Desistindo da humanidade, esperando ser recompensados com poderes ainda maiores, cultistas perpetram os crimes mais horrendos para agradar seu patrono.

Humanoide (humano) Médio ☾

Iniciativa +17, **Percepção** +15
Defesa 38, **Fort** +16, **Ref** +10, **Von** +22, imunidade a confusão, redução de ácido, eletricidade, fogo, frio, luz e trevas 10, resistência a magia divina +5
Pontos de Vida 315
Deslocamento 9m (6q), voo 15m (10q)
Pontos de Mana 56
Corpo a Corpo Duas correntes de espinhos aberrantes +30 (4d6+12 mais 1d6 de ácido) e mordida +30 (1d6+12).
Magia Acelerada (Livre, 4 PM) Uma vez por rodada, quando lança uma magia com execução de ação completa ou menor, o sacerdote de Aharadak muda a execução dela para livre.
Magias O sacerdote de Aharadak lança magias como um clérigo de 10º nível (CD 30).
- *Curar Ferimentos (Padrão, 10 PM)* Uma criatura adjacente cura 11d8+11 PV.
- *Perdição (Padrão, 5 PM)* Criaturas escolhidas em alcance curto sofrem –3 em testes de ataque e rolagens de dano até o fim da cena.
- *Potência Divina (Padrão, 10 PM, sustentada)* O sacerdote se transforma em uma criatura Grande. Ele recebe Força +5, redução de dano 10 e os dados de dano de seus ataques se tornam d8, mas ele não pode lançar magias.
- *Silêncio (Padrão, 4 PM, sustentada)* O sacerdote cria uma esfera com 3m de raio ao seu redor. Criaturas nessa área ficam surdas e não podem lançar magias.

Sangue Ácido Quando o sacerdote de Aharadak sofre dano por um ataque corpo a corpo, o atacante sofre 10 pontos de dano de ácido.

For 4, Des 2, Con 4, Int 2, Sab 5, Car –1

Perícias Intimidação +9, Religião +16.
Equipamento Símbolo sagrado de Aharadak. **Tesouro** Padrão.

A tempestade rubra ameaça os mortais, os deuses e a própria realidade

PERIGOS

Aventureiros não precisam se preocupar apenas com monstros e inimigos — Arton é um mundo de problemas e a vida dos heróis é sempre arriscada! Esta seção traz regras para *perigos* — armadilhas, doenças e outras ameaças que não são criaturas.

ÁCIDO

Ácidos corrosivos causam 1d6 pontos de dano por rodada de exposição. Imersão total (por exemplo, cair dentro de um poço de ácido) causa 10d6 pontos de dano por rodada e o dano persiste por uma rodada adicional. Por exemplo, se um personagem fica duas rodadas no ácido e depois sai, sofre um total de 30d6 pontos de dano.

AREIA MOVEDIÇA

Presente em pântanos e desertos, pode engolir criaturas ou objetos para dentro de si. Em geral, areia movediça ocupa um quadrado com 6m de lado.

Um personagem deve passar em um teste de Sobrevivência (CD 25) para notar areia movediça à frente. Se entrar na área da areia, fica agarrado. Se passar uma rodada inteira agarrado, submerge e precisa prender a respiração (veja Sufocamento).

Uma criatura na areia movediça pode gastar uma ação completa e fazer um teste de Atletismo (CD 25) para escapar. Se estava submersa, fica agarrada. Se estava agarrada, fica livre na margem da areia. Porém, se falhar por 5 ou mais, fica fatigada (se já estava fatigada, fica exausta e, se já estava exausta, fica inconsciente, provavelmente morrendo…).

Personagens fora da área de areia movediça podem ajudar no teste de Atletismo (alcançando um galho, vara ou corda para a vítima, por exemplo).

ARMADILHAS

Vilões adoram forrar seus covis de armadilhas para afastar aventureiros intrometidos. Mesmo antigos templos e masmorras abandonadas podem conter dispositivos diabólicos protegendo seus tesouros. A ficha de cada armadilha traz as informações a seguir.

Nome. Armadilhas com o nome em *itálico* são mágicas e podem ser anuladas com *Dissipar Magia*.

Efeito. O que acontece com a criatura que disparou a armadilha. Normalmente, uma armadilha afeta apenas a criatura que a disparou; se afetar mais de uma criatura ou uma área, isso estará especificado.

Resistência. O tipo e CD do teste de resistência que a vítima da armadilha deve fazer para evitar ou reduzir seu efeito, caso haja.

Investigação e Ladinagem. A CD dos testes para encontrar e desarmar a armadilha.

ND. O perigo que a armadilha representa. Funciona como o nível de desafio de uma criatura.

Agulha Envenenada 1 ponto de dano de perfuração e perde 1d12 PV por veneno; Reflexos CD 20 evita; Investigação CD 25, Ladinagem CD 20; ND 1/4.

Arame Farpado Conta como terreno difícil e causa 1d6+2 pontos de dano de corte em quem atravessá-lo; Investigação CD 10, Ladinagem CD 20; ND 1/4.

Fosso Camuflado Queda de 3m causa 2d6 pontos de dano de impacto (Atletismo CD 20 para escalar de volta); Reflexos CD 20 evita; Investigação/Ladinagem CD 20; ND 1/4.

Rede Criatura fica agarrada (ação completa e Acrobacia CD 20 para escapar); Reflexos CD 20 evita; Investigação/Ladinagem CD 20; ND 1/4.

Virote 1d10+2 pontos de dano de perfuração; Reflexos CD 20 evita; Investigação CD 25, Ladinagem CD 20; ND 1/4.

Fosso Profundo Queda de 6m causa 4d6 pontos de dano de impacto (Atletismo CD 20 para escalar de volta); Reflexos CD 20 evita; Investigação/Ladinagem CD 20; ND 1/2.

Lâmina na Parede 2d6+5 pontos de dano de corte; Reflexos CD 20 evita; Investigação CD 25, Ladinagem CD 20; ND 1/2.

Bloco de Pedra 6d6 pontos de dano de impacto; Reflexos CD 20 evita; Investigação/Ladinagem CD 20; ND 1.

Pêndulo de Teto 1d12+10 pontos de dano de corte; Reflexos CD 25 evita; Investigação CD 25, Ladinagem CD 20; ND 1.

Fosso com Estacas Queda de 9m causa 6d6 pontos de dano de impacto mais estacas causam 2d4+5 de perfuração (Atletismo CD 20 para escalar de volta); Reflexos CD 20 evita; Investigação/Ladinagem CD 20; ND 2.

Runa de Proteção 6d6 pontos de dano de fogo (ou ácido, eletricidade, frio, luz ou trevas) em todas as criaturas a até 3m; Reflexos CD 20 reduz à metade (a criatura que ativou não tem direito); Investigação/Ladinagem CD 25; ND 2.

Símbolo do Medo Criaturas em alcance curto ficam abaladas até o fim da cena; Vontade CD 20 evita; Investigação/Ladinagem CD 25; ND 2.

Estátua Executora 1d12+10 mais 1d12+10 pontos de dano de corte; dois testes de Reflexos CD 25 (cada teste evita um dos danos); Investigação/Ladinagem CD 20; ND 3.

Gás Venenoso perde 1d12 PV por veneno por rodada durante 2d4 rodadas; Fortitude CD 20 reduz à metade; Investigação/Ladinagem CD 25; ND 3.

Símbolo do Sono Criaturas em alcance curto com 8 níveis ou menos caem inconscientes (como na magia *Sono*); Vontade CD 20 evita; Investigação/Ladinagem CD 25; ND 3.

Parede Instável 8d6 pontos de dano de impacto num quadrado de 3m de lado; Reflexos CD 25 reduz à metade; Investigação/Ladinagem CD 20; ND 4.

Símbolo da Dor Criaturas em alcance curto sofrem dores terríveis, que impõem uma penalidade de –5 em todos os testes até o fim da cena; Fortitude CD 25 evita; Investigação/Ladinagem CD 30; ND 4.

Bruma da Insanidade Criaturas em um cubo de 6m de lado ficam confusas até o fim da cena; Fortitude CD 20 evita; Investigação/Ladinagem CD 25; ND 5.

Símbolo do Atordoamento Criaturas em alcance curto ficam atordoadas por 1d6 rodadas; Fortitude CD 25 evita; Investigação/Ladinagem CD 30; ND 5.

Desabamento do Teto 15d6 pontos de dano de impacto em todas as criaturas num quadrado de 6m de lado; Reflexos CD 30 reduz à metade; Investigação/Ladinagem CD 25; ND 6.

Símbolo da Insanidade Criaturas em alcance curto ficam confusas permanentemente; Vontade CD 25 evita; Investigação/Ladinagem CD 30; ND 6.

Abismo da Morte Um quadrado de 6m de lado no chão se abre para uma queda de 30m sobre estacas, causando 20d6 pontos de dano de impacto e 2d8+10 pontos de dano de perfuração (Atletismo CD 25 para escalar de volta); Reflexos CD 30 evita; Investigação/Ladinagem CD 30; ND 8.

Símbolo da Morte Criaturas em alcance curto são reduzidas a –1 PV; Fortitude CD 30 reduz para 10d6 pontos de dano de trevas; Investigação/Ladinagem CD 30; ND 8.

CLIMA, CALOR E FRIO

Para as regras desses perigos, veja a página 267.

DOENÇAS

Uma doença pode ser transmitida por contato, inalação ou ingestão (veja "Venenos", na página 161, para as regras de cada tipo). Um personagem exposto a uma doença deve fazer um teste de Fortitude (CD conforme a doença). Se falhar, é contaminado (mas ainda não sofre nenhum efeito). Contaminação não é cumulativa; uma vez que contraia a doença, o personagem não sofre efeitos adicionais por ser atingido novamente.

Um personagem contaminado deve repetir o teste de Fortitude no início de cada dia. Se falhar, sofre o efeito da doença naquele dia. Se passar, não sofre o efeito. Se passar por dois dias seguidos, estará curado.

Algumas doenças possuem efeitos progressivos, denotados por uma barra "/". Se o personagem falhar no teste de Fortitude, sofre o primeiro efeito. Se falhar em dois testes seguidos, sofre o segundo efeito, e assim por diante. Um personagem que tenha sofrido um efeito progressivo e passe no teste sofre o efeito anterior naquele dia.

Exemplo: o kliren inventor Morgan Zaithan entra em contato com a maldição pegajosa, falha no teste de Fortitude e contrai a doença. No início de cada dia, ele deverá fazer um novo teste de resistência (até se curar). Se falhar no primeiro, perde 1d12 PV. Se falhar no segundo, perde mais 2d12, pelo efeito progressivo. Se passar no terceiro, perde mais 1d12 PV, pelo efeito ter regredido.

Calafrio Diabólico. Causa fraqueza e, em casos graves, coma e morte. *Contato, CD 25, vítima fica fraca/debilitada/inconsciente/morre.*

Febre do Riso. Causa surtos de agitação e, em casos graves, loucura. *Inalação, CD 20, vítima fica frustrada/esmorecida/confusa (a condição se ativa no início de cada cena).*

Febre Mental. Causa enxaquecas e torpor. *Inalação, CD 20, vítima fica frustrada/esmorecida/alquebrada.*

Infecção do Esgoto. Transmitida por criaturas como ratos gigantes e otyughs. Uma pessoa ferida que passe por lugares imundos também pode contrair esta doença. *Contato, CD 15, vítima fica fraca/debilitada.*

Maldição Pegajosa. Transforma os órgãos internos em uma massa disforme. A vítima deve passar em três testes de Fortitude seguidos para se curar. *Contato, CD 20, vítima perde 1d12 PV/perde 2d12 PV/perde 4d12 PV.*

Moléstia Demoníaca. Causa danos internos e, em casos graves, sequelas permanentes e morte. *Contato, CD 20, vítima perde 1d12 PV/perde 2d12 PV/perde 1 de Constituição*/morre.*

Tremores. Causa tremedeira e convulsões. *Contato, CD 15, vítima fica vulnerável.*

Varíola. Esta doença causa febre e vômitos. Em casos graves, forma úlceras e erupções na pele, que deixam cicatrizes, e pode levar à morte. *Inalação, CD 20, vítima fica enjoada/debilitada/perde 1 de Carisma*/morre.*

*Perda permanente (mas você só pode perder 1 ponto de atributo por uma mesma doença).

ESCURIDÃO

Escuridão é dividida em *leve* e *total*.

Escuridão Leve. Qualquer situação de penumbra, como uma noite enluarada ou os cantos da cidade ao longo dos postes com seus lampiões. Fornece camuflagem leve.

Escuridão Total. O breu da noite sem estrelas ou luar, longe de qualquer fonte de luz, ou uma câmara totalmente fechada ou nos subterrâneos, longe da entrada. Fornece camuflagem total.

FOGO

Um personagem exposto a fogo deve fazer um teste de Reflexos (CD 15). Se falhar, fica em chamas, sofrendo 1d6 pontos de dano de fogo no início de seus turnos. O personagem pode gastar uma ação padrão para apagar o fogo com as mãos. Imersão em água também apaga as chamas.

Fogo provocado por efeitos instantâneos, como nas magias *Explosão de Chamas* e *Bola de Fogo*, não dura o suficiente para incendiar alguém.

FOME E SEDE

Um personagem pode resistir um dia inteiro sem água ou comida sem maiores problemas. Depois disso, deve fazer um teste de Fortitude por dia (CD 15 +1 por teste anterior). Se falhar, fica fatigado. Se falhar novamente, fica exausto. Se falhar pela terceira vez, fica inconsciente. A quarta falha é letal. Condições causadas por fome e sede só podem ser curadas por comida e bebida. *Metabolismo*.

FUMAÇA

Um personagem imerso em fumaça densa (por exemplo, dentro de uma casa em chamas) deve fazer um teste de Fortitude no início de cada um de seus turnos (CD 10 +1 por teste anterior). Se falhar, perde o turno engasgando-se e tossindo, sem conseguir realizar nenhuma outra ação. Falhar em dois testes seguidos causa a perda de 1d6 pontos de vida. *Metabolismo*.

Fumaça também obscurece a visão, fornecendo camuflagem leve às criaturas em seu interior.

LAVA

Lava, magma e outros materiais incandescentes (como metal derretido) causam 2d6 pontos de dano de fogo por rodada de exposição direta.

Imersão total (por exemplo, cair na cratera de um vulcão) causa 20d6 pontos de dano de fogo por rodada e o dano persiste por uma rodada adicional. Por exemplo, se um personagem fica duas rodadas na lava e depois sai, sofre um total de 60d6 pontos de dano de fogo.

QUEDA

Uma queda causa 1d6 pontos de dano de impacto para cada 1,5m, até um máximo de 40d6 para uma queda de 60m. Em caso de queda na água, reduza o dano em 6m (ou seja, –4d6).

Um objeto pesado (pedra, baú, barril...) que caia sobre uma criatura também causa 1d6 pontos de dano para cada 1,5m da queda. Dobre o dano para um objeto muito pesado (rocha, altar, carroça...).

SONO

Um personagem pode ficar uma noite sem dormir sem problemas — embora não recupere PV e PM. Depois disso, deve fazer um teste de Fortitude por dia sem dormir (CD 15 +1 por teste anterior). Se falhar, fica fatigado. Se já estiver fatigado, fica exausto. Se já estiver exausto, cai inconsciente e não pode ser acordado até dormir pelo menos oito horas.

SUFOCAMENTO

Um personagem pode prender a respiração por um número de rodadas igual a 1 + sua Constituição (por exemplo, 3 rodadas se tem Con 2).

Depois disso, deve fazer um teste de Fortitude por rodada (CD 15 +1 por teste anterior). Se falhar, cai inconsciente e perde 1d6 PV por rodada até respirar novamente ou morrer. *Metabolismo*.

TORMENTA

Como uma infecção que ataca Arton, a Tormenta corrompe tudo e todos: seres vivos, objetos, o terreno, até o próprio espaço e tempo.

Ao entrar em uma área de Tormenta, uma criatura fica automaticamente frustrada, à medida que sua mente luta contra a insanidade. No início de cada dia na área, a criatura deve fazer um teste de Vontade (CD 25 + 2 por dia anterior consecutivo) ou ficará esmorecida pelo dia. Se já estava esmorecida, fica confusa pelo dia. Se já estava confusa, fica completamente insana — se era um personagem, se torna um NPC maligno sob controle do mestre. Além disso, enquanto estiver na área de Tormenta, habilidades com custo em pontos de mana têm seu custo aumentado em 2 PM e itens mágicos encantados perdem um de seus encantamentos (a escolha do portador). Por fim, a recuperação de PV e PM por descanso é reduzida à metade (após aplicar outros efeitos que afetem sua recuperação).

Lefeu e lefou são imunes a todos esses efeitos.

PERIGOS COMPLEXOS

Uma avalanche nas Montanhas Uivantes, uma jornada pelos ermos e uma tempestade em alto mar são exemplos de perigos complexos. Enquanto perigos simples oferecem uma ameça dentro de uma cena, perigos complexos são uma cena por si só. Eles são uma boa opção para quando você quer uma cena de ação que não seja um combate.

Em termos de jogo, perigos complexos são similares a combates, envolvendo diversas decisões e múltiplos testes. A mecânica deles é baseada em testes estendidos (veja a página 222), mas cada um pode trazer regras próprias. A ficha de cada perigo complexo traz as seguintes informações.

Nome e ND. O nome e o nível de desafio do perigo.

Objetivo. Em um combate, o objetivo normalmente é simples: derrotar os inimigos. Já em um perigo, o objetivo nem sempre é tão óbvio. Afinal, não é possível "derrotar" algo como uma tempestade. Esta linha resume o que os personagens devem fazer para "vencer" o perigo.

Efeito. O que o perigo causa aos personagens. Se o perigo fosse uma criatura, este bloco seria as ações que ele pode fazer.

Ações. O bloco seguinte ao de efeitos traz todas as ações que os personagens podem realizar durante o efeito. Naturalmente, os jogadores são livres para pensar em alternativas. Tendo o objetivo e os efeitos em mente, e usando as ações descritas como base, deve ser fácil para o mestre julgar o resultado de outras ações.

A seguir estão quatro exemplos de perigos complexos. Usando-os como base e com as regras dos perigos simples, você pode criar os seus próprios.

AVALANCHE   ND 4

Viajando pelas Uivantes (ou outra região montanhosa), o grupo é vítima de uma avalanche.

Objetivo Escapar da avalanche.

Efeito O grupo tem cinco rodadas para se afastar dos escombros. No fim da quinta rodada, a posição de cada personagem é definida pelo número de sucessos acumulados nas ações correr ou carregar outro. Um personagem com dois sucessos ou menos fica na zona de soterramento (o caminho direto dos escombros): sofre 16d6 pontos de dano de impacto e fica soterrado. Um personagem com três ou quatro sucessos fica na zona de deslizamento (o caminho pelo qual os escombros se espalham): sofre 8d6 pontos de dano de impacto. Um personagem com cinco sucessos ou mais escapa ileso.

Os personagens têm direito a um teste de Sobrevivência (CD 20) para perceber a avalanche iniciando. Quem passar pode realizar uma ação adicional em sua primeira rodada. Personagens soterrados ficam imóveis e sofrem 1d6 pontos de dano de impacto no início de cada um de seus turnos. Soltar-se (ou soltar um aliado soterrado) exige um teste de Força (CD 25). Vários personagens podem ajudar nesse teste (veja a página 221).

Correr (Atletismo CD 20) O personagem corre para longe da avalanche. Se passar, afasta-se dos escombros (veja "Efeito", acima). Um sucesso por 10 ou mais (ou um 20 natural no teste) conta como dois sucessos. Este teste recebe os mesmos modificadores da ação corrida (veja a página 116) e pode ser substituído por Cavalgar ou Pilotagem, caso o personagem esteja usando uma montaria ou veículo.

Carregar Outro (Atletismo CD 25) O personagem carrega um aliado próximo (com no máximo um sucesso de diferença). Isso funciona como a ação correr, acima, mas com CD maior. Se passar, o personagem acumula um sucesso para si e para o aliado.

Procurar Caminho (Percepção CD 20) O personagem analisa o terreno em busca de uma rota de fuga. Se passar, recebe +5 em todos os testes para correr e carregar outro realizados durante o perigo.

JORNADA PELOS ERMOS   ND 2

O grupo viaja por território selvagem.

Objetivo Chegar ao destino.

Efeito Para chegar ao destino, o grupo deverá fazer certa quantidade de testes, definida pelo tamanho da jornada.

Uma viagem pode ser *curta* (até outro reino na mesma região, 3 testes exigidos); *média* (até outra região, como do Reinado até as Repúblicas Livres, 5 testes), ou *longa* (até outra região longínqua ou continente, como do Reinado até o Deserto da Perdição ou Lamnor, 7 testes exigidos).

Para cada falha, os personagens perdem 2d6 pontos de vida. Essa perda de vida representa cansaço e desgaste e só pode ser curada a partir de um dia após o fim da jornada. Se o grupo acumular três falhas, os pontos de mana máximos dos personagens diminuem em 1 por nível na próxima aventura. Isso representa um abalo causado pelas dificuldades da travessia.

Avançar (Sobrevivência ou Outras, CD varia) Os personagens se alternam fazendo testes até atingir a quantidade de sucessos exigida pela jornada (ou até atingir três falhas).

Os testes podem ser de Sobrevivência ou de qualquer outra perícia que o jogador consiga justificar e que o mestre aprove. Por exemplo, um personagem que possua um veículo no qual possa levar o grupo pode fazer um teste de Pilotagem. Um personagem que queira pedir indicações e abrigo para pessoas no caminho pode usar Diplomacia (desde que haja pessoas para quem pedir ajuda). Cada perícia que não seja Sobrevivência só pode ser usada uma vez pela jornada.

A CD varia conforme o terreno: 15 para planícies e colinas, 20 para florestas e pântanos, 25 para desertos ou montanhas e 30 para regiões planares perigosas ou áreas de Tormenta.

Em termos de jogo, este perigo é um teste estendido usando a variante de testes abertos (veja a página 223). Use-o em conjunto com as instruções do quadro "Jornadas em 'Montagem'" (veja a página 267) para resolver viagens de forma simplificada.

Note que, independentemente dos resultados, o grupo chegará ao destino. O que está em jogo é o estado dos personagens ao fim da jornada. Se quiser uma viagem que possa acabar em fracasso, faça com que o grupo tenha que começar novamente caso acumule três falhas — o que indicaria que pegaram um caminho errado e precisam voltar para trás.

É possível fazer jornadas mais complexas, com regras para mantimentos, perigos ambientais, encontros com criaturas etc. Contudo, uma viagem assim será uma aventura completa, não um perigo.

SALA ESMAGADORA ND 9

Explorando uma masmorra, os personagens caem em uma armadilha terrível!

Objetivo Abrir a porta e sair da sala ou desabilitar o mecanismo que move as paredes.

Efeito Quando o grupo entra na sala, a porta se fecha e as paredes começam a se mover para esmagá-los. Os personagens têm três rodadas para agir. Na quarta, começam a ser esmagados e sofrem 10d6 pontos de dano de impacto. Na quinta rodada, a sala se fecha completamente. Qualquer personagem que ainda estiver dentro dela é morto.

A sala esmagadora é protegida por uma *Âncora Dimensional* que impede qualquer movimento planar.

Derrubar Porta (Força CD 30) O jeito mais simples de escapar da sala esmagadora é abrir a porta e sair. Infelizmente, como a porta não tem fechadura por dentro, a única opção é derrubá-la. Mais infelizmente ainda, ela é feita de aço maciço! Derrubar a porta exige acumular três sucessos em Força. No máximo dois personagens podem fazer esta ação por rodada (cada personagem pode fazer seu próprio teste ou um pode ajudar o outro — veja a página 221).

Desabilitar Mecanismo (Ladinagem CD 30) Um jeito mais sagaz de sobreviver a esta armadilha é emperrar as paredes. Isso exige três sucessos em Ladinagem. Uma vez que as paredes estejam emperradas, o grupo pode derrubar a porta com calma (não exija testes).

Segurar Paredes (Força CD 25) O personagem faz força contra as paredes para impedir que elas se fechem. Cada dois sucessos nesta ação aumenta em mais uma rodada o tempo para a sala se fechar. Por si só, isso não salvará o grupo, mas pode dar mais tempo para outros personagens derrubarem a porta ou emperrarem as paredes.

TEMPESTADE EM ALTO MAR ND 6

Navegando num dos mares de Arton, o grupo se vê em meio a uma tempestade.

Objetivo Sobreviver à fúria do mar. A tempestade dura 1d6+6 rodadas. Após esse período, a chuva pode continuar, mas sem os perigos abaixo.

Efeito No início de seu turno, cada personagem deve fazer um teste de Reflexos para evitar ondas gigantes. Se falhar, sofre 4d6 pontos de dano de impacto. Se falhar por 10 ou mais, sofre o dano e cai no mar. A CD é 20+1d6 (role uma vez no início de cada rodada e aplique a mesma CD para todos os personagens). Um personagem no mar falha automaticamente no teste para evitar as ondas.

Os personagens têm direito a um teste de Sobrevivência (CD 20) para perceber a tempestade iniciando. Quem passar pode realizar uma ação adicional em sua primeira rodada.

Navegar (Pilotagem CD 25) O personagem conduz a embarcação para fora da tempestade. Cada sucesso reduz a duração da tempestade em uma rodada (na prática, é o navio que está se afastando). Apenas um personagem pode fazer esta ação por rodada.

Ajudar o Piloto (varia) O personagem faz um teste para ajudar (veja a página 221) o teste de Pilotagem. O jogador pode usar qualquer perícia que conseguir justificar — Atletismo para segurar o cordame no lugar, Percepção para ver qual a melhor direção para escapar da tempestade etc.

Esconder-se (nenhum teste) O personagem desce ao convés inferior (ou outro lugar) para se proteger das ondas. No convés inferior, a CD do teste de Reflexos é 20 (desconsidere o valor do d6) e não há chance de cair no mar. Porém, o personagem não pode navegar a embarcação ou ajudar o piloto.

Voltar para o Navio (Atletismo CD 25) Um personagem no mar pode nadar de volta ao navio. Isso exige dois sucessos em testes de Atletismo: um para alcançar o navio e outro para subir pelo costado. Em caso de falha, o personagem não avança. Em caso de falha por 5 ou mais, o personagem afunda. Veja a perícia Atletismo para detalhes. Personagens que não estejam escondidos podem ajudar atirando cordas ou mesmo saltando para o mar (veja a página 221).

AMEAÇAS

FICHAS DE NPCs

Como dito no **Capítulo 6**, a maioria dos NPCs não precisa de fichas. Na verdade, os únicos que precisam são aqueles que podem enfrentar o grupo. Para esses, você pode criar uma *ficha de ameaça*, semelhante a das criaturas descritas neste capítulo.

Fichas de ameaça seguem uma lógica diferente das fichas de personagens. Elas não se preocupam com a origem de cada bônus e modificador das estatísticas, apenas com os valores finais. Para criar uma ficha de ameaça, siga os passos abaixo.

CONCEITO E ND

Para começar, defina o conceito do NPC, o papel dele no mundo. Ele é um assassino furtivo, um combatente de armadura pesada ou um aristocrata que secretamente adora Aharadak?

Após pensar no conceito do NPC, escolha um nível de desafio adequado para ele (use como base os patamares de jogo descritos na página 35). O ND representa a experiência e poder geral do NPC e funciona como o nível de personagem dele.

ESTATÍSTICAS DE JOGO

Estatísticas de ameaças não são calculadas a partir de atributos, habilidades e equipamento. Em vez disso, são determinadas pelo ND e pela **Tabela 7-2: Estatísticas de NPCs**. Esse sistema torna a criação de NPCs mais fácil e rápida.

Ataque e Dano. O teste de ataque e o dano do NPC. Um multiplicador ao lado do ataque indica que o NPC faz aquela quantidade de ataques por rodada (cada um com o dano indicado). Defina como o NPC ataca. Isso não afeta os valores, mas ajuda a definir detalhes como tipo de dano, alcance etc.

Defesa & PV. Respectivamente, os valores de Defesa e pontos de vida do NPC.

Perícias. Esta coluna apresenta dois valores. Use o primeiro para as perícias nos quais o NPC é focado, de acordo com seu conceito. Por exemplo, um assassino usaria o primeiro valor para Enganação, Furtividade e Iniciativa. Use o segundo valor para todas as outras perícias do NPC.

CD. Indica a dificuldade para resistir às habilidades do NPC, como magias e outros efeitos.

Habilidades. Escolha as habilidades do NPC. Um assassino pode ter ataque furtivo, um combatente de armadura pesada pode ter redução de dano e um cultista pode lançar magias. Como regra geral, um NPC de patamar iniciante deve ter uma ou duas habilidades, com uma habilidade adicional para cada patamar acima. Para exemplos de habilidades, veja as classes de personagem e as ameaças.

Evite usar pontos de mana. Eles são ótimos para medir os recursos de um personagem jogador, mas uma complicação desnecessária para o mestre, que já precisa controlar diversos elementos. Para habilidades simples, considere que o NPC pode usá-las à vontade. Para habilidades mais poderosas (como uma magia de alto círculo), considere que o NPC pode usá-la uma vez por cena ou então apenas após recarregá-la gastando uma ação. Se *quiser* usar pontos de mana, considere de 3 a 6 PM por ND.

Outras Características. Defina a raça, os atributos, o deslocamento e o equipamento do NPC. A raça pode ser uma disponível para personagens ou uma exclusiva de ameaças, como orc ou finntroll. Seja como for, a escolha será apenas "estética", pois não afeta outras estatísticas — embora possa ser uma inspiração para as habilidades.

Para atributos, veja o "pacote" correspondente ao patamar do NPC, a seguir, e distribua os valores dados entre os seis atributos. Assim como a raça, esses valores *não* influenciam as demais estatísticas, servindo apenas para testes de atributo. *Iniciante:* 3, 2, 1, 1, 0, –1. *Veterano:* 4, 3, 2, 1, 0, 0. *Campeão:* 5, 4, 3, 2, 1, 0. *Lenda:* 7, 5, 4, 2, 2, 1.

O deslocamento padrão é 9m, mas pode ser maior ou menor — nosso assassino furtivo pode ter deslocamento 12m, enquanto o combatente de armadura pesada pode ter 6m.

Por fim, decida se o NPC possui algum equipamento digno de nota. Novamente, isso é uma escolha visual, pois as estatísticas já foram definidas.

Alterando Valores. Essas regras permitem que você crie NPCs rapidamente e sem se prender em detalhes que não teriam impacto no jogo. Naturalmente, fique à vontade para ajustar os valores da tabela para que se encaixem melhor no conceito do NPC. Um bárbaro robusto e de tanga pode ter mais pontos de vida, mas menos Defesa. Já um conjurador pode ter menos PV, mas a capacidade de lançar magias. Para esses ajustes, você pode subir algumas estatísticas em 1 ou mais níveis, e baixar outras. O tal bárbaro robusto pode ter pontos de vida como se seu ND fosse 2 pontos maior, mas ter sua Defesa diminuída na mesma proporção. Apenas tome cuidado para não alterar *demais* os números sem ajustar o nível de desafio, para evitar ter uma ficha muito forte, ou muito fraca, para o seu ND.

Descrição

Uma vez que você tenha as estatísticas de jogo do NPC, é hora de definir seus aspectos descritivos, como nome, aparência, personalidade e histórico. Para isso, consulte as dicas para personagens, na página 107, e os arquétipos de NPCs a partir da página 257.

Fique à vontade para detalhar o quanto quiser, mas lembre-se de priorizar informações que irão aparecer no jogo! Para a maioria dos NPCs, um nome, uma frase de descrição, e dois ou três traços de personalidade são suficientes.

Aylarianna Purpúrea, a "fada mais honesta de Arton": nem todos serão como você espera

Tabela 7-2: Estatísticas de NPC

Patamar	ND	Ataque	Dano	Defesa	PV	Perícias	CD
Iniciante	1/2	+7	1d6+3	15	10	+4/+0	14
	1	+9	1d8+6	16	20	+6/+1	15
	2	+11	1d10+10	18	40	+8/+2	16
	3	+13	1d12+12	21	70	+10/+3	17
	4	+15	2d6+14	24	110	+12/+4	18
Veterano	5	+18, x2	1d12+11	28	150	+14/+5	20
	6	+20, x2	2d6+15	31	190	+16/+6	22
	7	+22, x2	2d8+19	34	230	+18/+7	24
	8	+24, x2	2d10+20	37	270	+20/+8	26
	9	+26, x2	2d12+21	40	310	+22/+9	28
	10	+29, x2	3d6+26	43	350	+24/+10	30
Campeão	11	+32, x3	3d8+24	46	400	+25/+11	32
	12	+35, x3	3d10+26	48	450	+26/+12	34
	13	+37, x3	3d12+28	50	550	+27/+13	36
	14	+40, x3	4d6+38	52	600	+28/+14	38
	15	+42, x3	4d8+40	54	650	+29/+15	40
	16	+45, x3	4d10+42	56	700	+30/+16	42
Lenda	17	+47, x4	4d12+35	59	750	+32/+17	44
	18	+50, x4	4d12+40	61	800	+33/+18	46
	19	+52, x4	4d12+45	63	850	+34/+19	48
	20	+55, x4	4d12+50	65	900	+35/+20	50

CAPÍTULO

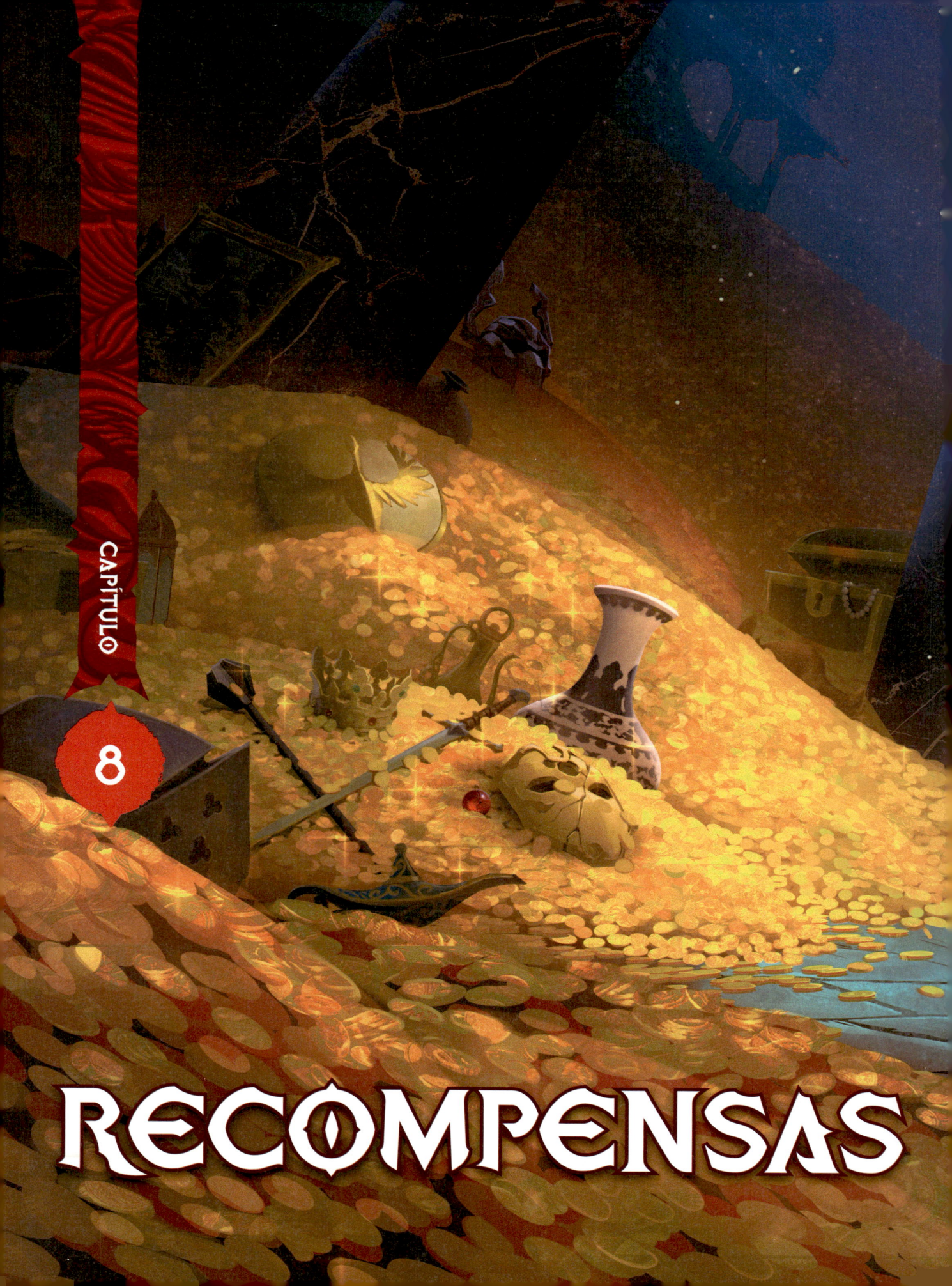

8

RECOMPENSAS

> "Que Thyatis me queime no dia que eu precisar de uma arma mágica para vencer meia dúzia de guardas de Ahlen!"
> — Gregor Vahn

Em Arton, atos heroicos são recompensados. Mais que isso, atos de ousadia, superação de desafios e aventuras em geral tornam alguém mais poderoso e confiante. Nas sagas de fantasia épica, os heróis muitas vezes começam fugindo de capangas fracos e terminam enfrentando grandes dragões e demônios!

Este capítulo traz as regras para o mestre recompensar os personagens. Após vencer as ameaças do capítulo anterior, é bom que o grupo receba algo! As recompensas dividem-se em dois grupos: *pontos de experiência* e *tesouros*.

Por fim, o capítulo traz a seção de itens mágicos. Itens mágicos são descritos aqui porque raramente podem ser comprados em lojas.

PONTOS DE EXPERIÊNCIA

A progressão em poder de um personagem é medida em níveis. Estes, por sua vez, são obtidos através de *pontos de experiência*, ou XP — uma medida de quanto um personagem já evoluiu (você pode falar tanto "a XP", se referindo a experiência, ou "os XP", se referindo aos pontos de experiência).

Você precisa de certa quantidade de XP para subir de nível. Cada desafio vencido (monstro derrotado, armadilha desativada, enigma decifrado...) fornece XP conforme seu *nível de desafio*, ou ND — uma medida de sua dificuldade.

Multiplique o ND da ameaça por 1.000. Essa é a quantidade de XP que esse desafio renderá. Divida igualmente entre os membros do grupo.

Cálculo de Experiência:
ND x 1.000 / número de personagens = XP para cada personagem

Assim, derrotar um ogro (ND 5) rende 5.000 XP (5 vezes 1.000). Se forem quatro aventureiros, cada um receberá 1.250 XP (5.000 dividido por 4).

Vencendo Desafios. Muitos grupos preferem lidar com monstros ou vilões da maneira mais direta e definitiva — matando-os. Porém, você não precisa conceder XP apenas por inimigos mortos: o importante é *derrotá-los*. Se o necromante maligno é vencido e aprisionado, os aventureiros recebem XP. Se o demônio é banido para sua dimensão de origem, rende XP. Desde que a vitória seja real e decisiva, o XP é o mesmo.

Desafios Irrelevantes. Personagens só ganham XP por perigos reais. Um desafio cujo ND seja 5 ou mais pontos menor que o nível do grupo não rende XP *nenhum* — os heróis não podem mais aprender nada enfrentando-o.

XP Parcial. Em Tormenta20, os personagens ganham XP não apenas por vencer desafios, mas por *enfrentá-los*. Um desafio vencido traz mais experiência, mas mesmo uma derrota pode ensinar muita coisa! Um desafio vencido rende a XP total pelo ND, como acima. Um desafio que não é vencido, mas que também não derrota os heróis (um empate), rende metade da XP total. Um desafio que derrota os heróis rende um quarto da XP total.

XP Alternativo. Você pode premiar boas interpretações e ideias com pontos de experiência. Mas cuidado para não distribuir pontos e mais pontos apenas por interpretação, ou você terá um grupo que nunca se aventura, apenas conversa!

Avanço por Marcos

Nesta opção, os personagens não recebem pontos de experiência. Em vez disso, sobem de nível sempre que alcançam um determinado marco de história.

O mestre define os marcos. Normalmente, será o fim de uma aventura. Neste caso, ao término de cada aventura, todos os personagens sobem de nível. Porém, o mestre pode definir outros marcos de acordo com a campanha ou com os objetivos de cada personagem. Por exemplo, se a campanha envolve unir as diferentes tribos bárbaras das Montanhas Sanguinárias para enfrentar um monstro, cada tribo que se aliar ao grupo pode ser um marco.

As vantagens desta opção são mudar o foco do jogo — de "derrotar desafios", ele passa para "avançar a história" — e simplificar a vida do mestre, que não precisa mais calcular a XP de cada sessão. Por outro lado, alguns grupos preferem a abordagem mais exata dos pontos de experiência.

TESOUROS

A profissão de aventureiro é perigosa, mas traz grandes recompensas. Com os espólios de inimigos caídos e os pagamentos por missões completadas, um herói pode se tornar tão rico quanto um rei.

TESOURO EM COMBATE

Para determinar o tesouro de um combate, faça os jogadores rolarem duas vezes na **Tabela 8-1** (veja as páginas 328 e 329), uma vez na coluna Dinheiro e outra na coluna Itens, na linha equivalente ao ND da criatura derrotada. Assim, se o grupo derrotou um necromante (ND 7), deve rolar duas vezes na linha do ND 7, uma na coluna de Dinheiro e outra na de Itens (os jogadores decidem entre si quem rola). Se o grupo tiver derrotado mais de uma criatura, rola uma vez para cada criatura ou, de acordo com o mestre, uma vez na linha equivalente ao nível de desafio do combate.

A descrição da criatura indica o tesouro que ela fornece. "Nenhum" indica que a criatura não traz tesouro; nesse caso, não use a tabela. "Padrão" indica tesouro típico; use a tabela sem modificação. "Metade" indica que a criatura tem poucos tesouros; use a tabela, mas divida pela metade quaisquer resultados rolados na coluna Dinheiro. Por fim, "Dobro" significa que a criatura tem muitos tesouros. Role duas vezes em cada coluna da tabela.

A maneira como o grupo encontra o tesouro fica a seu critério. Você pode simplesmente descrever "depois de derrotar os gnolls, vocês vasculham suas bolsas e encontram..." ou preparar algo mais elaborado. Por exemplo, bandidos que ataquem o grupo em uma estrada provavelmente não estarão carregando o seu tesouro consigo. Em vez disso, podem ter um esconderijo próximo onde guardam o fruto de seus roubos. Depois de derrotar os bandidos, os personagens podem vasculhar as redondezas em busca desse esconderijo. Outro exemplo: em uma aventura que envolva explorar um antigo templo, você pode determinar que o tesouro de todos os combates está em uma sala trancada e protegida por armadilhas. Ao derrotar guardas em um corredor, o grupo não encontrará nenhum tesouro. Mas, se conseguirem acesso a essa câmara, terão todo o tesouro de uma só vez. Ou, ainda, em vez de encontrar tesouro de inimigos derrotados, o grupo pode receber um valor equivalente como pagamento por seu empregador. As possibilidades são diversas. E, é claro, em vez de rolar, você pode escolher um tesouro, usando a tabela como guia.

Rexthor, o Campeão das Profundezas: vencedor de muitas batalhas

Recompensas Fora de Jogo

Você pode premiar não apenas os personagens, mas os próprios jogadores. Dedicação ao jogo (limpar a sala depois da partida, comprar os refrigerantes, mandar mensagens para marcar a sessão...) ou outras contribuições podem valer uma recompensa. Se quiser fazer isso, conceda 1 PM temporário ou outro pequeno bônus aos mais prestativos.

Tabela 8-1: Tesouro por Nível de Desafio

ND	d%	Dinheiro	d%	Itens
1/4	01-30	—	01-50	—
	31-70	1d6x10 TC	51-75	Diverso
	71-95	1d4x100 TC	76-100	Equipamento
	96-100	1d6x10 T$		
1/2	01-25	—	01-45	—
	26-70	2d6x10 TC	46-70	Diverso
	71-95	2d8x10 T$	71-100	Equipamento
	96-100	1d4x100 T$		
1	01-20	—	01-40	—
	21-70	3d8x10 T$	41-65	Diverso
	71-95	4d12x10 T$	66-90	Equipamento
	96-100	1 riqueza menor	91-100	1 poção
2	01-15	—	01-30	—
	16-55	3d10x10 T$	31-40	Diverso
	56-85	2d4x100 T$	41-70	Equipamento
	86-95	2d6+1x100 T$	71-90	1 poção
	96-100	1 riqueza menor	91-100	Superior (1 melhoria)
3	01-10	—	01-25	—
	11-20	4d12x10 T$	26-35	Diverso
	21-60	1d4x100 T$	36-60	Equipamento
	61-90	1d8x10 TO	61-85	1 poção
	91-100	1d3 riquezas menores	86-100	Superior (1 melhoria)
4	01-10	—	01-20	—
	11-50	1d6x100 T$	21-30	Diverso
	51-80	1d12x100 T$	31-55	Equipamento[2D]
	81-90	1 riqueza menor[+%]	56-80	1 poção[+%]
	91-100	1d3 riquezas menores[+%]	81-100	Superior (1 melhoria)[2D]
5	01-15	—	01-20	—
	16-65	1d8x100 T$	21-70	1 poção
	66-95	3d4x10 TO	71-90	Superior (1 melhoria)
	96-100	1 riqueza média	91-100	Superior (2 melhorias)
6	01-15	—	01-20	—
	16-60	2d6x100 T$	21-65	1 poção[+%]
	61-90	2d10x100 T$	66-95	Superior (1 melhoria)
	91-100	1d3+1 riquezas menores	96-100	Superior (2 melhorias)[2D]
7	01-10	—	01-20	—
	11-60	2d8x100 T$	21-60	1d3 poções
	61-90	2d12x10 TO	61-90	Superior (2 melhorias)
	91-100	1d4+1 riquezas menores	91-100	Superior (3 melhorias)
8	01-10	—	01-20	—
	11-55	2d10x100 T$	21-75	1d3 poções
	56-95	1d4+1 riquezas menores	76-95	Superior (2 melhorias)
	96-100	1 riqueza média[+%]	96-100	Superior (3 melhorias)[2D]
9	01-10	—	01-20	—
	11-35	1 riqueza média	21-70	1 poção[+%]
	36-85	4d6x100 T$	71-95	Superior (3 melhorias)
	86-100	1d3 riquezas médias	96-100	Mágico (menor)

Tabela 8-1: Tesouro por Nível de Desafio (Continuação)

ND	D%	Dinheiro	D%	Itens
10	01-10	—	01-50	—
	11-30	4d6x100 T$	51-75	1d3+1 poções
	31-85	4d10x10 TO	76-90	Superior (3 melhorias)
	86-100	1d3+1 riquezas médias	91-100	Mágico (menor)
11	01-10	—	01-45	—
	11-45	2d4x1.000 T$	46-70	1d4+1 poções
	46-85	1d3 riquezas médias	71-90	Superior (3 melhorias)
	86-100	2d6x100 TO	91-100	Mágico (menor)[2D]
12	01-10	—	01-45	—
	11-45	1 riqueza média[+%]	46-70	1d3+1 poções[+%]
	46-80	2d6x1.000 T$	71-85	Superior (4 melhorias)
	81-100	1d4+1 riquezas médias	86-100	Mágico (menor)
13	01-10	—	01-40	—
	11-45	4d4x1.000 T$	41-65	1d4+1 poções[+%]
	46-80	1d3+1 riquezas médias	66-95	Superior (4 melhorias)
	81-100	4d6x100 TO	96-100	Mágico (médio)
14	01-10	—	01-40	—
	11-45	1d3+1 riquezas médias	41-65	1d4+1 poções[+%]
	46-80	3d6x1.000 T$	66-90	Superior (4 melhorias)
	81-100	1 riqueza maior	91-100	Mágico (médio)
15	01-10	—	01-35	—
	11-45	1 riqueza média[+%]	36-45	1d6+1 poções
	46-80	2d10x1.000 T$	46-85	Superior (4 melhorias)[2D]
	81-100	1d4x1.000 TO	86-100	Mágico (médio)
16	01-10	—	01-35	—
	11-40	3d6x1.000 T$	36-45	1d6+1 poções[+%]
	41-75	3d10x100 TO	46-80	Superior (4 melhorias)[2D]
	76-100	1d3 riquezas maiores	81-100	Mágico (médio)
17	01-05	—	01-20	—
	06-40	4d6x1.000 T$	21-40	Mágico (menor)
	41-75	1d3 riquezas médias[+%]	41-80	Mágico (médio)
	76-100	2d4x1.000 TO	81-100	Mágico (maior)
18	01-05	—	01-15	—
	06-40	4d10x1.000 T$	16-40	Mágico (menor)[2D]
	41-75	1 riqueza maior	41-70	Mágico (médio)
	76-100	1d3+1 riquezas maiores	71-100	Mágico (maior)
19	01-05	—	01-10	—
	06-40	4d12x1.000 T$	11-40	Mágico (menor)[2D]
	41-75	1 riqueza maior[+%]	41-60	Mágico (médio)[2D]
	76-100	1d12x1.000 TO	61-100	Mágico (maior)
20	01-05	—	01-05	—
	06-40	2d4x1.000 TO	06-40	Mágico (menor)[2D]
	41-75	1d3 riquezas maiores	41-50	Mágico (médio)[2D]
	76-100	1d3+1 riquezas maiores[+%]	51-100	Mágico (maior)[2D]

+% Na rolagem de d% para determinar o tipo de riqueza ou poção, você recebe +20%. Resultados acima de 100% contam como 100%.

2D Na rolagem para definir o tipo de equipamento ou item mágico, você pode rolar 2d6 e escolher um deles. Por exemplo, se rolar um 2 e um 6 para definir o tipo de equipamento, você pode escolher entre uma arma e um esotérico.

RESULTADOS DA TABELA

DINHEIRO. O grupo encontra *moedas* ou *riquezas*.

• *Moedas*. Você pode apenas descrever o valor ("Vocês encontram 25 TO") ou detalhar mais ("Vocês encontram 25 Tibares de ouro da época do Rei-Imperador Phylidio, o Tranquilo. Tais moedas são muito valiosas hoje").

• *Riquezas*. O grupo encontra um ou mais itens sem uso prático, mas valiosos. Role 1d% na **TABELA 8-2** para determinar o valor de venda de cada riqueza. A tabela traz exemplos de itens e, entre parênteses, quantos espaços eles ocupam.

Moedas e riquezas podem ser usadas como elementos de aventura. Por exemplo, se o grupo derrota mercenários contratados por um barão corrupto, pode encontrar moedas com a efígie do nobre, ligando os bandidos a ele.

ITENS. O grupo encontra um item *diverso*, um *equipamento*, um equipamento *superior*, uma ou mais *poções* ou um item *mágico*.

• *Diverso*. Role na **TABELA 8-3**, na página seguinte, para determinar qual item o grupo encontra.

• *Equipamento*. Role 1d6 para determinar o tipo de equipamento: 1–3) arma; 4–5) armadura ou escudo; 6) esotérico. Então role na **TABELA 8-4**, na página seguinte, para determinar o item específico.

• *Superior*. Role para determinar se é uma arma, armadura/escudo ou esotérico, como acima. Então, para cada melhoria do item, role uma vez na **TABELA 8-5: ITENS SUPERIORES**, na página 332.

• *Poções*. Veja a página 341.

• *Mágico*. Role 1d6 para determinar o tipo de item: 1–2) arma (página 336); 3) armadura/escudo (página 339); 4–6) acessório (página 342).

TABELA 8-2: RIQUEZAS

MENOR	MÉDIA	MAIOR	VALOR (T$)	EXEMPLOS
01-25	—	—	4d4 (10)	Ágata *ou* hematita (1/2); barril de farinha *ou* gaiola com galinhas (5).
26-40	—	—	1d4x10 (25)	Quartzo rosa *ou* topázio (1/2); caixa de tabaco *ou* rolo de linho (1); jarro de especiarias, como canela, gorad, pimenta ou sal (2);
41-55	01-10	—	2d4x10 (50)	Bracelete de ouro finamente trabalhado (1/2); estatueta de osso ou marfim entalhado *ou* rolo de seda (1); vaso de prata (2).
56-70	11-30	—	4d6x10 (140)	Ametista *ou* pérola branca (1/2); lingote de prata *ou* cálice de prata com gemas de lápis-lazúli (1); tapeçaria grande e bem-feita de lã (5).
71-85	31-50	01-05	1d6x100 (350)	Alexandrita *ou* pérola negra (1/2); espada cerimonial ornada com prata e gema negra no cabo *ou* pente de prata com pedras preciosas (1).
86-95	51-65	06-15	2d6x100 (700)	Pente em forma de dragão com olhos de gema vermelha (1); harpa de madeira exótica com ornamentos de zircão e marfim (5).
96-99	66-80	16-25	2d8x100 (900)	Opala negra *ou* tapa-olho com um olho falso de safira (1/2); luva bordada e adornada com gemas *ou* pingente de opala vermelha com corrente de ouro (1); lingote de ouro *ou* pintura antiga (2).
100	81-90	26-40	4d10x100 (2.200)	Esmeralda verde *ou* pingente de safira (1/2); caixinha de música de ouro *ou* tornozeleira com gemas (1); manto bordado em veludo e seda com inúmeras pedras preciosas (2).
—	91-95	41-60	6d12x100 (3.900)	Anel de prata e safira *ou* correntinha com pequenas pérolas rosas, diamante branco (1/2); ídolo de ouro puro maciço (5).
—	96-99	61-75	2d10x1.000 (11.000)	Anel de ouro e rubi ou diamante vermelho (1/2); conjunto de taças de ouro decoradas com esmeraldas (2).
—	100	76-85	6d8x1.000 (27.000)	Coroa de ouro adornada com centenas de gemas, pertencente a um antigo monarca (1); baú de mitral com coleção de diamantes (2).
—	—	86-95	1d10x10.000 (55.000)	Arca de madeira reforçada repleta de lingotes de prata e ouro, além de pedras preciosas de vários tipos (20).
—	—	96-100	4d12x10.000 (260.000)	Uma sala forrada de moedas! Mover todo esse dinheiro exige trabalhadores e carroças (ou outra ideia por parte dos jogadores), além de atrair a atenção de bandidos, coletores de impostos e aproveitadores de vários tipos...

CAPÍTULO OITO

Tabela 8-3: Itens Diversos

D%	Item
01-02	Ácido
03-04	Água benta
05	Alaúde élfico
06	Algemas
07-08	Baga-de-fogo
09-23	Bálsamo restaurador
24	Bandana
25	Bandoleira de poções
26-30	Bomba
31	Botas reforçadas
32	Camisa bufante
33	Capa esvoaçante
34	Capa pesada
35	Casaco longo
36	Chapéu arcano
37-38	Coleção de livros
39-40	Cosmético
41-42	Dente-de-dragão
43	Enfeite de elmo
44	Elixir do amor
45-46	Equipamento de viagem
47-56	Essência de mana
57	Estojo de disfarces
58	Farrapos de ermitão
59	Flauta mística
60-66	Fogo alquímico
67	Gorro de ervas
68-69	Líquen lilás
70	Luneta
71	Luva de pelica
72-73	Maleta de medicamentos
74	Manopla
75	Manto eclesiástico
76-78	Mochila de aventureiro
79-80	Musgo púrpura
81	Organizador de pergaminhos
82-83	Ossos de monstro
84-85	Pó de cristal
86-87	Pó de giz
88	Pó do desaparecimento
89	Robe místico
90-91	Saco de sal
92	Sapatos de camurça
93-94	Seixo de âmbar
95	Sela
96	Tabardo
97	Traje da corte
98-99	Terra de cemitério
100	Veste de seda

Tabela 8-4: Equipamento

D%	Arma	D%	Arma
01-03	Adaga	56	Katana
04-05	Alabarda	57-59	Lança
06-07	Alfange	60	Lança montada
08-10	Arco curto	61-63	Maça
11-13	Arco longo	64-66	Machadinha
14-15	Azagaia	67	Machado anão
16	Balas (20)	68-70	Machado de batalha
17-18	Besta leve	71-73	Machado de guerra
19-20	Besta pesada	74	Machado táurico
21-23	Bordão	75-76	Mangual
24	Chicote	77	Marreta
25-27	Cimitarra	78-80	Martelo de guerra
28-30	Clava	81-83	Montante
31	Corrente de espinhos	84	Mosquete
32-33	Espada bastarda	85	Pedras (20)
34-38	Espada curta	86-88	Picareta
39-43	Espada longa	89-90	Pique
44-46	Flechas (20)	91-92	Pistola
47-49	Florete	93	Rede
50-51	Foice	94-96	Tacape
52-53	Funda	97-98	Tridente
54-55	Gadanho	99-100	Virotes (20)

D%	Armadura
01-05	Couro
06-10	Brunea
11-25	Completa
26-30	Cota de malha
31-45	Couraça
46-55	Couro batido
56-65	Escudo leve
66-80	Escudo pesado
81-85	Gibão de peles
86-90	Loriga segmentada
91-100	Meia armadura

D%	Esotérico
01-10	Bolsa de pó
11-25	Cajado arcano
26-35	Cetro elemental
36-42	Costela de lich
43-50	Dedo de ente
51-55	Luva de ferro
56-65	Medalhão de prata
66-75	Orbe cristalina
76-85	Tomo hermético
86-100	Varinha arcana

Tabela 8-5: Itens Superiores

D%	Armas	D%	Armaduras/Escudos	D%	Esotéricos
01-10	Atroz[1]	01-15	Ajustada	01-04	Banhado a ouro
11-13	Banhada a ouro	16-19	Banhada a ouro	05-08	Cravejado de gemas
14-23	Certeira	20-23	Cravejada de gemas	09-12	Discreto
24-26	Cravejada de gemas	24-28	Delicada	13-27	Energético
27-36	Cruel	29-32	Discreta	28-42	Harmonizado
37-39	Discreta	33-37	Espinhos	43-45	Macabro
40-44	Equilibrada	38-40	Macabra	46-54	Material especial[2]
45-48	Harmonizada	41-50	Material especial[2]	55-70	Poderoso
49-53	Injeção alquímica	51-55	Polida	71-85	Potencializador
54-55	Macabra	56-80	Reforçada	86-100	Vigilante
56-65	Maciça	81-90	Selada		
66-75	Material especial[2]	91-100	Sob medida[1]		
76-80	Mira telescópica				
81-90	Precisa				
91-100	Pungente[1]				

[1]Conta como duas melhorias. Se o item só possuir uma, role novamente.

[2]Role 1d6 para definir o material: 1) aço-rubi, 2) adamante, 3) gelo eterno, 4) madeira Tollon, 5) matéria vermelha, 6) mitral.

Tesouro em Outras Situações

O mestre pode fornecer tesouros por outras situações que não envolvam combate — normalmente na forma de recompensas por atos realizados pelo grupo. Se os personagens resgatam o filho de uma mercadora, ela pode presenteá-los com tesouro.

Esta também é uma forma de garantir que o grupo receba o tesouro devido por uma aventura. Se os personagens são convocados por um rei para acabar com uma infestação de aparições, podem passar a aventura sem ganhar nada (pois aparições são criaturas com tesouro "nenhum"). Para resolver isso, no fim da aventura o rei pode recompensá-los com um valor equivalente ao que teriam ganhado pelos combates, se aparições possuíssem tesouro padrão.

Controlando a Riqueza

É importante controlar a riqueza do grupo. Personagens com dinheiro demais para seu nível terão acesso a itens que não deveriam ter, tornando os desafios fáceis. Da mesma forma, um grupo muito pobre terá dificuldade para sobreviver!

A tabela ao lado apresenta o tesouro médio que o grupo deve receber a cada cena com uma ameaça. A palavra-chave é "médio" — os personagens não precisam ganhar esse valor exato. Mas, se passarem

Tabela 8-6: Tesouro Médio por Cena

Nível	Tesouro	Nível	Tesouro
1º	T$ 300	11º	T$ 8.000
2º	T$ 300	12º	T$ 9.000
3º	T$ 400	13º	T$ 13.000
4º	T$ 1.000	14º	T$ 17.000
5º	T$ 1.000	15º	T$ 22.000
6º	T$ 2.000	16º	T$ 22.000
7º	T$ 2.000	17º	T$ 40.000
8º	T$ 3.000	18º	T$ 50.000
9º	T$ 3.000	19º	T$ 60.000
10º	T$ 6.000	20º	T$ 72.000

por muitas cenas sem tesouro, faça com que recebam esse valor em outra ocasião (como visto em "Tesouro em Outras Situações"). Por outro lado, se estão muito ricos, devem passar por uma série de cenas sem tesouro, até a situação se normalizar. Um grupo de quatro personagens deve vencer quatro ameaças de ND igual ao seu nível para subir para o próximo. Assim, ao longo de cada nível, um grupo deve conquistar quatro vezes o valor na tabela.

Outra maneira de garantir que o grupo tenha riqueza apropriada é comparar seu nível e riqueza com a **Tabela 3-1: Dinheiro Inicial**. Um personagem de 10º nível, por exemplo, deve ter posses que somam perto de T$ 13.000. Se tiver muito mais ou muito menos, algo está errado e precisa ser ajustado.

ITENS MÁGICOS

A magia é uma força poderosa e muito presente em Arton. No entanto, itens mágicos são raros. Os heróis artonianos confiam mais nas próprias capacidades do que em objetos para garantir sua vitória.

Por outro lado, itens mágicos são especiais. Uma espada mágica não será apenas uma ferramenta, usada e descartada assim que surgir algo melhor. Um guerreiro precisará lutar muito por sua arma encantada — e, quando encontrá-la, descobrirá que é única, especial e poderosa.

Itens mágicos são uma forma marcante de recompensa. Tente pensar em pelo menos um item para cada personagem no grupo, um objeto único ligado a sua personalidade, estilo e táticas, e conceda-os apenas em momentos singulares, após bastante esforço.

Itens mágicos são divididos em *uso único* (poções e pergaminhos) e *permanentes* (armas, armaduras/escudos e acessórios). Itens mágicos permanentes ainda são divididos em *itens menores*, *médios* e *maiores*.

USANDO ITENS MÁGICOS

Itens mundanos e mágicos seguem as mesmas regras para acúmulo de bônus e limites de uso e carga.

Assim, se um item mundano e um item mágico fornecem um bônus na mesma característica, eles não se acumulam — use apenas o melhor. Da mesma forma, um personagem vestindo dois itens mundanos e dois itens mágicos não receberá os benefícios de um quinto item vestido.

Limites de Carga. Itens mágicos ocupam espaço como itens mundanos. Uma *espada longa flamejante*, por exemplo, ocupa 1 espaço — o mesmo que uma espada longa mundana. Acessórios ocupam 1 espaço, a menos que sua descrição indique o contrário. Poções e pergaminhos ocupam meio espaço.

Ativação e Testes. Para itens mágicos com habilidades ativadas, você precisa primeiro identificá-los (veja a seguir). A menos que sua descrição diga o contrário, ativar um item mágico é uma ação padrão. Para itens com efeitos que exigem teste de resistência, o atributo usado para definir a CD é indicado na descrição do item (para poções e pergaminhos, é Inteligência, Sabedoria ou Carisma, a escolha do usuário).

• **Itens que lançam magias.** Lançar magias a partir de itens não exige pronunciar palavras mágicas, gesticular ou se concentrar, e magias arcanas lançadas por meio de itens não sofrem limitação pelo uso de armadura. Você pode usar aprimoramentos, mas precisa pagar por eles.

Identificando Itens mágicos. Alguns itens mágicos parecem comuns, sem nada de especial. Outros são visivelmente encantados: brilham, zunem ou são cobertos de runas ou gemas faiscantes. Alguns itens trazem inscrições indicando o que podem fazer; essas podem ser mágicas, mudando para um idioma que você saiba ler, ou exigir fluência em línguas exóticas (veja a perícia Conhecimento). Outros podem não trazer qualquer pista sobre seu funcionamento. Nesse caso, os poderes só ficam claros se você *identificar* o item. Para isso, use a perícia Misticismo — ou a velha tentativa e erro. Você pode subir naquela vassoura velha e saltar da janela. Se for uma *vassoura voadora*, você sairá voando. Se não for...

FABRICANDO ITENS MÁGICOS

Itens mágicos podem ser fabricados por conjuradores e inventores com os poderes apropriados.

ITENS DE USO ÚNICO

Para fabricar uma poção ou pergaminho, escolha uma magia ou fórmula que você conheça. Essa será a magia que o item irá conter (poções podem conter apenas magias que tenham como alvo uma criatura ou objeto, ou que tenham efeito em área). O preço do item é **T$ 30 x o custo em PM da magia ao quadrado** (mínimo 1), e a CD para fabricá-lo é **20 + o custo em PM da magia**. A seguir, alguns exemplos.

Magia de 1º círculo (1 PM): preço = T$ 30 x (1^2) = T$ 30; CD para fabricar = 20 + 1 = CD 21.

Magia de 3º círculo (6 PM): preço = T$ 30 x (6^2) = T$ 1.080; CD para fabricar = 20 + 6 = CD 26.

Quando fabrica uma poção, você pode aplicar aprimoramentos nela, até seu limite de gasto de PM, como se estivesse lançando a magia. O custo e a CD do teste de Ofício são ajustados de acordo. Quando fabrica um pergaminho, você não pode aplicar aprimoramentos. Porém, pode fazer isso ao ativá-lo.

ITENS PERMANENTES

Armas e armaduras mágicas podem ser *encantadas* ou *específicas*. Acessórios são sempre específicos.

ITENS ENCANTADOS. Funcionam como itens superiores (veja a página 164) — mas, em vez de melhorias, possuem *encantos*. Um item mágico menor possui um encanto, um médio possui dois e um item mágico maior possui três encantos. O preço e a CD do teste de Ofício aumentam de acordo com o número de encantos (veja a tabela ao lado). Bônus por encantos não se acumulam.

Um mesmo item pode ser superior e encantado. Some os modificadores de preço e CD no teste de Ofício, e os bônus fornecidos por melhorias e encantos para determinar o bônus do item.

Assim, uma espada longa com um encanto tem preço de T$ 18.015. Fabricá-la exige um gasto de T$ 6.005 e um teste de Ofício contra CD 30. Já uma espada longa com quatro melhorias e três encantos (o máximo possível) tem preço de T$ 90.015 (T$ 15 da espada + T$ 18.000 das quatro melhorias, mais T$ 72.000 dos três encantos). Fabricá-la exige um gasto de T$ 30.005 e um teste de Ofício contra CD 60. Apenas os maiores armeiros são capazes de forjar uma arma dessas!

ITENS ESPECÍFICOS. Usam as regras de fabricação de itens de Ofício. O preço de cada item aparece nas tabelas a seguir. A CD do teste de Ofício é dada pela categoria do item: CD 30 para itens menores, CD 40 para médios e CD 50 para itens maiores. Por fim, a perícia usada é determinada pelo tipo de item: Ofício (armeiro) para armas e armaduras e Ofício (artesão) para acessórios. De acordo com o mestre, outros Ofícios podem ser usados para itens específicos — como Ofício (joalheiro) para um anel. Itens específicos não podem receber encantos. Todas as armas e armaduras específicas deste livro são itens maiores.

Artífices de itens mágicos são os artesãos mais renomados de Arton

TABELA 8-7: PREÇO DE ENCANTOS

NÚMERO DE ENCANTOS	AUMENTO NO PREÇO	AUMENTO NA CD
1	+ T$ 18.000	+10
2	+ T$ 36.000	+15
3	+ T$ 72.000	+20

CUSTO EM PONTOS DE MANA. Para fabricar um item mágico permanente, o personagem deve sacrificar certa quantidade de pontos de mana: 1 PM para itens menores, 2 PM para médios e 3 PM para itens maiores. É essa essência que irá energizar o item. Os pontos de mana são perdidos para sempre. Contudo, caso o personagem destrua um item mágico permanente que criou, recupera os PM sacrificados naquele item. De acordo com o mestre, outras coisas podem ser sacrificadas no lugar de pontos de mana, como ingredientes raros. Porém, encontrar um ingrediente desses é sempre uma tarefa difícil — talvez o objetivo de uma aventura!

DESTRUINDO ITENS MÁGICOS

Para determinar as características de um item mágico, veja a seção "Quebrando Objetos", do **CAPÍTULO 5**, para as características de um item normal do mesmo tipo. Itens mágicos permanentes recebem um bônus em PV e RD conforme sua categoria: +10 para itens menores, +20 para médios e +40 para maiores. Por exemplo, uma espada longa (normalmente PV 5 e RD 10) de categoria maior tem PV 45 e RD 50.

Um item mágico que não esteja sendo usado faz seus próprios testes de resistência. O bônus depende da categoria: +5 para itens menores, +10 para médios e +20 para maiores. Se estiver sendo usado, pode escolher entre seu bônus ou o do portador.

ARMAS

Para gerar uma arma mágica aleatoriamente, role na **Tabela 8-4** para definir o tipo de arma. Então role na tabela a seguir para determinar seus encantos. Role uma vez para itens menores, duas para médios e três vezes para itens maiores. Se rolar "arma específica", role na **Tabela 8-9** (nesse caso, o item perderá quaisquer encantos rolados).

ENCANTOS

Ameaçadora. A margem de ameaça da arma duplica. Por exemplo, uma *espada longa ameaçadora* tem margem de ameaça 17. Efeitos que duplicam a margem de ameaça são aplicados antes de quaisquer efeitos que a aumentem.

Anticriatura. A arma é letal contra um tipo de criatura (ou uma raça de humanoides). Uma vez por rodada, quando ataca uma criatura desse tipo, você pode gastar 2 PM. Se fizer isso e acertar o ataque, causa +4d8 de dano. Para determinar o tipo de criatura aleatoriamente, role 1d6: 1) animal; 2) construto; 3) espírito; 4) monstro; 5) morto-vivo; 6) uma raça de humanoides.

Arremesso. A arma pode ser arremessada em alcance curto. Caso já pudesse ser arremessada, seu alcance aumenta em uma categoria. Após o ataque, se estiver livre, a arma volta voando para você. Pegá-la é uma reação.

Assassina. A arma aumenta os dados de dano extra de um ataque furtivo para d8. Além disso, quando faz um Ataque Furtivo, você pode gastar 2 PM. Se fizer isso, pode rolar novamente quaisquer resultados 1 nesses dados de dano extra.

Caçadora. A arma persegue o alvo, anulando penalidades por camuflagem leve e total e por cobertura leve. Caso a arma seja de ataque à distância, seu alcance também aumenta em uma categoria.

Congelante. A arma causa +1d6 de dano de frio. Uma vez por rodada, quando ataca, você pode gastar 2 PM. Se fizer isso e acertar o ataque, a vítima fica enredada por uma rodada. Uma arma *congelante* é coberta por uma camada de gelo e névoa.

Conjuradora. Um conjurador pode lançar na arma uma magia que tenha como alvo uma criatura ou que afete uma área. A magia não gera efeito na hora; em vez disso, fica guardada no item. Quando acerta um ataque com a arma, você pode descarregar a magia guardada como uma ação livre e sem pagar seu custo. Ela tem como alvo (ou como centro de sua área) a criatura ou ponto atingido pelo ataque. Uma vez que a magia seja descarregada, outra pode ser armazenada.

Corrosiva. A arma causa +1d6 de dano de ácido. Uma vez por rodada, quando ataca, você pode gastar 2 PM. Se fizer isso e acertar o ataque, a vítima sofre 4d4 pontos de dano de ácido na próxima rodada. Uma arma *corrosiva* exala vapores e goteja líquido tóxico.

Dançarina. Você pode gastar uma ação de movimento e 1 PM para fazer a arma flutuar e atacar uma criatura em alcance curto a sua escolha, com as mesmas estatísticas que teria se você a estivesse empunhando. Este efeito tem duração sustentada; se parar de sustentá-lo, a arma cai no chão.

Defensora. A arma se movimenta para aparar ataques contra você. Você recebe +2 na Defesa.

Destruidora. Se usada contra construtos e objetos (com a manobra quebrar), a arma fornece +2 no teste de ataque e causa +2d8 de dano.

Dilacerante. A arma inflige ferimentos profundos. Quando faz um acerto crítico com a arma, você causa +10 pontos de dano.

Drenante. Quando você faz um acerto crítico em uma criatura viva, a criatura fica fraca e você ganha 2d10 pontos de vida temporários. Uma arma *drenante* emite um brilho púrpura.

Elétrica. A arma causa +1d6 de dano de eletricidade. Uma vez por rodada, quando ataca, você pode gastar 2 PM. Se fizer isso e acertar o ataque, um raio atinge outra criatura em alcance curto, causando 3d8 pontos de dano de eletricidade. Uma arma *elétrica* emite faíscas e é coberta de arcos voltaicos.

Energética. A arma tem sua parte perigosa (a lâmina de uma espada, a ponta de uma lança...) transformada em magia pura. Ela fornece +4 em testes de ataque, ignora 20 pontos de redução de dano, converte todo o dano causado para essência e emana luz como uma tocha. *Pré-requisito: formidável.*

Excruciante. A arma inflige dor terrível. Uma criatura viva atingida fica fraca. Se já estiver fraca, fica debilitada (a condição máxima que esta arma pode causar).

Flamejante. A arma causa +1d6 de dano de fogo. Uma vez por rodada, quando ataca, você pode gastar 2 PM. Se fizer isso, em vez do ataque normal você dispara uma bola de fogo contra um alvo em alcance médio. O alvo sofre 6d6 pontos de dano. Um teste de Reflexos (CD For ou Des, à sua escolha) reduz à metade. Uma arma *flamejante* emana chamas como uma tocha.

Tabela 8-8: Armas Mágicas

d%	Encanto	Efeito
01-05	Ameaçadora	Duplica margem de ameaça
06-10	Anticriatura	Bônus contra tipo de criatura
11-12	Arremesso	Pode ser arremessada
13-14	Assassina	Aumenta ataque furtivo
15-16	Caçadora	Ignora camuflagem leve e total e cobertura leve
17-21	Congelante	+1d6 de dano de frio
22-23	Conjuradora	Pode guardar e lançar magias
24-28	Corrosiva	+1d6 de dano de ácido
29-30	Dançarina	Ataca sozinha
31-34	Defensora	Defesa +2
35-36	Destruidora	Bônus contra construtos
37-38	Dilacerante	+10 de dano em acertos críticos
39-40	Drenante	Crítico drena vítima
41-45	Elétrica	+1d6 de dano de eletricidade
46	Energética*	Bônus em ataque
47-48	Excruciante	Causa fraqueza
49-53	Flamejante	+1d6 de dano de fogo
54-63	Formidável	Ataque e dano +2
64	Lancinante*	Causa crítico terrível
65-72	Magnífica*	Ataque e dano +4
73-74	Piedosa	Dano não letal
75-76	Profana	Bônus contra devotos do Bem
77-78	Sagrada	Bônus contra devotos do Mal
79-80	Sanguinária	Causa sangramento
81-82	Trovejante	Causa atordoamento
83-84	Tumular	+1d8 de dano de trevas
85-88	Veloz	Fornece ataque extra
89-90	Venenosa	Causa envenenamento
91-100	Arma específica	Veja a Tabela 8-9

*Conta como dois encantos. Para itens menores, role novamente.

Formidável. A arma é encantada para desferir golpes precisos. Ela fornece +2 em testes de ataque e rolagens de dano.

Lancinante. A arma inflige ferimentos mortais. Quando faz um acerto crítico com a arma, você causa +10 pontos de dano ou, além de multiplicar os dados de dano, multiplica também quaisquer bônus numéricos, a sua escolha. Este efeito substitui o efeito de dilacerante. *Pré-requisito: dilacerante.*

Magnífica. A arma é encantada para desferir golpes perfeitos. Ela fornece +4 em testes de ataque e rolagens de dano. *Pré-requisito: formidável.*

Piedosa. A arma causa +1d8 de dano, mas todo o dano causado é não letal. Você pode gastar 1 PM para desativar e ativar este encanto.

Profana. A arma causa +2d8 de dano contra devotos de deuses que canalizam apenas energia positiva e criaturas bondosas (a critério do mestre). Uma arma *profana* emite luz rubra pulsante.

Sagrada. A arma causa +2d8 de dano contra devotos de deuses que canalizam apenas energia negativa e criaturas malignas (a critério do mestre). Uma arma *sagrada* emite uma sutil luz pura.

Sanguinária. Uma criatura viva atingida fica sangrando. Dano de sangramento causado pela arma é cumulativo — uma criatura atingida duas vezes perde 2d6 PV por sangramento por rodada.

Trovejante. A arma emite um trovão ribombante a cada golpe. Quando você faz um acerto crítico, a vítima fica atordoada por uma rodada (apenas uma vez por cena; Fort CD For ou Des, a sua escolha, evita).

Tumular. A arma causa +1d8 de dano de trevas. Uma vez por rodada, quando ataca, você pode gastar 2 PM. Se fizer isso, o bônus de dano aumenta para +2d8, mas você perde 1d8 pontos de vida. Uma arma *tumular* drena o calor ao redor.

Veloz. Você recebe a habilidade Ataque Extra, do guerreiro, mas só pode usá-la com esta arma. Se já a possui, em vez disso, o custo para usá-la com esta arma diminui em –1 PM.

Venenosa. Uma vez por rodada, quando ataca, você pode gastar 2 PM. Se fizer isso e acertar o ataque, a vítima fica envenenada, perdendo 1d12 pontos de vida por rodada durante 3 rodadas. Uma arma *venenosa* verte um líquido verde e viscoso.

ARMAS ESPECÍFICAS

Arco do Poder. O *arco do poder* conta como um arco longo formidável, mas parece apenas o corpo de um arco — não tem corda e não aceita flechas. Contudo, quando você o empunha e faz o gesto de puxar a corda inexistente, o arco cria uma corda e uma flecha de energia dourada. O *arco do poder* é capaz de ler suas intenções, produzindo diferentes tipos de flechas energéticas a sua escolha.

• *Flecha Normal.* 3d8 pontos de dano de essência.

• *Flecha Piedosa.* 4d8 pontos de dano de essência não letal.

• *Flecha Explosiva.* 3d6 pontos de dano de fogo no alvo e em todas as criaturas adjacentes a ele.

Essas têm direito a um teste de Reflexos (CD Des) para reduzir o dano à metade.

• *Flecha-Rede*. Não causa dano, mas deixa a vítima agarrada por uma rede de energia. A criatura pode se soltar passando em um teste de Força ou Acrobacia (CD 25). A rede se dissipa quando a criatura se solta ou no fim da cena.

AVALANCHE. Este *machado de guerra de gelo eterno congelante formidável* fornece redução de fogo 10. Você pode gastar uma ação padrão e 6 PM para brandi-lo acima de sua cabeça e invocar uma tempestade de gelo que afeta alcance curto ao seu redor. Criaturas na área recebem camuflagem leve e sofrem 3d6 pontos de dano de impacto e 3d6 pontos de frio por rodada. Você não sofre os efeitos nocivos da tempestade (o dano e a chance de falha pela camuflagem) e pode gastar 1 PM no início de cada um de seus turnos para mantê-la.

AZAGAIA DOS RELÂMPAGOS. Quando arremessada, esta azagaia se transforma em um *Relâmpago* (8d6 de dano de eletricidade numa linha com alcance médio; CD For ou Des a sua escolha). Quando atinge o fim do alcance ela volta a ser uma azagaia e volta para você no fim do turno.

BESTA EXPLOSIVA. Esta *besta pesada formidável* é feita de madeira escurecida, similar a carvão. Quando usa uma *besta explosiva*, você pode gastar 3 PM para transformar o virote disparado por ela em uma *Bola de Fogo*. Você pode mirar esta *Bola de Fogo* em uma criatura ou em um ponto em alcance médio.

No primeiro caso, faça um ataque contra o alvo. Se acertar, ele sofre o dano do disparo mais 6d6 de fogo. Além disso, todas as criaturas a até 6m do alvo sofrem 6d6 pontos de dano de fogo (Ref CD Des reduz à metade). Porém, se o ataque errar, o virote se desfaz em uma nuvem de cinzas inofensivas.

No segundo caso, ela funciona como a magia de mesmo nome. Nenhum teste de ataque é necessário e todas as criaturas a 6m do ponto escolhido sofrem 6d6 pontos de dano de fogo (Ref reduz à metade).

CAJADO DA DESTRUIÇÃO. Este *bordão formidável* escuro e reforçado com ponteiras de metal é procurado por conjuradores de batalha. Conta como um cajado arcano. Além dos benefícios desse esotérico, quando você lança uma magia de dano, ela causa +1 ponto de dano por dado.

CAJADO DA VIDA. Este *bordão formidável* branco com runas prateadas é valorizado por curandeiros. Conta como um cajado arcano, mas afeta magias divinas. Além disso, quando você lança uma magia de cura, ela cura +2 pontos de vida por dado.

TABELA 8-9: ARMAS ESPECÍFICAS

d%	ARMA	PREÇO
01-05	Azagaia dos relâmpagos	T$ 30.000
06-15	Espada baronial	T$ 30.000
16-25	Lâmina da luz	T$ 45.000
26-30	Lança animalesca	T$ 45.000
31-35	Maça do terror	T$ 45.000
36-40	Florete fugaz	T$ 50.000
41-45	Cajado da destruição	T$ 60.000
46-50	Cajado da vida	T$ 60.000
51-55	Machado silvestre	T$ 70.000
56-60	Martelo de Doherimm	T$ 70.000
61-67	Arco do poder	T$ 90.000
68-72	Língua do deserto	T$ 90.000
73-77	Besta explosiva	T$ 100.000
78-82	Punhal sszzaazita	T$ 100.000
83-87	Espada sortuda	T$ 110.000
88-92	Avalanche	T$ 140.000
93-95	Cajado do poder	T$ 180.000
96-100	Vingadora sagrada	T$ 200.000

CAJADO DO PODER. Este *bordão defensor magnífico* tem cabo reto e liso, com uma joia cintilante na ponta. Conta como um cajado arcano. Além dos benefícios desse esotérico, o custo de suas magias arcanas diminui em –1 PM (cumulativo com Mestre em Escola) e a CD para resistir a elas aumenta em +2 (para um aumento total de +3).

ESPADA BARONIAL. Esta espada longa de guarda reta fornece +1 em testes de ataque e rolagens de dano. Este bônus aumenta em +1 se você possuir um código de conduta (de honra, do herói...), for devoto de Khalmyr ou for treinado em Nobreza. Os bônus são cumulativos — um personagem com um código de conduta, devoto de Khalmyr e treinado em Nobreza recebe +4 em ataque e dano.

ESPADA SORTUDA. Esta *espada curta formidável* é cravejada de brilhantes. Você recebe +2 nos testes de resistência e pode gastar 3 PM para rolar novamente um teste recém realizado (apenas uma vez por teste). Se possuir o poder Sortudo, em vez disso seu custo diminui em –1 PM.

FLORETE FUGAZ. Este *florete formidável* tem o cabo e a guarda trabalhados com prata e pedrarias. Quando usa a ação agredir, você pode gastar 1 PM. Se fizer isso e acertar um crítico no turno, pode fazer um ataque adicional contra a mesma criatura.

Lâmina da Luz. De lâmina prateada e reluzente, esta *espada bastarda formidável* é concedida a cavaleiros da Luz de honra e virtude comprovadas. Você pode gastar uma ação de movimento e 2 PM para erguer a *lâmina da luz* acima de sua cabeça. Se fizer isso, ela irradia luz brilhante em alcance médio até o fim da cena. Todos os inimigos dentro da luz ficam ofuscados.

Lança Animalesca. Espinhos e folhas vivas brotam desta *lança formidável*. Se você usar a habilidade Forma Selvagem, aplica o bônus de +2 em ataque e dano da *lança animalesca* em suas armas naturais.

Língua do Deserto. Esta *cimitarra formidável* é originária do Deserto da Perdição. Você pode gastar uma ação de movimento e 1 PM para transformar a lâmina dela em chamas até o fim da cena. Nessa condição, o dano da arma aumenta em um passo e passa a ser do tipo fogo. Você pode gastar uma ação de movimento e 2 PM para fazer as chamas brilharem com muita força. Isso deixa os inimigos em alcance curto desprevenidos por uma rodada.

Maça do Terror. Esta *maça formidável* é feita com um osso e um crânio e permite que você lance a magia *Amedrontar* (CD For ou Car a sua escolha). Caso já conheça a magia, o custo para lançá-la diminui em –1 PM.

Machado Silvestre. O cabo e a lâmina deste *machado de batalha formidável* são cobertos de gravuras representando plantas e animais selvagens. Quando você usa o *machado silvestre* em um ambiente ermo e ao ar livre, causa +1d8 de dano e recebe o poder Trespassar. Caso já possua este poder, pode utilizá-lo sem pagar pontos de mana.

Martelo de Doherimm. Este *martelo de guerra formidável* é feito de pedra e aço. Quando empunhado por um anão, adquire o encanto *arremesso* e aumenta seu dano em +1d8 (ou +2d8 se usado contra criaturas Grandes ou maiores).

Punhal Sszzaazita. Esta *adaga assassina formidável venenosa* tem lâmina negra e ondulada. Você pode gastar uma ação padrão e 2 PM para transformar o *punhal sszzaazita* em um objeto inofensivo de tamanho similar, como uma colher ou pena. Nenhuma magia é capaz de detectar essa transformação. Transformar o *punhal* em arma é uma ação livre.

Vingadora Sagrada. Esta *espada longa formidável* revela todo o seu poder apenas quando empunhada por um paladino. Se você for um paladino, recebe +5 em testes de ataque e rolagens de dano, o custo de seu Golpe Divino é reduzido em –1 PM e você e seus aliados em alcance curto recebem resistência a magia +5.

ARMADURAS & ESCUDOS

Para gerar uma armadura ou escudo mágico aleatoriamente, role na **Tabela 8-4** para definir o tipo de armadura ou escudo. Então role na tabela a seguir para determinar seus encantos. Role uma vez para itens menores, duas para médios e três vezes para itens maiores. Se rolar "item específico", role na **Tabela 8-11** (nesse caso, o item perderá quaisquer encantos rolados).

ENCANTOS DE ARMADURAS E ESCUDOS

Abascanto. Você recebe resistência a magia +5.

Abençoado. Você recebe redução de trevas 10 e +5 em testes de resistência contra efeitos de necromancia. Um item *abençoado* é decorado com gravuras de símbolos sagrados de deuses do Bem.

Acrobático. Você recebe +5 em Acrobacia e ignora a penalidade de armadura do item para testes dessa perícia.

Alado. Você pode gastar 2 PM para fazer asas emergirem de suas costas e receber deslocamento de voo 12m com duração sustentada.

Animado. Você pode gastar uma ação de movimento e 1 PM para fazer o escudo flutuar ao seu redor até o fim da cena. Você recebe o mesmo bônus na Defesa que receberia se estivesse empunhando o escudo, mas fica com as duas mãos livres. Você só pode ser protegido por um escudo ao mesmo tempo.

Assustador. Você pode gastar uma ação de movimento e 2 PM para gerar uma onda de medo. Inimigos em alcance curto devem passar num teste de Vontade (CD Car) ou ficarão abalados até o fim da cena. Um item *assustador* possui manchas de sangue, ossos pendurados e outras decorações horripilantes.

Cáustica. Você recebe redução de ácido 10 e pode gastar uma ação de movimento e 2 PM para fazer o item gotejar ácido. Se fizer isso, seus ataques causam +1d4 de dano de ácido até o fim da cena.

Defensor. O item é encantado para desviar golpes. O bônus na Defesa do item aumenta em +2.

Escorregadio. Você recebe +10 em testes de Acrobacia para escapar e em testes de manobra contra agarrar. Um item *escorregadio* parece estar sempre coberto de óleo levemente gorduroso.

Esmagador. Este escudo fornece +2 em ataques e dano e tem seu dano aumentado em um passo.

Fantasmagórico. Você pode lançar a magia *Manto de Sombras*. Um item *fantasmagórico* é cinzento e esfumaçado.

Fortificado. Você recebe 25% de chance (para escudos) e 50% de chance (para armaduras) de ignorar o dano extra de acertos críticos e ataques furtivos.

Gélido. Você recebe redução de frio 10 e pode gastar uma ação de movimento e 2 PM para se cobrir de gelo até o fim da cena. Se fizer isso, recebe 10 PV temporários. Um item *gélido* é azulado e frio ao toque.

Guardião. O item emite um campo de força que desvia ataques. O bônus na Defesa do item aumenta em +4. *Pré-requisito: defensor*.

Hipnótico. Você pode gastar uma ação padrão e 3 PM para emitir luzes coloridas. Inimigos em alcance curto devem passar num teste de Vontade (CD Car) ou ficarão fascinados por 1d6 rodadas. O efeito termina se qualquer criatura afetada for atacada. Um item *hipnótico* é espalhafatoso e colorido.

Ilusório. Você pode gastar uma ação de movimento e 1 PM para fazer o item adquirir a aparência de uma roupa comum, mas mantendo suas propriedades (bônus na Defesa, penalidade de armadura...). A magia *Visão da Verdade* revela o item disfarçado.

Incandescente. Você recebe redução de fogo 10 e pode gastar uma ação de movimento e 2 PM para fazer o item emitir labaredas até o fim da cena. Se fizer isso, no início de cada um de seus turnos você causa 1d6 pontos de dano de fogo em todas as criaturas adjacentes. Um item *incandescente* é avermelhado e quente ao toque.

Invulnerável. Você recebe redução de dano 2 (para escudos) ou 5 (para armaduras).

Opaco. Você recebe redução de ácido, eletricidade, fogo e frio 10. Um item *opaco* parece sem cor, totalmente comum e desinteressante.

Protetor. Você recebe +2 em testes de resistência.

Refletor. Uma vez por rodada, quando você é alvo de uma magia, pode gastar PM igual ao custo dela para refleti-la de volta ao conjurador. As características da magia (efeitos, CD...) se mantêm, mas você toma qualquer decisão exigida por ela. Um item *refletor* parece espelhado.

Relampejante. Você recebe redução de eletricidade 10 e pode gastar uma ação de movimento e 2 PM para gerar arcos voltaicos até o fim da cena. Se fizer isso, qualquer criatura que o ataque em corpo a corpo sofre 2d6 pontos de dano de eletricidade. Um item *relampejante* é decorado com ouro, prata e cobre.

Reluzente. Você pode gastar uma ação de movimento e 2 PM para emitir um clarão de luz. Todos os inimigos em alcance curto devem passar num teste de Reflexos (CD Car) ou ficarão cegos por uma rodada. Um item *reluzente* é polido e brilhante.

Sombrio. Você recebe +5 em Furtividade e ignora a penalidade de armadura do item para testes dessa perícia. Um item *sombrio* é escuro, fosco e bem lubrificado, para não fazer barulho.

Zeloso. Uma vez por rodada, se um aliado adjacente for alvo de um ataque, você pode gastar 1 PM para se tornar o alvo do ataque, que então é resolvido normalmente.

Tabela 8-10: Armaduras & Escudos Mágicos

d%	Encanto	Efeito
01-06	Abascanto	Resistência contra magia
07-10	Abençoado	Resistência contra trevas
11-12	Acrobático	Bônus em Acrobacia
13-14	Alado	Deslocamento de voo 12m
15-16	Animado[1]	Escudo defende sozinho
17-18	Assustador	Causa efeito de medo
19-22	Cáustica	Resistência contra ácido
23-32	Defensor	Defesa +2
33-34	Escorregadio	Bônus para escapar
35-36	Esmagador[1]	Escudo causa mais dano
37-38	Fantasmagórico	Lança *Manto de Sombras*
39-40	Fortificado	Chance de ignorar crítico
41-44	Gélido	Resistência contra frio
45-54	Guardião[2]	Defesa +4
55-56	Hipnótico	Fascina inimigos
57-58	Ilusório	Camufla-se como item comum
59-62	Incandescente	Resistência contra fogo
63-68	Invulnerável	Redução de dano
69-72	Opaco	Redução de energia
73-78	Protetor	Resistência +2
79-80	Refletor	Reflete magia
81-84	Relampejante	Resistência contra eletricidade
85-86	Reluzente	Causa efeito de cegueira
87-88	Sombrio	Bônus em Furtividade
89-90	Zeloso	Atrai ataques em aliados
91-100	Item específico	Veja a **Tabela 8-11**

[1] Apenas escudos. Para armaduras, role novamente.
[2] Conta como dois encantos. Para itens menores, role novamente.

Tabela 8-11: Armaduras & Escudos Específicos

d%	Armadura/Escudo	Preço
01-10	Cota élfica	T$ 30.000
11-20	Couro de monstro	T$ 36.000
21-25	Escudo do conjurador	T$ 45.000
26-32	Loriga do centurião	T$ 45.000
33-42	Manto da noite	T$ 45.000
43-49	Couraça do comando	T$ 45.000
50-59	Baluarte anão	T$ 50.000
60-66	Escudo espinhoso	T$ 50.000
67-76	Escudo do leão	T$ 50.000
77-83	Carapaça demoníaca	T$ 63.000
84-88	Escudo do eclipse	T$ 70.000
89-93	Escudo de Azgher	T$ 140.000
94-100	Armadura da luz	T$ 150.000

ARMADURAS ESPECÍFICAS

Armadura da Luz. Esta *armadura completa banhada a ouro reforçada guardiã zelosa* possui o símbolo de Khalmyr gravado no peitoral. Se você possuir um código de conduta (de honra, do herói...) ou for devoto de uma divindade que canaliza apenas energia positiva, recebe redução de dano igual ao seu Carisma.

Baluarte Anão. Esta *armadura completa reforçada defensora de adamante* fornece proteção sem igual. Se você não se deslocar em seu turno, a RD que ela fornece aumenta para 10 até seu próximo turno.

Carapaça Demoníaca. Esta *armadura completa macabra reforçada guardiã* é forjada para fazer com que o usuário pareça um demônio — o elmo tem o formato de uma cabeça demoníaca com chifres e o usuário enxerga através da boca aberta e repleta de dentes. Se você for devoto de uma divindade que canaliza apenas energia negativa, os seus ataques corpo a corpo causam +1d8 de dano de trevas.

Cota Élfica. Composta de anéis finíssimos, esta *cota de malha defensora de mitral* parece ser feita de seda. Ela permite que você aplique sua Destreza na Defesa como se fosse uma armadura leve.

Couraça do Comando. Esta *couraça banhada a ouro sob medida defensora* irradia uma aura de autoridade. Você recebe +1 em Carisma. Se usar o poder Comandar, o bônus fornecido aumenta para +2.

Couro de Monstro. Usado por chefes bárbaros das Montanhas Sanguinárias, este *gibão de peles defensor* é feito do couro de monstros, como basiliscos e serpes. Se você usar o poder Ataque Poderoso ou fizer uma investida, recebe um bônus de +2d6 nas rolagens de dano.

Loriga do Centurião. Esta *loriga segmentada defensora* é dourada com detalhes em vermelho e possui o símbolo de Tauron, antigo Deus da Força, gravado no peitoral. Se estiver liderando uma ou mais criaturas (em termos de jogo, se estiver usando o poder Comandar ou similar), seus ataques corpo a corpo causam +2d6 de fogo.

Manto da Noite. Este *couro batido ajustado defensor sombrio* é negro com partes metálicas foscas. Quando usa esta armadura, você não sofre penalidade em testes de Furtividade por se mover em seu deslocamento normal e a penalidade que você sofre em testes de Furtividade por atacar diminui para –10.

ESCUDOS ESPECÍFICOS

Escudo de Azgher. Este *escudo pesado guardião* é forjado na forma de um sol estilizado. Você pode gastar uma ação padrão e 10 PM para fazê-lo emitir uma luz brilhante e quente num cone com alcance curto. A luz gera os efeitos da magia *Visão da Verdade* e causa 6d6 pontos de dano de fogo em todos os seus inimigos (mortos-vivos e criaturas vulneráveis a luz solar sofrem 6d8 pontos de dano). Você pode gastar 1 PM no início de cada um de seus turnos para manter a luz.

Escudo do Conjurador. Este *escudo leve defensor* tem uma pequena tira de couro na parte interna, sobre a qual um conjurador pode lançar uma magia. A magia não surte efeito na hora; em vez disso, fica inscrita na tira. A tira pode então ser lida como um pergaminho. Uma vez que a magia seja lançada, outra pode ser inscrita.

Escudo do Eclipse. Este *escudo pesado defensor* é completamente negro e parece absorver a luz. Ele fornece redução de trevas 10 e causa +1d8 de dano de trevas num ataque. Além disso, você pode gastar uma ação de movimento e 2 PM para lançar *Escuridão*.

Escudo Espinhoso. Este *escudo pesado defensor* é coberto de espinhos. Você pode gastar uma ação de movimento e 2 PM para disparar um espinho em um alvo em alcance curto. O espinho acerta automaticamente e causa 1d10+2 pontos de dano de perfuração.

Escudo do Leão. Este *escudo pesado defensor* é forjado como uma cabeça de leão rugindo. Uma vez por rodada, você pode gastar 2 PM para fazer a cabeça criar vida e morder uma criatura adjacente. A mordida acerta automaticamente e causa 2d6+2 pontos de dano de perfuração.

POÇÕES & PERGAMINHOS

Poções e pergaminhos contêm o efeito de uma magia. Quando são ativados, geram o efeito dessa magia e então desaparecem. Para gerar uma poção aleatoriamente, role na tabela ao lado.

Poções e pergaminhos são classificados conforme o círculo da magia que contém: 1º ou 2º (item mágico menor), 3º ou 4º (médio) e 5º (maior).

POÇÕES

Uma poção é um líquido mágico armazenado em um frasco de vidro ou cerâmica. Poções que afetam objetos também são chamadas de *óleos* e poções que geram efeito em área também são chamadas de *granadas*.

Ativação. Para ativar uma poção você deve bebê-la (a poção afeta quem ingeri-la). Isso exige uma ação padrão. Também é possível dar uma poção a uma criatura inconsciente como uma ação completa ou forçar uma criatura a beber uma poção fazendo a manobra agarrar e então vencendo mais um teste de manobra.

Ativar um óleo exige uma ação padrão para aplicá-lo no objeto que será afetado. Ativar uma granada exige uma ação padrão para arremessá-la em qualquer ponto em alcance curto (o centro do efeito da magia é o ponto onde a granada foi arremessada).

PERGAMINHOS

Um pergaminho mágico é uma folha grossa feita de papel, papiro, couro ou outros materiais. Pergaminhos podem conter qualquer magia. Quando as palavras escritas nele são pronunciadas, a magia é ativada e o pergaminho se desfaz em cinzas.

Ativação. Para ativar um pergaminho você deve lê-lo em voz alta. Isso exige uma ação padrão ou a ação necessária para lançar a magia, o que for maior. Para ler um pergaminho, você deve conhecer a magia escrita nele ou passar em um teste de Misticismo (CD 20 + custo em PM da magia).

Quando ativa um pergaminho, você toma quaisquer decisões exigidas pela magia, como se a tivesse lançado, e aplica efeitos que se aplicariam às suas próprias magias. Caso conheça a magia, pode aplicar aprimoramentos nela, pagando o custo em pontos de mana deles (você paga apenas o custo dos aprimoramentos, não o custo básico da magia).

Tabela 8-12: Poções

d%	Poção	Preço
01	Abençoar Alimentos (óleo)	T$ 30
02-03	Área Escorregadia (granada)	T$ 30
04-06	Arma Mágica (óleo)	T$ 30
07	Compreensão	T$ 30
08-15	Curar Ferimentos (2d8+2 PV)	T$ 30
16-18	Disfarce Ilusório	T$ 30
19-20	Escuridão (óleo)	T$ 30
21-22	Luz (óleo)	T$ 30
23-24	Névoa (granada)	T$ 30
25-26	Primor Atlético	T$ 30
27-28	Proteção Divina	T$ 30
29-30	Resistência a Energia	T$ 30
31-32	Sono	T$ 30
33	Suporte Ambiental	T$ 30
34	Tranca Arcana (óleo)	T$ 30
35	Visão Mística	T$ 30
36	Vitalidade Fantasma	T$ 30
37-38	Escudo da Fé (aprimoramento para duração cena)	T$ 120
39-40	Alterar Tamanho	T$ 270
41-42	Aparência Perfeita	T$ 270
43	Armamento da Natureza (óleo)	T$ 270
44-49	Bola de Fogo (granada)	T$ 270
50-51	Camuflagem Ilusória	T$ 270
52-53	Concentração de Combate (aprimoramento para duração cena)	T$ 270
54-62	Curar Ferimentos (4d8+4 PV)	T$ 270
63-66	Físico Divino	T$ 270
67-68	Mente Divina	T$ 270
69-70	Metamorfose	T$ 270
71-75	Purificação	T$ 270
76-77	Velocidade	T$ 270
78-79	Vestimenta da Fé (óleo)	T$ 270
80	Voz Divina	T$ 270
81-82	Arma Mágica (óleo; aprimoramento para bônus +3)	T$ 750
83-88	Curar Ferimentos (7d8+7 PV)	T$ 1.080
89	Físico Divino (aprimoramento para três atributos)	T$ 1.080
90-92	Invisibilidade (aprimoramento para duração cena)	T$ 1.080
93-96	Bola de Fogo (granada; aprimoramento para 10d6 de dano)	T$ 1.470
97-100	Curar Ferimentos (11d8+11 PV)	T$ 3.000

ACESSÓRIOS

Amuletos de proteção, anéis de invisibilidade, bolas de cristal, tapetes voadores... Todos os itens mágicos que não são armas, armaduras, escudos, poções ou pergaminhos são *acessórios*.

Para gerar um acessório aleatoriamente, role nas tabelas a seguir, conforme a categoria do item (menor, médio ou maior).

DESCRIÇÃO DOS ACESSÓRIOS

AMULETO DA ROBUSTEZ. Este disco com corrente de ouro é usado como um colar. Você recebe +2 em Constituição (somente após um dia de uso).

ANEL DA ENERGIA. Você recebe +5 PM (somente após um dia de uso).

ANEL DA LIBERDADE. Forjado em ouro, este anel é uma relíquia da Igreja de Valkaria. Você fica permanentemente sob efeito de *Libertação*.

ANEL DA PROTEÇÃO. Este anel desvia ataques contra seu usuário. Você recebe +2 de Defesa.

ANEL DA REGENERAÇÃO. Você recebe Cura Acelerada 5 (somente após um dia de uso).

ANEL DA VITALIDADE. Você recebe +10 PV (somente após um dia de uso).

ANEL DE INVISIBILIDADE. Ao colocar este anel de prata, você fica sob efeito de *Invisibilidade*. O efeito termina se você fizer um ataque ou lançar uma magia ofensiva, mas você pode tirar e recolocar o anel (uma ação padrão) para que ele volte a funcionar.

ANEL DE TELECINESIA. Você pode lançar *Telecinesia* (CD Int). Caso já conheça a magia, o custo para lançá-la diminui em −1 PM.

ANEL DO ESCUDO MENTAL. Você recebe imunidade a magias de adivinhação.

ANEL DO SUSTENTO. Você não precisa comer ou beber e precisa dormir apenas duas horas por noite para descansar. Os efeitos do anel só se ativam após uma semana de uso.

ANEL REFLETOR. Este aro de platina é poderoso contra conjuradores. Uma vez por rodada, quando você é alvo de uma magia, pode gastar PM igual ao custo dela para refleti-la de volta ao seu conjurador. As características da magia (efeitos, CD...) se mantêm, mas você toma qualquer decisão exigida por ela.

BAINHA MÁGICA. Esta bainha de couro curtido e prata muda de tamanho para acomodar qualquer arma corpo a corpo. Você pode lançar *Arma Mágica* em qualquer arma na bainha sem pagar seu custo em PM.

TABELA 8-13: ACESSÓRIOS MENORES

D%	ACESSÓRIO	PREÇO
01-02	Anel do sustento	T$ 3.000
03-07	Bainha mágica	T$ 3.000
08-12	Corda da escalada	T$ 3.000
13-14	Ferraduras da velocidade	T$ 3.000
15-19	Garrafa da fumaça eterna	T$ 3.000
20-24	Gema da luminosidade	T$ 3.000
25-29	Manto élfico	T$ 3.000
30-34	Mochila de carga	T$ 3.000
35-40	Brincos da sagacidade	T$ 4.500
41-46	Luvas da delicadeza	T$ 4.500
47-52	Manoplas da força do ogro	T$ 4.500
53-59	Manto da resistência	T$ 4.500
60-65	Manto do fascínio	T$ 4.500
66-71	Pingente da sensatez	T$ 4.500
72-77	Torque do vigor	T$ 4.500
78-82	Chapéu do disfarce	T$ 6.000
83-84	Flauta fantasma	T$ 6.000
85-89	Lanterna da revelação	T$ 6.000
90-96	Anel da proteção	T$ 9.000
97-98	Anel do escudo mental	T$ 9.000
99-100	Pingente da saúde	T$ 9.000

BOLA DE CRISTAL. Esta pequena esfera revela pessoas e lugares distantes. Olhar através dela é uma ação completa e gera a magia *Vidência* (CD Sab).

BOTAS ALADAS. Você pode gastar 2 PM para fazer asas brotarem dos calcanhares destas botas e receber deslocamento de voo 12m por uma rodada. Você pode gastar 1 PM no início de cada um de seus turnos para manter esse efeito.

BOTAS VELOZES. Você recebe +3m em seu deslocamento e pode lançar *Velocidade* (apenas sobre você mesmo).

BRAÇADEIRAS DO ARQUEIRO. Você recebe +2 em rolagens de dano com armas de ataque à distância (cumulativo com outros itens).

BRACELETES DE BRONZE. Estes braceletes geram um campo de força invisível, porém tangível. Você recebe +4 na Defesa, cumulativo com outros itens mágicos, mas não com armaduras.

BRACELETES DE OURO. Como *braceletes de bronze*, mas fornece +8 na Defesa.

BRINCOS DA SAGACIDADE. Este par de brincos de safira aguça o raciocínio. Você recebe +1 em Inteligência (somente após um dia de uso).

CAPÍTULO OITO

Tabela 8-14: Acessórios Médios

d%	Acessório	Preço
01-04	Anel de telecinesia	T$ 10.500
05-08	Bola de cristal	T$ 10.500
09-10	Caveira maldita	T$ 10.500
11-14	Botas aladas	T$ 15.000
15-18	Braceletes de bronze	T$ 16.500
19-24	Anel da energia	T$ 21.000
25-30	Anel da vitalidade	T$ 21.000
31-34	Anel de invisibilidade	T$ 21.000
35-38	Braçadeiras do arqueiro	T$ 21.000
39-42	Brincos de Marah	T$ 21.000
43-46	Faixas do pugilista	T$ 21.000
47-50	Manto da aranha	T$ 21.000
51-54	Vassoura voadora	T$ 21.000
55-58	Símbolo abençoado	T$ 21.000
59-64	Amuleto da robustez	T$ 25.500
65-68	Botas velozes	T$ 25.500
69-74	Cinto da força do gigante	T$ 25.500
75-80	Coroa majestosa	T$ 25.500
81-86	Estola da serenidade	T$ 25.500
87-88	Manto do morcego	T$ 25.500
89-94	Pulseiras da celeridade	T$ 25.500
95-100	Tiara da sapiência	T$ 25.500

Tabela 8-15: Acessórios Maiores

d%	Acessório	Preço
01-02	Elmo do teletransporte	T$ 30.000
03-04	Gema da telepatia	T$ 30.000
05-09	Gema elemental	T$ 30.000
10-15	Manual da saúde corporal	T$ 30.000
16-21	Manual do bom exercício	T$ 30.000
22-27	Manual dos movimentos precisos	T$ 30.000
28-34	Medalhão de Lena	T$ 30.000
35-40	Tomo da compreensão	T$ 30.000
41-46	Tomo da liderança e influência	T$ 30.000
47-52	Tomo dos grandes pensamentos	T$ 30.000
53-57	Anel refletor	T$ 51.000
58-60	Cinto do campeão	T$ 51.000
61-67	Colar guardião	T$ 51.000
68-72	Estatueta animista	T$ 51.000
73-77	Anel da liberdade	T$ 60.000
78-82	Tapete voador	T$ 60.000
83-87	Braceletes de ouro	T$ 64.500
88-89	Espelho da oposição	T$ 75.000
90-94	Robe do arquimago	T$ 90.000
95-96	Orbe das tempestades	T$ 97.500
97-98	Anel da regeneração	T$ 150.000
99-100	Espelho do aprisionamento	T$ 150.000

Brincos de Marah. Este par de brincos brancos é abençoado pela Deusa da Paz. A primeira criatura que o atacar em uma cena deve fazer um teste de Vontade (CD Car). Se falhar, perderá a ação. Se você atacar uma criatura, o efeito dos *brincos* é cancelado por um dia. Se você possuir Aparência Inofensiva (ou um poder similar) os efeitos acumulam, afetando as duas primeiras criaturas que o atacarem em uma cena.

Caveira Maldita. Esta pedra esculpida em formato de crânio gera o efeito da magia *Profanar*, com o crânio como ponto de origem. Mortos-vivos e devotos de deuses que canalizam apenas energia negativa na área de efeito recebem +2 em testes e Defesa.

Chapéu do Disfarce. Você pode lançar *Disfarce Ilusório* (CD Car), com o aprimoramento que inclui odores e sensações e muda o bônus em Enganação para disfarces para +20, sem pagar seu custo em PM. Você não pode usar outros aprimoramentos. Como parte do disfarce, o chapéu pode mudar para um elmo, faixa, tiara, gorro, touca e assim por diante.

Cinto da Força do Gigante. Este cinto largo é feito de couro com rebites de ferro. Você recebe +2 em Força (somente após um dia de uso).

Cinto do Campeão. Este cinturão de ouro é cravejado de joias e possui gravuras de gladiadores e pugilistas minotauros. Você recebe +1 em Força e a habilidade Briga (veja a página 76; somente após um dia de uso). Caso já a possua, seu dano desarmado será calculado como se você possuísse quatro níveis de lutador a mais (máximo 2d12). Por fim, caso possua o poder Torcida, o bônus que você recebe por ele aumenta para +3. Estes cintos eram dados aos vencedores dos jogos gladiatoriais do Império de Tauron. A cada ano, diversos combatentes de Arton viajavam a Tiberus para competir e ter uma chance de ganhar um destes itens.

Colar Guardião. Este diamante lapidado preso em uma corrente de platina deflete ataques contra seu usuário. Você recebe +5 na Defesa.

Corda da Escalada. Esta corda de 15m é bastante fina, mas forte o suficiente para suportar até seis criaturas Médias (ou 120 espaços). Com um comando (uma ação de movimento), a corda se move em qualquer direção (incluindo para cima) a 3m por rodada, fixando-se firmemente onde você quiser. Ela pode se desamarrar e voltar da mesma forma.

Coroa Majestosa. Esta coroa de ouro possui dezenas de pedras preciosas. Você recebe +2 em Carisma (somente após um dia de uso).

Elmo do Teletransporte. Você pode lançar *Salto Dimensional* e *Teletransporte*, mas apenas em você mesmo. Caso já conheça as magias, o custo para lançá-las diminui em –1 PM.

Espelho da Oposição. Este item lembra um espelho normal com cerca de 1m de comprimento e 1,5m de altura. Pode ser fixado em qualquer superfície e ativado (ou desativado) com um comando. Quando uma criatura observa seu reflexo, o espelho cria uma cópia sua, com as mesmas habilidades e equipamento. A duplicata ataca a criatura original; quando um dos dois é derrotado, a duplicata e seus itens desaparecem.

Espelho do Aprisionamento. Este item de cristal, com 1,5m de altura e moldura de metal, pode ser fixado em qualquer superfície e ativado (ou desativado) com um comando. Qualquer criatura que se aproxime a alcance curto do *espelho do aprisionamento* e enxergue seu próprio reflexo deve passar em um teste de Reflexos (CD Int) ou será transportada magicamente para um espaço extradimensional dentro do espelho, ficando presa ali. O tamanho da criatura não importa — mas construtos, mortos-vivos e objetos não podem ser transportados. Com um comando, é possível conversar com uma criatura presa no espelho ou libertá-la. Se o espelho for quebrado, todas as criaturas dentro dele são libertadas.

Estatueta Animista. Esta estatueta de pedra é esculpida na forma de um animal. Quando é atirada no chão e a palavra de comando é proferida, transforma-se no animal correspondente. O animal fornece os benefícios de um parceiro veterano até o fim da cena, quando então volta à sua forma de estatueta. O tipo de parceiro é definido pelo animal: raposa (ajudante; perícias definidas na fabricação do item), onça (assassino), águia (atirador), lobo (combatente), leão (fortão) ou urso (guardião).

Estola da Serenidade. Esta faixa de pano com inscrições mágicas é usada sobre a nuca, com as duas extremidades caindo na frente do corpo. Você recebe +2 em Sabedoria (somente após um dia de uso).

Faixas do Pugilista. Estas faixas surradas são amarradas nos punhos, nos braços ou na testa. Você recebe +2 em testes de ataque e rolagens de dano com ataques desarmados (cumulativo com outros itens).

Ferraduras da Velocidade. Este conjunto de ferraduras pode ser fixado nos cascos de um cavalo (ou outro parceiro montaria, a critério do mestre) para aumentar seu deslocamento em +3m.

Flauta Fantasma. Se for treinado em Atuação, você pode lançar *Esculpir Sons* (CD Car) sem pagar seu custo em PM.

Garrafa da Fumaça Eterna. Você pode abrir a tampa desta ânfora de metal para lançar a magia *Névoa* sem pagar seu custo em PM. A fumaça persiste até a garrafa ser tampada. Após isso, dissipa-se no fim da cena (ou após 4 rodadas, sob vento forte, ou 1 rodada, sob um vendaval).

Gema da Luminosidade. Este cristal tem a aparência de um longo prisma. Com um comando, emite luz equivalente a uma tocha ou então um raio brilhante, que deixa uma criatura em alcance curto cega por 1d4 rodadas (Fort CD Car evita).

Gema da Telepatia. Você pode lançar *Compreensão* e *Enfeitiçar* (CD Car) sem pagar seu custo em PM.

Gema Elemental. Você pode lançar *Conjurar Elemental* sem pagar seu custo em PM.

Lanterna da Revelação. Este item funciona como um lampião normal, mas sua luz revela todas as criaturas e objetos invisíveis no alcance.

Luvas da Delicadeza. Estas luvas de tecido fino permitem manipulação delicada. Você recebe +1 em Destreza (somente após um dia de uso).

Manoplas da Força do Ogro. Este par de luvas é feito de couro grosso com rebites de ferro. Você recebe +1 em Força (somente após um dia de uso).

Manto da Aranha. Este manto é feito de seda negra com fios de prata bordados. Você recebe deslocamento de escalada igual ao seu deslocamento terrestre, +5 em testes de resistência contra venenos e imunidade a teias mundanas ou mágicas. Além disso, pode lançar *Teia* (CD Des). Caso já conheça a magia, o custo para lançá-la diminui em –1 PM.

Manto da Resistência. Este manto de tecido grosso e pesado protege seu usuário. Você recebe +2 em testes de resistência.

Manto do Fascínio. Este manto de veludo possui bordados de ouro. Você recebe +1 em Carisma (somente após um dia de uso).

Manto do Morcego. Este manto marrom escuro ou negro fornece +5 em Furtividade e permite que você fique pendurado de ponta-cabeça no teto, como um morcego. Além disso, você pode gastar uma ação padrão para segurar as pontas do manto e se transformar em um morcego. Seu tamanho muda para Minúsculo e você recebe deslocamento de voo 12m e uma arma natural de mordida (dano 1d4, perfuração). Em outros aspectos, isso funciona como a Forma Selvagem do druida. Você só pode se transformar em morcego à noite ou em ambientes escuros.

Manto Élfico. Indistinguível de um manto cinza comum. Entretanto, quando usado com o capuz cobrindo o rosto, fornece +5 em Furtividade.

Manual do Bom Exercício. Este tomo volumoso contém exercícios de musculação, mas escondido entre as palavras há um poderoso efeito mágico. Ler o livro leva uma semana e aumenta seu valor de Força em +1 permanentemente (não cumulativo com outras leituras do livro). Assim que o livro é lido, a magia desaparece de suas páginas e ele se torna um item mundano.

Manual dos Movimentos Precisos. Este tomo volumoso descreve exercícios de coordenação e equilíbrio, mas mesclado às palavras há um poderoso efeito mágico. Funciona como um *Manual do Bom Exercício*, mas fornece +1 de Destreza.

Manual da Saúde Corporal. Este tomo volumoso contém exercícios de resistência e dietas saudáveis, mas suas palavras trazem um poderoso efeito mágico. Funciona como um *Manual do Bom Exercício*, mas fornece +1 de Constituição.

Medalhão de Lena. Quando você é reduzido a 0 ou menos PV, esta joia emite uma explosão de energia positiva que cura 100 PV (antes que você caia). Este poder só se ativa uma vez por dia.

Mochila de Carga. Este item, que parece uma simples mochila de pano, está na verdade ligado a um espaço interdimensional — fazendo com que seja maior por dentro do que por fora. A mochila de carga aumenta sua capacidade de carga em 10 espaços (ela própria não gasta um espaço). Se a mochila for rasgada, os objetos em seu interior são destruídos. Criaturas vivas colocadas no interior da mochila podem sobreviver até 10 minutos, mas depois disso ficarão sem ar.

Orbe das Tempestades. Esta esfera de vidro com 20cm de diâmetro contém fumaça e raios em seu interior. Você pode lançar *Controlar o Clima* e *Fúria do Panteão* (CD Sab). Caso já conheça as magias, o custo para lançá-las diminui em −1 PM. Além disso, você e todos os seus aliados adjacentes ficam sob efeito de *Suporte Ambiental*.

Pingente da Saúde. O usuário desta joia verde em um cordão de prata recebe imunidade a doenças e venenos. Os efeitos só se ativam após uma semana de uso.

Pingente da Sensatez. Esta pequena pérola com uma corrente leve é usada como um colar. Você recebe +1 em Sabedoria (somente após um dia de uso).

Pulseiras da Celeridade. Esta pulseira de platina aguça todos os seus movimentos. Você recebe +2 em Destreza (somente após um dia de uso).

Robe do Arquimago. Este traje pesado alinha-se com as energias arcanas emitidas por seu usuário para gerar um campo protetor. Se você for um conjurador arcano, recebe um bônus na Defesa igual a 5 + o círculo de magia mais alto que puder lançar e um bônus em testes de resistência igual à metade do bônus na Defesa. Assim, um arcanista de 9º nível (capaz de lançar magias de 3º círculo) recebe +8 na Defesa e +4 em testes de resistência.

Símbolo Abençoado. Conta como um símbolo sagrado. Se você for devoto do deus, o custo de suas magias divinas diminui em −1 PM (cumulativo com o poder Símbolo Sagrado Energizado). Apenas devotos desse deus podem fabricar um *símbolo abençoado*.

Tapete Voador. Com um comando, este tapete flutua, fornecendo deslocamento de voo 12m. O tapete tem 3m x 3m e pode carregar seis criaturas Médias (ou 120 espaços). Se você estiver em alcance longo do tapete, pode comandar o voo dele.

Tiara da Sapiência. Esta tiara delicada possui uma gema que descansa sobre a testa. Você recebe +2 em Inteligência (somente após um dia de uso).

Tomo da Compreensão. Este livro volumoso contém ensinamentos para tornar o leitor mais centrado e aguçar sua percepção, mas também possui um poderoso efeito mágico. Funciona como um *Manual do Bom Exercício*, mas fornece +1 de Sabedoria.

Tomo da Liderança e Influência. Este livro de encadernação luxuosa contém instruções detalhadas para convencer e inspirar os demais, mas as páginas escondem um poderoso efeito mágico. Funciona como um *Manual do Bom Exercício*, mas fornece +1 de Carisma.

Tomo dos Grandes Pensamentos. Este livro pesado contém exercícios para aprimorar o raciocínio e a memória, mas mesclado às palavras há um poderoso efeito mágico. Funciona como um *Manual do Bom Exercício*, mas fornece +1 de Inteligência.

Torque do Vigor. O acabamento deste colar ou bracelete remete a um animal poderoso, como um urso ou lobo. Você recebe +1 em Constituição (somente após um dia de uso).

Vassoura Voadora. Como um *tapete voador*, mas pode carregar duas pessoas (ou 40 espaços).

ARTEFATOS

Um artefato é um item mágico único extremamente poderoso. Normalmente, apenas divindades maiores têm poder para criar estas peças, e elas sempre são forjadas com um propósito específico. Os deuses cuidam para que artefatos caiam nas mãos de seus servos mais poderosos, mas às vezes o destino leva essas peças até aventureiros menores.

Artefatos não são simplesmente "outro tipo de item mágico". São relíquias fabulosas, lendárias. A busca para recuperar ou destruir um deles pode ser a base para uma campanha inteira. Não há tabelas para geração aleatória de artefatos, nem custo para fabricá-los. Esses itens devem entrar em uma campanha apenas por decisão deliberada do mestre.

A ESPADA-DEUS

Poucos duvidam: as divindades estão presentes em cada aspecto da vida em Arton. Uma das provas disso é a capacidade dos mortais de se tornarem deuses menores. Contudo, tão forte é o poder divino que até mesmo *objetos* podem ser deuses.

A *Espada-Deus* não é um objeto sagrado. Não é poderosa porque foi abençoada por um deus. A espada-deus é, ela própria, cultuada. *Ela* oferece bênçãos, possui clérigos, ouve preces. Alguns têm dificuldade de entender como um objeto pode ser alvo de adoração — mas, ao olhar pela janela, qualquer um é capaz de ver alguém que venera o ouro ou uma bandeira. Pessoas veneram objetos o tempo todo.

A *Espada-Deus* é a melhor arma já forjada por Rhond, o Deus Menor das Armas. Foi empunhada por incontáveis heróis e vilões, mas os nomes desses mortais foram esquecidos — a arma é maior que todos. Após ser usada por algum tempo, sempre acaba em algum local inóspito de onde só pode ser tirada por um mortal digno. Pode estar no fundo de um lago, sendo entregue por uma fada, ou cravada em uma pedra, selecionando quem pode arrancá-la. A arma foi vista pela última vez nas mãos de Orion Drake, na batalha contra a Tormenta em Tamu-ra.

A *Espada-Deus* é uma *espada longa atroz precisa pungente ameaçadora magnífica veloz*, com dano básico de 2d12. Alguns estudiosos e armeiros dizem que seu fio é tão fino que pode cortar qualquer coisa e em todos os Planos de existência simultaneamente. Por isso, a espada-deus ignora redução de dano e seus acertos críticos afetam até mesmo criaturas imunes a acertos críticos. A espada-deus é indestrutível.

Quando há chance de combate, a *Espada-Deus* vibra na mão do usuário, ou mesmo na bainha. Apenas personagens com pelo menos 15 níveis em classes com Luta como perícia inicial podem usar a espada-deus. Os demais erram *todos* os ataques com a arma. Quando está aguardando seu próximo usuário, a *Espada-Deus* não permite que um personagem que não cumpra esse pré-requisito tire-a de onde está.

Fisicamente, a *Espada-Deus* é surpreendentemente simples. Seu cabo é forrado com couro, seu guarda-mão é uma barra de metal simples, sua lâmina não possui adornos. Seu poder real não se revela na aparência — apenas na luta.

A JOIA DA ALMA

No princípio não havia deuses. Nem vida, nem mundo, nem mesmo o próprio tempo. Não havia luz ou trevas, calor ou frio. Não havia forma nem tamanho, sequer havia o conceito de existir. Foi em meio à não existência que o Nada e o Vazio se casaram e deram origem à Criação e tudo que a compõe. O mundo de Arton. Engana-se, porém, quem pensa que nenhum vestígio restou da aurora do universo. Há uma fagulha. Um resíduo da inexistência que se manifesta na forma de gema preciosa que ainda hoje busca cumprir o propósito de sua essência. Os mortais a chamam de *Joia da Alma*.

É tênue a linha entre a existência e a não existência. Perdida em um ambiente que não o seu, a *Joia da Alma* busca transpor essa barreira. Para isso, vasculha a memória daqueles que a tocam, procurando por falhas — ou fendas — na realidade, algo que possa usar como meio para se reunir ao outro lado. Não é capaz de impor uma ação aos seres de carne e osso, mas se alimenta daquilo que enxerga. Isso torna o contato prolongado algo perigoso, capaz de causar danos irreparáveis ao espírito do portador.

Qualquer um que toque a *Joia da Alma* terá seu passado esmiuçado pela pedra. Como efeito colateral, recuperará instantaneamente todas as memórias de sua vida, tanto momentos bons quanto ruins, desde o nascimento até agora. Por contrariar leis da natureza, muitas vezes isso acontece de forma dolorosa. Nem todos estão preparados para o turbilhão de emoções acarretado pela lembrança. O portador mantém todas as lembranças enquanto segurar a joia. Ao soltá-la, as memórias retornam ao esquecimento.

Portar a *Joia da Alma* fornece +3 em Inteligência (somente após um dia de uso). O artefato é cobiçado por arcanistas que memorizam magias, pois impede que elas sumam da memória — para magos, o custo para lançar magias arcanas diminui para 0 PM (custos de aprimoramentos ainda precisam ser pagos).

Empunhar a *Joia da Alma* exige um teste de Vontade (CD 25). Se falhar, o personagem fica atordoado por uma rodada e larga o artefato no chão. Se passar, consegue segurar a *Joia* sem efeitos colaterais. Mesmo assim, precisa repetir o teste no início de cada dia, com a CD aumentando cumulativamente em +1 por dia. Se falhar, fica frustrado. Se falhar novamente, fica esmorecido. Se falhar num terceiro teste, sua sanidade se esvai. Se for um personagem jogador, torna-se um NPC sob controle do mestre — a *Joia* não foi feita para ser empunhada por mortais.

A *Joia da Alma* é uma gema indestrutível e semitransparente, lapidada com vinte faces iguais. As mesmas faces dos vinte deuses primordiais, cujo nascimento presenciou.

O Baralho do Caos

Este artefato parece um baralho comum, com cartas bastante gastas. Ele pode ser usado para jogos como wyrt e fornece +10 em testes de Jogatina para seu usuário — mas caso ele abuse da sorte, o bônus se transforma em uma penalidade de −10. O mestre decide o que é "abusar da sorte".

Porém, o verdadeiro poder do *Baralho do Caos* se revela quando um personagem diz "Eu aposto tudo" e saca de uma a quatro cartas, a sua escolha. O artefato muda para ter 22 cartas, cada uma com um símbolo específico. As cartas devem ser sacadas ao mesmo tempo e seus efeitos acontecem instantaneamente — para o bem ou para o mal. Role 1d% na tabela ao lado para cada carta, para saber qual foi sacada (role novamente resultados repetidos). Um personagem treinado em Jogatina pode fazer um teste (CD 30) para ignorar uma carta que não queira e sacar outra no lugar (apenas uma vez).

Quando é usado dessa forma, o *Baralho do Caos* desaparece, para reaparecer em uma mesa de jogo qualquer de Arton. Dizem que ele já apareceu nas mais imundas tavernas portuárias e nos mais elegantes salões de palácios, transformando mendigos em reis e reis em mendigos.

Abismo. As profundezas do mar o protegem. Você recebe resistência 10 a um tipo de dano definido aleatoriamente.

Amigo. Um de seus parceiros racionais irá traí-lo no pior momento possível (fornecendo seu benefício para um inimigo ou fazendo outra coisa, a critério do mestre). A traição ocorre em no máximo um ano.

Anel. Um aro de energia colorida surge ao seu redor e então desaparece. Você recebe +5 pontos de mana permanentemente.

Árvore. A árvore da vida fortalece seu corpo. Você recebe +10 PV permanentemente.

Coração. Você recebe +1 em um atributo a sua escolha permanentemente.

Crânio. Uma versão feita de sombras de você surge e o ataca. A sombra tem as mesmas estatísticas que você e é imune a qualquer ataque que não seja desferido por você. Seus amigos podem ajudá-lo fornecendo bônus.

Donzela. Uma bela mulher (ou homem) de sua raça surge e o chama. Se você for na direção da

O Baralho do Caos

D%	Carta	Efeito
01-05	Abismo	Receba redução de dano
06-09	Amigo	Um de seus parceiros o trai
10-14	Anel	+5 pontos de mana
15-19	Árvore	+10 pontos de vida
20-24	Coração	+1 em um atributo a sua escolha
25-28	Crânio	Enfrente cópia sombria
29-33	Donzela	Derrote um monstro e suba de nível
34-38	Fogo	Ressuscite quando morrer
39-43	Gema	Receba tesouro mundano
44-48	Lua	Receba 1d4 *Desejos*
49-52	Martelo	Perca todos os itens mágicos
53-56	Noite	−1 em todos os testes de resistência
57-60	Presas	Perca dinheiro e itens mundanos
61-65	Servo	Receba os serviços de um espírito
66-70	Sol	Receba uma arma mágica maior
71-75	Tentáculo	−1 em um atributo aleatório
76-80	Tolo	Perca 10.000 XP e saque outra carta
81-85	Trono	+2 em Diplomacia e um feudo
86-90	Vizir	Receba a resposta para uma pergunta
91-94	Nada	Escape de um perigo qualquer
95-98	Vazio	Sua alma deixa seu corpo
99-100	Curinga	Ganhe 10.000 XP ou saque mais duas cartas

mulher, ela se transforma em um monstro com nível de desafio igual ao seu nível −1. Se você vencer o monstro sozinho, sobe de nível imediatamente. Se o monstro vencê-lo, deixa-o inconsciente e desaparece.

Fogo. Uma chama queima dentro de seu peito. Ela não machuca — em vez disso, se você morrer, voltará à vida com todos os seus PV e PM restaurados. A chama então se apaga.

Gema. Role 10 vezes na coluna "Maior" da **Tabela 8-2: Riquezas**.

Lua. A carta aparece como uma lua cheia (quatro *Desejos*), nova (três), crescente (dois) ou minguante (um *Desejo*). Os *Desejos* devem ser usados até o fim da cena.

Martelo. Um martelo de energia surge na sua frente e bate contra o chão. A onda de choque destrói todos os itens mágicos que estiverem com você.

Noite. Você sofre −1 em todos os testes de resistência permanentemente. Se for um devoto de Tenebra ou um morto-vivo, em vez disso role uma arma mágica maior. Se não gostar do resultado, você pode rolar uma segunda vez.

Presas. Todo o dinheiro e itens mundanos que você possui — não apenas aqueles que estão com você — viram pó.

Servo. O servo é alguém que morreu com uma dívida de honra. Ele vai se redimir servindo-o até seus serviços não serem mais requisitados. O servo é um parceiro veterano de um tipo a sua escolha.

Sol. Role uma arma mágica maior. Se não gostar do resultado, você pode rolar uma segunda vez. Se você for um devoto de Tenebra ou um morto-vivo, em vez disso sofre −1 em todos os testes de resistência permanentemente.

Tentáculo. A visão enlouquecedora dos tentáculos impõe −1 em um atributo permanentemente. Para definir o atributo, role 1d6, sendo "1" Força, "2" Destreza e assim por diante.

Tolo. Você perde 10.000 XP e saca outra carta. Esse efeito pode fazer com que você perca um nível, mas não pode reduzi-lo a menos de 0 XP.

Trono. Você recebe +2 em Diplomacia permanentemente e se torna o senhor por direito de um pequeno feudo. O mestre decide onde o feudo fica. Em termos de jogo, você recebe os benefícios do poder Título, do cavaleiro.

Vizir. Você recebe a resposta para uma pergunta qualquer. A resposta pode ser tão precisa ou vaga quanto o mestre decidir, mas nunca será mentirosa. Este benefício deve ser usado em até um ano.

Nada. Uma das forças primordiais da Criação surge para protegê-lo de qualquer ameaça. Em termos de jogo, quando você usa este benefício, qualquer ataque ou efeito contra você é anulado e você recebe imunidade a *tudo* por uma rodada. Este benefício deve ser usado em no máximo um ano.

Vazio. Sua alma é transportada para o vazio entre os Planos. Seu corpo continua funcionando, mas em coma. Cabe aos outros personagens descobrir como salvá-lo! Converse com o mestre para construir um novo personagem ou jogar com um NPC amigo do grupo enquanto seu personagem original estiver preso.

Curinga. Você escolhe entre ganhar poder pessoal (em termos de jogo, 10.000 XP) ou sacar mais duas cartas. A escolha é óbvia. Ou não?

O Olho de Sszzaas

Como parte de seu plano para retornar ao Panteão, o deus Sszzaas removeu um de seus próprios olhos para forjar um artefato — o *Olho de Sszzaas*, uma gema esverdeada segura por um cajado de madeira fossilizada. As extremidades do cajado são ligadas por uma corrente, cujo comprimento pode variar magicamente.

Cultistas de Sszzaas foram encarregados de esconder o artefato em um templo nas proximidades de Lenórienn, onde deveria ser encontrado pela pessoa certa. O portador da peça acreditaria ser capaz de usar magia poderosa, quando na verdade estaria servindo aos interesses do Grande Corruptor. De fato, o *Olho* carrega parte da consciência do próprio Sszzaas, que testemunha e manipula tudo à distância.

O cajado permite ao personagem lançar qualquer magia que conheça ou tenha ouvido falar — seja arcana ou divina — como se fosse uma habilidade mágica, sem precisar gastar pontos de mana. O personagem ainda pode usar aprimoramentos, mas precisa pagar por eles.

Lançar uma magia exige um teste de Misticismo (CD 20 + o custo em PM da magia, incluindo aprimoramentos). Se o teste falhar, a magia não funciona ou provoca algum efeito imprevisível (alvo trocado, efeito invertido, *Teletransporte* para um local diferente...) ou assim parece. Na verdade, sempre que uma magia "falha", isso quer dizer que Sszzaas está no controle — e as coisas estão saindo exatamente como *ele* planejou, seguindo algum plano intrincado e desconhecido pelo portador do cajado.

Apesar de poderoso, o *Olho de Sszzaas* é uma peça pouco conhecida. Reconhecê-lo e descobrir como usá-lo exige um teste de Conhecimento (CD 30).

Artefatos estiveram presentes em muitas das maiores batalhas de Arton

OS RUBIS DA VIRTUDE

Criados para selar um pacto entre os deuses do Panteão, os *Rubis da Virtude* quase foram a causa de sua morte. Cada um, se destruído, destruiria também o deus que estivesse secretamente ligado a ele — sem que fosse possível descobrir qual rubi pertencia a quem. Entregues a cada deus após sua criação, seriam mantidos como provas de confiança, garantias de que os deuses, mesmo aqueles envolvidos em disputas, jamais tentariam destruir uns aos outros.

As gemas não podem ser danificadas por mortais ou mesmo por deuses menores; apenas um deus do Panteão pode destruí-las. Além disso, não podem ser detectadas por meios mágicos.

Mesmo sem saber a quem estava ligada, cada deus guardou em lugar seguro a gema em sua posse. No entanto, conseguindo o que parecia ser impossível, Sszzaas — o mais traiçoeiro e furtivo dos seres — roubou todos os rubis. Ele foi descoberto e julgado antes de descobrir como utilizá-los, mas teve tempo de escondê-los em Arton. E os *Rubis*, protegidos de qualquer detecção mágica, não puderam ser encontrados.

Como castigo, Sszzaas foi transformado em avatar e condenado a vagar pelo mundo até ser destruído ou aceito de volta. Os *Rubis* estavam desaparecidos, mas nenhum mortal poderia danificá-los. Mesmo assim, para evitar riscos, Khalmyr decretou que as ligações vitais entre os rubis e os deuses fossem rompidas. E assim foi feito.

Mesmo sem essa conexão, as gemas ainda eram poderosas, pois traziam parte da essência divina dos vinte deuses. Sabendo que poderia utilizá-las de alguma forma, Sszzaas tratou de mantê-las longe dos olhos dos deuses, até o último instante.

Os *Rubis da Virtude* trazem grande poder a quem encontrá-los. Cada *Rubi* fornece a seu portador um nível de experiência em uma classe que ele já possua. Para isso, a gema deve ser incrustada no corpo da criatura, o que exige um teste de Cura (CD 25). O efeito leva um dia para se manifestar. Por sua invulnerabilidade, cada *Rubi* fornece redução de dano 2 e +1 em testes de resistência, cumulativos com efeitos já existentes — incluindo outros rubis. Por fim, por sua indetectabilidade, cada rubi torna o portador mais difícil de observar por meios mágicos. Um conjurador que lance uma magia de adivinhação contra o portador de um destes artefatos deve passar em um teste de Misticismo (CD 30 + a quantidade de rubis) ou a magia não terá efeito.

CAPÍTULO

9

MUNDO DE ARTON

> "Esqueçam seus reinos, esqueçam seus estandartes, esqueçam suas fronteiras. Esqueçam seus deuses! Todos aqui somos artonianos! O inimigo vem de outro mundo, somos todos irmãos contra ele. Eu sou Orion Drake, e não sou de Bielefeld. Sou Orion Drake, e não pertenço à Ordem da Luz. Sou Orion Drake, sou artoniano, e pertenço ao Exército do Reinado! *Por Arton!*"
> — Orion Drake

Arton é um continente, mas também um mundo — tão vasto e inexplorado que quase nada além dos oceanos realmente importa. Forjado pelo poder de vinte divindades maiores, soberanas. É o centro de seu universo, o centro de toda a Criação. O sol, a lua e as demais moradas dos deuses orbitam a seu redor, em meio à vastidão planar do Nada e do Vazio.

Neste mundo, em sua imensa área continental, a humanidade se espalha. Movidos por sua criadora, a Deusa da Ambição, os povos humanos colonizam e conquistam — mas abocanham mais do que podem mastigar. Erguem povoados e cidadelas ousadas, imprudentes, cercadas de selvageria indomada. Alcançar suas grandes cidades demanda semanas, até meses, de viagem a cavalo. Ainda que cada aldeia ou metrópole brilhe com personalidade própria, com suas maravilhas e maneirismos, a simples jornada entre esses pontos é uma aventura.

O centro da civilização humana em Arton é o **Reinado**, aliança de reinos liderada pela **Rainha-Imperatriz Shivara**. Há poucos anos, o Reinado travou uma guerra contra a **Supremacia Purista**, país militarista e intolerante. O conflito terminou em impasse e todos sabem que é questão de tempo até os batalhões puristas marcharem novamente. Outro vizinho inconveniente é **Aslothia**, o Reino dos Mortos, terra cinzenta onde barões vampiros comandam falanges de esqueletos e oprimem os vivos. Mais ao norte encontram-se a liga de cidades-estados mercantes conhecida como **Repúblicas Livres de Sambúrdia**, os pequenos reinos de **Svalas** e **Salistick**, os **Feudos de Trebuck** e **Sckharshantallas**, o Reino do Dragão. Por fim, ao oeste, ergue-se o decadente **Império de Tauron**, enquanto que ao leste, no Mar do Dragão Rei, situa-se a exótica **Khubar**.

Além dessas regiões "civilizadas", existem terras ainda mais selvagens. Os **Ermos Púrpuras** são florestas profundas, habitadas por tribos que seguem costumes antigos. As **Sanguinárias**, maior cordilheira de Arton, são território de gigantes, dragões e outros monstros. A ilha tropical de **Galrasia** esconde lagartos-terror e outras feras ancestrais, esquecidas pelo tempo. A **Grande Savana** é dominada por manadas bravias, predadores astutos e sociedades arcanas misteriosas. Por fim, o **Deserto da Perdição** simplesmente devora aqueles que ousam desafiar suas dunas e tempestades. Os únicos que conhecem os mistérios das areias são os Sar-Allan, povo que se divide entre saqueadores nômades e sábios que vivem em grandes cidades.

*Antes da chegada dos elfos.

HISTÓRIA PARCIAL

7 Bilhões de Anos AE*. O Nada e o Vazio se unem para gerar Arton e os vinte deuses maiores que formariam o Panteão.

7 a 5 Bilhões de Anos AE. Azgher, Deus do Sol, e Tenebra, Deusa da Escuridão, lutam entre si. Khalmyr, Deus da Justiça e líder do Panteão, decreta um empate e Arton recebe doze horas de luz e doze horas de escuridão.

1 Bilhão de Anos AE. Uma lágrima de Lena, Deusa da Vida, preenche os oceanos com as primeiras criaturas vivas. O Grande Oceano molda essa vida em infinitos seres.

700 Milhões de Anos AE. Impulsionados por Allihanna, a Deusa da Natureza, os seres vivos se arrastam para a terra firme.

300 Milhões de Anos AE. Surgem os dragões, esculpidos por Kallyadranoch.

260 Milhões de Anos AE. Começa o reinado de Megalokk, o Deus dos Monstros. Lagartos-terror e outras bestas gigantes dominam Arton.

65 Milhões de Anos AE. Os deuses se unem contra Megalokk, fulminando seus monstros.

57 Milhões de Anos AE. Em seu mundo, Nivenciuén, a deusa Glórienn cria os elfos, primeiro povo inteligente.

22 Milhões de Anos AE. Nimb sussurra nos ouvidos de Wynna. Ela tem sonhos bizarros. Desses sonhos, nascem as fadas.

890 Mil Anos AE. Khalmyr e Tenebra se apaixonam. De sua união nascem os primeiros anões.

230 Mil Anos AE. Sob o olhar de desdém dos deuses do Panteão, Ragnar, um deus menor, cria os bugbears. Seus irmãos Hurlaagh e Graolak criam, respectivamente, os hobgoblins e os goblins.

180 Mil Anos AE. Hyninn, um deus menor, cria os hynne, ludibriando Khalmyr.

160 Mil Anos AE. Valkaria cria a raça humana, destinada a desbravar Arton e desvendar os mistérios dos próprios deuses.

150 Mil Anos AE. Tenebra cria os trogs.

145 Mil Anos AE. Surge a ilha de Galrasia, arrancada de Vitalia, o Mundo de Lena. Ali surgem os primeiros povos-trovão.

120 Mil Anos AE. Da união de Tenebra e Megalokk nascem os finntroll.

100 Mil Anos AE. A dragoa-rainha Beluhga é aprisionada por Khalmyr em uma cordilheira. A região congela ao longo dos milênios, formando as Montanhas Uivantes.

90 Mil Anos AE. Tauron, Deus da Força, cria os minotauros.

55 Mil Anos AE. Fundação do Império Trollkyrka.

10 Mil Anos AE. Começa o povoamento humano da ilha de Tamu-ra.

6 Mil Anos AE. Fundação da cidade de Doher, futura capital de Doherimm, o reino oculto dos anões.

2 Mil Anos AE. Os darash se instalam em Moreania. Tanna-Toh oferece aos seres humanos o dom da palavra escrita.

Mil Anos AE. O dragão Morte Branca destrói os darash em Moreania. Allihanna e Megalokk transformam os Doze Animais em moreau.

0. Uma frota élfica chega a Lamnor, o continente sul. Os elfos expulsam os hobgoblins de seu território e fundam a cidade de Lenórienn, dando início ao conflito entre as duas raças que ficaria conhecido como a Infinita Guerra.

380. Fundação de Luncaster, em Moreania.

474. O rei humano Darsic II, detentor da Joia da Alma, é morto por hobgoblins, e o artefato se perde.

500. O Dragão Rei Sckhar funda o reino de Sckharshantallas.

632. Ocorre a Revolta dos Três. Os deuses Tilliann, Valkaria e Kallyadranoch criam os lefeu, os demônios da Tormenta.

633. Os deuses revoltosos são descobertos e punidos. Tilliann perde seu status divino e enlouquece, Kallyadranoch é esquecido e Valkaria é aprisionada em Arton na forma de uma gigantesca estátua de pedra. Hyninn e Ragnar ascendem ao Panteão.

700. Sszzaas, o Deus da Traição, arquiteta um plano para tomar o controle do Panteão, convence os outros deuses a criar os Rubis da Virtude e os rouba.

728. Ragnar dita e Thyatis escreve a Profecia Bugbear que, séculos mais tarde, daria origem a Thwor Khoshkothruk.

750. Khalil de Gordimarr organiza uma expedição ao continente de Ramnor (mais tarde conhecido apenas como Arton). Tem início a construção da cidade fortaleza de Khalifor.

804. Fundação de Brando, em Moreania.

809. Após uma visão de Wordarion Thondarim, os anões se recolhem aos subterrâneos.

830. Unificação de Tamu-ra, o Império de Jade, sob o dragão Tekametsu.

841. Fundação de Khubar.

890. O minotauro Goratikis inicia uma revolta contra os gigantes que escravizaram seu povo por séculos.

900. Goratikis vence a revolta, liberta os minotauros e parte em peregrinação mística.

901. Goratikis retorna de sua peregrinação e funda Tapista.

937. O assassinato da princesa Yllia, de Ghondriann, é o estopim para o início de uma guerra continental entre os reinos humanos de Lamnor.

950. Em Lamnor, ocorre a Grande Batalha. Os derrotados são exilados para Ramnor.

960. Roramar Pruss, uma criança na caravana de exilados, começa a ter visões e convence os líderes a segui-lo na colonização do novo continente.

1007. O plano de Sszzaas é descoberto pelos demais deuses. Sszzaas é aprisionado por Khalmyr na forma de um avatar. Começa uma grande caçada aos devotos de Sszzaas.

1020. Os exilados de Lamnor encontram a estátua de Valkaria e fundam a futura capital do Reinado a seus pés. Roramar Pruss é nomeado regente da nação de Deheon. Novas caravanas se formam, rumando para colonizar outros pontos de Ramnor. Fundação de Zakharov.

1021. Thomas Lendilkar funda o reino de Bielefeld. Jakkar Asloth funda o Condado de Portsmouth. Fundação de Salistick, às margens do Rio Vermelho.

1022. Forma-se a vila de Palthar, onde futuramente será o reino de Namalkah. Surge o reino hynne de Hongari.

1023. O célebre Cyrandur Wallas parte de Valkaria com uma caravana e inicia uma viagem exploratória pelas Montanhas Uivantes.

1024. Fundação do pequeno reino de Svalas.

1025. Fundação do reino de Tyrondir.

1026. Fundação do vilarejo de Triunphus.

1030. Fundação do reino de Yuden por Larf Yudennach. Fundação de Altrim e do reino de Petrynia por Cyrandur Wallas.

1031. Morte de Roramar Pruss. Seu filho sobe ao trono de Deheon como Wortar I.

1032. Fundação dos reinos de Sambúrdia e Kor Kovith.

1035. Fundação do reino de Tollon.

1037. Thomas Lendilkar tenta invadir a nação de Khubar. Os xamãs de Khubar realizam a invocação do Dragão Rei Benthos, que destrói a costa de Bielefeld.

1038. Fundação do reino de Fortuna.

1040. Tratado de paz entre o Reinado e Khubar.

1045. Fundação de Nova Ghondriann.

1050. Wortar I, regente de Deheon, envia famílias nobres para colonizar o território a sudoeste, que viria a se tornar o reino de Ahlen. Alguns colonos se separam e fundam o reino de Collen. Surgem histórias sobre uma terra de fadas nos confins de Sambúrdia.

1051. O grande mago Karias Theuderulf descobre fenômenos causados por áreas de magia selvagem na costa a sudeste de Deheon.

1056. Fundação de Wynlla, o Reino da Magia, por Karias Theuderulf.

1065. Primeiro uso do nome Namalkah.

1075. Guerra civil em Deheon. Yuden começa uma campanha de expansão.

1079. Fim da guerra civil em Deheon. O novo regente integra a maior parte dos reinos à coalizão, com a ajuda da Igreja de Marah. Após anexar os reinos de Svalas e Kor Kovith, a expansão de Yuden é contida.

1082. Início da república em Tapista.

1085. Fundação do reino de Lomatubar. Início das Guerras de Lomatubar, entre humanos e orcs, uma raça antiga e decadente, de origem misteriosa.

1088. Talude, o Mestre Máximo da Magia, chega a Arton.

1094. Fundação do pequeno reino de Hershire. Primeiros contatos do Reinado com Tapista.

1095. Fundação da Grande Academia Arcana, em um semiplano oferecido a Talude por Wynna.

1101. Início da Rebelião dos Servos em Sambúrdia.

1103. Fugindo de Sambúrdia, muitos colonos entram em conflito com bárbaros que adoram a imagem de um dragão. Intervenção de Sckhar, destruindo duas vilas e a maioria dos colonos invasores.

1107. A Ordem de Sszzaas é extinta, mas os Rubis da Virtude continuam desaparecidos. O fim da Rebelião dos Servos em Sambúrdia leva à fundação de Trebuck.

1109. Concessão do futuro território de Callistia a nobres de Namalkah. Primeiro uso do nome Pondsmânia para se referir às terras das fadas.

1110. Sambúrdia concede independência ao Reino das Fadas, para alívio da população. A Pondsmânia é oficializada como integrante do Reinado.

1113. Fundação da cidade de Malpetrim.

1114. Callistia se separa de Namalkah.

1122. Intrigado pela política humana, Sckhar decreta que Sckharshantallas agora faz parte do Reinado. A entrada do reino é aprovada com rapidez inédita.

1126. Primeiro ataque do Moóck a Triunphus, devastando a cidade. Concedida a bênção/maldição de Triunphus.

1178. Fundação de Coridrian, a capital dos golens.

1202. Início do povoamento da futura cidade de Smokestone.

1203. Os finntroll começam a atacar Doherimm.

1205. Ocorre o Chamado às Armas. Início da guerra com os finntroll em Doherimm.

1215. Fim da Guerra dos Trolls em Doherimm, com a vitória dos anões.

1251. Uma caravana mercantil de Tapista é atacada por saqueadores e massacrada em Hershire. Em resposta, os minotauros colocam o pequeno reino sob sua "proteção".

1252. Os magos Talude e Vectorius se encontram em Malpetrim. Desafiado, Vectorius começa a construção de Vectora.

1279. Fundação de Vectora, o Mercado nas Nuvens.

1279: primeira passagem de Vectora por Valkaria

1290. Fundação da Ordem de Khalmyr e da Ordem da Luz.

1292. Início da construção do Palácio Imperial de Valkaria.

1300. A família Asloth incita a tensão entre tribos bárbaras e o reino de Bielefeld. Deheon intervém, resultando na formação do reino da União Púrpura.

1312. Sartan, um antigo deus maligno, tenta voltar ao mundo, mas é impedido por um grupo de aventureiros. A Praga Coral é liberada sobre o reino de Lomatubar, exterminando os orcs locais e encerrando as Guerras de Lomatubar.

1328. Fundação de Laughton, em Moreania.

1331. Fundação de Sternachten.

1342. Lorde Niebling, o gnomo, chega a Arton, após aparecer no Deserto da Perdição.

1343. Nasce o futuro Rei-Imperador Thormy.

1349. Os primeiros piratas chegam à ilha de Quelina.

1350. Concluído o Palácio Real de Valkaria. Primeiros contatos formais entre o Reinado e Tamu-ra.

1364. O mais recente eclipse total do sol. Nasce Thwor Khoshkothruk, o futuro general bugbear conhecido pelos humanos pela alcunha de Ironfist. Thormy assume o trono de Deheon.

1371. Tilliann, um mendigo louco, é visto chorando aos pés da estátua de Valkaria e passa a viver na cidade.

1375. Nasce Shivara, princesa herdeira de Trebuck.

1380. Thormy casa-se com Rhavana, uma rainha amazona de tribos nativas. O Conde Ferren Asloth aumenta as tensões entre o condado de Portsmouth e a Ordem da Luz.

1381. Mestre Arsenal chega a Arton trazendo consigo sua máquina de guerra, o Kishinauros. Ocorre o Dia dos Gigantes em Valkaria, quando uma luta entre o construto e um estranho gigante extraplanar arrasa parte da cidade. O Kishinauros é incapacitado.

1384. Mestre Arsenal derrota o sumo-sacerdote de Keenn e assume seu posto. Em Lamnor, a princesa élfica Tanya é raptada por Thwor. Isso leva à formação da Aliança Negra dos goblinoides, sob a liderança do bugbear.

1385. Thwor derrota o avatar de Glórienn com as próprias mãos. Cai a nação élfica de Lenórienn, encerrando a Infinita Guerra.

1386. Razlenthandillas se isola na Floresta do Espinheiro.

1387. O batedor lefeu conhecido como o albino chega a Arton.

1388. O grupo de aventureiros chamado Esquadrão do Inferno confronta o albino em Yuden. Mitkov Yudennach se torna regente de Yuden.

1389. O condado de Portsmouth se torna independente de Bielefeld após uma sangrenta guerra civil. O Esquadrão do Inferno elimina o Albino na Anticriação. A Tormenta tenta invadir Petrynia, mas é impedida por piratas e aventureiros.

1390. Thwor detém sua marcha antes de chegar a Khalifor. A primeira manifestação completa da Tormenta destrói Tamu-ra.

1391. Primeira aparição do caçador de recompensas Crânio Negro. Um grupo de aventureiros encontra os Rubis da Virtude em um antigo templo sszzaazita.

1392. O necromante Vladislav Tpish implanta os Rubis da Virtude em um companheiro caído, criando o Paladino de Arton. Shivara parte para se aventurar.

1395. Ocorre a Rebelião dos Insetos em Sambúrdia.

1397. A Praga Coral de Lomatubar começa a afetar humanos e outros humanoides.

1398. Uma área de Tormenta se forma ao norte do reino de Trebuck, trazendo pânico ao Reinado. O Rei Althar, soberano de Trebuck, é morto pelos lefeu. Shivara volta para casa e é coroada rainha. Mestre Arsenal derrota o Paladino de Arton.

1399. Primeiros ataques dos Tiranos das Águas em Callistia. Rhumnam, a espada de Khalmyr, é roubada de Doherimm pelo assassino conhecido como o Camaleão. Rodleck Leverick inicia a construção das Catacumbas de Leverick.

1400. O Paladino de Arton ressurge, corrompido por Sszzaas. O Panteão é forçado a aceitar de volta o Deus da Traição, para que juntos consigam destruir o Paladino. Thwor toma Khalifor, consolidando seu domínio sobre Lamnor. A Tormenta avança sobre Trebuck e toma o Forte Amarid. Shivara cria o Exército do Reinado e marcha contra a Tormenta na Batalha de Amarid. O ataque fracassa e se descobre a existência dos Lordes da Tormenta. Crânio Negro se torna o primeiro algoz da Tormenta. Primeiros contatos com os moreau, vindos do mar do leste.

1401. Valkaria é resgatada de seu cativeiro por heróis que viriam a ser conhecidos como Libertadores. O samurai amaldiçoado Koi liberta a vila de Aqvarivm da tirania de Lorde Betta.

1402. Formação da área de Tormenta de Zakharov. Descoberta dos lefou. Um barão de Hershire tenta alertar o Reinado sobre uma invasão de Tapista.

Capítulo Nove

Desacreditado, acaba morto pelos minotauros. Abandonando a farsa de "proteger" a região, os minotauros a invadem, escravizando boa parte da população. Para manter a fachada de paz, rebatizam a terra como Protetorado de Roddenphord, "honrando" o antigo regente.

1403. A União Púrpura é infectada por milhares de simbiontes lefeu. A cidade de Norm é atacada por cavaleiros da Luz corrompidos pela Tormenta. A Rainha Shivara de Trebuck se casa com o Príncipe Mitkov Yudennach, na esperança de obter auxílio contra a Tormenta. O Exército do Reinado enfrenta guerreiros da União Púrpura corrompidos pela Tormenta, triunfando.

1404. Fundação de Urkk'thran, a nova capital da Aliança Negra. O Reinado é atacado pelo Dragão da Tormenta.

1405. O Dragão da Tormenta é derrotado pela união de heróis épicos. O Rei Mitkov é desmoralizado e deposto pelo Rei-Imperador Thormy. Shivara assume o trono de Yuden. O mundo de Glórienn é tomado pela Tormenta. Comandados por *sir* Orion Drake, um cavaleiro da Luz, um exército de deuses menores destrói a área de Tormenta de Tamu-ra. Glórienn é rebaixada ao posto de deusa menor e se torna escrava de Tauron. Kallyadranoch, o Deus dos Dragões, retorna ao Panteão.

1406. Mestre Arsenal ataca o Reinado com o Kishinauros, mas é derrotado por forças do Reinado armadas com o Colosso Coridrian. Com a escravização de Hershire por Tapista, começam as Guerras Táuricas. Os minotauros conquistam diversos reinos, formando o Império de Tauron. Thormy é tomado como refém e Shivara assume como Rainha-Imperatriz. Tauron assume o posto de líder do Panteão. Início do repovoamento de Tamu-ra e fundação da nova capital Shinkyo.

1407. Com o caos gerado pelas Guerras Táuricas e pela marcha de Arsenal, Callistia, Nova Ghondriann e Salistick se separam do Reinado, formando a Liga Independente.

1410. Os puristas, uma facção dedicada a exterminar não humanos, conspiram para tomar o poder em Yuden. O príncipe Eric Roggandin, de Zakharov, é sequestrado por cultistas de Sszzaas, mas é resgatado por um herói solitário. Uma série de enchentes no Rio dos Deuses inicia a invasão de um marid chamado Áquelus às regiões litorâneas de Arton.

1411. O mago Eukhitor Umbra tenta usar a Joia da Alma para trazer o Nada a Arton, mas é impedido por um grupo de aventureiros. Um grupo de agentes do Reinado formado pelo cavaleiro Lothar Algherulff, o pirata Nargom, o menino mágico Kadeen e o bárbaro Klunc derrotam o Coronel Reggar Wortric, líder público dos puristas. Svalas conquista independência de Yuden.

1412. Shivara é sequestrada pelos finntroll com a ajuda dos puristas e enviada para sacrifício em Chacina, o mundo de Megalokk. O verdadeiro líder dos puristas, o General Supremo Hermann Von Krauser, se revela, toma o poder em Yuden e inicia a Guerra Artoniana. Ocorre a Batalha do Baixo Iörvaen, na qual Von Krauser derrota a Aliança do Reinado e mata o herói Kadeen.

1413. Lothar, Nargom e Klunc, com a ajuda do professor de magia Aeripharian, partem em uma jornada pelas estrelas para resgatar a Rainha-Imperatriz. Klunc é morto durante uma chuva de meteoros, mas sua essência perdura em um golem. Os heróis resgatam Shivara, mas ao retornar acabam presos em uma magia de estase temporal. Sem liderança, Trebuck se fragmenta em vários feudos menores. A cidade de Sternachten é vítima de um massacre.

1414. Uma rebelião de escravos eclode em Tapista. Uma área de Tormenta se forma em Tiberus. Tauron desce a Arton para proteger seus filhos, mas é traído por Glórienn e morto pelo Lorde da Tormenta Aharadak, que ascende ao Panteão. Glórienn perde sua divindade. Sem seu deus, o Império de Tauron se fragmenta. A Aliança Negra invade Tyrondir e avança rumo à capital, Cosamhir.

1415. A Flecha de Fogo, um enorme meteoro, cai sobre Arton. Seus fragmentos causam grande destruição em Lamnor e Ramnor e criam a região que ficaria conhecida como Ossada de Ragnar. Thwor mata Ragnar e ascende ao Panteão. A Aliança Negra se fragmenta. Começa a construção de Nova Malpetrim. Os puristas sitiam Valkaria.

1416. Sambúrdia se desliga do Reinado e se torna uma liga de Repúblicas Livres, englobando nações vizinhas.

1417. Shivara, Lothar, Nargom, Klunc e Aeripharian retornam a Arton. Shivara retoma a coroa do Reinado. A Guerra Artoniana termina com uma trégua e redefinição das fronteiras dos reinos envolvidos. Sckharshantallas e outras nações deixam o Reinado. Yuden se converte na Supremacia Purista. Mestre Arsenal derrota Keenn em seu torneio, assim se tornando o novo Deus da Guerra. Valkaria assume o posto de líder do Panteão.

1418. Ferren Asloth completa o ritual que o transforma em lich e transforma Portsmouth em Aslothia. Fundação de Lysianassa.

1420. Época atual.

O REINADO

Fundada por uma caravana de refugiados das terras distantes de Lamnor, esta coalizão de reinos constitui o que a maioria dos humanos conhece como o "mundo civilizado". Este centro de igualdade e progresso ainda contém muitas ameaças em suas cidades e ermos, mas é governado por regentes que buscam (pelo menos em teoria) o melhor para seu povo. Além das fronteiras do Reinado, não há garantia de que nobres, exércitos e países inteiros não se voltem contra os inocentes.

Embora seja mais seguro que outras regiões de Arton, com fronteiras definidas, relações políticas e comércio entre as nações, é ilusão acreditar que o Reinado seja completamente civilizado — ou mesmo mapeado. Salteadores espreitam nas estradas, enquanto monstros infestam cada bosque um pouco mais afastado das cidades. Incontáveis aldeias não aparecem nos mapas, com habitantes dependendo de si mesmos (e de heróis) para se proteger.

Quase todo aventureiro é natural de alguma nação do Reinado, trazendo consigo seus maneirismos típicos. Ainda que nem todos os habitantes de cada país pensem da mesma forma, existem traços culturais fortes que rendem alcunhas: "o Reino dos Cavaleiros", "o Reino da Magia", "o Reino da Intriga" e assim por diante. O Reinado ainda é relativamente jovem e o modo de pensar arraigado não se dissipou.

Embora cada nação do Reinado seja soberana, todas respondem a uma autoridade maior: a Rainha-Imperatriz Shivara, a maior heroína do mundo, líder dos povos livres. A aliança entre os reinos garante relativa paz, mas isso hoje em dia é questionável. Há poucos anos, a Guerra Artoniana devastou o Reinado, causando o rompimento de antigas alianças. Manter a coalizão unida é um dos maiores desafios dos heróis artonianos. *Lady* Shivara muitas vezes reúne grupos de aventureiros em missões diplomáticas para fortificar as alianças ou lidar com algum perigo que ameace os reinos sob sua proteção. Um simples ataque de goblins a uma aldeia afastada pode fazer populações sucumbirem às promessas de proteção da odiosa Supremacia Purista.

O atual e fragilizado Reinado de Arton contém apenas sete países. Estes reinos formam o último bastião de justiça e proteção mútua em um mundo cada vez mais assolado pelo mal.

DEHEON
O REINO CAPITAL

Com sua vasta fronteira circular — delimitada no ponto onde os clérigos de Valkaria perdiam seus poderes, antes da Libertação da deusa —, o Reino Capital tem sido visto como um reduto de normalidade tranquila em meio ao caos geopolítico, um lugar onde as coisas ainda são como deveriam ser. De população humana, mas aberta e convidativa a quaisquer outras raças, em oposição declarada à intolerância purista. Nobres guerreiros em seus castelos, protegendo os camponeses à volta. Rotas comerciais bem patrulhadas, seguras, pelo menos até onde a imensidão do país permite. Cidades ainda em reconstrução, ainda curando as feridas da guerra, mas cheias de determinação, otimismo e confiança em um futuro melhor.

A CIDADE SOB A DEUSA

Valkaria. A maior metrópole de Arton não é apenas uma cidade — mas o centro do universo. É a capital política do Reinado, o marco zero do mundo civilizado. É onde está a Deusa. A Líder dos Deuses.

Sua fundação data de 400 anos atrás, quando uma caravana de exilados de Lamnor, após meses de rigorosa jornada através de terras selvagens, encontrou a deusa. Uma estátua alta como uma montanha, de tais proporções que nenhum poder mortal poderia esculpir. Uma mulher de joelhos, braços estendidos, olhar enigmático para os céus. Por toda a volta, planícies verdejantes e regatos límpidos, livres de feras e monstros, uma terra abençoada. Quem mais poderia ser, senão uma deusa? Quem mais senão Valkaria, seu nome já conhecido, sonhado por aqueles que haviam guiado os refugiados rumo àquele destino? Que outro lugar no mundo seria a morada perfeita, senão aos pés da dama, senão sob sua sombra gentil?

A partir daquele ponto, ao longo dos séculos seguintes, cresceram a cidade e a humanidade. Fazendas cercando povoados, povoados cercando castelos, castelos cercando a deusa. Valkaria se espalhava imensa, populosa, inchada. Na arquitetura local, a imitação elogiosa do próprio monumento — mármore variando entre lilás e cinza-gelo, ornamentado com ondas e espirais douradas. Nem tudo limpo ou elegante; em muitos distritos, sobretudo os mais afastados, moradores imploravam perdão à deusa por seus casebres humildes e ruas estreitas de terra batida, infestadas de mascates, pregadores, mendigos e punguistas. Mas ali, sob os braços generosos da donzela, tudo seria enorme, majestoso, brilhante. Palácios opulentos quase alcançando os quadris da deusa. Parques e jardins suspensos, ligados por viadutos. Amplas pontes cruzando canais abarrotados de embarcações. Dúzias de estátuas menores, retratando não apenas a deusa, mas também seus irmãos no Panteão. O centro de Valkaria era arte e beleza até onde a vista alcançava.

Orando à padroeira, clérigos descobriam-se capazes de conjurar milagres, mas havia um limite. Ao exceder certa distância da estátua, os poderes concedidos desapareciam. Naquele ponto seria demarcada a distintiva fronteira circular da nação Deheon, futuro Reino Capital do Reinado. Outras raças talvez temessem exceder a barreira invisível, pisar em terras além da proteção divina, mas não os seres humanos. Expedições partiriam para explorar, desbravar, colonizar o continente ao redor — e retornar com mais riquezas para o enriquecimento da metrópole, mais oferendas para a deusa. Pois era Valkaria, a Deusa da Ambição, a deusa jamais satisfeita. Nenhum tesouro seria demais para agradá-la, nenhuma feiura ou sujeira jamais poderia tocá-la. Para sua tão querida deusa-mãe, a humanidade não poderia oferecer menos.

A LIBERTAÇÃO DE VALKARIA

Mas por que os poderes da deusa alcançavam apenas algumas centenas de quilômetros? Religiosos debatiam o tópico com fervor, mas a verdade oculta era mais sinistra que qualquer de suas teorias. A estátua de Valkaria não era um presente para seus devotos, mas uma prisão — a própria deusa encontrava-se cativa no monumento. Era sua punição por crimes contra o Panteão, crimes que teriam levado à própria criação da Tormenta. Ainda que a diva pudesse dar poderes a seus devotos, ainda que pudesse percorrer os arredores em forma de avatar, sua essência estava aprisionada na pedra. Durante esse período ocorreria o Dia dos Gigantes; um embate épico entre o Kishinauros, máquina humanoide gigante de Mestre Arsenal, e um colosso celestial de

A paisagem próspera de Deheon

origem incerta. A metrópole sofreu danos extensos e por pouco a própria estátua não teria sido destruída, o que resultaria na morte da deusa.

O segredo sobre o cativeiro de Valkaria seria revelado apenas a seu novo sumo-sacerdote, Hennd Kalamar. O fardo era terrível, mas havia esperança; o castigo divino não era eterno. Conforme decretado por Khalmyr, então líder do Panteão, a deusa seria perdoada caso seus campeões vencessem um desafio — um vasto labirinto planar, o mais perigoso de todos, forjado pelos próprios deuses. Coube a Kalamar encontrar e convocar esses aventureiros. E assim, após uma extenuante campanha, após derrotar os poderosos guardiões das masmorras, os heróis saíram vitoriosos. Seriam agora conhecidos como "os Libertadores". A punição de Valkaria terminava. A deusa era livre outra vez, seus poderes agora atuando em toda Arton. Mas sua estátua permaneceria ali, como o presente que todos sempre acreditaram ser.

Anos mais tarde, após sofrer um golpe de estado perpetrado por radicais, a nação militarista vizinha seria renomeada Supremacia Purista. Seguindo uma visão deturpada dos dogmas de Valkaria, os puristas acreditavam que os humanos seriam a raça eleita, com a missão de exterminar todos os outros povos. Seus poderosos batalhões marchariam sobre os reinos, aniquilando anões, elfos e outros não humanos. Mas seu maior objetivo não poderia ser outro: a conquista de Valkaria, centro político-religioso do mundo, e lar da deusa que acreditavam honrar com sua terrível doutrina de pureza racial. Assim seria desencadeada a Guerra Artoniana, lotando as ruas valkarianas com refugiados das terras vizinhas, impregnando a cidade com penúria e miséria, trazendo a batalha até seus muros. Apenas a investida audaz de um pequeno grupo de aventureiros contra o centro de comando purista colocou fim à ameaça.

Hoje, três anos mais tarde, o reino de Deheon ainda se recupera do extenso e sofrido conflito. Mas Valkaria, a deusa, agora lidera o Panteão. A cidade em seu nome retoma seu papel como coração do mundo civilizado, como inspiração máxima da humanidade. A mais cosmopolita das comunidades, abrigando seres de todas as raças, todos os reinos, todas as devoções. A metrópole frenética onde tudo existe, tudo acontece, tudo é dez vezes maior, mais famoso, mais belo. Onde todo evento notável tem repercussões pelo resto de Arton. Para o verdadeiro herói aventureiro, não importa até onde suas jornadas levem; cedo ou tarde, a Cidade sob a Deusa estará em seu caminho.

BIELEFELD
O REINO DOS CAVALEIROS

Embora Deheon seja o primeiro e último bastião da humanidade, não há nação mais devotada à luta contra o mal que Bielefeld. Lar da Ordem da Luz, há séculos o país vem treinando e ordenando os mais prestigiados cavaleiros e paladinos de Arton, verdadeiros campeões do Reinado. Foi Bielefeld quem primeiro ergueu seu aço contra as forças de Von Krauser, travando contra seus exércitos as mais violentas batalhas na Guerra Artoniana. Mesmo nos dias de hoje, enquanto tenta restaurar suas fileiras, os cavaleiros ainda combatem os puristas na turbulenta Conflagração do Aço, a zona em conflito que existe nas fronteiras entre Bielefeld, Wynlla e as terras da Supremacia.

Os cavaleiros da Luz. Campeões do bem e guardiões do Reinado

NORM

A cidade mais populosa de Bielefeld é conhecida como um lar de heróis. Em Norm fica o Castelo da Luz, sede da famosa e honrada Ordem da Luz. Erguido por anões, é a construção mais impressionante do reino. Suas torres de prata e marfim imitam a espada de Khalmyr, enquanto o escudo do Deus da Justiça aparece em todas as portas e paredes. No pátio central, subindo acima das muralhas, o próprio deus Khalmyr aparece reproduzido numa estátua de sessenta metros de altura. Sua mão direita erguida simboliza a justiça divina que recai sobre todos. Além disso, uma técnica secreta empregada pelos anões faz com que o castelo brilhe à noite, oferecendo uma visão magnífica — e um significado literal ao nome "Castelo da Luz".

O Castelo é poderoso. Armadilhas, passagens secretas, muralhas e rampas móveis podem repelir tropas invasoras. Suas catapultas e balestras podem deter mesmo monstros poderosos, enquanto centenas de seteiras estão prontas para acomodar os melhores besteiros do reino. A cidade cresce a partir das muralhas do Castelo, com uma profusão de estalagens, tavernas e estabelecimentos comerciais — que logo cedem lugar às residências, pastos e campos de cultivo. Boa parte dos recursos locais é empregada para manter a fortificação, abastecendo suas tropas com armas, armaduras, boa comida e serviços.

Muitos dos maiores heróis da atualidade vivem em Norm ou passaram por aqui — Alenn Toren Greenfeld, Orion Drake e Vanessa Drake são apenas alguns deles. Apenas as cidades de Valkaria e Nova Malpetrim podem competir com Norm como berço de campeões. Contudo, tamanha notoriedade tem seu preço. A história de Norm é trágica e também conta com máculas. Arthur Donovan III, neto do fundador da Ordem, vivia aqui quando enlouqueceu e se tornou um vilão autoritário e sanguinário. O jovem cavaleiro Vincent Gherald organizou aqui uma revolta que corrompeu boa parte da juventude da Ordem com poderes da Tormenta, resultando num incêndio que devastou Norm. Durante a Guerra Purista, o inimigo chegou às portas do Castelo da Luz — congelados por uma maldição, os cavaleiros foram salvos apenas pela intervenção de um grupo de heróis. Quase todos os habitantes da cidade conhecem alguém que morreu ou perdeu tudo durante algum desses desastres. Mas o povo continua firme em sua devoção a Khalmyr e seu apoio aos cavaleiros. Norm se orgulha de aguentar golpes que fariam outros lugares desabar. A cidade-sede da Ordem da Luz se vê como o bastião que protege todo o reino de Bielefeld — e todo o Reinado.

Nomes em Arton

Nomes são muito importantes em Arton. Existe uma tradição, predominantemente humana, que afirma que cada pessoa deve ter um nome único, para que os deuses possam vigiá-lo durante a vida e dar-lhe o julgamento correto quando a hora da morte chegar. Assim, a maioria dos pais tenta ser o mais criativo possível na hora do batismo, embora não haja qualquer garantia que não exista algum outro, digamos, Bazinthir ou Lithora no mundo.

Essa tradição não impede que a criança receba o nome de um herói ou membro da família falecido. Distorcendo o raciocínio inicial, há quem prefira "roubar" o nome de celebridades de boa fortuna, na esperança de trazer para o rebento as bonanças do outro. Quando dois aventureiros que levam a tradição a sério e possuem o mesmo nome se encontram, é comum que se enfrentem. O derrotado é obrigado a mudar seu nome perante um clérigo do Panteão, sob pena de ser amaldiçoado para sempre.

Nomes Humanos. Muitos humanos não possuem sobrenome — isso é mais comum na nobreza ou em linhagens de aventureiros. Entre os plebeus, é costume adotar como sobrenome o nome do pai ou da mãe (Thedon, filho de Beldon), o local de nascimento (Heleonor de Bielefeld) ou uma divindade (Ghart de Khalmyr).

Nomes Anões. Anões têm nomes imponentes, que carregam o timbre grave que lembra o bater dos martelos dos ferreiros e dos tambores de batalha. Seus sobrenomes vêm de famílias ancestrais ou de adjetivos que exaltam suas qualidades. *Exemplos:* Khovarinn Hastharom, Dorotha Quebra-Pedra e Bholtarimm Machado-Afiado.

Nomes Dahllan. Esta invenção dos povos civilizados nem sempre é adotada pelas dahllan. Algumas, por não acreditarem ter muita importância, aceitam qualquer nome que alguém decida lhes dar — enquanto outras, fascinadas com essa novidade, escolhem o próprio nome com muito capricho. *Exemplos:* Violeta, Celandine e outros nomes de flores.

Continua na página 364...

Nomes em Arton (Continuação)

Nomes Élficos. Nomes élficos rolam pela língua como uma canção, com muitas vogais abertas e repetições de consoantes. O encurtamento de seus nomes para facilitar a pronúncia é visto como uma gentileza, uma demonstração de abertura para o convívio com as raças que um dia foram renegadas pelos elfos. *Exemplos:* Aeripharian, Yadallina, Nielendorane, Thalesorian.

Nomes Goblins. No Reinado, goblins possuem nomes curtos, simples e guturais. Não possuem sobrenomes, visto que dificilmente conseguem formar famílias longevas. *Exemplos:* Krig, Tabo, Tulan, Glab, Kyara, Barak, Galtor.

Nomes Lefou. Normalmente seguem os costumes da raça dos pais. Depois de adulto, um lefou pode acabar escolhendo um novo nome para si mesmo, caso se identifique mais com seu lado aberrante — ou então um epíteto grandioso. Estes nomes costumam ser difíceis de pronunciar, carregando na quantidade de consoantes. Alguns fazem isso para reforçar que de alguma forma fazem parte de algo maior que Arton. Outros, para deixar clara sua herança, e provar que é possível ser lefou e um herói ao mesmo tempo. *Exemplos:* Haruulk, Mar'drull, Oharshakk, Yrrizevak, Estrela Sangrenta, Trovão Afiado.

Nomes Qareen. O nome verdadeiro de um qareen, concedido pela deusa, é revelado pela marca de Wynna. Esse nome muitas vezes termina com um "d" mudo. *Exemplos:* Kirud, Ahad, Talud, Sahla.

Nomes Táuricos. Após a fundação da república de Tapista, minotauros nobres adotaram uma convenção para sua nomenclatura baseada em três nomes: um prenome (próprio do indivíduo), um nome da linhagem (herdado pelo primogênito) e um sobrenome (compartilhado por todos com algum parentesco). Os prenomes normalmente terminam em "ius". Minotauros plebeus ou que seguem as tradições bárbaras anteriores à república possuem um único nome, normalmente de poucas sílabas e som grave. *Exemplos:* Gaius Aurelius Lomatubarius, Petronius Maximus Liturus, Kargan, Orgun.

---

baia onde Hippion dormiu. É comum que mais de uma tropa ou caravana se encontre em Hippiontar, resultando em superlotação, algumas brigas e muita bagunça. Mesmo assim, é raro que exista violência real ou mesmo grandes problemas. Todos que visitam a baia onde o Deus Menor dos Cavalos esteve relatam boa sorte — bebedeiras épicas resultam em nenhuma consequência ruim, rivalidades são resolvidas amigavelmente, acordos comerciais dão certo... Isso faz com que Hippiontar também seja um ponto muito procurado por comerciantes, nobres e diplomatas. Desde que se preste homenagem ao deus, tudo que tem início aqui costuma dar bons frutos. Hippiontar permaneceu intocada durante a Guerra Purista. Mesmo os habitantes que cavalgaram para a batalha voltaram vivos.

Alguns estudiosos já apontaram algo sinistro. Não faz sentido que fatores aleatórios sejam tão distorcidos aqui. Hippion não tem nada a ver com sorte e azar. Existem lugares em Namalkah tocados por Nimb, o Deus do Caos. E se Hippiontar for mais um deles? E se um dia houver um preço a pagar por séculos de sorte? E se o cavalo que visitou o rancho não tiver sido Hippion?

AHLEN
O REINO DA INTRIGA

Esta nação foi fundada por três grandes famílias nobres, ambiciosas e sobretudo rivais — Rigaud, Schwolld e Vorlat. Batalhas sangrentas foram travadas entre seus soldados, até que um acordo de paz foi assinado pelos patriarcas, formando uma coalizão. As hostilidades seriam mesmo encerradas, mas não exatamente como se esperava; durante o baile de máscaras que celebraria a tríplice coroação, dois regentes foram traiçoeiramente assassinados pelo terceiro, que então tomou o poder total. Assim nascia Ahlen, onde se aprende desde o berço que este mundo pertence aos astutos. Onde honra e honestidade não passam de disfarces, onde as leis valem apenas para os tolos que se deixam apanhar por elas.

THARTANN

A capital de Ahlen foi construída muito tempo depois do início da colonização do reino, em um raro esforço conjunto das famílias dominantes. Mais tarde, tudo se mostrou um artifício de um nobre da família Rigaud para tomar o poder no reino, assassinando os outros dois regentes com quem dividia o governo. Thartann se divide entre uma plebe que vive em condições precárias e uma nobreza com opulência ostensiva e opressora. Em cada lugar há um lembrete do poderio dos nobres. As mansões das principais famílias são enormes e suntuosas. Carruagens decoradas com o brasão do reino passeiam pelas ruas de pedra. Aristocratas desfilam em liteiras carregadas por servos.

O maior símbolo do poder dos nobres em Ahlen é o Palácio Rishantor, um dos mais suntuosos do mundo todo. No palácio moram o regente e sua família, os membros do Conselho e famílias aliadas que compõem a corte. A Guilda de Artesãos de Rishantor existe apenas para trabalhar no palácio — participar deste grupo é uma grande honra e nunca falta serviço. Famílias inteiras de servos nascem e morrem dentro de Rishantor, muitas vezes sem nunca pisar fora do palácio. É um pequeno mundo por si só. Exceto pelos artesãos, guardas e servos, apenas nobres podem entrar no Palácio Rishantor. Esta regra só é quebrada durante a Noite das Máscaras. A construção é muitíssimo bem guardada, com soldados patrulhando cada área (principalmente as mais próximas aos aposentos reais, proibidas mesmo durante a Noite das Máscaras). Além disso, arcanistas e clérigos trabalham para o regente, atacando quaisquer intrusos que se provem fortes demais. Armaduras animadas completam a segurança, com outras criaturas guardadas para emergências.

Thartann tem um clima lúgubre em meio à ostentação. Por ficar numa região úmida e alagada, parece estar sempre no meio de uma neblina molhada. Mofo e limo crescem em cada parede, misturando-se com as estátuas e decorações intrincadas, emprestando a este lugar um ar de decadência.

ZAKHAROV
O REINO DAS ARMAS

Longos anos atrás, após um encontro fortuito entre colonos humanos e um clã de anões, estes ofereceram aos recém-chegados um presente de boas-vindas — o lendário machado de Zakharov. Sob essa poderosa influência da cultura anã, surgiu uma nação devotada às armas e armaduras, que passaria a forjar e exportar peças cobiçadas por cada guerreiro de Arton. Os anões eventualmente partiram, convocados pelo Chamado às Armas; os humanos seguiriam honrando sua arte e tradições, pelo menos por algum tempo. Após a brutalidade da Guerra Artoniana, este povo vem abandonando a antiga visão artística, romântica, e adotando tradições mais militares. Hoje tratam as armas como aquilo que realmente são: instrumentos de guerra e morte.

RHOND

A cidade de Rhond é um ponto importante de peregrinação religiosa em Zakharov. Batizada em homenagem a Rhond, o Deus Menor das Armas, ela não só abriga o principal templo a esta divindade menor. O próprio Rhond vive aqui! Ele teria sido um ancestral clérigo de Keenn, o antigo Deus da Guerra. Após uma vida de aventuras, combates e descobertas, transformou seu corpo magicamente em uma forma monstruosa e metálica com seis braços. Acumulou tanto poder que acreditou ser capaz de vencer sua própria divindade no torneio divino. Foi vencido, mas Keenn não o puniu. Orgulhoso de sua coragem, recompensou-o com a imortalidade, o poder mágico de forjar as mais poderosas e magníficas ferramentas de morte e o título de Deus das Armas.

A cidade de Rhond cresceu a partir de peregrinos que chegavam de todas as partes. O deus trabalha sem cessar numa espécie de caverna dentro de uma colina pedregosa. A caverna é o centro da cidade, mas dezenas de clérigos de Rhond não deixam ninguém se aproximar sem ordens do próprio deus. Os poucos que já tiveram a permissão de visitar sua oficina relatam que a forja é um pequeno vulcão e que as mais magníficas armas estão dispostas nas paredes. O templo de Rhond é uma espécie de fortificação ao redor da colina, com muralhas grossas, dentro das quais vivem os clérigos. Cada um deles tem uma arma única, presenteada por seu patrono.

Qualquer um que chegue à cidade de Rhond logo se surpreende com o calor e o barulho. A forja divina torna a cidade inteira escaldante. A luminosidade que vaza de dentro da caverna e por cima das muralhas é suficiente para iluminar a noite quase como se fosse dia. As batidas do martelo de Rhond ressoam como trovões e fazem o chão tremer. A cidade é próspera; sempre conta com aventureiros de passagem, suplicando por algo para ajudá-los em alguma empreitada. Rhond não é conhecido por sua paciência, mas às vezes contribui com suas magníficas criações quando acredita que o objetivo é importante o bastante. Também há muitos trambiqueiros e aproveitadores disfarçados de clérigos, tentando convencer visitantes a comprar "esta legítima arma forjada por Rhond".

Curiosamente, Rhond tem se mostrado mais disposto a receber aventureiros, sejam heróis ou vilões, que se coloquem contra o novo Deus da Guerra. Algumas de suas armas mais extraordinárias acabam nas mãos daqueles que enfrentam os devotos de Arsenal. Há alguma rivalidade entre os dois clérigos que enfrentaram Keenn? Será que o Deus das Armas está planejando mais uma vez ascender ao posto de deus maior?

Pondsmânia
O Reino das Fadas

O menor e mais misterioso dos reinos é encravado em densa floresta, povoado por sílfides, dríades, ninfas e outros seres mágicos. Embora seja considerado parte do Reinado, essa aliança talvez seja apenas mais um capricho temporário de sua Rainha, ela própria cercada de lendas e mistérios. O país não tem fronteiras claras, sequer pode ser encontrado por meios normais; para entrar na Pondsmânia você talvez precise de uma bandeirola azul, uma canção élfica, uma escama de dragão, uma marca de nascença em forma de margarida... Existem regras, mas mudam o tempo todo.

A Cidade Normal dos Humanos

Reis e diplomatas às vezes esquecem que a Pondsmânia faz parte do Reinado, mas é preciso haver *alguma* interação política. Emissários azarados são destacados para entregar mensagens ou honrarias à Rainha. Às vezes não voltam, às vezes voltam décadas mais velhos, às vezes voltam delirantes. Por alguma razão, as cidades feéricas têm o péssimo hábito de arruinar as vidas dos humanos sem querer.

As fadas notaram este problema. E construíram a Cidade Normal dos Humanos.

À primeira vista, o nome não poderia ser mais preciso. Muralhas nem muito altas, nem muito baixas. Um número razoável de tavernas, oficinas e templos. Um mercado de tamanho médio. Nem muita riqueza, nem pobreza excessiva. Não fosse pelos habitantes serem fadas de todos os tipos (ovos com pernas, sapos falantes, bebês com rosto de velhos, pássaros de cartola...), a cidade seria totalmente normal. As coisas ficam mais estranhas quando se presta atenção. As fadas imitaram as construções e hábitos humanos, mas apenas na superfície. Não parecem entender as razões por trás de nada. Guardas patrulham as ruas, mas atacam cidadãos sem motivo, apenas porque, em cidades humanas, guardas às vezes usam armas. Fregueses entregam moedas a comerciantes em troca de produtos, mas as moedas podem ser qualquer coisa desde joias até botões velhos e os produtos podem ser botas esburacadas ou itens mágicos inestimáveis. Nas tavernas, todos colocam na boca o que está em seus pratos e fazem movimentos de mastigação, mas se isso for comida, você está com muita sorte. O burgomestre impõe leis absurdas, como "todas as pessoas de cabelos castanhos devem andar para trás" ou "é proibido falar a palavra 'nuvem' na presença de um bode".

Comitiva feérica da Pondsmânia. Iguais aos humanos, até deixarem de ser

Capítulo Nove

Pior ainda: as fadas não terminaram de construir toda a cidade, então parte dela é cenográfica. Há um quadro com o desenho de um rio ao lado da cidade e, todas as manhãs, as fadas levam seus baldes para lá, fingem que os enchem d'água e voltam para casa.

Além de ser inquietante por si só, a Cidade Normal por vezes faz um visitante acreditar que ali só há "fadas bobas e brincalhonas", quando na Pondsmânia sempre se está lidando com seres volúveis de grande poder. Um forasteiro pode morrer por um erro das fadas ("Você pediu uma bebida, como eu podia saber que veneno de cobra não servia?") ou mesmo por insultá-las sem querer ("Recusa-se a usar o chapéu que lhe presenteei só porque é feito de fogo? Defenda-se, rufião!").

Mesmo assim, a Cidade Normal dos Humanos continua sendo o melhor ponto de entrada no Reino das Fadas. Aqui há a menor chance de nunca voltar... Mas a chance ainda é considerável.

A Academia Arcana

Era uma vez, mais de quinhentos anos atrás, um jovem mago. Ele viveu aventuras, correu perigos, viu companheiros caírem. Descobriu novos feitiços em pergaminhos ancestrais, saqueando tumbas e derrotando bruxos. Um dia encontrou Wynna, a Deusa da Magia. Apaixonou-se por ambas: pela deusa e pela magia.

Ficaria conhecido como **Talude, Mestre Máximo da Magia**. Não apenas um dos mais poderosos arcanistas na existência, mas também favorito da própria Wynna. Após uma vida de missões a serviço da deusa, enfim seria recompensado com a eternidade ao lado dela — o privilégio final sonhado por todos os devotos. No entanto, respeitosamente, Talude declinou. Pediu à deusa para continuar promovendo sua obra, continuar espalhando sua dádiva maravilhosa por toda Arton. Sonhava que todo ser vivo pudesse ser tocado pelo milagre da magia. Sonhava que todo aspirante a mago pudesse aprimorar sua arte sem a necessidade de explorar ruínas perigosas ou contatar entidades sobrenaturais malignas.

Orgulhosa, Wynna concedeu a Talude não apenas a imortalidade, mas os meios para realizar seu sonho. Uma região inteira foi cortada de seu reino divino, formando um semiplano — uma planície verdejante com dez quilômetros de lado, com seu próprio ciclo de dia e noite, seu próprio clima e vida natural. Gênios usariam sua magia para erguer edificações fabulosas, bibliotecas, laboratórios, alojamentos. Alguns dos maiores conjuradores do mundo seriam convidados para atuar como professores. Portais de acesso seriam instalados nas maiores cidades do Reinado. Estavam abertas as matrículas para a **Academia Arcana**, uma fantástica universidade mágica, onde fórmulas místicas milenares podiam ser aprendidas em sala de aula. A partir de então, o mago recluso em sua torre escura (ou rastejando em masmorras) só existiria se assim quisesse.

A meta principal da Academia Arcana é oferecer aos arcanistas iniciantes fácil acesso a seus primeiros poderes, em ambiente seguro — livre de monstros, maldições ou pactos com demônios. O campus é mantido sob salvaguardas místicas; para que todos sintam-se livres para praticar (e errar), todas as magias conjuradas aqui causam dano não letal. Aspirantes devem passar por testes de qualificação, mas devido ao caráter liberal de Wynna, todo e qualquer ser inteligente pode se candidatar — mesmo criaturas notoriamente perigosas são aceitas. Isso torna o campus um lugar colorido, onde um invocador golem pode ser visto comparando notas com um ilusionista osteon e um necromante suraggel.

Engana-se quem pensa ser este um lugar apenas para magos, feiticeiros e bruxos. Aventureiros de todos os tipos podem estudar aqui, praticando suas habilidades em cenários controlados e simulações ilusórias, sem (muito) risco. Por sua natureza planar, a Academia pode edificar masmorras temporárias e povoá-las com construtos mágicos (ou mesmo criaturas reais) com o propósito de testar aventureiros. Não há conquista de tesouros, é verdade — mas a conquista de experiência é bem real.

Talude, agora reitor, bem poderia ser apontado como o maior arcanista em Arton, não fosse a existência do eterno rival Vectorius. Impossível medir qual arquimago é mais habilidoso. A única certeza reside na oposição completa de suas visões. Enquanto o Senhor de Vectora proclama que poder mágico deve pertencer a poucos eleitos, o Mestre Máximo defende os dogmas de sua amada deusa: a magia, assim como a vida, jamais deve ser negada a ninguém.

Com o passar dos anos, a Academia acumularia novos encargos. Também atuaria como centro de pesquisas, um vasto laboratório buscando respostas para os mistérios do universo. Durante os primeiros ataques da Tormenta, grupos de heróis seriam recrutados para trazer aberrações (ou suas amostras) para estudos. Aqui seriam desvendados os segredos da bizarra anatomia lefeu, aqui seriam desenvolvidas as primeiras magias e itens mágicos eficazes contra eles. De fato, sua Área de Contenção de Espécimes mantém uma quantidade incrível (e imprudente) de monstros exóticos em cativeiro.

Os Limites do Reinado

Em sua ambição (outros povos diriam "cobiça") sem limites, os Filhos de Valkaria se espalhariam por todo o sul do continente, estabelecendo o Reinado de Arton — um Reinado que, em sua imensidão selvagem, os humanos não controlam de fato. Mesmo as maiores cidades são cercadas de terra inexplorada, mesmo as maiores rotas comerciais atravessam áreas ermas. Ao tentar ocupar uma área tão vasta, os humanos, como de costume, tomaram uma tarefa além de suas capacidades.

Ao norte, o Reinado é limitado pelo Rio dos Deuses. Ao leste, seus vizinhos são a Supremacia Purista, Aslothia, as Repúblicas Livres de Sambúrdia e Salistick, além dos Ermos Púrpuras. Deheon e a Supremacia são separados pela Garganta do Troll, uma fenda gigantesca. Já entre Bielefeld e a nação purista há o território contestado conhecido como a Conflagração do Aço.

Ao oeste, o Reinado faz fronteira com as Montanhas Uivantes e com as províncias orientais do Império de Tauron — hoje, praticamente terras ermas. Por fim, ao sul, termina nas Ruínas de Tyrondir, onde uma linha de fortificações protege a região de incursões duyshidakk e marca o limite das terras humanas.

O Mercado nas Nuvens

Vectora. Uma das mais extraordinárias realizações urbanas no universo. Uma cidade mercantil voadora que visita o Reinado de ponta a ponta, percorrendo talvez a rota comercial mais importante de Arton. Assentada sobre a base de uma montanha invertida, a inacreditável estrutura paira centenas de metros acima dos reinos, placidamente levitando rumo à próxima cidade — onde vai atracar durante alguns dias, permitindo a visitação. Quando o Mercado nas Nuvens chega, fortunas trocam de mãos.

Com poucos quilômetros de diâmetro, Vectora é uma cidade relativamente pequena, mas muito mais densamente construída e povoada que qualquer outra. Seus milhares de estabelecimentos lutam por espaço e clientes. Impossível visitar todos os bazares, empórios, forjas, oficinas, antiquários, boticários e casas de espetáculo durante cada breve parada. Impossível aproveitar todas as oportunidades. Nas ruas superlotadas, fervilhantes, todos procuram a barganha de suas vidas. Todos buscam maravilhas de Arton e além.

A origem de Vectora confunde-se com a história de seu criador — **Vectorius**, um dos dois maiores arcanistas conhecidos. Tudo teria começado após um confronto ideológico contra Talude, o *outro* conjurador supremo. Ainda que ambos fossem arquimagos de extremo prestígio, poder e influência (sem que jamais se conseguisse provar *quem* era o mais poderoso), cada um cultivava sua própria convicção sobre a real natureza da magia. Enquanto Talude era devoto apaixonado pela Deusa da Magia, apregoando ensino das artes místicas a todos os interessados, Vectorius mostrava visão mais pragmática; poder mágico não é algo a ser "venerado" nem entregue irresponsavelmente a qualquer inepto, mas sim um recurso valioso a explorar, dominar, utilizar para o progresso da humanidade.

— Minha Academia Arcana oferece a generosidade de Wynna para toda Arton — vangloriou-se Talude, provocando em seguida. — Então conte-me mais, Vectorius, sobre *suas* incríveis realizações em prol deste mundo.

— Pois não perde por esperar. Minha obra será muitas vezes mais grandiosa que sua pífia escolinha de truques!

Mais tarde, em conversa casual com um mercador queixoso sobre as viagens e riscos exigidos em seu ofício, Vectorius teve uma inspiração. O Reinado mostrava-se território vasto, forçando caravanas a enfrentar longas e perigosas jornadas. Era algo especialmente problemático para sua própria nação, o antigo reino de Sambúrdia (atuais Repúblicas Livres de Sambúrdia), terra de produção agrícola rica e variada, mas também distante do Reino Capital e outros grandes centros populacionais. Haveria forma mais segura e eficaz de transportar bens comerciais através dos reinos?

Após anos de pesquisa, Vectorius provaria que sim. Em uma demonstração de poder mágico até hoje inigualada, o arquimago fez levitar uma montanha inteira de Sambúrdia, erguendo-a até as nuvens. Uma vez rotacionada, seria alicerce para o maior centro comercial jamais concebido, capaz de transportar mercadores e mercadorias por todo o mundo civilizado. E assim tem sido, há mais de cem anos.

Uma vez por ano, a rota de Vectora passa por todas as grandes cidades do Reinado (ou, como dizem, sua passagem é que torna grande uma cidade). Algumas possuem torres de atracação com bondes suspensos em cabos mágicos para maior facilidade de acesso. Em outras, baloeiros goblins literalmente lutam entre si para transportar clientes sem meios próprios de voo. Apenas chegar à cidade pode ser uma aventura.

A legislação em Vectora é simples, mas severa. É proibida a conjuração de qualquer magia capaz de causar prejuízo ou possibilitar trapaça, como encantamentos, ilusões e transmutações — em casos graves, o próprio Vectorius cancelará para sempre os poderes mágicos do infrator, antes de sua expulsão da cidade. Tratar pessoalmente de quase todos os assuntos faz parte da personalidade controladora do arquimago, a ponto de conjurar cópias suas para melhor gerenciar sua cidade. Contudo, uma vez respeitadas as leis locais, praticamente qualquer mercadoria pode ser adquirida pelo preço certo. Isso inclui até mesmo itens não existentes em Arton, pois Vectora ocasionalmente atravessa portais para outros mundos.

Ainda que a montanha original tenha pertencido ao território de Sambúrdia, a cidade-mercado foi autorizada a manter total autonomia pelo antigo Rei-Imperador Philydio, o Tranquilo. Contudo, por seu terrível potencial como arma de guerra, essa independência viria com um preço — um tratado de não agressão contra qualquer nação do Reinado. Justamente devido a esse acordo, Vectora teve pouca ou nenhuma atuação durante a Guerra Artoniana, exceto em missões humanitárias. Mas houve pelo menos uma ocasião em que a cidade entrou em combate: para derrotar o até então invencível Dragão da Tormenta, a montanha inteira foi derrubada sobre o monstro, seu pico invertido perfurando e despedaçando a fera aberrante. A estratégia ficaria conhecida como Manobra Vectora, causando à cidade danos extensos e jamais tentada outra vez.

Vectora surpreendeu o mundo ao incluir recentemente em seu itinerário a cidade de Shinkyo, nova capital de Tamu-ra, o Império de Jade; um novo portal planar teria sido conjurado para cobrir a grande distância sem prejudicar o ciclo anual. Boatos não confirmados também mencionam possíveis paradas nos Reinos de Moreania.

Vectora. A mil metros de altura, qualquer passo em falso pode ser o último

ALÉM DO REINADO

A SUPREMACIA PURISTA

Em meio a tantos seres monstruosos que aterrorizam Arton, existe uma ameaça humana. Extremamente humana, no pior sentido.

Nascidos como uma facção fanática em um país militarizado, os **puristas** são movidos por profunda intolerância racial contra anões, elfos, qareen — enfim, todas as raças não humanas, caçando-as sem clemência. Em sua cruzada de ódio, tramaram um golpe político e tomaram o controle do país, tornando-se uma das maiores forças armadas no mundo. Por fim, avançaram sobre o próprio Reinado, travando uma guerra sangrenta que mudou a face de Arton.

A nação renomeada Supremacia Purista constitui hoje o exército mais poderoso de Arton. Sob o comando infalível de **Hermann Von Krauser**, o General Supremo, os puristas seguem perseguindo seu objetivo cruel — a escravidão ou extermínio de todos os povos não humanos.

A Supremacia Purista faz fronteira com Deheon, separada apenas pela Garganta do Troll — um abismo sem fundo e de proporções titânicas — sempre pronta para mais um conflito quando o momento for propício. Esta mancha de ódio no coração do continente também separa Bielefeld do resto do Reinado e territórios ao sul são disputados entre o Reino dos Cavaleiros e a Supremacia, criando uma zona tensa.

É uma ironia amarga que, dentro do território da Supremacia Purista, exista a Caverna do Saber — lar do construto vivo chamado Helladarion, um enorme globo mágico senciente e o maior centro de conhecimento do mundo conhecido. O Helladarion é o sumo-sacerdote de Tanna-Toh, a Deusa do Conhecimento, e sua sabedoria obriga muitos aventureiros a desbravar a Supremacia em busca de respostas.

Tirania, crueldade e dor assolam as terras conquistadas pela Supremacia

A CONFLAGRAÇÃO DO AÇO

A Guerra Artoniana pode ter acabado oficialmente, mas em alguns lugares ela continua. Talvez nunca acabe. A Conflagração do Aço é uma região disputada pela Supremacia Purista e por Bielefeld, uma fronteira sangrenta onde batalhas podem ocorrer a qualquer momento e onde a balança de poder muda a cada dia. Boa parte da Conflagração é um emaranhado de campos de batalha ativos e abandonados. Ao passar por uma estrada, um viajante pode se ver entre tropas inimigas que se estudam e travam escaramuças há meses. Quase toda esta região mostra sinais do conflito: árvores calcinadas, terra revirada, cadáveres, ruínas... É difícil saber o que é terreno perigoso e o que permanece seguro — e por quanto tempo. A grande quantidade de magia usada na guerra deixou resíduos. Certos trechos parecem ainda estar sob efeito de feitiços que deveriam ter acabado há meses ou anos. Diz-se que há soldados mortos-vivos se erguendo nos antigos campos de batalha e pelo menos um colosso supremo que se move sozinho... A violência física não é o único perigo. Como o domínio sobre cada trecho muda constantemente, a lei também pode mudar sem aviso.

Mesmo assim, há quem viva aqui. Algumas aldeias não conseguiram fugir a tempo e agora se veem ilhadas no meio do terreno disputado. Muitos cavaleiros e soldados puristas fazem questão de servir aqui para provar seu valor. Ambos os lados constroem torres e fortalezas para tentar estabelecer seu domínio. Diplomatas ousados acham que podem fazer a paz entre os dois reinos. E, é claro, saqueadores de tumbas infestam a região, em busca de tesouros deixados aqui por heróis e vilões que tombaram na guerra.

O REINO DOS MORTOS

No passado havia um reino conhecido por suas severas leis contra a prática de magia. Arcanistas eram caçados como os piores demônios, grimórios e outros itens mágicos eram confiscados pela coroa, o próprio povo era ensinado a temer e odiar magos. Era o Reino da Magia Proibida. No fim, contudo, tudo se revelaria como um plano sinistro de seu regente, o **Conde Ferren Asloth** — ele próprio, secretamente, um arcano muito poderoso. Ao longo de décadas, reunindo o poder e conhecimento de tantos arcanistas capturados, ele enfim completaria o ritual necessário para a transformação em lich — o mais poderoso dos mortos-vivos. E sua nação seria renomeada **Aslothia**, o Reino dos Mortos.

Aslothia é uma terra cinzenta e enevoada, o próprio sol oculto sob neblina eterna. Esta é uma nação necromântica, um país de culto à morte. Em suas cidades tristes a maioria dos vivos se recolhe em seus casebres miseráveis, formando as camadas mais baixas da sociedade, enquanto esqueletos patrulham as ruas — pois a eterna caçada aos magos jamais teve fim. Magia arcana é expressamente proibida, exceto para os seletos arcanistas a serviço do regente. Até os mortos repetem a lei máxima de Aslothia: "Toda a magia pertence à coroa".

Como esperado, a alta sociedade aslothiana é formada por necromantes, múmias e barões vampiros, com poder de vida e morte sobre os plebeus. Ainda que a cruel verdade se mantenha oculta aos olhos do Reinado, cada povoado em Aslothia não passa de um rebanho humano, para a alimentação e entretenimento de seu lorde. O desespero da população é tão profundo que muitos sonham com um fim breve para esta existência de sofrimento e, quem sabe, conquistar uma situação melhor após a morte.

Aslothia também é o maior covil de mercenários do mundo — isto é, aqueles com estômago para negociar com seus contratadores. Incontáveis companhias mercenárias são sediadas aqui, verdadeiros exércitos sem lealdade ao povo ou a uma causa maior que o ouro. E quando mesmo os guerreiros caídos podem se erguer para lutar mais uma vez, apenas heróis podem intervir.

REPÚBLICAS LIVRES DE SAMBÚRDIA

Nem todas as nações de Arton são exatamente reinos. **Sambúrdia**, conhecido como "o Celeiro de Arton", sempre foi um dos países mais ricos do mundo, graças a suas terras férteis e às fazendas que abasteciam boa parte do continente. Contudo, durante a guerra contra os puristas, Sambúrdia se desligou do Reinado. Englobou nações vizinhas e se tornou um conglomerado de repúblicas mercantis.

Em Sambúrdia o ouro decide tudo. Mercadores fazem expedições a terras distantes em busca de produtos exóticos e empreendem viagens por terra ou mar para revender essas mercadorias. Os **hynne**, pequeninos e pacatos habitantes das colinas, abraçaram a vida mercantil, tornando-se alguns dos maiores comerciantes do mundo. Por sua vez, Sambúrdia os acolheu. Nas Repúblicas Livres, nada é determinado por seu nascimento, apenas por sua riqueza e vontade de trabalhar. Nada é proibido para os ricos e tudo está à venda.

Contudo, a imensa extensão florestal também significa muitos perigos ocultos em Sambúrdia. Bandoleiros, monstros, fadas e até dragões se esconder entre as árvores. Muitos grupos de aventureiros vão para Sambúrdia em busca da riqueza dos príncipes mercadores.

OS FEUDOS DE TREBUCK

Ao norte do Reinado, após as Repúblicas Livres, encravados entre as Montanhas Sanguinárias, o reino do Dragão e a área de Tormenta de Lorde Gatzvalith, ficam os feudos de Trebuck. Uma miríade de baronatos, condados e ducados, cada um governado por um nobre diferente e sem nenhum tipo de autoridade maior, os feudos são uma terra livre, mas desunida.

Alguns feudos mantêm relações cordiais. Festivais de colheita e torneios de justas eventualmente reúnem o povo e os nobres de várias terras. Mas, para cada barão justo e honrado, há um corrupto e ganancioso, disposto a saquear e pilhar seus vizinhos. Cavaleiros, mercenários e aventureiros estão sempre em alta demanda na região.

Nem sempre foi assim. Antigamente, os feudos eram uma nação aliada ao Reinado, mas a instabilidade causada pela Guerra Purista e pelo desaparecimento da Rainha-Imperatriz Shivara fez com que Trebuck se fragmentasse. Cada nobre se voltou às suas próprias terras e súditos, dando as costas aos seus irmãos — e dando fim ao país.

Hoje, velhos arengam sobre os tempos idos de paz e da família real, enquanto menestréis cantam sobre um herdeiro do trono perdido, prestes a retornar e unir a terra. Os nobres, porém, estão ocupados demais protegendo seus próprios domínios. Considerando as frequentes incursões de monstros das Sanguinárias e da área de Tormenta, isso não é pouca coisa.

Eventualmente, um lorde especialmente ambicioso surge e tenta expandir suas terras, seja por meio de guerras, seja de casamentos. Até o momento, nenhum desses barões se mostrou à altura da tarefa. Os poucos que conseguiram subjugar alguns vizinhos logo foram mortos por rivais, conselheiros traidores ou mesmo seus próprios herdeiros.

Por todos esses fatores, a região é rica em oportunidades para os ousados. Muitos aventureiros experientes viajam para os feudos em busca de terras para proteger... Ou conquistar.

O REINO DO DRAGÃO

Alguns perigos são eternos, existem desde sempre e são aceitos como um fato da vida. É assim com o **Dragão Rei Sckhar**, regente do reino de **Sckharshantallas**.

O mais poderoso dragão vivo assumiu uma nação inteira como seu covil pessoal, onde é louvado como uma divindade. Sua prole é numerosa, meios-dragões ocupando cargos de comando em suas cidades. E seu tesouro é incalculável, escondido em palácios e fortalezas por toda a extensão do reino. Alguns aventureiros são loucos o bastante para tentar invadir seus cofres secretos e roubar suas riquezas, mas ninguém é louco o bastante para enfrentá-lo frente a frente.

Sckhar é um tirano, mas considerado um bom governante por seu povo. Territorial e possessivo como todo dragão, vê Sckharshantallas — e tudo que está dentro do reino — como sua propriedade. Sua presença intimidadora reduz os ataques de monstros das vizinhas Sanguinárias, além de tornar o reino bastante quente. Os cidadãos pagam tributo com prata, ouro, joias e itens mágicos — aventureiros comentam que o palácio de Sckhar teria o maior tesouro de Arton. A cultura local é baseada na figura majestosa do dragão, que influencia arquitetura, arte e vestuário.

Em Ghallistryx, a capital do reino, isso toma proporções ainda maiores. Uma das grandes metrópoles de Arton, a cidade possui prédios públicos enormes, vias grandes e largas e incontáveis estátuas. Em Ghallistryx também fica o palácio principal do Dragão Rei, um lugar de luxo e hedonismo como poucos outros.

A verdadeira forma de Sckhar é tão imensa e aterrorizante que pode matar de medo meros mortais. Assim, o dragão tem uma forma humanoide, que usa quando deseja ser visto em público: um elfo alto e esguio, trajado em mantos negros e vermelhos. Seu olho esquerdo é cego, trazendo três cicatrizes alinhadas que cruzam sua extensão.

Sckharshantallas já foi integrante do Reinado, mas isso era em grande parte uma diversão para o tirano. Quando a política dos mortais deixou de ser um brinquedo interessante, ele se desligou da coalizão. Contudo, alguns sussurram que um neto recém-nascido de Sckhar é o herdeiro por direito da coroa imperial. Sendo verdade, seria um motivo para o dragão expandir sua ambição para o Reinado e, talvez, tornar-se tirano de todo o continente.

Sckhar, Dragão Rei de Sckharshantallas, e Beluhga, antiga Dragoa Rainha das Montanhas Uivantes

As Sanguinárias

Não causa espanto que a maior cadeia de montanhas em Arton seja também um dos lugares mais mortais neste mundo.

Erguendo-se por grande parte da face leste do continente, alongando-se muito além das terras pisadas por mortais, as Montanhas Sanguinárias são um mundo à parte — um mundo *maior que Arton*, juram os exploradores. Fácil acreditar nisso; basta observá-las avultando ao longe, *muito* longe, visíveis ainda a dias de viagem. Muralha de presas afiadas, ferozes, intimidando o próprio céu, como as mandíbulas serrilhadas do Deus dos Monstros que aqui reina.

Ousando adentrar esse outro mundo, seres humanos são transformados em formigas. Tudo aqui é descomunal, gigantesco, superlativo. Tudo são distâncias e alturas impossíveis, onde jornadas por meios mundanos consomem meses (e meios mágicos provam-se ainda mais arriscados). Lugar de variantes extremas, de vastas crateras vulcânicas fumegantes a picos gelados sob eternas nevascas, de vales eternamente enevoados a cavernas colossais onde caberiam reinos. Montanhas sobem a alturas inacreditáveis, perfuram as nuvens, enquanto abismos sem fundo desaparecem na treva. Esta não é uma terra de seres habituados a pisar em chão firme, horizontal; avançar poucas dezenas de metros é esforço hercúleo, é desafiar a morte. Voar por magia ou ciência? Não faltam ventos traiçoeiros para lançar até o arcano ou engenho mais poderoso de encontro às escarpas.

Ninguém jamais foi capaz de medir as Sanguinárias; não se pode calcular o que é sem fronteiras, sem limites. Os ecos nos paredões rochosos gargalham diante dos mortais e suas tentativas pífias de cartografia. Ninguém conhece sua real extensão ou a altura de seus picos, talvez nem mesmo os deuses. Mas existe ao menos *uma* certeza absoluta. Impossível negar a soberania do Dragão Adormecido, o ponto mais elevado na cordilheira, a maior e mais desafiadora montanha de Arton. Antigo corpo de Kallyadranoch, cumprindo pena por seu crime contra os deuses. Esquecido por todos, esquecido pelo próprio universo. Hoje, restaurado ao Panteão como o absoluto Deus dos Dragões.

E sim, aqui existem dragões. É a região artoniana onde são encontrados em maior número, onde controlam vastos territórios — apenas as Sanguinárias poderiam prover tantos feudos e covis a estes seres de ganância ancestral. Vigiam e governam os céus, oferecendo perigo adicional àqueles que ousam voar. Alguns vivem em sociedade, outros travam batalhas sangrentas por tesouro ou soberba. Também combatem outras criaturas; a população local de monstros é sem igual neste mundo. Tudo que é imenso e perigoso, tudo que urra, devasta, devora, existe aqui. Tamanha é a ferocidade das Sanguinárias que são o único lugar de Arton habitado pelos titânicos kaiju — os maiores seres vivos na existência, assim nomeados pelos habitantes de Tamu-ra, vítimas constantes de seus ataques. Sem dúvida os monstros também avançariam sobre o Reinado, não fosse a presença da nação Sckharshantallas em seu caminho; até mesmo os maiores kaiju temem Sckhar, o Rei Dragão.

Por incrível que pareça, existem *povos* nas Sanguinárias. Orcs, trogs, ogros, gigantes, homens-escorpião, humanoides monstruosos de todos os tipos, pois nada que seja fraco sobrevive aqui. E seres humanos, talvez os mais selvagens e embrutecidos no continente. Para prosperar, fazem pactos com as feras das montanhas, tornam-se irmãos. Não raras vezes, um poderoso bárbaro, caçador ou druida e seu exótico companheiro animal partem para se aventurar no Reinado, em alguma jornada pessoal ou missão sagrada para sua tribo.

Acredita-se existir uma área de Tormenta nas Sanguinárias. De fato, em quase todos os mapas da região, ali está a mancha rubra sinistra — em *algum* lugar, às vezes no extremo norte, outras vezes mais ao sul. Ninguém jamais foi capaz de determinar onde. Todas as expedições enviadas para localizar e cartografar a área aberrante (isto é, todas as poucas que retornaram) trouxeram relatos desencontrados, situando-a em diferentes pontos, muito distantes entre si; não existe mapa ou registro minimamente útil para viajantes que desejem encontrar (ou evitar) o lugar maldito. A suposta explicação parece tão louca quanto a própria insanidade lefeu; esta área de Tormenta seria *emanada* por uma estrutura monstruosa, um *castelo vivo* de nome **Urazyel**, sempre em movimento, mudando de posição todos os dias.

AS UIVANTES

Uma vasta cadeia de montanhas geladas, cercando extensos vales em glaciação eterna. Picos de brancura inacreditável, planícies varridas por nevascas, imensas cavernas congeladas. Em qualquer mundo sensato e obediente às leis universais, uma região como esta só poderia ser encontrada a meses de viagem, às margens do mundo conhecido.

Em Arton, fica no próprio coração do continente.

Vizinha ao Reino Capital de Deheon, esta área montanhosa é uma afronta à ciência conhecida. Através da cordilheira sopra um vento cortante que mantém o clima glacial, também responsável pelo nome das Montanhas Uivantes. Estações do ano pouco significam aqui. O clima é sempre gelado, a água congela a céu aberto. O mundo civilizado cresceu à sua volta, incapaz de perturbar a imensidão branca das neves — talvez um alerta dos deuses, lembrando que existem limites a respeitar, lugares a não tocar. Aviso inútil, é claro; não faltam exploradores e aventureiros dispostos a enfrentar o frio furioso.

Mas cruzar as Uivantes é desafiar a morte a cada passo. O terreno é traiçoeiro — seja rígido e escorregadio, seja frágil e quebradiço, às vezes escondendo fendas profundas que levam à morte certa. O branco cegante tinge as montanhas, vales e planícies, tornando doloroso um simples olhar para a paisagem em dias de sol alto e céu limpo. E durante as piores tempestades, o vento cortante pode matar uma pessoa desprotegida em minutos. Ainda assim, o amanhecer e o anoitecer nas Uivantes são visões belíssimas, que os viajantes juram compensar a mais sofrida jornada.

Após vencer a muralha montanhosa, o vitorioso desbravador será recebido por terras um pouco menos inclementes. Algumas regiões centrais permitem a formação de tundras — um terreno árido e sem árvores, mas com alguma vegetação sob o gelo. Com sorte, encontra-se até mesmo taigas (florestas de pinheiros). Uma pequena região no extremo nordeste do reino, na fronteira com Namalkah, apresenta estepes; planícies com grama de clima frio.

Existe vida nas Uivantes — vida tão resiliente e perigosa quanto o lugar que habita. Há alces, bisões, mamutes e rinocerontes lanosos, irritadiços e agressivos. Com herbívoros tão perigosos, os carnívoros são ainda mais. Qualquer criatura de carne e sangue pode ser atacada por ursos, leopardos-das-neves, e até gorilas brancos devoradores de carne. E caso o aventureiro experiente não se intimide diante de animais comuns, talvez pense melhor ao confrontar lobos-da-neve, gigantes, glaciolls e dragões do frio.

As Uivantes são o único local de procedência do gelo eterno — o gelo mágico de dureza formidável, muito valioso para forjar armas e armaduras. Expedições para obtê-lo são altamente lucrativas e igualmente desafiadoras. O material é encontrado apenas em certas escavações antigas, obra de um povo misterioso que teria habitado as Uivantes no passado. Apesar da dificuldade em extraí-lo, existem nas Uivantes estruturas inexplicáveis, totalmente construídas com esse material. Uma delas é a sinistra Catedral de Gelo, erguendo-se majestosa sobre o topo de uma montanha, escondendo dúzias de câmaras, corredores e escadarias que levam às profundezas. Dizem esconder tesouros antigos. Também dizem ser túmulo de aventureiros incautos. Até agora, apenas a segunda afirmação se provou verdadeira.

Por desolado e perigoso que seja, este lugar abriga seus próprios povos. Aqui, isolados da assim chamada civilização, bárbaros do gelo preservam seu modo de vida simples, rigoroso, de luta austera pela sobrevivência. Vivem em aldeias, a maioria formada por meia dúzia de cabanas, mas algumas vastas — como Giluk, a maior das cidades, reunindo quase metade da população humana nas Uivantes. Há também versões locais de outras raças — sobretudo anões, perfeitamente adaptados ao clima frio, orgulhosos com suas barbas e peles. Os bárbaros do gelo ocasionalmente descem para as terras baixas e quentes para saquear, sendo temidos por parte do Reinado. Mais raramente, algum membro destes povos abandona sua aldeia para se aventurar em Arton.

Quando o Reinado era maior, as Uivantes eram consideradas parte da coalizão, mas apenas por razões geográficas. Nunca existiu aqui uma verdadeira nação ou governo — pelo menos, não como os humanos estão habituados. Mas houve uma rainha. Não apenas a regente, mas talvez a própria criadora das Uivantes. A Dragoa Rainha Beluhga estabelecera esta região como seu covil. Se as Uivantes já existiam antes de sua chegada, ou se foram criadas pelo próprio frio emanado da dragoa, ninguém sabe.

Outrora cultuada como deusa pelos povos locais, a majestosa dragoa encontrou seu fim anos atrás, nas mãos do campeão épico conhecido como Paladino de Arton. Seu corpo agora repousa em um esquife congelado, na vasta caverna onde a rainha vivia. Diz-se que sua alma está agora ao lado de Khalmyr. No entanto, o degelo previsto pelas profecias nunca aconteceu, o que vem levantando questões perturbadoras. Beluhga está realmente morta? Ou apenas recobra suas forças para renascer ainda mais poderosa, faminta por vingança? E o que será do Reinado quando isso acontecer?

ERMOS PÚRPURAS

Antigamente havia a União Púrpura, uma série de pequenos reinos independentes habitados pelas antigas tribos "bárbaras" que já estavam no continente antes da chegada dos exilados do sul, considerada uma unidade política pelos outros reinos. Isso era uma imposição artificial dos reinos "civilizados". Os povos da região sempre consideraram que se unir em um só era abrir mão de sua identidade, matar um pouco sua própria alma. Então, com o caos resultante da Guerra Artoniana, cada tribo declarou sua independência. Não existe mais União Púrpura.

"Ermos Púrpuras" é um termo usado pelos cartógrafos e viajantes para designar a região densamente florestal e pouco urbanizada, com uma infinidade de nações independentes que mantêm seus costumes ancestrais. Nenhum habitante daqui jamais irá citar esse nome. Ninguém se considera "nativo dos Ermos Púrpuras", mas membro dos Gurka Khan, dos Tah Par, de Baarkalark, de Galle. Em comum, possuem seus costumes rústicos e sua devoção a deuses do mundo natural, como Allihanna e Megalokk, que cultuam através de ritos ancestrais. Tendo abandonado qualquer fingimento de união, as tribos também abandonaram a antiga "capital". Pisar em Grael, a Cidade sem Tribo, é um tabu. Alguém que seja culpado de passar a noite lá é visto como impuro e excluído de qualquer tribo. Diz-se que tocar ou mesmo falar com um desses párias pode espalhar a mácula. Existe um punhado desses renegados vivendo entre as tribos, sempre ignorados, como se fossem invisíveis e inaudíveis. Contudo, há rumores de que Grael esconde tesouros mágicos deixados pelos chefes durante a época maldita da união.

Devido à influência corruptora de vilões, há grande presença de simbiontes lefeu nos Ermos Púrpuras. O toque da Tormenta surge em vários guerreiros e em pontos escuros das vastas florestas. Alguns ainda acham que o poder aberrante vale a pena.

O Império de Tauron

No oeste de Arton, os minotauros ergueram a maior nação do mundo conhecido. Com uma cultura baseada nos dogmas de Tauron, o Deus da Força — o forte deve proteger o fraco, o fraco deve obedecer ao forte — o estado táurico conquistou territórios, abriu estradas, ergueu cidades. Estabeleceu uma sociedade segura, mas autoritária. Próspera, mas desigual. Poderosa, mas escravocrata.

Tal poder, entretanto, não foi suficiente para deter a tempestade rubra. Anos atrás, Tiberus, a capital imperial, foi palco de eventos cataclísmicos que resultaram na morte de Tauron e no surgimento de uma área de Tormenta na própria cidade. Engolfada num conflito sem fim entre legionários e demônios, a capital não conseguiu manter sua autoridade sobre as províncias. Por todo o Império, governadores e generais se autoproclamaram reis, transformando suas cidades e acampamentos em estados independentes.

Hoje o Império perdura, mas a instabilidade reina. Viaje pelas estradas do outrora glorioso estado e você encontrará governadores corruptos e legionários desertores, escravos rebeldes e caçadores de escravos, monstros selvagens e cultistas da Tormenta. As únicas coisas que você não encontrará são aquelas pelas quais o Império se tornou conhecido: ordem e segurança.

Frente a tamanha adversidade, muitos minotauros mudaram seus modos. A escravidão não é mais aceita, os haréns foram abolidos. Os mais pérfidos entre eles, porém, não renunciaram às tradições. Seja em vilas afastadas, seja em mansões luxuosas, pessoas ainda têm sua liberdade tomada sob o pretexto de proteção.

Tiberus, capital do Império e uma das maiores metrópoles do mundo, ainda resiste — mesmo sob a Tormenta. Bairros da enorme e labiríntica cidade mantêm sua rotina. Há comércio, indústria e até mesmo lutas de gladiadores — o lefou pugilista **Maquius**, um dos mais poderosos lutadores de Arton, ainda se apresenta para trazer alento ao povo. Mas, a qualquer momento, legionários correm pelas ruas e becos para deter demônios que cruzaram o bastião da defesa: o cadáver do Deus da Força, cuja essência divina impede que a tempestade consuma a cidade. O último ato de proteção de Tauron.

No palácio, o **Triunvirato** comanda o que sobrou da autoridade imperial. Formado por **Kelskan**, antigo sumo-sacerdote de Tauron; **Pérola**, sereia ex-escrava, e **Glabo Varaxus**, minotauro senador, os três debatem como reerguer o Império. Kelskan e Pérola acreditam que a sociedade táurica não possui mais espaço para a escravidão — é hora de todos lutarem juntos, eles dizem. Mas Varaxus sustenta que voltar aos costumes antigos é o caminho para retomar a glória. A voz do senador é minoria, mas sua posição no Triunvirato está a apenas um "acidente" de se tornar dominante.

O minotauro nobre Arius Gorgonius Dubitatius: filósofo, soldado e filho de Tapista

NOVA MALPETRIM

Malpetrim poderia ser mais uma entre tantas cidades na costa do Mar Negro, ao longo do litoral sudoeste de Arton. No entanto — por sua posição geográfica, alta concentração de aventureiros, ou simples capricho dos deuses — o lugar acabou se tornando palco para mais eventos extraordinários que talvez qualquer outro ponto de Arton.

Esta cidade costeira de porte médio situa-se em Petrynia, terra famosa por seu grande número de lendas e histórias exageradas, a ponto de toda criatura com um pingo de bom senso duvidar de qualquer relato ocorrido ali. Apesar da ausência de registros históricos, a fundação da cidade teria sido bastante ordinária, como um simples assentamento de colonos. Exploradores e caçadores de tesouros passariam a frequentá-la, ou mesmo fixar moradia, por ser o ponto de partida mais favorável para navegar até Galrasia — ilha tropical de feras exóticas, tribos sauroides e segredos antigos. O constante transporte marítimo de riquezas também atrairia piratas, em tal quantidade que muitos passariam a integrar parte da população; em vez de pilhar inocentes, muitos se tornariam eles próprios aventureiros.

A lista de acontecimentos fantásticos ocorridos em Malpetrim é longa, mas muitos concordam que ela se inicia com o primeiro embate entre Vectorius e Talude, quando a rivalidade histórica entre os maiores arquimagos de Arton teria começado. Mais tarde, cultistas tentariam invocar uma divindade maligna obscura, conhecida apenas como Sartan (e que alguns especulam na verdade ser Sszzaas, na época banido do Panteão), sendo detidos por aventureiros. Nas vizinhanças da cidade teria ocorrido a épica batalha entre o Paladino de Arton e o então sumo-sacerdote Mestre Arsenal; anos mais tarde, iniciaria aqui a grande caçada aos Rubis da Virtude, vinte gemas de poder criadas pelos deuses.

Durante as Guerras Táuricas, todo o reino de Petrynia foi invadido e ocupado pelos minotauros — ou quase todo. Malpetrim foi mantida sob cerco impiedoso pelo Império de Tauron, mas jamais conquistada; seus aventureiros se mostraram habilidosos e imprevisíveis demais para as legiões de Tapista. Por sua tradição de respeito aos mais fortes, os tapistanos relutantemente aceitaram declarar a cidade como território livre, ainda que sob vigilância. Foram tempos de grande tensão política, persistindo até os dias de hoje, mesmo após a recente morte de Tauron e o enfraquecimento do Império; nenhuma noite na taverna é completa sem pelo menos uma briga entre humanos e minotauros.

Quem acreditaria que, após resistir a tantos conflitos e perigos, Malpetrim seria devastada por uma catástrofe profética?

A chegada da Flecha de Fogo em Lamnor não apenas dividiu a Aliança Negra dos goblinoides e elevou Thwor ao status de divindade maior. O impacto do meteoro causaria eventos cataclísmicos por todo o litoral sul de Arton — e Malpetrim sofreria os maiores danos. Entre os inúmeros fragmentos do massivo meteoro, vários atingiram o Mar Negro nas proximidades da cidade, causando um maremoto jamais visto. Quase totalmente construída em terreno baixo, a cidade foi arrasada pelas ondas gigantes. A tragédia não foi completa apenas porque equipes de heróis conseguiram evacuar grande parte da população, com embarcações ágeis ou magias poderosas.

Ainda que algumas estruturas tivessem resistido, quase nada restou da cidade arrasada. Mas ainda era Malpetrim, a cidade irredutível, que sobreviveu a legiões táuricas, fantasmas da Tormenta e hamsters gigantes (!). Seu povo jamais seria derrotado. Aprendida a lição, trataram de reconstruir seu lar em uma localidade próxima — desta vez nas alturas de uma formação costeira calcária, mais bem protegida das intempéries. Muitos estabelecimentos foram reconstruídos quase como réplicas dos originais, como a célebre Estalagem do Macaco Caolho; outros até se mantiveram originais, preservados e transportados por magia arcana.

A Nova Malpetrim mantém muito de sua personalidade original. Ainda uma cidade de aventureiros, piratas, minotauros e muita briga entre os três. Ainda hospedando espetáculos coloridos como a Grande Feira de Marah, a Arena de Gideon e o Circo dos Irmãos Thiannate. Ainda cercada de locações misteriosas e perigosas, como a Mansão de Zolkan, a Torre de Azazel, a Aldeia dos Centauros, o Planalto dos Kobolds — e agora a Velha Malpetrim, como ficariam conhecidos os destroços da antiga cidade; seus numerosos túneis secretos, que antes escondiam guildas de ladrões e cultos sszzaazitas, acabaram infestados de monstros e mortos-vivos. Alvo perfeito para os exploradores de masmorra locais.

Ainda assim, muita coisa mudaria. O recuo dos minotauros e a abertura do **Istmo de Hangpharstyth** levariam a um grande crescimento da navegação comercial. A recente e misteriosa fundação de **Lysianassa**, a primeira cidade humana em Galrasia, tornaria as expedições para o Mundo Perdido ainda mais frequentes — bem como o notável aumento na população local de meias-dríades. Pelo visto, a história de Malpetrim como cenário de grandes aventuras está longe de conhecer seu final.

O COVIL DOS PISTOLEIROS

Muitas vilas, aldeias e cidadezinhas de Arton são parecidas, mas nunca haverá duas iguais. Em algumas, as diferenças são pequenas, sutis. Em outras, explodem na sua cara como um tiro de pólvora. Este é o caso de **Smokestone**.

Smokestone teria sido fundada há duzentos anos, por uma família nobre arruinada e endividada, em busca de vida nova. Esta cidade pequena, mas próspera, tem quase toda a sua economia baseada na mineração de pedra-de-fumaça — o minério amaldiçoado que dizem ter sido criado por demônios, utilizado na fabricação de pólvora. Assim, ao longo dos anos, a cidade acabou se tornando reduto de armeiros, inventores, pistoleiros, assassinos, caça-recompensas, durões das planícies... enfim, todos que lidam com as infames armas de pólvora. Não há lugar mais indicado para encontrar os melhores forjadores de pistolas e mosquetes, os melhores alquimistas de explosivos, os atiradores mais mortais de Arton. Isto é, se você conseguir encontrar o maldito lugar primeiro.

Ninguém neste mundo, talvez nem mesmo alguns deuses, consegue apontar Smokestone em qualquer mapa. Sabe-se apenas que ficaria em alguma planície poeirenta na província de Petrynia. Ou não. Mesmo em tempos mais tranquilos a autoridade imperial jamais localizou a cidade — não apenas oculta sob algum tipo de barreira contra detecção mágica, mas também encoberta por todo tipo de boatos e mentiras. Hoje em dia, com problemas muito maiores para lidar, o Triunvirato prefere nem ouvir falar sobre essa suposta "cidade de bandidos".

Armas de pólvora, ilegais no Império de Tauron e no Reinado, aqui são motivo de grande orgulho. Elegantes, sofisticadas, dignas de cavalheiros, trazendo mortes rápidas e limpas. Qualquer local torce o nariz diante de forasteiros com suas espadas, machados, arcos e outras "armas de bárbaros". Pelo mesmo motivo, poucos aqui usam armaduras metálicas, preferindo no máximo um bom casacão de couro.

Smokestone é lugar de rebeldes, que não se sujeitam às leis do Império, dos deuses, ou lei alguma. Ainda assim, os costumes locais devem ser observados, sobretudo aqueles sobre senso de comunidade e respeito à honra. Não se rouba em Smokestone, vá fazer isso lá fora! Mulheres e homens de verdade resolvem seus próprios problemas. Pólvora será sempre mais civilizada que aço. Matar não é assassinato, quando se mata com bom senso. O que acontece em Smokestone fica em Smokestone e vice-versa — não traga seus problemas para cá. Quando você recebe um insulto sem revidar, então você o aceitou e agora deve aceitá-lo de *todo mundo* (foi assim que Rob Sapo-Boi ganhou o apelido). Em qualquer discussão, um local sempre está certo e um forasteiro sempre está errado. E em último caso, um cadafalso sempre resolve tudo. Como se percebe, sem um governo ou guarda oficiais, é o próprio povo que faz sua justiça; sempre haverá alguém na multidão com talento para um bom nó de forca.

Com certeza, ninguém pode acusar seus cidadãos de covardia. Mesmo situada em pleno território dos minotauros, o costume local é adornar portas e portões com crânios bovinos — que *não* vieram de vacas, qualquer nativo logo faz questão de esclarecer. Todos são orgulhosos de seu cavalheirismo, mesmo portando armas à cintura na vida diária, prontos para duelar com quem duvida de sua palavra ou ofende sua honra. Agora, se você quer enfurecer *de verdade* qualquer habitante de Smokestone, apenas roube um cavalo. Este é o pior do pior dos crimes! Não há traste mais desprezível, mais odioso que um ladrão de cavalos. Haverá briga pelo privilégio de esburacar o desgraçado.

AS RUÍNAS DE TYRONDIR

Tyrondir já foi "o Reino da Fronteira", servindo como barreira contra os goblinoides. As vilas no limite do reino eram ponto de partida para aventureiros que caçavam essas criaturas, fortalezas abrigavam centenas de soldados prontos para defender a civilização. Mas Tyrondir ignorava que havia uma outra civilização ao sul e que os goblinoides não eram apenas monstros.

Essa ignorância decretou o fim do reino. Quando a profecia da Flecha de Fogo foi desvendada e descobriu-se que um imenso meteoro cairia sobre goblinoides e humanos, a coroa de Tyrondir se recusou a trabalhar com as criaturas. Em vez disso, fez guerra. A Flecha de Fogo caiu entre Lamnor e Tyrondir, causando imensa devastação. As maiores cidades e fortalezas foram arruinadas por gigantescos fragmentos. A capital recebeu o maior deles, sendo totalmente destruída.

Hoje em dia as Ruínas de Tyrondir não são um reino — são uma enorme extensão de terra devastada, com crateras, abismos e fendas que impedem o avanço de quase quaisquer tropas. Desabamentos, terremotos secundários, lava e inundações podem acontecer a qualquer momento. Contudo, nada disso se compara ao verdadeiro perigo: o lodo negro, na verdade o sangue do deus Ragnar, que morreu quando a Flecha caiu. O lodo negro mata a um mero toque e alaga grandes extensões do que já foi o orgulhoso reino.

Mesmo assim, esquadrões e pequenos exércitos de duyshidakk tentam atravessar o terreno para cumprir a vontade de sua divindade, Thwor Khoshkothruk. Monstros infestam o lugar, famintos e incontroláveis. Soldados e cidadãos pegos no meio desses acontecimentos formaram bandos de saqueadores e selvagens que atacam qualquer um e fazem qualquer coisa para sobreviver. Tyrondir tentava se manter poderoso para impedir uma invasão do sul. Agora, ironicamente, é sua devastação que bloqueia a passagem entre os dois continentes.

A CIDADE DOS OBSERVATÓRIOS

Uma das poucas cidades poupadas dos fragmentos do meteoro foi **Sternachten**, lar de uma ordem de estudiosos e clérigos de Thyatis, os astrólogos.

Talvez o próprio deus tenha intercedido em seu favor, mas não foi capaz de proteger a cidade quando ela foi atacada por um grupo de vilões. Sternachten foi massacrada e muito danificada, mas pelo menos não foi reduzida a pó. A cidade possui cinco colinas, cada uma com um observatório dotado de um potente telescópio sagrado capaz de observar as estrelas. Todos os telescópios sofreram muito e todos os astrólogos morreram, mas hoje existem devotos de Thyatis tentando restabelecer a ciência sagrada e consertar os equipamentos, sempre em busca de peças raras e tomos perdidos. Também já estão se dividindo entre os observatórios, formando facções dentro da ordem em reconstrução.

Sternachten conta com a proteção de Lorde Niebling, o Único Gnomo de Arton, fundador da astrologia e até hoje interessado em preservar seus conhecimentos.

A OSSADA DE RAGNAR

O Istmo de Hangpharstyth, que ligava os dois continentes, foi quase todo destruído. Canais foram abertos com a queda do meteoro, permitindo a circulação de navios.

Os astrólogos devotos de Thyatis observam as estrelas para enxergar o futuro

A Ossada de Ragnar. Desafio para os maiores navegadores de Arton

Existem algumas passagens por terra, mas são poucas e temporárias, estreitas e traiçoeiras, conhecidas por poucos. Para chegar de um continente a outro, é preciso enfrentar o mar e a Ossada de Ragnar. Contudo, apenas os mais habilidosos e ousados marinheiros se aventuram por aqui. Imensos pilares de rocha emergem do mar, como se realmente fossem costelas de um deus. A água é surpreendentemente rasa em alguns lugares, fazendo com que navios encalhem ou tenham seus cascos destruídos sem aviso. As correntes são fortes e caóticas, o vento é canalizado pelos súbitos paredões de pedra.

Piratas, comerciantes, militares e até mesmo goblinoides cruzam este verdadeiro labirinto marítimo. Além disso, magia não funciona nesta região, devido a um acidente causado pela bruxa goblin Hangpharstyth séculos atrás. Aqui só se pode contar com conhecimento e coragem.

SALISTICK

Este reino de intelectuais independentes e iconoclastas não acredita nos deuses. Os poucos salistienses que reconhecem a existência de entidades divinas simplesmente acham que são espíritos mágicos de grande poder. Os deuses também parecem não acreditar muito em Salistick. A magia divina não funciona direito aqui — às vezes o que deveria ser um milagre impressionante mais parece um truque de salão, outras vezes as preces de um devoto simplesmente não são atendidas.

Sem poder depender de curas mágicas, Salistick desenvolveu a medicina de forma surpreendente. Entre as inúmeras instituições que ensinam esta ciência, o Colégio Real de Médicos de Salistick é a mais prestigiada, atraindo alunos de todo o mundo para aprender técnicas que rivalizam com a própria magia. Só em Salistick se faz cirurgias reais, só em Salistick há remédios para quase todas as principais doenças. Só em Salistick se conhece de verdade o valor da limpeza.

A medicina não avançou sozinha. Salistick desenvolveu várias outras áreas da ciência e da tecnologia para dar suporte aos médicos. Alquimia avançada, máquinas complexas, até mesmo vestuário mais sofisticado, destoando do resto do continente... Salistick guarda estes avanços com bastante cuidado, pois sabe que são sua moeda de troca com reinos mais poderosos e talvez sua garantia de sobrevivência. As leis do Reinado e demais nações não dizem muito para os salistienses: aqui a pólvora é usada livremente, todo tipo de substâncias é legalizado e artes proibidas são apenas "desencorajadas". Salistick foi talvez o primeiro reino a aceitar um cidadão osteon e suas leis foram alteradas para que "estar vivo" não seja pré-requisito para ter direitos. É um reino progressista e urbanizado, com boa parte da população trabalhando em ofícios especializados. Com tanto a pesquisar e tanto a aprender, quem tem tempo para dogmas antiquados e devoção fanática?

SVALAS

Séculos atrás, o reino que veio a se tornar a Supremacia Purista deu seus primeiros passos no caminho da conquista implacável, anexando à força os pequenos reinos de Svalas e Kor Kovith. Contudo, ambos mantiveram sua antiga cultura. E, antes mesmo do início da Guerra Purista, a Supremacia teve o primeiro sinal de derrota quando Svalas declarou independência.

Para manter sua individualidade e se proteger, Svalas abraçou os modos antigos e parou no tempo: é agrícola e fortemente tradicionalista, mantido por laços de soberania e vassalagem. Nobres protegem e lideram o povo, enquanto plebeus trabalham para alimentar todos e burgueses ricos são raríssimos. Quase todo aventureiro nasceu em um castelo ou pelo menos foi recrutado em um. Contudo, o modo de vida de Svalas não permaneceu inalterado. Graças ao contato com o reino conquistador, adquiriu forte viés marcial. Quase nenhum aristocrata em Svalas é mimado, preguiçoso ou avoado: mulheres e homens são treinados desde cedo em luta e táticas de guerra. Espera-se que qualquer pessoa com um título de nobreza lidere pelo menos alguns soldados pessoalmente, monte em um cavalo e mate inimigos. Além disso, simplesmente para contrariar os dogmas intolerantes do reino maior, a região de Svalas sempre acolheu todos que eram diferentes — não humanos, vítimas de maldições, viajantes vindos de longe, seres mágicos... Existe uma aparente contradição em suas vilas ao redor de castelos, extremamente antiquadas mas cheias de gente "esquisita". É possível encontrar pequenos bolsões de quase qualquer raça e etnia de Arton em Svalas, nem que seja uma única família ou mesmo um indivíduo.

A jovem Rainha Ayleth não conta com a lealdade de todos os seus nobres. Muitos não desejam um reino centralizado, acreditando que o poder fragmentado em diversos castelos é um modo melhor de conduzir o reino, como acontece nos Feudos de Trebuck. Também existem os nobres que desejariam ver a si mesmos no trono e que tramam contra ela, talvez até mesmo alguns leais à Supremacia Purista...

AS CATACUMBAS DE LEVERICK

Após a célebre Libertação de Valkaria, ninguém acreditaria existir masmorra mais extensa e perigosa neste mundo. Estavam todos errados.

Nascido na antiga nação de Hongari, desde cedo Rodleck Leverick demonstrava ser diferente dos outros hynne. Era inteligente, curioso, apaixonado por charadas e quebra-cabeças. Sonhava ser mais esperto que os mais espertos — ambição que o conduziria ao inevitável sacerdócio de Hyninn, Deus dos Ladrões. Seguiria elaborando enigmas e armadilhas cada vez mais desafiadores, derrotando tanto os colegas de clero quanto grupos de aventureiros. Sua infâmia enfim chegaria até Lorde Filthen, um nobre rico e entediado, que decidiu convidá-lo para um projeto audacioso: construir o labirinto mais mortal de toda Arton, para seu puro entretenimento.

O vasto complexo de câmaras e túneis levaria anos para ser escavado, equipado com armadilhas e povoado com monstros capturados nos cantos mais remotos do mundo. Lorde Filthen ficou muito impressionado — pelo menos até ser enganado e assassinado por Leverick, que tomou a masmorra para si. Sem qualquer modéstia, seria nomeada **Catacumbas de Leverick.** O hynne estava satisfeito com sua conquista, mas queria ainda mais; queria ser o clérigo máximo, o favorito de Hyninn. Assim, após iludir e atrair o antigo sumo-sacerdote para sua armadilha, Leverick orgulhou o Deus dos Ladrões. Não apenas foi recompensado com a posição de clérigo supremo, mas a própria masmorra foi "abençoada" por Hyninn, tornada muito maior e mais perigosa.

Hoje, as Catacumbas de Leverick são vastas como uma metrópole, formadas por um sem número de estruturas, cada qual uma masmorra em si. Cada labirinto, templo ou cidadela é conectado aos demais por passagens misteriosas que enganam sentidos e magias — a própria vontade de Hyninn garante que nenhuma forma de orientação, mundana ou arcana, seja totalmente segura. Portais planares ocultos em todo o Reinado conduzem heróis (enganados ou por livre vontade) ao labirinto mortal. Alguns, habilidosos, conseguem escapar; outros terminam mortos, seus pertences juntando-se a outros tesouros, atraindo ainda mais aventureiros em um ciclo perpétuo.

Por perigosas que sejam, as Catacumbas estão longe de serem desabitadas. Enquanto algumas construções são infestadas de feras e monstros, outras abrigam verdadeiras comunidades — entre aldeões comuns aprisionados há anos, devotos de Hyninn em cultos fechados e incalculáveis tribos de humanoides monstruosos. Desnecessário dizer, também não faltam cadáveres para abastecer as hordas de mortos-vivos que irrompem pelo caminho.

O sumo-sacerdote Rodleck Leverick devota-se à missão obsessiva e letal de atrair mais e mais vítimas para o labirinto, demonstrando ao mundo a esperteza de Hyninn. Tornou-se um dos maiores vilões de Arton, com uma legião de clérigos, ladinos, inventores e outros devotos sob seu comando em todos os reinos. Sua fortuna atual é imensurável, comparável ao tesouro dos maiores dragões (de fato, vários deles habitam as Catacumbas).

Quando não está expandindo ainda mais as câmaras de seu labirinto, Leverick viaja pelo Reinado e além, sempre se valendo de disfarces engenhosos para "adquirir" tesouros fantásticos — que usará mais tarde como iscas para aventureiros ou como oferenda a Hyninn em troca de novas armadilhas e criaturas. Não raras vezes, também será ele próprio a "contratar" heróis para alguma missão que, certamente, envolve explorar uma masmorra…

O REINO DOS ANÕES

A Montanha de Ferro. Elevação majestosa diante das gélidas Uivantes, riquíssima em jazidas deste metal e outros minérios valiosos. Por longos anos acreditou-se abrigar o reino secreto dos anões; fazia sentido que um povo de ferreiros excepcionais vivesse onde metais fossem abundantes. Mas a verdade era mais profunda, figurativa e literalmente. A montanha apenas esconde uma das maiores passagens até **Doherimm**, vasto território subterrâneo, talvez se estendendo por todo o continente.

A real extensão de Doherimm é incalculável, talvez desconhecida até pelos deuses. Formada por uma rede de túneis impossivelmente longos e intrincados, alguns tão estreitos que apenas anões circulam eretos, outros amplos o bastante para permitir a passagem de dragões voando. Um labirinto de dimensões continentais — diz-se que um elfo poderia envelhecer e morrer sem passar pelo mesmo túnel duas vezes. Numerosas rotas levam a cavernas-mundos de vastidão fabulosa, cada uma com sua própria vida natural, suas próprias selvas de fungos e seres das profundezas. E em algum lugar nesse universo de pedra e treva, erguem-se as monumentais cidadelas rochosas dos anões. Doher, Zuralhim, Dukaz, Thanzar e outras.

Houve época em que nem todos os anões moravam sob a terra; viviam em igual número na superfície, cultivando hábitos noturnos, erguendo construções inigualáveis em honra a suas divindades criadoras, Khalmyr e Tenebra. Seria assim até que o profeta anão Wordarion Thondarim prenunciou uma ameaça terrível; em um futuro não muito distante, a Tormenta chegaria! Convocados por seus regentes, os anões se refugiaram em Doherimm, onde todos trabalharam duro para expandir as cidades e acomodar os recém-chegados. Anos mais tarde, os ataques da tempestade rubra por toda Arton demonstraram ter sido uma decisão acertada.

Quando os humanos de Lamnor chegaram e começaram sua colonização a partir de Valkaria, inicialmente os anões apenas observaram em segredo. Desconfiados por natureza, não revelaram ainda sua existência aos recém-chegados. Mas era certo, seriam encontrados cedo ou tarde por aqueles seres curiosos e ambiciosos — afinal, haviam abandonado numerosas edificações na superfície, que começavam a ser achadas e exploradas por aventureiros humanos. Após acalorado debate entre os anciões, realizaram um grande conselho e selaram o Pacto da Muralha: em nome de sua honra, seus ancestrais e seus deuses, nenhum anão jamais revelaria a outros povos a localização de Doherimm. A força dessa promessa acabaria forjada em suas próprias almas — até hoje, mesmo anões nascidos após o Pacto preferem morrer a revelar o caminho. Conta-se a lenda de um arcanista maligno que teria tombado morto ao tentar extrair o segredo de um prisioneiro anão, como se este tivesse a mente protegida por uma muralha real.

Assim, uma comitiva seria enviada à capital do Reinado. Anões e humanos assinariam o Tratado da Espada e da Forja, um acordo de cooperação mútua entre as raças. Mal sabiam os anões que eles mesmos seriam os primeiros a invocar essa ajuda, pois o impossível aconteceu: a espada Rhumnam, arma pertencente ao próprio Deus da Justiça e confiada por este a seus devotos, foi roubada por um mestre supremo dos disfarces conhecido apenas como o Camaleão como parte de um grande plano para invocar a Tormenta. Após uma série de aventuras, Rhumnam teria sido reforjada pelo armeiro anão renegado Ingram Brassbones, como uma combinação de espada e arma de fogo, algo proibido pelos dogmas dos anões. Os anciões de Doherimm rejeitam tais "histórias absurdas" com uma firmeza rochosa (muito embora ninguém seja autorizado a ver Rhumnam desde então).

O roubo de Rhumnam, verídico ou não, infelizmente está longe de ser o maior problema de

Doherimm. Ao longo de sua história, a raça esteve em conflito contra numerosos povos subterrâneos — sobretudo os trolls e seus mestres, a sinistra raça finntroll. Graças a algum ardil destes conjuradores escravistas, uma infindável horda de trolls encontrou uma falha nas defesas do reino, avançando sobre as cidadelas. Todos os anões de Arton seriam convocados para o que ficaria conhecido como Chamado às Armas — desta vez sem ajuda dos humanos, ainda impedidos de conhecer os caminhos para Doherimm. A destruição de cidadelas foi vasta, as perdas foram incalculáveis. Contudo, após dez anos de guerra, os anões saíram vitoriosos.

Abalada por tantos conflitos relativamente recentes, Doherimm teve atuação tímida durante a Guerra Artoniana. Ainda assim, os anões foram decisivos ao confrontar mais uma vez os finntroll, secretamente aliados à Supremacia Purista.

A TRAGÉDIA ÉLFICA

Elfos. Povo amargurado, derrotado, escravizado e escorraçado. Porque perderam tudo. Sua cultura. Sua terra. Sua deusa.

Os elfos chegaram a este mundo há mais de mil anos, suas embarcações mágicas depositadas no oceano pelas próprias mãos gentis da deusa Glórienn. Aportaram na costa verdejante do continente Lamnor, de onde expulsaram as brutais tribos hobgoblins nativas e ergueram sua orgulhosa cidade-nação, **Lenórienn;** por ser considerada a Primeira Cidade da Primeira Raça, seu surgimento ficaria marcado como um importantíssimo marco na trajetória da civilização. De fato, até mesmo historiadores humanos consideram a fundação de Lenórienn como o início da própria História.

Os elfos teriam testemunhado o desenvolvimento da raça humana com certa curiosidade. Teriam ajudado os humanos em seu avanço, ensinado artes e ciências, até mesmo os rudimentos da conjuração arcana — ainda que sempre se mantendo distantes, altivos, intocáveis. Para alguns, os elfos eram bondosos, generosos, sinceramente interessados no desenvolvimento humano; para outros, sua ajuda veio apenas por arrogância e orgulho, por desejo vaidoso de mostrar superioridade, imitar os deuses.

Existe ainda uma teoria ainda mais cruel; os elfos teriam erguido os povos humanos apenas para dar combate (ou pior, um alvo) a seus antigos inimigos.

Ainda que a história registrada os rejeite como seres inteligentes, havia outros povos em Lamnor antes dos elfos e humanos. Havia humanoides monstruosos, como orcs e ogros. Sobretudo, havia as várias raças goblinoides — incluindo os hobgoblins, expulsos pelos elfos. Ferozes e guerreiros, dedicariam suas vidas a odiar e atacar os elfos, considerando-os invasores e opressores. Mesmo com os emergentes reinos humanos em batalha constante com os outros goblinoides e monstros, os hobgoblins permaneceriam focados em seus inimigos mortais. O conflito entre elfos e hobgoblins ficaria conhecido como a Infinita Guerra, e realmente todos achavam que nunca acabaria.

Seria assim até o surgimento de uma lenda, uma profecia, uma maldição. Nascido sob um eclipse, **Thwor Khoshkothruk** era um bugbear, uma temida raça de goblins imensos, aterrorizantes e mortais — sendo ele ainda mais imenso, aterrorizante e mortal. Tinha a ferocidade bugbear, mas também uma astúcia jamais vista em sua espécie, jamais vista em qualquer goblinoide. Sozinho, invadiu a cidade dos elfos e raptou sua princesa, oferecendo-a como tributo aos hobgoblins. Em troca, propôs uma aliança entre seus povos, entre todos os povos assim chamados monstruosos.

Thwor se tornaria o grande líder unificador das tribos, o maior general bárbaro na história do mundo. Com sua força, inteligência e carisma descomunais, reuniu os goblinoides em um único povo, os **duyshidakk**. Um povo, um exército, um verdadeiro império. Thwor derrotou os elfos e tomou Lenórienn. Caso humanos e elfos também se ajudassem, talvez pudessem ter resistido, mas o isolacionismo dos elfos foi sua ruína. Um a um, os reinos humanos também caíram. Lamnor agora pertencia aos duyshidakk.

Os elfos foram massacrados, dizimados. Os poucos sobreviventes fugiram para o norte, para Arton, como refugiados. Sua deusa Glórienn, diminuída, acabou escravizada por Tauron, Deus dos Minotauros — e muitos elfos seguiram seu exemplo, aceitando a "proteção" táurica em troca de servidão. Outros passaravam a viver entre os humanos, derrotados, amargurados. A tragédia, mesmo ocorrida há longos anos, ainda é fresca na longeva memória élfica. Com medo, nunca voltariam a se reunir, erguer nações. Vagariam pelo mundo, vivendo de caridade, crime ou aventuras.

Contudo, notícias recentes abalaram ainda mais os elfos: uma antiga profecia se cumpriu, levando à morte de Thwor Khoshkothruk e causando a desintegração de seu império. Glórienn caiu ainda mais, perderia seu status divino, agora se tornando mortal. O que isso significa para a raça élfica? Sua derrocada final? Ou um novo começo?

OS TRÊS MARES

"Os três cantos de Arton." Expressão popular, antiga, trazendo confusão a qualquer pessoa diante de um bom mapa; que cantos seriam esses? Estudiosos suspeitam que o verdadeiro sentido se perdeu com o tempo. Na verdade, a frase provavelmente se refere aos três grandes *mares* à volta do continente. Todos perigosos, cada um a seu modo.

Entre a costa sudoeste e a ilha de Galrasia, temos o sinistro **Mar Negro**. Devido à grande concentração local de prósperas nações litorâneas — sobretudo o outrora poderoso Império de Tauron —, a exploração comercial destas águas sempre foi estritamente de cabotagem (próxima à costa) e mesmo assim com riscos. Entre as imensas feras marinhas espreitando o Mundo Perdido, não é raro que algumas venham procurar caça em mar aberto, oferecendo risco até mesmo às orgulhosas frotas tapistanas. Também são comuns os ataques de povos marinhos bárbaros, como sereias e elfos-do-mar, quase sempre hostis aos "invasores do mundo seco". Não bastasse tudo isso, o Mar Negro também é refúgio da temida Irmandade Pirata — uma vasta confraria de bucaneiros e ladrões dos mares, ousados o bastante para atacar não apenas navios comerciais, mas também expedições rumo a Galrasia (ou melhor, quando estas retornam carregadas de tesouros).

A leste, entre o continente e as Ilhas Khubar, situa-se o **Mar do Dragão Rei**. O nome também evidencia sua maior ameaça: este é o lar de Benthos, o Rei dos Dragões Marinhos, um dos maiores e mais poderosos dragões do mundo. Suas aparições acima das águas são raríssimas — a criatura parece muito mais interessada em governar seu vasto reino submerso, formado por muitos povos marinhos. Contudo, seu temperamento é imprevisível, erguendo-se em rompantes de fúria destrutiva, afundando frotas, causando maremotos que arrasam as áreas costeiras. O dragão é também cultuado como divindade pelos exóticos khubarianos, povo praiano de lutadores tatuados e grandes sábios; diz-se que eles são capazes de invocar Benthos, suplicando por sua ajuda — o que fazem apenas em momentos de grande desespero, temendo a fúria tempestuosa do Dragão Rei.

Até tempos recentes, estes dois mares eram separados pelo **Istmo de Hangpharstyth**, uma estreita faixa de terra firme ligando os continentes de Arton e Lamnor. No passado, esta ponte natural serviu de passagem para os exilados da Grande Batalha, cujos descendentes mais tarde povoariam o Reinado. No entanto, após a destruição cataclísmica causada pela Flecha de Fogo, grande parte do estreito foi destruída — abrindo vastos caminhos entre os mares, grandes o bastante para permitir travessia aos maiores navios, no ponto hoje conhecido como **Ossada de Ragnar**. Esse evento mudou totalmente o cenário da navegação comercial em Arton, tornando possível trafegar por toda a costa sul, transportando mercadorias de numerosos reinos (e claro, intensificando a atividade dos bucaneiros).

O terceiro mar de Arton é também o mais ameaçador e evitado. No extremo nordeste do continente, separando as Sanguinárias e a ilha de Tamu-ra, está o **Mar dos Monstros** — ou *Kaiju'Umi*, como nomeado pelos tamurianos. Se a navegação no Mar Negro é tida como perigosa por ocorrência de criaturas ferozes, aqui essa atividade se torna quase impossível. Maremotos e tufões constantes, desafiando até as maiores embarcações, nem mesmo são o maior dos problemas. Assim como as próprias Sanguinárias, este mar também é habitado pelos gigantescos *kaiju*, os maiores monstros conhecidos em toda Arton. Grandes como montanhas, verdadeiras forças da natureza, um kaiju só pode ser desafiado por outro kaiju, lutando batalhas titânicas que estremecem a própria ilha.

KHUBAR

Khubar tem uma cultura exótica, que seguiu um caminho diverso dos povos do continente. As casas são rústicas, simples cabanas de palha, bambu, folhas e troncos de palmeira. O clima é quente, com chuvas fortes. A montaria mais comum é o tumarkhân, um enorme e dócil lagarto herbívoro. O povo, de pele morena-acinzentada, tem o costume de tatuar metade do corpo com padrões fluidos e variados. Dizem que esses desenhos servem para representar a dualidade do ser humano, que nasce com potencial para o bem e para o mal. É costume em Khubar usar pouca roupa, para exibir as tatuagens. Mas os khubarianos estão longe do barbarismo. Seus guerreiros são bem treinados e organizados, seus sábios são grandes filósofos, magos e monges, preocupados com o equilíbrio entre a mente e o corpo. A economia é baseada na pesca, coleta de frutas e caça de pequenos répteis. O reino é protegido por Benthos, o Dragão Rei do Mar, uma das criaturas mais poderosas de Arton, que é convocado pelos anciões e clérigos do reino com orações e meditação. Esta proteção impediu que Khubar fosse muito afetado pelos maremotos decorrentes da queda da Flecha de Fogo.

Sem afiliação às leis do Reinado, Khubar recebe todo tipo de viajantes marítimos — entre eles, piratas. A cultura tradicional não tolera roubo e violência, mas aqui esses fora da lei não são perseguidos. A recente abertura do Mar do Dragão Rei transformou Khubar subitamente num ponto de parada natural para navios de todas as procedências, além de um ponto de recrutamento para tripulações heroicas e vilanescas. Daqui partem expedições a Lamnor, ataques à costa de Bielefeld e de Wynlla, viagens mercantis às Repúblicas Livres de Sambúrdia e até longas jornadas para Tamu-ra. Os khubarianos muitas vezes embarcam nessas naus, tomados pelo desejo de ver o mundo.

Sendo território neutro, Khubar também se tornou ponto de encontro para oficiais, diplomatas e aventureiros de reinos inimigos. Sob o sol escaldante e nas noites agitadas da ilha, centuriões minotauros negociam com cavaleiros da Luz, puristas arrependidos pedem asilo a agentes do Reinado, aristocratas de Ahlen compram mortos-vivos de necromantes de Aslothia... Muito ouro circula em Khubar — além de mercadorias valiosas como pólvora, itens mágicos e matéria vermelha. Novas construções no estilo do continente começam a surgir, enquanto estrangeiros exilados, com segredos a esconder ou apenas procurando uma nova vida, se assentam na ilha. Para atender a toda esta nova população, inúmeras tavernas pipocam por toda parte, sendo palco de negócios escusos, duelos, juras de lealdade e inícios de grandes buscas.

O MUNDO PERDIDO

Além da costa continental sudoeste, além do perigoso Mar Negro, existe **Galrasia**. Vasta ilha tropical, de selva quente e úmida, que dizem ter sido arrancada do próprio mundo de Lena — onde toda a vida jorra farta, infindável, incontrolável. As árvores crescem em troncos grossos como estradas, alcançam e escondem os céus, contorcem-se em paisagens sinuosas, labirínticas. As águas galopam em rios ferozes, de corredeiras e cascatas estrondosas. Os pântanos borbulham densos, pegajosos, mais ruidosos e inquietos que qualquer pântano tem o direito de ser. As matas mergulham até as profundezas da terra, onde nenhum sol alcança, ainda assim exibindo folhagem exuberante, vigorosa, cálida. Um inferno verde.

Como isso é possível? Galrasia emana vida, copiosa e ardente. A mesma luz curativa, a mesma energia positiva que fortifica a magia dos clérigos — tão presente e poderosa que se pode sentir seu calor. Todo ser vivo na ilha sofre seus efeitos, recebe seus benefícios. Doenças saram, feridas fecham, músculos crescem. Tudo é maior. Tudo é faminto.

Porque a fauna galrasiana está entre as mais fantásticas de Arton. Uma população de feras imensas, primitivas, de selvageria extrema. Versões maiores e mais agressivas de animais comuns, lagartos-terror de eras esquecidas, serpentes capazes de engolir búfalos, insetos maiores que carruagens, criaturas-planta ágeis como panteras. Mesmo os herbívoros são bravios, territoriais, atacam tudo que se move — e o que dizer então dos carnívoros? Quando o ferimento mais severo é cicatrizado em minutos, a morte só chega de formas muito violentas e brutais, nas mandíbulas de algum predador terrível, nas lanças sangrentas das tribos-trovão; o inferno verde tem seus próprios demônios.

Mas a selva esconde segredos ainda mais profundos. Ruínas antigas, impressionantes, erguidas por um antigo povo de grande poder arcano. Os chamados *eiradaan*, um estranho e maligno povo élfico estrangeiro, dizem. Qual o segredo de sua chegada a Arton? Que tesouros mágicos, que artefatos poderosos teriam deixado? Ainda, teriam *realmente* partido?

Desnecessário dizer, o Mundo Perdido atrai todo tipo de aventureiros — caçadores de monstros rastreando troféus, cavaleiros em busca de montarias exóticas, inventores famintos por materiais raros, arcanistas ansiosos por segredos místicos, bucaneiros e ladinos de olho em quaisquer tesouros. Com o aumento de expedições ao longo dos anos, veio a necessidade e a oportunidade; um posto avançado, uma base de operações, um porto seguro. O impensável aconteceu. Na ilha selvagem, indomável, incivilizável, eis que surge a primeira *cidade*.

Lysianassa não foi construída, mas *cultivada* — composta por grandes estruturas vegetais em formato de torres, muralhas, passarelas e escadarias. Suas construtoras (ou "jardineiras") são conhecidas como as Oqamm, uma pequena ordem de druidas dahllan. Ninguém pode dizer quem são, quantas são, ou mesmo como distingui-las; todas usam as mesmas máscaras estranhas de madeira. Sabe-se bem pouco sobre elas ou seus motivos, mas é quase certo que são também responsáveis por manter afastadas (quase todas) as feras, tornando o lugar habitável por humanos. Com o crescente número de meias-dríades se aventurando no Reinado, talvez as Oqamm tenham erguido Lysianassa com a intenção de promover amizade entre os povos. Talvez.

Hoje Lysianassa é uma fervilhante cidade portuária, estabelecendo rotas marítimas regulares para Nova Malpetrim e outros pontos da costa artoniana. Um valioso entreposto comercial para negociar caça e tesouros, ponto de partida ideal para expedições rumo à selva.

O CONTINENTE BESTIAL

Lamnor, o continente sul, foi palco do conflito entre elfos e goblinoides por muitas gerações. Então Thwor Ironfist uniu todas as raças goblinoides, derrotou os elfos e devastou Lenórienn, seu reino. Deu cabo de todos os reinos humanos do continente, erguendo-se como o Ayrrak, o Imperador Supremo de Lamnor. Seu povo passou a ser chamado duyshidakk. Décadas depois, a profecia que avisava sobre a morte de Thwor se cumpriu. Com a queda da Flecha de Fogo, o líder morreu e ascendeu como deus. Seu império agora está dividido.

Lamnor é um continente selvagem e florestal. Mesmo antes do domínio duyshidakk havia menos cidades, menos civilização. Assim, Lamnor é terreno hostil para quase qualquer visitante. As poucas estradas estão arruinadas ou repletas de goblinoides. A maior parte da população vive em ruínas modificadas de cidades e castelos humanos, mas já existem diversas cidades, torres e fortalezas originais, cheias da estranha e caótica tecnologia dos goblins, com engenhocas que não parecem fazer sentido — mas que, de alguma forma, funcionam.

O que define a civilização duyshidakk é movimento. Suas cidades estão em constante reconstrução: uma estrutura que pareça sólida pode não mais existir ou ser algo completamente diferente no dia seguinte. Quase ninguém tem residência fixa, grandes comunidades parecem labirintos caóticos. Os goblinoides também não acreditam em dinheiro ou propriedade privada. Tomam o que precisam uns dos outros ou recebem presentes, estabelecendo hierarquia por meio da força.

Hoje em dia os duyshidakk estão fragmentados. Em vez de apenas um imperador, há vários generais, pretensos reis e sacerdotes, cada um afirmando ser o verdadeiro herdeiro de Thwor. Alguns lideram enormes exércitos errantes, outros comandam regiões equivalentes a reinos. Alguns desses líderes sonham em invadir o norte, outros querem apenas proteger seu povo. Forasteiros podem fazer acordos com os goblinoides, mas devem ter cuidado — ser pego no meio de uma disputa entre dois reis significa morte.

A FORTALEZA CONQUISTADA

Construída originalmente como uma cidade-fortaleza para proteger o sul contra o norte selvagem, depois passando a proteger o norte contra o sul, hoje **Khalifor** nada protege. É o maior antro do lado macabro e sinistro dos goblinoides. Quando Khalifor caiu para a Aliança Negra, recebeu um novo nome, mas curiosamente os novos habitantes continuaram a chamá-la pelo nome antigo. Khalifor é talvez a única cidade goblinoide que não está em constante renovação — as mesmas ruas, casas e castelos que os humanos construíram há quase 700 anos continuam a compô-la. Em Khalifor os duyshidakk usam dinheiro e respeitam propriedade privada. Ninguém sabe a razão dessas diferenças — talvez a influência do antigo Deus da Morte. Demônios de todos os tipos são cultuados em Khalifor. Em algumas regiões os goblinoides nem parecem maioria: vampiros, bruxas, mortos-vivos e outras criaturas malignas ocupam posições de poder. Se o resto de Lamnor é selvageria criativa, Khalifor é maldade astuta. Contudo, aqui forasteiros podem circular sem se perder, comprar equipamentos e até mesmo fazer pactos profanos. Com a queda da Flecha de Fogo e o surgimento da Ossada de Ragnar, uma seção das muralhas ruiu e um grande abismo se abriu ao lado da cidade-fortaleza, mas ela continua operando, agora com novos habitantes: muitos trabalhadores da época de sua construção e figuras de seu passado distante despertaram da morte como mortos-vivos.

O Modo de Vida Duyshidakk

O povo duyshidakk é guiado por uma filosofia de liberdade e caos conhecida como "O Mundo Como deve Ser". Nos lugares onde existe essa utopia goblinoide, não há dinheiro ou propriedade privada como muitos artonianos conhecem — cada pessoa só possui algo enquanto está usando o que quer que seja. Além disso, relações de hierarquia ou de escambo são decididas individualmente, muitas vezes através de lutas rápidas e sem ressentimentos.

Os duyshidakk entendem que apenas esse caos proporciona verdadeira autonomia. Se o mundo todo existir dessa forma, pode haver bolsões de ordem para aqueles que desejem — contudo, nunca com força suficiente para se alastrar e dominar quem quiser permanecer livre. Assim, as instituições devem ser enfraquecidas, ficando subordinadas a essa anarquia. Acima de tudo, o Mundo Como Deve Ser tem a ver com vida, movimento e mudança. Tudo que fica parado e estável espalha morte a seu redor... E por isso deve ser combatido.

A CAPITAL DUYSHIDAKK

A maior cidade dos goblinoides, **Urkk'thran** parece uma vasta cordilheira que muda de forma o tempo todo, rearranjando-se e se renovando a cada instante. O maior orgulho da civilização duyshidakk, Urkk'thran foi erguida em um vale que não tinha sido maculado por construções humanas ou élficas. Muralhas concêntricas, desencontradas e aparentemente caóticas cercam a cidade. Urkk'thran tem incontáveis níveis, com prédios, passagens, templos e casas. De uma hora para a outra, alguém pode abrir um túnel no meio de uma casa e, pouco depois, o lugar pode ser transformado numa oficina goblin, para no fim do dia ser soterrada durante a construção de um quartel. Feras selvagens, bandos nômades, criaturas voadoras, aranhas gigantes e todo tipo de goblinoide ou monstro circulam livremente. Como vários desses seres não precisam caminhar sobre o chão, Urkk'thran tem túneis subterrâneos, passagens verticais, construções de cabeça para baixo e vias aéreas de transporte. Um visitante pode nem notar se está do "lado de dentro" ou "do lado de fora", ou mesmo se há diferença entre os dois! Como os hábitos dos goblinoides podem ser diurnos e noturnos, não há diminuição de atividade a qualquer momento do dia. A cidade é um emaranhado de sons, cores, cheiros e novas experiências a cada minuto.

A ANTIGA LENÓRIENN

Quando o reino élfico caiu, sua capital foi tomada e se transformou para sempre. O que antes era Lenórienn passou a ser **Rarnaakk**, onde a violência e a brutalidade imperam. Ainda há restos de criações élficas — torres e pontes delicadas de cristal, palácios vivos misturados a árvores, obras de arte que se mesclam com cachoeiras... Mas tudo vandalizado, arruinado, sujo e desfigurado. Ossadas élficas e cadáveres empalhados podem ser vistos por toda a cidade. No entanto, as novas gerações não sentem mais desejo de vingança e nem mesmo reconhecem a função das construções élficas, incorporando-as a seu modo de vida para qualquer propósito útil. Existem segredos que sobreviveram à destruição e podem ser descobertos por exploradores — desde grimórios élficos até objetos sagrados e pergaminhos de história antiga.

Hordas duyshidakk avançam contra o Reinado

O IMPÉRIO DE JADE

Ilha de **Tamu-ra**. Lar de uma civilização ancestral. Terra de samurais, monges e ninjas, de artes milenares e culto sagrado à honra. Seu povo, resiliente e determinado como nenhum outro, enfrentou o pior que Arton podia oferecer — de sangrentas guerras civis a terremotos, tufões e ataques de monstros gigantescos. Até a chegada de algo ainda mais terrível. O primeiro ataque da Tormenta.

Tamu-ra foi devorada, corrompida, tornada um pesadelo de si mesma. Por longos anos (período que ficou conhecido como a Era Akumushi) esteve ocupada pela tempestade aberrante, dominada pelo titânico deus-dragão-inseto Igasehra. Pouco antes da calamidade, em uma demonstração suprema de poder arcano que custou sua vida, o Imperador Tekametsu transportou parte de sua população e construções até a periferia de Valkaria, onde se formaria o bairro Nitamu-ra. Esses poucos sobreviventes foram tudo que restou da outrora grandiosa e orgulhosa cultura. Durante os sofridos anos seguintes, lutariam para preservar suas tradições, proteger sua identidade.

O sofrimento perdurou até que o cavaleiro da Luz Orion Drake e seus companheiros se ergueram contra a Tormenta. Após uma campanha que se tornaria lendária, reuniram um exército de deuses e dragões para confrontar os invasores. Foi uma batalha sem igual em todos os planos, um embate épico no qual heróis e monstros tombaram... Mas Arton venceu. Pela primeira vez, uma área de Tormenta havia sido eliminada. A longa e tenebrosa tempestade enfim cessou. Terminava a sombria Era Akumushi, começava a luminosa Era Hikari.

Hoje, a grande e festiva reconstrução está em andamento. Os tamuranianos reerguem suas cidades, ansiosos para repovoar a terra amada — desta vez acompanhados por seus irmãos do continente. Na nova e cosmopolita capital **Shinkyo**, o Reinado e o Império de Jade prosperam juntos. Tamu-ra é governada por seu antigo Imperador, milagrosamente ressuscitado como criança. Mas ainda resta corrupção aberrante a expurgar, ainda restam monstros a serem exterminados. Para proteger este ainda frágil império, erguem-se as equipes sentai, grupos de aventureiros unidos pela honra.

Os samurais, monges e ninjas enfim voltaram a sua terra. No entanto, jamais esqueceriam a dívida de honra com os povos do Reinado. Devotos de Lin-Wu, o deus dragão celestial, ainda exploram masmorras e combatem o mal ao lado dos heróis locais. Sempre que Arton precisar, Tamu-ra estará pronta a erguer katana e jutsus em sua defesa.

Tamu-ra. Honra e jutsus para reerguer o império

Reinos de Moreania. Terra exótica onde os animais imperam

MOREANIA

Houve época em que não havia humanos na **Ilha Nobre**, não havia sequer seres inteligentes para lhe dar esse nome. Seus únicos habitantes eram os animais, selvagens e puros, vivendo conforme as leis de Allihanna — aqui reverenciada como a Dama Altiva. Seria assim até a chegada dos darash, povo humano de ciência profana e cobiça sem limites. Multiplicaram-se como pragas, alastrando suas cidades de metal, seu horrendo Reino das Torres. Devoraram a mata, envenenaram rios, escureceram o próprio céu.

Os animais, aterrorizados, pressentiam a extinção. Sofrendo por eles, a Dama tentou manter a serenidade — mas falhou. Seu irmão ouviu. Megalokk, o Indomável, o Deus dos Monstros. Deus da carnificina, da ferocidade absoluta, da ira infinita. Ele ouviu Allihanna chorar. E ficou furioso.

Na forma de Morte Branca, o dragão de marfim, Megalokk despejou cólera divina sobre os invasores. Os darash revidaram com suas máquinas de guerra, com suas armas de veneno e doença, mas estavam enfrentando um *deus*. Tudo que conseguiram foi tornar suas terras inabitáveis para eles próprios. Em seis dias, não havia um único darash vivo. Apenas os mais deturpados restariam, não mais humanos, agora rondando como monstros meios-máquinas, mortos-vivos e aberrações. O Reino das Torres permaneceria como a mais vasta e tóxica das ruínas.

Com o fim do povo nefasto, a Dama tentou apaziguar suas crias, mas não teve êxito. Os animais estavam perturbados, haviam sido roubados de sua pureza, expostos aos horrores da civilização. Então, para que pudessem se proteger, doze animais pediram aos deuses para ser humanos. Gato, búfalo, coelho, urso, raposa, coruja. Leão, morcego, crocodilo, serpente, hiena, lobo. Todos queriam a mão que fabrica e empunha, a mente que inventa e nomeia, a magia que cura e transforma. A Dama e o Indomável, mesmo contrariados, atenderam a sua súplica. Concederam mão, mente e magia. Assim, descendendo daqueles Doze Animais míticos, nascia a raça moreau.

Avançando da barbárie e guerras tribais ao governo sábio dos druidas, os moreau ergueram uma civilização cheia de contrastes. Um povo de tradição e respeito pelos animais de quem vieram, mas também buscando o avanço, até flertando com a ciência proibida darash. De suas diferenças nasceram três grandes nações: a antiga e religiosa **Luncaster**, de templos imensos, onde o Conselho Druida governa com reverência aos deuses; a orgulhosa **Brando**, com seus castelos majestosos, suas tradições de cavalaria, espada e magia, e a atrevida **Laughton**, cidade costeira erguida sobre antigas e misteriosas plataformas mágicas. Daqui, justamente, zarparam as audazes caravelas moreau através do Grande Oceano, em expedições de exploração e descoberta. E assim encontraram Arton.

MUNDO DE ARTON

Os Confins de Arton

No limite norte do Reinado encontra-se o **Rio dos Deuses**, um considerável obstáculo natural. O maior rio de Arton nasce em algum lugar das Sanguinárias e atravessa o continente, desaguando em vários pontos da costa sudoeste. Impossivelmente largo em vários locais, sem que se consiga ver a margem oposta, confunde-se com oceano. Largo e profundo, a ponto de abrigar raças aquáticas inteiras, bem como ruínas esquecidas, abismos submersos e covis de monstros. Seus braços levam água doce a quase todo o Reinado, além de prover uma vasta malha de navegação comercial — mesmo os maiores navios podem percorrer o rio. De fato, piratas fluviais são comuns e problemáticos.

Mais ao norte, além da margem oposta, estende-se a vastidão da **Grande Savana**. Um primeiro olhar revela exatamente o que sugere o nome: extensas planícies de vegetação baixa e amarelada pontilhada de árvores esparsas. Terra quente e rigorosa, de chuvas escassas, pouco atrativa aos povos do Reinado — exceto o ocasional caçador de troféus, atraído por suas manadas de grandes herbívoros e bandos de poderosos carnívoros. Existem povos humanos aqui, mas sua natureza é misteriosa. Alguns exploradores falam em guerreiros de pele negra, com lanças velozes e escudos hábeis. Outros mencionam pistas sobre uma reclusa e sofisticada sociedade arcanista.

Seguindo ainda mais para o norte, chegamos ao **Deserto da Perdição**. Um oceano de areia formado por dunas em constante mudança, que impossibilitam mapas e iludem mesmo o explorador mais habilidoso. Dias de calor inclemente, noites congelantes, vendavais capazes de limpar a carne dos ossos — e estes nem mesmo estão entre os maiores perigos. Aqueles que sobrevivem aos predadores famintos, que deslizam sob as areias como peixes fariam na água, podem encontrar a perdição prometida no nome do deserto; tempestades místicas atuam como portais planares caóticos, imprevisíveis, às vezes engolindo

(Continua...)

A TORMENTA

Quando o grupo de aventureiros conhecido como o Esquadrão do Inferno entrou em contato com o arauto de um povo estrangeiro, inadvertidamente libertou sobre Arton a maior de todas as ameaças. A Tormenta choveu sangue ácido e demônios sobre Tamu-ra, destruindo uma civilização milenar. Esses invasores são chamados lefeu, ou demônios da Tormenta; seres tão bizarros, tão macabros, que só conseguimos vê-los como insetos monstruosos — os limites daquilo que a inteligência racional consegue reconhecer ou imaginar. Depois do ataque a Tamu-ra surgiram outras áreas de Tormenta, lugares de profanação e pesadelo, onde nosso próprio mundo é devorado, substituído pela Anticriação aberrante.

Uma área de Tormenta é hostil à vida natural, um lugar onde apenas aventureiros muito fortificados conseguem sequer pisar. Infelizmente, a corrupção aberrante não se restringe a esses territórios — a Tormenta avança sobre Arton de numerosas formas. Sua loucura toca os povos, transformando pessoas em maníacos depravados. Nascem cada vez mais lefou, os meios-demônios da Tormenta. Criaturas lefeu rondam o Reinado, espreitando povoados, infestando masmorras. O próprio Panteão perdeu sua pureza divina, agora acolhendo Aharadak, o infecto Deus da Tormenta.

A origem dos lefeu remonta a um erro dos próprios deuses artonianos. Em tempos remotos, três deuses se uniram em um cosmos totalmente separado de Arton para criar um povo perfeito. Aquela nova raça, os lefeu, logo explodiu em criatividade, ambição e sede de poder. Sua necessidade de aperfeiçoamento se transformou em crueldade, conquista sem limites, destruição total. Tornaram-se algo horrendo, maligno e descontrolado.

Foram descobertos pelos demais deuses e então dizimados. Mas seu desejo de viver e evoluir era sem igual. Renasceram, cresceram, ficaram ainda mais poderosos. Tragaram seu próprio mundo nativo, sua própria cosmologia. Varreram de seu universo tudo que não era eles mesmos. Transcenderam os conceitos de vida e morte, apagaram o próprio tempo. Tornaram-se um *multiverso consciente*.

Os lefeu venceram todos os desafios em sua Anticriação, então buscaram novas conquistas em outros universos. Descobriram Arton e iniciaram uma campanha de dominação. O "sangue" que chove nas áreas de Tormenta é *matéria vermelha*, a substância corruptora que compõe os lefeu. Para eles, não basta escravizar ou matar. Eles precisam *transformar* Arton em seu próprio mundo, destruir tudo que não seja igual a eles, distorcer nosso universo ao inferno de onde eles vieram.

Por isso, uma vez que uma área de Tormenta se instala em Arton, não há volta. A chuva de sangue não cessa. Construções se transformam em paródias cruéis, horrores insetoides saídos de pesadelos. A natureza deixa de ser verde e se torna vermelha, afiada e enlouquecedora. A própria terra se transforma em matéria vermelha.

Existe apenas uma esperança. Cada área de Tormenta tem um Lorde, um lefeu de poder inimaginável que a governa. Cada área também tem um Coração, um lugar ou objeto de onde brota a Anticriação. Se o Lorde for morto e o Coração for destruído antes que um novo Lorde tome seu lugar, a área de Tormenta pode ser revertida. Contudo, até hoje isso aconteceu apenas uma vez, em um combate épico que envolveu heróis lendários e os próprios deuses. E mesmo esta vitória sofrida tomou de volta apenas um dos territórios dominados. Não há nenhuma perspectiva de contra-atacar, levar a luta até os invasores e tirar deles alguma coisa. Os maiores sábios temem que as ameaças dos aberrantes se concretizem:

No final, tudo será lefeu.

Os Confins de Arton (Continuação)

viajantes para sempre, outras vezes trazendo forasteiros de mundos distantes. E apesar de tudo, esta terra é morada de povos humanos, sobretudo as tribos Sar-Allan e sua fantástica Cidade no Deserto, capaz de viajar conforme o desejo de seu príncipe.

Se existe algo ainda mais ao norte, ainda mais além, ninguém sabe. Alguns sábios teorizam um "norte gelado" — como se a geografia deste mundo fosse governada por leis naturais, em vez de deuses caprichosos. Outros falam em passagens para terras proibidas, talvez a própria Anticriação da Tormenta. Outros falam de uma barreira infindável, intransponível, erguida pelos deuses como uma proibição final (ou um desafio?) aos mortais. E outros ainda dizem existir apenas um nada, um vazio; o Nada e o Vazio, as entidades que teriam originado os vinte deuses. Mas pelo menos em uma coisa, quase todos concordam: o mundo acaba ali.

O Esquadrão do Inferno. O início de tudo

PLAYTESTERS

Adriano "Bun3k0" • Adriano Jennrich Cordeiro "Sieags" • Adriano Monteiro • Alcyr Barbin Neto • Aldenor de Castro Madeira Neto • Aleff Rodrigues • Alex Ricardo Parolin • Alex Sandro Serafim • Alexandre Rosa de Souza • Allan Jorge da Luz Junior • Allan José • Amarildo Marinho de V. Júnior • Anderson "Garou" Oliveira • André "Aatrox" Gustavo • André Adriano • André Faccas • André Filardi Bernardino • André Leonel Fernandes • André Luiz Marcondes Pontes • Andre Luiz Retroz Guimarães • André Mendes Rotta • Antoni "Zero" Quequetto • Arasfin D'Auriem • Arthur Rodrigues Queiroz • Arthur Sales Guilherme • Arthur Zanella Lovato • Ary Britto • Asascar • Ashardalon • o Antiquário • Astirax • Bernardo Ortolani • Bernardo Stamato • Bia e Ícaro • BondeDasBonecas 2.0 • Brayan Kurahara • Bruno Batista • Bruno Cavalcante Decnop • Bruno Cesar "Hoen" A.F.F. Mendes • Bruno da Costa Dias • Bruno de Jesus Farias Silva • Bruno Ferreira Silva • Bruno Messias • Caio Castro Vaz • Caio Gomes • Caio Lourêncio • Caio Messias Cavazzana • Carlos George Costa de Almeida • César Alencar Machado Leal • Cezar Viana Coelho Amaral • Christoph "Mannok" Fanton • Clã da Orgone • Claus Rodrigues Tessmann • Dalton de Souza • Daniel "Odrysius" • Daniel Duran Galembeck da Silva • Daniel Linhares • Daniel Marcos • Daniela Hänggi • Danilo Alves da Silva • Danilo Aureliano Machado • Danilo da Costa • Danilo Marabezi • Davi Henrique • Davi Roberto Limeira • Dean "DeaDShoT" Silva • Dennis Bordeghini • Diego "Etryell" Moreira • Diego "Paja" Beheregaray • Diego Francisco "Wolf Fivousix" Bueno Sartório Whitten-Brown • Diego Nunes da Costa • dotpegaso • Douglas Faquin Bueno • Douglas Nascimento • Douglas Santos • Douglas Vieira Dias • Edson Ghiotto • Eduardo "Blitkun" • Eduardo Damacena Manhães • Eduardo Feltes • Eduardo Kawamoto Amarães • Eduardo Lucena Soares • Eduardo Macedo • Eduardo Tavares Machado • Elimar Rodrigues Alexandre Filho e César Mathias Carvalho de Oliveira • Elvys "Taverna Nerd" Benayon • Elvys da Silva Benayon • Emanuel Guilherme • Emerson Luiz Xavier • Enzo Luiz Fernandes • Erick Danny Goulart Oliveira • Erick Ferreira de Oliveira • Erick V. Farias • Erivaldo Fernandes (Erivas) • Evandro Pereira da Silva • Everton Camargo da Silva • Fabio "Druida" de Carvalho • Fabio "Necro" • Fábio Marques • Fabrício Ruterno Oliveira Suarez • Fabrício Spigolon Lima Costa "spiga" • Fagner Ferreira • Fagner Ferreira • Felipe "100Nossão" Nunes Porto • Felipe Albergaria Cendón • Felipe Becchelli • Felipe José de Carvalho Alves • Felipe Lucena Leite • Felipe Noronha Menezes • Felipe Rodrigues Câmara • Felipe Rogelin Vaz • Fernando Mateus Ferreira Vale dos Santos • Fernando Renato Matsunaga Marchiotto • Fernira Guelbekjan Matias • Francisco Duque de Paiva Giudice Junior • Franklin Cardoso Garcia • Franklyn Fagundes Varzon • Gabriel • Gabriel "Vrikolaka" Gasperini • Gabriel Alves do Rêgo • Gabriel B. Novaes • Gabriel da Rosa Henstchke • Gabriel S. Passos • Gabriel Soares Machado • Gabriel Xavier • Gabriela Borges • Geovane • Gervasio da Silva Filho • Gil "Gilgante" Cardoso • Giuliano Machado Abbagliato • Grupo Mortalha de Tenebra • Guilherme Amesfort • Guilherme Ferreira de Siqueira • Guilherme Inojosa • Guilherme Marlon Rosendo da Silva • Guilherme Paes • Guilherme Pizzatto • Guilherme Souza Gamal • Guilherme Viana • Gustavo "Glanoth" Bortone • Gustavo Azevedo Minotto • Gustavo Perandré [Stein] • Gustavo Reis • Haniel Ferreira • HELA • Henrique "Gnoelfo" Martins • Henrique Lima • Herison Santana dos Santos • Higor Proença • Hudson "HD" Silva • Hugo Jacauna • Hugo Ribeiro da Silva • Hugo Santana Andrade • Ícaro Emannuel Sampaio Almeida Menezes • Icaro Sannazzaro Rossi de Oliveira • Igor Dagoberto Guterres Filgueira • Illuminerd • Inã Senna Franco • Ivan Ivanoff de Oliveira • Jader Eckert Brasil • Jaime Paz Lopes • Jean Rodrigo Ferreira • Joalisson Rodrigo da Silva • João Carlos de Lucena Lira • João Costa • João Durão Beraldi • João Gustavo Borges e Silva Vita • João Pedro Alves Maciel • Johann Pinheiro Pires • John Lessard • Johnny Gonçalves • Jonatas Matheus Gino de Souza • Jonathan A.M. Sidoski • Jonathan Cezario • Jorge Botelho • José Antonio de Souza Neto • José Ricardo Gonçalves Barretto • José Victor Louback Pissurno • Juan Campos Barezzi • Julio Cesar da Silva Santesso • Kennedy J S Nunes • Keven S. Ferreira • Keven S. Ferreira • kleiton pithon • Leandro "Potiro" Freire • Leonardo Chacon Hor • Leonardo Fiamoncini de Souza • Leonardo Moura Felipe • Lucas Barroso (Luciel) • Lucas Bergamaschi Soares • Lucas Borne • Lucas Henrique Dias • Lucas Lins • Lucas Moreira de Carvalho • Lucas N. Paganine • Lucas Serrano de Andrade • Lucio Pedro Limonta • Luis Augusto Patrick Cordeiro Tavares (John Milton) • Luís F. Guazzelli • Marcelo Matos • Marcio Moralles • Marcos Nasinbene • Marcos Neiva II • Marcus Araujo Matildes • Marcus Peterson Matos das Neves Filho • Marina Oliveira • Mateus Cardozo Fôlego • Mateus Shimira Honorato • Matheus Adriell • Matheus Kilp • Mathias Buba • Matheus Laurinha Ana William Hippe • Mauro Silas Zambiasi • Maury S. L. Abreu • Meeercos Correia • Mia Alexandra • Michel M o Ladino • Miguel de Souza Silva Beholder • Nahor Alexei Pereira de Andrade • Newton Nitro • Odmir Fortes • Odorico Carlos Ferreira Faria • Orlando Luiz • Osmar Rocha Simões • Otto Menegasso Pires • Pablo Dutra Sant' Anna • Pablo Urpia • Patrick de Medeiros Fernandes • Paulo "Monge" Adao Jr • Paulo (Farid) Cunha • Paulo Angelo Dias Barbosa • Paulo Muynarsk • Paulo Pelicano • Pedro Aganett Giannini • Pedro de Quadra Buss • Pedro de Souza • Pedro Gonçalves • Pedro Henrique "MMD" Martins • Pedro Henrique Matos Souza de Santana • Pedro Humberto F. Almeida • Pedro Moniz Canto • Pedro Scarabotto • Pedro Thuler • Philipe Jacobina Baraúna • Pietro Vicari • Quampo • Rafael Angelo F. Ribeiro • Rafael Breia • Rafael Chitolina • Rafael Felipe Moreira • Rafael Lima da Silva • Rafael Marréga Rezende • Rafael Martins • Rafael Ramalho • Rafael Ramires Leite • Rafael Rodrigues Michetti • Raphael Conterno da Silveira • Ramon Moreira Xavier • Renan Cordeiro Costa • Renan Cristian Kauer • Renan Lamartine • Retorno dos Heróis • Ricardo Branco • Ricardo Kruchinski • Ricardo Ribeiro • Ricardo Sampietro (BUDAH) • Rodolfo Xavier • Rodrigo "Gilgamesh Orby" Francisco • Rodrigo Carreira dos Santos • Rodrigo César • Rodrigo de Castro Mendonça • Rodrigo J. S. Silva • Rodrigo Salazar da Silva • Rodrigo Sanzi Acerbi • Rodrigo Sfortza • Rodrigo Soares • Roosevelt Suna • Rulio Niago • Ruslan L. T. Schwab • Sávio Souza • Sdevem Ramos • Sérgio "O Alquimista" Gomes e o Clube do Sapo • Silvino Pereira de Amorim Neto • Silvino Pereira de Amorim Neto • Silvio Neto (bokinha) • Tarcísio Oliveira Correa • Tárik Raydan • Taverna Falha Crítica • Taverna Nerd • Thales Barreto • Thalles Rezende • Thiago Kaefer • Thiago Moreira Caires • Thiago Nunes da Silva • Thomaz Jedson Lima • Tiago • Tiago Alexandre Frozza • Tiago César de Moura • Tigre & Chiemi • Tomaz Paulino Vicente Neto • Victor Augusto Martins Ribeiro • Victor Bittencourt • Victor Hugo de Paiva • Vinicius Araújo • Vinicius Dias • Vinicius Jordão Pescuma • Vinicius Lunguinho • Vinícius Weite Thomé • Vitor "Ringo" Faccio • Vitor Hugo Cassol • Vitor Pompei • Vladek Barbosa Leon de Almeida • Welington Haas Hein • Wellington Barros Moraes • Welton Beck Guadagnin • Welton Sousa • Wesley Liberato • Yago Gonzaga • Yan Marques Cunha • Yuri Bitencourt • Yuri Candido.

OPEN GAME LICENSE

OPEN GAME LICENSE Version 1.0a

The following text is the property of Wizards of the Coast, Inc. and is Copyright 2000 Wizards of the Coast, Inc ("Wizards"). All Rights Reserved.

1. Definitions: (a)"Contributors" means the copyright and/or trademark owners who have contributed Open Game Content; (b)"Derivative Material" means copyrighted material including derivative works and translations (including into other computer languages), potation, modification, correction, addition, extension, upgrade, improvement, compilation, abridgment or other form in which an existing work may be recast, transformed or adapted; (c) "Distribute" means to reproduce, license, rent, lease, sell, broadcast, publicly display, transmit or otherwise distribute; (d)"Open Game Content" means the game mechanic and includes the methods, procedures, processes and routines to the extent such content does not embody the Product Identity and is an enhancement over the prior art and any additional content clearly identified as Open Game Content by the Contributor, and means any work covered by this License, including translations and derivative works under copyright law, but specifically excludes Product Identity. (e) "Product Identity" means product and product line names, logos and identifying marks including trade dress; artifacts; creatures characters; stories, storylines, plots, thematic elements, dialogue, incidents, language, artwork, symbols, designs, depictions, likenesses, formats, poses, concepts, themes and graphic, photographic and other visual or audio representations; names and descriptions of characters, spells, enchantments, personalities, teams, personas, likenesses and special abilities; places, locations, environments, creatures, equipment, magical or supernatural abilities or effects, logos, symbols, or graphic designs; and any other trademark or registered trademark clearly identified as Product identity by the owner of the Product Identity, and which specifically excludes the Open Game Content; (f) "Trademark" means the logos, names, mark, sign, motto, designs that are used by a Contributor to identify itself or its products or the associated products contributed to the Open Game License by the Contributor (g) "Use", "Used" or "Using" means to use, Distribute, copy, edit, format, modify, translate and otherwise create Derivative Material of Open Game Content. (h) "You" or "Your" means the licensee in terms of this agreement.

2. The License: This License applies to any Open Game Content that contains a notice indicating that the Open Game Content may only be Used under and in terms of this License. You must affix such a notice to any Open Game Content that you Use. No terms may be added to or subtracted from this License except as described by the License itself. No other terms or conditions may be applied to any Open Game Content distributed using this License.

3. Offer and Acceptance: By Using the Open Game Content You indicate Your acceptance of the terms of this License.

4. Grant and Consideration: In consideration for agreeing to use this License, the Contributors grant You a perpetual, worldwide, royalty-free, non-exclusive license with the exact terms of this License to Use, the Open Game Content.

5. Representation of Authority to Contribute: If You are contributing original material as Open Game Content, You represent that Your Contributions are Your original creation and/or You have sufficient rights to grant the rights conveyed by this License.

6. Notice of License Copyright: You must update the COPYRIGHT NOTICE portion of this License to include the exact text of the COPYRIGHT NOTICE of any Open Game Content You are copying, modifying or distributing, and You must add the title, the copyright date, and the copyright holder's name to the COPYRIGHT NOTICE of any original Open Game Content you Distribute.

7. Use of Product Identity: You agree not to Use any Product Identity, including as an indication as to compatibility, except as expressly licensed in another, independent Agreement with the owner of each element of that Product Identity. You agree not to indicate compatibility or co-adaptability with any Trademark or Registered Trademark in conjunction with a work containing Open Game Content except as expressly licensed in another, independent Agreement with the owner of such Trademark or Registered Trademark. The use of any Product Identity in Open Game Content does not constitute a challenge to the ownership of that Product Identity. The owner of any Product Identity used in Open Game Content shall retain all rights, title and interest in and to that Product Identity.

8. Identification: If you distribute Open Game Content You must clearly indicate which portions of the work that you are distributing are Open Game Content.

9. Updating the License: Wizards or its designated Agents may publish updated versions of this License. You may use any authorized version of this License to copy, modify and distribute any Open Game Content originally distributed under any version of this License.

10. Copy of this License: You MUST include a copy of this License with every copy of the Open Game Content You Distribute.

11. Use of Contributor Credits: You may not market or advertise the Open Game Content using the name of any Contributor unless You have written permission from the Contributor to do so.

12. Inability to Comply: If it is impossible for You to comply with any of the terms of this License with respect to some or all of the Open Game Content due to statute, judicial order, or governmental regulation then You may not Use any Open Game Material so affected.

13. Termination: This License will terminate automatically if You fail to comply with all terms herein and fail to cure such breach within 30 days of becoming aware of the breach. All sublicenses shall survive the termination of this License.

14. Reformation: If any provision of this License is held to be unenforceable, such provision shall be reformed only to the extent necessary to make it enforceable.

15. COPYRIGHT NOTICE

Open Game License v1.0, Copyright 2000, Wizards of the Coast, Inc.

System Reference Document, Copyright 2000, Wizards of the Coast, Inc. Autores Jonathan Tweet, Monte Cook e Skip Williams, baseado em material original de E. Gary Gygax e Dave Arneson.

O material a seguir é Identidade do Produto: toda a Introdução, todo o Capítulo 9 e todos os termos referentes ao universo Tormenta, incluindo, mas não limitado a, nomes e descrições de personagens, deuses, lugares e fenômenos.

O material a seguir é Conteúdo Open Game: todo o texto de regras do livro, exceto por material previamente declarado Identidade do Produto.

LISTA DE CONDIÇÕES

Condições com os mesmos efeitos não se acumulam; aplique apenas os mais severos. Por exemplo, um personagem desprevenido e vulnerável sofre –5 na Defesa, não –7. A menos que especificado o contrário, condições terminam no fim da cena.

Algumas condições possuem um tipo de efeito (veja a página 228). Se for o caso, o tipo aparece em *itálico* após a descrição da condição.

ABALADO. O personagem sofre –2 em testes de perícia. Se ficar abalado novamente, em vez disso fica apavorado. *Medo.*

AGARRADO. O personagem fica desprevenido e imóvel, sofre –2 em testes de ataque e só pode atacar com armas leves. Ataques à distância contra um alvo envolvido em uma manobra agarrar têm 50% de chance de acertar o alvo errado. *Movimento.*

ALQUEBRADO. O custo em pontos de mana das habilidades do personagem aumenta em +1. *Mental.*

APAVORADO. O personagem sofre –5 em testes de perícia e não pode se aproximar voluntariamente da fonte do medo. *Medo.*

ATORDOADO. O personagem fica desprevenido e não pode fazer ações. *Mental.*

CAÍDO. O personagem sofre –5 na Defesa contra ataques corpo a corpo e recebe +5 na Defesa contra ataques à distância (cumulativos com outras condições). Além disso, sofre –5 em ataques corpo a corpo e seu deslocamento é reduzido a 1,5m.

CEGO. O personagem fica desprevenido e lento, não pode fazer testes de Percepção para observar e sofre –5 em testes de perícias baseadas em Força ou Destreza. Todos os alvos de seus ataques recebem camuflagem total. Você é considerado cego enquanto estiver em uma área de escuridão total, a menos que algo lhe permita perceber no escuro. *Sentidos.*

CONFUSO. O personagem comporta-se de modo aleatório. Role 1d6 no início de seus turnos: 1) Movimenta-se em uma direção escolhida por uma rolagem de 1d8; 2-3) Não pode fazer ações, e fica balbuciando incoerentemente; 4-5) Usa a arma que estiver empunhando para atacar a criatura mais próxima, ou a si mesmo se estiver sozinho (nesse caso, apenas role o dano); 6) A condição termina e pode agir normalmente. *Mental.*

DEBILITADO. O personagem sofre –5 em testes de Força, Destreza e Constituição e de perícias baseadas nesses atributos. Se o personagem ficar debilitado novamente, em vez disso fica inconsciente.

DESPREVENIDO. O personagem sofre –5 na Defesa e em Reflexos. Você fica desprevenido contra inimigos que não possa perceber.

DOENTE. Sob efeito de uma doença. *Metabolismo.*

EM CHAMAS. O personagem está pegando fogo. No início de seus turnos, sofre 1d6 pontos de dano de fogo. O personagem pode gastar uma ação padrão para apagar o fogo com as mãos. Imersão em água também apaga as chamas.

ENFEITIÇADO. O personagem se torna prestativo em relação à fonte da condição. Ele não fica sob controle da fonte, mas percebe suas palavras e ações da maneira mais favorável possível. A fonte da condição recebe +10 em testes de Diplomacia com o personagem. *Mental.*

ENJOADO. O personagem só pode realizar uma ação padrão ou de movimento (não ambas) por rodada. Ele pode gastar uma ação padrão para fazer uma investida, mas pode avançar no máximo seu deslocamento (e não o dobro). *Metabolismo.*

ENREDADO. O personagem fica lento, vulnerável e sofre –2 em testes de ataque. *Movimento.*

ENVENENADO. O efeito desta condição varia de acordo com o veneno. Pode ser perda de vida recorrente ou outra condição (como fraco ou enjoado). Perda de vida recorrente por venenos é cumulativa. *Veneno.*

ESMORECIDO. O personagem sofre –5 em testes de Inteligência, Sabedoria e Carisma e de perícias baseadas nesses atributos. *Mental.*

EXAUSTO. O personagem fica debilitado, lento e vulnerável. Se ficar exausto novamente, em vez disso fica inconsciente. *Cansaço.*

FASCINADO. Com a atenção presa em alguma coisa. O personagem sofre –5 em Percepção e não pode fazer ações, exceto observar aquilo que o fascinou. Esta condição é anulada por ações hostis contra o personagem ou se o que o fascinou não estiver mais visível. Balançar uma criatura fascinada para tirá-la desse estado gasta uma ação padrão. *Mental.*

Fatigado. O personagem fica fraco e vulnerável. Se ficar fatigado novamente, em vez disso fica exausto. *Cansaço.*

Fraco. O personagem sofre –2 em testes de Força, Destreza e Constituição e de perícias baseadas nesses atributos. Se ficar fraco novamente, em vez disso fica debilitado.

Frustrado. O personagem sofre –2 em testes de Inteligência, Sabedoria e Carisma e de perícias baseadas nesses atributos. Se ficar frustrado novamente, em vez disso fica esmorecido. *Mental.*

Imóvel. Todas as formas de deslocamento do personagem são reduzidas a 0m. *Movimento.*

Inconsciente. O personagem fica indefeso e não pode fazer ações, incluindo reações (mas ainda pode fazer testes que sejam naturalmente feitos quando se está inconsciente, como testes de Constituição para estabilizar sangramento). Balançar uma criatura para acordá-la gasta uma ação padrão.

Indefeso. O personagem fica desprevenido, mas sofre –10 na Defesa, falha automaticamente em testes de Reflexos e pode sofrer golpes de misericórdia.

Lento. Todas as formas de deslocamento do personagem são reduzidas à metade (arredonde para baixo para o primeiro incremento de 1,5m) e ele não pode correr ou fazer investidas. *Movimento.*

Ofuscado. O personagem sofre –2 em testes de ataque e de Percepção. *Sentidos.*

Paralisado. Fica imóvel e indefeso e só pode realizar ações puramente mentais. *Movimento.*

Pasmo. Não pode fazer ações. *Mental.*

Petrificado. O personagem fica inconsciente e recebe redução de dano 8. *Metamorfose.*

Sangrando. No início de seu turno, o personagem deve fazer um teste de Constituição (CD 15). Se falhar, perde 1d6 pontos de vida e continua sangrando. Se passar, remove essa condição. *Metabolismo.*

Sobrecarregado. O personagem sofre penalidade de armadura –5 e seu deslocamento é reduzido –3m. *Movimento.*

Surdo. O personagem não pode fazer testes de Percepção para ouvir e sofre –5 em testes de Iniciativa. Além disso, é considerado em condição ruim para lançar magias. *Sentidos.*

Surpreendido. O personagem fica desprevenido e não pode fazer ações.

Vulnerável. O personagem sofre –2 na Defesa.

Cegueira, envenenamento, petrificação, medo. Aventureiros enfrentam todo tipo de situação adversa

ÍNDICE REMISSIVO

A

A Pessoa Certa para o Trabalho ... 74
À Prova de Tudo ... 88
abalado (condição) ... 394
Abençoado ... 82
Abençoar Arma ... 57
abjuração (escola) ... 172
abrir fechaduras ... 120
Abusar dos Fracos ... 47
Academia Arcana ... 367
acalmar animal ... 115
acampamento ... 123
acertos críticos ... 230
ácido (perigo) ... 317
ácido (tipo de dano) ... 230
ações ... 233
 completas ... 235
 de movimento ... 234
 livres ... 235
 padrão ... 233
 tipos de ... 233
acólito (origem) ... 85
aço-rubi ... 166
Acrobacia (perícia) ... 115
Acrobático ... 129
Acuidade com Arma ... 124
adaga ... 146
adamante ... 166
adaptável (habilidade de arma) .. 143
Adestramento (perícia) ... 115
adivinhação (escola) ... 172
Afinidade com a Tormenta ... 132
agarrado (condição) ... 394
agarrar (manobra) ... 234
Agarrar Aprimorado ... 228
ágil (habilidade de arma) ... 143
Agite Antes de Usar ... 68
agredir (ação) ... 233
Água no Feijão ... 90
Aharadak ... 96
Ahlen ... 364
ajudante (parceiro) ... 260
ajudar ... 213
Ajuste de Mira ... 68
alabarda ... 146
alcance (de armas) ... 143
alcance (de efeitos) ... 224
aldeia ... 271
alfange ... 146
alimentação ... 162
alinhamento ... 109
Allihanna ... 97
Alma de Bronze ... 41
Almejar o Impossível ... 132
alongada (habilidade de arma) ... 143
Alpinista Social ... 89
alquebrado (condição) ... 394
alquímicos, itens ... 160
Alquimista de Batalha ... 68
Alquimista Iniciado ... 68
Alta Arcana ... 39
alvo (de um efeito) ... 224
Ambidestria ... 50
Amiga das Plantas ... 21
amigo dos animais (origem) ... 85
Amigo dos Plebeus ... 92
Amigo Especial ... 85
Amigos no Porto ... 47
amnésico (origem) ... 86
amortecer queda ... 115
analisar terreno ... 119
anão ... 20, 382
Anatomia Insana ... 136
Anfíbio ... 132
animais ... 162, 284
animais totêmicos ... 42
Antenas ... 136
Antigo Mestre ... 94
anulando magias ... 173
Ao Sabor do Destino ... 129
Aparar ... 47
Aparência Inofensiva ... 130
aparição ... 297
apavorado (condição) ... 394
Apostador ... 47
apostar ... 120
Apostar com o Trapaceiro ... 132
apresentação ... 116
aquático (terreno) ... 269
aranha gigante ... 286
arauto de Thwor ... 300
arcanista (classe) ... 36
Arcano de Batalha ... 37
arco curto ... 146
arco longo ... 146
área (de um efeito) ... 225
aristocrata (origem) ... 86
Arma Improvisada ... 76
arma preferida ... 96
Arma Sagrada ... 82
Arma Secundária Grande ... 124
armadilhas ... 317
 do caçador ... 50, 51
armadura acolchoada ... 154
Armadura Brilhante ... 79
armadura completa ... 154
Armadura da Honra ... 53
Armadura de Allihanna ... 21
armadura de couro ... 154
Armadura Óssea ... 29
armaduras ... 152
Armamento Aberrante ... 136
armas ... 142
 habilidades de ... 143
 improvisadas ... 147
Armas da Ambição ... 132
Armeiro ... 68
Arqueiro ... 50
Arremessador ... 28
Arremesso Múltiplo ... 124
Arremesso Potente ... 124
Arsenal (deus) ... 98
Arsenal das Profundezas ... 132
Arte Mágica ... 44
artefatos ... 346
artesão (origem) ... 86
ártico (terreno) ... 269
Articulações Flexíveis ... 136
Artista Completo ... 45
artista (origem) ... 86
Asas de Borboleta ... 30
Asas Insetoides ... 136
Aslothia ... 371
Aspecto da Primavera ... 61
Aspecto do Inverno ... 61
Aspecto do Outono ... 61
Aspecto do Verão ... 61
Assassinar ... 73
assassino (parceiro) ... 260
assistente de
 laboratório (origem) ... 87
assustar ... 120
Astúcia da Serpente ... 132
ataque ... 230
Ataque Acrobático ... 47
Ataque com Escudo ... 124
ataque desarmado ... 143
Ataque Especial ... 65
Ataque Extra ... 66
Ataque Furtivo ... 73
Ataque Pesado ... 124
Ataque Piedoso ... 132
Ataque Poderoso ... 124
Ataque Preciso ... 124
Ataque Reflexo ... 65
Até Acertar ... 76
atirador (parceiro) ... 261
atitude, categoria de ... 259
Ativação Rápida ... 69
Atlético ... 130
Atletismo (perícia) ... 115
atordoado (condição) ... 395
Atraente ... 130
atrasar (ação) ... 235
atributos ... 17
 -chave (de magia) ... 170
atropelar (ação) ... 220
Atuação (perícia) ... 116
Audácia ... 47
Aumentar Repertório ... 44
Aumento de Atributo ... 37
Aura Antimagia ... 82
Aura Ardente ... 83
Aura de Cura ... 83
Aura de Invencibilidade ... 83
Aura de Medo ... 132
Aura de Paz ... 132
Aura Poderosa ... 83
Aura Restauradora ... 132
Aura Sagrada ... 84
Autoconfiança ... 79
Autômato ... 69
Autômato Prototipado ... 69
Autoridade Eclesiástica ... 57
Autoridade Feudal ... 54
avalanche ... 320
Aventureiro Ávido ... 47
azagaia ... 146
Azgher (deus) ... 98

B

Balada Fascinante ... 44
balas (munição) ... 151
Balística ... 69
Baluarte ... 53
bandido ... 289
Baralho do Caos, o ... 347
bárbaro (classe) ... 40
bardo (classe) ... 43
barganha ... 117
basilisco ... 289
Bastião ... 55
batedor (origem) ... 88
Bater e Correr ... 65
Bênção da Justiça ... 84
Bênção do Mana ... 132
besta leve ... 146
besta pesada ... 146
Bielefeld ... 360
blefar ... 118
Blindagem ... 69
Bloqueio com Escudo ... 124
bordão ... 147
Bote ... 50
Braços Calejados ... 76
Brado Assustador ... 41
Bravatas ... 48
Bravura Final ... 55
Briga ... 76
brunea ... 154
Bruxo ... 37
bucaneiro (classe) ... 46
Busca Interior ... 89
buscas ... 278

C

Cabeçada ... 76
caçador (classe) ... 49
caído (condição) ... 394
Caldeirão do Bruxo ... 38
calor ... 267
Caminho do Cavaleiro ... 55
Caminho do Explorador ... 51
Caminho dos Ermos ... 63
Campeão ... 66
camuflagem (situação) ... 238
Camuflagem (habilidade) ... 50
Canalizar Amplo ... 58
Canalizar Energia ... 57
Canalizar Reparos ... 27
Canção Assustadora ... 44
Canção dos Mares ... 30
Cano Raiado ... 69
cão (parceiro) ... 262
cão do inferno ... 289
capanga (origem) ... 88
capelão de guerra ... 295
capitão-baluarte ... 295
Carapaça ... 136
carga, limites de ... 141
Carga de Cavalaria ... 124
Carícia Sombria ... 132
Carisma ... 17
Casca Grossa ... 77
cascavel ... 304
Catacumbas de Leverick ... 381
Catalisador Instável ... 69
cavaleiro (classe) ... 52
cavaleiro do Leopardo ... 295
Cavalgar (perícia) ... 116
cavalo (parceiro) ... 262
cego (condição) ... 394
Celebrar Ritual ... 131
cenas ... 252
centauro ... 290
Centelha Mágica ... 132
centopeia-dragão ... 286
charlatão (origem) ... 88
Chassi ... 27
Chave ... 76
chicote ... 147
Chifres (habilidade) ... 25
Chutes e Palavrões ... 69
Chuva de Lâminas ... 50
cidade ... 271
Cidade Normal dos Humanos ... 366
cilindro (área de efeito) ... 225
cimitarra ... 147
circense (origem) ... 89
classes ... 32
clava ... 147
clérigo (classe) ... 56
clima ... 267
coagir ... 120
cobertura ... 239
cobra ... 304
Código de Honra ... 53
Código do Herói ... 82
colinas ... 268
colosso supremo ... 296
Comandar ... 130
combate ... 230
 construindo um ... 282

Combate Defensivo 124
combate montado.................... 261
combatente (parceiro).............. 261
Comerciante 70
Companheiro Animal 61
Compreender os Ermos........... 132
Comunhão Vital 58
conceito de personagem 16
condições................................ 394
conduzir (montaria) 116
cone (área de efeito)................ 225
Confiança dos Ringues.............. 76
Confissão................................... 88
Conflagração do Aço................ 371
confuso (condição) 394
Conhecimento (perícia) 117
Conhecimento das Rochas 20
Conhecimento de Fórmulas 69
Conhecimento Enciclopédico... 132
Conhecimento Mágico............... 38
Conjurar Arma 132
consertar.................................. 121
Constituição 17
construtos................................ 284
Contramágica Aprimorada 38
Convencido................................ 76
convocação (escola)................. 172
Coração da Selva....................... 62
Coragem Total 132
Coridrian 362
Corpo Aberrante...................... 136
corrente de espinhos 147
corrida 115, 235
corte (tipo de dano)................. 230
Costas Largas 130
cota de malha 154
couraça 154
Couraceiro................................. 69
couro batido 154
Couro Rígido.............................. 25
Cria da Tormenta....................... 24
Cria de Megalokk 29
Criatura Artificial 27
criaturas................................... 282
criminoso (origem) 89
Crítico Brutal............................. 41
cubo (área de efeito) 225
cuidados prolongados.............. 117
cultista de Sszzaas................... 305
Cultura Exótica 90
Cura (perícia) 117
Cura Acelerada 228
Cura Gentil............................... 133
Cura pelas Mãos 82
Curandeira Perfeita.................. 133
curandeiro (origem) 89
Cuspir Enxame 136
custo de vida........................... 277

D

dados 9
dahllan....................................... 21
Dança das Lâminas.................... 44
dano... 230
não letal 236
tipos de 230
debilitado (condição) 393
Dedo Verde 132
Defesa...................................... 106
Deformidade.............................. 24
Deheon 344
Dentes Afiados 135
derrubar (manobra)................. 220
Derrubar Aprimorado............... 124
desarmar (manobra)................ 220
Desarmar Aprimorado............. 125
Descanso Natural 133
Desejo de Liberdade 90
Desejos 26
Deserto da Perdição................. 390
desertos (terreno) 268
deslocamento........... 106, 228, 229
desprevenido (condição) 394
Desprezar a Realidade 137
Desprezar os Covardes 54
Destreza..................................... 17
Destruidor 41
destruidor (parceiro) 247
detectar magia 121
Detetive 91
deuses.. 96
deuses menores 105
Devagar e Sempre...................... 20
devorador de medos 300
Devoto 96
dinheiro inicial 140
Diplomacia (perícia)................ 118
disfarce 118
Disparo Preciso 125
Disparo Rápido........................ 125
doenças.................................... 318
Doherimm 382
Dom Artístico............................ 87
Dom da Esperança................... 133
Dom da Imortalidade 133
Dom da Profecia 133
Dom da Ressurreição 133
Dom da Verdade 133
Dono da Rua.............................. 77
dragão...................................... 310
druida (classe) 60
Duelo... 53
dupla (habilidade de arma) 143
duração (de efeitos)................. 226
Durão... 66
Duro como Pedra....................... 20
duyshidakk 300

E

Eclético 45
Educação Privilegiada................ 79
efeito (de habilidade) 224
Égide Sagrada 84
eletricidade (tipo de dano) 230
elfo................................... 22, 383
Elo com a Natureza 51
em chamas (condição)............. 394
Emboscar................................... 51
Empatia Selvagem 21
Empunhadura Poderosa 125
Empunhadura Rubra 137
empurrar (manobra) 234
En Garde.................................... 48
encantamento (escola) 172
encantos 334
de armas 335
de armaduras 338
Encontrar Fraqueza 70
Encouraçado............................ 125
Enganação (perícia)................. 118
engenho de guerra goblin......... 301
engenhocas 70
Engenhoqueiro 69
Engenhosidade 68
Engenhoso................................. 23
enjoado (condição) 395
enredado (condição)................ 395
envenenado (condição) 395
Envolto em Mistério.................. 38
equilíbrio 115
eremita (origem) 89
ermos....................................... 266
Ermos Púrpuras....................... 376
Ervas Curativas 51
escalar...................................... 115
Escamas Dracônicas 133
escapar.................................... 115
Escapista.................................... 73
Escaramuça................................ 51
Escaramuça Superior 51
Escavador 93
escolas de magia...................... 172
esconder-se.............................. 119
escravo (origem) 89
Escrever Pergaminho............... 131
Escriba Arcano 38
Escudeiro................................... 54
Escudo Mágico 133
escudos.................................... 152
esfera (área de efeito).............. 225
Esforçado................................... 95
esgotos 275
Esgrima Mágica 44
Esgrimista 48
esmorecido (condição) 394
espada bastarda 147
espada curta............................. 148
Espada Justiceira 133
espada longa............................ 148
Espada Solar 133
Espada-Deus, a........................ 346
Especialista................................ 73
Especialista em Escola............... 38
Especialização em Arma............ 65
Especialização em Armadura...... 54
Espelunqueiro 23
Espírito da Natureza 30
Espírito dos Equinócios 62
Espírito dos Solstícios 62
Espírito Elemental..................... 27
Espírito Inquebrável 42
espíritos.................................. 284
Espólio...................................... 79
Espreitar 51
esqueleto 297
Esquiva 125
Esquiva Sagaz 48
Esquiva Sobrenatural 42
Esse Cheiro... 88
essência (tipo de dano) 230
Estandarte 54
Estilo de Arma e Escudo 125
Estilo de Arremesso 125
Estilo de Disparo..................... 125
Estilo de Duas Armas.............. 125
Estilo de Duas Mãos................ 128
Estilo de Uma Arma................ 128
Estilo Desarmado.................... 128
Estoico...................................... 94
Estrategista................................ 79
Estrelato 44
estudioso (origem) 90
etiqueta (uso de perícia) 121
Etiqueta (poder) 54
Evasão 47
Evasão Aprimorada 48
evitar finta 123
evocação (escola).................... 172
exausto (condição) 394
Explorador................................ 51
Expulsar/Comandar
Mortos-Vivos 58
Êxtase da Loucura 133

F

fabricar 121
itens mágicos 333
Fabricar Item Mágico................. 70
Fabricar Item Superior 68
falange (criatura) 297
falhas automáticas................... 221
falsificação 118
Familiar 38
Familiar Ofídico....................... 133
Fanático................................... 128
Farmacêutico 69
Faro 229
Farsa do Fingidor.................... 133
fascinado (condição) 394
Fascinar em Massa 44
fatigado (condição)................. 395
Favor... 79
fazendeiro (origem).................. 90
Fé Guerreira............................ 133
Feiticeiro................................... 37
ferimentos 236
Ferreiro..................................... 69
Feudos de Trebuck.................. 372
finntroll 307
fintar 118, 234
Finta Aprimorada 128
Flagelo dos Mares..................... 48
flanquear................................. 239
flechas..................................... 151
florete 148
florestas (terreno) 268
Fluxo de Mana........................... 38
Foco em Arma 128
Foco em Magia 130
Foco em Perícia....................... 130
Foco Vital 38
fogo (perigo) 319
fogo (tipo de dano).................. 230
foice 148
Fome de Mana 137
funda 148
fôlego...................................... 119
Folião.. 48
fome 319
forasteiro (origem) 90
Força... 17
Força da Natureza 63
Força dos Penhascos.................. 62
Força Indomável 42
Forma de Macaco..................... 133
Forma Primal 62
Forma Selvagem 62
Fortalecimento Arcano 38
fortão (parceiro) 261
Fortitude (perícia) 119
fraco (condição)....................... 395
Frenesi 42
frio (perigo) 267
frio (tipo de dano) 230
frustrado (condição)................ 395
Frutos do Trabalho 86
Fuga Formidável 73
Fulgor Divino 83
Fulgor Solar 134
fumaça 319
Fúria 41
Fúria da Savana 42
Fúria Divina............................. 134
Fúria Raivosa............................. 42
Fúria Titânica 42
Furtividade (perícia)................ 119

G

gadanho 148
galopar..................................... 116
Galrasia................................... 385
ganchador 308
gárgula..................................... 286
Gatuno...................................... 73
gelo eterno............................... 166
General 79
geraktril 314
gibão de peles 154
Ginete...................................... 128
gladiador (origem) 90
glop... 286
gnoll.. 290
goblin 23
goblin engenhoqueiro 301
goblin salteador 302
golem.. 27
golem de ferro 287
Golpe Baixo 76
Golpe Cruel 77
golpe de misericórdia (ação) 235
Golpe de Raspão........................ 65
Golpe Demolidor....................... 65
Golpe Divino 82
Golpe Elemental 44
Golpe Imprudente 77
Golpe Mágico............................. 44
Golpe Pessoal 65
Golpe Poderoso 42
Golpe Relâmpago 76
Golpe Violento 77
Golpista Divino 133
gorlogg (parceiro).................... 262
gorlogg (criatura) 291
Gororoba 95
Graça de Glórienn 22
Granadeiro................................ 69

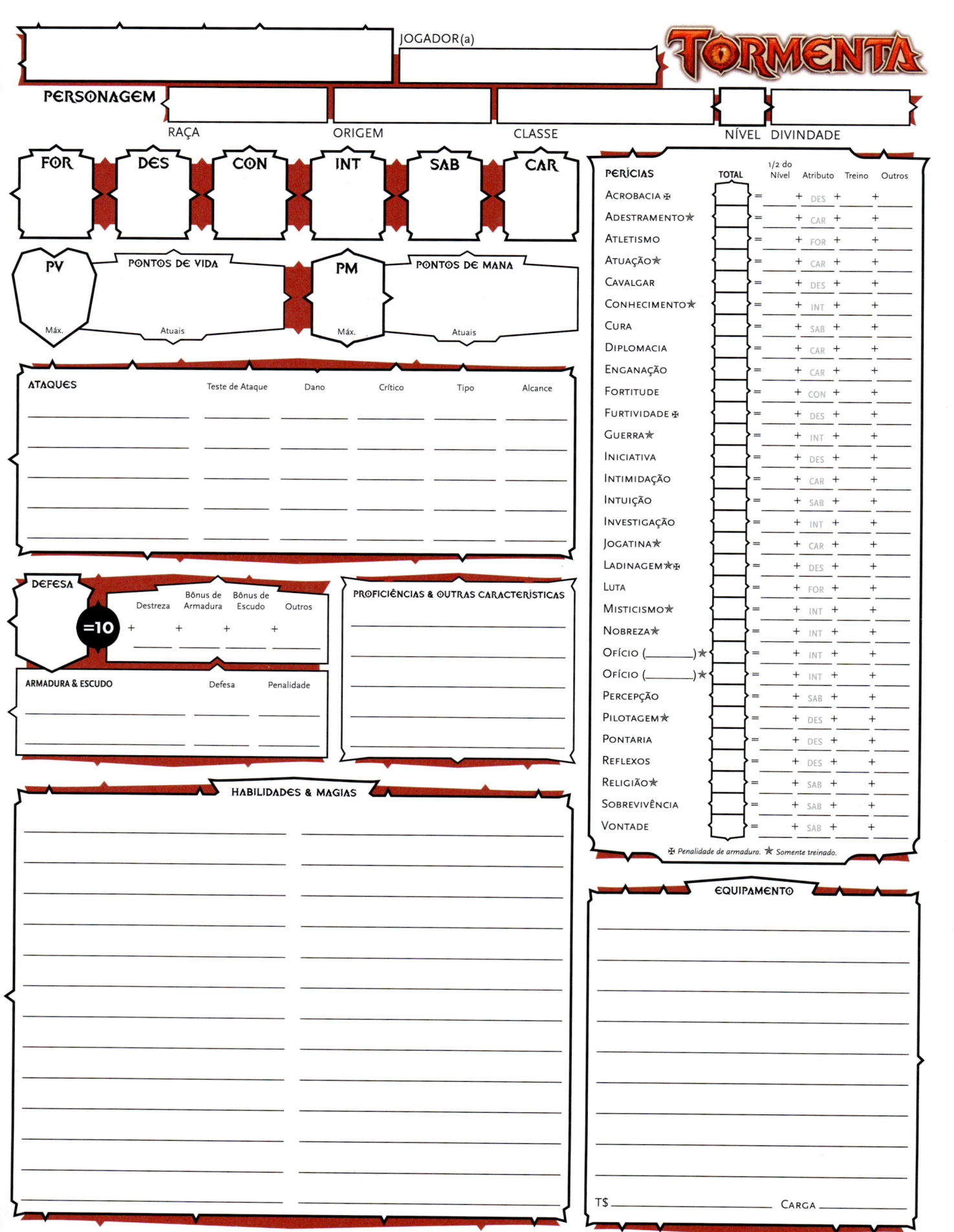

TORMENTA

PERSONAGEM _____ JOGADOR(a) _____

_____ _____ _____ | _____ _____
RAÇA | ORIGEM | CLASSE | NÍVEL | DIVINDADE

FOR | **DES** | **CON** | **INT** | **SAB** | **CAR**

PV PONTOS DE VIDA — Máx. ____ Atuais ____
PM PONTOS DE MANA — Máx. ____ Atuais ____

ATAQUES

	Teste de Ataque	Dano	Crítico	Tipo	Alcance

DEFESA

=10 + Destreza ___ + Bônus de Armadura ___ + Bônus de Escudo ___ + Outros ___

ARMADURA & ESCUDO — Defesa ___ Penalidade ___

PROFICIÊNCIAS & OUTRAS CARACTERÍSTICAS

PERÍCIAS

Perícia	TOTAL		1/2 do Nível	Atributo	Treino	Outros
Acrobacia ✠		=	+	DES	+	+
Adestramento ★		=	+	CAR	+	+
Atletismo		=	+	FOR	+	+
Atuação ★		=	+	CAR	+	+
Cavalgar		=	+	DES	+	+
Conhecimento ★		=	+	INT	+	+
Cura		=	+	SAB	+	+
Diplomacia		=	+	CAR	+	+
Enganação		=	+	CAR	+	+
Fortitude		=	+	CON	+	+
Furtividade ✠		=	+	DES	+	+
Guerra ★		=	+	INT	+	+
Iniciativa		=	+	DES	+	+
Intimidação		=	+	CAR	+	+
Intuição		=	+	SAB	+	+
Investigação		=	+	INT	+	+
Jogatina ★		=	+	CAR	+	+
Ladinagem ✠✠		=	+	DES	+	+
Luta		=	+	FOR	+	+
Misticismo ★		=	+	INT	+	+
Nobreza ★		=	+	INT	+	+
Ofício (____) ★		=	+	INT	+	+
Ofício (____) ★		=	+	INT	+	+
Percepção		=	+	SAB	+	+
Pilotagem ★		=	+	DES	+	+
Pontaria		=	+	DES	+	+
Reflexos		=	+	DES	+	+
Religião ★		=	+	SAB	+	+
Sobrevivência		=	+	SAB	+	+
Vontade		=	+	SAB	+	+

✠ *Penalidade de armadura.* ★ *Somente treinado.*

HABILIDADES & MAGIAS

EQUIPAMENTO

T$ _____ Carga _____

É permitido reproduzir esta página para uso pessoal. Em troca, visite-nos em jamboeditora.com.br.

Mapa

LANNESTUL

DESERTO DA PERD

Cidade no Deserto

A GRANDE SAV

IMPÉRIO DE TAURON

Palthar

Montes Nublados

NAMALKA

Estepe Selvagem

Cidade na Tormenta

Antiga Kor Kovith

Montanha Invencível

Yuvalin

Rhond

Baixo Iörvaen

Caverna do Sa

UIVANTES

Zakharov

Colinas Centrais

Kannilar

Tiberus

Giluk

Zakharin Villent

Garganta de Belubga

Garganta do Troll

Altrim

Valkaria

Corid

Smokestone (?)

Floresta de Tollon

O REINADO

Nimbarann Barud

Monte Pálido

Wynlla

Nova Malpetrim

A H L E N

Thartann

MAR NEGRO

Horeen

RUINAS DE TYRONDIR

Lysianassa

Sternac

GALRASIA

Torre de Andaluzia